KB211130

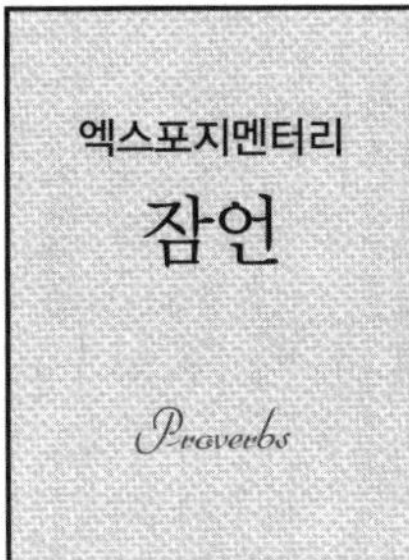
엑스포지멘터리
잠언
Proverbs

엑스포지멘터리 잠언

초판 1쇄 발행 2020년 5월 20일
2쇄 발행 2020년 5월 22일

지은이 송병현

펴낸곳 도서출판 이엠
등록번호 제25100-2015-000063
주소 서울시 구로구 공원로 3번지
전화 070-8832-4671
E-mail empublisher@gmail.com

내용 및 세미나 문의 스타선교회: 02-520-0877 / EMail: starofkorea@gmail.com / www.star123.kr

ISBN 979-11-86880-72-2 93230

※ 가격은 표지 뒷면에 있습니다.

「이 도서의 국립중앙도서관 출판시 도서목록(CIP)은 서지정보유통지원시스템 홈페이지(http://seoji.nl.go.kr)와 국가자료공동목록시스템(http://www.nl.go.kr/kolisnet)에서 이용하실 수 있습니다. (CIP제어번호:CIP2015000753)」

엑스포지멘터리

잠언

Proverbs

| 송병현 지음 |

EXPOSItory comMENTARY

EM Exposi Mentary

한국 교회를 위한 하나의 희망

저의 서재에는 성경 본문 연구에 관한 많은 책이 있습니다. 그중에는 주석서들도 있고 강해서들도 있습니다. 그러나 그중에 송병현 교수가 시도한 이런 책은 없습니다. 엑스포지멘터리, 듣기만 해도 가슴이 뛰는 책입니다. 설교자와 진지한 성경 학도 모두에게 꿈의 책이 아닐 수 없습니다. 이런 책이 좀 더 일찍 나올 수 있었다면 한국 교회가 어떠했을까를 생각해 봅니다. 저는 이 책을 꼼꼼히 읽어 보면서 가슴 깊은 곳에서 큰 자긍심을 느꼈습니다.

이 책은 지금까지 복음주의 교회가 쌓아 온 모든 학문적 업적을 망라하고 있을 뿐만 아니라 한국 교회 강단이 목말라하는 모든 실용적 갈망에 해답을 던져 줍니다. 이 책에서는 실제로 활용할 수 있는 충실한 신학적 정보가 일목요연하게 제시됩니다. 그러면서도 또한 위트와 감탄을 자아내는 감동적인 적용들도 제공됩니다. 얼마나 큰 축복이며 얼마나 신나는 일이며 얼마나 큰 은총인지요. 저의 사역에 좀 더 일찍 이런 학문적 효과를 활용하지 못한 것이 아쉽기만 합니다. 진실로 한국 교회의 내일을 위해 너무나 소중한 기여라고 생각합니다.

일찍이 한국 교회 1세대를 위해 박윤선 목사님과 이상근 목사님의 기여가 컸습니다. 그러나 이제 한국 교회는 새 시대의 리더십을 열어야 하는 교차로에 서 있습니다. 저는 송병현 교수가 이런 시점을 위해 준비된 선물이라고 생각합니다. 진지한 강해 설교를 시도하고자 하는 모든 이와 진지한 성경 강의를 준비하고자 하는 모든 성경공부 지도자에게 어떤 대가를 지불하고서라도 우선 이 책을 소장하고 성경을 연구하는 책상 가까운 곳에 두라고 권면하고 싶습니다. 앞으로 계속 출판될 책들이 참으로 기다려집니다.

한국 교회는 다행스럽게 말씀과 더불어 그 기초를 놓을 수 있었습니다. 이제는 그 말씀으로 어떻게 미래의 집을 지을 것인가를 고민하고 있습니다. 이 〈엑스포지멘터리 시리즈〉는 분명한 하나의 해답, 하나의 희망입니다. 이 책과 함께 성숙의 길을 걸어갈 한국 교회의 미래가 벌써 성급하게 기다려집니다. 더 나아가 한국 교회 역사의 성과물 중의 하나인 이 책이 다른 열방에도 나누어졌으면 합니다. 이제 우리는 복음에 빚진 자로서 열방을 학문적으로도 섬겨야 하기 때문입니다. 이 책을 한국 교회에 허락하신 우리 주님께 감사와 찬양을 드립니다.

이동원 | 지구촌교회 원로목사

총체적 변화를 가져다줄 영적 선물

교회사를 돌이켜 볼 때, 교회가 위기에 처해 있었다면 결국 강단에서 하나님의 말씀이 제대로 선포되지 못한 데서 그 근본 원인을 찾을 수 있습니다. 영적 분별력이 있는 사람이라면 모두 이에 대해 동의할 것입니다. 사회가 아무리 암울할지라도 강단에서 선포되는 말씀이 살아 있는 한, 교회는 교회로서의 기능이 약화되지 않고 오히려 사회를 선도하고 국민들의 가슴에 희망을 안겨 주었습니다. 백 년 전 영적 부흥이 일어났던 한국의 초대교회가 그 좋은 예입니다. 이러한 영적 부흥은 살아 있는 하나님의 말씀이 강단에서 영적 권위를 가지고 "하나님께서 이렇게 말씀하셨다"라고 선포되었을 때 나타났던 현상입니다.

오늘날에는 날이 갈수록 강단에서 선포되는 말씀이 약화되거나 축소되고 있습니다. 이런 상황 속에서 출간되는 송병현 교수의 〈엑스포지멘터리 시리즈〉는 한국 교회와 전 세계에 흩어진 7백만 한인 디아스포라에게 주는 커다란 영적 선물이 아닐 수 없습니다. 이 시리즈는 하나님의 말씀을 쉽게 이해할 수 있도록 풀이한 것으로, 목회자와 선교사는 물론이고 평신도들의 경건생활과 사역에도 큰 도움이 될 것입니다. 무엇보다도 저는 이 시리즈가 강단에서 원 저자이신 성령님의 의도대로 하나님 나라 복음이 선포되게 하여 믿는 이들에게 총체적 변화(total transformation)를 다시 경험할 수 있는 계기를 마련해 주리라 확신합니다.

송병현 교수는 지금까지 구약학계에서 토의된 학설 중 본문을 석의하는 데 불필요한 내용들은 걸러내는 한편, 철저하게 원 저자가 전하고자 하는 메시지를 현대인들이 가장 잘 이해할 수 있도록 전하고자 부단히 애를 썼습니다. 이 시리즈를 이용하는 모든 이에게 저자의 이런 수고와 노력에 걸맞은 하나님의 축복과 기쁨과 능력이 함께하실 것을 기대하면서 이 시리즈를 적극 추천합니다.

이태웅 | GMTC 초대 원장, 글로벌리더십포커스 원장

주석과 강해의 적절한 조화를 이뤄낸 시리즈

한국 교회는 성경 전체를 속독하는 '성경통독' 운동과 매일 짧은 본문을 읽는 '말씀 묵상'(QT) 운동이 세계 어느 나라 교회보다 활성화되어 있습니다. 얼마나 감사한 일인지 모릅니다. 그러나 상대적으로 책별 성경연구는 심각하게 결핍되어 있는 것이 사실입니다. 때때로 교회 지도자들 중에도 성경해석의 기본이 제대로 갖춰져 있지 않아 성경 저자가 말하려는 의도와 상관없이 본문을 인용해서 자신이 하고 싶은 말을 하는 분들이 적지 않음을 보고 충격을 받은 일도 있습니다. 앞으로 한국 교회가 풀어야 할 과제가 '진정한 말씀의 회복'이라면 이를 위해 가장 중요한 것은 바른 말씀의 세계로 인도해 줄 좋은 주석서와 강해서를 만나는 일일 것입니다.

좋은 주석서는 지금까지 축적된 다른 성경학자들의 연구 결과가 잘 정돈되어 있을 뿐 아니라 저자의 새로운 영적·신학적 통찰이 번뜩이는 책이어야 합니다. 또한 좋은 강해서는 자기 견해를 독자들에게 강요하는(impose) 책이 아니라, 철저한 본문 석의 과정을 거친 후에 추출되는 신학적 • 사회과학적 연구가 배어 있는 책이어야 할 것이며, 글의 표현이 현학적이지 않은, 독자들에게 친절한 저술이어야 할 것입니다.

그러나 솔직히 말씀드리면, 저는 서점에서 한국인 저자의 주석서나 강해서를 만나면 한참을 망설이다가 내려놓게 됩니다. 또 주석서를 시리즈로 사는 것은 어리석은 행동이라는 말을 신학교 교수들에게 들은 뒤로 여간해서 시리즈로 책을 사지 않습니다. 이는 아마도 풍성한 말씀의 보고(寶庫) 가운데로 이끌어 주는 만족스러운 주석서를 아직까지 발견하지 못했기 때문일 것입니다. 그러나 제가 처음으로 시리즈로 산 한국인 저자의 책이 있는데, 바로 송병현 교수의 〈엑스포지멘터리 시리즈〉입니다.

송병현 교수의 〈엑스포지멘터리 시리즈〉야말로 제가 가졌던 좋은 주석서와 강해서에 대한 모든 염원을 실현해 내고 있습니다. 이 주석서는 분명 한국 교회 목회자들과 평신도 성경 교사들의 고민을 해결해 줄 하나님의 값진 선물입니다. 지금까지 없었던, 주석서와 강해서의 적절한 조화를 이뤄낸 신개념의 해설주석이라는 점도 매우 신선하게 다가옵니다. 또한 쉽고 친절한 글이면서도 우물 깊은 곳에서 퍼 올린 생수와 같은 깊이가 느껴집니다. 이 같은 주석 시리즈가 한국에서 나왔다는 사실에 저는 감격하지 않을 수 없습니다. 이 땅에서 말씀으로 세상에 도전하고자 하는 모든 목회자와 평신도에게 이 주석 시리즈를 적극 추천합니다.

이승장 | 예수마을교회 목사, 성서한국 공동대표

시리즈 서문

"너는 50세까지는 좋은 선생이 되려고 노력하고, 그 이후에는 좋은 저자가 되려고 노력해라." 내가 시카고 근교에 위치한 트리니티 신학교(Trinity Evangelical Divinity School) 박사과정을 시작할 즘에 지금은 고인이 되신 스승 맥코미스키(Thomas E. McComiskey)와 아처(Gleason L. Archer) 두 교수님께서 주신 조언이었다. 너무 일찍 책을 쓰면 훗날 아쉬움이 많이 남는다며 하신 말씀이었다. 박사학위를 마치고 1997년에 한국에 들어와 신대원에서 가르치기 시작하면서 나는 이 조언을 마음에 새겼다. 사실 이 조언과 상관없이 내가 당시에 당장 책을 출판한다는 일은 불가능한 일이었다. 중학교를 다니던 70년대 중반에 캐나다로 이민을 갔다가 20여 년 만에 귀국하여 우리말로 강의하는 일 자체가 당시 나에게는 매우 큰 도전이었으며, 책을 출판하는 일은 사치로 느껴졌기 때문이다.

세월이 지나 어느덧 나는 선생님들이 말씀하신 50을 눈앞에 두었다. 1997년에 귀국한 후 지난 10여 년 동안 나는 구약 전체에 대한 강의안을 만드는 일을 목표로 삼았다. 내 자신에게 동기를 부여하기 위하여 내가 몸담고 있는 신대원 학생들에게 매 학기마다 새로운 구약 강해과

목을 개설해 주었다. 감사한 것은 지혜문헌을 제외한 구약 모든 책의 본문관찰을 중심으로 한 강의안을 13년 만에 완성할 수 있었다는 점이다. 앞으로 수년에 걸쳐 이 강의안들을 대폭 수정하여 매년 2-3권씩을 책으로 출판하려 한다. 지혜문헌은 잠시 미루어두었다. 시편 1권(1-41편)에 대하여 강의안을 만든 적이 있었는데, 본문관찰과 주해는 얼마든지 할 수 있었지만, 무언가 아쉬움이 남았다. 삶의 연륜이 가미되지 않은 데서 비롯된 부족함이었다. 그래서 나는 지혜문헌에 대한 주석은 60을 바라볼 때쯤 집필하기로 작정했다. 삶을 조금 더 경험한 후로 미루어 놓은 것이다. 아마도 이 시리즈가 완성될 때쯤이면, 자연스럽게 지혜문헌에 대한 책들을 출판할 때가 되지 않을까 싶다.

이 시리즈는 설교를 하고 성경공부를 인도해야 하는 중견목회자들과 평신도 지도자들을 마음에 두고 집필한 책들이다. 나는 이 시리즈의 성향을 expositmentary('해설주석')이라고 부르고 싶다. Exposimentary라는 단어는 내가 만들어낸 용어이다. 해설/설명을 뜻하는 expository라는 단어와 주석을 뜻하는 commentary를 합성하였다. 대체적으로 expository는 본문과 별 연관성이 없는 주제와 묵상으로 치우치기 쉽고, commentary는 필요이상으로 논쟁적이고 기술적일 수 있다는 한계를 의식해서 이러한 상황을 의도적으로 피하고 가르치는 사역에 조금이나마 실용적이고 도움이 되는 교재를 만들기 위하여 만들어낸 개념이다. 나는 본문의 다양한 요소와 이슈들에 대하여 정확하게 석의하면서도 전후 문맥과 책 전체의 문형(文形; literary shape)을 최대한 고려하여 텍스트의 의미를 설명하고 우리의 삶과 연결하려고 노력했다. 또한 히브리어 사용은 최소화했다.

이 시리즈를 내놓으면서 감사할 사람이 참 많다. 먼저, 지난 25년 동안 나의 인생의 동반자가 되어 아낌없는 후원과 격려를 해주었던 아내 임우민에게 감사한다. 아내를 생각할 때마다 참으로 현숙한 여인을(cf. 잠31:10-31) 배필로 주신 하나님께 감사할 뿐이다. 아빠의 사역을 기도와 격려로 도와준 지혜, 은혜, 한빛에게도 고마운 마음을 표한다. 평생 기도와 후원을 아끼지 않은 친가와 처가 친척들에게도 감사하다는 말을 전하고 싶다. 항상 옆에서 돕고 격려해 준 평생친구 장병환·윤인옥 부부에게도 고마움을 표하는 바이며, 시카고 유학시절에 큰 힘이 되어 주셨던 이선구 장로님·최화자 권사님 부부에게도 이 자리를 빌려 평생 빚진 마음을 표하고 싶다. 우리 가족이 20여 년 만에 귀국하여 정착할 수 있도록 배려를 아끼지 않으신 백석학원 설립자 장종현 목사님에게도 감사하는 바이다. 우리 부부의 영원한 담임목자이신 이동원 목사님에게도 고마움을 표하고 싶다.

2009년 겨울 방배동에서

감사의 글

스타선교회의 사역에 물심양면으로 헌신하여 오늘도 하나님의 말씀이 온 세상에 선포되는 일에 기쁜 마음으로 동참하시는 백영걸, 정진성, 장병환, 임우민, 정채훈, 송은혜, 강숙희 이사님들께 감사의 마음을 전하고 싶습니다. 이사님들의 헌신이 있기에 세상은 조금 더 살맛 나는 곳이 되고 있습니다.

2019년 투병중이신 정채훈 이사님의 치유를 간곡히 소망하며
크리스마스 시즌을 맞은 방배동에서

일러두기

엑스포지멘터리(exposimentary)는 '해설/설명'을 뜻하는 엑스포지토리(expository)라는 단어와 '주석'을 뜻하는 코멘터리(commentary)를 합성한 단어이다. 본문의 뜻과 저자의 의도와는 별 연관성이 없는 주제와 묵상으로 치우치기 쉬운 엑스포지토리(expository)의 한계와 필요이상으로 논쟁적이고 기술적일 수 있는 코멘터리(commentary)의 한계를 극복하여 목회현장에서 가르치고 선포하는 사역에 실질적으로 도움이 되도록 하는 새로운 장르이다. 본문의 다양한 요소와 이슈들에 대하여 정확하게 석의하면서도 전후 문맥과 책 전체의 문형(文形; literary shape)을 최대한 고려하여 텍스트의 의미를 설명하고 성도의 삶과 연결하려고 노력하는 설명서이다. 엑스포지멘터리는 다음과 같은 원칙을 바탕으로 인용한 정보를 표기한다.

1. 참고문헌을 모두 표기하지 않고 선별된 참고문헌으로 대신한다.
2. 출처를 표기할 때 각주(foot note) 처리는 하지 않는다.
3. 출처 표기는 괄호 안에 하되 페이지는 밝히지 않는다.
4. 여러 학자들이 동일하게 해석할 때 모든 학자들을 표기하지 않고

일부만 표기한다.

5. 한 출처를 인용하여 설명할 때, 설명이 길어지더라도 각 문장마다 출처를 표기하지 않는다.

주석은 목적과 주 대상에 따라 인용하는 정보 출처와 참고문헌 표기가 매우 탄력적으로 제시되는 장르이다. 참고문헌이 없이 출판되는 주석들도 있고, 각주가 전혀 없이 출판되는 주석들도 있다. 또한 각주와 참고문헌이 없이 출판되는 주석들도 있다. 엑스포지멘터리 시리즈는 이 같은 장르의 탄력적인 성향을 고려하여 제작된 주석이다.

선별된 약어표

개역	개역성경
개역개정	개역성경개정판
공동	공동번역
새번역	표준새번역 개정판
현대	현대인의 성경
아가페	아가페 쉬운성경
BHK	Biblica Hebraica Kittel
BHS	Biblica Hebraica Stuttgartensia
ESV	English Standard Version
CSB	Nashville: Broadman & Holman, Christian Standard Bible
KJV	King James Version
LXX	칠십인역(Septuaginta)
MT	마소라 사본
NAB	New American Bible
NAS	New American Standard Bible
NEB	New English Bible

NIV	New International Version
NRS	New Revised Standard Bible
TNK	Jewish Publication Society Tanakh
TNIV	Today's New International Version
AAR	American Academy of Religion
AB	Anchor Bible
ABCPT	A Bible Commentary for Preaching and Teaching
ABD	The Anchor Bible Dictionary
ABR	Australian Biblical Review
ABRL	Anchor Bible Reference Library
ACCS	Ancient Christian Commentary on Scripture
AJSLL	American Journal of Semitic Languages and Literature
AJT	Asia Journal of Theology
ANET	J. B. Pritchard, ed., The Ancient Near Eastern Texts Relating to the Old Testament. 3rd ed Princeton: Princeton University Press, 1969
ANETS	Ancient Near Eastern Texts and Studies
AOTC	Abingdon Old Testament Commentary
ASORDS	American Schools of Oriental Research Dissertation Series
ASTI	Annual of Swedish Theological Institute
BA	Biblical Archaeologist
BAR	Biblical Archaeology Review
BASOR	Bulletin of the American Schools of Oriental Research
BBR	Bulletin for Biblical Research
BCBC	Believers Church Bible Commentary
BCL	Biblical Classics Library
BDB	F. Brown, S. R. Driver & C. A. Briggs, A Hebrew and

	English Lexicon of the Old Testament Oxford: Clarendon Press, 1907
BETL	Bibliotheca Ephemeridum Theoloicarum Lovaniensium
BETS	Bulletin of the Evangelical Theological Society
BibOr	Biblia et Orientalia
BibSac	Bibliotheca Sacra
BibInt	Biblical Interpretation
BJRL	Bulletin of the John Rylands Library
BJS	Brown Judaic Studies
BLS	Bible and Literature Series
BN	Biblische Notizen
BO	Berit Olam: Studies in Hebrew Narrative & Poetry
BR	Bible Review
BRS	The Biblical Relevancy Series
BSC	Bible Student Commentary
BT	The Bible Today
BTCB	Brazos Theological Commentary on the Bible
BV	Biblical Viewpoint
BZAW	Beihefte zur Zeitschrift für die alttestamentliche
CAD	Chicago Assyrian Dictionary
CBC	Cambridge Bible Commentary
CBSC	Cambridge Bible for Schools and Colleges
CBQ	Catholic Biblical Quarterly
CBQMS	Catholic Biblical Quarterly Monograph Series
CB	Communicator's Bible
CHANE	Culture and History of the Ancient Near East
CJ	Concordia Journal

DSB	Daily Study Bible
EBC	Expositor's Bible Commentary
ECC	Eerdmans Critical Commentary
EncJud	Encyclopedia Judaica
EvJ	Evangelical Journal
EvQ	Evangelical Quarterly
ET	Expository Times
ETL	Ephemerides Theologicae Lovanienses
FCB	Feminist Companion to the Bible
FOTL	Forms of Old Testament Literature
GCA	Gratz College Annual of Jewish Studies
GKC	E. Kautszch and A. E. Cowley, Gesenius' Hebrew Grammar. Second English edition. Oxford: Clarendon Press, 1910
GPT	Growing Points in Theology
GTJ	Grace Theological Journal
HALOT	L. Koehler and W. Baumgartner, The Hebrew and Aramaic Lexicon of the Old Testament. Trans. by M. E. J. Richardson. Leiden: E. J. Brill, 1994–2000
HBT	Horizon in Biblical Theology
HMS	Hearing the Message of Scripture: A Commentary on the Old Testament
HSM	Harvard Semitic Monographs
HOTC	Holman Old Testament Commentary
HR	History of Religions
HUCA	Hebrew Union College Annual
IB	Interpreter's Bible

IBC	Interpretation Bible Commentary
IBS	Irish Biblical Studies
ICC	International Critical Commentary
IDB	Interpreter's Dictionary of the Bible
ISBE	G. W. Bromiley (ed.), The International Standard Bible Encyclopedia. 4 vols. Grand Rapids: 1979–88
ITC	International Theological Commentary
J–M	P. Joüon–T. Muraoka, A Grammar of Biblical Hebrew. Part One: Orthography and Phonetics. Part Two: Morphology. Part Three: Syntax. Subsidia Biblica 14/I–II. Rome: Editrice Pontificio Istituto Biblico, 1991
JAAR	Journal of the American Academy of Religion
JANES	Journal of Ancient Near Eastern Society
JNES	Journal of Near Eastern Studies
JBL	Journal of Biblical Literature
JBQ	Jewish Bible Quarterly
JESOT	Journal for the Evangelical Study of the Old Testament
JJS	Journal of Jewish Studies
JSJ	Journal for the Study of Judaism
JNES	Journal of Near Eastern Studies
JSOT	Journal for the Study of the Old Testament
JSOTSup	Journal for the Study of the Old Testament Supplement Series
JPSTC	JPS Torah Commentary
LB	Linguistica Biblica
LCBI	Literary Currents in Biblical Interpretation
LJRC	Listening: Journal of Religion and Culture

MHUC	Monographs of the Hebrew Union College
MJT	Midwestern Journal of Theology
MOT	Mastering the Old Testament
MSG	Mercer Student Guide
MSJ	The Master's Seminary Journal
NAC	New American Commentary
NCB	New Century Bible Commentary
NCBC	New Collegeville Bible Commentary
NEAEHL	E. Stern (ed.), The New Encyclopedia of Archaeological Excavations in the Holy Land. 4 vols. Jerusalem: Israel Exploration Society & Carta, 1993
NIB	New Interpreter's Bible
NIBC	New International Biblical Commentary
NICOT	New International Commentary on the Old Testament
NIDOTTE	W. A. Van Gemeren, ed., The New International Dictionary of Old Testament Theology and Exegesis. Grand Rapids: Zondervan, 1996
NIVAC	New International Version Application Commentary
OBC	Oxford Bible Commentary
Or	Orientalia
OTA	Old Testament Abstracts
OTE	Old Testament Essays
OTEv	Old Testament for Everyone
OTG	Old Testament Guides
OTL	Old Testament Library
OTM	Old Testament Message
OTS	Oudtestamentische Studiën

OTWAS	Ou–Testamentiese Werkgemeenskap in Suid–Afrika
PBC	People's Bible Commentary
PEQ	Palestine Exploration Quarterly
PRR	The Presbyterian and Reformed Review
PSB	Princeton Seminary Bulletin
RevExp	Review and Expositor
RTR	Reformed Theological Review
SBJT	Southern Baptist Journal of Theology
SBLDS	Society of Biblical Literature Dissertation Series
SBLMS	Society of Biblical Literature Monograph Series
SBLSymS	Society of Biblical Literature Symposium Series
SHBC	Smyth & Helwys Bible Commentary
SJOT	Scandinavian Journal of the Old Testament
SJT	Scottish Journal of Theology
SSN	Studia Semitica Neerlandica
TBC	Torch Bible Commentary
TynBul	Tyndale Bulletin
TD	Theology Digest
TDOT	G. J. Botterweck and H. Ringgren (eds.), Theological Dictionary of the Old Testament. Vol. I–. Grand Rapids: Eerdmans, 1974–
TGUOS	Transactions of the Glasgow University Oriental Society
THAT	Theologisches Handwörterbuch zum Alten Testament. 2 vols. Munich: Chr. Kaiser, 1971–1976.
TJ	Trinity Journal
TOTC	Tyndale Old Testament Commentaries
TS	Theological Studies

TWAT	Theologisches Wörterbuch zum Alten Testament. Stuttgart: W. Kohlhammer, 1970–
TWBC	The Westminster Bible Companion
TWOT	R. L. Harris, G. L. Archer, Jr., and B. K. Waltke (eds.), Theological Wordbook of the Old Testament, 2 vols. Chicago: Moody, 1980
TZ	Theologische Zeitschrift
UBT	Understanding Biblical Themes
VE	Vox Evangelica
VT	Vetus Testament
VTSup	Vetus Testament Supplement Series
W–O	B. K. Waltke and M. O'Connor, An Introduction to Biblical Hebrew Syntax. Winona Lake: Eisenbrauns, 1990
WBC	Word Biblical Commentary
WBCom	Westminster Bible Companion
WCS	Welwyn Commentary Series
WEC	Wycliffe Exegetical Commentary
WTJ	The Westminster Theological Journal
ZAW	Zeitschrift für die alttestamentliche Wissenschaft

차례

선별된 참고문헌

(Select Bibliography)

Aitken, K. T. *Proverbs*. DSB. Louisville, KY: Westminster John Knox Press, 1986.

______. "Beware the Seductress: Proverbs 5." Pages 213–18 in *Learning from the Sages: Selected Studies on the Book of Proverbs*. Ed. by R. B. Zuck. Grand Rapids: Baker Book House, 1995.

Albright, W. F. *From the Sone Age to Christianity*. Garden City, NY: Doubleday, 1957.

Alden, R. *Proverbs: A Commentary on an Ancient Book of Timeless Advice*. Grand Rapids: Baker Books, 1984.

_____. "Advice to Young Men: Proverbs 3." Pages 205–12 in *Learning from the Sages: Selected Studies on the Book of Proverbs*. Ed. by R. B. Zuck. Grand Rapids: Baker Book House, 1995.

Almond, B. "Seeking Wisdom: Moral Wisdom or Ethical Expertise?" Pages 195–210 in *Where Shall Wisdom Be Found?* Ed. by S. C. Barton. Edinburgh: T&T Clark, 1999.

Alster, B. *The Instructions of Suruppak: A Sumerian Proverb Collection*

(Mesopotamia). Copenhagen Studies in Assyriology, vol. 2. Copenhagen: Akademisk Forlag, 1974.

_____. *Proverbs of Ancient Sumer: The World's Earliest Proverb Collections*. 2 vols. Bethesda, MD: CDL Press, 1997.

Alt, A. "Solomonic Wisdom." Pages 102–12 in *Studies in Ancient Israelite Wisdom*. Ed. by J. L. Crenshaw. New York: KTAV, 1976.

Anderson, B. W. "Moving Beyond Masculine Metaphors." *Bible Review* 10 (1994): 22, 57–58.

Anderson, R. T. "Was Isaiah a Scribe?" *JBL* 79 (1960): 57–58.

Andrew, M. E. "Variety of Expression in Proverbs 23: 29f." *VT* 28 (1978): 102–03.

Andrews, D. K. "Preaching from Proverbs." *CJT* 4 (1958): 120–26.

Arnot, W. *Studies in Proverbs: Laws from Heaven for Life on Earth*. Grand Rapids: Kregel Publications, 1978 rep.

Astley, J. "Learning Moral and Spiritual Wisdom." Pages 321–34 in *Where Shall Wisdom Be Found?* Ed. by S. C. Barton. Edinburgh: T&T Clark, 1999.

Atkinson, D. J. *The Message of Proverbs: Wisdom for Life*. Downers Grove, IL: InterVarsity Press, 1996.

Bamberger, B. J. "Fear and Love of God in the Old Testament." *HUCA* 6 (1929): 39–53.

Barley, N. "A Structural Approach to the Proverb and the Maxim with Special Reference to the Anglo-Saxon Corpus." *Proverbium* 20 (1972): 737–50.

Bartholomew, G. C. *Reading Proverbs with Integrity*. Cambridge: Grove, 2001.

Barton, S. C. "Gospel Wisdom." Pages 93–110 in *Where Shall Wisdom*

Be Found? Ed. by S. C. Barton. Edinburgh: T. & T. Clark, 1999.

Bostrom, L. *The God of the Sages: the Portrayal of God in the Book of Proverbs*. Stockholm: Coniectanea Biblica, 1990.

Bullock, C. H. *An Introduction to the Old Testament Poetic Books*. Chicago: Moody Press, 1979.

Baumann, G. "A Figure with Many Facts: The Literary and Theological Functions of Personified Wisdom in Proverbs 1–9." Pages 44–78 in *Wisdom and Psalms*. Ed. by A. Brenner and C. R. Fontaine. Sheffield: Sheffield Academic Press, 1998.

Bellis, A. O. "The Gender and Motives of the Wisdom Teacher in Proverbs 7." *BBR* 6 (1996): 15–22.

Berry, G. R. *The Book of Proverbs*. Philadelphia: American Baptist Publication Society, 1904.

Bird, P. "'To Play the Harlot': Anderson Inquiry into an Old Testament Metaphor." Pages 75–94 in *Gender and Difference in Ancient Israel*. Ed. by P. L. Day. Minneapolis: Fortress Press, 1989.

Bland, D. "Formation of Character in the Book of Proverbs." *RQ* 40 (1998): 221–37.

Blenkinsopp, J. "The Social Context of the 'Outsider Woman' in Proverbs 1–9." *Biblica* 72 (1991): 457–73.

______. *Wisdom and Law in the Old Testament: The Ordering of Life in Israel and Early Judaism*. Oxford: Oxford University Press, 1995.

Blocker, H. "The Fear of the Lord as the 'Principle' of Wisdom." *TynBul* 28 (1977): 2–28.

Boadt, L. *Introduction to Wisdom Literature, Proverbs*. Collegeville, MN: Liturgical Press, 1986.

Boström, L. *The God of the Sages: The Portrayal of God in the Book of Proverbs*. Stockholm: Almqvist & Wiksell International, 1990.

Bouffier, R. J. "The 'Heart' in the Proverbs of Solomon." *Bible Today* 52 (1971): 249–51.

Brenner, A. "Some Observations on the Figurations of Woman in Wisdom Literature" Pages 192–208 in *Of Prophets' Visions and the Wisdom of Sages. Essays in Honour of R. Norman Whybray on his Seventieth Birthday*. Ed. by H. A. Mc Kay and D. J. A. Clines, JSOTSup., Sheffield: JSOT Press, 1993.

Brenner, A. and van Dijk–Hemmes, F. *On Gendering Texts: Female and Male Voices in the Hebrew Bible*. Leiden: E. J. Brill, 1993.

Bricker, D. P. "The Doctrine of the 'Two Ways' in the Book of Proverbs." *JETS* 38 (1995): 501–17.

Bridges, C. *A Commentary on Proverbs*. Edinburgh: Banner of Truth Trust, 1974.

Briscoe, J. *Queen of Hearts: The Role of Today's Woman Based on Proverbs 31*. Old Tappan, NJ: F. H. Revell, 1984.

Brooks, J. W. *A New Arrangement of the Proverbs of Solomon Classified According to the Subject of Each: Together with Critical and Explanatory Remarks, Various Readings for the Use of Bible Classes and Sunday-School Teachers*. London: Seeley Jackson and Halliday, 1860.

Brown, C. "The Parable of the Rebellious Sons." *SJT* 51 (1991): 391–405.

Brown, J. P. "Proverb–Book, Gold– Economy, Alphabet." *JBL* 100 (1981): 169–91.

Brown, W. P. *Character and Scripture: Moral Formation, Community, and Biblical Interpretation*. Grand Rapids: Eerdmans Publisher, 2002.

Brueggemann, W. A. "The Social Significance of Solomon as a Patron of Wisdom." Pages 117–32 in *The Sage in Israel and the Ancient Near East*. Ed. by J. G. Gammie and L. G. Perdue. Winona Lake, IN: Eisenbrauns, 1990.

_____. "A Neglected Sapiential Word Pair." *ZAW* 89 (1977): 234–58.

Bryce, G. E. "Another Wisdom 'Book' in Proverbs." *JBL* 91 (1972): 145–57.

_____. *A Legacy of Wisdom: The Egyptian Contribution to the Wisdom of Israel*. London: Associated University Presses, 1979.

Bullock, C. H. "The Book of Proverbs." Pages 19–34 in *Learning from the Sages: Selected Studies on the Book of Proverbs*. Ed. by R. B. Zuck. Grand Rapids: Baker Book House, 1995.

_____. *An Introduction to the Old Testament Poetic Books: The Wisdom and Songs of Israel*. Chicago: Moody Press, 1979.

Burden, J. "The Wisdom of Many: Recent Changes in Old Testament Proverbs Interpretation." *OTE* 3 (1990): 341–59

Burdett, D. "Wisdom Literature and the Promise Doctrine." *TJ* 3 (1974): 1–13.

Burke, K. *A Grammar of Motives*. Berkeley: University of California Press, 1945.

Byargeon, R. W. "The Structure and Significance of Proverbs 9:7–12." *JETS* 40 (1997): 367–75.

Cady, M. R. and Taussig, H. ed. *Wisdom's Feast: Sophia in Study and Celebration*. San Francisco: Harper & Row, 1989.

Camp, C. V. *Wisdom and the Feminine in the Book of Proverbs*. Sheffield: Sheffield Academic Press: JSOT Press, 1985.

Carasik, M. "Who Were the Men of Hezekiah (Proverbs Xxv1)?" *VT* 44

(1994): 289–300.

Carledge, T. W. *Vows in the Hebrew Bible and the Ancient Near East.* Sheffield: JSOT Press, 1993.

Ceresko, A. "The Function of 'Order'(Sedeq) and 'Creation' in the Book of Proverbs, with Some Implications for Today." *ITS* 32 (1995): 208–36.

Childs, Brevard S. *Introduction to the Old Testament as Scripture.* Philadelphia: Westminster, 1979.

Chisholm, R. B. "'Drink Water from Your Own Cistern': A Literary Study of Proverbs 5:15–23." *BibSac* 157 (2000): 397–409.

Chutter, G. "Riches and Poverty in the Book of Proverbs." *Crux* 18.2 (1982): 23–28.

Clements, R. E. "The Concept of Abomination in the Book of Proverbs." Pages 211–25 in *Texts, Temples, and Traditions*. Ed. by M. V. Fox. Winona Lake, IN: Eisenbrauns, 1996.

Clifford, R. *Proverbs*. OTL. Louisville, KY: Westminster John Knox Press, 1999. Pages 1–16 in *The New Interpreter's Bible,* vol. 5. Nashville: Abingdon Press, 1997.

_____. *The Book of Proverbs and Our Search or Wisdom*. Milwaukee, WI: Marquette University Press, 1995.

_____. "Introduction to Wisdom Literature." Pages 1–11 in *The New Interpreter's Bible*, vol. 5. Nashville: Abingdon Press, 1997.

Cody, A. "Notes on Proverbs 22:21 and 22:23b." *Biblica* 61 (1980): 418–26.

Cohen, A. *Proverbs: Hebrew Text and English Translation with Introduction and Commentary*. Soncino Bible. London: Soncino, 1946.

Collins, J. J. "Wisdom, Apocalypticism, and Generic Compatibility."

Pages 165–86 in *In Search of Wisdom: Essays in Memory of John G. Gammie*. Ed. by L. Perdue. Louisville: Westminster/John Knox Press, 1993.

_____. *Proverbs, Ecclesiastes*. Atlanta: John Knox Press, 1980.

Conway, M. D. *Solomon and Solomonic Literature*. New York: Haskell House Publishers, 1973.

Cook, F. C. and Fuller, J. M. *The Bible Commentary, Proverbs- Ezekiel*. Grand Rapids: Baker Book House, 1953.

Cosser, W. "The Meaning of 'Life'(Hayyim) in Proverbs, Job, and Ecclesiastes." *Glasgow University Oriental Society Transactions* 15 (1953–54): 48–53.

Cox, D. "Fear of Conscience? Yir'at Yhwh in Proverbs 1–9." *Studia Hierosolymitana* 3 (1982): 83–90.

_____. *Porverbs*. Wilmington: Michael Glaizer, 1982.

Crawford, H. T. *A Critical and Exegetical Commentary on the Book of Proverbs*. ICC. Edinburgh: T&T Clark, 1899.

Crenshaw, J. L. *Old Testament Wisdom: An Introduction*, 3rd ed. Louisville, KY: Westminster John Knox Press, 2001.

_____, ed. *Studies in Ancient Israelite Wisdom*. New York: Ktav Publishing House, 1976.

_____. "The Acquisition of Knowledge in Israelite Wisdom Literature." *Word and World* 7 (1987): 245–52.

_____. "Education in Ancient Israel." *JBL* 104(1985): 601–15.

Cundall, A. E. *Proverbs, Ecclesiastes, Song of Solomon, Isaiah 1-39*. Grand Rapids: Eerdmans, 1969.

Dahood, M. J. "To Pawn One's Cloak." *Biblica* 42 (1961): 359–66.

_____. "Porverbs 8:22–31; Translation and Commentary." *CBQ* 30

(1968): 512–21.

_____. *Proverbs and Northwest Semitic Philology*. Rome: Pontifical Biblical Institute, 1963.

Davies, G. "Were There Schools in Ancient Israel?" Pages 199–211 in *Wisdom in Ancient Israel*. Ed. by J. Day. et al. New York: Cambridge University Press, 1995.

Davies, P. R. *Scribes and Schools: The Canonization of the Hebrew Scriptures*. Louisville: Westminster John Knox Press, 1998.

Davis, E. F. *Proverbs, Ecclesiastes, and The Song of Songs*. Louisville: Westminster John Knox Press, 2000.

Day, J. "Foreign Semitic Influence on the Wisdom of Israel and Its Appropriation in the Book of Proverbs." Pages 55–70 in *Wisdom in Ancient Israel*. Ed. by J. Day. et al. New York: Cambridge University Press, 1995.

Delitzsch, F. *Biblical Commentary on the Proverbs of Solomon*. 2 vols. Trans. By M. G. Eaton. Rep., Grand Rapids: Eerdmans Publisher, 1970.

Dell, K. *The Book of Proverbs in Social and Theological Context*. Cambridge: Cambridge University Press, 2006.

Donald, T. "The Semantic Field of 'Folly' in Proverbs, Job, Psalms, and Ecclesiastes." *VT* 13 (1963): 285–92.

_____. "The Semantic Field of Rich and Poor in the Wisdom Literature of Hebrew and Akkadian." *Oriens Antiquus* 3 (1964): 27–41.

Drake, M. *The Proverbs 31 Lady and Her Impossible Dreams*. Minneapolis: Bethany House, 1984.

Driver, G. R. "Hebrew Notes on Prophets and Proverbs." *JTS* 41 (1940): 162–75.

Dunn, J. D. G. "Jesus: Teacher of Wisdom or Wisdom Incarnate?" Pages 75–92 in *Where Shall Wisdom Be Found?* Ed. by S. C. Barton. Edinburgh: T&T Clark, 1999.

Duty, R. W. "Creation, History, and the Ethics in the Book of Proverbs." *Word and World* 7 (1987): 261–71.

Emerton, J. A. "Notes on Some Passages in the Book of Proverbs." *JTS* 20 (1969): 202–20.

_____. "The Interpretation of Proverbs 21, 28." ZAW 100 (1988): 161–70.

_____. "The Meaning of Proverbs 13:2." *JTS* 35 (1984): 91–95.

Estes, D. *Hear, My Son: Teaching and Learning in Proverbs 1-9*. Grand Rapids: Eerdmans, 1997.

Farmer, K. A. *Proverbs and Ecclesiastes*. ITC. Grand Rapids: Eerdmans, 1991.

Fontaine, C. R. *Traditional Sayings in the Old Testament: A Contextual Study*. Sheffield: The Almond Press, 1982.

_____. "Wisdom in Proverbs." Pages 99–114 in *In Search of Wisdom*. Ed. by L. G. Perdue. Louisville: Westminster/John Knox, 1993.

Fox, M. *Proverbs 1-9: A New Translation with Introduction and Commentary*. AB. New York: Doubleday, 2000.

_____. *Proverbs 10-31. A New Translation with Introduction and Commentary*. AB. New Haven, CT: Doubleday, 2009.

_____. "Ideas of Wisdom in Proverbs 1–9." *JBL* 116 (1997): 613–33.

Fraade, S. D. "The Early Rabbinic Sage." Pages 417–38 in *The Sage in Israel and the Ancient Near East*. Ed. by J. G. Gammie and L. G. Perdue. Winona Lake, IN: Eisenbrauns, 1990.

Franklyn, P. "The Sayings of Augur in Proverbs 30: Piety or Skepticism."

ZAW 95 (1983): 238–52.

Freedman, D. N. "Proverbs 2 and 31: A Study in Structural Complementarity." Pages 47–55 in *Tehilla Le- Moshe* (Fs Moshe Greenberg). Ed. M. Cogan. et al. Winona Lake, IN: Eisenbrauns, 1997.

Fretheim, T. E. *God and World in the New Testament: A Related Theology of Creation*. Nashville: Abingdon Press, 2005.

Frye, J. B. "The Use of Masal in the Book of Job." *Semeia* 5 (1977): 59–66.

Gammie, J. G. and Perdue, L. eds. *The Sage in Israel and the Ancient Near East*. Winona Lake, IN: Eisenbrauns, 1990.

Gammie, J. G. et al., eds. *Israelite Wisdom: Theological and Literary Essays in Honor of Samuel Terrien*. Missoula, MT: Scholars Press, 1978.

Garrett, D. A. *Proverbs, Ecclesiastes, Song of Songs*. NAC. Nashville: Broadman Press, 1993.

Gitay, Y. "The Rhetoric and Logic of Wisdom in the Book of Proverbs." *JNSL* 27. 2 (2001): 45–56.

Gluck, J. J. "The Figure of 'Inversion' in the Book of Proverbs." *Semitics* 5 (1977): 24–31.

Goldberg, L. *The Practical Wisdom of Proverbs*. Grand Rapids, MI: Kregel, 1999.

Goldingay, J. E. "The Arrangement of Sayings in Proverbs 10–15." *JSOT* 61 (1994): 75–83.

Goldsworthy, G. *The Tree of Life: Reading Proverbs Today*. Sydney: AIO Press, 1993.

Golka, F. W. *The Leopard's Spots: Biblical and African Wisdom in Proverbs*. Edinburgh: T&T Clark, 1993.

Gordon, R. N. "Motivation in Proverbs." *BT* 25 (1975): 49–56.

Gottwald, N. K. *The Hebrew Bible: A Brief Socio-Literary Introduction*. Philadelphia: Fortress Press, 2002.

Greenstone, J. H. *Proverbs with Commentary*. Philadelphia: Jewish Publication Society of America, 1950.

Habel, N. C. "The Symbolism of Wisdom in Proverbs 1–9." *Interpretation* 26. 2 (1972): 131–57.

Haran, M. "Bible Studies: The Literary Application of X/X+1." *Tarbiz* 39. 2 (1969): 109–36.

Harvey, J. "Wisdom Literature and Biblical Theology." *BTB* 1 (1971): 308–19.

Hasan. R. G. "And God Created the Proverbs." Pages 107–20 in *Text and Tradition*. Ed. by S. Niditch. Atlanta: Scholars Press, 1990.

Hawking, T. R. "The Wife of Nobel Character in Proverbs 31:10–31." *BibSac* 153 (1995): 12–23.

Heim, K. M. *Like Grapes of Gold Set in Silver: An Interpretation of Proverbial Clusters in Proverbs 10:1-22:16*. Berlin: Walter de Gruyter, 2001.

Herbert, A. S. "The 'Parable'(Masal) in the Old Testament." *SJT* 7 (1954): 180–96.

Hildebrandt, T. "Proverbial Pairs: Compositional Units in Proverbs10–29." *JBL* 107 (1988): 207–224.

_____. "Motivation and Antithetic Parallelism in Proverbs 10–15." *JETS* 35 (1992): 433–44.

Horne, M. P. *Proverbs, Ecclesiastes*. Macon, GA: Smyth & Helwys Publishers, 2003.

Hosch, H. *Wise up and Live: A Study in The Book of Proverbs*. Glendale, CA: Gospel Light Publishers, 1974.

House, W. H. and Durham, K. M. *Living Wisely in a Foolish World: A Contemporary Look at the Wisdom of Proverbs*. Grand Rapids: Kregel Publications, 1997.

Houston, W. J. "The Role of the Poor in Proverbs." Pages 229–40 in *Reading from Right to Left: Essays on the Hebrew Bible in Honour of David J. A. Clines*. Ed. by C. Exum and H. G. M. Williamson. Sheffield: Sheffield Academic Press, 2003.

Hubbard, D. A. *Proverbs*. Waco, Tex.: Word, 1989.

Humphreys, W. L. "The Motif of the Wise Courtier in the Old Testament." Pages 161–75 in *Israelite Wisdom: Theological and Literary Essays in Honor of Samuel Terrien*. Ed. J. G. Gammie et al. Missoula, Montana: Scholars Press, 1978.

Hurowitz, V. A. "An Often Overlooked Alphabetic Acrostic in Proverbs 24:1–22." *Revue Biblique* 107 (2000): 526–40.

_____. "Proverbs 29:22–27: Another Unnoticed Alphabetic Acrostic." *JSOT* 92 (2001): 121–25.

_____. "The Seventh Pillar: Reconsidering the Literary Structure and Unity of Proverbs 31." *ZAW* 113. 2 (2001): 209–18.

Jamieson, D. D. *Scribes and Schools in Monarchic Judah*. JSOTSup. Sheffield: Almond Press, 1990.

Jenks, A. W. "Theological Presuppositions of Israel's Wisdom Literature." *HBT* 7 (1985): 43–75.

Jensen, I. L. *Proverbs*. Chicago: Moody Press, 1982.

Jobes, K. H. "Sophia Christology: The Way of Wisdom?" in Pages 226–50 in *The Way of Wisdom: Essays in Honor of Bruce K. Waltke*. Grand Rapids, Zondervan, 2000.

Johnson, L. D. *Proverbs, Ecclesiastes, Song of Solomon*. Nashville: Broadman

Press, 1982.

Jones, E. *Proverbs and Ecclesiastes: Introduction and Commentary*. New York: Macmillan, 1961.

Kaiser, Walter. "Wisdom Theology and the Centre of Old Testament Theology." *EQ* 50 (1978): 132-46.

Kaligula, L. *The Wise King: Studies in Royal Wisdom as Divine Revelation in the Old Testament and Its Environment*. Lund: C. Gleerup, 1980.

Keel, O. and Uehlinger, C. *God, Goddesses, and Images of God in Ancient Israel*. Trans. by T. Trapp. Minneapolis: Fortress Press, 1998.

Kidner, D. *Proverb: Introduction and Commentary*. TOTC. Downers Grove, Ill.: InterVarsity Press, 1964.

______. *The Wisdom of Proverbs, Job, and Ecclesiastes: An Introduction to Wisdom Literature*. Downers Grove, IL: InterVarsity Press, 1985.

Kitchen, K. A. "Some Egyptian Background to the Old Testament." *TynBul* 6-7 (1961): 4-18.

Koptak, P. *Proverbs*. NIVAC. Grand Rapids: Zondervan, 2003.

Koch, K. "Is There a Doctrine of Retribution in the Old Testament?" Pages 57-87 in *Theodicy in the Old Testament*. Ed. by J. L. Crenshaw. Philadelphia: Fortress Press, 1983.

Kruger, P. A. "Promiscuity or Marriage Fidelity? A Note on Prov 5:15-18." *JNSL* 13 (1987): 61-68.

Kselman, J. S. "Ambiguity and Wordplay in Proverbs Xi." *VT* 52 (2002): 545-48.

Kuntz, Kenneth J. "The Canonical Wisdom Psalms of Ancient Israel—Their Historical, Thematic and Formal Dimensions." *Rhetorical Criticism: Essays in Honor of James Muilenburg*. Ed. by J. J. Jackson and M. Kessler. Pittsburgh: The Pickwick Press, 1974.

Lambert, W. G. *Babylonian Wisdom Literature*. Oxford: Clarendon Press, 1960.

Lane, E. *Proverbs*. Scotland: Christian Focus Publication, 2000.

Lang, B. *Wisdom and the Book of Proverbs: Anderson Israelite Goddess Redefined*. Vandalia, MI: Pilgrim, 1986.

Lawson, G. *Proverbs*. Grand Rapids: Kregel Publications, 1980 (reprint 1829).

Lemaire, A. "The Sage in School and Temple." Pages 165–81 in *The Sage in Israel and the Ancient Near East*. Ed. by J. G. Gammie and L. G. Perdue. Winona Lake, IN: Eisenbrauns, 1990.

Lindenberger, J. M. *The Aramaic Proverbs of Ahiqar*. Baltimore: Johns Hopkins University Press, 1983.

Liver, J. "The Book of the Acts of Solomon." *Biblica* 48 (1967): 75–101.

Longman, T. *How to Read Proverbs*. Downers Grove, Ill.: InterVarsity Press, 2002.

Lucas, E. C. *Proverbs*. Two Horizons. Grand Rapids: Eerdmans Publisher, 2015

Maddux, R. C. *Outline Studies of Job, Proverbs, Ecclesiastes, and the Song of Songs*. Grand Rapids: Baker Book House, 1966.

Maier, C. "Conflicting Attractions: Parental Wisdom and the 'Strange Woman' in Proverbs 1–9." Pages 92–108 in *Wisdom and Psalms*. Ed. by A. Brenner and C. R. Fontaine. Sheffield: Sheffield Academic Press, 1998.

Martin, J. D. *Proverbs*. Sheffield: Sheffield Academic Press, 1995.

Marzal, A. *Gleanings from the Wisdom of Mari*. Rome: Biblical Institute Press, 1976.

McCreesh, T. P. *Biblical Sound and Sense: Poetic Sound Patterns in Proverbs*

10-29. JSOTSup. Sheffield: Sheffield Academic Press, 1991.

______. "Wisdom as Wife: Proverbs 31:10–31." *RB* 92 (1985): 25–46.

McKane, W. *Proverbs: A New Approach*. OTL. Louisville, KY: Westminster John Knox Press, 1970.

______. "A void the Immoral Woman: Proverbs 7." Pages 219–28 in *Learning from the Sages: Selected Studies on the Book of Proverbs*. Ed. by R. B. Zuck. Grand Rapids: Baker Book House, 1995.

McKenzie, J. L. "Reflections on Wisdom." *JBL* 86 (1967): 1–9.

Metlitzki, D. "A Woman of Virtue: A Note othn Eshet Hayil." *Orim* 1 (1986): 23–36.

Mieder, W. *Proverbs are Never Out of Season: Popular Wisdom in the Modern Age*. New York: Oxford University Press, 1993.

Mieder, W. and Dundes, A. *The Wisdom of Many: Essays on the Proverb*. New York: Garland Publishing, 1981.

______. *Wise Words*. New York: Garl and Publishing, 1994.

______. *Cognition, Comprehension, and Communication: A Decade of North American Proverb Studies (1990-2000)*. Baltmannsweiler: Schnieder Verlag Hohengehren, 2003.

______. *Proverbs: A Hand book.* Westport, CT: Greenwood Press, 2004.

Midgley, M. "Intelligence, Wisdom and Folly." Pages 185–94 in *Where Shall Wisdom Be Found?* Ed. by S. C. Barton. Edinburgh: T&T Clark, 1999.

Miles, J. E. *Wise King- Royal Fool: Semiotics, Satire and Proverbs 1-9*. London: T&T Clark Publishers, 2004.

Montgomery, D. J. "A Bribe Is a Charm: A Study of Proverbs 17:8." Pages 134–49 in *The Way of Wisdom*. Ed. by J. I. Packer and S. K. Soderlund. Grand Rapids: Zondervan, 2000.

Morgan, D. *The Making of Sages: Biblical Wisdom and Contemporary Culture*. Harrisburg, PA: Trinity Press International, 2002.

_____. *Wisdom in the Old Testament Traditions*. Atlanta: John Knox Press, 1981.

Morris, H. M. *The Remarkable Wisdom of Solomon: Ancient Insights from the Song of Solomon, Proverbs, and Ecclesiastes*. Green Forest, AR: Master Books, 2001.

Murphy, R. *The Tree of Life: An Exploration of Biblical Wisdom Literature*. NY: Doubleday, 1990

_____. *Proverbs*. WBC. Dallas, TX: Word, 1998.

_____. "Wisdom and Creation." *JBL* 104 (1985): 3-11.

_____. *Wisdom Literature: Job, Proverbs, Ruth, Canticles, Ecclesiastes, and Esther*. FOTL. Grand Rapids: Eerdmans, 1981.

Mouser, W. *Walking in Wisdom: Studying the Proverbs of Solomon*. Downers Grove, IL: InterVarsity Press, 1983.

Nel, P. J. *The Structure and Ethos of the Wisdom Admonitions in Proverbs*. Berlin: Walter de Gruyter, 1982.

_____. "The Concept of Father' in the Wisdom Literature of the Ancient Near East." *JNSL* 5 (1977): 53-66.

_____. "A Proposed Method for Determining the Context of the Wisdom Admonitions." *JNSL* 6 (1978): 33-40.

Newsom, C. *Woman and The Discourse of Patriarchal Wisdom: A Study of Proverbs 1-9*. Minneapolis: Fortress Press, 1989.

Niditch, S. *Oral World and Written Word*. Louisville: Westminster/John Knox Press, 1996.

North, F. S. "The Four Insatiables." *VT* 15 (1965): 281-82.

Noth, M. and Thomas, D. W. *Wisdom in Israel and in the Ancient Near*

East. VTSup. Leiden: Brill, 1955.

Nutt, J. W. *The Proverbs*. Grand Rapids: Zondervan Publishing House, 1961.

Parsons, G. W. "Guidelines for Understanding and Proclaiming the Book of Proverbs." *BibSac* 150 (1993): 151–70.

O'Connell, R. H. "Proverbs VII: 6–17: A Case of Fatal Deception in 'Woman and the Window' Type Scene." *VT* 41 (1991): 235–41.

O'Conner, K. M. *The Wisdom Literature*. Wilmington, DE: Michael Glazier, 1988.

Ogden, G. S. "Better Proverb (Tob–Spruch), Rhetorical Criticism, and Qoheleth." *JBL* 96 (1977): 489–505.

Ong, W. J. *Orality and Literacy: The Technologizing of the Word*. London: Methuen, 1982.

Overland, P. B. "Did the Sage Draw from the Shema? A Study of Proverbs 3:1–12." *CBQ* 62.3 (2000): 424–40.

Packer, J. I. and Soderlund, S. eds. *The Way of Wisdom: Essays in Honor of Bruce K. Waltke*. Grand Rapids: Zondervan, 2000.

Pardee, D. *Ugaritic and Hebrew Poetic Parallelism: A Trial Cut ('nt and Proverbs 2)*. Leiden: E. J. Brill, 1988.

Parsons, Greg W. "Guidelines for Understanding and Proclaiming the Book of Proverbs." Pages 151–70 in *Learning from the Sages: Selected Studies on the Book of Proverbs*. Ed. by R. Zuck. Grand Rapids: Baker Book House, 1995.

Pauw, A. P. *Proverbs and Ecclesiastes*. Belief. Louisville, KY: Westminster John Knox Press, 2015.

Pedersen, J. *Israel, Its Life and Culture*. London: Oxford University Press, 1964.

Perdue, L. G. *Wisdom and Cult: A Critical Analysis of the View of the Cult in the Wisdom Literatures of Israel and the Ancient Near East*. Missoula, MT: Scholars Press, 1977.

_____. *Wisdom and Creation*. Nashville: Abingdon Press, 1994

_____. *Proverbs*. Interpretation. Louisville, KY: Westminster John Knox Press, 2000.

_____. "Cosmology and the Social Order in the Wisdom Tradition." Pages 117–32 in *The Sage in Israel and the Ancient Near East*. Ed. by J. G. Gammie and L. G. Perdue. Winona Lake, IN: Eisenbrauns, 1990.

Perowne, T. T. *The Proverbs*. Cambridge: Cambridge University Press, 1899.

Perry, T. A. *Wisdom Literature and the Structure of Proverbs*. University Park, PA: Pennsylvania State University Press, 1993.

Pfeiffer, C. F. *Psalms and Proverbs in Two Versions with Commentary*. New York: Iversen–Norman Associates, 1973.

Plaut, W. Gunther. *Book of Proverbs: A Commentary*. New York: Union of American Hebrew Congregations, 1961.

Porteus, N. W. "Royal Wisdom." Pages 77–91 in *Wisdom in Israel and in the Ancient Near East*. Ed. by M. Noth. and D. W. Thomas. VTSup. Leiden: E. J. Brill, 1955.

Pritchard, J. B. *Ancient Near Eastern Texts: Relating to the Old Testament*. Princeton: Princeton University Press, 1969.

Rankin, O. S. *Israel's Wisdom Literature*. Edinburgh: T&T Clark, 1954.

Ray, J. D. "Egyptian Wisdom Literature." Pages 17–29 in *Wisdom in Ancient Israel*. Ed. by J. Day et al. New York: Cambridge University Press, 1995.

Raymond, J. "Tensions in Proverbs: More Light on International Understanding." Pages 300–308 in *The Wisdom of Many: Essay on the Proverb*. Ed. by W. Mieder and A. Dundes. Madison WI: Wisconsin University Press, 1981.

Ross, A. P. "Proverbs." Pages 21–252 in *The Expositor's Bible Commentary Revised Edition*, vol. 65. Ed. by T. Longman and D. E. Garland. Grand Rapids: Zondervan, 2008.

Roth, W. M. "The Numerical Sequence x/x+1 in the Old Testament." *VT* 12 (1962): 300–11.

_____. "Numerical Sayings in the Old Testament." *VT* 13 (1963): 86.

_____. "Nbl." *VT* 10 (1960): 394–409.

Ruffle, J. "The Teaching of Amenemope and Its Connection with the Book of Proverbs." *TynBul* 28 (1977): 29–68.

Rylaarsdam, C. *The Proverbs, Ecclesiastes, The Song of Solomon*. LSBC. Richmond, VA: John Knox Press, 1964.

Sauer, A. "Wisdom and Law in Old Testament Wisdom Literature." *Concordia Theological Monthly* 43 (1972): 600–9.

Scherer, A. "Is The Selfish Man Wise? Considerations of Context in Proverbs 10:1–22:16 with Special Regard to Surety, Bribery and Friendship." *JSOT* 76 (1997): 59–70.

Scott, R. B. Y. *Proverbs/Ecclesiastes*. AB. Garden City, NY: Doubleday, 1965.

Sheppard, G. T. *Wisdom as a Hermeneutical Construct: A Study in the Sapientialising of the Old Testament*. Berlin: Walter de Gruyter, 1980.

Shupak, N. *Where Can Wisdom Be Found? The Sage's Language in the Bible and in Ancient Egyptian Literature*. Gottingen: Vandenhoeck &

Ruprecht, 1993.

Simpson, W. K., ed. *The Instruction of Amenemope: The Literature of Ancient Egypt*. New Haven, CT: Yale University Press, 1972.

Skehan, P. W. *Studies in Israelite Poetry and Wisdom*. Washington: Catholic Biblical Association of America, 1971.

Sneed, M. "The Class Culture of Proverbs: Eliminating Stereotypes." *JSOT* 10 (1996): 296–308.

Snell, D. C. *Twice-Told Proverbs and the Composition of the Book of Proverbs*. Winona Lake, IN: Eisenbrauns, 1993.

______. *Wisdom, Intelligence, and Creativity Synthesized*. Cambridge. Cambridge Univ. Press, 2003.

______. *A Handbook of Wisdom: Psychological Perspectives*. Cambridge. Cambridge Univ. Press, 2005.

______. "The Most Obscure Verse in Proverbs: Proverbs Xxvi10." *VT* 41 (1991): 350–356.

Song, R. "Wisdom as the End of Morality." Pages 295–306 in *Where Shall Wisdom Be Found?* Ed. by S. C. Barton. Edinburgh: T&T Clark, 1999.

Spencer, A. B. *The Goddess Revival*. Grand Rapids: Baker Book House, 1995.

Stek, J. H. "Proverbs: An Introduction." *CTJ* 36 (2001): 342–71.

Sternberg, R. J. *Wisdom: Its nature, origins, and development*. Cambridge: Cambridge University Press, 1990.

Steinmann, A. E. "Proverbs 1–9 as a Solomonic Composition." *JETS* 43 (2000): 659–74.

Stuckenbruck, L. T. "Wisdom and Holiness at Qumran: Strategies for Dealing with Sin in the Community Rule." Pages 47–60 in *Where*

Shall Wisdom Be Found? Ed. by S. C. Barton. Edinburgh: T&T Clark, 1999.

Suggate, A. "Does Ethical Wisdom Lie in Worship? " Pages 307–20 in *Where Shall Wisdom Be Found?* Ed. by S. C. Barton. Edinburgh: T&T Clark, 1999.

Tan, N. N. H. *The 'Foreignness' of the Foreign Woman in Proverbs 1-9*. Berlin: de Gruyter, 2008.

Taylor, A. *The Proverb*. Cambridge: Harvard University Press, 1931.

Thomas, D. *Book of Proverbs: Expository and Homiletical Commentary*. Grand Rapids: Kregel Publications, 1982.

Thomas. D. W. "Textual and Philological Notes on Some Passages in the Book of Proverbs." Pages 280–92 in *Wisdom in Israel and in the Ancient Near East*. Ed. by. M. Noth and D. W. Thomas. VTSup. Leiden: E. J. Brill, 1955.

Thompson, J. M. *The Form and Function of Proverbs in Ancient Israel*. The Hague: Mouton and Company, 1974.

Tov, E. *Textual Criticism of the Hebrew Bible*. Philadelphia: Fortress Press, 1992.

Toy, C. H. *The Book of Proverbs*. ICC. New York: Scribner's Sons, 1902.

Trible, P. "Wisdom Builds a Poem: The Architecture of Proverbs 1:20–33." *JBL* 94 (1975): 509–18.

Van Leeuwen, R. C. *The Problem of Literary Context in Proverbs 25-27: Structures, Poetics, Semantics*. SBLDS. Atlanta: Scholars Press, May1988.

_____. "Proverbs." Pages 12–247 in *The New Interpreter's Bible*, vol. 5. Nashville: Abingdon Press, 1997.

_____. "Wealth and Poverty: System and Contradiction in Proverbs."

Hebrew Studies 33 (1992): 25–36.

Vawter, B. "Prov 8:22: Wisdom and Creation." *JBL* 99 (1980): 205–16.

Von Rad, G. *Wisdom in Israel*. Nashville: Abingdon, 1972.

Walls, A. F. "Proverbs." In *The New Bible Commentary, Revised*. Grand Rapids: Eerdmans Publisher, 1970.

Waltke, B. K. *The Book of Proverbs Chapters 1-15*. NICOT. Grand Rapids: Eerdmans, 2004.

______. *The Book of Proverbs Chapters 16-31*. NICOT. Grand Rapids: Eerdmans, 2005.

Washington, H. C. *Wealth and Poverty in the Instruction of Amenemope and the Hebrew Proverbs*. Atlanta, Scholars Press, 1994.

______. "The Strange Woman of Proverbs 1–9 and Post–Exilic Judean Society." Pages 217–42 in *Second Temple Studies 2*. Ed. by T. C. Eskenazi and K. H. Richards. Sheffield: JSOT Press, 1994.

Weeks, S. *Early Israelite Wisdom*. Oxford: Clarendon, 1994.

Westermann, C. *Roots of Wisdom: The Oldest Proverbs of Israel and Other Peoples*. Louisville: Westminster/ John Knox Press, 1995.

Whybray, R. N. *The Book of Proverbs*. NCBC. Cambridge: Cambridge University Press, 1972.

______. *Wealth and Poverty in the Book of Proverbs*. Sheffield: Academic Press, 1990.

______. *The Composition of the Book of Proverbs*. Sheffield: Academic Press, 1994.

______. *The Book of Proverbs: A Survey of Modern Study*. Leiden: Brill, 1995.

Whybray, R. N. et al., ed. *The Book of Proverbs: A Survey of Modern Study*. Leiden: E. J. Brill, 1995.

Williams, J. G. *Those Who Ponder Proverbs: Aphoristic Thinking and Biblical Literature*. Sheffield: The Almond Press, 1981.

_____. "The Power of Form: A Study of Biblical Proverbs." Pages 73–98 in *Learning from the Sages: Selected Studies on the Book of Proverbs*. Ed. by R. B. Zuck. Grand Rapids: Baker Book House, 1995.

Wilson, L. *Proverbs*. TOTC. Downers Grove, IL: InterVarsity Press, 2018.

Wolters, A. "Nature and Grace in the Interpretation of Proverbs 31:10–31." *CTJ* 19 (1984): 153–66.

_____. *The Song of the Valiant Woman: Studies in the Interpretation of Proverbs 31:10-31*. Waynesboro, GA: Paternoster Press, 2001.

Wood, J. *Wisdom Literature: An Introduction*. London: Duckworth & Co., 1967.

Woodcock, E. "Basic Terminology of Wisdom, Folly, Righteousness, and Wickedness." Pages 111–24 in *Learning from the Sages: Selected Studies on the Book of Proverbs*. Ed. by R. B. Zuck. Grand Rapids: Baker Book House, 1995.

_____. *Proverbs: A Topical Study*. Grand Rapids: Zondervan, 1988.

Wright, A. G. "Numerical Patterns in the Book of Wisdom." *CBQ* 29 (1967): 524–38.

Wurthwein, E. "Egyptian Wisdom and the Old Testament." Pages 113–33 in *Studies in Ancient Israelite Wisdom*. Ed. by J. L. Crenshaw. New York: Ktav Publishing House, 1976.

Yee, G. "An Analysis of Proverbs 8:22–31 according to Style and Structure." *ZAW* 94 (1982): 58–67.

Yoder, C. R. *Proverbs*. AOTC. Nashville: Abingdon Press, 2009.

Zimmerli, W. "Concerning the Structure of Old Testament Wisdom."

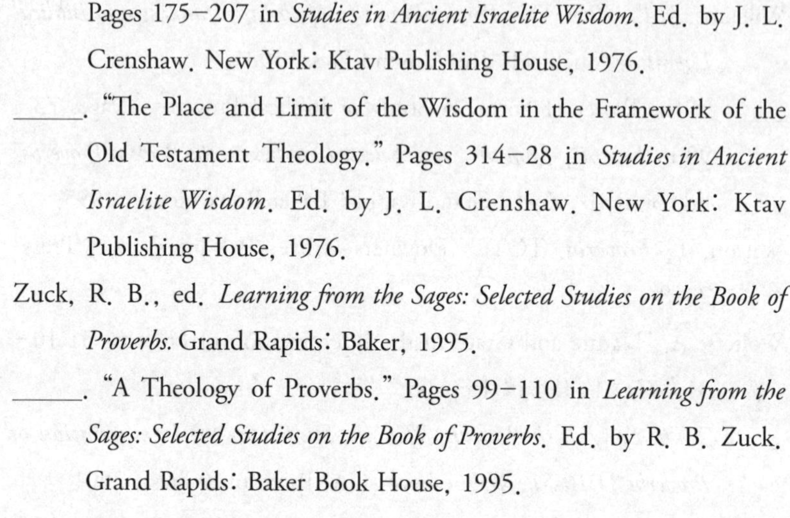

Pages 175–207 in *Studies in Ancient Israelite Wisdom*. Ed. by J. L. Crenshaw. New York: Ktav Publishing House, 1976.

_____. "The Place and Limit of the Wisdom in the Framework of the Old Testament Theology." Pages 314–28 in *Studies in Ancient Israelite Wisdom*. Ed. by J. L. Crenshaw. New York: Ktav Publishing House, 1976.

Zuck, R. B., ed. *Learning from the Sages: Selected Studies on the Book of Proverbs.* Grand Rapids: Baker, 1995.

_____. "A Theology of Proverbs." Pages 99–110 in *Learning from the Sages: Selected Studies on the Book of Proverbs*. Ed. by R. B. Zuck. Grand Rapids: Baker Book House, 1995.

잠언

여호와를 경외하는 것이 지식의 근본이거늘
미련한 자는 지혜와 훈계를 멸시하느니라
내 아들아 네 아비의 훈계를 들으며
네 어미의 법을 떠나지 말라
이는 네 머리의 아름다운 관이요
네 목의 금 사슬이니라
(1:7–9)

내가 두 가지 일을 주께 구하였사오니
내가 죽기 전에 내게 거절하지 마시옵소서
곧 헛된 것과 거짓말을 내게서 멀리 하옵시며
나를 가난하게도 마옵시고 부하게도 마옵시고
오직 필요한 양식으로 나를 먹이시옵소서
혹 내가 배불러서 하나님을 모른다
여호와가 누구냐 할까 하오며
혹 내가 가난하여 도둑질하고

내 하나님의 이름을 욕되게 할까 두려워함이니이다

(30:7-9)

소개

잠언은 독자를 향해 끊임없이 직선적으로 도전하며 거침없는 '돌직구'를 날린다. 또한 분명하고 확고한 윤리에 기초하고 있지만 도덕적인 삶을 강요하기보다 삶에 관해 대답하고, 그 삶에 어떻게 대응할 수 있는지 훈련하며, 이를 통해 인격을 쌓도록 권면한다. 그러므로 잠언은 독자들을 향한 설득이라고 말할 수 있다(1-9장은 이 같은 원리에서 예외다).

우리가 의식해야 할 사항은 시가서의 공통적인 취지가 사회 전반을 개혁하는 데 있지 않다는 사실이다. 시가의 목적은 사회 개혁이 아닌, 개인을 권면하고 지도하는 데 있다. 이러한 취지에 따라 잠언은 사회의 변혁보다는 현존하는 테두리 안에서 사회와 조화를 이루고 살아가는 지혜를 제시하는 것을 목적으로 한다.

1. 잠언과 고대 근동

잠언은 이스라엘이 창안한 독특한 장르의 문학이 아니다. 잠언은 여러 고대 문명의 중요한 부분을 차지했던 문학으로, 많은 고서가 이스라엘의 주변 국가들에서 발견된다. 성경의 잠언은 주로 두 가지 소(小) 장르(sub-genre)로 구성된다: '부모가 자식에게 훈계하는 교훈' 형식과 '간략한 교훈' 형식이다. 이 중 '아버지—아들' 형식은 주전 3000년대 때부터 메소포타미아와 이집트 지역에서 이미 사용되었던 증거가 남아 있다. 메소포타미아 지역에서는 주전 3000-2000년대에 유래한 28개의 수메리아어와 아카디아어 잠언 모음집이 발굴 되었으며, 이집트에는 이 시대로부터 유래된 잠언 모음집은 없지만 당시 이집트 문학

작품 곳곳에서 잠언이 사용되었던 증거가 남아 있다. 많은 학자는 잠언 22:17-24:22이 이집트 잠언 모음집들 중 하나인 아메네모페의 가르침(Instructions of Amenemope)을 상당 부분 인용하고 있다고 한다(Dell, McKane, Murphy, Waltke, cf. Kitchen, Lucas).

(1) 잠언의 정황

잠언이 사용된 정황을 살펴보면 상당히 다양하다는 사실을 알 수 있다. 첫째, 가정에서 아버지가 아들을 가르침을 배경으로 하는 잠언이다. 수메르어(Sumerian)의 잠언집 '수룹팍의 가르침'(*Instructions of Suruppak*), 바벨론의 '지혜의 조언'(Counsels of Wisdom), 우가릿(Ugarit)의 '슈비빌움의 조언'(Counsel of Shubeawilum) 등이 모두 이러한 정황을 배경으로 저작되었다. 둘째, 왕궁을 배경으로 하는 잠언이다(cf. 왕상 4:30-34; 잠 25:1; 31:1). 셋째, 학교에서 선생—학생 관계를 배경으로 하고 있는 잠언이다. 잠언은 고대 사회에서 교육의 중요한 부분을 차지했다. 학생들은 흔히 잠언을 외우고 씀으로 글쓰기를 배웠다. 이들을 가르쳤던 서기관들은 잠언을 문서화하여 교과서로 사용하며 보존하고 전수했다(cf. 왕하 18:18).

(2) 잠언의 실용성

고대 사회에서 잠언(격언, 속담 등)을 만든 사람들은 살아가는 데 필요한 지혜가 간결하여 외우기 쉬운 잠언을 통해 쉽게 유통될 수 있으며, 접한 사람들의 삶을 파고들 수 있다고 생각했다. 그들은 세 가지를 전제하여 작품을 남겼다. 첫째, 잠언을 통해 표현된 지혜는 매우 실용적이다. 둘째, 삶의 지혜를 제공하는 잠언은 신들이 인간에게 전수해준 것이다. 셋째, 지혜의 결정체인 잠언은 특별한 채널을 통하여 온다. 이 세 가지를 하나씩 살펴보자.

첫째, 잠언(지혜)은 매우 실용적이다. 잠언은 이론적이거나 사색적이기보다는 실질적이며 바로 삶에 적용할 수 있는 실용성을 지녔다. 왕이 지혜롭다는 것은 그가 통치를 잘 하기 때문이다. 보석상이 지혜로운 것은 그가 보석을 잘 자르고 다듬어서 좋은 작품을 만들 수 있기 때문이다. 또한 여인이 지혜롭다는 것은 집안 살림을 잘 하기 때문이다. 지혜는 지닌 사람의 삶에 즉시 효과를 나타낸다. 그러므로 많은 지식을 자신의 삶에 실천하지 않는 사람을 지혜로운 자라고 하지 않는다. 이러한 차원에서 구약 전체에서 자주 사용되는 히브리어 단어 '알다'(ידע)의 의미를 생각해 볼 필요가 있다.

사무엘서는 실로에서 사역하는 엘리 제사장과 그의 아들들의 이야기로 시작한다. 그의 아들들도 아버지처럼 성막에서 사역하는 제사장들이었는데 여호와께 제사를 드리러 온 예배자들에게 온갖 악한 짓을 했다. 사무엘서 저자는 제사장들인 그들이 여호와가 계시는 성막에서 이런 짓을 한 것은 그들이 여호와를 '알지 못했기'(לֹא יָדְעוּ) 때문이라 한다(삼상 2:12, cf. 3:7). 율법을 외우다시피 하고, 매일 하나님께 드리는 예배를 인도하는 제사장들이 여호와를 모른다는 것은 충격적일수 있지만, 사실은 그렇지 않다. 아무리 여호와에 대해 이론적인 지식을 많이 가졌다 할지라도, 자신이 그 지식에 따라 살지 않으면 그는 여호와를 모른다고 할 수 있다. 지식은 매우 실용적이기 때문이다.

둘째, 잠언(지혜)은 신들이 인간에게 전수해 준 것이다. 지혜는 근본적으로 신들의 소유물이라는 것이 고대 사람들의 생각이었다. 지혜를 독점하던 신들이 때로는 여러 가지 경로를 통해 사람들에게도 조금 나누어 주었다. 이러한 사고가 오랫동안 메소포타미아 지역을 지배했다. 그들의 신화에 의하면 신들은 모두 지혜로웠다. 그중 특히 에아/엔키(Ea/Enki)라는 신은 다른 신들에게 항상 좋은 아이디어를 제공해 주던 가장 지혜로운 신이었다고대 근동의 한 신화에 의하면 인간은 두 단계를 통해 창조되었다. 첫 번째 단계에서는 인간이 짐승들과 다를 바 없이 살았다. 신들이 인간과 짐승들을 별 차이 없이 함께 창조했기 때문이다. 이후 두 번째 단계에서야 인간은 비로소 지혜를 가지고 '인간답게' 살 수 있게 되었다. 이 단계에서 신들이 인간들에게 지혜를 주었기 때문이다. 반면에 성경은 하나님이 처음부터 사람을 자신의 모양과 형상대로 창조하셨다고 하는데(창 1:26-28), 이러한 사실은 인간이 창조되는 순간부터 이미 하나님의 형상과 모양의 일부인 지혜를 갖게 되었던 것을 기정사실화한다.

신들은 다른 짐승들에게는 주지 않은 지혜를 왜 인간에게만 준 것일까? 고대 근동의 신화들에 의하면 결코 선한 동기에서 비롯된 일은 아니다. 신들은 자신들이 창조한 세상을 운영하는 일과 그들이 해야 하는 일을 하기를 귀찮아 했다. 그러므로 신들은 창조의 두 번째 단계에서 인간에게 지혜를 주어 그들의 일을 대신하게 했다. 창조의 첫 번째 단계에서 인간은 짐승들과 별로 다를 바가 없어서 신들이 부려먹기에 적합하지 않았기 때문이다. 신들이 인간들을 노예로 부리기 위해 그들에게 지혜를 준 것이다.

신들은 인간에게 지혜를 주어 자신들이 필요한 것을 재배하고 건축하도록 했다. 그러므로 고대 근동의 신화들은 인간은 평생 신들을 위해 고생만 하다가 일생을 마친다고 했다. 반면에 성경은 지혜는 여호와께서 자기 모양과 형상에 따라 창조하신 인간에게 주신 가장 기본적인 선물이라고 한다. 그러므로 지혜롭게 사는 사람은 그에게 지혜를 선물로 주신 하나님의 의도에 가장 잘 부합해 사는 사람이다.

우리는 한 가지 중요한 사실을 생각해 보아야 한다. 많은 학자는 잠언을 포함한 성경의 지혜문학이 처음에는 비종교적이고 세속적이었으나 나중에서야 종교성을 띠게 되었다고 주장한다. 이러한 주장으로 학계를 이끌어 갔던 사람이 폰라트(von Rad)이다. 그는 성경의 지혜문학이 처음에는 종교성을 전혀 지니지 않았다고 주장한다. 폰라트는 훗날 지혜문학이 시내산 언약, 출애굽 사건 등과 관계를 지으면서 종교성을 띠기 시작했다고 한다.

그러나 생각해 보면 그의 주장은 큰 설득력이 없다는 것이 위 사실에서 드러난다. 성경뿐만 아니라, 고대 근동의 신화들을 살펴보면 지혜의 출발점은 처음부터 신들이었다. 그렇다면 왜 성경의 지혜서만 그 출발점이 비종교적인 정황이었을까? 고대 근동의 모든 증거들이 지혜문학은 근본적으로 종교적인 세계관을 장려하고 있다는 점을 역력히 드러내고 있다. 앞으로 본문 주해에서 지속적으로 깨닫게 되겠지만, 잠언의 상당 부분은 창조주 하나님과 연관 짓지 않으면 의미가 사라지거나 훼손된다. 신앙은 잠언이 세워진 가장 기본적인 바탕이다. 그러므로 잠언은 여호와를 경외하는 것이 지식의 근본이라고 한다(1:7).

셋째, 잠언(지혜)은 신들의 특별한 채널을 통해 온다. 누가 지혜를 세상에 알리는 신들의 특별한 통로인가? 지혜는 신들로부터 직접 왕, 족장, 가장, 서기관을 통해서, 혹은 그들의 작품을 통해서 세상에 온다는 것이 당시 생각이었다. 이러한 사고는 기득권자들의 위치를 더욱더 부각하는 결과를 초래했다. 왕이 왜 존귀한가? 신들이 그를 통해 지혜를 주었기 때문이다. 가장(家長)이 왜 중요한가? 신들이 가장을 통해 그 가정에 지혜를 주었기 때문이다. 그러므로 가장의 가르침을 거부하고 왕을 거역하는 것은 신들에게 반역하는 것과 같은 효과를 발휘했다.

성경은 이러한 고대 근동의 정서를 부인한다. 성경은 지혜의 근원을 여호와를 경외하는 것에서 찾는다(잠 1:7). 그러므로 왕과 족장 등 사회 지도자들이 매개체가 되어 하나님의 지혜를 세상에 전달할 수 있지만, 만일 그들이 여호와를 경외하지 않는다면, 하나님은 그들을 일반인들에게 지혜를 전달하는 통로로 사용하지 않으실 것이다. 반면에 일반인이라도 여호와를 경외하면, 하나님은 그들을 세상에 지혜를 선포하는 통로로 사용하실 수 있다. 하나님이 인간에게 주시는 지혜 앞에서 신분의 귀천은 별 의미가 없으며, 오직 각 사람의 믿음의 차이에 따라 하나님이 그를 지혜의 통로로 사용하실지, 아니하실지를 판가름한다.

잠언은 편집자들이 그들에게 전수되어 내려오던 교훈과 가르침을 이렇다 할 편집을 하지 않고 모아 놓은 책일까? 거의 모든 학자들은 정경 편집자들은 자신들이 물려받은 자료들에 새로운 의미와 메시지를 부여하기 위해 편집한 것이라 생각한다. 새로운 메시지를 더하기 위해 필요에 따라서는 전수받은 자료들을 재구성하기도 하고, 더하거나 빼기도 하고, 플롯과 테마를 더하기도 했다. 편집자가 전수받은 자료를 새로이 정리하는 것은 저자가 새로운 작품을 집필하는 것에 버금가는 일이다.

잠언은 누가 수집한 것이며 언제쯤 완성된 것일까? (잠언에 반영된 컬렉션에 대해서는 '구조'를 참조하라). 책에서 유추할 수 있는 모든 것을 감안할 때, 잠언은 여러 출처들이 모여 편집 과정을 통해 하나로 묶여진 것이 분명하다. 그렇다면 누가 자료들을 수집하여 하나로 묶었을까? 이 점에 대해 잠언은 단서가 될 만한 기록을 별로 남기지 않았다. 다만 가장 유력한 역사적 표제는 25:1의 "이것도 솔로몬의 잠언이요 유다 왕 히스기야의 신하들이 편집한 것이라"라는 말씀이다. 이 표제를 근거로 많은 사람들이 히스기야 왕 때(ca. 주전 700년) 이 책의 형태가 대부분 갖춰진 것으로 추정한다.

고대 근동의 잠언 문학과 성경의 잠언 문학은 어떤 차이점을 지녔을까? 이 점에 대해 학자들은 대체적으로 두 가지를 말한다. 첫째, 성경의 잠언(특히 1–9장)은 고대 근동이나 이집트의 잠언들보다 덜 구체적(less specific)이라는 점이다. 성경의 잠언은 다른 나라의 잠언들보다 인격과 원리를 훨씬 더 강조하는 성향이 있는가 하면, 고대 근동의 잠언들은 성경의 잠언들보다 행위를 더 강조한다. 둘째, 성경의 잠언은 고대 근동의 초기 지혜문학에서는 찾아볼 수 없는 고도의 은유적인 기술법을 사용하고 있다는 점이다. 이는 1, 8, 9장에서 지혜가 의인화되는 것과, 지혜의 원수들이 '악한 자들'(1:8–19; 2:13–15; 4:10–19)과 '음녀'(2:16–19;

5장; 6:20-35; 7장; 9:13-18)로 의인화되는 것에서 찾을 수 있다.

2. 특성

잠언은 기억에 남기 쉬운 간결한 가르침으로 여러 사람들의 지혜를 담고 있으며 다음과 같은 특성을 지니고 있다.

첫째, 간결하다. 잠언은 자세한 설명을 포함하고 있지 않을 뿐만 아니라 몇 개의 단어에 불과한 문장으로 구성되어 있다. 지나치게 간결한 문장 탓에 의미를 찾기가 쉽지 않을 때가 있다.

둘째, 삶에 관한 지혜를 제시한다. 시대와 문화, 때로는 종교까지 초월하여 사람이 어떻게 사는 것이 지혜로운 삶인가에 대해 가르친다. 이런 면에서 잠언은 범우주적이라 할 수 있다. 잠언은 단지 유대교—기독교인만이 아닌, 종교에 상관없이 누구든 창조주에게서 오는 지혜에 따라 살고 싶은 열망이 있는 사람들을 위해 기록되었다.

셋째, 구체적이고 확실한 표현을 사용한다. 잠언의 언어는 매우 직선적이며 구체적이다. 그러므로 잠언을 읽다 보면 머릿속에 강한 이미지가 떠오르는 일이 자주 있다. 확고한 언어를 사용해 읽는 사람들의 마음에 각인이 되기를 바라기 때문이다.

넷째, 정형화된 표현법(fixed formula)을 많이 사용한다. 예외도 종종 있기는 하지만, 잠언 대부분은 정해진 양식에 따라 작성되었다. 더 나아가 경우에 따라서는 단어 숫자나 음률을 맞추기 위해 문법상 필요한 단어를 생략하기도 한다. 무엇보다도 외우는 일을 돕기 위해서이다.

다섯째, 일반화된 틀, 패턴, 패러다임 등을 통해 삶을 묘사한다. 예를 들자면 잠언은 삶의 지혜를 말할 때 어리석은 자와 지혜로운 자를 비교해서 가르침을 전개해 나간다. 또한 가르침은 대체적으로 보편성을 띠는 것들이다. 그러므로 경우에 따라서는 특정한 문화와 시대에는 어울리지 않을 수도 있다.

여섯째, 시가체로 이루어져 있다. 시(詩)라기보다는 간단한 문장이 더 정확한 표현일 것이다. 잠언은 이처럼 몇 개의 단어로 형성된 간단명료한 문장들이기 때문에 기억하기가 쉽다. 정형화된 표현을 사용하는 것과 간단한 문장으로 구성된 것 모두 쉽게 외우도록 하기 위해서이다.

3. 양식

학자들은 잠언을 양식(정형화된 표현법)에 따라 분류할 때, 적게는 5-6가지, 많게는 15가지로 분류한다. 우리는 구약의 격언들을 다음과 같이 11가지의 양식에 따라 논하고자 한다. 각 유형의 특징을 간략하게 살펴보자.

	종류(form)	예(example)	성구
1	가르침(instruction)	"아들아 아비의 훈계를 들으라"	잠 4:1
2	권면(admonition)	"네 마음을 지키라"	잠 4:23
3	계수적 (numerical saying)	"깨닫지 못하는 것 서넛이 있으니"	잠 30:18-19
4	"…보다 나은…" (better-than saying)	"지혜를 얻는 것이 금을 얻는 것보다 얼마나 나은고"	잠 16:16
5	비교 (comparative saying)	"젖을 저으면 버터가 되는 것같이"	잠 30:33
6	가증 (abomination saying)	"악인의 제사는 미워하셔도"	잠 15:8
7	수훈(beatitude)	"…는 복이 있나니"	잠 14:21
8	역설 (paradoxical saying)	"부드러운 혀는 뼈를 꺾느니라"	잠 25:15
9	유희시(acrostic)	현숙한 여인의 시	잠 31:10-31
10	대중적/민속적 (popular/folk saying)	"사람이 어떠하면 그 힘도 그러하리라"	삿 8:21
11	쌍(pairs)	"하라/하지 말라"	잠 26:4-5

(1) 가르침(instruction)

고대 근동에서 흔히 사용된 교수법이다. 이집트의 아메네모페의 가르침(*Instructions of Amenemope*)과 잠언 22:17 이후에 기록된 잠언들이 이 양식을 취하고 있으며, 솔로몬 잠언(cf. 1-9장)의 중요한 양식이다: "내 아들아 악한 자가 너를 꾈지라도 따르지 말라"(1:10). 이 양식은 흔히 '아들—아버지' 형식을 취하는데, '아버지—아들'이 꼭 가족관계로 해석될 필요는 없다. 고대 사회에서는 '학생—선생' 관계도 '아들—아버지'로 표현하는 것이 일상화되어 있었기 때문이다.

이 양식에서는 지혜와 어리석음이 의인화되어서 어리숙한 청년의 마음을 사로잡으려 한다. 저자가 지혜에 관해 가르치면서 여러 가지 다양한 용어를 사용하는 경우, 이 단어들의 차이점이 아니라 공통점이 강조되어야 한다. 또한 잠언이 성적(性的)인 언어를 사용하는 경우 이 언어를 영적으로 해석하려 하지 말고 액면 그대로 수용하는 것이 바람직하다(cf. 5, 7장). 이렇게 할 경우, 이 같은 가르침은 '성교육'의 모델로 제시될 수 있다.

(2) 권면(admonition)

권면은 가장 흔한 종류의 잠언이다. 대개 명령이 먼저 주어지며 그 의도(motive)가 뒤따른다. 권면 부분은 대부분 명령형으로 표현된다(이렇게 하라/이렇게 하지 말라). 많은 잠언이 이런 유형으로 표현되어 있다: "내 아들아 네 아비의 훈계를 들으며 네 어미의 법을 떠나지 말라 이는 네 머리의 아름다운 관이요 네 목의 금 사슬이니라"(1:8-9). 부모의 훈계를 귀담아듣는 지혜가 있는 사람은 훗날 그 훈계로 인하여 많은 영광과 존귀함을 얻게 될 것이라는 권면이다. 이 양식을 취하는 잠언을 해석할 때에는 명령의 내용과 의도(motive)를 잘 파악해야 한다. 그리고 나서 명령과 동기(motive)의 관계를 관찰하여 해석해야 한다.

(3) 계수적(numerical saying)

이 잠언은 대개 숫자와 목록을 나열하며 제시된다. 숫자는 비슷한 성향의 것들을 나열하여 일관성을 보게 한다. 숫자는 또한 배우는 자들의 기억을 돕는다. 이 양식은 30장에서 많이 사용된다. 한 예로 "세상을 진동시키며 세상이 견딜 수 없게 하는 것 서넛이 있나니 곧 종이 임금된 것과 미련한 자가 음식으로 배부른 것과 미움받는 여자가 시집간 것과 여종이 주모를 이은 것이니라"(30:21-23). 이 유형의 잠언을 해석할 때에는 함께 나열된 것들을 하나로 묶는 공통점들을 찾아야 한다. 또한 잠언의 의도가 어떻게 이런 목록을 통하여 강조되고 있는지를 생각해 보아야 한다.

(4) "…보다 나은…"(better-than saying)

이 양식은 한 가지가 다른 것보다 귀하게 여겨져야 한다는 가르침을 줄 때 주로 사용된다. 잠언에서 자주 사용되는 유형이며 한 예로 "지혜를 얻는 것이 은을 얻는 것보다 낫고 그 이익이 정금보다 나음이니라"(3:14)를 들 수 있다. 당장은 은(돈, 부)이 지혜보다 더 나은 것으로 보일 수 있지만, 장기적인 안목에서는 은을 가지는 것보다 지혜를 가지는 것이 더 나을 것이다. 지혜로운 자는 은이 아니라 훨씬 더 값진 것을 얻게 될 것이기 때문에, 저자는 지혜가 정금보다도 나은 것이라고 한다. 듣는 이에게 확실한 가치관과 우선권(priority)을 제시하는 잠언이다.

이 유형은 이집트에서 광범위하게 사용되었던 양식이다. 하나의 예로 안크셰숀크(Ankhsheshonq)는 "벙어리가 재빠른 혀보다 낫다"는 격언을 남겼다. 이 형태의 잠언이 성경에서는 전도서 안에서 많이 사용된다. 이러한 잠언을 해석할 때에는 잠언 안에서 어떤 것이 수용되고 어떤 것이 거부되는지를 관찰해야 한다. 또한 수용/거부되는 것들이 서로 어떻게 연관되어 있으며 이것들이 한 사람을 놓고 어떻게 경쟁하는가를 생각해 보아야 한다.

(5) 비교(comparative saying)

잠언은 은유법과 비교법을 매우 많이 사용한다. 은유법적 비교는 듣는 이로 하여금 메시지에서 적용으로 쉽게 넘어갈 수 있도록 도와준다. "온순한 혀는 곧 생명 나무이지만 패역한 혀는 마음을 상하게 하느니라"(15:4) 등이 이 유형에 속한다. 혀는 사람을 격려할 수도, 혹은 상처를 줄 수도 있다는 사실을 강조한다.

또한 듣고 행하는 이를 그의 행동에 동의하지 않는 자들로부터 보호하기 위하여 언어가 애매하게 사용되는 경우도 있다. 한 예로 "손자는 노인의 면류관이요 아비는 자식의 영화니라"(17:6)를 생각해보자. 이 말씀의 첫 부분이 제시하는 논리는 '손자가 노인의 면류관'이라는 것이다. 이 논리를 그대로 유지하면 자식은 아비(부모)의 영화가 되어야 한다. 그러나 저자는 오히려 부모가 자식의 영화라고 한다. 일상적으로 자식은 부모의 면류관이 되어야 하지만, 경우에 따라서는 오히려 부모가 자식의 면류관이 되는 상황을 포함하기 위해 이러한 표현을 사용하고 있는 것이다. 리모콘을 중심으로 모든 것에 선택을 부여하는 현대 사회에 가장 적합한 잠언이라 생각된다. 이 양식의 잠언을 해석할 때에는 잠언이 제시하고 있는 이미지, 주제, 그리고 이미지와 주제가 만나는 점을 파악해야 한다.

(6) 가증(abomination saying)

이 양식의 잠언은 "여호와께서 미워하시는 것 …"으로 고정이 되어 있다(cf. 11:1). "대저 패역한 자는 여호와께서 미워하시나 정직한 자에게는 그의 교통하심이 있으며, 악인의 집에는 여호와의 저주가 있거니와 의인의 집에는 복이 있느니라"(3:32–33) 등 이 유형의 잠언은 상당히 흔하다(cf. 6:16; 8:7; 11:20; 12:22; 13:19; 15:8). 신명기에서도 제물에 대해 자주 사용되는 표현법이다(cf. 7:25). 이 양식은 수메르(Sumer)에서 많이 사용되었던 것으로 알려져 있다. 이 잠언은 세상에 존재하는 '옳고 그름'에 대한 하나님의 평가를 강조한다. 당연히 옳은 것은 권장하고, 옳지 않은 것은 배제하도록 하기 위한 잠언이다.

(7) 수훈(beatitude)

권위를 가진 자들(아버지, 선생, 제사장, 왕)이 구체적인 정황에 처한 사람에게 축복을 선포하는 양식이다(cf. 시 1편). 한 예로 "지혜를 얻은 자와 명철을 얻은 자는 복이 있나니 이는 지혜를 얻는 것이 은을 얻는 것보다 낫고 그 이익이 정금보다 나음이니라"(3:13–14)를 들 수 있다. 이 유형의 잠언은 이집트에서도 흔히 사용되었으며 구약에서는 시편, 선지서 등에서도 종종 사용된다. 이 양식을 지닌 잠언에서는 무엇이 귀하게 여겨지는가와 선포되는 축복의 내용을 파악해야 한다. 가장 강조되어야 할 것은 잠언 안에서 귀하게 여겨지는 가치/물건이다. 또한 이러한 축복을 비는 사람의 정체를 파악하는 것도 해석에 도움이 된다.

(8) 역설(paradoxical saying)

등장하는 두 개의 요소가 서로 맞지 않는 양식을 취하는 잠언이다.

26:4-5이 그 대표적인 예이다. 삶의 유동성/애매함을 잘 표현하는 잠언들로 간주된다. 때로는 한가지가 맞고 때로는 그것에 반대되는 것이 옳다는 사실이 강조된다. 미국의 속담들을 통하여 이러한 정황을 생각해 보자. 미국에는 "서두름은 쓰레기를 생산한다"(Haste makes waste)며 일을 할 때 성급하게 하면 결과가 뻔하다는 말이 있다. 반면에 "주저하는 자는 망한다"(He who hesitates is lost)며 결단력을 가지고 신속하게 일을 처리해야 한다는 말이 있다. 하나는 일 처리를 빨리하지 말라며 신중할 것을 가르치는가 하면, 다른 하나는 주저하지 말고 일 처리를 빨리하라는 권면이다.

이 둘 중 하나가 잘못된 것인가? 아니다. 이 두 가지가 모두 적절한 교훈이다. 우리가 해야 할 일은 우리가 처해 있는 상황이 이 둘 중 어느 원칙을 따르는 것이 바람직한가를 분별하는 것이다. 잠언의 이러한 상대적/정황적 성향은 우리에게 겸손을 요구한다. 함부로 옳고 그름을 판단하지 말라는 것이다. 잠언이 영원불변하는 원칙이 아니라, 상대적인 것임을 가장 확실하게 보여 주는 유형이다.

(9) 유희시(acrostic)

유희시로 구성된 잠언은 히브리어 알파벳을 순서적으로 사용하여 메시지를 전한다. 대표적인 예가 31:10-31이다. 이 본문은 히브리어 알파벳을 순서적으로(א에서 ת에 이르기까지) 각 문장의 첫 번째 글자로 사용하여 현숙한 여인의 예찬론을 펼친다.

이 유희시는 현숙한 여인의 아름다움을 미적(aesthetic)으로 강조한다. 영어에 비교하자면 'A to Z'를 순서적으로 사용하여 현숙한 여인의 완벽성(completeness)을 부각시킨다. 그러다 보니 경우에 따라서는 문맥의 흐름이 다른 시들과 비교했을 때 매끈하지 못할 때가 있다. 유희시 잠언은 시가 언급하고 있는 주제의 최상적(superlative) 성향을 강조하고자 한다. 잠언은 아니지만, 시편 119편, 예레미야애가 등을 포함한 성경의 상당 부분이 유희시들로 작성되어 있다.

(10) 대중적/민속적(popular/folk saying)

이 유형의 잠언은 오랜 시간을 통해 문화의 한 부분이 된 사상/가치관을 전한다. 예를 들자면 성경의 세계에서 들나귀는 좌충우돌하며 주변을 제압하는 사람의 상징이다. 그래서 천사는 하갈에게 앞으로 태어날 이스마엘이 주변 사람들에게 들나귀처럼 될 것이라고 한다(창 16:12). 잠언에서 개미는 부지런함의 상징이다(6:6–8). 그러므로 게으른 자들에게 개미에게 가서 배우라 한다. 이런 유형의 잠언들은 이야기체(narrative)에서도 사용된다(창 10:9; 삿 8:2, 21).

(11) 쌍(pairs)

쌍을 이루고 있는 단어들의 의미적 관계, 문법적 관계, 반복, 주제적 일관성 등에 의해 형성된 잠언이다. 예를 들자면 "지혜로운 아들은 아비를 기쁘게 하거니와 미련한 아들은 어미의 근심이니라"(10:1)에서 '지혜로운 아들과 미련한 아들', '아비와 어미'가 쌍을 이루며 대조를 형성한다. 10:1–22:17의 1/3 정도가 이런 성향을 보이고 있다. 경우에 따라 이 양식을 취하는 잠언에서는 한꺼번에 여러 쌍이 동시에 사용된다. 이 잠언들의 핵심은 쌍을 이루는 개념들의 대조에 있다.

4. 적용 범위

잠언은 때와 장소에 상관없이 항상 진실을 말하는가? 예를 들자면 10:4은 "손을 게으르게 놀리는 자는 가난하게 되고 손이 부지런한 자는 부하게 되느니라"라고 한다. 이 원리가 언제 어디서나 유효한가? 그렇다면 불로소득을 통해 부를 누리는 사람들은 어떻게 생각해야 하는가? 학자들은 이 이슈에 대하여 세 가지 가능성을 논한다(cf. Wilson).

첫째, "잠언은 약속이다." 주의 백성이 잠언에 비추어진 결과를 약속으로 간주하여 그렇게 될 것을 믿고 자기 것으로 만들어야 한다는 주장이다. 이 제안은 사람들이 잠언의 약속을 믿기만 하면 하나님이 그들에게 허락하시리라고 주장한다. 그러나 잠언을 잘못 적용하는 경우가 너무 많으며 말씀을 지나치게 영적으로 해석한다. 한 예를 생각해 보자. "손이 부지런한 자는 부하게 되느니라"가 효과를 거두지 못할 때, 사람들은 "정말 그가 부지런했나?"하는 엉뚱한 질문을 하게 한다. 혹은 '부'가 영적으로 해석된다. 손이 부지런한 자는 분명히 영적인 축복을 받게 된다는 뜻이라는 것이다.

둘째, "잠언은 삶에 대한 일반적인 지혜이며 이 지혜의 진실성은 상황에 의해 결정된다." 이 주장에 의하면 잠언은 항상 모든 정황에 일률적으로 적용될 수 없다. 잠언은 그 잠언이 전제하는 모든 여건이 맞을 때 비로소 적용되어야 한다. 그러나 잠언이 전제하고 있는 여건들이 우리의 삶과 현실에 완전히 일치할 때가 몇 번이나 될까? 그리 많지는 않을 것이다. 또한 여러 시편, 예수님의 산상수훈, 야고보서 등도 잠언적인 성향이 짙다. 이처럼 잠언적 성향이 짙은 말씀이 내포하고 있는 요소들이 우리의 삶의 정황과 잘 일치하지 않는다고 해서 말씀의 권위가 없어지는가? 결코 그렇지 않다. 잠언이 성경의 다른 부분에서, 혹은 다른 문화권에서 이용되는 예를 보면 이미 권위를 지닌 채 사용된다. 잠언도 다른 정경처럼 저자/편집자에 의해 오늘날 우리가 접하는 형태를 갖춘 순간 하나님의 말씀으로서 권위를 지니게 되었다. 하나님의 영감을 받은 말씀이 인간의 실제적인/체험적인 확인을 받아야 비로소 진리가 되는 것은 아니다.

셋째, "잠언은 삶의 한 단면을 보여 준다." 이 해석에 따르면 성경의 잠언은 항상 진실되다. 삶의 한 단면만을 보여 주고 있기 때문이다. "부지런함은 부를 가지고 오고 게으름은 가난을 가지고 온다"는 말씀은 분명히 옳다. 그러나 삶이 그렇게 단순한 것은 아니다. 다른 요소가 작용할 수 있다. 그러므로 이 잠언이 제시하는 삶의 한 단면에서는 항상 옳다. 만약에 삶의 복잡함을 논하려면 어느 한 잠언을 해석하고 삶에 적용하는 과정에서 그 잠언뿐만 아니라 그 외 모든 잠언으로 총체적인 배경을 먼저 고려하고 그 안에서 해석해야 한다.

상황성 이슈와 연관하여 염두에 두어야 할 것은 잠언은 성격상 다른 잠언을 궁지에 몰아넣을 수도 있고, 두 개의 잠언이 서로 상충될 수도 있다는 사실이다. 우리말에도 "망설이는 자는 놓칠 것이다"와 "돌다리도 두드려 보고 건너라"가 공존한다. 서로 다른 상황에서는 둘 다 진실인 것처럼 말이다. 다음 예를 생각해 보라. 미련한 자에게 대답할 때와 대답해서는 안 될 때가 동시에 언급되고 있다.

미련한 자의 어리석은 것을 따라 대답하지 말라
두렵건대 네가 그와 같을까 하노라
미련한 자의 어리석은 것을 따라 그에게 대답하라
두렵건대 그가 스스로 지혜롭게 여길까 하노라
(26:4–5)

5. 주요 사상

잠언은 구약의 다른 책들과 비교해 보면 새로운 사상이나 신학을 제시하지는 않는다. 그러나 책의 성향을 살펴보면 독특한 면모 몇 가지를 쉽게 찾을 수 있다. 이 중 다섯 가지를 살펴보도록 하자; ⑴ 악을 배척하고 선을 선호하는 세상, ⑵ 지혜와 종교적인 경건, ⑶ 선과 악 중 택할 수 있는 자유, (4) 지혜와 미련함 중 양자택일 요구, (5) 경지에 이른 대조.

(1) 악을 배척하고 선을 선호하는 세상

잠언에 의하면 세상은 스스로 선과 악을 응보하는(self-righting) 곳이다. 하나님이 세상을 창조하실 때 세상이 스스로 악을 배척하고 선을 지향하도록 하는 메커니즘(mechanism)을 주셨기 때문이다. 그러므로 세상은 정의와 불의를 못 본 척하지 않는다. 세상은 정의를 보상하고 불의를 벌한다. 잠언은 '여호와'(יְהוָה)라는 언약적 이름을 80회 이상 사용하여 이스라엘의 하나님이 바로 이 메커니즘을 세상에 넣어 두셨으며, 언제든 세상에 개입하여 정의를 보상하고 불의를 심판하는 심판주라고 한다. 또한 여호와는 '하나님'(אֱלֹהִים)이란 창조주 이름도 지니신 분이다. 이 세상에서 행해지는 모든 선과 악은 창조주 하나님이자 이스라엘과 특별한 관계를 맺으신 여호와께서 직접 보상하시거나 심판하신다.

(2) 지혜와 종교적인 경건

잠언이 추구하는 지혜는 정의와 종교적인 경건을 포함하며, 어리석음은 이것들을 배제한다. 지혜는 세 가지 면모를 갖추고 있다. 첫째, 현실을 잘 파악하게 하는 슬기로움이다. 둘째, 인간이 취해야 할 삶의 방식을 제시해 주는 윤리 혹은 도덕이다. 셋째, 피조물인 인간과 창조주의 관계를 확립해 주는 종교성이다. 쇼켈(Alonso Schökel)은 잠언이 편집 초기부터 이 세 가지(지식, 행동, 경건)를 의도적으로 연관시켰다고 한다. 책의 두 번째 컬렉션을 형성하고 있는 10:1-22:16의 시작이 이 세 면모를 잘 드러내고 있다.

지혜로운 아들은 아비로 기쁘게 하거니와

미련한 아들은 어미의 근심이니라.
불의의 재물은 무익하여도
의리는 죽음에서 건지느니라.
여호와께서 의인의 영혼은 주리지 않게 하시나
악인의 소욕은 물리치시느니라
(10:1–3)

1절은 지혜로운 아들과 미련한 아들이 부모를 어떻게 기쁘게 하고 슬프게 하는가를 대조하여 그들의 지식이 있고 없음을 대조한다. 2절은 재물을 불의한 방법으로 얻는 경우를 언급한다. 정의로운 행동과 불의한 행동을 대조하여 도덕성의 중요성을 부각시키고 있는 것이다. 3절은 심판하시는 여호와께서 의인은 보살피고 악인은 벌하신다고 한다. 이 말씀은 여호와께서 세상에서 정의가 실현되도록 보장하시는 분이라는 사실을 강조한다.

(3) 선과 악 중 택할 수 있는 자유

잠언은 인간에게 선과 악을 구별하고 선택할 수 있는 심리적인 자유가 있다고 한다. 삶은 선택의 연속이며, 자신이 선택한 행동을 좌우하는 기관(器官)들—통찰(perception), 결정(decision), 표현(expression), 감정(emotion)—에 의해 삶이 정의될 수 있다. 잠언은 눈, 귀, 입, 마음, 손, 발 등 구체적인 이미지를 사용해 인간이 지니고 있는 선택의 자유를 강조한다.

인간이 올바른 선택을 위하여 자유권을 행사할 것이라는 사실을 얼마나 신뢰하는 가는 잠언이 '선을 아는 것(knowing good)'과 '선을 행하는 것(doing good)'을 동일시한다는 데서 알 수 있다. 선을 아는 것은 그 선을 행동으로 옮기는 것을 의미하며, 인간이 선을 택하는 것은 인간에게 그만한 선택의 능력이 있다는 것을 전제한다.

잠언에서 선을 아는 것이 선한 행동과 직접 연결되는 것처럼 악하다는 것도 악한 행동과 직접 연관된다. 그러므로 어리석음은 단순히 '지혜가 없다'는 뜻이 아니다. 어리석음은 지혜로운 행동에 상반되는 것들을 포함한다. 어리석음은 소심함과 두려움과 교만과 게으름 등을 내포하고 있다. 잠언 안에서 무식함은 윤리적 문제를 일으키며, 아는 것은 도덕적 의무감을 동반한다. 그러므로 지혜로운 자는 윤리적인 사람이며, 어리석은 자는 악한 사람이다. 학자들은 이러한 잠언의 가르침을 고대 근동 배경에서는 매우 독특한 것이라 평가한다.

4:20-27은 이같은 인간의 자유를 매우 잘 드러내는 말씀이다. 진하게 구분된 단어들은 인간의 사리 판단을 돕는 장기들이다. 이 장기들은 환유/전유(metonymy)를 통해 인간의 행동을 주장하는 기관(器官)들—통찰(perception), 결정(decision), 표현(expression), 감정(emotion) 등—을 의미한다. 예를 들자면 눈은 통찰력을 의미하고, 발은 행동을 의미하는 것 등등이다.

내 아들아 내 말에 주의하며
나의 이르는 것에 네 귀를 기울이라.
그 것을 네 눈에서 떠나게 말며
네 마음(심장) 속에 지키라.
그것은 얻는 자에게 생명이 되며
그 온 육체의 건강이 됨이니라.
무릇 지킬 만한 것보다 네 마음(심장)을 더욱 지키라
생명의 근원이 이에서 남이니라.
궤휼을 네 입에서 버리며
사곡을 네 입술에서 멀리하라.
네 눈은 바로 보며

네 눈꺼풀은 네 앞을 곧게 살펴
네 발의 행할 첩경을 평탄케 하며
네 모든 길을 든든히 하라.
우편으로나 좌편으로나 치우치지 말고
네 발을 악에서 떠나게 하라.

사람이 배우고, 결정하고, 행동으로 옮기는 과정은 보고, 듣고, 깨닫는 것을 통해 얻은 통찰력을 표현하는 것과 직접적인 연관이 있다. 위에서 언급한 것처럼 인간의 장기들(organs)이 이 과정을 시작한다. 인간의 여러 장기 중 가장 중요한 것은 입(혹은 혀, 입술)이다. 말은 그 어느 장기보다 발언자의 인격을 잘 드러낸다. 또한 말을 통해 훈계가 이뤄지며 지식이 전수된다. 그러므로 말은 진실해야 하며 신뢰성을 지녀야 한다. 반면에 잠언은 거짓말을 매우 혹독하게 비난한다(17:4; 19:22; 30:6). 특히 법정에서 거짓 증언을 하는 자에 대한 경고는 우리를 두렵게 만든다(6:19; 12:17; 14:5, 25; 19:5, 9, 28; 21:28). 이런 관점에서 1-9장에 드러나는 '지혜'(Lady Wisdom)와 '음녀'(Woman Folly)의 가장 큰 차이점이 진실 혹은 신뢰라는 사실은 저자에게 진실과 거짓 여부가 얼마나 중요한가를 잘 보여 주는 듯하다.

(4) 지혜와 미련 중 양자택일 요구

잠언은 지혜와 어리석음이 사람들에게 지속적으로 양자택일을 요구한다고 한다. 앞에서 언급한 것처럼 잠언은 인간의 자유로운 선택을 매우 중요시 여긴다. 그러나 동시에 사람의 선택이 초래하는 사회적인 여파를 부각시킴으로써 인간의 자유로운 선택에 균형을 제시한다. 사람은 선택에 따라 '선한 자의 길'(2:20; 4:18)을 걷게 되거나, '악인의 길'(4:14, 19; 12:26; 13:5, 6; 15:9; 25:26)을 가게 된다. 누구든 선택할 수 있는 이 두 길은 '생명' 혹은 '죽음'에 도달하게 하는 유동성을 지니고 있다.

이 두 길은 영구적이고 운명적인 선택이 아니며, 인간의 의지와 행동에 따라 언제든지 내려오고 올라갈 수 있는 길이다. 또한 어느 쪽을 택하든지 같은 길을 걷는 공동체를 발견하게 된다. 즉, 잠언은 인간의 자유 선택을 공동체적인 책임감으로 균형을 맞추고 있는 것이다. 1:8-19과 4:10-19은 이 두 선택의 결과를 묘사하고 있다. 특히 4:18-19은 빛과 어두움의 비유로 선한 사람의 길과 악인의 길을 대조한다. 요한 서신이 '빛의 자녀'와 '어두움의 자식들'을 구분하는 것은 아마도 이러한 사상에서 유래되었다고 생각된다.

악인의 길은 돋는 해와 같아서
점점 빛나서 원만한 광명에 이르거니와
악인의 길은 어둠 같아서
그가 거쳐 넘어져도 그것이 무엇인지를 깨닫지 못하느니라

(5) 경지에 이른 대조

잠언은 우리의 삶에서 대조되는 것들을 매우 다양하고 효과적으로 사용하여 그 기법이 경지에 이르게 한다. 대조를 이루는 주제들을 살펴보면 지혜로운 자와 어리석은 자, 의로운 자와 악인, 부지런한 자와 게으른 자, 부자와 가난한 자 등을 포함한다. 대조를 이루는 각 쌍은 고유한 특성을 지니고 있다. 예를 들자면, '지혜로운 자—어리석은 자' 쌍은 하나님의 보응과 직접적인 관계가 없는 듯하다. 그러나 '의로운 자—악인' 쌍은 하나님의 보응을 뚜렷이 강조한다.

'부자—가난한 자'의 관계를 생각해 보자. 많은 학자들이 지적하듯이 부(副)는 부자들의 헌신적인 각오와 노력의 결과이다. 또한 불로소득

혹은 악한 행실의 결과일 수도 있다. 그러므로 지혜자들은 부지런함과 성실함만이 부를 가져온다고 생각하지 않았다. 반면에 가난이 게으름만의 결과라고 생각하지 않았다. 성실하고 부지런하게 일을 해도 가난할 수 있기 때문이다.

6. 해석

현대 기독교인들은 잠언을 어떻게 이해해야 하는가? 잠언은 매우 구체적이고 지혜로운 행동(specific & wise action)에 관해 지시하지 않는다. 잠언은 우리의 삶에서 지혜가 기본적이고 지속적인 선택이 되어야 한다는 것을 가르친다. 그러므로 책은 지혜를 추구하는 일이 마치 지속적인 갈등의 연속인 드라마처럼 묘사하고 있다. 지혜를 얻는 것은 인간의 노력의 결과이면서 동시에 하나님의 선물이다. 이러한 사상은 2장에 잘 표현되어 있다.

지식을 불러 구하며
명철을 얻으려고 소리를 높이며
은을 구하는 것같이 그것을 구하며
감추인 보배를 찾는 것같이 그것을 찾으면
여호와 경외하기를 깨달으며
하나님을 알게 되리니
대저 여호와는 지혜를 주시며
지식과 명철을 그 입에서 내심이여

(2:3–6)

더 나아가 짤막한 가르침들로 구성되어 있는 10–31장은 지혜가 무엇인가에 대한 정보를 제공하기보다는 지혜에 대한 관점을 제시한다.

그러므로 지혜를 추구하는 것은 기독교인이나 유대인들에게만 제한된 것이 아니라 이 땅을 살아가는 모든 사람의 몫이다. 이미 언급한 것처럼 잠언은 상황에 따라 적용할 수도 있고, 적용해서는 안 될 경우도 있기 때문에 적용 범위를 정하는 것이 가장 중요하다. 잠언을 삶에 적용하기 전에 다음과 같은 요소들을 바탕으로 해석하는 것이 바람직하다.

1	잠언을 액면 그대로 받아들이라.
2	연구하는 말씀의 상황성을 확인하거나 부인하는 예를 잠언 내에서 찾아보라.
3	시적(詩的) 성향을 주시하라.
4	'줄'(strings)이나 짝을 의식하라. 잠언은 여러 개가 함께 등장하는 특징이 있기 때문이다.
5	잠언의 상황성을 제시하는 증거들을 살펴보라.
6	잠언이 제시하는 특별한 가치를 묵상해 보라.

7. 주제 색인(topical index)

잠언이 언급하고 있는 주제는 매우 광범위하다. 잠언은 여러 가지 주제를 동시에 취급하기도 하기 때문에 한 잠언이 여러 주제로 색인될 수 있다. 잠언은 매우 강한 상황성을 지니고 있기 때문에 잠언에서 설교하고 성경 공부할 때에는 그 잠언과 연관된 주제의 정황성을 고려하는 것이 필수적이다.

가난(Poverty)

가난의 영향 19:7; 22:7

가난의 위험 6:9–11

가난한 자에 대한 처우 14:31; 22:22–23; 28:3; 29:14; 30:14; 31:8–9, 14

불법에 영향받기 쉬움 13:23

가르침

정당성 27:11

악화 29:9

통제 17:14

만족

건강에 유익한 것 14:30

의의 상급(보상) 13:25

탐욕은 해롭게 하는 것 15:27

말

가난한 자를 조롱하는 17:5

가치 있는 10:20

거만하고 논쟁을 좋아하는 17:19

거짓말 29:12

거짓말보다 오래가는 12:19

거짓말과 중상모략 10:18

거짓 증거 19:5; 24:28; 25:18

격려 12:25

결과가 따르는 18:7, 21

겸손한 말, 가혹한 말 18:23

교화함 10:21

교활한 말 25:23

기쁘게 하는 말, 사악한 말 10:32

깊은(심오한) 18:4; 25:11

신중한 15:28

까닭 없는 저주 26:2

남의 학식을 더하게 하는 16:21

능숙한 방어 12:6

다툼을 일으키는 18:6

만족을 얻는 18:20

말의 결과 14:3

믿을 만한 16:10

보증을 피하는 11:15

부적절한 인사 27:14

정직하지 못한 17:7

분열시키는 16:28

비웃음보다 침묵 11:12
상하게 하는 15:4
선한 16:24
선한 충고 11:14
성급한 서원 20:25; 22:26–27; 29:20
성처 입히는 말, 치료하는 말 12:18
속이는 26:18–19, 23, 28; 29:5
시기상조의 18:13
신뢰를 유지하는 11:13
신중한 12:23
신중한 증언 25:8
신중함의 지혜 13:3
악한 17:4
어리석은 10:10
여호와로부터 응답 16:1
위선적인 26:24–25
위증 19:9
위험한 12:13
유순한 15:1
유용한 15:4
인내하는 25:15
자랑하는 25:14
적절한 15:23
정직하고 세련된 22:11
제어하는 10:19; 21:23
조롱하는 9:7–8
좋은 소식 15:30; 25:25
중상으로부터 안전 11:9
지식을 전파하는 15:7
지혜로운 16:23; 20:15
지혜로운 말, 미련한 말 10:13–14; 15:2
지혜롭고 즐거운 23:15–16
지혜의 말, 사악한 말 10:31

질투(시기)

통치자의 억압 28:3

행위(긍정적)

다툼을 피함 20:3
생명에 도움을 주는 15:24
생명에 이르는 11:19
숙고함 14:8
이웃을 해치는 일을 피함 3:27-30
지혜와 명철을 연마함 1:2-6
추론함 16:25
하나님이 용납하시는 행위 15:9

행위(부정적)

곧은 길 15:21
남의 불행을 기뻐함 24:17-18
대적에 대한 호의 25:21-22
부모를 저주함 20:20
부모를 존경하지 않음 30:11
부모의 것을 빼앗음 28:24
사악한 행위 17:20
선과 악 10:11-14; 14:22
순결 20:9
순종과 방탕 28:7
악의에 찬 행위 16:27
어리석은 참견 26:17; 30:10
거짓말에 대한 증오/부끄러운 행동 13:5
의로움과 사악한 11:5-6
의로움과 자기만족 28:26
절제 26:16-17
지혜와 어리석음 10:8-10
평화로운 16:7
하나님을 기쁘게 하는 것 11:20; 12:2
하나님이 미워하는 행위 6:16-19
합당치 않은 행위 25:20

험담함 26:20

화목

화목의 가치 17:1

환대

불쾌한 23:6–8

회개

실제적인 수단 28:13

훈계(훈련)

거절 15:12; 19:27
결핍 29:19
계획에 전념하는 것 17:24
받아들이는 것 12:1; 13:1
방법 29:19
분별력에 이르는 17:10
사랑의 증거 13:24
어버이의 22:15
영적 가치 20:30
영향을 끼치는 19:25
유익한 10:17; 13:18; 15:32; 19:18
육체의 26:3
지혜롭게 주의 15:5
필요 15:10; 23:13–14
효과 21:11; 29:15, 17

8. 구조

성경의 모든 책 중 학자들이 구조를 파악하는 데 가장 큰 어려움을 겪는 책이 바로 잠언이다. 매우 다양한 주제들이 언급되고 있을 뿐 아니라 연이은 잠언 기록들 간의 상관성이 부족한 경우가 허다하기 때문이다. 따라서 문학적 흐름과 문맥을 감지하기가 매우 어렵다. 학자들 또한 이 주제에 관해 거의 연구하지 않았다. 최근 들어 책의 흐름과 구조

파악에 관한 잠언 학계의 연구가 다시 활발해지고 있다. 그럼에도 불구하고 아직까지 괄목할 만한 결과를 찾을 수 없다(cf. Bartholomew, Fox, Heim, Hildebrandt, Longman, Van Leeuwen, Waltke, Wilson).

잠언은 당시 이스라엘뿐만 아니라 주변 사회에서 유통되던 가르침을 모아 편집한 것이다. 그럼에도 불구하고 잠언은 편집자들의 지혜와 통찰력을 반영하고 있는 창의적인 책이다. 고대 근동의 여러 문화권에서도 전수되어 내려오는 자료들을 수집하여 선집적으로 모아 놓은 일을 새로운 문학의 창조로 간주했다. 잠언은 이러한 풍습을 그대로 반영하고 있다. 잠언에는 최소한 8개의 모음집이 있다. 다음 도표를 참조하라.

구절	표제	범위
1:1	"다윗의 아들 이스라엘 왕 솔로몬의 잠언"	1-9장
10:1	"솔로몬의 잠언이라"	10:1-22:16
22:17	"지혜 있는 자의 말씀"	22:17-24:22
24:23	"이것도 지혜 있는 자의 말씀이라"	24:23-34
25:1	"이것도 솔로몬의 잠언이요 유다 왕 히스기야의 신하들의 편집한 것이라"	25-29장
30:1	"야게의 아들 아굴의 잠언"	30장
31:1	"르무엘 왕의 잠언"	31:1-9
31:10-31	제목 없음. 현숙한 여인을 찬양하는 유희시	31:10-31

첫 번째 표제(1:1)는 1-9장뿐만 아니라 책 전체의 제목이기도 하다. 이러한 사실은 "다윗의 아들 이스라엘 왕 솔로몬의 잠언"(מִשְׁלֵי שְׁלֹמֹה בֶן־דָּוִד מֶלֶךְ יִשְׂרָאֵל)이란 문장에서 '다윗, 솔로몬, 이스라엘'의 히브리어 자음의 숫자적 가치에서 짐작할 수 있다. 히브리 사람들은 아라비아 숫자를 사용하지 않고 자신의 알파벳에 숫자적 가치를 지정하여 사용하였다. 이러한 방식을 기준으로 이 이름들(다윗, 솔로몬, 이스라엘)을 구성하고 있는 알파벳이 지닌 숫자들을 더하면 총 930이며 이 숫자는 잠언

을 구성하고 있는 구절 숫자 934와 매우 가깝다는 것에서도 암시되어 있는 듯하다.

두 번째 표제인 "솔로몬의 잠언이라"(מִשְׁלֵי שְׁלֹמֹה)(10:1)에서 '솔로몬'에 사용된 숫자적 가치를 계산해보면 375이다(ש=300, ל=30, מ=40, ה=5). 흥미로운 사실은 10:1이 제목 역할을 하고 있는 10:1–22:16을 구성하고 있는 절 숫자가 정확히 375이다. 그러므로 대부분 학자들은 이 섹션에 기록된 잠언이 솔로몬과 연관되어 있다고 추정한다.

히브리어 알파벳으로 숫자를 대신하는 것을 게마트리아(Gematria)라고 한다. 그렇다면 언제부터 유대인들은 게마트리아를 사용하여 숫자를 표기하기 시작한 것일까? 히브리어 알파벳의 숫자 표기 증거를 담고 있는 유물들 중 가장 오래된 것은 주전 2세기이다. 그러나 대부분 학자들은 이보다 훨씬 오래 전부터 이 표기법이 사용되었을 것이라고 추정한다. 위 사항에 기초하여 책의 구조가 다음과 같이 제시될 수 있다.

I. 서론(1:1–7)
II. 지혜에 대한 강연(1:8–9:18)
III. 솔로몬의 잠언(10:1–22:16)
IV. 지혜 있는 자의 잠언집 1(22:17–24:22)
V. 지혜 있는 자의 잠언집 2(24:23–34)
VI. 후세대가 모은 솔로몬의 잠언(25:1–29:27)
VII. 아굴의 잠언(30:1–33)
VIII. 르무엘의 잠언(31:1–9)
IX. 현숙한 여인의 노래(31:10–31)

I. 서론
(1:1–7)

책을 시작하는 이 섹션은 잠언이 어떤 목적으로 집필되었으며, 주로 누구의 가르침을 모아 놓은 것인가 등을 간략하게 설명한다. 책 전체에 대한 소개인 것이다. 이 섹션은 다음과 같이 세 파트로 구분될 수 있다.

A. 솔로몬의 잠언(1:1)
B. 책의 목적(1:2–6)
C. 핵심가치: 여호와 경외(1:7)

I. 서론(1:1–7)

A. 솔로몬의 잠언(1:1)

[1] 다윗의 아들 이스라엘 왕 솔로몬의 잠언이라

고대 근동에서는 신들이 모든 이에게 지혜를 주는 것이 아니라 선택한 소수에게 준다고 여겼으며, 그 소수가 받은 지혜를 대중들에게 가르쳐 전수한다고 생각했다. 신들의 선택을 받은 소수 중에는 당연히 왕이 포함되어 있다. 이스라엘의 왕 솔로몬도 예외는 아니다. 그는 당대에 가장 지혜로운 자였으며, 그의 지혜는 세상 모든 왕들의 것들 중에서도 뛰어났다(왕상 4:30-31; 10:23). 그러므로 스바(오늘날 예멘)의 여왕은 솔로몬의 지혜에 대하여 알아보기 위해 많은 선물을 가지고 2-3,000킬로미터의 먼 길을 오기도 했다(왕상 10:1-3).

솔로몬은 잠언 3,000가지를 말했고, 1,005개의 노래를 읊었다(왕상 4:32). 잠언 편집자들이 '솔로몬의 잠언'이라며 시작하는 것은 대부분 솔로몬과 그의 신하들이 모아 놓은 잠언 모음집에서 유래한 것임을 암시한다(cf. Kitchen, Waltke). 솔로몬은 동물과 식물에 대해서도 박식했다(왕상 4:33).

솔로몬은 많은 잠언을 남길만한 자격이 있는 사람이었다. 그가 이처럼 지혜롭게 된 것은 무엇보다도 하나님이 그를 축복하셨기 때문이다. 그가 기브온 산당에서 하나님을 뵈었을 때, 하나님은 그에게 무엇이든지 구하라 하셨고, 솔로몬은 지혜를 구했다(왕상 3:4-9).

하나님은 자신의 부귀영화보다는 나라와 백성을 공의와 정의로 다스리고 바른 길로 인도할 수 있도록 지혜를 달라고 하는 솔로몬을 귀하게 여기시고, 그가 구한 것보다 더 큰 지혜를 주셔서 전에도 후에도 솔로몬 같은 지혜자가 없게 하셨다(왕상 4:29-31). 또한 그가 구하지 않은 것들까지 복으로 주셨다(왕상 3:11-12; 4:29; 10:24). 하나님이 솔로몬을 이처럼 축복하신 것은 훗날 예수님이 "먼저 그의[하나님의] 나라와 그의 의를 구하라. 그리하면 이 모든 것을 너희에게 더하시리라"(마 6:33)라고 하신 말씀을 생각나게 한다.

솔로몬이 태어날 때부터 얼마나 지혜로웠는지 알 수는 없지만, 그의 지혜가 하나님의 선물이라는 사실은 우리에게 큰 위로와 소망이 된다. 우리도 하나님께 지혜를 구하면 하나님이 솔로몬에 버금가는 지혜를 주실 수도 있기 때문이다. 실제로 야고보서는 하나님께 지혜를 구

할 것을 권면한다: "너희 중에 누구든지 지혜가 부족하거든 모든 사람에게 후히 주시고 꾸짖지 아니하시는 하나님께 구하라 그리하면 주시리라"(약 1:5).

참으로 안타까운 것은 솔로몬의 지혜는 용두사미(龍頭蛇尾) 성향을 지녔다는 사실이다. 그는 다윗의 대를 이어 통일 이스라엘을 주전 970-931년까지 40년을 다스렸다. 처음에는 건전하고 지혜롭게 나라를 다스려 백성들에게 평화와 부를 안겨 주었지만(cf. 왕상 10:27), 말년에는 하나님의 심판을 받아 비참하게 몰락했다(왕상 11:14-26). 솔로몬은 700명의 아내와 300명의 첩을 두었는데(왕상 11:3) 이 결혼 대부분은 주변 국가들과 체결한 정약(訂約)에 의한 결과였고, 아내들 대부분은 이방 여인들이었다. 그들은 유다로 시집을 올 때 자기 백성이 숭배하는 우상들도 가지고 왔다.

솔로몬이 늙어 분별력이 흐려졌을 때 그의 아내들은 우상들로 그를 유혹했고, 결국 그는 우상 숭배자로 전락했다(왕상 11:4-11). 세상에서 가장 큰 지혜를 지녔던 솔로몬에게 두 가지 어리석음이 있었기 때문이다. 첫째, 그는 결혼에 지혜롭지 못했다. 삶에서 가장 큰 지혜가 필요한 곳이 바로 결혼과 부부 관계이다(cf. 아가서). 결혼과 부부 관계는 우리의 삶에 가장 큰 영향을 끼치기 때문이다. 그러나 가장 지혜로웠다는 솔로몬에게 오직 여호와를 사랑하는 여인만을 아내로 맞아들여 부부가 함께 영원히 여호와를 섬겨야 하는 필요성을 깨닫는 지혜는 없었다.

둘째, 세상의 모든 지혜를 지닌 솔로몬은 정작 이 땅에서의 삶이 다할 때까지 여호와를 끝까지 경외하고 의지하는 지혜는 없었다. 그는 가장 중요한 지혜, 곧 여호와를 경외하는 지혜는 갖지 못한 어리석은 자였다.

그러므로 결혼을 앞둔 사람이 여호와를 사랑하고 경외하는 사람을 상대로 맞이하는 일은 그처럼 지혜로웠다는 솔로몬도 하지 못한 지혜로운 결정이자 행동이다. 또한 부부가 평생을 함께하며 죽을 때까지 여호와를 잘 섬기고 사랑한다면, 그들은 솔로몬보다 더 지혜로운 사람들이다. 세상에서 가장 지혜로웠던 솔로몬의 어리석음은 우리에게 진정으로 필요한 지혜가 무엇인가에 대해 반면교사가 된다. 또한 하나님이 주신 지혜를 제대로 사용하지 못한 솔로몬은 우리에게 하나님께 은사를 받는 것보다 제대로 사용하는 것이 더 중요하다는 교훈을 남긴다.

우리는 말년에 하나님을 부인하는 죄인으로 전락한 솔로몬의 잠언을 어떻게 대해야 하는가? 이 이슈와 연관하여 가장 중요한 것은 솔로몬이 언제 이 책에 기록된 잠언들을 말했는가이다. 만일 그가 하나님을 부인하고 몰락한 후에 이 잠언들을 말했다면, 그것은 위선적이고 가식적인 것이기 때문에 우리가 받아들일 필요가 없다. 반면에 그가 이 잠언들을 타락하기 전, 그가 진심으로 여호와를 경외할 때 말한 것이라면 당연히 받아들여야 한다. 솔로몬의 훗날 몰락이 그가 젊었을 때 하나님이 주신 지혜로 말했던 진리를 거짓으로 바꿀 수는 없기 때문이다 (cf. Kitchen).

잠언 편집자들이 솔로몬의 잠언집을 인용하여 책을 구성한 것은 그가 배교자가 되기 전에 진심으로 이 잠언들을 말했기 때문이다. 또한 구약정경을 편집한 이들도 이러한 사실에 동의했기 때문에 '솔로몬의 잠언'이라는 말로 시작되는 이 책을 정경에 포함했다.

책을 편집한 이들이 굳이 솔로몬이 '다윗의 아들'이라는 사실을 지적하는 것도 하나의 생각거리를 주는 듯하다. 아버지 다윗은 평생을 하나님의 마음에 합한 자의 삶을 살았고 하나님은 그런 다윗을 참으로 귀하게 여기셨다. 그러나 사무엘서에 비추어진 다윗을 보면 그는 결코 좋은 아버지는 아니었다. 만일 다윗이 좋은 아버지가 되어 어린 솔로몬을 하나님의 말씀으로 잘 양육하고 그의 신앙을 지도했다 할지라도 솔로몬이 말년에 하나님을 떠나는 죄를 지었을까? 물론 성인이 된 자식의 신앙을 부모가 어떻게 할 수는 없다. 그럼에도 불구하고 왠지 아쉬움과 미련이 남는 대목이다. 하나님께서 우리에게 주신 자녀들을 믿음으로 잘 양육해야 한다.

I. 서론(1:1-7)

B. 책의 목적(1:2-6)

2 이는 지혜와 훈계를 알게 하며
명철의 말씀을 깨닫게 하며
3 지혜롭게, 공의롭게, 정의롭게,
정직하게 행할 일에 대하여
훈계를 받게 하며
4 어리석은 자를 슬기롭게 하며
젊은 자에게 지식과 근신함을 주기 위한 것이니
5 지혜 있는 자는 듣고
학식이 더할 것이요
명철한 자는 지략을 얻을 것이라
6 잠언과 비유와 지혜 있는 자의 말과
그 오묘한 말을 깨달으리라

잠언은 무엇을 위해 집필된 책인가? 우리가 이 땅에서 심적으로 건강하고 행복한 삶을 사는 데 필요한 좋은 것을 알게 하기 위함이다. '알다'(ידע)(2절)는 매우 포괄적인 단어로 이 섹션에서 '깨닫는 것, 훈계받는 것, 슬기롭게 하는 것, 주는 것' 등으로 부연 설명이 되고 있다(2-6절). 5절을 제외한 모든 절이 '전치사(לְ, in order to)+부정사(infinitive)' 문구로 시작한다. 책을 읽는 사람들이 얻을 수 있는 깨달음과 지혜를 강조하기 위해서이다.

이 책이 찾는 이에게 줄 수 있는 것은 다음 열 가지이다(Kitchen): 지혜(חָכְמָה), 훈계(מוּסָר), 명철(בִּינָה)(2절), 훈계(מוּסָר)(3절), 슬기로움(עָרְמָה), 지

식(דַּעַת), 근신함(מְזִמָּה)(4절), 학식(לֶקַח), 지략(תַּחְבֻּלוֹת)(5절), 깨달음(הָבִין)(6절). 잠언이 추구하는 지혜를 한 단어로 설명하는 것은 불가능하다. 지혜는 프리즘을 지나는 한줄기 빛과 같다. 그 빛줄기 안에 일곱 가지 색이 있는 것처럼 지혜는 여러 면모를 지녔다(Kidner).

독자들이 이 책에서 제일 먼저 얻을 수 있는 것은 지혜다(2절). '지혜'(חָכְמָה)는 사람이 노력해 얻은 지식과 기술 등으로 처한 상황에서 무엇을 해야 하는가를 알게 하여 옳은 삶을 살게 한다(Koptak, cf. Kitchen, Ross). 서론에서는 이 단어가 7절에서 한 번 더 사용되며, 같은 어원에서 비롯된 '지혜 있는 자'(חָכָם)가 5절과 6절에서 두 차례 사용된다.

지혜는 이미 지혜를 추구하여 얻은 자들, 곧 '지혜 있는 자'들에게서 배우고 전수받는 것이다(cf. 잠 12:15; 13:20). 그러므로 현대어성경은 "인생 경험이 풍부한 어른들이 하신 이 말씀들은 지혜라는 보화가 이런 것이구나 하는 깨달음도 얻게 해줄 것이다"라는 말로 2절을 마무리한다. 가장 쉽게 지혜를 습득할 수 있는 방법은 전 세대에게서 배우는 것이다.

'훈계'(מוּסָר)(2, 3절)는 훈육(discipline)을 뜻하며 교육을 통한 양육을 전제한다(TWOT). 잘못된 것을 교정하기 위한 지시(신 11:2; 사 26:16; 시 50:17)이며 때로는 매로 징벌하는 일을 포함한다(잠 13:24; 22:15; 23:13; 29:15). 그러므로 훈계는 지시/가르침(instruction)과 징벌(punishment)의 두 가지 의미를 동시에 지닌 단어이다(Shupak). 성경에서 이 단어는 각 개인이나 주의 백성과 연관되어 사용되며 짐승이나 이방 민족과 연관하여 사용되지는 않는다(Waltke).

훈계가 지혜와 쌍을 이룰 때는 지혜를 얻기 위해 자신을 가르침(instruction)에 복종시키는 것을 뜻한다(Koptak, cf. 잠 19:20). 이 두 개념이 쌍을 이루는 것은 지혜와 훈계는 우리가 꾸준히 알고 배우려고 노력해야 하는 라이프 스타일이라는 것을 의미한다(Scott). 누구도 태어날 때부터 지혜로워 훈계가 필요 없이 태어나지는 않기 때문이다. 서론 섹션에서 훈계는 6절에서 한 번 더 사용된다.

'명철'(בִּינָה)은 두 가지 중 하나를 선택해야 할 때, 하나님이 기뻐하시는 것을 선택하게 하는 분별력이다(Kitchen). 인간의 논리와 이성이 때로는 안개가 되어 이슈를 잘 보지 못하도록 하는데, 명철은 이 안개를 뚫고 정확하게 보게 하는 하나님의 스포트라이트이다(TWOT). 일부 번역본들은 이 단어를 '슬기로움'으로 번역한다(공동, 아가페).

'지혜로움'(הַשְׂכֵּל)(3절)은 상황이나 메시지의 의미와 암시하는 바를 깨닫는 능력을 의미한다(Fox, cf. 스 8:18). 그러므로 명철은 올바른 선택에 관한 단어이며, 지혜로움은 그 선택의 이유/논리를 이해하는 것을 의미한다. 그러므로 '통찰력'(insight)은 이 단어의 좋은 번역이다(TDOT).

사람의 지혜로움은 그가 '공의'(צֶדֶק)와 '정의'(מִשְׁפָּט)와 '정직'(מֵישָׁרִים)한 삶을 추구하는 것에서 가장 확실히 드러난다(Brown, cf. 잠 2:9). 그러므로 잠언에서 이 세 가지는 지혜로운 삶을 판단하는 기준이다(Pauw, Whybray). 지혜로운 사람은 삶에서 이 세 가지를 추구하기 때문이다(Clifford, Fox). 빌립보서도 이 세 가지를 성도가 추구하는 삶의 방식에 포함할 것을 권면한다: "끝으로 형제들아 무엇에든지 참되며 무엇에든지 경건하며 무엇에든지 옳으며 무엇에든지 정결하며 무엇에든지 사랑 받을 만하며 무엇에든지 칭찬 받을 만하며 무슨 덕이 있든지 무슨 기림이 있든지 이것들을 생각하라"(빌 4:8). 시편은 하나님이 이 성품들을 지니신 것으로 묘사한다(시 9:8; 33:5; 89:14; 96:10; 97:2; 103:17).

'어리석은 자'(פֶּתִי)(4절)는 지적인 능력이 떨어지는 사람이 아니라, 교육과 훈련을 받지 못해 무지하여 잘못된 행동을 하는 사람이다(Clifford). 이 말씀에서 '어리석은 자'와 쌍을 이루는 '젊은 자'(נַעַר)는 나이에 상관없이(젖먹이에서 성인까지 포함) 아직 지혜 있는 자가 되지 못한 모든 사람을 뜻한다(Clifford, Waltke). 이런 사람들은 단순하여 쉽게 유혹을 당할 수 있다(잠 1:10). 그러므로 어리석은 자들과 젊은 자들 모두 지혜가 필요하다. 이들은 지혜의 첫 번째 교육과 훈육 대상인 것이다.

하나님의 말씀은 어리석고 경험이 부족한 사람들을 지혜롭게 한다(시 19:8).

어리석은 자들과 젊은 자들은 '슬기로움'(עָרְמָה)과 '지식'(דַּעַת)과 '근신함'(מְזִמָּה)을 배워야 한다(4절). '슬기로움'(עָרְמָה)은 긍정적이지만 잘 드러내지 않는 사적인 생각이다(Koptak). 사람이 생각하는 것을 모두 말하는 것은 지혜로운 일이 아니다. 슬기로움은 사람이 올바른 판단과 결단을 할 수 있도록 도와준다. 그러므로 어리석은 자는 슬기로움이 더욱더 필요하다.

'근신함'(מְזִמָּה)은 계획을 세우고 그것을 추진하는 능력이다(Whybray). 근심함은 이것을 가진 자를 어리석은 자들에게서 지키는 능력을 지녔다(TWOT, cf. 잠 2:11; 3:21). 상식적인 사고도 이것에 포함된다(cf. Kitchen). 어리석은 자들과 경험이 없는 어린 자들 모두 이 능력이 필요하다.

'지식'(דַּעַת)은 매우 긍정적인 것이며, 7절에서 여호와를 경외하는 일과 연관된다. 인생 경험이 많지 않은 어린 사람들에게 더욱더 많이 필요하다. 슬기로움과 지식과 근신함은 좋은 것들이지만, 잘못 사용되면 오히려 해가 된다(창 3:1; 출 21:14; 수 9:4; 잠 12:2, cf. Longman). 지혜는 양면성을 지닌 칼과 같다. 지닌 자에게 이익이 될 수도 있고, 해가 될 수도 있다. 그러므로 우리가 추구하는 지혜는 여호와를 경외하는 지식이어야 한다.

지혜는 지혜 있는 자들에게도 도움이 된다(5절). 지혜 있는 사람은 더 많은 지혜를 구한다. 사람의 지혜는 완벽할 수 없기 때문이다. 지혜 있는 사람은 '학식'(לֶקַח)을 더한다고 하는데, 학식은 삶에서 우리가 경험하고 처하는 상황에 대한 지각(perception) 혹은 통찰력(insight)이라 할 수 있다(TWOT). 지혜와 지식은 서로 떼어 놓을 수 없는 쌍이다(Waltke).

명철한 사람은 '지략'(תַּחְבֻּלוֹת)을 얻을 것이다. 지략은 삶을 올바른 방향으로 조종해 나가는 것이다(Ross, cf. HALOT). 그러므로 명철한 사람은 지략을 지혜 있는 사람에게 얻는다(Kitchen).

잠언은 지혜에는 끝이 없다고 한다. 우리는 평생 지혜를 추구해야 한다는 뜻이다. 지혜를 얻는 일을 멈추는 순간 우리는 죽기 시작한다. 그러므로 산다는 것은, 곧 지혜를 추구하는 것이다. 지혜 있는 사람은 배울 기회가 생길 때마다 배우려고 노력한다. 반면에 어리석은 자들은 배우려 하지 않는다.

지혜 있는 사람이 노력하여 배우고 깨달을 것에는 '잠언과 비유와 지혜 있는 자의 말과 그 오묘한 말'도 포함되어 있다(6절). 잠언(מָשָׁל)과 비유(מְלִיצָה)는 비슷한 말이며 잠언과 비유는 가르치기 위하여 몇 가지를 비교하는 것들이다. 그러므로 잠언과 비유는 우리에게 교훈이나 지혜를 주는 것들이지만, 해석을 요구한다(cf. HALOT).

'오묘한 말'(חִידָה)로 번역된 '수수께끼'(riddle)는 감추는 언어를 사용한다. 그러므로 수수께끼는 고안한 사람과 푸는 사람의 재치를 드러내는 대화법이다(McKane). 수수께끼는 고대 사회에서 엔터테인먼트로 많이 사용되었다(Garrett, cf. 삿 14:13-14; 왕상 10:1). 간접적으로 가르치는 수단이라 할 수 있다.

'지혜 있는 자의 말'(דִּבְרֵי חֲכָמִים)은 젊은이들에게 지혜자의 경험에서 얻어진 통찰력과 이해력을 준다(Fox). '깨닫다'(בִּין)는 '이해하다, 통찰력을 얻다'는 뜻이다(HALOT). 지혜와 가르침은 지혜자의 말을 깨달음에서 비롯된다. 사람은 분명 지혜가 필요하고, 지혜는 노력을 통해 얻어진다. '잠언'(1:1; 10:1; 25:1)과 '지혜자의 말'(22:17; 30:1; 31:1)이 사용되면서 책을 여러 섹션으로 나누는 역할을 한다(Koptak). 키친(Kitchen)은 다음과 같이 적절하게 이 섹션을 요약한다:

> 이 섹션(2-6절)에서 사용된 동사들을 종합해 보면 잠언을 공부할 때 (1) 배울 것이 있고(2절), (2) 하나님의 길을 분별하게 되며(2절), (3) 하나님의 길에 대해 지식을 얻으며(3절), (4) 어리석은 자들과 어린 사람들은 부족

한 부분을 채우며(4절), (5) 지혜 있는 사람들에게는 지혜를 더하며(5절), (6) 하나님의 마음을 이해하게 한다(6절).

I. 서론(1:1-7)

C. 핵심가치: 여호와 경외(1:7)

7 여호와를 경외하는 것이 지식의 근본이거늘
미련한 자는 지혜와 훈계를 멸시하느니라

책의 편집자들은 책의 가장 중요한 가르침이자 사람이 잠언을 공부하면 얻을 수 있는 온갖 좋은 것들(cf. 2-6절)의 최종 목적을 선포한다: '여호와를 경외하는 것'(יִרְאַת יְהוָה). 인상적인 것은 서론을 시작한 2절에서 사용된 '지식'(דַּעַת)과 '지혜'(חָכְמָה)와 '훈계'(מוּסָר)가 본문에서 같은 순서로 다시 사용되고 있다는 점이다. 서론을 시작하면서 편집자들이 마음에 두었던 잠언의 목표를 이 마지막 절에서 절정적으로 표현하고 있다는 것을 암시하는 듯하다.

'경외'(יִרְאָה)는 두려움을 뜻하며, '여호와 경외'는 하나님에 대한 건강한 두려움을 갖는다는 뜻이다. 여호와를 경외하는 것은 우리가 잠언을 해석하고 이해해 나가는 데 반드시 필요한 '기본적인 영적 문법'(basic spiritual grammar)이다(Waltke). 그러므로 학자들은 여호와를 경외하는 것이 잠언에서는 우리의 예배와 신앙에 가장 가까운 개념이라고 하기도 한다(Crenshaw).

지혜의 창시자인 하나님이 주신 온갖 지혜와 가르침을 깨닫고 이해할수록 창조주의 거룩하심과 공의로우심을 존경할 뿐만 아니라 두려워하게 된다. 인간은 절대 하나님이 요구하시는 기준대로 살 수 없기 때문이다. 이 두려움은 가능하면 죄를 짓지 않고 살려고 하는 사람이 꼭 가져야 할 경건한 두려움이다.

편집자들은 독자들에게 '여호와 경외'를 각인시키고자 서론의 절정으로 삼아 마지막 절에 두었다. 첫 번째 주요 섹션인 1–9장이 끝나는 9:10과 책 전체가 끝나는 31:30을 포함한 곳곳에 등장할 것이다. 사람이 잠언을 통해 얻고자 하는 '지식과 지혜와 훈계'의 가장 중요하고 최종적인 목적이 여호와를 경외하는 것을 자신의 머리와 가슴에 품고 사는 것이 되어야 하기 때문이다. 이러한 목적을 명백하게 선언함으로써 잠언은 여호와를 배제하는 지혜는 없다고 단언한다.

잠언에서 여호와를 경외함은 사람을 두려워함과 대조를 이루며(29:25), 주를 경외하는 이들에게 많은 축복을 약속한다. 여호와를 경외함은 다음과 같은 긍정적(positive)인 면모를 지녔다. 여호와를 경외함은 그들에게 참 지식과 지혜를 줄 것이다(1:7, 29; 2:5; 9:10; 15:33). 자신감도 줄 것이며(14:26), 부(副)도 줄 것이다(22:4). 또한 생명의 하나님을 경외하면 장수하고(10:27) 죽음을 피할 수 있을 것이며(14:27), 생명으로 인도함을 받고(19:23) 생명을 선물로 받을 것이다(22:4). 그러므로 모든 것을 잃는다 해도 여호와를 경외함은 결코 잃어서는 안 된다(15:16).

이외에도 구약에서 여호와를 경외함은 악에서 돌아서 변하는 것이고(28:28), 자신의 의지를 주님 앞에서 포기하는 것이다(창 22:12). 여호와를 경외함은 하나님을 사랑하는 것이다(신 6:2, 5). 여호와를 경외함은 내가 기준이 되어 남을 판단하는 것이 아니라, 내가 하나님의 기준에 따라 판단되고 있음을 의식하는 것이다(Ortlund).

반면에 여호와를 경외함은 한 가지 중요한 부정적(negative)인 면모를 지녔다. 바로 하나님이 미워하시는 악과 교만을 미워하는 것이다(8:13; 16:6; 23:17). 하나님의 기준에 따라 세상을 바라보며, 의지적으로 악을 배척한다는 뜻이다. 여호와를 경외하는 삶은 옳고 그름에 대해 중립적일 수 없다. 하나님이 기뻐하시는 선을 기뻐하고, 하나님이 미워하시는 악을 미워하는 것이기 때문이다. 이것이 지혜로운 삶이다.

여호와를 경외함은 지식의 최종 목적이지만, 근본이기도 하다. '근본'(רֵאשִׁית)은 시작이라는 의미를 지녔으며, 창세기 1:1은 이 단어를 '태초'라고 번역했다. 여호와를 경외함이 우리가 추구해야 할 지식의 '태초'(시작)라는 것이다. 또한 이 단어는 '가장 중요한 것'(가치)이라는 의미를 지녔다(TWOT). 고대 근동의 지혜 문헌들에서 종종 '신을 두려워하라'는 개념이 등장하기는 하지만, 잠언의 '여호와 경외'는 질적으로 차원이 다르다(Clifford, Day).

우리가 잠언 등을 통해서 얻고자 하는 지혜와 지식은 하나님을 경외하는 것에서 시작해야 한다. 심지어는 나이 든 사람들에게서 배우는 지혜와 지식도 여호와를 경외하는 마음으로 받아들여야 한다. 하나님은 모든 지식의 저자(태초)이시며, 우리가 지식을 얻어 이루고자 하는 일이 여호와를 더 경외하는 것이기 때문이다.

여호와를 경외하는 것은 '지식'(דַּעַת)과 '지혜'(חָכְמָה)와 '훈계'(מוּסָר)에서 시작된다. 안타깝게도 미련한 자들은 이 모든 것을 멸시한다. '멸시하다'(בוז)는 감정적으로, 또한 의도적으로 모독하는 의미를 지녔다(HALOT, cf. Ortlund). 그들에게도 하나님을 경외하는 지식을 얻을 수 있는 기회가 주어지지만, 그들은 주어진 기회를 조용히 거부하지 않고 오히려 떠들어 대며 경멸한다. 결국 지혜로운 삶과 어리석은 삶은 각 사람이 지닌 지적인 능력의 차이에서 비롯되지 않고 배우려는 의지의 차이에서 비롯되는 각 사람의 선택이라 할 수 있다.

우리는 온갖 '신들'이 치열하게 경쟁하는 세상을 살고 있다. 재물과 음란과 온갖 잡신들, 심지어는 사탄도 신으로 군림하는 세상이다. 이러한 세상에서 여호와를 경외하는 것이 사람이 추구해야 할 유일한 가치이고 대안이라고 외치는 것이 어리석게 보일 수도 있다. 세상이 창조된 이후 이 진리는 수없이 공격을 당했지만, 아직도 건재하다. 여호와를 경외하는 것만이 우리가 건강하고 행복하게 살 수 있는 유일한 지혜와 지식의 비결이기 때문이다.

II. 지혜를 얻으라는 권면
(1:8–9:18)

책의 첫 번째 섹션이 서론(1:1–7)에 이어 본격적으로 시작한다. 이 섹션은 지혜에 대한 찬사와 어리석음에 대한 비난 등 원론적인 가르침으로 구성되어 있다. 그러므로 구체적인 격언들과 다양한 가르침으로 형성되어 있는 10:1–31:31을 준비시키는 서론 역할을 한다. 본 텍스트는 다음과 같이 구분될 수 있다.

A. 시작하는 권면(1:8–9)
B. 부정한 부(副)를 피하라(1:10–19)
C. 지혜를 등한시하거나 버리지 말라(1:20–33)
D. 지혜를 추구하면 얻는 것들(2:1–22)
E. 여호와 경외에 대한 가르침(3:1–12)
F. 지혜 예찬(3:13–35)
G. 전통, 지혜, 길(4:1–27)
H. 지혜로운 결혼과 어리석은 간음(5:1–23)
I. 돈, 게으름, 선과 악(6:1–19)
J. 사악함에 대한 경고(6:20–35)
K. 유혹하는 음녀(7:1–27)

L. 지혜의 스피치(8:1-36)

M. 지혜와 미련한 여인의 초청(9:1-18)

II. 지혜를 얻으라는 권면(1:8-9:18)

A. 시작하는 권면(1:8-9)

8 내 아들아
네 아비의 훈계를 들으며
네 어미의 법을 떠나지 말라
9 이는 네 머리의 아름다운 관이요
네 목의 금 사슬이니라

책의 첫 번째 주요 섹션(1:8-9:18)은 아버지가 아들을 훈계하는 말로 시작한다. 성장하고 있는 자녀에게 부모가 주는 성인의 '문턱을 넘는 스피치'(threshold speech)라 할 수 있다(Van Leeuwen). 성인이 되어서도 어렸을 때 부모에게 받은 가르침을 마음에 품고 살아야 한다는 권면이다.

잠언에서 '아들'(בֵּן)은 60회, '내 아들'(בְּנִי)은 23회 사용된다(Kitchen). 책에서 '아버지—아들'은 혈육 관계를 의미하기도 하고 스승과 학생 관계를 뜻하기도 한다(Hildebrandt, Murphy). 본문에서는 혈육 관계를 의미한다. 어머니가 아버지와 쌍을 이루며 등장하기 때문이다. 아버지와 어머니가 함께 등장하는 것은 가정이 아이들의 가치관과 도덕적 교육의 터전이 되어야 하는 것을 암시한다.

또한 자식을 권면하는 일에서 아버지와 어머니가 쌍으로 등장하는 것은(cf. 6:20) 자녀 양육이 어느 한쪽이 아닌 두 부모의 공통적인 책임이라는 것을 암시한다. 그러나 잠언에서 아버지가 직접 자식을 권면하는 모습은 보이지만(2:1; 4:1), 어머니가 자식에게 말하는 모습은 보이지 않는다. 르무엘 왕이 자기 어머니가 그에게 가르쳐 준 잠언을 회고한다고 할 뿐, 그의 어머니의 스피치는 없다(31:1). 이 책에서 아버지가 자식을 직접 훈계하는 모습은 보이지만 어머니는 보이지 않는 현상을 두고 학자들은 자녀 양육의 책임은 두 부모에게 있으나, 아버지에게 더 있다는 것을 강조하는 것으로 이해한다(Kitchen, Waltke). 아버지가 자녀 훈육에 앞장서야 한다.

'훈계'(מוּסָר)는 이미 2절과 3절과 7절에서 사용된 단어이다. 훈계는 교정을 통한 가르침, 곧 반드시 준수되어야 할 것들을 의미한다(Clifford). '법'(תּוֹרָה)은 지시, 혹은 방향 제시와 연관된 단어이다(Kitchen). 어머니는 조상때부터 내려오는 전통을 당대의 권위자들이 해석해 놓은 것들로 자식들을 가르친다(Clifford). 어머니는 자식들에게 주로 의의 길로 가는 방향을 제시하고, 아버지는 자식들의 훈계자(교정자)가 되어야 한다는 뜻으로 풀이될 수 있지만(Kitchen), 우리는 자녀 훈육은 양 부모의 책임이라는 사실을 기억해야 한다.

아버지의 훈계와 어머니의 법을 귀담아 들으라는 말씀은 부모를 공경하라는 제5계명을 연상케 한다. 제5계명은 부모를 공경하면 장수하는 축복을 약속하는데, 본문도 부모를 공경하면(부모의 말씀에 귀를 기울이면) 큰 복을 누릴 것이라고 한다. 명예와 영화가 순종하는 자식과 함께할 것이다. 자식들이 누리는 명예와 영화는 부모들의 신실함이기도 하다(Clifford).

아버지의 훈계와 어머니의 법은 자식의 아름다운 관이 되고, 금 사슬이 된다(9절). 고대 사회에서 면류관은 승리의 상징이었다(Waltke). 부모에게 잘 양육 받은 자식들은 성공적인 삶을 살아 많은 사람들의 부러움을 산다. 부모의 지혜와 슬기로움이 자식의 재능이 되었기 때문이다.

사슬(목걸이)은 인도와 보호의 상징이었다(Waltke). 부모의 가르침을 귀담아 들은 자식들은 부모의 지혜와 슬기가 그들을 보호하고 갈 길을 인도한다. 지혜는 전(前) 세대에서 후(後) 세대로 전수될 때 가장 큰 빛을 발한다. 사람이 어려서부터 부모의 훈계와 가르침에 귀를 기울이면, 훗날 성인이 되어 대인 관계를 해치고 그의 삶에 해(害)가 될 만한 습관들과 버릇들을 미리 교정할 수 있다.

부모가 자식에게 훈계와 법에 귀를 기울일 것을 간절히 권면하지만(8절), 부모의 이 같은 권면을 받아들이거나 거부하는 것은 부모도 어찌할 수 없는 자녀의 몫이다. 그러므로 우리는 기도하는 마음으로 자녀들을 가르쳐야 한다. 그들이 우리의 가르침을 잘 받아들이고(1:3; 19:20; 23:23), 훈계를 좋아하며(12:1), 재물보다 더 귀하게 여기고(4:7; 23:23), 버리지 않도록(4:13) 기도하는 마음으로 훈육해야 한다. 아이들이 부모의 권면을 받아들이면 그들이 의의 길을 가는 것은 외부의 압력에 의해 억지로 진행되는 것이 아니라, 내면화된 지혜의 힘에서 비롯된다(Waltke).

II. 지혜를 얻으라는 권면(1:8-9:18)

B. 부정한 부(副)를 피하라(1:10-19)

10 내 아들아
악한 자가 너를 꾈지라도 따르지 말라
11 그들이 네게 말하기를 우리와 함께 가자
우리가 가만히 엎드렸다가 사람의 피를 흘리자
죄 없는 자를 까닭 없이 숨어 기다리다가
12 스올 같이 그들을 산 채로 삼키며
무덤에 내려가는 자들 같이 통으로 삼키자
13 우리가 온갖 보화를 얻으며
빼앗은 것으로 우리 집을 채우리니
14 너는 우리와 함께 제비를 뽑고

우리가 함께 전대 하나만 두자 할지라도
15 내 아들아
그들과 함께 길에 다니지 말라
네 발을 금하여 그 길을 밟지 말라
16 대저 그 발은 악으로 달려가며
피를 흘리는 데 빠름이니라
17 새가 보는 데서 그물을 치면 헛일이겠거늘
18 그들이 가만히 엎드림은 자기의 피를 흘릴 뿐이요
숨어 기다림은 자기의 생명을 해할 뿐이니
19 이익을 탐하는 모든 자의 길은 다 이러하여
자기의 생명을 잃게 하느니라

반복되는 '내 아들아'(10, 15절)라는 말이 아버지의 스피치를 10-14절과 15-19절 두 섹션으로 나눈다. 첫 번째 섹션(10-14절)은 악인들과 어울리지 말라는 경고이며, 두 번째 섹션(15-19절)은 왜 그들과 어울리면 안 되는가에 대한 설명이다. 악인들은 폭력으로 얻고자 하는 것을 얻지 못하고 오히려 잃을 것이기 때문이다. 창조주께서는 선을 지향하고 악을 배척하는 메커니즘을 세상에 두었고, 이 메커니즘은 악인들이 심은 대로 거두게 할 것이다.

부모의 훈계와 법에 귀를 기울이라고 한 뒤 바로 악인들과 어울리는 일을 언급하는 것은 부모가 심혈을 기울여 자식을 훈계하고 법(옳은 삶의 방식)을 가르치는 이유가 그들이 악한 무리와 놀아나는 것을 예방하기 위해서임을 암시한다. 우리 자녀들이 아무리 착하게 자라준다 할지라도 세상은 그들이 의의 길을 추구하며 착하게 살도록 내버려 두지 않는다. 그러므로 훈육은 우리 자녀들이 험난한 세상에서 악인들과 한통속이 되는 것을 방지하는 예방 주사라 할 수 있다. 악인들이 '아들'을 꾀면서 '우리'라는 말을 지속적으로 사용하는 것으로 보아 그들은 아들의 또래들(peers)이다(Waltke). 가장 크고 이기기 힘든 유혹은 항상 나이가 같은 또래들에게서 온다. 그러므로 영어에는 '또래 압력'(peer pressure)라는 말이 있을 정도이다.

'악한 자들'(חַטָּאִים)(10절)은 종교적인 뉘앙스가 강한 언어로 '죄인들'로 번역되는 것이 좋다(공동, 아가페, NAS, NIV, ESV, NRS, TNK). '죄'(חֵטְא)는 사람이 저지르는 온갖 잘못을 아우르는 가장 포괄적인 개념을 지녔고 양궁에서 비롯된 단어이다(TDOT). 궁수가 쏜 화살이 과녁에 도달하지 못하거나 맞추지 못하고 빗나간 상황을 묘사한다. 창조주 하나님이 사람들에게 이렇게 살라며 세우신 기준(과녁)을 비껴가거나 그 기준에 도달하지 못하는 상황이다(Waltke).

사람이 때로는 하나님이 세워 주신 가장 기본에도 미치지 못할 수 있다. 잠언은 이런 상황을 말하는 것이 아니다. 이들에게는 죄짓는 일이 버릇과 습관이 되어 있다(Ortlund, cf. TWOT). 아버지는 아들에게 '자나 깨나 죄를 일삼는 자들'과 상종하지 말 것을 주문한다. 그들이 꾀더라도 유혹에 넘어가지 말라는 당부이다. '꾀다'(פתה)는 4절에서 '어리석은 자'로 번역된 단어(פֶּתִי)와 같은 어원을 지녔다. 어리석은 자는 지능이 떨어지는 사람이 아니라, 남의 꾀임에 쉽게 넘어가는 사람인 것이다. 건강한 자존감과 지조가 없을 때 빚어지는 일이다.

'따르지 말라'(אַל־תָּבֹא)(10절)에서 '따르다'(אבה)는 요구되는 일을 하겠다는 의지를 표현하는 단어이다(TWOT). 그러므로 이 동사는 억지로 끌려가는 것이 아니라 스스로 결정하여 따라가는 상황을 묘사한다. 주변에 유혹하는 자들은 항상 있지만, 그들의 유혹을 따르거나 거부하는 것은 각자의 의지에 달려 있다. 아버지는 아들에게 절대 악인들과 가서는 안 된다며 강력한 경고를 하고 있다(Koptak).

아이들이 같은 또래가 친구라며 접근해와 유혹하면 물리치는 일이 쉽지는 않다. 아이들은 또래 친구들과 어울리는 것을 가장 중요하게 여기기 때문이다. 이때 부모의 훈육은 진가를 발휘해야 한다. 부모의 가르침과 권면은 또래들의 유혹보다 더 강해야 한다. 유혹하는 친구를 따라가지 않을 때, 아버지와 어머니의 가르침은 그의 면류관과 목걸이처럼 빛날 것이다. 그러므로 우리는 아이들이 선택의 기로에 설 때마다 의로운 삶을 택하도록 꾸준히 양육하고 훈련해야 한다.

아들에게 유혹하는 죄인들을 따라가지 말라고 한 아버지는 가상 시나리오를 통해 이 죄인들이 아들에게 어떤 제안을 해 올 것인가를 미리 알려 주며 대비하도록 한다(11-14절). 죄인들은 먼저 두 가지를 제안할 것이다: (1) 억울한 사람들의 피를 흘리자(11-12절), (2) 피를 흘려 착취한 부(副)를 나누어 갖자(13절). 아들이 이렇게 하면 그들은 아들에게 그들과 함께 어울릴 수 있는 소속감을 약속할 것이다(14절).

첫째, 악인들은 억울한 사람의 피를 흘리자고 제안한다(11-12절). 그들은 같은 일을 두 차례 제안하는데, 제안하는 행동의 강도가 점차적으로 잔인해 진다: "가자… 엎드리자… 피를 흘리자"(11a-b절), "숨어 기다리자… 삼키자"(11c-12절, 개역개정은 12절에서 '삼키자'를 두 차례 표기하지만, 마소라 사본에는 동사가 한 번만 등장함). 잠언이 삶을 길을 가는 것에 자주 비교를 하는 상황에서 '가다'(הלך)는 같은 길(같은 삶의 방식)을 가자는 초청이다(Clifford, cf. Van Leeuwen). '숨어 기다리다'(צפן)는 맹수들이 숨어 있다가 먹잇감을 덮치는 것을 묘사하는 단어이다(cf. HALOT).

악인들의 희생양은 분명 '죄 없는 자'(נָקִי)(11절)이다. 그들의 공격을 받을 만한 일을 한적이 없는 사람이다. 악인들은 대체적으로 저항할 수 없는 연약한 사람들과 착한 사람들을 짓밟는다. 그것도 전혀 예측하지 못하는 상황에서 기습 공격을 한다.

아무리 악인들이라 할지라도 '죄 없는 사람'을 '까닭없이'(חִנָּם) 공격하는 것은 심리적으로 부담이 될 수 있다. 그러므로 그들은 이 일이 '엎드려 기다리고, 숨어 기다리고, 산 채로 삼키고, 통으로 삼키는 일'이라며 재미있는 일이나 되는 것처럼 묘사한다(Aitken). 죄인들은 '재미'라는 명분으로 양심에 화인 맞은 짓을 한다.

죄 없는 사람들을 '산채로 삼키고, 통으로 삼키는 것'은 자신들에게는 어떠한 피해도 없을 것이라 확신하는 말이다. 그들은 자신들은 어떠한 해도 입지 않으면서 남들을 놀라게 하고 약탈하며 심지어는 살인까지 하면서 재미를 느낀다. 죄인들의 가장 큰 문제는 죄를 즐기는 잔인성이다.

많은 사람들이 죄는 추하고 더러운 것이라고 착각을 한다. 죄의 결과는 분명히 추하고 더러운 것이지만, 사람이 죄를 지으려고 할 때에 죄는 참으로 매력적으로 보인다. 만일 죄가 추하고 더럽게 보인다면 누가 죄를 짓겠는가! 인류가 최초로 죄를 지었을 때에도 죄는 "먹음직도 하고 보암직도 하고 지혜롭게 할 만큼 탐스럽기도" 했다(창 3:6). 그러므로 죄의 매력을 과소평가하는 것은 옳지 않다. 악인들도 죄는 재미있는 일이라고 유혹하고 있다.

악인들이 죄 없는 사람들을 공격하는 것은 그들의 소유를 빼앗기 위해서이다(13a절). '온갖 보화'(כָּל־הוֹן יָקָר)는 모든 값진 것들을 의미하며 반드시 재물로 해석될 필요는 없다. 잠언에서 사람이 지닌 지혜와 명예 등 비(非)물질적인 것들도 가장 값진 보석 등으로 묘사되기 때문이다. 그러므로 악인들이 누구를 공격하고 그에게 경제적인 손해를 끼치지 않았다고 해서 그를 약탈하지 않았다고 할 수 없다. 그의 명예와 인품 등 돈으로 환산할 수 없는 값진 것들을 약탈했기 때문이다.

죄인들은 죄 없는 사람들을 약탈한 것들로 집을 채운다(13b절). 그들은 재물을 좋아하며 죄 없는 사람들을 이용해(착취하여) 부를 쌓지만, 의인들은 사람들을 사랑하고 자기 재물을 이용하여 그들을 돕는다(Waltke). 악인들이 불로소득, 그것도 억울한 피가 묻은 재산으로 집을 도배하니 하나님 보시기에 이 물건들은 그들의 죄를 고발하는 부정한 물건들이다! 그러나 그들에게는 이것들이 자랑스러운 전리품이다. 관점이 참으로 대조적이다.

악인들은 죄 없는 사람들을 죽이고 그들의 재산을 약탈해서 부자가 되자며 아들에게 그들과 함께 하자고 유혹한다(14절): "우리와 함께 제비를 뽑고 전대를 하나만 두자." 이 말의 의미를 공동번역이 가장 잘 살렸다: "우리와 한 통속이 되어 같이 먹고 같이 살자." 남을 약탈하는 자들이 자신들 사이에서는 약탈물을 공평하게 나누겠다고 약속한다(Delitzsch). 아들은 이러한 약속을 믿을 수 있을까? 믿으면 바보다! 죄는 절대 이 죄인들이 서로를 공평하게 대하도록 내버려 두지 않는다(cf. Kitchen, Van Leeuwen).

악인들은 아들에게 그들의 '운명 공동체'에 들어올 수 있다며 그를 유혹한다. 어떤 면에서는 이 유혹이 아들의 마음을 가장 확실하게 흔들 수 있다. 사람들은 모두 그들을 받아 주고 인정해 주는 집단에 대한 소속감을 갈망한다. 그래서 아이들이 갱단의 유혹에 빠져드는 경우가 많다. 악인들이 아들에게 그 소속감을 주겠다고 한다! 그러나 아들이 이 죄인들과 놀아나면 죽음을 피할 수 없다. 그러므로 그들의 유혹을 이겨 내는 지혜는 그에게 생명을 준다(Pauw).

악인들은 아들에게 제안하고 약속하는 것을 실현할 수 있을까? 아버지는 절대 그렇지 않을 것이라고 악인들의 주장을 반박하며 아들을 설득한다(15-19절). 앞에서 죄인들이 아들을 꾀면서 '함께 가자'라며 길을 가는 이미지를 사용했는데(11절), 아버지는 아들에게 절대 그들과 함께 '길'(דֶּרֶךְ)을 가지 말고, 그들의 '길'(נְתִיבָה)에는 발도 들여놓지 말라고 한다(15절). 아예 상종을 하지 말라는 뜻이다. 유혹을 받은 아들은 선택의 기로에 서 있다. 선과 악, 빛과 어두움, 진실과 거짓, 의와 죄에서 선택해야 한다. 중립은 없다. 한쪽을 택하면 다른 쪽을 포기해야 한다.

악인들은 "한 건만 같이 하자"며 '한 프로젝트'를 중심으로 아들을 꾈 수 있다. 그러나 아들이 한 번이라도 동의하면 계속 '새로운 프로젝트'가 생겨 끊을 수 없다. 이것이 악인들의 삶이며, 그들이 가는 길(여정)이기 때문이다. 그러므로 아버지는 아들이 처음부터 그들과 길을 가지 않고, 또한 그들의 길(삶의 방식)에 발을 들여놓지 말라고 호소한다. 악인들의 길 끝에는 심판주 하나님의 응징이 있을 뿐이다(TDOT). 죄는 중독성이 매우 강해 한 번 시작하면 헤어나기가 어렵기 때문에 처음부터 발을 들여놓지 않는 것이 상책이다.

악인들은 아들을 꾈 때 그들이 함께 하고자 하는 일이 매우 흥미로운 일처럼 묘사했지만(11-12절), 아버지는 그들이 하고자 하는 일을 매우 냉정하게 묘사한다: "그들의 발은 악으로 달려가며, 피 흘리는 데 빠르다"(16절, cf. 사 59:7; 롬 3:15). 그들이 하고자 하는 일은 오락이 아니라 순수 죄악이다. 아버지는 악인들을 마치 피를 흘리는 일에 혈안이 되어서 이성이 마비되고 그저 죄짓는 일만 생각하는 악에 중독된 중독자들로 묘사하고 있다. 그들에게 양심의 가책이라는 것은 없다. 이성과 양심이 결여된 자들이기 때문이다.

악인들은 자신들이 계획한 것을 이룰 수 있을까? 곧 그들이 원하는 만큼 사람을 죽이고 그들의 재산을 약탈할 수 있을까? 그들은 철저하게 실패할 것이다. 그들은 숨어있다가 공격하는 비겁한 자들이다(11절). 그들은 자신들이 누구의 눈에도 띄지 않게 은밀하게 음모를 꾸미고 진행하기 때문에 반드시 성공할 것이라고 생각하지만, 정작 그들의 음모는 사냥꾼들이 새들이 보는 앞에서 그물을 치는 것과 같은 헛수고이다(17절). 사냥꾼들의 덫을 본 새들은 그것을 피해 다닐 것이다. 악인들의 음모가 사람들의 눈을 피하거나 속일 수는 있겠지만, 공의로운 재판관이신 하나님은 이 모든 것을 지켜보신다. 그러므로 그들의 비밀스러운 음모는 악할 뿐 아니라, 어리석은 짓이다. 하나님이 알고 계시기 때문이다. 그들은 반드시 실패할 것이다.

결국 악인들은 죄 없는 사람들을 잡으려고 세운 덫에 스스로 걸려들어 망할 것이다(18절, cf. 욥 4:8; 시 9:16; 57:6; 잠 11:19). 그들은 가만히 엎드렸다가 남의 피를 흘릴 계획을 세웠지만(11절) 자기 피를 흘릴 것이며, 숨어 기다렸다가 죄 없는 사람을 산채로 삼키려 했지만(11-12절) 자신들의 생명을 해하게 될 것이다. 모든 것을 공정하게 심판하시는 하나님이 결코 그들의 음모가 성공하도록 내버려 두지 않으실 것이기 때문이다. 창조주 하나님은 선을 추구하고 악을 배척하는 메커니즘도 세상에 두셨다.

아버지는 악인들의 음모가 주님 앞에서는 부질없는 일이라며 이익을 탐하는 사람들의 길은 다 이러할 것이기 때문에 재물을 탐하는 일이 그들의 목숨을 앗아갈 것이라고 한다(19절, cf. 새번역, 공동). 악은 스스로 자폭할 것이다(Pauw). '이익'(בֶּצַע)은 '부당한 이득'을 뜻한다(HALOT). 정당한 이익은 노동의 정당한 대가이다. 그러므로 그것은 거룩하다. 그러나 부당한 이득은 그것을 추구하는 자들의 수명을 단축할 뿐이다(cf. 딤전 6:9). 하나님이 지켜보고 계시기 때문이다.

악인들은 반드시 멸망하고 의인들은 여호와의 보호를 받아 평안히 살 것이라는 원리가 우리의 삶에서 얼마나 실현되는가? 별로 실현되지 않는 것 같다. 악인들이 오히려 더 성공하고 의롭게 살겠다는 사람들이 실패하는 세상이기 때문이다. 하나님이 천지를 창조하실 때 원래는 의인이 복을 받고 악인들이 벌을 받는 세상이었는데 죄가 이 땅에 들어온 이후로는(cf. 창 3장) 이 원리가 잘 지켜지지 않는 듯하다. 그러나 이 땅에서 행해지는 모든 일이 창조주의 적절한 심판과 보응을 받을 날이 오고 있다. 그때는 모든 것이 제자리를 찾고 인정받을 이들은 인정을 받고, 벌을 받을 자들은 벌을 받을 것이다.

교회는 이런 날을 꿈꾸며 사는 사람들이 모여 있는 공동체이다. 그러므로 우리는 의인이 인정을 받고 악인이 벌을 받는 공동체를 조금이나마 이 땅에서 실현할 수 있다. 우리는 교회를 통해 '작은 하늘나라'를 조금이나마 실현할 수 있고, 축복을 맛볼 수 있는 것이다. 그러므로 우리는 경건하고 정의롭게 살아야 한다. 선택의 기로에 서 있을 때 항상 더 선한 쪽을 택해야 한다. 하나님이 기뻐하시는 삶과 참된 부(副)는 오직 의를 추구하고 실현하는 일을 통해 가능하기 때문이다.

C. 지혜를 등한시하거나 버리지 말라(1:20-33)

20 지혜가 길거리에서 부르며
광장에서 소리를 높이며
21 시끄러운 길목에서 소리를 지르며
성문 어귀와 성중에서 그 소리를 발하여 이르되
22 너희 어리석은 자들은 어리석음을 좋아하며
거만한 자들은 거만을 기뻐하며
미련한 자들은 지식을 미워하니
어느 때까지 하겠느냐
23 나의 책망을 듣고 돌이키라
보라 내가 나의 영을 너희에게 부어 주며
내 말을 너희에게 보이리라
24 내가 불렀으나 너희가 듣기 싫어하였고
내가 손을 폈으나 돌아보는 자가 없었고
25 도리어 나의 모든 교훈을 멸시하며
나의 책망을 받지 아니하였은즉
26 너희가 재앙을 만날 때에 내가 웃을 것이며
너희에게 두려움이 임할 때에 내가 비웃으리라
27 너희의 두려움이 광풍 같이 임하겠고
너희의 재앙이 폭풍 같이 이르겠고
너희에게 근심과 슬픔이 임하리니
28 그 때에 너희가 나를 부르리라
그래도 내가 대답하지 아니하겠고
부지런히 나를 찾으리라
그래도 나를 만나지 못하리니

29 대저 너희가 지식을 미워하며
여호와 경외하기를 즐거워하지 아니하며
30 나의 교훈을 받지 아니하고
나의 모든 책망을 업신여겼음이니라
31 그러므로 자기 행위의 열매를 먹으며
자기 꾀에 배부르리라
32 어리석은 자의 퇴보는 자기를 죽이며
미련한 자의 안일은 자기를 멸망시키려니와
33 오직 내 말을 듣는 자는 평안히 살며
재앙의 두려움이 없이 안전하리라

잠언에서 가장 중요한 인물이라 할 수 있는 여인이 처음으로 모습을 보인다. 여자로 의인화된 지혜(Lady Wisdom)이다. 지혜는 사람들이 그를 찾아올 때까지 기다리지 않고 그들이 사는 곳으로 그들을 찾아 나선다. 또한 지혜는 부드러운 설득자가 아니라 오늘날로 말하면 사람들이 얼굴을 찡그릴 만한 매우 공격적이고 무례하기까지 한 사람이다(Aitken). 이 스피치는 다음과 같은 구조를 지녔다(Garrett, cf. Koptak, Trible).

A. 서론: 듣는 사람들을 구함(1:20-21)
　B. 어리석고 교만하고 미련한 자들에게(1:22)
　　C. 지혜를 보장하는 선포(1:23)
　　　D. 선포 이유(1:24-25)
　　　　E. 조롱 섞인 심판 선포(1:26-28)
　　　D′. 선포 이유(1:29-30)
　　C′. 징벌을 확신하는 선포(1:31)
　B′. 어리석고 미련한 자들의 운명(1:32)
A′. 결론: 듣는 사람들을 구함(1:33)

사람들이 악인들의 유혹을 물리치려면 옳고 그름을 판단하는 지혜가 필요하다. 지혜는 구하기가 어려운 것인가? 절대 그렇지 않다. 지혜는 온 세상을 가득 채우고 있다. 길거리와 광장에도 있으며(20절), 시끄러운 길목과 성문 어귀와 성중에도 있다(21절). 지혜는 학자들과 이론가들을 위한 것이 아니라, 거리를 오가는 평범한 사람들의 일상을 위한 것이다(Kitchen).

‘길목’(בְּרֹאשׁ הֹמִיּוֹת)은 길에서 가장 높은 곳으로 연설을 하며 사람들의 관심을 끌기에 가장 좋은 장소이다(Waltke). ‘성문 어귀’(בְּפִתְחֵי שְׁעָרִים)는 소송과 재판과 비즈니스 등 성의 모든 중요한 일상이 진행되는 곳이기 때문에 성에 사는 모든 계층 사람들을 만나기에 최적화된 곳이다. 지혜는 자신이 하고자 하는 말을 되도록이면 많은 사람들이 들었으면 한다.

그런데 20-21절은 지혜가 네 곳(길거리, 광장, 길목, 성문 어귀)에서 외친다고 하는가, 아니면 다섯 곳(+성중)에서 외친다고 하는가? 일부 번역본들은 21절에서 지혜가 성문 어귀와 성중에서 외친다고 하는데(개역개정, 새번역, TNK), 대부분 번역본들은 지혜가 성문 어귀에서만 외친다고 한다(공동, 아가페, NAS, ESV, NIV, NRS).

성문 어귀는 성의 모든 중요한 일상이 진행되는 곳이다. 그러므로 성문 어귀에서 외치면 성 안에서까지 외칠 필요는 없다. 게다가 이미 길거리와 광장이 성 안을 상징한다. 지혜가 다섯 곳이 아니라, 네 곳에서 외친다는 뜻이다. 넷이나 다섯이나 큰 차이는 없지만, 성경에서 넷은 온 세상을 아우르는 총체성을 상징하는 숫자라는 점을 감안하면 네 곳에서 외치는 것이 맞을 것이다.

지혜는 온 세상 곳곳에 가득하다. 지혜로운 창조주께서 세상을 창조하실 때 지혜로 하셨기 때문이다. 게다가 지혜는 은밀한 곳에 숨지 않고 사람들에게 자기 말을 들으라며 소리를 높여 외치고 있다. 그러므로 사람이 찾기만 하면 얼마든지 지혜를 구할 수 있다.

지혜가 큰 소리로 외치는 메시지는 무엇인가? 사람들이 대부분 지혜를 찾지 않는다는 것이다(22절). 어리석은 자들은 어리석음을 좋아하며, 거만한 자들은 거만을 기뻐하고, 미련한 자들은 지식을 미워한다. '어리석은 자들'(פְּתָיִם)은 별로 깊이 생각하지 않는 단순한 사람들을 뜻한다(Kidner). '거만한 자들'(לֵצִים)은 반항적이고 냉소적인 자유 영혼들이다(Ross). '미련한 자들'(כְּסִילִים)은 도덕적으로 무감각한 자들이다(Kidner). 사람들은 자신들이 익숙한 것을 좋아하기 때문에 더 좋은 것이라 할지라도 변화를 싫어한다. 자신이 처한 상황에서 안주하기를 좋아한다. 결국 각자 익숙한 것에 따라 길을 택하고 기뻐한다.

그러나 누구라도 현재보다 더 좋고 행복한 삶을 선택할 수 있다. 우리의 삶은 언제든 더 선한 쪽으로 바뀔 수 있으며, 이같은 변화는 지혜를 추구하면 가능한 일이다. 그러므로 지혜는 자신의 삶에 안주하는 어리석은 영혼들에게 '어느 때까지' 그렇게 살겠냐고 질문을 한다(22d절). 지금도 늦지 않았으니 돌이켜 지혜의 품으로 돌아와 실컷 지혜를 배워 지혜로운 자들이 되라고 한다(23절).

사람들에게 돌아오라고 외치는 지혜는 그동안 어디에 있었는가? 그동안 잠적했다가 이제 나타난 것인가? 아니다. 지혜는 그동안 계속 사람들에게 자기 손을 잡으라며 그들을 불렀다(24-25절). 그러나 그들은 지혜의 말을 듣기 싫어했고, 모두 등을 돌렸다(24절). 심지어는 지혜의 교훈을 멸시하고 책망(훈계)을 받아들이지 않았다(25절). '교훈'(עֵצָה)은 계획을 의미한다(HALOT). 그들은 단순히 지혜의 가르침을 거부한 것이 아니다. 지혜가 제시하는 의로운 삶에 대한 계획까지도 거부한 것이다(Pedersen). 사람이 책망을 받아들이는 일이 쉽지는 않다. 그러나 받아들이고 나면 해방감을 누릴 수도 있다(Kitchen). 지혜는 그들이 지혜를 습득하여 행복하고 의로운 삶을 살 수 있는 기회를 충분히 주었지만, 그들이 거부한 것이다. 옛적에 외치던 지혜는 이 순간에도 외치고 있다.

사람은 어느 때에 지혜가 가장 필요한가? 환난을 경험할 때이다(26-27절). 삶에서 위기를 맞을 때면 우리는 한계를 느끼며 하나님께 지혜를 구하기 일쑤다. 시편과 함께 '지혜문헌'이라고 불리는 책들이 삶의 애환과 인간의 고통을 주요 주제로 삼는 것을 보면 참으로 지혜가 필요할 때는 바로 우리가 환난을 맞을 때라는 것이 더 확실해진다.

지혜는 재앙을 만난 사람이 당황하고 고통스러워하는 것을 보며 그를 비웃을 것이다(26절). 평소에는 자기가 가진 것으로 충분하다며 지혜의 말을 필요 없다고 비웃었는데(Delitzsch), 고난의 날이 되니 입장이 바뀌었다. 두려움과 재앙과 근심과 슬픔이 엄습한다(27절). 이번에도 포괄성을 상징하는 숫자 넷을 사용하여 이 사람의 삶이 참으로 고통스럽다는 것을 강조한다.

고통을 견디다 못한 사람이 드디어 지혜를 부르고 찾지만, 찾을 수 없다. 지혜가 그들을 만나 주지 않을 것이기 때문이다(28절). 한때는 전능한 것으로 느껴졌던 기도가 이제는 아무런 능력을 발휘하지 못한다(Bridges). 또한 전에는 사람들이 지혜를 거부했는데(24절), 이제는 지혜가 그들을 거부한다.

사람이 심한 고통을 당하면 이성과 논리가 마비되기도 하는데 이런 상황을 묘사하는 것으로 보인다. 그때는 지혜를 찾을 수가 없다. 평상시에 지식을 미워하여 지식의 근본인 여호와 경외하기를 즐거워하지 않고 교훈을 받지 않으며 지혜의 책망을 업신여겼기 때문이다(29-30절). 평상시에는 지혜를 추구하지 않다가 환난 중에 지혜를 가까이 하려니 잘 되지 않는 것이다.

또한 이 말씀은 최후 심판을 중심으로 한 종말론적 해석도 가능하다(Waltke). 그날이 되면 지혜는 죄인들을 돕지 않을 것이다. 평상시에 그의 말을 듣지 않았던 자들을 비웃을 것이다. 이 땅에서 각자가 선택하고 결정한 것은 영원한 결과를 초래한다. 사람이 자신의 선택에 대한 영원한 결과를 눈앞에 둔 순간에는 과거로 돌아가 바꿀 수 있는 것이 아무것도 없다.

결국 사람은 지혜를 등한시하고 무시한 대가를 톡톡히 치르게 된다

(31절). 하나님은 심은대로 거두게 하시는 분이다. 어리석은 자들은 제멋대로 행동하다 죽고, 미련한 자들은 태만히 행하다가 망한다(32절). 반면에 지혜의 말을 듣는 사람은 마음 편히 살고 재앙의 두려움 없이 평안할 것이다(33절). 평소에 지혜를 가까이 한 사람과 멀리 한 사람의 운명이 강력한 대조를 이루고 있다.

II. 지혜를 얻으라는 권면(1:8-9:18)

D. 지혜를 추구하면 얻는 것들(2:1-22)

아버지는 1장에서 아들에게 부정한 이익을 탐하는 악인들과 어울리지 않도록 하라고 했다. 그들은 자신들이 얻고자 하는 것을 얻지도 못한 채 죽을 것이다. 의로우신 하나님이 분명히 그들을 벌하실 것이기 때문이다. 어린 아들에게는 이러한 상황을 잘 판단하는 지혜가 필요하다.

평상시에는 사람이 마음을 열고 구하면 지혜를 얻을 수 있다. 그러나 환난이 닥친 상황에서는 지혜가 사람을 멀리한다. 결국 지혜가 없는 어리석은 자들은 죽고, 지혜 있는 자들은 산다. 그러므로 사람이 살다 보면 반드시 찾아오는 위기들을 헤치고 살아 남기 위해서는 반드시 지혜가 필요하다.

이러한 논리로 아버지는 아들에게 지혜를 구할 것을 설득한다. 이 섹션에서 아버지는 사람이 지혜를 얻으면 무엇이 이익이 되는가를 설명한다. 지혜가 사람의 삶을 얼마나 의롭게 하고 행복하게 하는가를 설명하여 아들을 설득시키려 하는 것이다. 반면에 어리석은 삶은 죽음으로 치달을 뿐이다. 히브리어 사본은 1-22절을 한 문장으로 표기하고 있다(Clifford, Waltke, Van Leeuwen). 그래서 일부 학자들은 히브리어 알파벳이 22자로 구성되었다는 점을 근거로 이 시를 '알파벳 시'라고 하기도 한다(Clifford, Koptak, cf. Freedman, Murphy). 지혜를 추구하는 삶의 완벽함을 강조하기 위하여 히브리어 알파벳을 구성하고 있는 22 문구가 한 문장을 형성하고 있다. 이 문구들은 히브리어 알파벳의 첫 번째 글자인 알레프(א)가 처음 11절을, 12번째 글자인 라메드(ל)가 나머지 11절을 다음과 같이 각각 세 섹션으로 나눈다(cf. Clifford, Pardee, Scott). 비록 22절로 구성이 되어 있기는 하지만, 오직 두 알파벳을 사용하고 있기 때문에 학자들은 이러한 알파벳 시를 거짓(Pseudo) 알파벳 시라고 하기도 한다(Longman, Tan). 이러한 경우 해석하는 데 어떠한 영향도 미치지 않는다(Wilson).

알레프 연(stanza)(1-4절): "만일…"(אִם)(1, 3, 4절).

알레프 연(stanza)(5-8절): "그렇게 하면"(אָז)

알레프 연(stanza)(9-11절): "그렇게 하면"(אָז)

라메드 연(stanza)(12-15절): "건져 내리라"(לְהַצִּילְךָ)

라메드 연(stanza)(16-19절): "건져 내리라" (לְהַצִּילְךָ)

라메드 연(stanza)(20-22절): "길로 행하게 하리라"(לְמַעַן תֵּלֵךְ)

잠언 2장은 1-9장이 추구하는 목적을 정의하고 있는데(Tan), 위 구조에 의하면 본 텍스트가 강조하고자 하는 핵심 메시지는 보호(건져 내리라)이다. 사람이 지혜를 추구하면 악한 사람들과 음녀로부터 보호를 받게 된다는 뜻이다. 지혜의 창시자이신 하나님이 직접 그들을 악인들의 손에서 건져 내신다.

또한 지혜를 구하는 사람은(1-4절) 자신이 배운 지혜의 길로 행하게 된다(20-22절)는 발전도 보인다(Garrett). 본 텍스트를 의미와 기능을 바탕으로 구분하면 다음과 같이 두 섹션으로 나뉜다.

A. 서론적 권면: 지혜를 배우라(2:1-4)

B. 지혜로 얻는 축복(2:5-22)

II. 지혜를 얻으라는 권면(1:8-9:18)
D. 지혜를 추구하면 얻는 것들(2:1-22)

1. 서론적 권면: 지혜를 배우라(2:1-4)

[1] 내 아들아
네가 만일 나의 말을 받으며
나의 계명을 네게 간직하며
[2] 네 귀를 지혜에 기울이며
네 마음을 명철에 두며
[3] 지식을 불러 구하며
명철을 얻으려고 소리를 높이며
[4] 은을 구하는 것 같이 그것을 구하며
감추어진 보배를 찾는 것 같이 그것을 찾으면

아버지는 아들에게 꼭 해줄 말이 있다(1절). 아버지는 아들이 꼭 그의 말과 계명을 귀담아 듣고 마음에 간직하기를 호소한다. '간직하다'(צפן)는 보호를 위해 숨기는 것을 의미한다(NIDOTTE). 아들이 아버지의 말과 계명을 잘 이해하고 마음에 담아 두었다가 필요할 때면 꺼내 쓰라는 권면이다(Steinmann, Kitchen). 아버지의 '말'(אֵמֶר)과 '계명'(מִצְוָה)은 장차 책이 알려 줄 온갖 권면과 격언들이다(Waltke).

인생의 선배로서 아버지는 자신이 하는 말이 아들의 삶에서 얼마나 큰 도움이 될 것인가를 확신한다. 고대 근동의 정서를 고려하여 아들이 전수받을 지혜를 역추적하면 출처가 '아버지〉왕〉하나님'이 된다. 아버지는 하나님이 주신 지혜를 아들에게 전수하고자 하는 것이다.

많은 학자들이 고대 이스라엘에서 교육은 강요된 혹독한 훈련이었다고 하지만, 본문은 매우 자상한 아버지가 아들을 설득시키는 방식을 취하고 있다. 학자들이 잘못 알고 있는 것이다(cf. Fox). 아버지가 간절한 마음으로 아들에게 바라는 것이 무엇인가? 바로 아들이 지혜를 적극적으로 지혜를 구하는 일이다(2-3절). 1장은 지혜가 소리를 높여 외친다고 했는데(1:20), 이번에는 사람이 소리를 높여 지혜를 찾아야 한다.

사실 아들이 지혜롭게 산다 할지라도 아버지가 직접적으로 덕을 보는 일은 별로 없다. 그러나 이것이 자식이 잘되기를 바라는 부모의 간절한 바램이다. 또한 남겨 줄 수 있는 가장 중요한 유산이자 신앙이다.

본문은 지혜를 여러 가지로 묘사한다. 지혜는 아버지가 아들에게 해주는 말이며 계명이다(1절). 서론에서 언급한 것처럼 지혜는 한 세대에서 다음 세대로 전수되는 것이며, 가정에서 부모—자식 관계를 통해 가장 효과적으로 전달된다. 그러므로 아버지는 자기 아버지에게 전수받은 말과 계명을 아들에게 전수해 주고자 한다. 지혜로운 부모의 가르침에 귀를 기울이는 자들은 복을 받을 것이다.

아들이 습득해야 할 지혜는 '지혜, 명철(2x), 지식'으로 다양하게 묘사된다(2-3절). 이 지혜는 가만히 있으면 얻을 수 있는 것이 아니다. 아들이 지혜를 얻으려면 구하려는 노력을 적극적으로 해야 한다: "귀를 기울이라, 마음을 두라, 불러 구하라, 얻으려고 소리를 높이라"(2-3절). "마음을 두다"에서 '두다'(נטה)는 '기울이다'라는 뜻이며, 몸을 기울이는 자세는 기울이는 쪽을 택하겠다는 의지의 표현이다(Fox). 아버지는 아들이 의도적으로 지혜를 택할 것을 권면하고 있다. 지혜는 사람이 간절한 마음으로 찾아 나설 때 얻을 수 있기 때문이다. 지혜는 잠언이 미워하는 불로소득이 아니다.

아버지는 아들에게 지혜를 구할 때 마치 귀한 보배를 찾는 것처럼 찾아 나서라고 한다(4절). 인상적인 것은 아버지는 처음에는 아들에게 자기 말을 "받고 간직하라"(1절)며 아들에게 수동적인 자세를 권하지만, 3-4절에 가서는 "소리를 높이고 구하고, 찾으라"며 적극적이고 능동적인 자세를 요구한다. 지혜는 수동적으로 받는 것이기도 하고, 능동적으로 구해야 하는 것이기도 하다.

대부분 사람들은 재물을 구하는 일에 혈안이 되어 있다. 물질만능

시대에는 더욱더 그렇다. 아버지는 아들이 지혜를 구할 때 마지못해 대충하지 않고 적극적으로 구할 것을 주문하고 있다. 그래야 지혜를 더 많이 얻을 수 있고, 얻은 지혜로 행복한 삶을 살 수 있기 때문이다. 그러므로 지혜를 얼마나 적극적으로 구하는가가 우리의 행복, 더 나아가 삶과 죽음을 좌우할 수 있다고 할 수도 있다.

II. 지혜를 얻으라는 권면(1:8-9:18)
D. 지혜를 추구하면 얻는 것들(2:1-22)

2. 지혜로 얻는 축복(2:5-22)

아버지는 아들이 적극적으로 지혜를 구하면 크게 두 가지 축복을 누릴 것이라고 한다: (1) 하나님의 보호(5-8절), (2) 의롭고 순결한 삶(9-22절). 지혜는 종교적인 축복을 누리게 할 뿐만 아니라 비종교적인 실용성도 지녔다는 뜻이다. 이 섹션은 다음과 같이 두 파트로 구분된다.

A. 신앙적인 축복(2:5-8)

B. 의로운 삶(2:9-22)

II. 지혜를 얻으라는 권면(1:8-9:18)
D. 지혜를 추구하면 얻는 것들(2:1-22)
2. 지혜로 얻는 축복(2:5-22)

(1) 신앙적인 축복(2:5-8)

5 여호와 경외하기를 깨달으며
하나님을 알게 되리니
6 대저 여호와는 지혜를 주시며
지식과 명철을 그 입에서 내심이며
7 그는 정직한 자를 위하여 완전한 지혜를 예비하시며

행실이 온전한 자에게 방패가 되시나니

8 대저 그는 정의의 길을 보호하시며

그의 성도들의 길을 보전하려 하심이니라

아버지는 아들이 지혜를 구할 때 누리는 축복으로 하나님과의 관계를 지적한다. 사람이 지혜를 구하면 구할수록 하나님을 경외하게 되며, 주님을 더 깊이 알게 된다(5절). 여호와를 경외하는 것이 지식의 근본이라는 사실을 생각하면 당연한 일이다(cf. 1:7). '여호와를 경외하는 것'은 공포와 두려움에 사로잡히는 것이 아니라, 하나님의 위대하심에 감탄하며 주님은 우리와 질적으로 다르시다는 사실을 고백하고 존경하는 것이다.

'앎/지식'(דַּעַת)(5절)은 개인적이고 경험적인 관계를 통해 얻는 것이다(TWOT). 여호와를 경외하고 하나님을 아는 것은 유대교—기독교의 가장 중요한 두 기둥이다(Kidner, cf. 사 11:2; 58:2). 우리가 '하나님을 아는 것'은 성경이 쓰여진 목적이다. 성경은 하나님이 어떤 분이시고, 어떻게 역사하시는가를 기록한 책이다. 그러므로 우리는 성경을 떠나서는 하나님을 제대로 알 수 없다. 선지자들은 하나님의 모든 말씀과 행하시는 일들(기적과 심판 등)이 우리가 여호와를 알게 하기 위해서라고 한다. 세상에서 하나님을 아는 지식처럼 고상하고 아름다운 것은 없다. 우리가 존재하는 이유도 하나님을 알아가는 것이 되어야 한다.

사람이 지혜를 구할수록 하나님을 더 깊이 알게 되고 주님을 경외하게 되는 이유는 바로 여호와가 사람에게 지혜와 지식과 명철을 주시는 분이기 때문이다(6절). 심지어는 특별히 준비해 두셨다가도 주신다(7a절). 보편적인 지식으로 부족하다 싶으면 특별한 지식(특별 은총)을 주시기도 한다는 뜻이다. 이것들은 오직 여호와만이 주실 수 있다. 여호와가 바로 이것들의 저자(주인)이시기 때문이다. 그러므로 성경은 지혜가 부족한 사람은 후하게 주시는 하나님께 구하라고 한다(약 1:5). 지혜는 하나님이 선물로 주시는 은총이기 때문이다(6절). 그렇다면 지혜는 우리가 구하는 것인가? 혹은 하나님이 선물로 주시는 것인가? 지혜는 우리가 구해야 하는 것이며, 하나님이 주시는 것이다. 신앙인의 삶에서 이 같은 일은 모순이 아니다(Pauw).

하나님은 주님께 지혜를 얻은 사람들을 보호하기도 하신다(7b-8절). 정직한 자들(행실이 온전한 자들)에게 방패가 되셔서 악인들의 창(cf. 12-15절)과 음녀의 화살(cf. 16-19절)에서 보호하신다(cf. 30:5). 정의롭게 살려고 하는 사람들의 길을 보호하시며 성도들의 길을 보전하신다. 하나님이 주신 지혜로 세상을 살아가는 사람들에게 세상 말로 철저한 'AS'(After Service)를 책임지신다. 또한 성도들의 길도 보존하신다. '성도'(חָסִיד)는 하나님을 경외하는 신앙인들이다. 도덕적인 삶과 종교적인 삶은 나눌 수 없는 동전의 양면성이다. 모든 믿는 사람들은 윤리적으로 살아야 한다.

하나님은 어떻게 자기 성도들의 길(삶)을 보호하시는가? 본문이 하나님이 주시는 지혜에 관한 것임을 감안하면 주님은 각 성도들에게 주신 지식과 지혜와 명철을 통해 그들을 보호하실 것이다. 의인들이 주님이 주신 지혜로 처한 상황을 판단하고 선택하고 결정하면 하나님이 말씀으로 그들을 보호하시는 것이 된다. 지혜는 사용될 때 진가를 발하며, 지혜의 저자이신 하나님도 그 지혜를 통해 역사하신다.

II. 지혜를 얻으라는 권면(1:8-9:18)
D. 지혜를 추구하면 얻는 것들(2:1-22)
2. 지혜로 얻는 축복(2:5-22)

(2) 의로운 삶(2:9-22)

아들이 지혜를 구하면 하나님이 신앙적인 축복을 주실 것이라고 한 아버지가 이번에는 아들이 지혜를 구하면 누릴 의롭고 평안한 삶에 대해 가르친다. 지혜는 매우 실용적이기 때문에 아들의 삶에 직접적이고 긍정적인 영향을 미친다는 논리이다. 지혜가 하나님이 주신 것이라는 사실을 생각하면 더욱더 그렇다. 이 섹션은 다음과 같이 네 파트로 구분될 수 있다.

A. 삶에 대한 분별력(2:9-11)

B. 악인들로부터 보호(2:12-15)

B′. 음녀로부터 보호(2:16-19)

A′. 의로운 삶을 살게 함(2:20-22)

II. 지혜를 얻으라는 권면(1:8-9:18)
D. 지혜를 추구하면 얻는 것들(2:1-22)
2. 지혜로 얻는 축복(2:5-22)
(2) 의로운 삶(2:9-22)

a. 삶에 대한 분별력(2:9-11)

9 그런즉 네가 공의와 정의와 정직
곧 모든 선한 길을 깨달을 것이라
10 곧 지혜가 네 마음에 들어가며
지식이 네 영혼을 즐겁게 할 것이요
11 근신이 너를 지키며
명철이 너를 보호하여

지혜는 공의와 정의와 정직, 곧 모든 선한 삶의 기준을 깨닫게 한다(9절). '공의'(צֶדֶק)는 무엇이 옳고 무엇이 그른 일인지를 분별하는 것이며, '정의'(מִשְׁפָּט)는 판단하고 결정하는 일이며, '정직'(מֵישָׁרִים)은 양심적으로 행하는 것이다(HALOT). 이 세 가지는 하나님이 기뻐하시는 '모든 선한 길'(כָּל־מַעְגַּל־טוֹב)이며 성공적인 삶을 보장하는 것들이기도 하다

(1:3). 사람의 도덕성과 연관된 공의와 정의와 정직이 '길'로 묘사되는 것은 이 성품들이 한번 행하고 끝나는 것이 아니라, 우리가 평생 추구해야 할 삶의 방식임을 암시한다.

본문은 10절을 '곧'(כִּי)으로 시작하여 9절이 가능한 상황을 10절에서 설명한다. 아무나 공의와 정의와 정직을 추구할 수 있는 것이 아니라, 오직 지혜가 마음에 들어간 사람만이 이런 일을 할 수 있다고 한다. 쉽게 말해 '지혜로 충만한 사람'만이 이런 삶을 추구할 수 있다. 지혜는 하나님이 주시는 깨달음과 분별력이기 때문이다. 하나님이 주시는 '지혜'(חָכְמָה)로 충만한 사람은 지혜가 동반하는 '지식'(דַּעַת)으로 즐거워한다(10절). 지혜와 지식은 떼어 놓을 수 없는 관계이며, 지혜는 지식 위에 세워진다. 그러므로 지혜를 갖는 일은 지식을 쌓을 때 가능하다.

지혜를 얻으면 근신과 명철이 우리를 보호한다(11절). '근신'(מְזִמָּה)은 행동을 하기 전에 그 행동에 대하여 생각해 보는 것이며, '명철'(תְּבוּנָה)은 서로 다른 두 가지 선택에서 옳은 것을 택하는 것을 의미한다(NIDOTTE). 지혜가 있는 사람은 신중하고 처한 상황을 정확하게 의식하고 판단한다는 뜻이다. 하나님은 분명 주님을 경외하는 자들을 보호하시지만(8절), 그들의 지혜와 인격이 그들을 보호하기도 한다(Waltke).

II. 지혜를 얻으라는 권면(1:8-9:18)
D. 지혜를 추구하면 얻는 것들(2:1-22)
2. 지혜로 얻는 축복(2:5-22)
(2) 의로운 삶(2:9-22)

b. 악인들로부터 보호(2:12-15)

[12] 악한 자의 길과
패역을 말하는 자에게서 건져 내리라
[13] 이 무리는 정직한 길을 떠나

어두운 길로 행하며
[14] 행악하기를 기뻐하며
악인의 패역을 즐거워하나니
[15] 그 길은 구부러지고
그 행위는 패역하니라

삶에서 지혜의 가장 실용적인 효과는 사람을 악한 자의 길과 패역을 말하는 자들의 손아귀에서 건져 내는 것이다(12절). '악한 자의 길'(רָע דֶּרֶךְ)은 더 정확하게 번역하면 '악한 길'(참변이 도사린 길)이 된다(공동, 현대어, NAS, ESV, NRS). '악'(רָע)의 기본적인 의미는 할 만한 가치가 전혀 없는 일이며(HALOT), 14절에서 두 차례 더 사용되며 악인들의 행위는 참으로 무의미하다는 것을 강조한다.

'패역을 말하는 자'(אִישׁ מְדַבֵּר תַּהְפֻּכוֹת)는 사악한 말[계획]을 하는 자를 뜻한다(HALOT). 죄악의 상당 부분은 말에서 시작되며 말을 통해 짓게 된다. 악인들은 끊임없이 남을 해칠 일을 생각하고 묵상한다. 이들은 지혜로운 사람들이 절대 어울려서는 안 될 자들이다. 사람이 누구와 어울리느냐에 따라서 살 수도 있고 죽을 수도 있기 때문이다. '건져 내다'(נצל)는 '뜯다/찢다'는 의미를 지닌 강력한 단어이다(TWOT). 악인들은 참으로 집요하고 강력하게 붙잡으므로 사람이 그들과 어울리기 시작하면 스스로 헤어나기가 매우 어렵다. 하나님이 주시는 지혜는 이런 상황에서 그를 해방시킬 수 있다.

악인들은 스스로 정직한 길을 떠나 어두운 길로 행한다(13절, cf. 4:18, 19). 사람들이 걷는 정상적이고 밝은 길(삶의 방식)을 마다하고 어두운 길(죄인이 사는 방식)을 택한다는 뜻이다. 그나마 악인들이 '음지'에서 죄를 지으면 소망이 있다. 그들이 자신들의 죄를 부끄러워하거나 숨기고 싶어하는 마음이 조금은 남아 있기 때문이다. 반면에 '양지'에서 죄를 범할 때는 어떠한 양심의 가책이나 거리낌이 없다는 뜻이다.

이때는 문제가 참으로 심각하다.

그들은 행악하기를 기뻐하며 패역을 즐거워한다(14절). 마지 못해 어쩔 수 없어서 악한 일을 하는 것이 아니라, 자신들이 원해서 죄를 지으며, 남을 해하는 일을 즐기며 한다! 그러므로 그들의 길은 구부러졌으므로 패역한 짓들만 한다(15절). '구부러짐'(עִקֵּשׁ)은 바르게 뻗어 있는 것을 구부리는 것을 의미한다(HALOT, cf. 미 3:9). 사람이 자신이 속한 공동체를 생각하지 않고 자기 자신을 먼저 생각할 때 생기는 현상이다(Brueggemann). 지혜는 이 같은 악인들의 길에서 우리를 보호한다. 지혜는 우리에게 악인들과 거리를 둘 것을 요구한다.

II. 지혜를 얻으라는 권면(1:8-9:18) D. 지혜를 추구하면 얻는 것들(2:1-22) 2. 지혜로 얻는 축복(2:5-22) (2) 의로운 삶(2:9-22)

c. 음녀로부터 보호(2:16-19)

16 지혜가 또 너를 음녀에게서,
말로 호리는 이방 계집에게서 구원하리니
17 그는 젊은 시절의 짝을 버리며
그의 하나님의 언약을 잊어버린 자라
18 그의 집은 사망으로,
그의 길은 스올로 기울어졌나니
19 누구든지 그에게로 가는 자는 돌아오지 못하며
또 생명 길을 얻지 못하느니라

아버지는 아들에게 지혜가 그를 음녀에게서 구원할 것이라고 한다(16a절). 이 음녀는 말발이 센 이방 계집이다(16b절). '이방 계집'(אִשָּׁה זָרָה)

의 기본적인 의미는 이스라엘 여인이 아니라는 뜻이지만, 결혼을 통해 한 남자에게 매이지 않은 여자라는 의미이다(Kitchen, cf. 5:3, 20; 7:5; 22:14; 23:33). 본문에서는 이스라엘 사람들이 선호하고 추구하는 가치관에 위배되는 삶을 사는 여인이라는 의미를 지녔다(cf. Whybray). 지혜가 여자(Lady Wisdom)로 의인화된 것처럼, 어리석음을 음녀(Woman Folly)로 의인화한 표현이다. 음녀에게서 자유로워지는 것은 5-7장의 중심 주제이다. 잠언은 지혜(Lady Wisdom)보다 음녀에 대해 더 많은 공간을 할애한다(Murphy).

이 음녀에게서 신의라는 것은 찾아볼 수 없다. 그는 '젊은 시절의 짝'(남편)을 버리고(cf. 잠 5:18; 사 54:6), 하나님과의 언약을 잊었다(17절). 서약과 맹세를 내팽개치는 일을 밥 먹듯이 한다는 뜻이다. "그녀의 하나님과의 언약"(בְּרִית אֱלֹהֶיהָ)이라는 말이 이 음녀는 이스라엘 사람이지만 하나님의 율법대로 살지 않는 어리석은 자들을 대표한다는 것이 더 확실해진다. 잠언에서 '언약'(בְּרִית)이라는 단어가 사용되는 것은 이곳이 유일하며 결혼을 뜻한다(Wilson). 남녀 간의 결혼은 곧 하나님과 언약을 맺은 것이라는 뜻이다. 지혜가 있고 없고의 가장 기본적인 차이점은 하나님과 이웃과의 신의를 얼마나 잘 지키느냐에 있다.

음녀(어리석음)의 집을 찾는 것은 창녀의 집을 찾는 것과 같다(18절). 그녀의 집은 사망과 스올로 기울어져 있다. 사망에 이르는 길목이자 죽음으로 내려가는 지름길이라는 뜻이다(cf. 새번역). 그러므로 음녀의 집을 찾는 자는 돌아오지 못하며 생명의 길을 얻지 못한다. 그곳에서 죽어 빠져나올 수 없기 때문이다. 아버지는 아들에게 생명의 길인 지혜를 추구하고 오직 죽음을 안겨 주는 어리석음은 아예 상종하지 말라고 한다. 우리가 이런 진리를 어렸을 때부터 마음에 새겼더라면 우리의 삶이 참 많이 달라져 있었을 텐데 하는 아쉬움이 있지만 우리 자녀들이라도 이렇게 가르쳐야 한다는 생각이 든다.

그런데 이 음녀는 누구인가? 대부분 주석가들은 보편적인/일반적인 어리석음으로만 해석한다(cf. Koptak). 그러나 이 음녀가 하나님과의 언약을 버리는 것을 보면 종교적인 뉘앙스도 다분하다(Kitchen). '사망'(מָוֶת)(18절)은 가나안 사람들이 죽음의 신으로 숭배했던 모트(Mot)를 연상케 한다는 해석도(Waltke) 이 같은 해석을 뒷받침한다. 어리석음은 단지 지혜 없이 세상을 사는 것이 아니라, 하나님 없이 세상을 사는 것을 포함하고 있는 것이다. 이런 면에서 지혜와 어리석음은 종교적이다.

II. 지혜를 얻으라는 권면(1:8-9:18)
D. 지혜를 추구하면 얻는 것들(2:1-22)
2. 지혜로 얻는 축복(2:5-22)
(2) 의로운 삶(2:9-22)

d. 의로운 삶을 살게 함(2:20-22)

20 지혜가 너를 선한 자의 길로 행하게 하며
또 의인의 길을 지키게 하리니
21 대저 정직한 자는 땅에 거하며
완전한 자는 땅에 남아 있으리라
22 그러나 악인은 땅에서 끊어지겠고
간사한 자는 땅에서 뽑히리라

음녀(어리석음)는 사람을 죽음으로 몰아간다고 한(cf. 18절) 아버지가 아들에게 지혜는 선한 길로 인도하니(cf. 9절) 제발 지혜를 사모하며 살 것을 권면한다(20절). 지혜는 사람이 선한 자의 길로 가게 하며, 의인의 길을 고수하게 한다. 우리가 사는 세상을 생각해보면 선하고 의롭게 사는 것이 쉽지 않다. 많은 유혹이 있을 뿐만 아니라, 오히려 불이익과 차별을 당하는 경우도 허다하다. 그런데도 아버지는 아들에게 의의 길을 고집하라고 한다. 왜 그런가?

의인은 장수할 것이지만(21절), 악인들은 단명할 것이기 때문이다(22절). 창조주 하나님이 공평하게 심판하셔서 선한 길을 걸어온 사람은 남겨 두지만, 악인들은 땅에서 끊으실 것이다. 이것이 아버지의 믿음과 확신이다. 세상은 선을 선호하도록 창조되었기 때문에, 악인들을 오래 용납하지는 않을 것이다. 그러므로 지금 당장에는 악인들의 삶이 매력적이고 재미있게 보일 수도 있지만, 꿋꿋이 의인의 길을 가는 것이 하나님이 축복하는 삶이다.

II. 지혜를 얻으라는 권면(1:8-9:18)

E. 여호와 경외에 대한 가르침(3:1-12)

아버지는 앞의 장(2장)에서 지혜가 주는 여러 가지 혜택을 언급하며 아들에게 지혜를 얻기 위해 열심히 노력할 것을 권했다. 이 섹션에서는 오직 여호와 하나님만 의지하고 사는 사람이 지혜로운 사람이라며 아들에게 그 같은 신앙을 갖기를 권하고 있다. 본 텍스트는 다음과 같이 두 파트로 구분된다.

A. 서론적 권면(3:1-4)
B. 여호와께 신실하라(3:5-12)

II. 지혜를 얻으라는 권면(1:8-9:18)
E. 여호와 경외에 대한 가르침(3:1-12)

1. 서론적 권면(3:1-4)

[1] 내 아들아
나의 법을 잊어버리지 말고
네 마음으로 나의 명령을 지키라

2 그리하면 그것이 네가 장수하여
많은 해를 누리게 하며 평강을 더하게 하리라
3 인자와 진리가 네게서 떠나지 말게 하고
그것을 네 목에 매며 네 마음판에 새기라
4 그리하면 네가 하나님과 사람 앞에서
은총과 귀중히 여김을 받으리라

아버지는 사랑하는 아들에게 법과 명령을 주고자 한다(1절). '법'(תּוֹרָה)은 살아가는 데 도움이 되는 방향과 지침을 포함한다(cf. HALOT). '명령'(מִצְוָה)은 계명 등 사람이 준수해야 할 기준(지시사항)이다. 아버지는 아들에게 자신이 의로운 삶을 사는 데 도움이 되었던 법과 명령을 전수해 주고자 한다. 그도 그의 아버지께 전수를 받았을 것이다. 아버지는 아들에게 지혜를 가르치며 그가 절대 잊지 않았으면 한다. 모든 부모의 바램이다.

만일 아들이 아버지가 가르쳐 준 지혜에 따라 살면 그는 장수할 것이며 죽을 때까지 평강을 누릴 것이다(2절). 내세관(來世觀)이 뚜렷하지 않은 시대를 살던 고대 사람들은 인간이 이 땅에서 누릴 수 있는 가장 큰 축복을 장수라고 생각했다. 아버지는 아들에게 장수의 비결이라며 법과 명령을 전수해 줄 테니 그것들을 마음에 품고 살라고 한다.

'평강'(שָׁלוֹם)은 사람이 누릴 수 있는 최고의 축복이다. 삶의 모든 요소들이 하모니를 이루어 엇나가는 것이 하나도 없는 상황을 뜻한다(cf. Garrett). 법과 명령을 지키는 일이 어떻게 장수와 평강과 연관이 있는가? 법과 명령은 의로운 삶의 지침이며, 그 지침대로 살면 악인들처럼 단명할 일이 없다. 창조주 하나님이 의인들을 보호하시고 그들에게 평강을 복으로 내려 주시기 때문이다. 그렇게 하기 위해서는 아들이 먼저 아버지의 가르침을 열심히 또한 성실하게 내면화(internalize)해야 한다(Steinmann).

사람들에게 장수와 평강을 안겨 주는 '법과 명령'은 무엇인가? 바로 인자와 진리이다(3절). '인자'(חֶסֶד)는 하나님의 속성 중 가장 중요한 것이며 맺어진 관계에 근거하여 사랑과 자비를 과분하게 베푸는 것을 뜻한다(Sakenfeld). '진리'(אֱמֶת)는 성실함/신실함을 의미한다. 하나님의 속성 중 매우 중요한 것이며 우리가 하나님이 변하지 않으실 것을 믿고 신뢰할 수 있는 근거이다. 아버지는 아들에게 이웃들에게는 무한정으로 인자를 베풀고, 하나님 앞에서는 신실하게 사는 것이 바로 그가 전수해 주고자 하는 법과 명령이라 한다. 인자와 진리는 우리 삶의 모든 영역과 선택에 영향을 미쳐야 한다(Hubbard).

아들이 사람들에게 인자를 베풀고 하나님께 신실하게 살면 하나님과 사람 앞에서 은총과 귀중히 여김을 받을 것이다(4절). '은총'(חֵן)은 선처를 받는 것을(TDOT), '귀중히 여김'(שֵׂכֶל־טוֹב)은 인정을 받는 것을 뜻한다(Fox). 아버지는 아들이 이웃에게 인자를 베풀면, 하나님은 반드시 그에게 더 많은 것으로 갚아 주실 것이라고 확신한다(Waltke). 하나님은 그를 귀하게 여기셔서 때로는 특별히 배려해 주시고, 사람들이 존경을 표하고 부러워하는 삶을 살게 하실 것이다.

II. 지혜를 얻으라는 권면(1:8–9:18)
E. 여호와 경외에 대한 가르침(3:1–12)

2. 여호와께 신실하라(3:5–12)

5 너는 마음을 다하여 여호와를 신뢰하고
네 명철을 의지하지 말라
6 너는 범사에 그를 인정하라
그리하면 네 길을 지도하시리라
7 스스로 지혜롭게 여기지 말지어다
여호와를 경외하며 악을 떠날지어다

8 이것이 네 몸에 양약이 되어
네 골수를 윤택하게 하리라
9 네 재물과 네 소산물의 처음 익은 열매로
여호와를 공경하라
10 그리하면 네 창고가 가득히 차고
네 포도즙 틀에 새 포도즙이 넘치리라
11 내 아들아
여호와의 징계를 경히 여기지 말라
그 꾸지람을 싫어하지 말라
12 대저 여호와께서 그 사랑하시는 자를 징계하시기를
마치 아비가 그 기뻐하는 아들을 징계함 같이 하시느니라

앞 섹션에서 아버지는 아들에게 하나님의 축복 아래 사람들의 존경을 받는 복된 삶을 살라고 전반적으로 권면을 하였다. 이제 그는 더 구체적인 권면을 통해 삶에서 오직 하나님을 의지하며 사는 것이 가장 중요하다고 하였다. 지혜의 최고봉은 여호와를 알고 경외하는 것이다. 또한 사람이 지혜를 갖는 것은 살면서 모든 것을 자급자족 할 수 있다는 환상에서 깨는 것이다(Koptak). 지혜가 하나님의 선물인 것처럼 신앙도 하나님의 선물이기 때문에, 우리가 하나님께 구해야 할 가장 큰 지혜는 바로 하나님을 아는 지혜이다. 아버지는 일상에서 오직 여호와를 의지하고 사는 사례로 다섯 가지를 예로 들며 아들이 그렇게 살기를 간절히 바란다.

첫째, 마음을 다해 여호와를 신뢰하는 것이다(5절). 이 말씀은 잠언에서 가장 유명한 구절 중 하나이기도 하다. 아버지는 아들에게 자신의 명철을 의지하지 말고 여호와를 온 마음으로 믿고 살라고 한다. '명철'(בִּינָה)은 처한 상황에 대한 이해력과 판단력을 의미한다. 무엇을 결정할 때 자기 생각과 논리로 하지 말고 하나님께 자문을 구하라는 뜻

이다. 그렇다면 이 말씀은 하나님과의 관계를 건전하게 유지하면서 꾸준히 기도하는 것을 전제한다. 아버지는 아들에게 이 일을 '온 마음'(בְּכָל־לִבֶּךָ)으로 하라고 한다. 건성으로 하지 말고 온 마음을 담아 하라는 의미다. 아버지는 아들의 삶에서 그 무엇보다도 하나님을 의지하는 것이 가장 중요하다는 사실을 잘 알고 있다. 이것이 아버지의 간증이기도 하다.

둘째, 범사에 여호와를 인정하는 것이다(6절). '범사'(בְּכָל־דְּרָכֶיךָ)는 문자적으로 '네가 가는 모든 길'이다. 삶을 길을 가는 여정으로 묘사하는 상황에서 매우 적절한 권면이다(cf. Van Leeuwen). '인정하다'(ידע)는 '[깊이] 알다'는 뜻이다. 아들은 어떤 일을 하든 간에 항상 여호와의 주권을 고백하고 시인하는 일에 게으르지 말아야 한다(Delitzsch). 예레미야는 사람이 하나님의 율법을 가슴에 새기며 살 때 비로소 하나님을 아는 것이라 한다(렘 31:31-34). 이렇게 주님을 인정하면 하나님은 그의 길을 지도하실 것이다. 평탄한 의의 길을 가게 하실 것이라는 뜻이다(Kidner).

셋째, 스스로 지혜롭게 여기지 않는 일이다(7절). 사람은 교만하고 어리석기 때문에 자신은 삶에서 필요한 지혜를 충분히 가졌다는 헛된 생각을 한다. 그래서 어느 정도의 학습을 하면 더 이상 배우려 하지도 않는다. 그러나 우리는 죽을 때까지 배워 지속적으로 새로운 지혜를 습득해야 한다. 배움을 멈추는 순간부터 우리의 영혼과 신앙은 죽기 시작하기 때문이다.

아버지는 아들에게 사람이 자신을 지혜롭게 여기는 것은 죄악이라고 한다. 참 신앙은 지적인 겸손(intellectual humility)으로 표현되기 때문이다(Garrett). 또한 교만은 스스로 죽음을 자청하는 일이다. 그러므로 그는 아들에게 평생 여호와를 경외하며 살아 이런 죄악을 범하지 말라고 권면한다. 여호와를 경외하는 것은 하나님을 의식할 뿐만 아니라 항상 하나님의 가르침에 귀를 기울이며 사는 것을 뜻한다. 여호와를 경외하는 사람은 절대 교만하지 않는다(Longman, cf. 22:4). 겸손하라는 명령이다. 사람이 어떻게 하면 겸손할 수 있는가? 자신의 삶에서 하나님이 계셔야 할 자리에 하나님을 모시면 겸손할 수 있다(cf. Kitchen). 이 같은 겸손이 약이 되어 아들의 영과 육이 강건할 것이다(8절). 겸손이 사람을 건강하게 하는 약으로 묘사되고 있다(Whybray).

넷째, 첫 열매로 여호와를 공경하는 것이다(9절). 아버지는 아들에게 재물로 여호와를 공경하라고 한다. '공경하다'(כבד)는 가장 쉽게 말해서 하나님께 걸맞는 대우로 그를 섬기라는 의미를 지녔으며 흔히 재물을 드리는 것으로 표현된다(cf. NIDOTTE, TWOT). 우리가 마음으로 하나님을 경외하는 것도 중요하지만, 하나님에 대한 경외는 우리의 물질과 자원으로도 표현되어야 한다. 특히 모든 것의 첫 열매로 드리라는 것은 가장 좋은 것을 하나님께 드리고(Van Leeuwen), 삶의 가치관과 우선권에서 하나님이 가장 중요하고 제일 우선인 자리를 차지하도록 하라는 권면이다. 이처럼 재물로 여호와를 인정하면 하나님은 온갖 풍요로움으로 그를 축복하실 것이다(10절). 생각해 보면 주의 자녀들이 하나님께 재물을 드린다는 것도 다소 우스운 말이다. 그들이 누리는 모든 것이 주님이 주신 것이며, 주님의 것이기 때문이다. 그럼에도 불구하고 하나님은 우리가 하늘 나라에 투자하는 것보다 더 많이 되돌려주신다. '번영 복음'(prosperity gospel)을 주장하는 사람들이 종종 이 말씀을 자신들의 관점을 반영하고 있다고 하지만, 잘못된 이용이다(cf. Wilson).

다섯째, 여호와의 징계를 받아들이는 것이다(11절). 우리가 하나님께 온갖 선한 것들을 받는다면(cf. 8, 10절) 기분이 별로 좋지 않은 것도 받을 각오를 하며 살아야 한다. 지혜는 좋은 것을 통해 얻기도 하지만, 싫은 것을 통해 얻기도 하기 때문이다(Kitchen). 또한 징계는 아버지가 아들에게 주는 의도적인 교육(purposeful education)이다(Clifford). 그럼에도 불구하고 아들에게 여호와의 징계를 받아들이라는 것은 아버지의 권면들 중에 가장 수용하기가 어려운 것이다. 누구든 책망은 아프고 수치스럽다고 생각하기 때문이다. '경히 여기다'(מאס)는 '거부하다'는 뜻을, '싫어하다'(קוץ)는 잘못된 감정으로 대하여 '두려워하거나 싫어하여' 아무것도 배우지 않는 것을 의미한다(TDOT). 하나님의 징계가 삶에 임하면 피하려 하지 말고, 두려워하지도 말라는 뜻이다.

'징계'(מוּסָר)의 궁극적인 목적은 훈련이므로 하나님은 아무나 징계하지 않으신다. 오직 사랑하는 자들을 징계하시고, 징계를 하실 때에는 마치 아버지가 사랑하는 아들을 징계하는 것처럼 하신다(12절, cf. 욥 5:17; 시 94:12; 히 12:7). 잠언에서 하나님이 아버지로 불리는 경우는 이곳이 유일하다(Kitchen). 징계는 우리의 아버지이신 하나님이 자녀들인 우리에게 주시는 가장 기본적인 선물이며 미움을 상징하지 않는다.

하나님의 징계는 주께서 우리를 자녀 삼으셨다는 증거이며 아버지의 아들을 향한 혹독한 은혜라 할 수 있다. 벌을 받아 망하라는 것이 아니라, 징계를 통해 지혜를 습득하여 앞으로 더 의로운 삶을 살라고 하는 훈육이기 때문이다. 이렇게 하면 우리는 더 하나님의 뜻에 부합하는 삶을 살게 될 것이고, 그렇게 되면 하나님은 우리를 더욱더 기뻐하시고 귀하게 여기실 것이다. 징계는 더 나은 미래를 향해 걸어가기 위해 잠시 왔던 길을 돌아보는 것이다. 한 주석가는 잠언이 성도의 고통에 대하여 언급하는 곳은 이곳이 유일하다고 하는데(Murphy), 이곳에서 사용되는 개념은 지혜로운 삶을 정의하는데 사용되는 것들로 성도의 고통과 특별한 연관성이 있는 것은 아니다.

II. 지혜를 얻으라는 권면(1:8-9:18)
E. 여호와 경외에 대한 가르침(3:1-12)

F. 지혜 예찬(3:13-35)

아버지는 인생의 선배로서 아들에게 지혜는 참으로 좋은 것이라며 평생 지혜를 추구하며 살아갈 것을 권한다(1-4절). 특히 여호와를 경외하고 의지하며 사는 것은 사람이 추구할 수 있는 가장 중요한 지혜인 동시에 많은 축복을 동반한다며 강력히 권장한다(5-12절). 이 섹션에서는 지혜가 얼마나 아름답고 우리에게 필요한 것인가에 대하여 예찬론을 펼친다. 본 텍스트는 다음과 같이 구분될 수 있다.

A. 가장 귀한 지혜(3:13-18)
B. 천지창조와 지혜(3:19-20)
C. 무병장수와 지혜(3:21-26)
D. 이웃과 지혜(3:27-30)
E. 주님과 지혜(3:31-35)

II. 지혜를 얻으라는 권면(1:8-9:18)
F. 지혜 예찬(3:13-35)

1. 가장 귀한 지혜(3:13-18)

13 지혜를 얻은 자와
명철을 얻은 자는 복이 있나니
14 이는 지혜를 얻는 것이
은을 얻는 것보다 낫고
그 이익이 정금보다 나음이니라
15 지혜는 진주보다 귀하니
네가 사모하는 모든 것으로도
이에 비교할 수 없도다
16 그의 오른손에는 장수가 있고
그의 왼손에는 부귀가 있나니
17 그 길은 즐거운 길이요
그의 지름길은 다 평강이니라
18 지혜는 그 얻은 자에게 생명 나무라

지혜를 가진 자는 복되도다

아버지는 아들에게 지혜와 명철을 얻은 '복 있는 사람'(אַשְׁרֵי אָדָם)의 삶을 살 것을 권한다(13절). 시편에도 자주 등장하는 '복 있는 사람'은 창조주가 계획하신 대로 하나님의 축복을 마음껏 누리며 사는 하나님이 인정하시는 사람을 두고 하는 말이다(cf. Waltke). 지혜로운 사람이 누리는 가장 기본적인 축복은 하나님이 그를 인정하시고 그와 함께하시는 일이다. 지혜는 하나님으로부터 독립된 것이 아니니 당연하다. '지혜'(חָכְמָה)와 '명철'(תְּבוּנָה)은 이미 몇 차례 쌍으로 사용된 단어들이다. 비록 지혜는 우리가 추구해서 얻는 것이기는 하지만, 물건을 쌓아 올라가듯 습득한 내용을 쌓을 수는 없다. 지혜는 삶에 대한 태도와 자세이며 정신 상태이기 때문이다(Longman).

저자는 왜 지혜를 가진 사람은 복이 있다고 하는가? 지혜는 돈보다 더 많은 수익을 보장하고(14절), 어떠한 소유물보다도 귀하기 때문이다(Garrett). 지혜는 은을 얻는 것과 금을 수익으로 얻는 것보다 낫고, 진주보다 귀하다(14–15a절, cf. 마 13:44–46). 심지어는 사람이 사모하는 모든 재물이 지혜만 못하다(15b–c절). 지혜는 사람들이 추구하는 그 어떤 재물보다 더 귀하다는 뜻이다. 비유로 말하자면 재물과 지혜의 차이는 물고기(재물)와 물고기를 잡는 법(지혜)과 같다. 사람이 금은보화를 얻으면 얻은 재산으로 끝이 나지만, 지혜는 지속적으로 훨씬 더 많은 금은보화를 얻을 수 있는 방법을 가르쳐 준다(cf. Habel). 그러므로 지혜는 한번 얻는 것으로 끝나는 금은보화보다 훨씬 더 가치가 있다.

지혜는 부귀영화 외에도 무병장수를 준다(16절). 기자는 지혜의 오른손에 장수(長壽)가 들려 있고 왼손에 부귀가 있다고 한다. 지혜는 사람이 이 땅에서 바라는 모든 것을 다 줄 수 있다는 뜻이다. 그러므로 지혜를 얻은 사람의 길(삶)은 즐거운 길이고, 그의 '지름길은 모두 다 평강할' 것이다(17절). '지름길'(נְתִיבָה)은 단순히 '길'로 번역하는 것이 바람직하다(cf. 새번역, 공동, NAS, ESV, NIV, NRS). '평강'(שָׁלוֹם)은 모든 것이 잘 어울려 하모니를 이루는 것을 말한다. 사람이 이 땅에서 가장 사모하는 삶이라 할 수 있다. 지혜는 사람에게 참 평안을 줄 수 있다.

그러므로 지혜는 소유한 사람에게 생명 나무와도 같다(18절). 고대 근동에는 신들과 연관된 '생명 나무' 이야기가 여럿 있다(cf. ANET). 그래서 일부 학자들은 본문과 고대 근동의 이야기를 연결하여 해석하기도 한다(cf. Clements). 그러나 그럴 필요는 없다. 성경에도 생명 나무가 등장하기 때문이다. '생명 나무'(עֵץ־חַיִּים)는 에덴 동산에 있어 그곳에서 쫓겨난 인간이 더 이상 접근할 수 없는 나무이며 이 나무의 열매를 먹으면 영생할 수 있다(cf. 창 3장). 본문이 지혜를 생명 나무라고 하는 것은 지혜가 사람이 참으로 장수할 수 있는 비결이기 때문이다(cf. 16절). 사람이 온 세상을 얻고도 생명을 잃으면 무슨 소용이 있겠는가?

나무는 한곳에 머무는 것이지 이동하는 것이 아니다. 지혜도 그렇다(Kitchen). 지혜가 소리를 높여 사람들을 모으고 그에게 오는 사람들에게 지혜를 주기를 원하지만, 지혜는 누구를 찾아가 강요하지 않는다. 지혜는 우리가 찾아 나서야 얻을 수 있다. 지혜를 받아들이고 받아들이지 않고는 각자가 결정해야 한다.

지혜를 통해 생명을 얻는 일은 참으로 행복한 일이다. 그러므로 기자는 지혜를 가진 자는 '복되도다'(מְאֻשָּׁר)라며 이 섹션을 마무리한다(18b절). 이 섹션을 시작할 때 '복 있는 사람'(אַשְׁרֵי אָדָם)은 지혜를 얻은 자라고 했는데(13절), 이번에는 같은 어원의 단어로 지혜를 얻은 사람의 복됨을 재차 확인하며 섹션을 마무리한다. 지혜로움과 복됨은 결코 분리될 수 없다. 지혜로운 사람은 곧 복 있는 사람이며, 어리석은 사람은 복이 없는 사람이다.

II. 지혜를 얻으라는 권면(1:8-9:18)
F. 지혜 예찬(3:13-35)

2. 천지창조와 지혜(3:19-20)

19 여호와께서는 지혜로 땅에 터를 놓으셨으며
명철로 하늘을 견고히 세우셨고
20 그의 지식으로 깊은 바다를 갈라지게 하셨으며
공중에서 이슬이 내리게 하셨느니라

지혜는 어제 오늘 사람들과 함께 하는 것이 아니다. 태초부터 지혜는 하나님과 함께 있었다. 하나님은 지혜로 땅에 터를 놓으시고 명철로 하늘을 세우셨다(19절). 하나님은 참으로 지혜롭게 세상을 창조하셨다. 그러므로 우리는 자연을 볼 때마다 하나님의 섬세하고 자상하심에 감탄하고, 하늘을 볼 때마다 하나님의 웅장하심과 위대하심에 탄복한다. 온 세상이 하나님의 지혜를 반영하고 있기 때문이다.

하나님은 깊은 바다가 갈라지게 하실 때와 이슬이 내리게 하실 때에도 지혜(지식)를 사용하셨다(20절). '깊은 바다'(תְּהוֹם)는 하나님이 땅을 창조하실 때 기반으로 삼은 태고의 물(primaeval ocean)이며, 노아 홍수 때 터진 땅속 물줄기이다(Garrett, cf. 창 7:11, Clifford). 이슬은 하늘에서 내린다. 하나님은 땅 아래와 하늘에서 물이 나게 하시는 분이다. 성경에서 물은 생명의 상징이다. 비가 잘 오지 않는 가나안 땅에서 가장 중요한 것은 물이었다. 하나님은 지혜로 세상을 창조하시고 스스로 운영되도록 하고 손을 떼시지 않았다. 이후 관리도 계속 하신다. 이 순간에도 자연의 모든 이치를 지혜로 이루어 나가신다. 세상은 지혜로 창조되었고, 지혜로 운영이 되고 있다. 하나님이 지혜롭게 하시는 일이다.

3. 무병장수와 지혜(3:21-26)

21 내 아들아 완전한 지혜와 근신을 지키고
이것들이 네 눈 앞에서 떠나지 말게 하라
22 그리하면 그것이 네 영혼의 생명이 되며
네 목에 장식이 되리니
23 네가 네 길을 평안히 행하겠고
네 발이 거치지 아니하겠으며
24 네가 누울 때에 두려워하지 아니하겠고
네가 누운즉 네 잠이 달리로다
25 너는 갑작스러운 두려움도
악인에게 닥치는 멸망도 두려워하지 말라
26 대저 여호와는 네가 의지할 이시니라
네 발을 지켜 걸리지 않게 하시리라

아버지는 아들에게 지혜와 근신을 평생 소유하고 살라는 권면을 이어간다. '완전한 지혜'(תֻּשִׁיָּה)는 성공과 좋은 결과 등을 주는 것을, '근신'(מְזִמָּה)은 분별력/재량 등을 뜻한다(Fox, cf. HALOT). 지혜는 매우 실용적이기 때문에 삶에 큰 도움이 될 것이니 항상 가까이 하라는 뜻이다. '완전한/건전한 지혜'와 '근신'을 가까이하면 이것들은 그에게 생명이 되고 자랑스러운 목걸이가 될 것이다(22절). 지혜는 소유한 자에게 생명을 주며, 목걸이가 되어 그를 존귀하게 하며 보호할 것이라는 뜻이다.

지혜의 보호를 받는 사람의 길은 평안하여 넘어지지 않을 것이다(23절, cf. 시 37:31). '평안'(בֶּטַח)은 길이 안전하여 넘어지는 일이 없을 것을 뜻하며, '거친다'(נגף)는 걸려 넘어져 다치는 것을 의미한다(HALOT). 지혜는 사람이 걸려 넘어질 염려 없이 평탄한 길을 잘 갈 수 있도록 보장한다.

지혜는 잠자리에서도 효과를 발휘한다(24절). 어떠한 두려움도 없이 누워 잠을 청하게 하며, 단잠을 자도록 해 준다. '두려워하다'(פחד)는 공포에 휩싸여 몸을 떤다는 뜻이다(Whybray). 하나님이 지혜 있는 사람은 이 같은 두려움에서 보호해 주신다(cf. 시 3:5; 4:8). 잠자리가 불편하면 깨어 있는 동안에도 참으로 힘이 들고 어렵다. 그러므로 잠자리가 평안하다는 것은 깨어 있는 동안에도 참 평안을 누리게 한다.

지혜는 갑작스럽게 들이닥치는 두려움에서도 구해 준다(25절). 우리를 가장 당혹스럽게 하는 것이 예고 없이 찾아오는 두려움이다. 저자는 지혜가 사리판단과 분별력을 주기 때문에 갑자기 들이닥치는 두려움은 별로 없을 것이라고 하는 듯하다. 또한 갑작스럽게 들이닥치는 재앙은 주로 악인들에게나 있는 일이다(1:27). 그러므로 하나님의 보호 아래 있는 지혜로운 사람들은 크게 두려워할 필요가 없다. 악인들에게 닥치는 멸망도 두려워할 필요가 없다. 하나님이 악인들은 멸망시키시지만, 지혜로운 의인들은 보존하시기 때문이다. 하나님은 지혜로운 사람들과 어리석은 사람들을 구별하신다(Kitchen).

아버지는 위와 같은 정황을 논한 후 가장 당연하고 유일한 결론인 "오직 여호와만을 의지하며 살라"고 아들을 권면한다(26절). 누구를 '의지'(כֶּסֶל)하는 것은 곧 함께하는 것을 뜻한다(NIDOTTE). 아버지는 아들에게 평생 여호와 곁에서 살아갈 것을 권면하고 있다. 그가 여호와 곁에서 살 때, 하나님은 그의 발을 지켜 걸려 넘어지지 않게 하실 것이다. 인생의 여정이 끝날 때까지 반드시 그를 지키시고 보호하실 것이다.

II. 지혜를 얻으라는 권면(1:8-9:18)
F. 지혜 예찬(3:13-35)

4. 이웃과 지혜(3:27-30)

27 네 손이 선을 베풀 힘이 있거든
마땅히 받을 자에게 베풀기를 아끼지 말며
28 네게 있거든 이웃에게 이르기를
갔다가 다시 오라 내일 주겠노라 하지 말며
29 네 이웃이 네 곁에서 평안히 살거든
그를 해하려고 꾀하지 말며
30 사람이 네게 악을 행하지 아니하였거든
까닭 없이 더불어 다투지 말며

지혜는 삶에서 적용이 될 때 진가를 발휘한다. 특별히 이웃을 도울 때 가장 빛이 난다(Garrett). 그러므로 아버지는 아들에게 이웃을 대하는 일에서 지혜로우라며 실질적인 몇 가지 예를 제시한다. 첫째, 이웃들에게는 항상 선을 베풀어야 한다(27절). "네 손이 선을 베풀 힘이 있거든"은 '네 능력이 되거든'이라는 의미를 지니고 있다(cf. NAS, ESV, NIV). "마땅히 받을 자"(בְּעָלָיו)의 문자적 의미는 '그것의 주인'이다. 그러나 여기서는 정당한 소유권을 뜻하는 것이 아니라, 받을 자격이 있는 사람을 뜻한다(cf. Fox, Waltke). 예를 들자면 일을 해 주고 임금을 기다리는 사람이다(Garrett, Kitchen). 돈을 빌려주고 돌려받기를 기다리는 사람도 포함된다. 누구와 계약을 맺었으면 적절한 때에 그 계약대로 행하라는 뜻이다(cf. 약 5:4). '선'(טוֹב)은 베풀수록 좋다.

둘째, 이웃이 물건을 빌리러 왔을 때, 그것이 있다면 곧바로 주어야 한다(28절). 아버지는 아들에게 있으면서도 다음에 오라고 하는 것은 지혜로운 일이 아니라고 말한다. 매우 이기적인 행동이다(Kitchen). 물론 자신이 당장 사용해야 할 것이라면 다음에 오라고 할 수 있다. 그러나 이 경우에는 당장 줄 수 있는데 주지 않는 상황이다. 다시 와야 하는 사람은 또다시 불편을 감수해야 하고, 다시 한번 자존심에 상처를 받을 수 있다. 그러므로 물건을 빌려줄 때 빌려주는 사람이 꿔가는 사람을 더 배려하는 것이 지혜이다.

셋째, 곁에서 평안히 사는 사람을 해하지 않아야 한다(29절). 시기와 질투로 가득한 사람들은 '남이 잘 되는 꼴'을 못 본다. 아버지는 아들에게 해를 끼치지 않으며 홀로 잘 사는 이웃은 그대로 내버려 두고 그를 해하려는 어떠한 음모도 꾸미지 말라고 한다. 아합과 이세벨이 나봇의 포도밭을 빼앗았던 일을 연상케 한다(cf. 왕상 21장). 곁에서 평안히 사는 이 사람도 악을 행하지 않는 것으로 보아 지혜롭게 세상을 사는 사람이다. 또한 어느 사회에서든 남에게 해를 끼치지 않은 사람은 자신도 다른 사람에게 해를 당하지 않을 것이라는 믿음이 존중되어야 한다(McKane). 서로에 대한 배려가 필요하다.

넷째, 악하게 굴지 않은 사람과는 다투지 말아야 한다(30절). 우리에게는 공격을 당하거나 누가 시비를 걸어오면 당연히 우리 자신을 방어할 권리가 있다. 그러나 우리에게 시비를 걸지도 않은 사람과 다툴 필요는 없다. 이런 일은 어리석은 불량배들이나 하는 일이다. 그러므로 아버지는 아들에게 미련한 불량배들처럼 행동하지 말 것을 주문한다.

Ⅱ. 지혜를 얻으라는 권면(1:8-9:18)
F. 지혜 예찬(3:13-35)

5. 주님과 지혜(3:31-35)

31 포학한 자를 부러워하지 말며
그의 어떤 행위도 따르지 말라
32 대저 패역한 자는 여호와께서 미워하시나
정직한 자에게는 그의 교통하심이 있으며

33 악인의 집에는 여호와의 저주가 있거니와
의인의 집에는 복이 있느니라
34 진실로 그는 거만한 자를 비웃으시며
겸손한 자에게 은혜를 베푸시나니
35 지혜로운 자는 영광을 기업으로 받거니와
미련한 자의 영달함은 수치가 되느니라

지혜는 하나님이 기뻐하시는 것을 기뻐하고 하나님이 미워하시는 것을 미워하는 것이다. 그러므로 아버지는 아들에게 하나님이 싫어하시는 자들을 멀리하고 하나님이 기뻐하시는 사람으로 살아가는 기지를 발휘하라고 한다. 이것이 지혜이기 때문이다. 이번에도 몇 가지 구체적인 사례를 통해 아들을 권면한다.

첫째, 포악한 자를 부러워하거나 따라하지 말라(31절). '포악한 자'(אִישׁ חָמָס)는 폭력적이고 악을 즐기는 사람이다. 이런 사람에게는 배울 것이 없으며 함께 어울리는 것도 위험하다. 그러므로 아버지는 아들에게 '그가 가는 모든 길'(כָּל־דְּרָכָיו)(행동들) 중 하나도 따르지 말라고 한다. 이런 사람들과는 가까이하지 말라는 뜻이다. 하나님은 이런 사람들을 미워하신다(32a절). 하나님이 그들을 미워하신다는 것은 머지않아 심판이 임할 것을 암시한다. 만일 아들이 그들과 어울리고 있다면, 그도 그들과 함께 하나님의 벌을 받아 죽을 것이다. 이와는 대조적으로 하나님은 정직한 자들과 함께하신다(32b절). 아버지는 아들에게 정직한 사람들과 어울릴 것을 당부하고 있다. '정직'(יָשָׁר)은 곧다는 뜻이며 바른 일을 하는 것을 의미한다(HALOT).

둘째, 악인의 집에는 발을 들여놓지 말라(33a절). 그곳에는 하나님의 저주가 있기 때문이다. 지혜로운 사람이라면 하나님의 저주가 있는 곳에 머물 이유가 없다. 반면에 의인의 집에는 복이 있다(33b절). 이 말씀도 악인들은 멀리하고 의인들은 가까이 하라는 권면이다. 악인의 집은 여호와의 저주를 받았고, 의인의 집은 하나님의 복을 받았기 때문이다.

셋째, 거만한 자들과는 어울리지 말라(34a절). 거만한 자(לֵץ)는 하나님을 의지하지 않고 자기 자신을 믿고 의지하는 사람이다. 그는 곧 자신이 신이라도 되는 것처럼 생각한다. 하나님은 이런 자들을 비웃으신다. 하룻강아지 범 무서운 줄 모르기 때문이다. 반면에 하나님 없이 살 수 없다며 주님 앞에 겸손한 자에게는 은혜를 베푸신다(34b절). 아버지는 아들에게 항상 겸손하게 살 것을 호소하고 있다.

넷째, 지혜로운 자가 되어야 한다(35a절). 교만한 자를 낮추시고 겸손한 자를 높이시는 하나님이 지혜로운 사람이 온 세상에서 존경과 영광을 받게 하실 것이다. 반면에 어리석은 자들은 수치를 받게 하실 것이다(35b절). 아버지는 아들에게 하나님이 지혜로운 사람이라고 인정하시는 삶을 살기를 권면한다.

삶은 끊임없는 선택의 연속이다. 어떤 선택을 하느냐에 따라 우리의 삶은 참으로 달라질 수 있다. 아버지는 아들에게 하나님의 저주를 받아 망할 악인들의 삶은 쳐다보지도 말라고 한다. 대신 하나님이 기뻐하시고 축복하시는 의인의 삶을 살 것을 당부한다. 아버지의 역할은 여기까지다. 최종 선택은 아들의 몫이기 때문이다. 아버지는 아들이 지혜로운 선택을 하기를 기도할 뿐이다.

II. 지혜를 얻으라는 권면(1:8-9:18)

G. 전통, 지혜, 길(4:1-27)

아버지는 자기 아버지에게서 전수받은 지혜를 아들에게 주어 그가 지혜롭게 살아갈 것을 권면한다. 표면적으로는 '아들'에게 말하지만, 배워야 할 모든 사람들에게 말하고 있다(Fox). 아버지는 아들에게 악인들이 다니는 길은 아예 근처에도 가지 말고 의로운 길을 갈 것을 호소한다. 악인들의 길은 죽음으로 인도하고 의인들의 길은 생명으로 인도할 것이기 때문이다. 아버지는 아들이 생명으로 가득한 삶을 살기를 원한다. 지혜는 이러한 삶을 아들에게 줄 수 있다. 그러므로 아버지는 아들에게 지혜를 붙들고 살 것을 권한다. 본 텍스트는 다음과 같이 세 파트로 구분될 수 있다(cf. Koptak).

A. 대대로 전수되는 지혜(4:1-9)
B. 의로운 길과 악한 길(4:10-19)
C. 정도를 걷게 하는 지혜(4:20-27)

II. 지혜를 얻으라는 권면(1:8-9:18)
G. 전통, 지혜, 길(4:1-27)

1. 대대로 전수되는 지혜(4:1-9)

아버지는 때가 되었다 싶어 자신이 부모에게 전수받았던 지혜를 이제는 아들에게 전수해 주고자 한다. 이렇게 함으로써 아버지는 자신이 아들에게 주고자 하는 가르침은 집안의 오랜 전통이라며 교훈에 권위와 신뢰성을 더한다(Aitken). 내용에 있어서는 별로 새로운 것이 없으며 이미 여러 차례 반복된 가르침이다. 특히 3장의 내용을 상당 부분 반복하고 있다. 다음 도표를 참조하라(Koptak).

잠언 3장	잠언 4장
12절: 여호와의 훈계	1-3절: 아버지의 훈계
13절: 지혜와 명철	5-7절: 지혜와 명철
22절: 생명과 은혜	9-10절: 은혜와 생명
23절: 안전, 넘어지지 않음	11-12절: 바른 길, 넘어지지 않음
24절: 달콤한 잠	16절: 악인들은 잠을 잘 수 없음
25절: 악인의 멸망	19절: 어두운 악인의 길
26절: 여호와 의지	18질: 의의 길은 밝음

잠언 3장	잠언 4장
31절: 포악한 사람을 부러워하지 말라	17절: 그들은 포악의 술을 마신다
31절: 그의 길을 따르지 말라	14-15절: 악인들의 길을 걷지 말라

3장과 4장의 가장 큰 차이점은 3장은 여호와가 주신 지혜임을 강조하는데, 4장은 여호와를 언급하지 않는 세속적인 지혜인 것처럼 묘사하고 있는 것이다. 세상에는 '하나님 표'는 달지 않았지만, 하나님께로부터 온 지혜가 많다. 여호와가 지혜의 창시자이시며, 신앙에 상관없이 많은 지혜를 '일반 은총'으로 주셨기 때문이다. 부모는 자신이 조상들에게서 전수받은 가르침을 다시 사용하여 좋은 것은 자식에게 반복하고 나쁜 것은 자기 대에 끊어야 하는 부모의 책임을 다하고 있다(Hubbard). 반복은 가장 좋은 교육 방법이다(Kitchen).

아들은 성인의 삶을 시작하려는 순간에 서 있다. 그러므로 아들의 홀로서기를 집안 대대로 내려오는 가르침으로 축복하고 싶어한다. 이렇게 함으로써 아버지는 조상들에 대해 경의를 표하고 있다. 또한 그가 전수받은 지혜로 살아보니 참으로 유익하고 덕이 되었으므로 아들도 그런 축복을 누리기를 바라는 마음에서 대대로 내려온 가르침을 주고자 한다. 그러므로 아버지가 아들에게 지혜를 전수해 주는 것은 잔소리가 아니라 복을 빌어 주는 일이다. 더욱이 이곳에서 반복되는 가르침은 하나님에게서 비롯된 것이다(Plaut). 이 섹션은 다음과 같이 두 파트로 구분된다.

A. 지혜를 전수받으라(4:1-5)
B. 지혜가 삶의 중심에 있도록 하라(4:6-9)

II. 지혜를 얻으라는 권면(1:8-9:18)
G. 전통, 지혜, 길(4:1-27)
1. 대대로 전수되는 지혜(4:1-9)

(1) 지혜를 전수받으라(4:1-5)

1 아들들아
아비의 훈계를 들으며
명철을 얻기에 주의하라
2 내가 선한 도리를 너희에게 전하노니
내 법을 떠나지 말라
3 나도 내 아버지에게 아들이었으며
내 어머니 보기에 유약한 외아들이었노라
4 아버지가 내게 가르쳐 이르기를
내 말을 네 마음에 두라
내 명령을 지키라
그리하면 살리라
5 지혜를 얻으며 명철을 얻으라
내 입의 말을 잊지 말며 어기지 말라

그동안 아버지는 한 아들을 권면했는데, 이 말씀은 '아들들'(בָּנִים)에게 주는 교훈이다(1절). 그러므로 일부 학자들은 이 말씀이 더는 '아버지—아들' 관계가 아니라 '선생—학생들' 관계에 관한 가르침이라고 하기도 한다(cf. Kitchen). 그러나 가정을 이 말씀의 정황으로 간주하는 것도 괜찮다(Fox, cf. McKane). 보통 한 아버지에게는 여러 아들들이 있었기 때문이다.

아버지는 아들에게 '들으라'(שִׁמְעוּ)는 말로 권면을 시작한다. 지혜는 듣는 일에서 시작하기 때문이다(Clifford). 그러므로 남의 말을 들으려고 하지 않는 사람은 어리석다. '훈계와 명철'은 1:2 이후로 계속 쌍으로 등장한 단어이다. 지혜는 훈계(잘못하면 징벌하는 것)와 명철(상황에 대한 판단력과 선택)로 구성되어 있다. 끊임없는 실천과 교정이 필요한 것이 지혜로운 삶의 방식이다.

자녀에게 생선을 준다며 뱀을 주는 부모가 없듯이(cf. 마 7:10), 지혜를 준다며 악을 주는 사람은 없다. 아버지가 아들에게 주고자 하는 지혜는 선한 도리에 관한 것이다(2절). '선한 도리'(לֶקַח טוֹב)는 간단히 말해서 '선한/좋은 가르침'이라는 뜻이다. 아버지는 자녀들에게 선한 가르침(지혜로운 삶에 도움이 되는 교육)을 줄 테니 그 법을 떠나지 말라고 한다. '법'(תּוֹרָה)은 방향을 지시하는 것과 연관되어 있으며, 아버지가 주고자 하는 지혜는 자녀들에게 삶의 방향을 제시할 것이라는 뜻이다. '떠나다'(עזב)는 '저버리다'라는 의미를 지녔고 떠나는 사람의 감정과 의지를 반영하고 있다. 하다 보니 떠나게 된 것이 아니라, 의도적으로 떠나는 모습이다. 순간적으로 혹은 실수로 떠날 수는 있지만 일부러 작정하고 떠나지는 말라는 뜻이다.

아버지가 자녀들에게 주고자 하는 지혜는 그도 어린 시절에 부모들에게 받은 가르침이다(3절). 그는 어머니 보시기에 유약한 외아들이었다고 한다. '유약한'(רַךְ)은 분별력이 없는 힘없고 연약한 것을 의미할 수도 있지만(NAS, ESV), 많은 사랑을 받았다는 뜻으로 풀이될 수 있다(공동, 새번역, 아가페, NIV, NRS, TNK). 많은 관심과 귀여움을 한 몸에 받으며 자랐다는 뜻이다. '외아들'(יָחִיד)은 유일한 아들이라는 뜻을 지녔지만, 어머니가 그를 마치 하나밖에 없는 아들처럼 귀하게 대해 주셨다는 뜻으로 풀이하는 것이 바람직하다(cf. 창 22:2). 모든 자녀는 부모에게 하나밖에 없는 자식처럼 여겨지기 때문이다. 어느덧 세월이 흘러 아버지께 배우던 아이가 자기 아들에게 가르침을 주는 아버지가 되어 있다. 한 세대는 가고 한 세대는 온다는 말이 실감난다(전 1:4). 가는 세대인 우리는 오는 세대에게 무엇을 남길 것인가를 생각하게 하는 대목이다.

어느덧 자기 아버지(아들들의 할아버지)의 자리에 선 아버지는 옛적에 그의 아버지가 주셨던 가르침을 회고한다(4절). 아버지의 아버지가 주신 가르침은 9절까지 이어진다. 이 스피치 중 4-5절은 지혜를 얻으라는 전반적인 권면이며, 6-9절은 지혜가 주는 혜택을 논한다. 내용은 이미 몇 차례 접한 아버지의 스피치와 별반 다를 바가 없다. 아버지는 자기 아버지에게서 배운 가르침을 아들에게 잘 전수하고 있다. 가르침과 교훈은 대대로 전수될 때 가장 효과적이다. 그러므로 우리도 자녀들이 어렸을 때 가르치고 권면하는 일에 열심을 내야 한다. 성인이 되면 잘 들으려 하지 않기 때문이다.

할아버지가 아버지에게 주신 가르침의 핵심은 지혜는 생명을 선사한다는 것이다(4d절). 이번에도 지혜는 네 가지 단어로 묘사된다(4-5절): '말'(4절은 '말'[דָּבָר]을 사용하며, 5절은 '입에서 나오는 말'[מֵאִמְרֵי־פִי]을 사용하지만 같은 의미를 지님), '명령'(מִצְוָה), '지혜'(חָכְמָה), '명철'(בִּינָה). 모두다 아버지가 아들에게 주는 가르침을 칭하는 단어들이다. 할아버지는 아버지에게 이것들은 매우 중요하기 때문에 반드시 얻으라고 하셨는데, '얻다'(קנה)는 값을 지불하고 산다는 뜻이다(HALOT, cf. 창 47:20; 레 25:14; 느 5:8). 할아버지는 아버지에게 필요하면 대가를 지불하더라도 지혜는 반드시 사라고 하셨다. 잠언에서 지혜를 여자(Lady Wisdom)로 묘사하는 것을 감안할 때, 이 말씀은 몸값을 지불하고 지혜를 아내로 맞이하라는 비유로 해석될 수 있다(cf. Clifford, Waltke). 아버지는 자기 아버지에게 받은 권면을 아들에게 전수한다: '지혜를 사라.' 아들이 대대로 전수되어 내려오는 지혜를 껴안으면 그는 살 것이다. 지혜는 생명과 죽음을 좌우한다는 뜻이다.

II. 지혜를 얻으라는 권면(1:8-9:18)
G. 전통, 지혜, 길(4:1-27)
1. 대대로 전수되는 지혜(4:1-9)

(2) 지혜가 삶의 중심에 있도록 하라(4:6-9)

6 지혜를 버리지 말라
그가 너를 보호하리라
그를 사랑하라
그가 너를 지키리라
7 지혜가 제일이니 지혜를 얻으라
네가 얻은 모든 것을 가지고 명철을 얻을지니라
8 그를 높이라
그리하면 그가 너를 높이 들리라
만일 그를 품으면
그가 너를 영화롭게 하리라
9 그가 아름다운 관을 네 머리에 두겠고
영화로운 면류관을 네게 주리라 하셨느니라

할아버지는 아버지에게 지혜를 버리지 말라고 하셨다(6a절). '버리다'(עזב)는 곁을 떠난다는 뜻이다(NIRV, cf. HALOT). 반드시 지혜 주변에 머물라는 권면이다. 지혜 주변에 머물면 지혜는 그를 보호할 것이다(6b절). '보호하다'(שמר)는 파수꾼이 주요 건물을 지키듯이 지혜가 그를 반드시 지켜줄 것이라는 뜻이다. 지혜는 또한 그를 사랑하는 자를 지켜준다(6c-d절). '지키다'(נצר)는 '보호하다'(שמר)와 비슷한 말이다. '사랑하다'(אהב)는 감정을 실어 열정적으로 좋아한다는 뜻이다. 지혜는 행하는 것만으로는 부족하다. 사랑해야 한다(Fox).

'버리다, 보호하다, 지키다, 사랑하다'는 모두 결혼과 연관된 동사들이다(Koptak). 남자가 아내를 맞이하듯 지혜를 맞이하라는 이미지를 형성하고 있다. 그러나 지혜는 사람이 버릴 수도 있고, 사랑할 수도 있다. 어느 시각에서 보느냐에 따라 같은 것을 사랑할 수도 있고, 버릴 수도 있는 것이다(Kitchen). 우리는 지혜를 마치 평생 아내와 함께하듯 함께해야 한다.

또한 기회가 될 때마다 지혜를 얻으려고 노력해야 한다(7a절). 가진 모든 재산을 털어서라도 지혜를 구해야 한다(7b절). 또한 지혜는 한 번 얻는 것이 아니라 평생 얻어야 한다(Longman). 칠십인역(LXX)은 이 절을 아예 포함하고 있지 않지만, 문맥의 흐름을 볼 때 마소라 사본처럼 그대로 유지하는 것이 바람직하다.

이 말씀의 핵심은 지혜는 결단이 있어야 얻을 수 있다는 것이다(Kidner). 지혜를 얻기 위해서는 대가를 지불해야 할 수도 있는데, 그때마다 대가를 치르는 것을 두려워하지 않음으로써 지혜를 얻고자 하는 의지를 표현하라고 한다. 대가를 치르고 지혜를 얻는 것은 단순한 소비가 아니라 투자이다. 할아버지는 누구든 지혜에 투자하면 수십 배의 이익을 얻게 될 것을 확신한다.

사람이 지혜를 높이면(귀하게 여기면), 지혜는 그를 높일 것이다(8절). 주변 사람에게 존귀함을 받을 것이라는 뜻이다. 또한 지혜를 마음에 품으면, 지혜는 그를 영화롭게 할 것이다. 지혜를 마음에 품고 지혜로운 삶을 살면 사람들은 그를 칭찬하고 존경할 것이라는 뜻이다.

그러므로 사람이 지혜를 가까이하면 지혜는 그에게 아름다운 관을 씌워 주고 영화로운 면류관을 줄 것이다(9절). 지혜로운 사람이 누릴 영광이며 이 가르침의 절정이다. 또한 이 말씀은 8절의 내용을 다른 말로 표현한 것이다. 지혜는 지혜로운 사람을 자랑거리로 삼아 온 세상에 드러낼 것이다. 이것이 할아버지가 아버지에게 주신 가르침이었다. 아마도 할아버지도 이러한 교훈을 자기 아버지에게서 받았을 것이다. 지혜는 대를 이어가며 전수되는 것이기 때문이다.

II. 지혜를 얻으라는 권면(1:8-9:18)
G. 전통, 지혜, 길(4:1-27)

2. 의로운 길과 악한 길(4:10-19)

할아버지의 가르침에 대한 회상을 마친 아버지는 자녀들에게 올바른 선택을 권면한다. 지혜가 진가를 발휘할 때는 사람이 선택의 기로에 서있을 때이다. 지혜는 조상들에게서 전수받은 것이지만, 우리가 가고자 하는 방향과 옳은 선택을 하도록 해 주는 것이기도 하다. 아버지는 아들에게 지혜로운 길(의로운 길)(10-13절)과 어리석은 길(악한 길)(14-17절) 중 당연히 지혜로운 길을 택하는 의인이 되라고 한다. 의인의 길과 악인의 길은 전혀 다른 결과를 초래할 것이기 때문이다(18-19절).

A. 의인의 길(4:10-13)
B. 악인의 길(4:14-17)
C. 의인의 길과 악인의 길 대조(4:18-19)

II. 지혜를 얻으라는 권면(1:8-9:18)
G. 전통, 지혜, 길(4:1-27)
2. 의로운 길과 악한 길(4:10-19)

(1) 의인의 길(4:10-13)

10 내 아들아 들으라
내 말을 받으라
그리하면 네 생명의 해가 길리라
11 내가 지혜로운 길을 네게 가르쳤으며
정직한 길로 너를 인도하였은즉
12 다닐 때에 네 걸음이 곤고하지 아니하겠고
달려갈 때에 실족하지 아니하리라

[13] 훈계를 굳게 잡아 놓치지 말고 지키라
이것이 네 생명이니라

할아버지가 그에게 주신 말씀을 회고한 아버지는 아들에게 두 차례나 지혜를 붙들면 장수할 것이라 한다(10, 13절). 지혜는 사람에게 생명을 선사하기 때문이다. 아버지는 아들에게 자기가 주는 가르침을 듣고 받으라고 한다. '듣다'(שׁמע)는 순종/실천을 전제하는 단어이다(cf. NIDOTTE). '받다'(לקח)는 의도적으로 취하는 것을 뜻한다(TWOT). 아버지는 아들에게 가르침을 방관하지 말고 적극적으로 받아들이고 실천하라고 한다. 지혜를 실천하는 아들의 수명은 자연히 길어질 것이다. 이것은 지혜가 약속하는 바이다.

사람이 자식에게 지혜로운 길을 가르치는 것은 곧 그를 정직한 길로 인도하는 것이다(11절). 그러므로 이 말씀은 아버지는 아들에게 지혜로운 삶을 사는 것이 가장 현명하고 합리적인 선택임을 보여 주기 위해 최선을 다하라는 권면을 담고 있다(Kitchen).

이 섹션의 배경이 되고 있는 것은 '길' 이미지이다. 지혜로운 삶을 곧고 평탄한 길을 똑바로 가는 것으로 묘사하고 있다. 지혜로운 삶은 인생의 여정 중 한 곳에서 멈춰 서는 것이 아니라 끊임없이 가는 것이라는 뜻이다.

'정직'(ישׁר)은 굽지 않은 직선을 뜻한다. 정직한 길에는 굽은 곳이 없고 요행도 없다. 그러므로 걷는 사람이 곤고할 일이 없고, 달려가는 이가 걸려 넘어질 만한 것도 없는 평탄한 길이다(12절). 지혜는 사람에게 정직한 길을 가르치며, 정직한 길은 하나님이 보호하시는 길이다. 그러므로 그 길을 가는 사람은 어떠한 해도 두려워할 필요가 없다. 아버지가 아들에게 옛적 지혜를 주며 이 길을 가라 하는 것은 이 길이 옛적부터 있던 길이라는 것을 암시한다. 아들은 새로운 길을 만들어가는 것이 아니라 이미 오래 전부터 지혜로운 사람들이 다녔던 길을 걸으면 된다. 그 길은 옛적부터 있는 길이기 때문에 반드시 동행자들이 있을 것이다. 인생은 각자가 살지만, 동료가 되어 줄 사람들이 반드시 있다.

지혜가 이러한 복을 주기 때문에 아버지는 아들에게 지혜를 굳게 잡고 결코 놓치지 말고 지키라 한다(13절). '굳게 잡다'(חזק)와 '놓치지 말라'(אַל־תֶּרֶף)와 '지키라'(נצר)는 모두 의지와 결단을 요구하는 강력한 언어이다. 결코 놓쳐서는 안 된다는 절박감으로 지혜를 붙잡으라는 뜻이다. 지혜는 그에게 생명을 줄 뿐만 아니라, 생명 자체이기 때문이다(Kitchen). 사람이 산다 할지라도 지혜없이 살면 살았다고 할 수 없다. 삶에서 지혜는 반드시 필요하다.

II. 지혜를 얻으라는 권면(1:8-9:18)
G. 전통, 지혜, 길(4:1-27)
2. 의로운 길과 악한 길(4:10-19)

(2) 악인의 길(4:14-17)

14 사악한 자의 길에 들어가지 말며
악인의 길로 다니지 말지어다
15 그의 길을 피하고 지나가지 말며
돌이켜 떠나갈지어다
16 그들은 악을 행하지 못하면 자지 못하며
사람을 넘어뜨리지 못하면 잠이 오지 아니하며
17 불의의 떡을 먹으며
강포의 술을 마심이니라

삶을 '길 가는 것'에 비교하는 것이 지속되고 있다. 무엇보다도 지혜로운 길을 가기 위하여 최선을 다하라고(cf. 10-13절) 했던 아버지가 악인의 길은 가까이 가지 말고 어떻게든 피해 다닐 것을 당부한다. 아버지는 적극적으로 악을 피해야 한다며 4절에서는 스스로 찾아가는 것을 묘사하는 동사 2개와 5절에서는 찾아오는 악을 회피하는 것을 묘사하는 동사 4개를 사용한다: "들어가지 말고… 다니지 말고… 피하고… 지나가지 말며… 돌이키고… 떠나가라"(14-15절). 악은 찾지도 말고 설령 찾아오면 최선을 다해서 도망치라는 의미이다. 이때까지 아버지가 아들에게 한 악인의 길을 걷지 말라는 경고 중 가장 강력한 것이다. 악인들과는 아예 상종을 하지 말라는 뜻이다. 죄는 매우 강한 감염성과 중독성이 있기 때문에 사람이 죄를 짓지 않는 가장 좋은 방법은 주변에 도사리고 있는 죄를 최대한 멀리 하고 상종하지 않는 것이다. 그러므로 악인들과 어울리지 않는 것이 가장 좋은 예방책이다.

악한 사람들은 악을 행하지 못하면 잠을 자지 못한다(16절). 그들은 사람을 기어이 넘어뜨려야 잠이 온다. 남에게 피해를 주어야만 하루 일과를 마쳤다는 생각을 하는 자들이다. 그들은 불의의 떡을 먹고 강포의 술을 마신다(17절). 남에게 해를 끼치고 그들에게 빼앗은 것을 먹고 마신다는 뜻이다. 그러므로 이들은 죄 없는 사람들에게 기생하는 기생충이라 할 수 있다. 사람들은 각자에게 주어진 일상을 이어 가기 위하여 잠을 자고 음식을 먹는다. 악인들은 단 한 가지 죄를 짓기 위해 잠을 자고 음식을 먹는다. 다음날 그들은 전날 꾸몄던 악한 음모들을 실천으로 옮긴다.

II. 지혜를 얻으라는 권면(1:8-9:18)
G. 전통, 지혜, 길(4:1-27)
2. 의로운 길과 악한 길(4:10-19)

(3) 의인의 길과 악인의 길 대조(4:18-19)

[18] 의인의 길은 돋는 햇살 같아서
크게 빛나 한낮의 광명에 이르거니와

[19] 악인의 길은 어둠 같아서
그가 걸려 넘어져도 그것이 무엇인지 깨닫지 못하느니라

아버지는 지혜로운 삶과 악인의 삶을 빛과 어두움에 대조한다. 의인의 길은 동틀 녘의 햇살 같다. 대낮이 될 때까지 계속 강해져 더욱더 강력한 빛을 발한다(18절). 빛은 참 믿음과 도덕성과 안전과 건강과 구원 등 좋고 긍정적인 것들을 상징한다(Waltke, cf. 시 43:3; 욥 22:28; 29:2-3; 사 9:2; 42:16). 하나님이 빛이시기 때문이다(시 27:1).

반면에 악인의 길은 어둠 같다. 얼마나 어두운지 악인은 자신이 가는 길을 볼 수가 없다. 그러므로 그는 넘어져도 무엇에 걸려 넘어졌는지도 모른다(19절). 악인들이 '모른다'는 말이 처음으로 사용되고 있다. 잠언은 앞으로 미련한 아내(5:6)와 음녀(9:13)와 음녀에게 유혹을 당한 사람들(7:23; 9:48)이 '모른다'고 묘사할 것이다(cf. Waltke).

한낮의 광명보다 밝은 것은 없다. 의인의 길은 이러하다. 반면에 악인의 길은 어두움이다. '어둠'(אֲפֵלָה)은 어두움을 표현하는 히브리어 단어들 중 가장 깊은 어두움을 뜻하며 하나님의 심판을 동반하는 어두움이다(Kitchen, cf. 출 10:22; 잠 7:9; 사 8:22; 58:10; 렘 23:12). 성경에서 빛은 생명을 상징하며, 어두움은 죽음을 상징한다. 신약은 크리스천의 삶을 빛이신 예수님과 동행하는 것으로 묘사한다.

의인의 삶은 많은 사람에게 생명을 선사할 것이다. 또한 날이 갈수록 더 많은 생명의 근원이 될 것이다. 반면에 악인은 사람들에게 죽음을 선사할 뿐이다. 남들뿐만 아니라 자신의 삶에도 죽음을 선사하면서 이러한 사실을 인지하지 못한다. 또한 빛과 어두움은 의롭게 사는 사람들의 행복과 악하게 사는 사람들의 불행을 상징하기도 한다(Fox). 하나님은 반드시 적절한 심판을 이 두 부류에게 행하실 것이다.

II. 지혜를 얻으라는 권면(1:8-9:18)
G. 전통, 지혜, 길(4:1-27)

3. 정도를 걷게 하는 지혜(4:20-27)

아버지는 다시 한 번 자녀들을 권면한다. 자신이 준 지혜를 평생 마음에 품고 살아갈 것을 요구한다. 그렇게만 하면 그들은 의로운 삶을 살고 악인의 길인 죽음의 길에서 멀리 떨어져 있는 생명의 길을 걷게 될 것이다. 아버지는 지혜로운 삶은 악인들이 하는 짓들을 답습하지 않고 자신의 순결을 지키는 것이라 한다. 사람이 순결을 지키는 일이 결코 쉽지는 않다. 온몸과 마음이 노력해야 한다. 이점을 강조하기 위해 이 섹션은 다양한 몸 부위를 사용한다: 귀(20절), 눈(21절), 마음/심장(21, 23절), 몸(22절), 입과 입술(24절), 눈과 눈동자(25절), 발(26, 27절). 기자는 이 신체 부위들의 행동성을 강조하기 위해 갖가지 동사의 주어로 사용한다(Newsom). 이 섹션은 다음과 같이 두 파트로 구분된다.

A. 가르침에 집중하라(4:20-22)
B. 삶을 순결하게 지키라(4:23-27)

II. 지혜를 얻으라는 권면(1:8-9:18)
G. 전통, 지혜, 길(4:1-27)
3. 정도를 걷게 하는 지혜(4:20-27)

(1) 가르침에 집중하라(4:20-22)

20 내 아들아
내 말에 주의하며
내가 말하는 것에 네 귀를 기울이라
21 그것을 네 눈에서 떠나게 하지 말며
네 마음 속에 지키라
22 그것은 얻는 자에게 생명이 되며

그의 온 육체의 건강이 됨이니라

아들은 아버지가 주시는 지혜와 가르침을 귀담아 듣고 주의해야 한다(20절). 그것을 시야에서 벗어나게 하면 안 되고 항상 마음속에 두어야 한다(21절). 한마디로 말해 항상 외우고 있으라는 뜻이다(Van Leeuwen). 아버지가 주시는 지혜는 생명이 될 것이며, 온몸을 건강하게 할 것이기 때문이다(22절). 지혜는 사람을 무병장수하게 한다는 뜻이다. 기자는 사람의 내부(마음)이 건강하면 육체의 건강으로 이어진다는 논리로 이 섹션을 진행한다. 듣고(20절) 보는 것(21a절)으로 마음을 지키면(21b절) 온몸이 건강하게 될 것이라 한다(22절).

그러므로 사람이 오래 사는 것은 지혜로운 삶이 빚어내는 결과이다. 또한 건강한 삶도 지혜의 결과이다. 사람은 지속적인 관리와 예방을 통해 건강을 유지할 수 있는데, 지혜는 이런 일에서도 분명한 역할을 한다. 지혜는 경건이며 경건은 사람에게 생명을 선사하여 그의 수명을 연장해 주기 때문이다(Waltke, cf. 딤전 4:8).

II. 지혜를 얻으라는 권면(1:8-9:18)
G. 전통, 지혜, 길(4:1-27)
3. 정도를 걷게 하는 지혜(4:20-27)

(2) 삶을 순결하게 지키라(4:23-27)

23 모든 지킬 만한 것 중에 더욱 네 마음을 지키라
생명의 근원이 이에서 남이니라
24 구부러진 말을 네 입에서 버리며
비뚤어진 말을 네 입술에서 멀리 하라
25 네 눈은 바로 보며
네 눈꺼풀은 네 앞을 곧게 살펴

26 네 발이 행할 길을 평탄하게 하며
네 모든 길을 든든히 하라
27 좌로나 우로나 치우치지 말고
네 발을 악에서 떠나게 하라

'지킬 만한 것'(מִשְׁמָר)은 필요하면 감옥에라도 가두고 보초를 세워 결코 도망가거나 떠나지 못하게 하는 것(cf. 창 41:10; 42:19; 레 24:12), 혹은 보호하는 것을 뜻한다(Waltke, cf. 느 4:22; 7:3). 우리가 삶에서 지켜야 할 것은 여러 가지다. 그러나 아버지는 그 무엇보다도 마음을 지킬 것을 권면한다(23a절). 마음은 사람의 생명이 샘솟는 곳이면서 모든 결정을 통해 삶이 가야 할 방향을 결정하는 곳이기 때문이다(Delitzsch). 그러므로 마음이 어떤 결정을 내리느냐에 따라 생명과 죽음이 좌우된다. 아버지는 아들이 슬기롭고 의로운 결정을 내려 생명력으로 가득한 삶을 살기를 바란다. 그렇게 하기 위해서는 무엇보다도 지혜가 그의 마음을 지배해야 한다. 아버지는 사람이 마음을 지킨다는 것은 입과 눈과 발 등 세 가지 신체 부위를 절제하는 것이라고 한다.

첫째, 마음을 지키는 사람은 구부러진 말과 비뚤어진 말을 하지 않아야 한다(24절). 사람은 입으로 가장 많은 죄를 짓는다. 마음에 있는 것이 입으로 표현되는 것이 말이기 때문이다(McKane). 그러므로 아버지는 제일 먼저 입을 절제할 것을 주문한다. '구부러진 말'(עִקְּשׁוּת)과 '비뚤어진 말'(לְזוּת)은 비슷한 말로서 잘못된(거짓된) 말을 뜻한다. 이미지는 바르지 못하고 휘어 있는 길이다. 모든 욕설과 음란한 말과 저주와 입바른 말을 포함한다(Kitchen). 아버지는 의로운 삶을 사는 사람은 꼬이고 비뚤어진 말을 삼가해야 한다는 교훈을 준다. 말은 사람이 몸 밖으로 내뱉는 것이지만, 그의 내면(마음)에도 영향을 미치기 때문이다(Kidner).

둘째, 마음을 지키는 사람의 눈은 앞만 똑바로 바라보아야 한다(25

절). 사람은 자기가 가는 길을 보지 않고 옆을 보거나 곁눈질하다가 넘어진다. 또한 전방을 주시하지 않으면 자신이 가고자 하는 목표와 다른 방향으로 갈 수 있다. 실제로 사람이 목표를 상실하고 곁눈질할 때 유혹에 넘어가고 죄를 짓는다. 그러므로 아버지는 아들에게 어떤 목표를 세웠으면 그곳만 바라보고 그곳을 향해 갈 것을 주문한다(Wilson). 물론 목표는 생명을 선사하는 의로운 것이다.

셋째, 갈 길을 신중하게 준비하고 곧바로 걸어가라(26절). 사람이 목표를 세웠으면 그 목표에 도달할 길(절차와 단계)을 생각해 보아야 한다. 아버지는 아들이 그 길을 평탄하고 든든히 하기를 바란다. 길을 '평탄하게 하다'(פלס)는 '뚫다/개척하다'는 의미를 지녔다(HALOT). 무난히 갈 수 있는 길을 만들라는 뜻이다. 길을 잘 뚫으면 든든한 길이 될 것이다. '든든하다'(כון)는 '세워지다'는 의미이다. 이렇게 준비하면 아들은 확신을 가지고 평안이 갈 수 있는 길을 얻게 될 것이다.

아버지는 이처럼 지혜롭게 준비된 길을 곧바로 걸어갈 것을 권면한다(27절). 좌로나 우로나 치우치지 말고 정도를 가야한다(cf. 신 5:32; 17:11; 28:14; 수 23:6). 곁눈질은, 곧 죽음으로 인도할 것이기 때문이다. 그러므로 아들이 딴청을 부리지 않고 오직 앞만 보며 이 길을 갈 때 악에서 멀어질 것이다. 히브리서 기자도 이렇게 권면한다: "모든 무거운 것과 얽매이기 쉬운 죄를 벗어 버리고 인내로써 우리 앞에 당한 경주를 하며 믿음의 주요 또 온전하게 하시는 이인 예수를 바라보자"(히 12:1-2). 경건한 삶에서는 악의 유혹을 이겨내는 것보다 의의 길을 똑바로 가는 것이 더 지혜롭고 현명한 결정이다.

H. 지혜로운 결혼과 어리석은 간음(5:1-23)

아버지는 지혜와 미련함에 대한 가르침을 이어가면서 집에 있는 아내와 유혹하는 음녀에 비유한다. 그러므로 어디까지가 실제 아내와 음녀에 관한 것이고, 어디서부터 지혜와 어리석음에 관한 것인지 경계선이 분명하지 않다. 그러나 이 경계선이 그다지 중요하지는 않다. 아버지는 지혜로운 사람은 아내와 평생을 행복하게 살 것이고, 오직 미련한 자들만이 음녀에 빠져들어 일생을 망칠 것이라고 하기 때문이다. 이 장(章)의 핵심은 성(性)에 관한 것인데, 성은 불과 같다. 결혼의 범위 안에서 사용하면 집을 따뜻하게 하는 참으로 좋은 것이지만, 결혼의 테두리 밖에서 사용하면 집을 태우는 무서운 것이다(Ortlund). 본 텍스트는 다음과 같이 세 파트로 나뉠 수 있다.

A. 죽음의 비결은 음녀(5:1-6)
    B. 후회할 선택은 하지 말라(5:7-14)
A'. 장수의 비결은 아내(5:15-23)

1. 죽음의 비결은 음녀(5:1-6)

1 내 아들아
내 지혜에 주의하며
내 명철에 네 귀를 기울여서
2 근신을 지키며
네 입술로 지식을 지키도록 하라
3 대저 음녀의 입술은 꿀을 떨어뜨리며

그의 입은 기름보다 미끄러우나
[4] 나중은 쑥 같이 쓰고
두 날 가진 칼 같이 날카로우며
[5] 그의 발은 사지로 내려가며
그의 걸음은 스올로 나아가나니
[6] 그는 생명의 평탄한 길을 찾지 못하며
자기 길이 든든하지 못하여도
그것을 깨닫지 못하느니라

아버지는 이미 결혼한 아들에게(Fox, Longman) 아내와의 성관계와 음녀와의 성관계에 대해 가르쳐 줄 것이니 주의하고 귀를 기울이기를 구한다(1절). 아버지는 이때까지 자주 사용되었던 권면으로 이 섹션을 시작하고 있다. 고대 근동 사람들은 대체적으로 12–16살이면 결혼했다. 유다의 왕들 중에서도 요시아와 아몬은 14세에 결혼을 했고, 여호야긴은 16세에 결혼을 했다. 이집트에서는 여자는 12세, 남자는 15세가 결혼할 만한 나이로 생각되었다(Waltke).

'지혜'(חָכְמָה)와 '명철'(תְּבוּנָה)은 이미 여러 차례 쌍으로 사용된 단어들이며 삶을 살아가는데 필요한 기술과 분별력을 의미한다(cf. TWOT). '주의하다'(קשב)는 '관심있게 듣다'라는 의미를 지녔다(NIDOTTE). 1절에서 아버지는 아들에게 두 차례나 자기 말에 귀를 기울이라고 권면한다. 지혜는 '잘 듣는 것'에서 시작하기 때문이다.

아버지가 자기 말에 귀를 기울이라고 호소하는 것은 아들의 분별력을 높여 주기 위해서이다(2절). '근신'(מְזִמָּה)은 계획과 분별력을, '지식'(דַּעַת)은 이해력과 분별력을 뜻하며 사람이 얻은 지혜가 그 사람 안에서 내면화(internalize) 될 때 생기는 열매이다(Waltke). 구약에서 이 두 단어가 쌍으로 등장하는 경우는 이곳과 8:12이 유일하다. 아버지는 지금부터 음녀와 아내에 대해 말할 텐데, 아들이 분별력을 가지고 올바른 선택을 해 주기를 바란다. 또한 이런 분별력을 그에게 전수해 주기 위해 그의 말을 귀담아들으라고 권면한다. 지혜를 얻고 얻지 못하고는 각자의 선택과 행동에 달려 있다. 또한 입술로 지키도록 하라는 것은 선불리 말을 하지 말라는 뜻이다. 입술은 생각을 말로 표현하거나 생각으로 남겨 두는 경계선이다(Van Leeuwen, cf. 잠 17:27-28; 18:2; 시 141:3). 사람이 생각을 말로 옮길 때와 생각으로 남겨 두어야 할 때를 구분하는 것도 지혜이다. 입술을 통해 지혜로운 사람과 어리석은 사람이 구분되기 때문이다(15:12; 18:6-7).

음녀와 아내의 대조를 어떻게 이해해야 하는가? '음녀'(זָרָה)는 아들이 속한 공동체에 속한 사람이 아니다(Clifford, Koptak). 그러므로 그와 같은 가치관과 기준을 공유하지도 않는다. 쉽게 말해서 언약 공동체 밖에 있는 여인으로 정상적인 사고를 하는 사람이 아니다(Waltke). 그러므로 아들이 음녀를 찾으면 가치관의 대립이 나타나게 된다.

아버지는 어떤 의도로 아들에게 음녀를 가까이하지 말고 오직 아내만을 가까이 하라고 하는가? 학자들은 이 대조가 문자적(literal), 비유적(metaphor), 예화적(illustration)으로 세 가지 의미를 지니고 있다고 하기도 한다(Van Leeuwen). 이 중 예화적 의미는 별 설득력이 없어 이곳에서는 처음 두 가지만 언급하고자 한다. 첫째, 문자적으로 음녀와 아내의 대조는 간음에 대한 경고와 부부 사이의 성적 즐거움(erotic delights)으로의 초청이다. 둘째, 비유적으로 자기 아내가 아닌 여자를 갈망하는 사람은 어리석음(Woman Folly)을 추구하는 것과 같으며, 아내를 바라고 기뻐하는 사람은 지혜(Lady Wisdom)를 추구하는 것과 같다. 음녀는 지혜가 피하라고 한 모든 것의 결집이다. 그러므로 음녀와 아내를 실제적인 결혼 상황에서, 또한 어리석음과 지혜를 추구하는 것에 대한 비유로 이해하는 것이 바람직하다.

아버지는 아들에게 음녀의 유혹은 참으로 달콤할 수 있다고 경고한다(3절). '음녀'(זָרָה)가 지닌 가장 기본적인 개념은 '낯선, 사회적 통념에 어긋나는' 이다(NIDOTTE). 구약에서 이 단어는 비(非)이스라엘 사람, 허락되지 않은 사람 등 다양하게 사용되며 항상 부정적인 뉘앙스를 지녔다. 본문에서는 결혼의 테두리 밖에 있는 여인을 뜻한다. 아들을 간음으로 유혹하는 여자를 의미한다.

음녀의 입술에서는 꿀이 떨어지고, 그녀의 입은 기름보다 미끄럽다. 성관계는 항상 말과 연관되어 있다(Newsom). 연애할 때나 유혹할 때나 사랑을 속삭일 때나 말을 통해서 하기 때문이다. 입술이 말로 해석되기도 하지만(Kitchen), 바로 다음 행에서 말을 하는 입이 언급되는 것으로 보아 아닌 듯하다. 입술에서 꿀이 떨어지는 것은 아들을 홀리는 키스를 의미한다(Scott, cf. 아 4:11; 7:9). 꿀은 고대 사회에서 가장 단맛을 지닌 것이었다. 음녀의 키스는 매우 단맛을 지닌 가장 매혹적인 것이었다.

입은 기름보다 미끄럽다고 하는데, 올리브 기름이다. 올리브 기름은 당시 가장 흔한 것이었으며 가장 부드러운 것으로 알려져 있었다(Kitchen). 그러므로 입이 기름보다 미끄럽다고 하는 것은 참으로 달콤하게 말한다는(sweet-talker) 뜻이다. 당연하다. 여자가 온갖 달콤한 말과 기교를 동원하여 남자를 신비와 재미와 기쁨으로 유혹해야 남자가 홀려 들 것이기 때문이다(McKane). 어리석음은 항상 악을 동반하는데, 악(죄)은 결코 흉측하지 않다. 죄의 결과는 분명 흉측하다. 그러나 죄는 매력적이다. '먹음직도 하고 보암직도 하고 지혜롭게 할만큼 탐스럽기도 한 것'이 죄다(창 3:6).

남자가 음녀의 유혹에 빠져 간음을 하고 나면 상황이 완전히 달라진다. 달콤한 입술과 부드러운 말은 간데없고, 오로지 쓴맛과 양날을 가진 칼만 있다(4절, cf. 시 55:21). "벌꿀은 달지만, 벌은 침으로 쏜다. 음녀의 꼬리에는 침이 있다"(Aitken)는 말이 의미심장하게 들린다.

'쑥'(לַעֲנָה)은 히브리 사람들이 알던 것들 중에 가장 쓴 맛을 지닌 풀이다(Kitchen, cf. 신 29:18; 렘 9:15; 23:15; 애 3:15; 암 5:7; 6:12). 가장 달달했

던 것이 가장 쓴 것으로 변한 것이다. 원래 약은 입에서 쓰고 뱃속에서 달다고 하는데, 정작 죄를 짓고 나니 입에서 달던 것(음녀의 꿀)은 뱃속에서 쓰라릴 정도로 쓰다. 또한 기름보다 부드럽던 그녀의 입은 예리한 양날 칼이 되어 남자를 사정없이 찌른다. '두 날 가진 칼'(חֶרֶב פִּיּוֹת)은 문자적으로 '입들을 지닌 칼'이라는 뜻이다(cf. 사 1:20). 마치 죽음의 입이 사람들을 삼키듯이 이 칼도 닥치는 대로 사람의 생명을 삼킨다는 뜻이다(cf. 삼하 11:25).

음녀는 직업상 그녀와 관계를 갖는 남자들에게서 모든 정상적인 관계를 제거해야만 생존할 수 있다. 그러므로 남자들에게서 이런 관계를 조직적으로 제거하기 위해 사정없이 칼을 휘두른다(McKane). 간음하는 남자는 소외되기도 하지만, 스스로 자신을 소외시키기도 한다. 그러므로 어리석은 간음은 절대 남자의 대인관계나 사회 생활에 덕이 되지 않는다. 오직 해가 되어 그를 죽음으로 몰아갈 뿐이다. 간음은 여호와께서 미워하시는 죄이며, 간음한 사람을 철저히 파괴한다.

또한 그녀를 따라가니 그녀의 발은 사지로 내려가며, 스올로 나아간다(5절). 아들이 간음을 하는 순간 지혜의 길을 이탈했기 때문에 그는 음녀와 함께 죽음의 길을 가고 있다. 지혜는 생명을 주어 장수하게 하는데, 어리석음은 오직 죽음으로 인도할 뿐이다. 음녀는 자신만 죽음으로 내려가는 것이 아니라, 유혹하여 함께 죄를 지은 사람도 죽음으로 인도한다. 함께 간음한 두 사람 모두 파멸에 이를 것이다.

가장 안타까운 것은 음녀가 죽음의 길을 가면서도 그 길이 잘못되었다는 것을 깨닫지 못한다는 사실이다. 설령 깨닫는다 해도 별로 상관하지 않는다. 그녀는 단지 '살아 있는 순간'을 즐기는 것에 모든 것을 거는 사람이기 때문이다(Kitchen). 이런 사람에게는 계획도, 미래도, 도덕도 없다.

6절은 번역하기가 매우 어려운 구절이다. 그러나 잠언이 이때까지 '지혜는 안다'와 '어리석음은 모른다'를 꾸준히 대조해 온 것을 감안하면 이 말씀의 핵심은 '음녀는 모른다'이다. 음녀는 생명의 평탄한 길을 찾지 못하며 자기 길이 든든하지 못하여도 이러한 사실을 깨닫지 못한다(6절). 한마디로 말해 그녀는 자신이 어디로 가는지도 모르고 길을 헤맨다는 뜻이다(공동). 자신이 어디로 가는지를 모르고 헤매고 있으니 이러한 사람의 인도함을 받는 이도 헤매기는 마찬가지이다. 지혜를 기피하는 자는 어리석음과 함께 죄의 길을 헤매다가 죽는다.

II. 지혜를 얻으라는 권면(1:8-9:18)
H. 지혜로운 결혼과 어리석은 간음(5:1-23)

2. 후회할 선택은 하지 말라(5:7-14)

7 그런즉 아들들아
나에게 들으며
내 입의 말을 버리지 말고
8 네 길을 그에게서 멀리 하라
그의 집 문에도 가까이 가지 말라
9 두렵건대 네 존영이 남에게 잃어버리게 되며
네 수한이 잔인한 자에게 빼앗기게 될까 하노라
10 두렵건대 타인이 네 재물로 충족하게 되며
네 수고한 것이 외인의 집에 있게 될까 하노라
11 두렵건대 마지막에 이르러 네 몸,
네 육체가 쇠약할 때에 네가 한탄하여
12 말하기를 내가 어찌하여 훈계를 싫어하며
내 마음이 꾸지람을 가벼이 여기고
13 내 선생의 목소리를 청종하지 아니하며
나를 가르치는 이에게 귀를 기울이지 아니하였던고
14 많은 무리들이 모인 중에서

큰 악에 빠지게 되었노라 하게 될까 염려하노라

아버지는 아들들에게 간음처럼 보기에는 달콤하고 매력적이지만 결과는 참담한 선택을 하지 말라고 권면한다. '아들들'이라며 다시 복수를 사용하는 것은 이 가르침의 대상이 아들뿐만 아니라 훨씬 더 넓어지고 있음을 암시한다(Koptak, cf. 4:1; 7:24). 20절에서는 다시 단수 '아들'로 돌아온다.

지혜로운 선택을 하려면 자녀들은 아버지가 그들에게 주고자 하는 지혜를 받아들이고 마음에 새겨야 한다(7절). 또한 음녀를 멀리하고 그녀가 사는 집 근처도 얼씬거리지 말아야 한다(8절). 아버지는 아들에게 한마디로 모든 다른 여자에게서 '손을 떼라'(hands off)고 한다(Ortlund). 이렇게 말하는 아버지의 논리는 6:27-28에 잘 표현되어 있다: "사람이 불을 품에 품고서야 어찌 그의 옷이 타지 아니하겠으며 사람이 숯불을 밟고서야 어찌 그의 발이 데지 아니하겠느냐." 우리가 텔레비전이나 책 등을 통해 접하는 음란한 것들은 단지 무익하기만 한 것이 아니다. 음녀의 집 앞으로 우리의 발걸음을 인도할 수 있다(Kitchen). 사람이 경건과 거룩을 유지하는 가장 좋은 방법은 유혹을 이겨내는 것이 아니다. 자신의 삶에서 유혹이 될 만한 것들을 사전에 피하고 제거하는 것이다.

아버지가 아들들에게 유혹거리를 처음부터 차단하여 시험을 받는 일이 없도록 하는 것도 지혜라고 하는 이유는 세 가지이다. 세 가지 모두 '두렵건데'(פֶּן־)로 시작하며(9-11절), '이렇게 될까 봐 걱정이다'라며 가정(假定)된 상황을 예로 들어가며 권면한다. 그가 잃게 될 모든 것—장수와 부와 명예—은 지혜가 주는 것들이다(3:16).

첫째, 음녀와 놀아나는 사람은 모든 존영을 잃고 수명도 단축될 것이다(9절). '존영'(הוֹד)은 '명예'로 해석될 수 있고(새번역, 아가페, 현대인, NIV, ESV, KJV, cf. Wilson), '정력'으로 해석될 수도 있다(NAS, NIRV,

TNK, LXX, cf. Fox, Longman). 이어지는 행을 고려하면 '정력'이 맞지만, 건강에 관한 것은 11절에서 총체적으로 언급된다. 그러므로 이곳에서는 '명예'로 간주하는 것이 바람직하다. 아내를 두고 딴 여자의 집에 드나드는 사람을 좋게 생각할 사람은 없다. 그러므로 아들은 평생 쌓아왔던 명예를 한순간에 잃을 것이다. 또한 잔인한 자에게 걸려 단명할 것이다. '잔인한 자'(אַכְזָרִי)는 폭력성을 전제하는 단어이며, 음녀의 남편이나 포주처럼 그녀와 이해관계가 얽혀 있는 사람을 뜻한다. 그들은 음녀와 성관계를 가진 자를 결코 내버려두지 않을 것이다. 협박과 폭력을 사용하여 그의 수명을 단축할 것이다.

둘째, 음녀와 놀아나는 사람은 재산도 모두 잃게 될 것이다(10절). 음녀와 놀아나는 것은 단순히 성관계로 끝나지 않는다. 만일 창녀와 놀아난다면, 만날 때마다 화대를 주어야 한다. 만일 결혼한 여자하고 놀아나면 남편이 협박과 폭력을 동원하여 모든 재산을 빼앗을 수 있다. 또한 음녀가 그를 협박하여 갈취할 수도 있다(Kitchen). 결국 아들의 모든 재물은 남의 집으로 옮겨지고, 그가 수고하여 모은 모든 것이 엉뚱한 사람 집에 있게 된다.

셋째, 음녀와 놀아나는 사람은 건강도 잃게 될 것이다(11절). 이 말씀은 수명이 단축될 것이라는 첫 번째 논리(9절)와 연관이 있다. 음녀와 놀아나는 것은 단명하는 이유가 되기 때문이다. 가진 것을 모두 탕진한(빼앗긴) 사람이 끝에 가서는 몸까지 쇠약해진다. 성병으로 인해 이렇게 될 수도 있고, 빼앗긴 재산에 대한 원통함이 건강을 좀먹을 수도 있다. 어떤 이유이든 간에 간음은 절대 건강에 도움이 되지 않으며 한탄하게 한다. '한탄하다'(נהם)는 건강까지 잃고 괴로워하는 사람의 절규이다. 건강은 건강한 가정생활에서 시작되고 유지된다.

간음한 아들이 재산과 건강을 잃고 수명이 단축되는 것을 피부로 느끼자 후회가 몰려온다(12-14절). 세월이 많이 지난 후 지난 날들을 되돌아보는 아들은 모든 꿈과 명예를 잃고 '만일 …하였더라면'이라는 가정(假定) 속에서 살고 있다(Kitchen). 그가 가장 크게 후회하는 것은 부모와 선생들의 말과 가르침을 싫어했다는 사실이다(12절). 사람이 무엇을 싫어하는 것은 정상적이다. 아쉽게도 아들은 사랑해야 할 것들을 미워했다. 만일 그가 훈계와 꾸지람을 겸허히 받아들이고 스승들의 가르침에 귀를 기울였더라면 이런 일이 없었을 것이라고 한탄하지만(12-13절), 이미 늦었다.

'나의 스승들'(מוֹרָי)은 부모와 이웃 등 누구든지 그에게 현명한 판단과 결정을 할 수 있도록 조언한 사람들을 포함한다(cf. 13b절). 지혜가 여러 형태(채널)로 그를 찾아왔을 때 환영하며 받아들였더라면 이런 일은 없었을 것이라는 후회이다. 지혜는 예방적인 차원에서 응용될 때 진가를 발한다. 그러므로 지혜는 일이 일어나기 전에 일찍 받아들여야 한다.

이 모든 일이 사람들이 지켜보는 상황에서 벌어지는 것이 더 큰 수치를 더한다(14절). 아들이 처음 음녀를 찾았을 때에는 아무도 모르게 은밀하게 찾았을 것이다. 그러나 세상에 비밀은 없다. 그가 간음으로 인해 재산도 잃고 건강도 잃었다는 소문이 온 동네에 퍼지는 것은 시간 문제이다. 결국 아들은 9절에서 아버지가 경고한 대로 모든 명예를 잃었다. 9절에서는 아는 사람들 사이에서 명예를 잃었지만, 이번에는 온 공동체 안에서 명예를 잃었다. 아버지는 아들이 간음하면 건강과 재산과 명예를 모두 잃을 것이라고 경고한다.

아버지는 이 같은 가정 상황을 예로 들어가며 "이래도 간음을 하겠느냐?"라고 아들을 권면한다. 간음은 절대 그의 삶에 도움이 되지 않을 것이라는 뜻이다. 또한 이 말씀이 비유로도 해석되는 것을 생각할 때, 어리석음과 죄의 유혹은 매우 매력적일수 있지만, 결과는 참으로 참혹하므로 절대 마음을 빼앗기지 말고 지혜를 붙잡으라는 경고이기도 하다.

Ⅱ. 지혜를 얻으라는 권면(1:8-9:18)
H. 지혜로운 결혼과 어리석은 간음(5:1-23)

3. 장수의 비결은 아내(5:15-23)

15 너는 네 우물에서 물을 마시며
네 샘에서 흐르는 물을 마시라
16 어찌하여 네 샘물을 집 밖으로 넘치게 하며
네 도랑물을 거리로 흘러가게 하겠느냐
17 그 물이 네게만 있게 하고
타인과 더불어 그것을 나누지 말라
18 네 샘으로 복되게 하라
네가 젊어서 취한 아내를 즐거워하라
19 그는 사랑스러운 암사슴 같고
아름다운 암노루 같으니
너는 그의 품을 항상 족하게 여기며
그의 사랑을 항상 연모하라
20 내 아들아
어찌하여 음녀를 연모하겠으며
어찌하여 이방 계집의 가슴을 안겠느냐
21 대저 사람의 길은 여호와의 눈 앞에 있나니
그가 그 사람의 모든 길을 평탄하게 하시느니라
22 악인은 자기의 악에 걸리며
그 죄의 줄에 매이나니
23 그는 훈계를 받지 아니함으로 말미암아 죽겠고
심히 미련함으로 말미암아 혼미하게 되느니라

음녀의 입술에서는 꿀이 떨어지고, 그녀의 말은 기름처럼 부드럽다고 했던 아버지가 이번에는 아내를 우물과 샘에서 흐르는 생수로 묘사한다. 계속되는 액체 비유를 통해 결혼의 테두리 밖에 있는 여자(음녀)와 결혼 안에 있는 여자(아내)를 대조하고 있다.

아버지는 아들에게 아내를 통해 모든 성적인 욕구를 충족시킬 것을 권면한다(Fox, cf. Longman). 모든 다른 여자에게서 손을 떼라고 했던 아버지가 이번에는 아들에게 오직 그의 아내만 '손으로 붙잡으라'(hands on)고 한다(Ortlund). 아내는 그의 "우물이며, 샘이며, 흐르는 물이며, 샘물이며, 도랑물이며, 샘이다"(15-16, 18절). 특히 '우물'(בּוֹר)은 빗물을 모아 두었다가 사용하는 큰 구덩이로 각 가정이 매우 귀하게 여기는 재산이다(Waltke). 아내가 우물이라는 것은 아내는 남편이 성적인 욕구를 채우는 도구가 아니라, 그의 성적인 기쁨의 근원이라는 뜻이다(Ross). 아내는 남편이 소유한 재산이 아니라 그에게 가장 소중한 존재이다. 본문에서 물을 마시는 것은 성관계를 뜻하는 완곡어법이다(Fox, Kitchen, Wilson). 여기까지는 확실한데, 이 비유의 나머지 부분은 해석하기가 참으로 난해하다(cf. Delitzsch, Fox, Garrett, McKane, Van Leeuwen).

가장 어려운 이슈는 "네 샘물을 집 밖으로 넘치게 하는 것"(16절)이 무엇을 의미하는가이다. 샘이 집에 있고 아들의 우물이라는 점(15절)을 감안하면 분명히 샘과 샘물은 아내이다. 그러나 샘물이 아내라면 집 밖으로 넘치고 거리로 흘러간다는 것이 무엇을 뜻하는가? 게다가 17절은 그 물이 아들에게만 있게 하고 타인과 나누지 말라고 한다. 아내가 딴 남자와 바람을 피지 못하도록 하라는 뜻인가? 16-17절의 문맥과 의미는 이러한 해석과 어느 정도 일치하는 것 같은데, 아버지가 아들에게 경고하는 것은 남편의 외도이지, 아내의 외도가 아니다. 그러므로 문맥과는 잘 맞지 않는 듯하다.

학자들은 본문에서 각 개인이 소유했던 '우물'과 사람들이 함께 사용했던 '샘과 흐르는 물과 샘물과 도랑'의 차이를 바탕으로 해석하기도 한다. 아버지는 아들에게 아내의 끊이지 않는 성적인 욕구를 남들과 나누지 말라고 권면한다는 것이다(Kruger). 그러나 이러한 해석도 이슈는 남편의 외도라는 것을 설득력 있게 설명하지 못한다.

일부 주석가들은 집 밖으로 넘치고 거리로 흘러가는 물이 남편의 사랑을 뜻하는 것으로 해석하지만(Whybray), 이러한 해석도 문제가 있다(cf. Murphy). 17절이 "그 물이 네게만 있게 하라"고 하는데 만일 물이 남편의 사랑이라면 "너의 사랑이 네게만 있게 하라"고 하는 것인데 무슨 뜻인지 잘 이해가 되지 않는다. 남편의 외도가 아내의 외도로 이어지는 상황이라고 하는 이들도 있지만(Fox), 아버지가 아들에게 주고자 하는 말은 이런 취지는 아닌 듯하다.

아마도 아버지는 아들에게 '입장을 바꿔 생각해 보라'는 취지에서 이 말을 하는 것으로 보인다. 앞에서 아버지는 아들에게 음녀와 놀아나면 재산과 건강과 명예를 모두 잃을 것이라고 했다. 중요한 것은 그와 놀아나는 음녀도 분명 누구의 아내이거나 딸이다. 그러므로 그녀와 성관계를 갖는 것은 마치 자기만의 우물이 아니라 사람들이 함께 공유하는 물을 먹는 것과 같다. 아버지는 아들에게 만일 그가 개인적으로 소유한 우물에서 홀로 마시는 것을 즐긴다면 음녀의 남편 입장에서도 한번 생각해 보라고 한다. 그가 홀로 즐기고자 하는 샘물(아내)이 집 밖으로 넘치고 거리로 흘러가 타인과 정을 나눈다면 어떻게 되겠냐며 일명 '내로남불'(내가 하면 로맨스고 남이 하면 불륜)이라는 안일한 생각에 사로잡힐 수 있는 아들에게 도전하고 있다. 그는 아들에게 누구의 아내든 간에 그 여자는 그녀의 남편 혼자만이 즐기는 것이지 남들과 나누는 것이 아니라며 음녀도 누구의 아내라는 사실을 생각해 보라고 하는 것이다. 현재로서는 이 해석이 문맥의 흐름과 제일 잘 어울리는 듯하다.

아버지는 아들에게 그의 샘(아내)을 즐거워하라고 한다(18절). 딴 여자 생각하지 말고 오직 아내를 사랑하고 즐기라는 것이다. 이러한 자세로 임하면 아내는 사랑스러운 암사슴 같고 아름다운 암노루 같아 아내의 가슴은 항상 만족을 줄 것이며 아내와 사랑을 나누는 일을 연모하게 될 것이다(19절). '연모하다'(שגה)는 '[술에] 취하다'는 뜻을 지녔다

(HALOT). 결혼이라는 테두리 안에서 아내와의 성관계에 흠뻑 취하라는 뜻이다(cf. Fox). 성경은 결혼의 테두리 안에서 성(性)은 참으로 좋은 것이라 한다. 부부의 성관계는 술보다 더 좋다(아 4:10). 하나님이 내려주신 축복이기 때문이다(Kitchen).

아들에게 아내의 가슴과 사랑을 마음껏 즐기며 살라고 한 아버지는 아들에게 음녀의 가슴과 사랑은 탐하지 말라고 한다(20절). 음녀를 연모하는 것은 참으로 어리석은 일이며 결코 기대했던 만족을 주지 않을 것이다. 게다가 하나님은 이 모든 일을 지켜보고 계신다(21절). 모든 사람이 하나님께 심판받을 날이 다가오고 있다는 것이다. 이 사실은 지혜와 지혜에 근거한 윤리가 가르치고자 하는 가장 중요한 진리이다(Wilson, cf. 창 39:9; 욥 31:2, 4, 6, 14, 23). 사람이 지혜로워야 하고 의롭게 살아야 하는 이유는 바로 여호와의 심판이 오고 있기 때문이다.

하나님은 음녀를 탐하지 않고 오직 아내하고 사랑을 즐기는 사람의 길을 평탄하게 하실 것이다. 반면에 음녀와 놀아나는 악인은 자기의 악에 걸리며 자기 죄의 줄에 매일 것이다(22절). 성적인 죄는 반드시 죄짓는 사람을 악착같이 따라가 그를 실족시키고 심지어는 노예로 삼는다. 성적인 문란은 중독성과 억압성이 매우 강하며 '걸어가는 죽음'(walking death)이기 때문이다(Hubbard).

결국 죄인은 남의(아버지의) 훈계를 받지 않았기 때문에 죽을 것이고, 미련함으로 인해 길을 잃고 방황하게 될 것이다(23절). 아버지는 죄와 어리석음은 결코 다르지 않다고 한다(Waltke). 또한 죄는 결코 창조주의 심판을 피할 수 없다. 어리석은 자는 금지된 과일이 가장 달다고 생각한다. 또한 '이번 한 번만!'을 외치다가 여기까지 왔다(Kitchen). 그러나 세상에서 가장 단 과일은 하나님이 결혼 안에서 허락하신 것에 있으며 간음은 한 번도 너무 많다. 중독성이 강하여 사람을 죽음으로 몰아가기 때문이다.

Ⅱ. 지혜를 얻으라는 권면(1:8-9:18)

I. 돈, 게으름, 선과 악(6:1-19)

아버지는 이때까지 아들에게 지혜의 복됨과 실용성을 강조하며 지혜를 구할 것을 권면했다. 이 섹션에서는 아들이 삶에서 경험할 수 있는 상황 중 몇 가지를 예로 들며 지혜가 실제로 어떻게 적용될 수 있는가에 대해 일종의 사례들을 제시한다. 또한 이 말씀은 5:21-23을 추가 설명한 것으로 간주될 수도 있다(Whybray): 하나님이 사람의 길을 관찰하시는 것(5:21과 6:16-19), 미련한 자의 삶(5:23과 6:1-11), 악인들의 행동(5:22과 6:12-19).

지혜는 모든 형태의 악과 어리석음을 피한다. 이 섹션은 신체 부위를 뜻하는 여러 단어들로 통일성을 유지하고 있다: '마음'(14, 18절), '눈'(4, 13, 17절), '손'(1, 3, 5, 10, 17절), '입과 혀'(2, 12, 17절), '발'(13, 18절). 본문은 다음과 같이 네 파트로 구분될 수 있다.

A. 지혜로운 자는 보증을 서지 않음(6:1-5)
B. 지혜로운 자는 게으르지 않음(6:6-11)
C. 지혜로운 자는 악을 꾀하지 않음(6:12-15)
D. 지혜로운 자는 일곱 가지 죄를 짓지 않음(6:16-19)

Ⅱ. 지혜를 얻으라는 권면(1:8-9:18)
I. 돈, 게으름, 선과 악(6:1-19)

1. 지혜로운 자는 보증을 서지 않음(6:1-5)

1 내 아들아
네가 만일 이웃을 위하여 담보하며
타인을 위하여 보증하였으면
2 네 입의 말로 네가 얽혔으며

네 입의 말로 인하여 잡히게 되었느니라
³ 내 아들아
네가 네 이웃의 손에 빠졌은즉 이같이 하라
너는 곧 가서 겸손히 네 이웃에게 간구하여 스스로 구원하되
⁴ 네 눈을 잠들게 하지 말며
눈꺼풀을 감기게 하지 말고
⁵ 노루가 사냥꾼의 손에서 벗어나는 것 같이,
새가 그물 치는 자의 손에서 벗어나는 것 같이 스스로 구원하라

아버지는 자녀들에게 삶에서 지혜가 적용되는 첫 사례로 보증을 서지 않는 것이라고 한다. 돈과 연관된 이슈이다. 우리는 살다 보면 어려운 이웃을 도우려는 좋은 의도에서 담보를 서거나 보증을 서기도 한다: "아이들아, 네가 이웃을 도우려고 담보를 서거나, 남의 딱한 사정을 듣고 보증을 선다면"(1절, 새번역). 일부 주석가들은 '타인'(זָר)을 악한 사람들로 제한한다(Koptak, McKane, Fox). 그러나 본문은 잘 아는 '이웃'이거나 잘 모르는 '타인'이라 할지라도 보증은 절대 서지 말라는 원칙적인 말을 하고 있기 때문에 타인을 악인으로 제한할 필요는 없다(Waltke). 자녀들이나 부모 등 같이 사는 가족들은 이 원리에서 예외이다(Kitchen, Wilson).

아버지는 아무리 좋은 의도에서 보증을 섰다 할지라도 당장 그 상황에서 빠져나오는 것이 지혜로운 일이라고 한다. 누구를 위해 보증을 서고 담보를 서는 것은 자신을 스스로 얽매는 상황에 가두는 일이기 때문이다. 또한 잘못되면 보증을 선 사람뿐만 아니라, 그의 온 집안이 피해를 입는다. 그러므로 아버지는 아들에게 이 함정에서 탈출하기 위해 온갖 노력을 다하라는 의미에서 여러 신체 부위를 사용하고 있다: '입, 손, 가다(발), 겸손(머리 숙임), 눈, 눈꺼풀, 손, 손.' 이 중 가장 중요한 신체 부위는 성경에서 권력과 능력을 상징하는 손이다. 개역개정의 '보증하였다면'(1절)은 문자적으로 '너의 손을 주다'(כַּפֶּיךָ)이며, 보증을 서는 것은 '이웃의 손'(כַּף־רֵעֶךָ)에 빠지는 것이므로(3절), 노루가 사냥꾼 '손'(יָד)에서 벗어나듯, 새가 그물 치는 자의 '손'(יָד)에서 벗어나듯 신속하게 빠져 나와야 한다(5절).

성경은 어려운 이웃을 자비롭게 대하라고 한다(신 15:2; 7–11; 24:6; 10–13; 잠 3:27–28). 또한 가난한 사람에게는 이자를 받지 말고 빌려주라고 한다(출 22:25; 레 25:35–37; 시 15:5). 그러나 어느 정도의 담보를 잡고 돈을 빌려주는 것을 허용한다(출 22:26; 신 24:10–13). 그렇다면 본문은 이와 같은 상황과 상반되는 것인가? 아니다. 성경은 채권자(creditor)로써 자비를 베풀 것을 요구하지만, 본문은 채무자(debtor)에 관한 것이다.

율법은 채권자들이 채무자들에게 관대하기를 바라지만, 때로는 인색하고 고약한 채권자들이 있다(cf. 왕하 4:1; 느 5:1–12). 이럴 경우 그들은 돈을 빌려주기 전에 보증과 담보를 요구한다. 이때 돈을 빌리려는 이웃이 찾아와 자신의 어려운 형편을 말하며 보증을 서 줄 것을 부탁하더라도 서 주지 말라는 권면이다. 지혜로운 사람은 형편이 되는대로 그 이웃을 도와줄지언정 보증은 서 주지 않아야 한다(cf. Fox). 돌려받지 않을 각오로 이웃을 돕는 것은 좋은 일이지만, 그를 위해서 보증을 서지는 말라는 것이다. 누구를 위해 보증을 서는 일은 빠져나오기 어려운 덫에 스스로 걸리는 것과 같기 때문이다(cf. 2, 5절).

종종 깊이 생각하지 않고 흔쾌히 보증을 서 주겠다고 나서는 사람들이 있기는 하지만, 대부분 사람들은 보증을 설 때 심사숙고하고 결정한다. 우리는 IMF시절을 지나면서 보증이 얼마나 무서운 것인가를 경험한 터라 보증은 참으로 심사숙고해야 한다는 것을 잘 알고 있다. 그런데 아버지는 설령 심사숙고해서 서 준 보증이라도 당장 빠져나올 것을 주문한다. 보증은 사람을 얽매는 올무이고 함정이며(2–3, 5절), 지혜로운 사람은 자기 자신을 어떠한 올무에도 스스로 묶어 놓지 않기 때문이다.

일단 보증을 서면 빠져나오기가 쉽지 않다. 그러므로 아버지는 아들에게 이웃을 찾아가 겸손히 사정을 말하고 보증의 함정에서 빠져나오라고 한다. "네 이웃에게 간구하여 스스로 구원하라"(3절)는 매우 간절하게 호소하고 필요하면 소리라도 지르며 애원하라는 뜻이다. 절박한 심정으로 이 문제를 해결하라는 것이며 현대어성경이 이러한 감성을 잘 표현하고 있다: "제발 담보를 잡은 것과 보증 선 것을 무효로 해달라고 애원할 수밖에 더 있겠느냐?"(3절)

아버지는 아들에게 이웃을 찾아가 사정하는 일에 뜸을 들이지 말고 당장 하라고 한다. 아들은 보증을 선 바로 그날, 잠들기 전에 이웃을 찾아가 문제를 해결해야 한다(4절). 시간이 흐르면 이웃이 설득되지 않을 수 있고, 채권자와 이미 합의가 끝났다면 상황이 더욱더 어려울 수 있기 때문이다.

자신을 보증과 담보에서 해방시키는 일은 마치 노루가 사냥꾼의 손에서 벗어나는 일과 같고, 새가 덫을 놓는 사냥꾼의 손에서 벗어나는 것과 같다(5절). 노루와 새가 사냥꾼들의 손을 벗어나기 위하여 안간힘을 쓰는 것처럼 보증과 담보를 벗어나기 위하여 죽을 각오로 노력해야 한다는 뜻이다(Kitchen).

보증에서 해방되는 것은 올무에 갇혀 죽음을 기다리다가 해방되어 자유를 누리는 이 짐승들의 기쁨에 비교할 만하다. 아버지는 참으로 간절하게 보증을 서지 말라는 권면을 하고 있다. 사람이 형편이 되는 대로 이웃을 돕는 것은 좋은 일이지만, 이웃을 위해 보증을 서는 일은 자기 역량을 초월하는 것이기 때문에 삼가하는 것이 좋다. 보증은 자기 자신을 덫에 가두는 일과 별반 다를 바가 없다. 그러므로 지혜로운 사람은 이런 일을 하지 않는다.

보증을 절대 서지 않는 것이 지혜로운 일이지만, 때로는 아주 가까이 지내는 사람이 보증을 서달라고 할 때 거절하기가 참으로 난처하다. 이럴 때 어떻게 하면 좋을까? 내가 아는 사람은 이렇게 말하여 위기를 벗어난다고 한다: "우리 아버지는 보증을 서 줬다가 참으로 어려운 일을 많이 당하셨고, 돌아가실 때 무슨 일이 있어도 누구한테도 보증을 서지 말라는 유언을 남기셨다! 돌아가시면서 이런 유언을 남기셨으니 아들인 내가 그 유언을 어기기가 어렵다." 보증을 절대 서지 말라고 하시는 하나님도 이런 거짓말은 용서하지 않으실까?

II. 지혜를 얻으라는 권면(1:8–9:18)
I. 돈, 게으름, 선과 악(6:1–19)

2. 지혜로운 자는 게으르지 않음(6:6–11)

6 게으른 자여
개미에게 가서 그가 하는 것을 보고 지혜를 얻으라
7 개미는 두령도 없고 감독자도 없고 통치자도 없으되
8 먹을 것을 여름 동안에 예비하며
추수 때에 양식을 모으느니라
9 게으른 자여
네가 어느 때까지 누워 있겠느냐
네가 어느 때에 잠이 깨어 일어나겠느냐
10 좀더 자자,
좀더 졸자,
손을 모으고 좀더 누워 있자 하면
11 네 빈궁이 강도 같이 오며
네 곤핍이 군사 같이 이르리라

담보와 보증은 절대 서지 말 것이고, 만일 실수로 서게 된다면 그것에서 벗어나기 위하여 최선을 다하라고 한 아버지는 아들에게 게으름의 함정에도 빠지지 말 것을 권면한다. 아버지는 게으른 자의 상황을 반면교사로 사용하여 아들에게 지혜로운 사람은 열심히, 성실하게 일해야 한다고 한다(cf. 10:5). '게으른 자—부지런한 자' 대조는 잠언이 자주 언급하는 네 가지 대조 중 하나이다. 나머지 세 가지 대조는 '지혜로운 자와 어리석은 자', '의인과 악인', '부자와 가난한 자'이다. 게으른 자에 대한 비난은 악인이나 어리석은 자에 대한 비난보다 강도가 덜하다(Clifford).

'게으른 자'(עָצֵל)는 구약에서 총 14차례 사용되는데, 잠언에서만 사용되는 단어이다(cf. HALOT). 잠언은 게으른 자에 대한 시(時) 세 편을 담고 있다(6:6-11; 24:30-34; 26:13-16). 게으른 자는 속도나 생각이 느린 것이 아니라, 아예 노동을 하지 않고 허송세월을 하여 자기 먹을 양식도 구하지 않는 어리석은 사람이다(cf. 10:26; 13:4; 15:19; 19:24; 20:4; 21:24-26; 26:12-16). 이곳에 기록된 게으른 자에 대한 비난이 다른 곳에 기록된 것보다 강도가 더하다. 본문이 추수철을 배경으로 하고 있는데, 추수는 개인뿐만 아니라 온 공동체의 안녕에 매우 중요했기 때문이다(Clifford).

아버지는 이런 사람은 개미에게 가서 지혜를 얻어야 한다고 한다(6절, cf. 30:25). 본문에서 '개미'(נְמָלָה)는 여성 단수 명사이다(cf. ESV). 여성형을 사용하는 것은 잠언이 지혜를 지속적으로 여성(Lady Wisdom)으로 표현하는 방법의 일원이며, 단수를 사용하는 것은 각 개인의 책임을 강조하기 위해서이다(Van Leeuwen). 게으른 자는 자기 미래를 책임지기 위해 열심히 일하는 한 마리의 개미에게 배워야 한다는 뜻이다. 고대 근동 사회에서 동물을 예로 들어 지혜를 가르치는 것은 흔히 있었던 일이며, 솔로몬도 식물들과 동물들에 대해 많이 알고 가르쳤다(왕상 4:33). 사람은 때로는 곤충에게서라도 배울 자세가 되어 있어야 한다. 창조주께서 그들에게도 살아갈 지혜를 주셨기 때문이다.

만물의 영장이라고 자부하는 사람들 중 게으른 자들이 개미에게 배워야 할 것은 열심히 일하는 것이 지혜라는 사실이다. 개미는 특별한 리더들(두령, 감독자, 통치자)이 없는데도 여름—가을 내내 열심히 일을 해서 양식을 모아 둔다(8절). 노동도 분명 할 수 있는 때가 있고, 할 수 없는 때가 있다(cf. 전 3:1-8). 그러므로 일을 할 수 있을 때에 일하는 것도 지혜이다.

개미들은 지시하는 자들이 없는 데도 모두 알아서 할 일을 찾아서 한다. 양식을 구할 수 없는 추운 겨울과 식물들이 아직 자라지 않아 먹을 것이 마땅치 않은 이른 봄에 먹을 것을 쌓아 놓는 노동이다. 먹을 것을 구할 수 없을 때를 위하여 사전에 준비하는 개미는 참으로 지혜로운 곤충이다. 그러므로 앞날을 위하여 아무 준비도 하지 않고 허송세월하는 게으른 자는 개미에게서 교훈을 얻어야 한다.

칠십인역(LXX)은 지혜로운 자는 미래를 준비하는 노동의 중요성을 알고 실천한다는 점을 강조하기 위해 이 구절(8절)에 추가적인 말을 더한다: "혹은 벌에게 가서 그들이 얼마나 부지런한지를 배우라. 벌들은 매우 성실하게 일을 하며, 왕들과 사람들은 벌들이 일해 놓은 것(꿀)을 건강을 위하여 사용한다. 벌은 모든 사람이 좋아하며 그들의 존경을 받는다. 비록 몸은 작고 약하지만, 지혜를 존귀하게 여기는 벌은 [너희를] 앞서간다."

아버지의 게으른 자에 대한 책망이 이어진다(9-11절). 아무 일도 하지 않고 계속 집에서 빈둥거리며 잠만 잔다면(9-10절) 속히 가난이 그를 엄습할 것이다(11절). 세 가지의 작은 '좀더'(מְעַט, little more)—잠, 졸음, 누음—가 큰 문제(빈궁과 곤핍)로 이어진다. '곤핍'(רֵישׁ)은 잠언에서만 사용되는 단어이며(10:15; 13:18; 24:24; 28:19; 30:8; 31:7) 심한 물질적 결핍 상태를 뜻한다(HALOT).

게으른 자의 가장 큰 문제는 별거 아닌 '작은 것들'로 자신을 속이는 것에 있다(Kidner). 잠은 잘수록 는다는 말이 있다. 그러므로 필요한 만큼만 자는 것이 바람직하다. '잠'(שֵׁנָה)이 복수 '잠들'(שֵׁנוֹת)로 사용되는 경우는 이곳과 24:33이며, 현실에서 도피하기 위해 취하는 불필요한 잠을 의미한다(Waltke).

잠을 잠으로써 일해야 할 손이 접혀 있으니 뻔한 일이 벌어진다(10절). 가난이 그를 찾아온다. '빈궁이 강도같이 온다'는 강도가 예고 없이 갑자기 들이닥치는 것처럼 빈궁도 게으른 자를 예고 없이 엄습할 것이라는 뜻이다. '곤핍이 군사 같이 이른다'는 것은 게으른 자는 절대 곤핍을 물리칠 수 없다는 것을 뜻한다.

종종 사람들은 노동이 죄에 대한 하나님의 심판이라고 생각하여 부정적인 견해를 갖기도 한다(cf. 창 3장). 그러나 아담과 하와가 타락하기 전인 창세기 2장은 하나님이 인간을 창조하시고 곧바로 에덴 동산에 두셔서 일하도록 했다고 한다. 노동은 죄에 대한 벌이 아니며, 하나님이 인간에게 축복으로 주신 신성한 것이라는 의미이다. 그러므로 아버지는 아들에게 게으른 자를 반면교사로 사용하여 절대 게으른 삶을 살지 말 것을 권면한다. 또한 게으른 자는 개미에게 지혜를 얻어야 할 미련한 자이기도 하다. 그러므로 지혜로운 사람은 절대로 게으르지 않으며 열심히 일하는 사람이라고 하는 것이다.

II. 지혜를 얻으라는 권면(1:8-9:18)
I. 돈, 게으름, 선과 악(6:1-19)

3. 지혜로운 자는 악을 꾀하지 않음(6:12-15)

12 불량하고 악한 자는
구부러진 말을 하고 다니며
13 눈짓을 하며
발로 뜻을 보이며
손가락질을 하며
14 그의 마음에 패역을 품으며

항상 악을 꾀하여 다툼을 일으키는 자라
15 그러므로 그의 재앙이 갑자기 내려
당장에 멸망하여 살릴 길이 없으리라

아버지는 이번에도 악인들이 하는 행동을 반면교사로 사용하여 아들에게는 절대 그들처럼 살지 말 것을 당부한다. 앞 섹션에서는 2인칭 화법을 사용하여 게으른 자를 나무랐는데, 이번에는 3인칭 화법을 사용하여 악인들을 비난한다. '불량한 자'(אָדָם בְּלִיַּעַל)는 악을 일삼는 사람들을 의미하는 총체적인 개념이다(Fox). 참으로 쓸모도 가치도 없는 자들로서 죽음과 연관되어 있다(Garrett, Van Leeuwen, cf. 삼하 22:5–6; 시 18:4–5; 41:8). 잠언에서 이들은 증오를 무기로 삼고(10:12), 불 같은 말과 이간질을 하며(16:27–28), 정의를 왜곡하기 위해 위증을 한다(19:28). '악한 자'(אִישׁ אָוֶן)는 자신의 지위와 능력을 악용하여 하나님의 백성을 해하고 죽이는 사람을 의미한다(NIDOTTE). 그들은 '구부러진 말'(עִקְּשׁוּת פֶּה)을 하고 다닌다. 이는 거짓말과 잘못된 말만 한다는 뜻이다. 그들은 선이나 진실을 말하는 것에 관심이 없다.

악인들은 서로 얼마나 마음이 잘 맞는지 눈짓과 발짓과 손짓으로 서로 신호한다(13절). 그들은 말이 필요가 없다. 서로에게 매우 익숙해져 있기 때문에 몸짓만 봐도 서로의 생각을 읽는다. 손과 발이 참으로 잘 맞는다는 뜻이다. 이러한 재능을 좋은 일에 사용하면 좋겠지만, 그들은 비뚤어진 마음으로 항상 악을 꾀하며 싸움만 부추긴다(14절, cf. 새번역). 악인들의 병든 마음을 묘사하고 있는 14절이 이 악인에 대한 노래의 절정이다. 마음에서 모든 것이 시작되기 때문이다. 그들은 함께 공동체를 이루고 사는 사람들에게 전혀 도움이 되지 않는다. 아버지는 이런 사람을 어리석은 자들이라고 한다. 지혜로운 자는 공동체가 화평하고 서로를 존중하는 것을 추구하는 사람이라는 뜻이다.

하나님은 이들처럼 이웃들을 해치는 사람들을 오래 내버려 두지 않으신다. 어느 날 갑자기 재앙이 그들을 덮칠 것이며, 다시는 회복하지 못한다(15절, 새번역). 전혀 예측하지 못한 상황에서 임한 재앙이 주변 사람들을 놀라게 한다(Koptak). 하나님이 남을 괴롭혔던 그들의 방법으로 그들을 심판하실 것이다(Waltke). 하나님의 심판은 갑자기 오기 때문에 누구도 대비할 수 없다. 대비한다 해도 전능자의 심판 앞에서는 별 의미가 없다. 그러므로 하나님의 심판을 대비하는 가장 좋은 방법은 악인이 가는 길을 가지 않고 경건과 거룩을 추구하는 삶을 사는 것이다.

II. 지혜를 얻으라는 권면(1:8-9:18)
I. 돈, 게으름, 선과 악(6:1-19)

4. 지혜로운 자는 일곱 가지 죄를 짓지 않음(6:16-19)

16 여호와께서 미워하시는 것
곧 그의 마음에 싫어하시는 것이 예닐곱 가지이니
17 곧 교만한 눈과
거짓된 혀와
무죄한 자의 피를 흘리는 손과
18 악한 계교를 꾀하는 마음과
빨리 악으로 달려가는 발과
19 거짓을 말하는 망령된 증인과
및 형제 사이를 이간하는 자이니라

'예닐곱'(שֵׁשׁ וְשֶׁבַע)은 이스라엘 뿐만 아니라 고대 사람들이 종종 사용한 기법이며(Roth, Whybray), 성경에서도 자주 등장한다(암 1:3, 6, 9, 11, 13; 2:1, 4, 6; 잠 30:15, 18, 21, 29; 욥 5:29; 전 11:2). 잠언에서 이 유형의

스피치는 30장을 벗어나서는 이곳이 유일하다. 정확히 어떤 용도로 사용되었는지는 알 수 없다(Roth). 아버지는 하나님이 싫어하시는 것이라며 일곱 가지를 나열한다: '교만한 눈, 거짓된 혀, 피를 흘리는 손, 악한 계교를 꾀하는 마음, 악으로 달려가는 발, 거짓을 말하는 증인, 형제 사이를 이간하는 자.' 한 주석가는 이 일곱 가지를 산상수훈에 대조한다(Ross). 또한 이 섹션은 12-14절에 언급된 내용을 상당 부분 반영하고 있다. 12절에서 시작된 악인들에 대한 비난이 연속되고 있는 것이다. 다음 도표를 참조하라(Van Leeuwen).

17-19절	12-14절
눈(17a)	눈(13a)
혀(17a) 말을 하는 장기	입(12b)
손(17b)	손가락(13b)
악을 꾀하는 마음(18a)	악을 꾀하는 마음(14a)
발(18b)	발(13a)
망령됨(19a)	패역(14a)
이간질(19b)	다툼(14b)

악인들은 사람의 신체 부위들인 '눈, 혀, 손, 마음, 발'을 모두 동원하여 죄를 짓는다. 하나님이 지으시고 선물로 주신 것들을 악한 일에 악용하는 것이 그들의 죄이다. 그들은 온몸(모든 신체 부위)을 사용하여 망령된 증인이 되고 이간질하는 자들이 된다(19절).

'교만한 눈'(עֵינַיִם רָמוֹת)(17절)은 높은 곳에서 아래에 있는 것을 내려다보듯이 다른 사람들을 내려다보는 상황을 배경으로 하고 있다(NIDOTTE). 성경은 눈빛이 사람의 교만을 가장 잘 표현한다고 한다(cf. 잠 8:13; 21:4; 30:13; 시 18:27; 101:5). 민수기 15:30은 '교만'(רָמוֹת)을 의도적이고 반항적인 죄라 한다(Kitchen). 교만한 자는 자신이 주변사람들과 다르며 그들 중 하나가 아니라고 생각한다. 이 죄가 제일 먼저 등장하는 이유는 교만이 지혜가 추구하는 겸손과 여호와를 경외하는 지식의 가장 반대되며 본문이 언급하고 있는 신체 부위들 중 가장 위쪽에 위치하기 때문이다(Waltke).

'거짓된 혀'(לְשׁוֹן שָׁקֶר)는 진실을 왜곡하거나 거짓을 말하여 듣는 이들이 신뢰할 수 없게 한다(HALOT, cf. 시 109:2). 사람이 거짓을 말하면 그 순간에는 통하겠지만, 오래가지는 않는다. 진실을 말하는 혀만이 영원하다(잠 12:19).

'피를 흘리는 손'(יָדַיִם שֹׁפְכוֹת)은 살생을 일삼는 것을 뜻하며 악인들은 주로 그들에게 저항할 수 없는 약자들의 피와 억울한 사람(무죄한 자)들의 피를 흘린다. 므낫세 왕이 이런 죄를 가장 많이 지은 죄인이며(왕하 1:16), 그가 얼마나 많은 죄를 지었는지 그가 죽은 후에도 그의 죄는 계속 기억되었다(Kitchen, 왕하 24:3-4). 그는 자식을 몰렉에게 불살라 바친 죄악도 저질렀다. 이스라엘도 이 죄에서 자유롭지 않았다(cf. 시 106:36-27). 왕들도 하는 짓이니 백성들이 따라서 하는 것은 뻔한 일이다.

'악한 계교를 꾀하는 마음'(לֵב חֹרֵשׁ מַחְשְׁבוֹת אָוֶן)(18절)은 이웃을 파멸에 이르게 하는 음모를 꾸미고 실천으로 옮기는 일이다(HALOT). 마음은 사람의 모든 이성과 감정과 의지를 조정하는 곳으로서 그 사람 전체를 상징한다. '빨리 악으로 달려가는 발'(רַגְלַיִם מְמַהֲרוֹת לָרוּץ לָרָעָה)은 잠시 생각해 보지도 않고 곧바로 악을 행하는 적극성을 의미한다. 사람이 지속적으로 죄를 짓다 보면 습관이 되어 어느 순간부터는 기계적으로 반응하게 되는데, 바로 이런 상황을 묘사한다.

'거짓을 말하는 망령된 증인'(יָפִיחַ כְּזָבִים עֵד שָׁקֶר)(19절)에서 '망령된'(שֶׁקֶר)은 이익을 위하여 진실을 변질시키는 행위이며 '거짓'(כָּזָב)은 전혀 사실이 아닌 것(fiction)을 말하는 것이다(Delitzsch). '거짓된 혀'와 연관되어 있는 죄이다(cf. Hubbard). 항상 거짓말만 하는 사람이 중요한 순간에 위증하여 억울한 사람을 곤경에 빠트리는 것은 뻔한 일이다.

'형제 사이를 이간하는 자'(מְשַׁלֵּחַ מְדָנִים בֵּין אַחִים)도 대부분 '거짓된 혀'로

인해 빚어지는 죄이다. 악인들은 사람이 숨을 쉬듯 상습적으로 이런 죄들을 저지른다(Kitchen, cf. 14:5, 25; 19:5, 9). 이 모든 죄는 하나님이 인간에게 주신 것들을 정상적으로 사용하지 않고 잘못 사용하는 일에서 시작된다(McKane).

잠언은 다른 곳에서도 하나님이 미워하시는 것들을 언급한다. 하나님은 패역한 자(3:32; 11:20)와 악(8:7)과 거짓을 말하는 입술(12:22; 26:25)과 악인의 제물(15:8-9; 21:27)과 악한 생각(15:26)과 교만한 자(16:5)와 악한 재판관(17:15)과 거만한 자(24:9)를 미워하신다. 여기에 성경 다른 곳을 인용하여 속이는 저울(신 25:16)과 타락한 예배(사 1:13)를 더할 수 있다. 모두 지혜로운 사람이 멀리해야 할 것들이다.

하나님이 미워하시는 일곱 가지 죄 중 세 가지(거짓된 혀, 위증, 이간)가 말과 연관이 있다. 사람은 입으로 가장 많은 죄를 짓는다. 아버지는 하나님이 미워하시는 죄인의 삶을 완전수인 일곱 가지로 묘사하며 아들에게 절대 이런 삶을 살지 말라고 당부한다. 이러한 삶은 하나님을 두려워하지 않는 어리석은 자들이나 하는 것이지, 여호와를 경외하는 지혜 있는 사람은 절대 지향할 만한 삶이 아니다. 하나님이 미워하신다는 것은 이 모든 죄악이 반드시 여호와의 심판을 받을 날이 올 것을 의미한다.

II. 지혜를 얻으라는 권면(1:8-9:18)

J. 사악함에 대한 경고(6:20-35)

이 섹션에서 아버지는 아들에게 지혜로운 삶은 부모의 가르침을 받아들여 경건하고 의롭게 사는 것이라고 한다. 간음에서 지혜가 가장 빛을 발한다. 지혜로운 사람은 어리석은 사람처럼 간음하여 모든 것을 잃지 않는다. 본문은 다음과 같이 구분될 수 있다.

A. 부모의 가르침은 삶의 지침(6:20-24)
B. 간음은 생명을 단축함(6:25-29)
C. 여자의 남편의 분노(6:30-35)

1. 부모의 가르침은 삶의 지침(6:20-24)

[20] 내 아들아
네 아비의 명령을 지키며
네 어미의 법을 떠나지 말고
[21] 그것을 항상 네 마음에 새기며
네 목에 매라
[22] 그것이 네가 다닐 때에 너를 인도하며
네가 잘 때에 너를 보호하며
네가 깰 때에 너와 더불어 말하리니
[23] 대저 명령은 등불이요
법은 빛이요
훈계의 책망은 곧 생명의 길이라
[24] 이것이 너를 지켜 악한 여인에게,
이방 여인의 혀로 호리는 말에 빠지지 않게 하리라

아버지의 권면은 1:8-9과 거의 동일하게 시작한다: "아버지의 명령과 어머니의 법을 항상 마음에 새기고 목걸이처럼 목에 매고 다니라"(20-21절, cf. 3:1-3; 7:1-3). 아버지의 '명령'(מִצְוָה)과 어머니의 '율법'(תּוֹרָה)은 지금부터 하는 말이 아들에게 주는 권장 사항이 아니라 아들이 필수적으로 지켜야 할 법과 같은 것이라는 뜻이다(Longman). 그래서 한 주석가는 이 말씀이 일명 '쉐마'(말씀)라고 하는 신명기 6:6-9을 연상케 한다고 하고(Murphy), 다른 학자는 율법에 귀를 기울이라는 권면을 생각나게 한다고 한다(Kidner, cf. 신 6:6-8; 11:18-19). 율법에 귀를 기울이고 율법을 소중하게 여기듯 부모의 말씀을 받아들이라는 강력한 요구인 것이다.

부모의 가르침은 절대 잔소리가 아니며, 자녀들이 살아갈 때 필요한 지혜이다. 또한 부모에게 받은 지혜는 목걸이처럼 자랑할 만하다. 부모들도 자식에게 전수해 주고자 하는 명령과 법은 그들의 부모들에게서 전수받은 것이다. 지혜는 세대를 거듭하며 집안을 통해 전수되는 것이 좋다. 가정이 지혜를 가르치고 습득하는 가장 좋은 장소이기 때문이다.

부모의 가르침을 '지키면'(נצר)(20절) 부모가 전수해 준 지혜는 그를 항상 '지켜줄'(שמר) 것이다(24절). 아들이 길을 갈 때에(22절) 아버지의 명령은 등불이 되어 그가 가야 할 길을 밝혀 주고, 어머니의 법은 빛이 되어 그를 지켜줄 것이다(23절, cf. 시 119:105). 부모의 가르침이 옳고 그름에 대한 판단을 정확하게 할 수 있도록 아들을 도울 것이라는 뜻이다. 또한 그가 잘 때에도 부모의 지혜는 그를 보호해 줄 것이며, 깰 때에는 그의 말동무가 되어 줄 것이다. "걷다… 자다… 깨다"는 신명기 6:7과 11:19의 "앉다… 걷다… 눕다… 일어나다"를 연상케 한다(Kitchen). 지혜는 소유한 자에게 끊임없이 생각하여 지혜로운 결정을 하도록 해 준다는 뜻이다. 그러므로 부모의 지혜로운 훈계와 책망은 아들에게 생명의 길을 터 준다. 부모의 훈계와 책망은 아들에게 사랑의 매가 되어 그가 경건하고 거룩하게 살아가도록 할 것이다.

그렇다면 부모의 지혜를 전수받은 아들이 삶에서 기대할 수 있는 가장 기본적이고 중요한 효과는 어떤 것인가? 지혜는 어떻게 빛이 되어 그의 길을 밝혀 준다는 말인가? 앞에서 아버지는 지혜가 유혹하는 음녀의 부드러운 말에 빠지지 않도록 지켜 준다고 했다(2:16; 5:3). 이번에도 그녀의 호리는 말에서 지켜 줄 것이라고 한다(24절). 다음 절에서는 그녀의 미모에 넘어가지 않도록 할 것이라고 한다(25절).

아들을 유혹하는 여인은 악한 여인이다. 자신도 이미 결혼을 했으면서(cf. 34절), 결혼한 사람을 호리기 때문이다. 또한 이러한 여인은 '이방 여인'(נָכְרִיָּה)이다. 이 말을 바탕으로 이 여자가 비(非)이스라엘 사람이라고 해석할 필요는 없다. 단지 아들이 속한 공동체의 가치관과 윤리에 상관없는, 곧 여호와를 알거나 주를 경외하는 삶을 살지 않는 여자를 뜻한다.

II. 지혜를 얻으라는 권면(1:8–9:18)
J. 사악함에 대한 경고(6:20–35)

2. 간음은 생명을 단축함(6:25–29)

25 네 마음에 그의 아름다움을 탐하지 말며
그 눈꺼풀에 홀리지 말라
26 음녀로 말미암아 사람이 한 조각 떡만 남게 됨이며
음란한 여인은 귀한 생명을 사냥함이니라
27 사람이 불을 품에 품고서야
어찌 그의 옷이 타지 아니하겠으며
28 사람이 숯불을 밟고서야
어찌 그의 발이 데지 아니하겠느냐
29 남의 아내와 통간하는 자도 이와 같을 것이라
그를 만지는 자마다 벌을 면하지 못하리라

아버지는 음녀가 지닌 매력을 깎아내리려는 생각은 하지 않는다. 음녀는 아름답고 눈은 매력적이다(25절). 그녀는 사람이 탐할 만한 미모를 지녔다는 뜻이다. 그러므로 아들(젊은 사람)은 두 가지 유혹을 뿌리쳐야 한다. 마음으로 그녀를 원하는 것과 그녀에게 붙잡히는 일이다(Fox). 지혜로운 사람은 음녀의 미모를 탐하거나 매력에 홀리지 않아야 한다. 지혜는 이러한 유혹을 이겨 내게 하는 힘이 있기 때문이다. 이웃의 아내를 탐하는 것은 십계명을 어기는 행위이다(cf. 출 20:17; 신 5:21).

음녀와 간음하면 안 되는 이유는 이러한 관계가 사람을 죽음으로 몰아가기 때문이다(26절). 사람이 간음하면 모든 재산을 잃고 한 조각 떡만 남게 된다. 어떤 이들은 이 말씀이 아들이 찾아간 여자가 화대를 받는 창녀라고 한다(Clifford, Longman). 29절에 언급된 여자와 구별되어야 한다는 것이다. 그러나 남편이 있는 여자들이라 해도 상황을 악용하여 남자가 지닌 모든 것을 빼앗아갈 수 있기 때문에 창녀로 제한할 필요는 없다(cf. Garrett, Whybray). 더욱이 다음 장(7장)에서는 이 음녀가 창녀처럼 차리고 나온 유부녀이다(cf. 7:19-20). 간음이 이슈이지 매춘이 이슈가 아니다.

음녀가 남자를 꼬드겨 놀아나는 상황은 마치 그가 귀한 생명을 사냥하는 것과 별반 다를 바가 없다. '귀한 생명'(נֶפֶשׁ יְקָרָה)은 잃을 것이 많은 명예로운 삶을 의미한다(NIDOTTE). 간음하면 모든 재산을 잃을 뿐만 아니라 평생 쌓아온 명예까지 잃을 수 있으니 조심하라는 경고이다(Kitchen). 가지고 있는 모든 재산과 명예를 함께 잃는 것은 매춘보다는 간음과 연관이 있다.

불은 인간에게 이로운 것이지만, 사람이 불을 가슴에 품으면 어떻게 될까? 불을 품은 가슴은 당연히 모두 탄다(27절). 사람이 맨발로 숯불을 밟으면 발을 덴다(28절). 가슴이 타는 것과 발이 타는 것 모두 성기가 타는 것을 뜻하는 것으로 해석하는 이들도 있지만(Longman), 이러한 표현을 문자적으로 해석해도 별문제는 없다.

아버지는 남의 아내와 간음을 하는 자도 불을 가슴에 품은 사람과 맨발로 숯불을 밟는 자와 같다고 한다(29절). 누구든 '뜨거운 여자'를 만지면 손가락만 데는 것이 아니라 온몸을 데게 될 것이다(Waltke). 피할 수 없는 고통과 수치와 벌이 뒤따를 것이라는 경고이다. 그러므로 간음은 절대 하면 안 되는 것이며, 지혜로운 사람이 가장 기본적으로 피해야 할 죄이다.

II. 지혜를 얻으라는 권면(1:8-9:18)
J. 사악함에 대한 경고(6:20-35)

3. 여자의 남편의 분노(6:30-35)

30 도둑이 만일 주릴 때에 배를 채우려고 도둑질하면
사람이 그를 멸시하지는 아니하려니와
31 들키면 칠 배를 갚아야 하리니
심지어 자기 집에 있는 것을 다 내주게 되리라
32 여인과 간음하는 자는 무지한 자라
이것을 행하는 자는 자기의 영혼을 망하게 하며
33 상함과 능욕을 받고
부끄러움을 씻을 수 없게 되나니
34 남편이 투기로 분노하여
원수 갚는 날에 용서하지 아니하고
35 어떤 보상도 받지 아니하며
많은 선물을 줄지라도 듣지 아니하리라

배고픈 사람이 허기진 배를 채우려고 도둑질하다 잡히면 '얼마나 배가 고팠으면 훔쳤을까?'하는 동정심을 얻어 사람들의 멸시는 피할 수 있다. 그러나 법에 따라 훔친 것의 일곱 배를 물어 주어야 하기에 그나마 없는 살림이 거덜 날 수 있다(31절). 율법은 훔친 것의 두 배에서 다섯 배까지 물어 주어야 한다고 한다(출 22:1-8). 율법은 일곱 배를 물어 주는 경우에 대해 말하지 않는다. 그러므로 이곳에서 일곱 배는 '무척 많이'를 의미하는 상징성을 가지고 있다(Kitchen). 만일 법의 요구대로 배상하지 못하면 노예로 팔리기도 했다. 동정심이 법적인 책임을 대신할 수는 없다. 그러므로 지혜로운 사람은 아무리 배고파도 남의 것을 훔치지 않는다. 잡히면 몇 배로 물어 주어야 하기 때문이다.

훔친 사람이 걸리면 모든 것을 잃게 되는 것처럼 간음하다 걸리는 사람도 모든 것을 잃게 된다. 그나마 도둑은 훔친 것을 일곱 배로 물어주면 되지만, 간음하다 걸리면 이보다 더 혹독한 대가를 치러야 한다. 그러므로 지혜로운 사람은 간음의 결과를 생각해서라도 절대 간음하지 않는다. 반면에 자신이 하고자 하는 일이 무엇을 의미하는 지 알지 못하는 무지한 자는 간음을 한다. '무지한 자'(חֲסַר־לֵב)는 생각하는 뇌가 없는(brainless) 사람을 뜻한다(Waltke). 결국 간음한 무지한 자는 자기 영혼을 망하게 한다(32절).

그는 상함과 능욕을 받고 부끄러움을 씻을 수 없게 된다(33절). '상함'(נֶגַע)은 매우 다양한 물리적 고통과 질병 등을 뜻하지만, 한 번도 사법제도가 내리는 사형이나 신체적 징벌의 의미로 사용되지는 않는다(Fox). 무지한 자는 분명 자신이 모든 것을 은밀한 곳에서 하기 때문에 발각되지 않을 것이라고 생각했을 것이다. 그러나 세상에는 비밀이 없다. 모든 것이 드러나면 그는 주변 사람들로부터 씻을 수 없는 수치와 능욕을 받을 것이다.

또한 간음이 발각되면 여자의 남편이 자기 아내와 간음한 자를 가만히 두지 않는 것은 당연한 일이다(34절). 율법은 간음한 남자와 여자를 모두 죽이라고 한다(신 22:22). 여자의 남편은 크게 분노하여 어떠한 물질적인 보상을 원하지 않고 그를 응징할 것이다. '선물'(שֹׁחַד)은 흔히 뇌물을 뜻했으며(HALOT), 고대 근동 사회는 법적인 문제를 해결하는 정당한 방법 중 하나로 여겼다(Waltke). 정황을 고려할 때, 아버지가 염두에 둔 음녀는 창녀가 아니라 간음하는 아내이다. 또한 그녀의 남편도 아내의 외도를 모르다가 발각된 상황이다.

II. 지혜를 얻으라는 권면(1:8-9:18)

K. 유혹하는 음녀(7:1-27)

7장을 말하는 사람이 아버지인가, 혹은 어머니인가에 대해 다소 논란이 있다(cf. Koptak). 본문이 정확하게 밝히지 않고 있기 때문이다. 어머니 혹은 여성이라고 하는 사람들은 화자가 창문 밖을 바라보고 있다는 점에 주의한다(6절). 고대 근동 문헌들과 벽화 등에서 여자들이 창문 밖에서 벌어지는 일을 지켜보는 장면이 자주 등장하기 때문이다(cf. Keel & Uehlinger). 성경에서는 시스라의 어머니(삿 5:28), 사울의 딸 미갈(삼하 6:16), 이세벨(왕하 9:30-33)이 창문을 통해 밖에서 벌어지는 상황을 지켜보았다. 또한 본 텍스트가 전제하는 일부일처제의 가장 확실한 수혜자는 여자들이기 때문에 화자가 여자일 것이라는 주장도 있다(Bellis). 그러나 이때까지 아버지가 말해 온 것을 감안할 때, 굳이 새로운 화자, 더욱이 여성 화자를 논할 필요는 없다. 또한 아비멜렉도 창문을 통해 이삭과 리브가가 애모하는 것을 본적이 있다(창 26:8).

아버지는 앞 장에서 아들에게 음녀와 간음하면 재산과 명예와 심지어는 생명을 잃을 것이라고 했다. 이 장에서는 음녀가 어떤 사람을 어떻게 유혹하며, 그녀와의 간음이 어떤 결과를 초래하는지를 자세하게 설명한다. 현실에서 있을 수 있는 일을 예로 들어 아들을 가르치고 있는 것이다. 아버지는 아들이 절대 음녀와 놀아나지 않기를 바라며 이 섹션을 음녀를 멀리 하라는 권면으로 시작해서(1-5절) 그와 같은 권면으로 마무리한다(24-27절). 이 장은 다음과 같이 구분될 수 있다.

A. 음녀로부터 지켜 주는 지혜(7:1-5)

B. 음녀의 유혹(7:6-23)

A'. 음녀를 멀리하는 지혜(7:24-27)

II. 지혜를 얻으라는 권면(1:8-9:18)
K. 유혹하는 음녀(7:1-27)

1. 음녀로부터 지켜 주는 지혜(7:1-5)

[1] 내 아들아
내 말을 지키며
내 계명을 간직하라
[2] 내 계명을 지켜 살며
내 법을 네 눈동자처럼 지키라
[3] 이것을 네 손가락에 매며
이것을 네 마음판에 새기라
[4] 지혜에게 너는 내 누이라 하며
명철에게 너는 내 친족이라 하라
[5] 그리하면 이것이 너를 지켜서 음녀에게,
말로 호리는 이방 여인에게 빠지지 않게 하리라

아버지는 자신이 전수해 준 지혜를 아들이 평생 지니고 살기를 바란다. 아버지의 말은 아들이 살면서 참고할 조언이 아니다. 반드시 삶의 지침이 되어야 할 필수적인 사안이다. 이점을 강조하기 위해 아버지는 자기 말을 '계명'(מִצְוָה)(1, 2절)과 '율법'(תּוֹרָה)(2절)이라 부른다. 마치 여호와께서 주신 율법처럼 생각하고 반드시 지키라는 뜻이다. 사실 아버지의 지혜는 조상 대대로 내려온 '일반/보편 은총'(신앙 여부에 상관없이 모든 사람에게 주신 은혜)이다. 그러므로 아버지는 당당하게 자기 말을 하나님의 계명에 비유할 수 있다. 하나님의 일반 은총인 아버지의 말은 음녀의 호리는 말과 대조를 이룬다(5, 13절).

'간직하다'(צפן)(1절)는 항상 지니고 있다가 필요할 때면 꺼내 쓰라는 뜻이다(cf. HALOT). 더 나아가 아버지는 그가 전수해 주는 지혜를 아들이 눈동자처럼 보호하고, 손가락에 매며, 마음판에 새기기를 요구한다(2-3절). 눈동자는 중요하지만 또한 매우 연약한 부위이기에 항상 철저히 보호해야 한다(Longman). 눈동자는 보는 것과, 손가락은 행동하는 것과, 마음은 생각하고 판단하는 것과 연관된다. 아버지는 아들이 지혜를 항상 지니고 보호하면서 온 몸과 장기를 동원하여(cf. 신 6:5-9) 삶의 모든 영역에서 그 지혜를 충분히 활용하여 지혜로운 판단과 가야할 길을 구별하고 실천하기를 간절히 바란다. 그러므로 이 세 가지—눈, 손가락, 마음—는 사람의 온몸을 상징한다(Fox). 지혜로운 사람은 부모가 준 교훈을 온몸으로 실천하며 산다.

또한 아들이 지혜를 누이처럼, 명철을 친족처럼 가까이하기를 권한다(4절). '친족'(מֹדָע)은 룻기 2:1에서 한차례 더 사용되는 단어로 나오미와 룻에게 보아스처럼 가장 가까운 친척을 의미했다. '친족'은 '알다'(ידע)에서 파생한 단어로 깊은 친밀감을 지닌 사람이다(TWOT). '누이'가 때로는 아내를 부르는 호칭으로 사용되는 점을 고려할 때(아 4:9, 10, 12; 5:1-2), 이 말씀은 평생 소중한 아내와 함께 하는 것처럼 지혜와 영원히 함께하라는 의미이며(cf. Longman), 항상 지혜와 친근하라는 권면이다.

이처럼 지혜를 가까이하고 몸에 지니고 다니면, 지혜는 분명히 그를 음녀의 유혹에 빠지지 않도록 지켜 줄 것이다(5절). 음녀에게 빠지는 일은 미련함이며 어리석은 일이다. 음녀는 아들과 같은 도덕과 윤리나 가치관을 공유하지 않는 '이방 여인'이며 더욱이 결혼 관계 밖에 있는 여자를 뜻한다(2:16; 5:3, 20; 22:14). 그녀는 결혼을 했고(19절), 주변에서 산다(6-8절). 그러므로 음녀는 이웃의 아내이다(Wilson). 음녀는 말로 어리숙하고 미련한 그를 호린다. 이 여인의 말은 참으로 부드럽고 미끄럽기 때문에(2:16; 5:3), 아들이 그녀에게 말할 기회를 주지 않는 것이 지혜다.

II. 지혜를 얻으라는 권면(1:8-9:18)
K. 유혹하는 음녀(7:1-27)

2. 음녀의 유혹(7:6-23)

지금까지 아버지는 지혜로운 사람은 음녀를 피한다며 아들에게 피할 것을 지속적으로 부탁했다. 이제 아버지는 왜 아들이 음녀를 피해야 하는가에 대해 구체적으로 설명하며 설득한다. 이 섹션은 음녀를 피하라는 가르침의 결정판이다. 아버지는 그녀가 유혹하는 남자들은 모두 '경험이 없고 머리에 든 것이 없는'(inexperienced and featherbrained, Kidner) 어리석은 자들이라고 하며 지혜로운 사람들은 사전에 그녀를 피하기 때문에 절대 유혹에 넘어가지 않을 것이라 한다. 음녀에게 빠지지 않으려면 만남을 차단하는 지혜가 필요하다는 뜻이다. 본 텍스트는 다음과 같이 구분될 수 있다.

A. 먹잇감(7:6-9)
　B. 유혹자(7:10-12)
　B'. 유혹(7:13-20)
A'. 먹힘(7:21-23)

II. 지혜를 얻으라는 권면(1:8-9:18)
K. 유혹하는 음녀(7:1-27)
2. 음녀의 유혹(7:6-23)

(1) 먹잇감(7:6-9)

6 내가 내 집 들창으로,

살창으로 내다 보다가
7 어리석은 자 중에,
젊은이 가운데에 한 지혜 없는 자를 보았노라
8 그가 거리를 지나
음녀의 골목 모퉁이로 가까이 하여
그의 집쪽으로 가는데
9 저물 때, 황혼 때,
깊은 밤 흑암 중에라

지혜를 가까이하면 지혜가 분명 그를 음녀로부터 지켜 줄 것이라고 한 아버지는(cf. 5절), 음녀가 유혹의 표적으로 삼는 지혜 없는 자에 대해 말을 이어 간다. 아버지는 가상적인 상황으로 아들에게 지혜가 없으면 이렇게 될 것이라고 경고한다. 아버지가 집에서 창밖을 내다보니 어리석은 자들, 젊은이 가운데 한 지혜 없는 자가 있었다고 한다(6-7절). '들창'(חַלּוֹן)은 50제곱센티미터 정도 되는 작은 창이다. 이 작은 창은 아버지의 세상이 음녀의 세상과 다르며 창문을 통해야 그녀의 세상을 들여다볼 수 있다는 것을 상징한다(Waltke). '어리석은 자들'(פְּתָיִם)은 좋게 말하면 순진한 자들, 나쁘게 말하면 단순한 자들(naïve)을 뜻한다(TWOT). 본문에서는 깊이 생각하지 않는 단순한 자라는 의미를 지녔다. 남들의 속임수에 쉽게 넘어갈 만한 사람이다.

'젊은이들'(בָּנִים נַעַר)은 아직 어려서 경험이 부족한 자들이다(NIDOTTE). 경험이 부족하니 유혹에 적절하게 대처하는 일이 쉽지 않을 수 있다. '지혜가 없는 자'(חֲסַר־לֵב)는 정확한 판단을 하기에 '마음'(생각)이 부족한 사람을 의미한다(cf. HALOT). 아버지는 음녀가 먹잇감으로 삼는 사람이 이처럼 단순하며, 경험이 부족하고, 판단력도 없는 자라며 세 가지로 묘사한다. 이 세 가지는 모두 그가 지혜와는 매우 먼 거리를 유지하고 사는 자라는 사실을 강조한다. 또한 아버지는 어리석은 사람은 지식과 경험이 부족하여 판단력이 부족한 사람이라고 한다(Koptak). 그는 지혜를 멀리하며 살기 때문에 유혹을 당할 만한 사람이라는 뜻이다.

이 지혜 없는 자는 어리석을 뿐만 아니라, 유혹을 피하기는커녕 오히려 자신을 유혹에 노출시키는 일에 적극적이다. 그는 일부러 음녀가 사는 집 쪽으로 간다(8절). 그것도 깜깜할 때 간다(9절). 이 어리석은 자는 절대 순진하지 않다는 것이 확실히 드러난다. 그는 그쪽으로 가면 무슨 일이 벌어질 수도 있다는 것을 잘 알고 있다. 그렇기 때문에 남의 눈을 피하기 위해 깜깜할 때 음녀의 집으로 간다. 대부분의 죄가 이렇다. 몰라서 짓는 죄보다 알고 일부러 짓는 죄가 훨씬 더 많다.

II. 지혜를 얻으라는 권면(1:8-9:18)
K. 유혹하는 음녀(7:1-27)
2. 음녀의 유혹(7:6-23)

(2) 유혹자(7:10-12)

[10] 그 때에 기생의 옷을 입은
간교한 여인이 그를 맞으니
[11] 이 여인은 떠들며 완악하며
그의 발이 집에 머물지 아니하여
[12] 어떤 때에는 거리,
어떤 때에는 광장
또 모퉁이마다 서서 사람을 기다리는 자라

어리석은 자는 적극적으로 자신을 유혹에 노출시킨다. 아버지는 '보라!/때마침'(הִנֵּה)이라는 표현으로 이 섹션을 시작하여 어리석은 자가 바라던 대로 되었다고 한다. 사람이 죄를 지으려고 작정하고 나면 사탄은 언제든 그를 환영하며 그가 죄를 짓도록 적극적으로 돕는다.

어리석은 자의 적극성에 버금가는 적극성으로 그를 맞이하는 여자가 있다. 바로 음녀이다. 어리석은 자가 음녀의 집으로 들어가는 것을 조금이나마 주저했더라도, 그녀의 적극성이 그에게 다른 선택의 기회를 주지 않는다(cf. Fox). 음녀는 그를 자기 집으로 끌고가기 위해 밖으로 나왔다.

이 섹션은 미련한 자를 유혹할 여인을 소개한다. 그녀는 기생의 옷을 입었다(10a절). '기생의 옷'(שִׁית זוֹנָה)은 옷차림이 그녀가 창녀임을 드러내는 것이라는 뜻인데, 일부 학자들은 그녀의 '화목제를 바쳤다'는 말(14절)을 근거로 그녀가 신전 창녀이며, 이러한 신분을 드러내는 옷을 입은 것으로 풀이한다(Perdue, cf. Waltke). 그러나 그녀가 남편이 없는 틈을 타서 음란한 행위를 하는 것을 보면(19-20절) 별로 설득력이 없는 해석이다. 당시 창녀가 특정한 옷차림을 한 것으로 보이지만, 정확히 어떻게 옷을 입었는지에 대해서는 별로 알려진 바가 없다(Bird, cf. 겔 16:16). 성경은 베일(창 38:14-15)과 화장(왕하 9:22; 렘 4:30)과 장식(3:16-24) 등이 창녀들을 일반인들에게서 구분했던 것을 암시한다.

그녀는 간교한 여인이다(10b절). '간교한'(נְצֻרַת לֵב)은 문자적으로 '마음을 지키는'이라는 뜻이다(TWOT). 이 여자는 자신이 어떤 계획이나 생각을 가지고 있는지를 남에게 말하지 않고 자기 마음에만 두고 있다는 뜻이다. 음흉하고 악한 사람일수록 자신들이 하고자 하는 일을 남에게 알리지 않는다.

음녀는 떠든다(11a절). '떠들다'(המה)는 목청이 높은 것도 높은 것이지만, 쉴 새 없이 말을 해댄다는 뜻이다. 그녀는 음흉하고 악한 생각을 마음에 숨긴 채 많은 말을 한다. 잠언은 지혜로운 사람이 말을 절제하고 아끼며 해야 할 때는 솔직하고 정직한 말을 하는 사람이라고 한다(Koptak).

앞에서 아버지는 아들에게 음녀는 참으로 말을 잘한다고 했다. 남자를 유혹하려면 말이 많아야 하는 것은 당연하다. 그러나 그녀의 말은 사탕발림일 뿐이다. 또한 그녀는 완악하다(11a절). '완악하다'(סרר)는 고집이 있다는 의미이다(HALOT). 좋게 말하면 주관이 뚜렷하다는 뜻이지만, 남을 유혹하고 설득시킬 때는 고집이다.

이 여인은 온 마을을 누비고 다닌다(11절). 지혜가 사람들을 찾는 것처럼(잠 1:20), 음녀도 사람들을 적극적으로 찾아 나선다. 그러므로 발이 집에 머물지 않는다(11b절). '발'(רֶגֶל)이 성경에서 성기를 뜻하는 완곡어법으로 사용됨을 근거로(삿 3:24; 왕하 18:27; 사 7:20), 그녀가 집에 머물지 않는다는 것은 결혼 관계에 성실하지 않다는 사실을 의미하는 것으로 해석하는 학자도 있다(Van Leeuwen). 부부가 가정에서 소중함을 찾지 못하고 각자 밖에서 자극적인 것들을 찾는 결혼은 재앙이다(Plaut).

음녀는 때로는 거리나 광장을, 혹은 길모퉁이마다 찾아다니며 사람을 기다린다. '기다리다'(ארב)는 누구를 덮치기 위하여 숨어 있는 모습이다. 이 여인은 먹잇감이 될 만한 사람을 찾기 위해서 장소를 가리지 않고 싸돌아다닌다. 특히 길모퉁이는 두 길이 만나는 곳으로 사람들이 많은 곳이다. 그러므로 어리석은 자가 이 여인의 레이더에 포착이 되면 끝이다.

II. 지혜를 얻으라는 권면(1:8–9:18)
K. 유혹하는 음녀(7:1–27)
2. 음녀의 유혹(7:6–23)

(3) 유혹(7:13–20)

13 그 여인이 그를 붙잡고
그에게 입맞추며
부끄러움을 모르는 얼굴로 그에게 말하되
14 내가 화목제를 드려 서원한 것을 오늘 갚았노라

15 이러므로 내가 너를 맞으려고 나와
네 얼굴을 찾다가 너를 만났도다
16 내 침상에는 요와
애굽의 무늬 있는 이불을 폈고
17 몰약과 침향과 계피를 뿌렸노라
18 오라 우리가 아침까지
흡족하게 서로 사랑하며
사랑함으로 희락하자
19 남편은 집을 떠나 먼 길을 갔는데
20 은 주머니를 가졌은즉
보름 날에나 집에 돌아오리라 하여

먹잇감이 될 만한 자를 찾아 도시를 싸돌아다니던 음녀가 드디어 그녀의 집 앞을 서성이는 어리숙하고 미련한 자를 발견했다. 그녀는 서슴지 않고 그를 붙잡고 입을 맞추며 애정공세를 했다(13절). '붙잡다'(חזק)는 꼼짝 못하도록 힘으로 억압한다는 뜻이다(HALOT). 여자의 적극성을 강조할 뿐만 아니라 여자가 남자를 강간하는 모습이다(Brenner & van Dijk-Hemmes). 어떠한 수치도 느끼지 못하는 파렴치한 그녀는 그를 당당하게 유혹 내지는 성폭행을 하고자 한다. '부끄러움을 모르는 얼굴'은 함께 사는 사람들이 공유하는 사회적인 가치와 질서를 완강하게 거부하는 것을 뜻한다(Garrett, cf. 렘 3:3).

음녀는 그날 마침 하나님께 화목제를 드렸다며(cf. 레 7:11-18) 자기는 종교적인 책임을 다했기 때문에 하나님 앞에서 부끄러움이 없다고 한다(14절). 그녀의 삶에 혹시 죄가 있었다면 모두 다 해결하고 오는 길이기 때문에 지금부터 다시 죄를 지어도 괜찮다고 생각한다. 나중에 또 성전에 가서 제물을 드리면 해결될 것이기 때문이다. 참으로 어이없는 일이 벌어지고 있다.

오늘날로 말하면 '오늘 교회 가서 예배 드리고 왔으니까 뭘 해도 괜찮다'는 뜻이다(cf. Wilson). 그녀는 "악인의 제물은 본래 가증하거든 하물며 악한 뜻으로 드리는 것이랴"(21:27)는 가르침을 몰랐을까? 하나님은 우리가 주님께 제물을 드리는 것보다 주님의 말씀에 순종하는 것을 더 귀하게 여기신다는 사실(삼상 15:22)을 몰랐을까? 몰랐을 수도 있겠지만, 알고 있어도 상관하지 않았을 것이다. 종교행위가 그녀의 죄를 정당화시키는 수단이 되어 있기 때문이다(Kitchen).

또한 화목제는 드리는 자가 일부를 집으로 가져와 사람들과 함께 나누는 제사이다(Koptak, Perdue, Waltke). 그러므로 그녀는 자기 집에는 먹을 것도 충분히 있다며 남자를 꼬드기고 있다. 그녀를 따라가 그녀가 제물로 드렸던 고기를 먹을 남자는 자신이 그녀의 다음 제물이 될 것이라는 사실을 모른다(Carledge). 음녀가 그를 통해 자신의 성욕을 마음껏 채우고 죽일 것이다(23절, cf. Clifford).

성전에 가서 제물을 드리고 왔으니 새로운 죄를 지어도 된다고 생각한 그녀는 같이 즐길 자를 찾아 이곳저곳을 다니다가 그를 발견했다고 한다(15절). "너를 맞으려고 나와 네 얼굴을 찾다가 너를 만났다"는 말이 마치 여자가 이 남자를 마음에 두고 찾아 나선 것처럼 느껴지지만, 그녀는 상대가 누구이든 상관하지 않는다. 그는 그녀의 '무작위로 정한 파트너'일 뿐이다.

그녀는 그에게 자기 침실로 가서 밤새 사랑을 즐기자고 한다(16-18절). 그녀의 침대는 좋고 화려한 이불로 덮여 있고(16절), 온갖 좋은 향과 향수로 가득하다(17절). 침대가 두 사람이 사랑을 나누기에 가장 적합하게 준비되어 있다며 그녀가 유혹하는 남자의 감성을 자극한다. 그러므로 아침이 될 때까지 흡족하게 사랑을 즐길 수 있다(18절). 이 여자는 어떠한 양심도 없는 사람이다. 그녀가 침실을 화려하고 사치스럽게 꾸미는 일에 사용한 돈은 남편의 것이다(19절). 그러나 그녀는 그 돈으로 남편이 아닌 간음을 위해 침실을 꾸몄다. 게다가 그녀는 그 돈으로 이 미련한 자의 성(性)을 사고 있다(Waltke).

또한 이불과 향과 향수는 죽음과 장례식을 상징하는 것들이기도 하다(대하 16:14; 마 27:59; 막 15:46; 눅 23:53; 요 19:40; 20:7). 본문에도 이러한 의미가 서려 있다. 여자는 좋은 이불과 향으로 가득한 침대에서 재미를 보자고 하지만, 정작 그 침대는 남자에게 죽음을 선사할 것이다(O'Connell, cf. Clifford). 그러므로 표면적으로는 자신이 모든 것을 완벽하게 준비해 놨으니 가서 재미를 보자며 남자에게 몸만 빌리자고 하는 것처럼 들리지만, 실제로 그녀는 그 남자를 죽음으로 몰아가기 위해 그의 '몸을 빌릴 것'이다. 참으로 저돌적인 여자다.

이 여자는 남편이 있는 유부녀이다(19절). 그러나 남편이 먼 길을 떠났기 때문에 문제가 없다며 남자를 설득한다. 남편은 돈을 많이 가져갔기 때문에 보름이 지나서야 집으로 돌아올 것이라는 말을 더한다(20절). 아마도 남편은 아내가 침실을 치장한 사치스러운 이불과 향 등을 구하기 위해 먼 길을 떠났을 것이다(Alter). 남자에게 일종의 '평안과 안정'을 보장하고 있다. 그녀는 남편이 집을 비운 틈을 타서 완벽한 간음죄를 꿈꾼다.

재미있는 것은 음녀는 남편을 남편이라 부르지 않고, '자기 집에 없는 사람'(אֵין הָאִישׁ בְּבֵיתוֹ)이라고 부른다는 사실이다(19절, cf. Fox). 이 이야기에서 '집'(בַּיִת)은 매우 중요한 요소이다(6, 8, 11, 19, 20, 27절). 7장이 묘사하고 있는 죄는 각자 자기 집에 있어야 할 사람들이 집에 있지 않아서 벌어지는 일이다(Koptak). 어리석은 남자는 자기 집을 떠나 거리를 떠돌고 있고, 여자는 집에 있기를 싫어하여 온 마을을 휘젓고 다니며, 남편은 오랫동안 집을 떠나 있다.

II. 지혜를 얻으라는 권면(1:8-9:18)
K. 유혹하는 음녀(7:1-27)
2. 음녀의 유혹(7:6-23)

(4) 먹힘(7:21-23)

21 여러 가지 고운 말로 유혹하며
입술의 호리는 말로 꾀므로
22 젊은이가 곧 그를 따랐으니
소가 도수장으로 가는 것 같고
미련한 자가 벌을 받으려고
쇠사슬에 매이러 가는 것과 같도다
23 필경은 화살이 그 간을 뚫게 되리라
새가 빨리 그물로 들어가되
그의 생명을 잃어버릴 줄을 알지 못함과 같으니라

여자가 온갖 호리는 말로 유혹한다(21절). '여러 가지 고운 말'(לִקְחָהּ רֹב)의 문자적인 의미는 '많은 가르침'이다(HALOT). 아버지가 아들을 지혜로 가르치듯 여인은 젊은이를 어리석음으로 가르치고 있다. 그녀는 남자에게 온갖 달콤한 말을 했겠지만, 사실은 그를 잡기 위한 '떡밥'에 불과하다. 그러나 어리숙하고 미련한 젊은이는 아랑곳하지 않고 그녀를 따라갔다(22절). 그도 이런 일이 있을 것을 기대하며 음녀의 집 주변을 서성였으니 분명 재미있는 일이라며 따라갔을 것이다.

그러나 정작 이 모든 일을 지켜보고 있는 아버지가 보기에 그는 도살장으로 끌려가는 소와 같고, 미련한 자가 벌을 받으려고 쇠사슬에 매이러 가는 것처럼 보였다(22절). '쇠사슬에 매이러 가는 것'의 의미가 확실하지 않다. 그러므로 많은 번역본들이 '덫에 걸려든 사슴'으로 번역한다(공동, 아가페, 현대어, ESV, NIV, CSB). 화살이 그의 간을 뚫을 것이다(23절). 이렇게 번역할 경우 본문은 곧 죽게 될 짐승 세 가지를 언급

한다: 소(22절), 사슴(22절), 새(23절). 쇠사슬에 매이러 가는 것보다는 훨씬 더 확고한 이미지이다. 그러므로 '덫에 걸려든 사슴'이 본문에 더 잘 어울린다(Fox).

지혜가 없어서 상황 판단을 하지 못하는 어리석은 자는 즐기려고 음녀를 따라간다. 그러나 정작 그 길은 죽음의 길이다. 이러한 사실을 알지 못한 채 여자의 집으로 가는 남자는 마치 생명을 잃어버릴 줄 모르고 그물로 뛰어드는 새와 같다(23절). 그물에 걸린 새가 빠져나올 수 없듯이, 그는 음녀가 쳐 놓은 그물에서 빠져나오지 못하고 죽을 것이다. 그녀의 '밤새 마음껏 즐기자'는 유혹은 죽음을 재촉하는 유혹일 뿐이다.

아버지는 이 어리석은 자가 어떻게 죽게 되는지에 대하여 말하지 않는다. 어떻게 죽든 간에 그것은 곧 하나님의 심판이기 때문이다. 그는 나중에 발각되어 그녀의 남편에게 죽을 수도 있고, 여자가 처음부터 죽이려고 유인했을 수도 있다(cf. 26절).

II. 지혜를 얻으라는 권면(1:8-9:18)
K. 유혹하는 음녀(7:1-27)

3. 음녀를 멀리하는 지혜(7:24-27)

24 이제 아들들아
내 말을 듣고 내 입의 말에 주의하라
25 네 마음이 음녀의 길로 치우치지 말며
그 길에 미혹되지 말지어다
26 대저 그가 많은 사람을 상하여 엎드러지게 하였나니
그에게 죽은 자가 허다하니라
27 그의 집은 스올의 길이라
사망의 방으로 내려가느니라

아버지는 재미를 찾아 나섰다가 죽음을 맞게 된 어리석은 자의 이야기를 마무리하고 다시 아들들에게 자기 말에 귀를 기울일 것을 권면한다(24절). 아버지가 간절히 바라는 것은 아들을 위한 것으로, 그가 절대 음녀의 길로 치우치지 않고 무슨 일이 있어도 미혹되지 않는 것이다(25절). 그녀는 매우 말을 잘했기 때문에 미혹되지 않으려면 아예 접촉을 피해야 한다. 그녀에게 말할 기회를 주면 그녀는 아들을 유혹할 것이다. 죄는 무조건 멀리하고 근처에도 가지 않는 것이 최선의 예방책이다.

26-27절은 음녀와 연관하여 네 개의 죽음 이미지를 구상한다(Wilson). 아버지가 이토록 간절하게 아들을 권면하는 것은 음녀가 이미 많은 사람을 상하게 하고 엎드러지게 했기 때문이다(26절). 심지어는 그녀에게 죽은 자들이 허다하다. 음녀의 집은 스올(무덤)의 길이며, 그녀의 방은 사망으로 내려가는 길이다(27절). 한 여성학자는 이 말씀을 '그녀의 성기는 스올의 문이며, 그녀의 자궁은 죽음 자체'라는 뜻으로 풀이한다(Newsom). 어느 정도 과장이겠지만, 그녀가 지혜가 인도하는 생명의 길 대신 죽음의 길로 인도하는 것은 확실하다. 재미를 약속하는 여자를 따라갔던 어리석은 남자들은 그녀로 인해 죽을 것이다.

II. 지혜를 얻으라는 권면(1:8-9:18)

L. 지혜의 스피치(8:1-36)

아버지의 권면이 끝이 나고 지혜의 말이 시작된다. 본 텍스트는 지혜(Lady Wisdom)의 가장 긴 스피치이다. 그러므로 한 주석가는 이 섹션을 '지혜의 자서전'(wisdom's autobiography)이라고 부른다(Longman). 내용은 그녀가 1:20-33에서 이미 한 스피치를 확대하고 있다고 할 수 있다(Clifford, Wilson). 이스라엘뿐만 아니라 고대 근동 사회에서는 지혜를 의인화하는 것이 일상적이었다(Camp, cf. 1:20-33; 3:14-18; 9:1-6). 그러나 차이점이 있다. 대부분의 사회가 지혜를 신격화시켰지만, 이스라엘의 경우는 여호와께서 창조하신 피조물이라고 한다(Scott). 그러므로 이 장에 등장하는 지혜를 예수님이 성육신하시기 전의 모습이라고 하는 것은 잘못된 주장이다(cf. Kitchen, Ross).

지혜는 도시(성)의 가장 분주한 곳으로 가서 모든 사람에게 지혜를 구하라고 하지만, 특히 어려서 경험이 없고 분별력이 없는 어리석은 자들에게 강력하게 호소한다(1-5절). 스피치의 주요 대상은 지혜의 필요성을 잘 느끼지 못하는 젊고 생각이 부족한 사람들인 것이다. 훗날 그들이 "나는 지혜에 대해 들은 적이 없다"는 변명을 늘어놓지 못하게 하기 위해서이다(Wilson).

7장은 음녀를 피하라며 성에 관한 언어로 말한 것에 반해 8장은 세계관에 관한 언어로 스피치를 진행한다. 이 두 장의 이 같은 대조는 마치 부적절한 성관계(7장)에 대한 가장 좋은 대비책은 올바른 세계관(8장)이라고 하는 듯하다(Ortlund).

학자들은 스피치에 대해 다양한 구조를 제시한다(Clifford, Koptak, Ross, Van Leeuwen, Waltke). 매우 다양한 주제와 가르침이 제시되고 있기 때문이다. 지혜를 소개하는 1-3절과 내레이터의 권면인 32-36절이 지혜의 일인칭(I) 스피치를 감싸고 있다. 우리는 본문을 다음과 같이 각 섹션으로 나누어 내용을 살피고자 한다.

A. 지혜의 서론적 권면(8:1-5)
　B. 지혜의 가치와 역할(8:6-21)
　B′. 지혜의 창조와 역할(8:22-31)
A′. 지혜의 결론적 권면(8:32-36)

II. 지혜를 얻으라는 권면(1:8-9:18)
L. 지혜의 스피치(8:1-36)

1. 지혜의 서론적 권면(8:1-5)

[1] 지혜가 부르지 아니하느냐
명철이 소리를 높이지 아니하느냐
[2] 그가 길 가의 높은 곳과
네거리에 서며
[3] 성문 곁과 문 어귀와
여러 출입하는 문에서 불러 이르되
[4] 사람들아
내가 너희를 부르며
내가 인자들에게 소리를 높이노라
[5] 어리석은 자들아 너희는 명철할지니라
미련한 자들아 너희는 마음이 밝을지니라

이 섹션은 아버지가 이어 말을 하는 것일 수도 있지만(cf. Koptak), 1장에서 모습을 드러냈던 내레이터(narrator)의 말로 보인다. 본문은 내레이터의 말(1-3절)과 지혜의 말(4-5절)로 구성되어 있다. 책을 진행하는 내레이터가 지혜가 곳곳에서 사람들을 부르고 있다며 먼저 그를 소개한 후, 지혜가 직접 말을 하는 형식으로 진행된다. 지혜의 말은 36절까지 계속된다. 내용을 분석해 보면 8장은 지혜의 가르침과 증언(간증)으로 구성되어 있다.

내레이터가 지혜를 소개하는 1-3절은 1:20-21과 내용이 비슷하다. 지혜가 마을(도시) 곳곳에서 사람들을 찾고 부른다는 것이다. 음녀는 어두운 밤에 자기 집의 비밀스러움으로 어리석은 자를 유혹했는데(7:7-9), 지혜는 대낮에 사람들을 찾아 나선다(Clifford). 지혜가 자신의 존재를 온 세상에 알려 원하는 사람이면 누구든 그녀가 줄 수 있는 혜택을 받도록 하기 위해서이다. 모든 시간과 장소를 초월하고 천국과 연관되어 있는 지혜의 이야기가 사람들이 웅성거리는 낮은 길거리에서 시작되는 것이 매우 인상적이다(Kidner).

'지혜'(חָכְמָה)가 소개되며 사람이 슬기로운 삶을 살아가는 데 반드시 필요한 이성을 사용할 수 있는 기술(skill)을 의미하는 '명철'(תְּבוּנָה)로도 불리는 것은(1절), 지혜가 참으로 실용적이라는 사실을 강조하는 듯하다. 지혜 있는 사람은 어떠한 상황에서도 섣불리 달려들지 않고 신중하게 생각한 다음에 행동을 취한다. 요즘 말로 지혜는 '쿨'(cool)하다는 것이다(Longman). 지혜가 기술(skill)을 의미하는 명철로 소개되는 것은 잠시 후에 그가 어떻게 하나님의 창조 사역에 일조하는 가를 예고한다(Van Leeuwen, cf. 27-31절).

지혜는 사람들이 행복한 삶을 사는 것을 돕고자 한다. 그러므로 사람이 있는 곳이면 어디든지 가서 그녀에게 지혜를 배울 자들을 찾는다. 그녀는 되도록이면 많은 사람들의 눈에 띄고 싶어서 길가의 높은 곳과 사람들로 붐비는 사거리에 서 있다(2절). '높은 곳'(מָרוֹם)은 가장 높은 성벽을 상징한다(Waltke). 성에서 가장 붐비는 성문 곁과 성문 어귀와 사람들이 출입하는 성문 앞에서 외친다(3절). 성문 근처는 시장이서며 모든 소송이 진행되는 곳이라 항상 사람들로 붐빈다(Van Leeuwen). 지혜는 사람들이 있을 만하며 특별히 많은 장소는 모두 찾아가 자신을 알린다. 이러한 지혜의 모습은 1:20-21과 별반 다르지 않다. 1장에서도 지혜가 다섯 곳에서 외친다고 했는데, 본문도 그가 다섯 곳에서 외친다고 한다.

차이점은 1장에서는 지혜가 사람을 찾아 나서는 것을 있는 그대로 소개했다면, 이번에는 수사학적인 질문들을 동원한다. 사람을 찾는 지혜를 놓치지 말고 반드시 붙잡아야 한다는 간절함과 당연함을 조성하기 위해서이다. 또한 지혜는 어디든지 있기 때문에 누구든 마음만 먹으면 돈을 지불하지 않고도 지혜를 얻을 수 있다. 그러나 모든 사람이 지혜의 이 같은 간절한 호소에 귀를 기울일 수 있는 것은 아니다. 오직 '들을 귀'가 있는 사람들만이 들을 수 있다(마 10:13-17).

드디어 지혜가 스피치를 시작한다(4절). 지혜는 자신을 온 세상에 드러내고자 한다. 그러므로 사람들을 부르고 인자들(사람의 아들들)에게 소리를 높인다(4절). 제발 자기를 찾으라는 호소이다. 지혜(Lady Wisdom)처럼 고상하고 존귀한 사람이 이렇게 일부러 사람들을 찾아 나설 필요는 없다. 사람들이 그를 찾아 나서야 한다. 그럼에도 불구하고 지혜가 이렇게 모든 사람을 찾아 나서는 것은 지혜는 일부 계층이 아니라, 모든 사람을 위한 것임을 강조하기 위해서이다(Garrett).

사람이 왜 지혜를 찾아야 하는가? 명철해지고 마음을 밝게 하기 위해서이다(5절). 지혜는 어리석은 자들과 미련한 자들을 상대로 이렇게 말하지만, 모든 사람에게 들으라는 소리이다. 우리가 이 땅에 사는 한 항상 더 많은 지혜가 필요하기 때문이다. '어리석은 자들'(פְּתָאִים)은 도덕적 방향 감각이 없어서 악으로 기울어질 수 있는 단순한 사람들(naïve)이다(cf. 새번역 각주). '미련한 자들'(כְּסִילִים)은 지능 감각이 낮은 사람들을 뜻한다(HALOT). 미련한 자들에게 지혜를 주는 것은 어리석은 자들에게 주는 것보다 더 어렵다(Kitchen). 음녀는 미련한자들의 어리숙함을 희생제물로 삼았다. 반면에 지혜는 도덕성이 낮은 사람도, 지능 감각이 떨어지는 사람도 온전하게 치유할 수 있다. 그러나 사람은 지혜의 초청에 반응할 때에 비로소 지혜를 얻을 수 있는 것이지 아무에게나 임하는 것은 아니다(Kidner).

II. 지혜를 얻으라는 권면(1:8-9:18)
L. 지혜의 스피치(8:1-36)

2. 지혜의 가치와 역할(8:6-21)

앞 섹션에서 제발 자기를 찾으라며 명철과 밝은 마음을 약속했던 지혜는 이제 자신의 소중함과 그가 줄 수 있는 여러 가지 혜택을 나열한다. 본문은 다음과 같이 세 파트로 구분될 수 있다.

A. 지혜의 소중함(8:6-11)
B. 지혜와 사회적 질서(8:12-16)
C. 지혜가 주는 선물(8:17-21)

II. 지혜를 얻으라는 권면(1:8-9:18)
L. 지혜의 스피치(8:1-36)
2. 지혜의 가치와 역할(8:6-21)

(1) 지혜의 소중함(8:6-11)

6 너희는 들을지어다
내가 가장 선한 것을 말하리라
내 입술을 열어 정직을 내리라
7 내 입은 진리를 말하며
내 입술은 악을 미워하느니라
8 내 입의 말은 다 의로운즉
그 가운데에 굽은 것과 패역한 것이 없나니
9 이는 다 총명 있는 자가 밝히 아는 바요
지식 얻은 자가 정직하게 여기는 바니라
10 너희가 은을 받지 말고 나의 훈계를 받으며
정금보다 지식을 얻으라
11 대저 지혜는 진주보다 나으므로
원하는 모든 것을 이에 비교할 수 없음이니라

지혜는 자신의 말을 네 가지 긍정적인(positive) 것으로, 세 가지 부정적인(negative) 것 등 만수인 일곱 가지로 묘사한다. 네 가지 긍정적인 것들은 ‘선함, 정직, 진리, 의’이다(6-8절). ‘선한 것’(נְגִידִים)(6절)의 문자적 의미는 ‘존귀한 것’ 혹은 ‘엄청난 것’이며 왕이나 군사적 지도자와 연관되어 사용되는 단어이다(NIDOTTE). 본문에서는 지혜가 하는 말의 귀중함 혹은 권위를 상징한다(Kitchen). 지혜의 말은 왕의 말처럼 귀하고 권위를 지녔다는 뜻이다. ‘정직’(מֵישָׁרִים)(6절)은 구약에서 19차례 사용되는 단어로 ‘평탄한 길, 질서, 정의, 진실’ 등 다양한 의미로 사용된다(NIDOTTE). 지혜가 하는 말에 귀를 기울이는 사람은 평탄하고 질서 있는 삶을 살게 될 것이다. 하나님이 뜻하신 대로 정의롭게 살아갈 것이기 때문이다(Kitchen). ‘진리’(אֱמֶת)(7절)는 꾸준함과 성실함을 뜻한다(HALOT). 사람이 지혜의 말을 믿고 신뢰할 수 있는 것은 변하지 않고 항상 진리를 말하기 때문이다. ‘의’(צֶדֶק)(8절)는 옳은 것과 정확한 것을 뜻한다(TWOT). 지혜는 진실을 왜곡하지 않으며 항상 옳은 것을 말한다.

지혜가 자신에 대해 말하는 세 가지 부정적인 것들은 ‘악을 미워함, 굽은 것이 없음, 패역한 것이 없음’이다(7-8절). ‘악’(רֶשַׁע)(7절)은 잘못된 것을 뜻한다(HALOT). 지혜의 말은 세상의 이치에 어긋나는 것, 곧 창조주 하나님이 정해 주신 범위를 벗어나는 것들을 싫어한다. ‘굽음’(נִפְתָּל)(8절)은 ‘정직’(מֵישָׁרִים)(6절)과 반대되는 말이며 무언가 숨겨진 의제가 있다는 뜻이다(Ross). 지혜는 직선적인 것을 선호하며 진실을 복잡하고 굴곡이 있는 것으로 묘사하는 것을 싫어한다. 또한 숨겨져 있던 의제를 불쑥 꺼내는 것도 싫어한다.

‘패역함’(עִקֵּשׁ)(8절)은 사실을 왜곡하거나 거짓을 말하는 것이다(NIDOTTE). 지혜는 항상 진실을 있는 그대로 말한다. 지혜가 이처럼 ‘말’을 강조하는 것은 사람이 입으로 죄를 가장 많이 짓기 때문이다. 그러므로 본문에서 지혜가 미워하는 악은 ‘소문, 비난, 거짓’ 등 말과 연관된 것임을 알 수 있다.

지혜가 자기 말에는 네 가지 긍정적인 것들(선함, 정직, 진리, 의)과 세 가지 부정적인 것들(악을 미워함, 굽은 것이 없음, 패역한 것이 없음)이 있다고 하는데, 이러한 사실은 지혜가 있는 사람들은 모두 잘 아는 바이며 정직하게 여기는 바이다(9절). 사람들이 모두 아는 바라는 것은 지혜가 언급하는 일곱 가지는 그가 하고 싶은 말을 하는 것이 아니라(self-indulgence), 자기 수양(self-discipline)에 관한 것이라는 사실을 강조한다(Aitken). 또한 지혜가 있는 사람들만 지혜의 이 같은 성향을 인정한다(Toy). '정직하게 여긴다'(יָשָׁר)는 것은 지혜의 말은 속임수나 굴곡이 없기 때문에 누구든 지혜를 얻고자 하면 얼마든지 손쉽고 정확하게 얻을 수 있다는 뜻이다.

지혜의 훈계와 지식은 보석보다 더 귀하다(10절). 그러므로 은 대신 훈계를 받고, 금보다 지식을 얻으라 한다. 지혜는 독자들에게 보석보다 지혜를 택할 것을 요구한다(Koptak, Waltke). 사람이 지혜를 얻으려면 개인적으로 노력(책임)을 해야 한다는 뜻이다(Kitchen). 지혜가 보석보다 귀하다고 생각한다면, 당연히 지혜를 택해야 한다. 또한 지혜를 사용하여 훨씬 더 많은 금과 은을 얻을 수 있기 때문에 당장 눈에 보이는 제한된 양의 금보다는 앞으로 얻을 수 있는 무한한 양의 금을 사모해야 한다. 지혜를 얻는 것은 미래를 위한 투자이다. 음녀의 말은 부드럽게 시작하지만 죽음으로 끝이 나는 반면, 지혜의 말은 자기 수련을 요구하는 것으로 시작하여 생명을 약속한다(Waltke).

지혜는 진주보다 낫다(11절). 이 말씀이 훗날 삽입된 것이라고 주장하는 이들도 있지만(McKane, Murphy, Waltke), 이 섹션의 결론으로서 역할을 잘 감당하고 있는 것으로 보아 원래 본문의 일부였던 것으로 보는 것이 바람직하다(Wilson).

'무엇이 무엇보다 낫다'는 양식은 잠언에서 21차례 사용되는 기술법이다(3:14; 8:11, 19; 12:9; 15:16, 17; 16:8, 16, 19, 32; 17:1; 19:1, 22; 21:9, 19; 22:1; 25:7, 24; 27:5, 10; 28:6). '진주'(פְּנִינִים)가 정확히 어떤 보석인지 알 수 없어서 일부 번역본은 '진주'(개정개역, 새번역)로, 혹은 '[붉은] 산호'(공동)로, 혹은 '루비'(NIV, TNK)로, 혹은 칠십인역(LXX)의 제안에 따

라 단순히 '값진 보석'(아가페, 현대어, NAS, ESV)으로 번역한다. 지혜는 세상의 그 어떤 보배보다 소중한 것이니 반드시 구하라며 동기를 부여하고 있다(Koptak).

II. 지혜를 얻으라는 권면(1:8-9:18)
L. 지혜의 스피치(8:1-36)
2. 지혜의 가치와 역할(8:6-21)

(2) 지혜와 사회적 질서(8:12-16)

12 나 지혜는 명철로 주소를 삼으며
지식과 근신을 찾아 얻나니
13 여호와를 경외하는 것은 악을 미워하는 것이라
나는 교만과 거만과 악한 행실과 패역한 입을 미워하느니라
14 내게는 계략과 참 지식이 있으며
나는 명철이라
내게 능력이 있으므로
15 나로 말미암아 왕들이 치리하며
방백들이 공의를 세우며
16 나로 말미암아 재상과 존귀한 자
곧 모든 의로운 재판관들이 다스리느니라

12-21절은 지혜의 과거 사역에 초점을 맞추고 있으며, 22-31절은 그 이전인 지혜의 원초적 과거(primordial history) 사역에 초점을 맞추고 있다. 지혜의 과거 사역은 지혜의 조언과 통찰력과 힘에 초점을 맞추고 있고, 그의 원초적 과거 사역은 지혜의 귀중함과 권위에 초점을 맞춘다(Waltke). 지혜는 하나님이 천지를 창조하실 때부터 하나님과 사람들 곁에 있었다.

지혜는 명철로 주소를 삼았다고 하는데, '명철'(עָרְמָה)은 '사려 깊음'을 뜻하며(cf. 현대어), 명철과 함께 산다는 뜻이다(12절). 또한 지식과 근신도 가지고 있다고 하는데 '근신'(מְזִמּוֹת)은 분별력이다(cf. 아가페). 지혜를 얻는 사람은 지식과 분별력과 사려 깊음을 얻을 것이다.

지혜는 여호와를 경외하는 것이 바로 악을 미워하는 것이라고 한다(13절, cf. 잠 3:7; 욥 28:28). 잠언은 여호와를 경외하는 것이 지식의 근본이라며 긍정적인 면모를 자주 언급한다(1:7, 29; 2:5; 8:13; 9:10; 10:27; 14:26, 27; 15:16, 33; 16:6; 19:23; 22:4; 23:17). 본문은 여호와를 경외하는 것이 지닌 부정적인 면모를 말하고 있다. 또한 지혜는 자신도 여호와를 경외하며, 하나님이 미워하는 것을 미워한다고 고백하고 있다.

아무리 여호와를 경외한다고 떠들어 대도 악을 미워하지 않으면 위선이다. 하나님과 악은 공존할 수 없기 때문이다. 이어 여호와를 경외하는 지혜는 네 가지 악을 미워한다고 한다: '교만과 거만과 악한 행실과 패역한 입'(13절). 모두 다 여호와께서 미워하는 것들이기도 하다. '교만'(גֵּאָה)은 자신이 남들보다 더 낫다는 착각에서 비롯되는 죄이다. '거만'(גָּאוֹן)은 마치 높은 곳에서 아래에 있는 자들을 내려보듯 이웃을 무시하는 태도이다. '악한 행실'(דֶּרֶךְ רָע)은 문자적으로 '악의 길'을 가는 사람이다. 일상에서 기준으로 삼는 삶의 방식이 악하다는 뜻이다. '패역한 입'(פִּי תַהְפֻּכוֹת)은 진실이란 찾아볼 수 없고 왜곡과 거짓을 일삼는 입이다.

지혜는 자신은 계략과 참 지식과 명철과 능력이 있다며 자신을 이 네 가지로 정의한다(14절). '계략'(עֵצָה)은 조언과 전략을 의미하며 사람의 계획(잠 19:20-21)과 대조된다. '참 지식'(תּוּשִׁיָּה)은 성공 등 좋은 결과를 안겨 주는 것이다(HALOT). '명철'(בִּינָה)은 판단력을 의미하며 12절의 명철과 다른 의미를 지녔다. 사람이 이 명철을 지니면 결정할 일이 있을 때 슬기롭게 판단한다(Murphy). '능력'(גְּבוּרָה)은 힘과 추진력을 뜻하며 왕들의 군사적인 능력을 묘사하는 일에 자주 사용된다(Whybray, cf. 왕하

18:20; 사 11:2; 36:5). 지혜는 이처럼 참으로 많은 것을 사람에게 줄 수 있으며 여호와 하나님의 대변인으로서 왕과 통치자들에게 조언을 줄 수 있다. 성경적 지혜는 지적인 면보다는 실용적인 면이 강하며, 사람들은 믿음과 순종으로 이 지혜를 얻어 적용할 수 있다(Garrett).

그러므로 지혜로 다스리는 왕들과 방백들과 재상들과 존귀한 자들은 훌륭한 지도자들이다(15-16절). '왕들'(מְלָכִים)은 백성을 다스리는 통치자들이며 고대 사회는 신들이 이들에게 지혜를 준다고 했다(cf. 삼하 14:2; 왕상 3장; 4:29-34; 10:1-10). 왕들은 신들이 주는 지혜로 백성들의 삶의 모든 영역에서 기준을 세우는 역할을 했다(Van Leeuwen). '방백들'(רוֹזְנִים)은 고위 관료들을, '재상들'(שָׂרִים)은 왕자들을, '존귀한 자들'(נְדִיבִים)은 귀족들을 의미한다(cf. HALOT, NIDOTTE). 이 네 가지 리더들이 공의와 정의로 백성들을 다스리려면 지혜는 필수적이다. 공의와 정의는 지혜에서 시작되며 서로 분리될 수 없는 관계를 유지하고 있다.

II. 지혜를 얻으라는 권면(1:8-9:18)
L. 지혜의 스피치(8:1-36)
2. 지혜의 가치와 역할(8:6-21)

(3) 지혜가 주는 선물(8:17-21)

17 나를 사랑하는 자들이 나의 사랑을 입으며
나를 간절히 찾는 자가 나를 만날 것이니라
18 부귀가 내게 있고
장구한 재물과 공의도 그러하니라
19 내 열매는 금이나 정금보다 나으며
내 소득은 순은보다 나으니라
20 나는 정의로운 길로 행하며
공의로운 길 가운데로 다니나니

[21] 이는 나를 사랑하는 자가 재물을 얻어서
그 곳간에 채우게 하려 함이니라

지혜는 그를 사랑하는 자들을 사랑하며, 누구든 간절히 찾는 자들을 만나 준다(17절). 지혜는 악을 미워한다고 했다(13절). 그러므로 지혜를 사랑하는 것은 곧 악을 미워하는 것이다. 지혜는 사회적 지위나 경제적 여건에 따라 사람을 차별하지 않는다. 항상 사람을 찾는 지혜는 그를 찾는 사람을 환영할 것이며, 그들이 찾는 만큼 줄 것이다.

또한 지혜로운 사람은 부귀와 장구한 재물과 공의를 얻을 수 있다(18절). 마치 31장의 현숙한 여인처럼 지혜는 그를 사랑하는 자들에게 많은 부와 기쁨을 준다. 우리말 성경은 '부귀' 한 단어로 표현하지만, 마소라 사본에는 '부'(עֹשֶׁר)와 '명예'(כָּבוֹד) 두 단어로 구성되어 있다. '장구한 재물'(הוֹן עָתֵק)은 시간이 지나도 사람들이 바르고 정직하게 얻은 것으로 인정하는 재물을 뜻하며 부모가 자식에게 물려주는 것을 묘사하며 사용된다(NIDOTTE). '공의'(צְדָקָה)는 정직함이다. 지혜가 이런 것들을 소유하고 있기 때문에 지혜를 추구하는 사람들에게 모두 다 줄 수 있다. 오직 지혜를 사랑하는 자들만 지혜의 풍요로움을 누릴 수 있다(Waltke).

성경은 부(副)에 대해 대체적으로 부정적이다. 부를 쌓는 방법이 경건하지 않은 경우가 대부분이기 때문이다. 반면에 지혜는 정직하고 도덕적인 방법으로 부를 쌓게 해 준다. 그러므로 지혜는 자신이 금이나 정금보다 나으며, 순은보다 낫다고 한다(19절). 아무리 진귀한 것들을 얻어도 지혜를 얻는 것보다 못하다. 사람이 지혜를 얻는다면 이 모든 것을 얻을 수 있기 때문이다.

지혜는 정의로운 길과 공의로운 길로 다니며 그를 사랑하는 자들에게 재물을 주어 그들의 곳간을 채우기를 원한다(20-21절). 그러므로 공의와 정의는 단지 다스리는 자들이 추구하는 것만은 아니다. 일반인들도 지혜로부터 정의로운 길과 공의로운 길을 배워 그 길로 행하면 많은 재물을 얻을 수 있다. 그러므로 잠언은 부자를 지혜로운 사람, 혹은 의인이라고 하기도 하는 것이다.

II. 지혜를 얻으라는 권면(1:8-9:18)
L. 지혜의 스피치(8:1-36)

3. 지혜의 창조와 역할(8:22-31)

지혜는 구하는 사람들에게 삶을 살 때 필요한 모든 지적인 자원들뿐만 아니라 물질적인 축복도 줄 수 있다며 어떤 보배보다도 자기를 구하라고 호소했다. 이 섹션에서는 하나님이 세상을 창조하시기 전에 그를 창조하셨고, 그를 사용하여 세상을 창조하셨다며 자신의 전통성을 선포한다. 칠십인역(LXX)은 21절과 22절 사이에 "내가 매일 일상에서 일어나는 일들에 대하여 선언하는 것처럼, 나는 옛적 일들에 대한 것도 [확실히] 기억한다"(ἐὰν ἀναγγείλω ὑμῖν τὰ καθ' ἡμέραν γινόμενα μνημονεύσω τὰ ἐξ αἰῶνος ἀριθμῆσαι)라는 말을 더하여 본문의 '태고'(primeval time)에 관한 지혜의 추억을 준비시킨다.

전통적으로 잠언에서 신학자들의 가장 많은 관심을 받은 말씀이 본문이다. 잠언은 관계, 말, 돈, 노동 등 다양한 세속적인 주제들을 주로 다루는데, 이 모든 것을 창조주의 사역으로 연관시킬 수 있는 좋은 기회를 제공하기 때문이다(Pauw). 이 섹션은 창조주이신 '여호와'(יְהוָה)로 시작하여(22절) 창조주의 걸작품이자 지혜의 청중인 '인자'(בְּנֵי אָדָם)(사람의 아들들)로 마무리되는 것(31절)이 인상적이다(Waltke, cf. 4절). 지혜와 천지창조에 관한 이야기를 회고하는 이 섹션은 다음과 같이 두 파트로 구분된다.

A. 세상보다 먼저 창조된 지혜(8:22-26)

B. 세상 질서와 지혜의 역할(8:27-31)

Ⅱ. 지혜를 얻으라는 권면(1:8-9:18)
L. 지혜의 스피치(8:1-36)
3. 지혜의 창조와 역할(8:22-31)

(1) 세상보다 먼저 창조된 지혜(8:22-26)

22 여호와께서 그 조화의 시작 곧 태초에
일하시기 전에 나를 가지셨으며
23 만세 전부터, 태초부터, 땅이 생기기 전부터
내가 세움을 받았나니
24 아직 바다가 생기지 아니하였고
큰 샘들이 있기 전에
내가 이미 났으며
25 산이 세워지기 전에,
언덕이 생기기 전에
내가 이미 났으니
26 하나님이 아직 땅도, 들도,
세상 진토의 근원도 짓지 아니하셨을 때에라

이 섹션의 핵심은 하나님이 천지를 창조하시기 전에 이미 지혜를 가지셨다는 것이다. 여호와가 세상 만물과 지혜의 창조주이심을 강조하기 위해 이 섹션은 '여호와'(יְהוָה)라는 단어로 시작하여 앞 섹션과 차별화한다(Koptak). 또한 '그 조화'(דַּרְכּוֹ)(22절)의 문자적 의미는 '그의 길'이다. 하나님이 '창조의 길'(창조사역)을 가시기 전에 먼저 지혜를 가지셨다. '가지다'(קנה)는 일상적으로 '돈을 주고 사다'(HALOT, cf. 창 25:10; 33:19; 잠 20:14) 혹은 '소유하다'라는 뜻으로 사용된다(Vawter, cf. 잠 15:32; 19:8). 그러나 본문에서는 이 동사가 정확히 어떤 의미를 지니고 사용되는지를 가름하기가 쉽지 않다(cf. Clifford, Kitchen, Whybray). 이러한 혼란은 이미 고대 번역본들에서도 역력히 드러난다. 헬라어 번역본들 중 아퀼라역과 심마쿠스역은 '소유하다'로, 칠십인역(LXX)과 시리아역과 탈굼(Tg.)은 '낳다/창조하다'로 번역했다(cf. Murphy, Kitchen, Waltke, Whybray, cf. 창 14:19, 22; 신 32:6; 시 139:15).

지혜는 이때 자신이 '세움을 받았고'(נסך)(23절), '났다'(חיל)(24, 25절)고 한다. '세움을 받다'(נסך)는 형태를 갖추다는 의미를 지녔고, '났다'(חיל)는 산모가 출산한다는 뜻이다(TWOT, cf. 창 4:1). 이 두 동사가 '가지다'(קנה)를 설명하며 세 차례 사용되는 것으로 보아 본문에서 '가지다'는 산모가 아이를 낳는 것처럼 하나님이 지혜를 '창조하신 것'으로 해석하는 것이 바람직해 보인다(Whybray, cf. Waltke).

그러나 지혜는 예사로운 피조물이 아니다. 본문이 언급하고 있는 피조물들—땅, 바다, 큰 샘, 산, 언덕 —은 하나님이 '낳은/창조한 것'이라 하지 않는다. 본문은 지혜에게만 이러한 표현을 적용한다. 하나님과 지혜의 특별한 관계를 강조하기 위해서이다(Fretheim, Pauw). 지혜는 하나님의 가장 중요한 본질에서 나왔다(Ross).

지혜는 자신이 하나님처럼 영원히 존재하는 것은 아니지만, 세상의 그 어떤 피조물보다도 먼저 창조되었다고 한다. 지혜는 세상의 역사가 시작되기 전에 있었다(Kitchen). 그러므로 세상의 역사가 시작된 이후에 창조된 인간은 지혜를 조정할 수 없으며 존귀하게 생각해야 한다(Waltke). 반면에 옛적부터 있었던 지혜는 사람들을 조정할 수 있다.

창조의 순서는 중요성의 순서로 간주될 수 있다(cf. Van Leeuwen). 먼저 창조된 것이 나중 창조된 것보다 더 중요하다는 것이다. 이러한 차원에서 지혜는 자신은 하나님이 창조하신 모든 것보다 더 중요하다고 선언하고 있다. 하나님이 창조사역을 시작하기 전부터 주님의 지으심을 받아 주님과 함께했기 때문이다.

지혜는 자신이 태어난 때를 '만세 전, 태초, 땅이 생기기 전, 바다가 생기기 전, 큰 샘들이 생기기 전, 산이 만들어지기 전, 언덕이 생기기 전, 땅이 창조되기 전, 들이 창조되기 전, 진토의 근원이 지어지기 전'

이라며 열 가지 정황을 나열한다. 만수인 10을 사용하여 자신은 우리가 상상할 수 있는 세상의 가장 기초적인 것들보다 먼저 창조되었음을 선언하는 것이다.

Ⅱ. 지혜를 얻으라는 권면(1:8-9:18)
L. 지혜의 스피치(8:1-36)
3. 지혜의 창조와 역할(8:22-31)

(2) 세상 질서와 지혜의 역할(8:27-31)

27 그가 하늘을 지으시며
궁창을 해면에 두르실 때에
내가 거기 있었고
28 그가 위로 구름 하늘을 견고하게 하시며
바다의 샘들을 힘 있게 하시며
29 바다의 한계를 정하여
물이 명령을 거스르지 못하게 하시며
또 땅의 기초를 정하실 때에
30 내가 그 곁에 있어서 창조자가 되어
날마다 그의 기뻐하신 바가 되었으며
항상 그 앞에서 즐거워하였으며
31 사람이 거처할 땅에서 즐거워하며
인자들을 기뻐하였느니라

앞 섹션에서 하나님이 세상에 있는 모든 것을 만드시기 전에 자기를 먼저 창조하셨다고 증언한 지혜가 이 섹션에서는 하나님이 세상을 창조하실 때 주님의 곁을 지키고 있었다고 한다. 강조점이 창조 전에 존재했다는 것에서, 창조와 함께했다는 것으로 바뀌고 있는 것이다(Ross,

Wilson). 하나님이 천지를 창조하실 때 맨 처음 하늘을 지으셨는데(cf. 창 1:1-5), 그때도 지혜는 하나님 곁에 있었다(2절). 창조주 곁에 있었다는 것은 세상이 어떻게 창조되었으며, 어떻게 운영이 되는지를 안다는 뜻이다. 이번에도 10가지의 창조 정황이 언급된다: '하늘, 궁창, 해면, 구름 하늘, 바다의 샘들, 바다의 한계, 물, 땅의 기초, 땅, 인자.' 하나님은 세상의 모든 것과 각 피조물이 지켜야 할 한계와 질서를 정하셨다. 지혜는 하나님의 창조 사역에 대하여 다음과 같이 증언하고 있다.

첫째, 하나님이 유일하신 창조주이다(27절). 하늘과 그 하늘 아래에 있는 모든 것이 하나님께 지음을 받았다(cf. 창 1:1-13). 예외는 없다. 심지어는 모든 피조물보다 먼저 존재하게 된 지혜도 하나님의 피조물이다. 세상은 하나님이 홀로 창조하신 작품이다.

둘째, 하나님은 세상을 견고하게 만드셨다(28절). 하늘에 있는 구름을 견고하게 하셨고, 바다의 샘들이 힘이 있게 창조하셨다. 모든 피조물이 제 기능을 해 낼 수 있도록 튼튼하게 만드셨다. 죄가 이 세상을 강타하기 전의 모습이다. 그러나 언젠가는 자연이 다시 원상태로 왕성하게 회복될 것이다.

셋째, 세상의 이치도 하나님이 정하셨다(29절). 바다의 한계를 정하셔서 육지를 침범하지 못하도록 하셨다. 모든 것이 각자의 자리에서 하나님이 정해 주신 역할을 해 낼 때 세상은 아름답다. 이치를 거스리는 것은 곧 하나님이 정해 주신 역할을 위반하는 것이기 때문이다. 지혜의 가장 중요한 역할은 하나님의 창조 섭리와 세상을 운영하기 위해 정하신 이치를 사람들에게 가르쳐 주는 일이다(cf. 15-16절). 그러므로 사람이 지혜로우려면 신앙이 있어야 한다. 경건한 사람만이 창조주의 섭리와 이치를 이해할 수 있기 때문이다(Kidner).

넷째, 하나님은 세상을 창조하시고 매우 기뻐하셨다(30-31절). 30-31절을 정확히 번역하는 것은 어렵지만(cf. Fox, Koptak, Waltke), 핵심 메시지는 기쁨이다. 기쁨과 연관된 단어가 네 차례 사용되고 있다.

하나님은 지혜와 피조물들을 기뻐하셨고(30절), 지혜는 세상과 사람을 즐거워했다(31절). 또한 지혜 자체가 기쁨이었다(Kidner, Murphy). 세상은 모든 이에게 기쁨을 주는 곳이다. 하나님이 참으로 기뻐하며 창조하셨고, 지혜도 참으로 좋은 곳이라고 증언한다.

지혜는 하나님 곁에서 창조의 모든 과정을 지켜보았기 때문에 이렇게 증언할 수 있다. 하나님은 함부로 말을 하던 욥에게 “내가 천지의 바탕을 놓을 때 너는 거기에 있었느냐?”는 질문을 하신 적이 있다(욥 38:4). 만일 하나님이 지혜에게 이런 질문을 한다면 그는 당연히 “예”라고 대답할 것이다.

‘창조자’(30절)는 참으로 오해의 소지가 많은 번역이다. 자칫 잘못하면 지혜가 하나님과 동일시되는 오해를 낳을 수 있기 때문이다. 지혜는 하나님의 피조물이지, 하나님은 아니다. 또한 창조자로 번역된 단어(אָמוֹן)의 의미는 ‘기술자, 믿을 만한 자, 양육자, 서기관’ 등 다양한 뜻을 지녔다(Clifford, McKane, Scott, Waltke, Whybray, cf. HALOT). 가장 합리적인 해석은 하나님이 천지를 창조하실 때 지혜를 일부 영역에 동원하여 부리셨다는 것이다(Garrett, Skehan, cf. 잠 3:19). 지혜는 창조자가 아니라 ‘조수’(공동, ‘master workman’ NAS, ESV, NRS) 혹은 ‘건축사’(아가페)로 하나님의 창조 사역에 참여하여 ‘그분이 하시는 일을 거들었다’(현대어).

4. 지혜의 결론적 권면(8:32–36)

32 아들들아
이제 내게 들으라
내 도를 지키는 자가 복이 있느니라
33 훈계를 들어서 지혜를 얻으라

그것을 버리지 말라
34 누구든지 내게 들으며
날마다 내 문 곁에서 기다리며
문설주 옆에서 기다리는 자는 복이 있나니
35 대저 나를 얻는 자는 생명을 얻고
여호와께 은총을 얻을 것임이니라
36 그러나 나를 잃는 자는 자기의 영혼을 해하는 자라
나를 미워하는 자는 사망을 사랑하느니라

누가 이 섹션에 기록된 것을 말하는지가 확실하지 않다. 내레이터가 31절에서 마무리된 지혜의 스피치를 이어받아 말하는 것일 수 있다. 일상적으로 지혜는 사람들에게 '아들들'(32절)이라는 호칭을 사용하지 않기 때문이다. 그러나 지혜의 스피치에서 사용되었던 일인칭 단수가 계속 사용되는 것으로 보아 지혜가 계속 말하는 것으로 간주하는 것이 바람직하다. 지혜가 내레이터와 권면하는 아버지 역할을 대신하고 있는 것이다.

지혜는 '…하면 복이 있다'(אַשְׁרֵי)는 양식을 사용하여 말을 이어 가고 있다.

첫째, 지혜가 알려 주는 도를 지키는 사람은 복이 있다(32절). '도/길'(דֶּרֶךְ)은 삶의 방식이다. 지혜가 제시하는 삶의 방식은 선하고 의롭다. 그러므로 지혜를 따라 사는 사람은 복이 있다. 그렇다면 사람이 살면서 어떻게 지혜의 말을 꾸준히 경청할 수 있는가? 훈계를 가볍게 여기지 않는 것이다(33절). '훈계'(מוּסָר)는 훈련이며, 경고와 권고를 포함한다(HALOT). 우리는 주변의 조언과 권면에 귀를 기울일 줄 알아야 한다. 우리가 이 땅에 사는 한 우리의 지혜는 완벽하지 않기 때문이다. 그러므로 꾸준히 배우려는 자세를 지니는 것은 지혜로운 삶에서 가장 중요하다.

둘째, 항상 지혜를 사모하는 사람은 복이 있다(34절). 날마다 문 곁에서, 문설주 옆에서 지혜를 기다리는 사람, 곧 언제든 지혜를 환영하는 사람이다. 새로운 배움과 깨우침을 싫어하거나 두려워하면 안 된다. 사람은 도태되지 않으려면 죽을 때까지 배워야 한다. 지혜를 언제든 맞이하려는 사람은 복이 있다. 지혜를 통해 생명을 얻고 여호와의 은총을 얻을 것이기 때문이다(35절). 하나님이 지혜를 창조하셨고, 지혜를 옆에 두시고 사용하여 세상을 창조하셨으니, 지혜를 가까이하는 사람은 하나님의 은총을 가까이서 경험할 수 있다.

반면에 지혜를 잃는 자는 자기 영혼을 해롭게 하는 결과를 초래할 것이다(36절). 잠언은 이미 여러 차례 지혜가 없어 어리석고 미련한 자들은 죽음으로 치닫는다는 경고를 해 왔다. 지혜를 멀리하는 사람은 자기 영혼(생명)을 해하는 결과를 초래한다. 지혜는 생명을 주는 나무이기 때문이다(잠 3:18). 그러므로 지혜를 미워하는 자는 사망을 사랑한다(36절).

이때까지 자신이 줄 수 있는 축복과 그가 얼마나 사람들을 찾아 나서는지에 대해 스피치를 해온 지혜는 사람들에게 자신과 죽음 사이에 선택하라며 마지막 호소를 하고 있다. 지혜를 미워하는 것은 곧 사망이라는 것이다. 음녀를 찾지 말라고 권면한 7장은 음녀를 찾으면 죽음을 피할 수 없다며 죽음으로 끝을 맺었는데(27절), 이번에는 지혜를 미워하면 죽음을 면하지 못한다며 죽음으로 끝을 맺고 있다. 사람들은 당연히 지혜를 택하고 생명을 얻어야 한다. 그러나 우리의 현실은 일부러 지혜를 미워하고 사망을 택하는 자들이 많다.

II. 지혜를 얻으라는 권면(1:8–9:18)

M. 지혜와 미련한 여인의 초청(9:1–18)

본 텍스트는 1:8에서 시작된 지혜를 얻으라는 권면의 결론이자 절정이다. 저자는 독자들에게 이때까지 지혜와 어리석음에 대해 많은 가르침을 주었으니 어느 쪽을 따를 것인지 각자 결단할 것을 촉구한다. 사람은 지혜와 어리석음 사이에 중립을 지킬 수 없다. 반드시 둘 중 하나를 택해야 한다.

저자는 지혜와 미련한 여인이 어떻게 젊고 어리숙한 사람들에게 호소를 하는가를 묘사하고 평가한다. 이러한 상황은 음녀의 스피치(7장)와 지혜의 스피치(8장)가 대조를 이룬 것과 비슷하다. 더 나아가 이 섹션은 두 여인의 결론적 호소(유혹)로서 7–8장의 절정이라 할 수 있다(Waltke). 단지 지혜가 먼저 말을 하여 순서가 바뀐 것뿐이다.

두 여인(Lady Wisdom, Woman Folly)의 스피치는 비슷한 양식을 취한다. 둘 다 높은 곳에 위치한 집에서 외친다(3, 14절). 두 여인 모두 같은 말로 시작한다: "어리석은 자는 이리로 돌이키라"(4, 16절). 둘 다 사람들을 음식으로 초청한다(5, 17절). 두 여인 모두 격언을 사용한다(12, 17절). 그러나 이 둘이 사람에게 주는 결과는 너무나도 대조적이다. 지혜는 생명을 주지만(6절), 어리석은 여인은 죽음을 준다(18절).

지혜가 필요한 사람은 선택의 기로에 서있다. 한쪽에는 슬기로운 여인이 큰 집에서 들어와 함께 잔치를 하자고 한다. 다른 쪽에는 음란한 여자가 들어와 부적절한 성을 즐기자고 한다. 두 여인의 호소(유혹)에 반응하여 그들을 따르는 사람들은 대조적인 운명을 맞는다. 지혜의 호소에 따르는 자들은 생명을, 미련한 여인의 유혹에 빠지는 자들은 죽음을 맞이한다. 이 섹션은 다음과 같이 두 파트로 구분된다.

A. 지혜의 초청(9:1–12)
B. 미련한 여인의 초청(9:13–18)

II. 지혜를 얻으라는 권면(1:8-9:18)
M. 지혜와 미련한 여인의 초청(9:1-18)

1. 지혜의 초청(9:1-12)

1장 이후로 자녀들을 권면했던 '아버지'가 이 섹션을 진행한다(Koptak). 아버지는 먼저 지혜가 사람들을 초청하는 상황에 대해 말한다. 지혜가 말한다 해서 모든 사람이 듣는 것은 아니다. 결국 선택은 각자의 몫이라는 것이다. 본 텍스트는 다음과 같이 구분될 수 있다.

A. 초청(9:1-6)

B. 결과: 멸망과 생명(9:7-12)

II. 지혜를 얻으라는 권면(1:8-9:18)
M. 지혜와 미련한 여인의 초청(9:1-18)
1. 지혜의 초청(9:1-12)

(1) 초청(9:1-6)

1 지혜가 그의 집을 짓고
일곱 기둥을 다듬고
2 짐승을 잡으며
포도주를 혼합하여
상을 갖추고
3 자기의 여종을 보내어
성중 높은 곳에서 불러 이르기를
4 어리석은 자는 이리로 돌이키라
또 지혜 없는 자에게 이르기를
5 너는 와서 내 식물을 먹으며
내 혼합한 포도주를 마시고
6 어리석음을 버리고 생명을 얻으라

명철의 길을 행하라 하느니라

지혜가 집을 짓고 일곱 기둥을 다듬었다(1절). 지혜의 집은 지혜가 지닌 권위와 존엄성을 상징한다(Clifford, cf. 8:22-31). '기둥'(עַמּוּד)은 집이나 건물을 지탱하는 기둥(beams)일 수도 있고(Clifford, McKinlay, cf. 삿 16:25, 26, 29), 장식이거나(왕상 7:2-22), 세상을 유지하고 있는 기둥(pillars)을 상징할 수도 있다(Van Leeuwen, cf. 시 75:3; 삼상 2:8; 욥 9:6; 26:11). 학자들은 본문이 언급하는 '일곱 기둥'을 여러 가지로 찾아보았다. 잠언 안에서는 1-9장에 실려 있는 7개의 노래라고 하기도 하고(Skehan), 일곱 개의 표제(1:1; 10:1; 22:17; 24:23; 25:1; 30:1; 31:1)라고 하기도 한다(cf. Koptak). 고대 이스라엘의 건축방식과 연관시키기도 하고(Lang), 고대 근동 문헌들을 살펴보기도 했지만, 괄목할 만한 결과는 없다(Cady & Taussig, Lang, Spencer).

가장 가능성이 있는 해석은 하나님이 세상을 7일 동안 창조하신 일과 연관시키는 것이다. 하나님이 완전 수인 '7'일 동안 세상을 완벽하게 창조하신 것처럼 부유한 지혜도 자기 집을 크게 완벽하게 지었다는 것이다(Whybray). 게다가 바로 앞 장에서 지혜는 하나님이 천지를 창조하실 때 주님 곁에서 모든 것을 지켜보았다고 했다(8:22-31). 이러한 정황을 고려할 때 지혜가 자기 집에 일곱 기둥을 세웠다는 것은 사람이 하나님이 창조하신 세상에서 완전히 만족할 수 있는 것처럼, 지혜를 찾는 사람들도 결코 실망하지 않을 것이라는 의미를 지녔다.

지혜는 좋은 집을 짓고 짐승을 잡고 포도주를 섞어 잔칫상을 준비한다(2절). '짐승을 잡으며'(טָבְחָה טִבְחָהּ)는 문자적으로 번역하면 '그녀는 그녀의 잡을 것(짐승)을 잡았다'라는 뜻을 지녔으며, 고기를 먹는 것 자체가 사치였던 고대 근동 사회에서(Whybray), 지혜는 자신이 소유한 짐승들 중에 가장 좋은 것들을 잡았다는 뜻이다(Kitchen). 포도주를 섞는다는 것은 향이나 꿀을 섞어 향기롭게 하는 것이든지(NIDOTTE, cf. 아

8:2), 물을 섞어 손님들이 마시기 편하게 하는 일이다. 고대 사람들은 포도주와 물을 1:8 비율로까지 섞었다(Kitchen). 독한 술은 하나님께 가증한 것이었다(잠 20:1; 31:4, 6; 사 5:11, 22; 24:9). 지혜는 참으로 좋은 집을 짓고 사람들을 불러 '입주 잔치'를 하고자 한다(왕상 8:62-66, cf. Clifford, Niditch).

지혜가 좋은 고기와 술로 준비한 잔칫상 비유는 지혜가 사람의 삶과 영혼을 살찌우게 한다는 뜻이다(Kitchen). 잔칫상이 준비되자 지혜는 여종들을 보내 성중 높은 곳들로 올라가 자신이 준 말을 외쳐 손님들을 초청하도록 한다(3절, cf. 마 22:2-3). 그가 그랬던 것처럼 사람들의 눈에 가장 잘 띄는 곳에서 공개적으로 초청하여 누구든 마음만 먹으면 올 수 있도록 하기 위해서이다(cf. Murphy). 지혜가 여러 여종들을 보내지만, 그들은 오직 지혜의 말만 전한다. 저자는 이러한 사실을 강조하기 위해 지혜가 여종들을 보냈지만, 정작 성중 높은 곳에서 외치는 자는 바로 지혜라며 3인칭 여성 단수 동사(תִּקְרָא)를 사용한다. 누구든 잔치에 올 수 있지만, 주 대상은 생각이 없어 어리석은 자들과 경험이 없어 지혜가 없는 자들이다(4절). 이 잔치는 사람들이 각자 가진 것을 근거로 참석하는 것이 아니라, 각자 부족한 것을 근거로 참석하는 잔치이다(Kitchen).

'어리석은 자'(פֶּתִי)는 어수룩해서 쉽게 유혹에 빠지는 단순한 사람이다(NIDOTTE). '지혜 없는 자'(חֲסַר־לֵב)는 문자적으로 '마음이 없는 자'로 논리적인 체계나 생각이 없는 멍청한 자이다(Kitchen, cf. Longman). 경험이 부족한 젊은 사람과 사고 체계가 뚜렷하지 않은 사람들을 주 대상으로 삼고 있다. 지혜는 마음과 사고 체계가 굳지 않은 사람들에게 가장 도움이 된다(cf. Waltke).

지혜의 초청은 두 가지다. 첫째, 와서 함께 잔치 음식을 나누자는 것이다(5절). 음식과 술을 충분히 준비해 두었으니 실컷 즐기며 기뻐하자는 초청이다. 둘째, 어리석음을 버리고 생명을 얻으라는 초청이다(6

절). '어리석은 자'(פֶּתִי)를 초청한 지혜가(3절) 그들에게 '어리석음'(פְּתָאיִם)을 버리고 생명을 얻으라 한다. 문자적으로 풀이하면 '어리석음을 버리고 살아 있으라'이다. 어리석은 자들은 죽음을 향해 가고 있다며 속히 그 길을 버리고 '살라'(חְיוּ)며 명령문을 사용하여 긴급함과 간절함을 강조하고 있다.

어리석은 자가 살기 위해서는 어리석음을 버리고 명철의 길을 가야 한다(6절). 이 말씀은 결정을 요구한다. 어리석은 자가 지혜와 함께 먹고 즐기려면 먼저 자신이 속한 어리석은 공동체를 버리겠다고 결단해야 한다(Ortlund). 하나를 버리지 않고는 다른 하나를 얻을 수 없다.

이 순간에 아무것도 결정하지 않는 것도 결정이다(Koptak). '명철의 길'(דֶּרֶךְ בִּינָה)은 지혜로운 삶은 한순간에 있는 일이 아니라, 평생 노력해야 한다. 그러므로 기자는 마치 사람이 길(여정)을 가는 것처럼 명철과 평생 동행하는 것이 생명을 얻는 길이라고 한다. '명철'(בִּינָה)은 자신이 처한 상황에 대한 이해력과 판단력이다(NIDOTTE).

> II. 지혜를 얻으라는 권면(1:8–9:18)
> M. 지혜와 미련한 여인의 초청(9:1–18)
> 1. 지혜의 초청(9:1–12)

(2) 결과: 멸망과 생명(9:7–12)

7 거만한 자를 징계하는 자는 도리어 능욕을 받고
악인을 책망하는 자는 도리어 흠이 잡히느니라
8 거만한 자를 책망하지 말라
그가 너를 미워할까 두려우니라
지혜 있는 자를 책망하라
그가 너를 사랑하리라
9 지혜 있는 자에게 교훈을 더하라

그가 더욱 지혜로워질 것이요
의로운 사람을 가르치라
그의 학식이 더하리라
10 여호와를 경외하는 것이 지혜의 근본이요
거룩하신 자를 아는 것이 명철이니라
11 나 지혜로 말미암아 네 날이 많아질 것이요
네 생명의 해가 네게 더하리라
12 네가 만일 지혜로우면
그 지혜가 네게 유익할 것이나
네가 만일 거만하면
너 홀로 해를 당하리라

일부 학자들은 이 섹션이 잠언이 저작된 이후 훗날 삽입된 것이라고 한다. 일부 마소라 사본에서 9-10절이 없거나 10-12절이 삭제되었기 때문이다(cf. Fox). 그러나 내용을 보면 이미 지혜가 한 말과 별반 다르지 않다(cf. 1:20-33; 8:1-36). 전혀 새로운 내용이 아니므로 원본에 있었던 것을 필사가들이 실수하여 일부를 삭제한 것으로 생각된다.

지혜가 사람들을 초청하여 잔치를 하는 상황을 묘사한 아버지는 지혜가 모든 사람에게 유효한 것은 아니라고 한다. 그러므로 차라리 악하고 거만한 자들은 상종하지 않고 내버려두는 것이 좋다고 조언한다. 거만한 자들을 징계하면 도리어 능욕을 받고, 악인을 책망하는 자는 도리어 흠이 잡힌다(7절). '거만한 자'(לֵץ)는 누가 조언을 하면 비웃는 사람이다(NIDOTTE). 그러므로 22:10은 "거만한 자를 쫓아내면 다툼이 쉬고 싸움과 수욕이 그치느니라"며 그를 가르칠 생각은 하지도 말고 내쫓으라고 한다.

이런 사람은 이웃의 '징계'(יסר, 책망)를 받아들이지 않고 오히려 그들을 능욕한다. 언젠가는 하나님이 거만한 자들(비웃는 자들)을 비웃으실 것이다(3:34). '능욕'(קָלוֹן)은 수치와 모멸감을 준다는 뜻이다(TWOT). '악인'(רָשָׁע)은 명백한 죄를 짓는 자이다. 이런 사람들은 별 죄책감을 느끼지 못하며 죄를 짓기 때문에 그들을 책망하면(יכח, 다투면) 도리어 흠을 잡는다. '흠'(מוּם)은 결함이나 자국을 뜻한다(HALOT). 두고두고 문제를 삼을 것이다.

이런 사람들은 아예 상종을 하지 않는 것이 최선이다. 예수님의 "거룩한 것을 개에게 주지 말며 너희 진주를 돼지 앞에 던지지 말라 그들이 그것을 발로 밟고 돌이켜 너희를 찢어 상하게 할까 염려하라"(마 7:6)는 말씀이 생각난다. 그러므로 아버지는 거만한 자와 다투지 말라고 한다(8a절). 이런 사람에게 조언은 아무 소용이 없고 오히려 관계만 나빠진다. 조언한 일로 인해 그가 조언한 사람을 미워할 것이기 때문이다(8b절). 예수님의 "귀 있는 자는 들을 지어다"라는 말씀이 생각난다. 우리는 '귀 있는 사람들'에게만 조언을 해야지, '귀 없는 사람'은 아예 멀리 하는 것이 낫다.

교만한 자들과 악인들과는 상종하지도 말라고 한 아버지는 지혜 있는 자에게는 책망을 아끼지 말라고 한다(8c절). 지혜로운 사람은 이웃의 조언에 귀를 기울일 줄 알 뿐만 아니라 반긴다. 그는 이웃의 책망이 그가 더 지혜롭게 되는 지름길이며, 그를 사랑하고 염려해서 하는 말이라는 것을 잘 안다. 물론 이웃의 책망은 그의 마음을 아프게 할 수도 있다. 그러나 그가 '잘 되기를 바라는 마음'에서 한 것이기 때문에 고마워하고 조언한 이웃을 더 사랑한다(8d절). 지혜로운 사람은 이웃의 책망이 '사랑의 매'라는 사실을 안다. 그러므로 징계와 책망에 대한 사람들의 반응은 그들의 인격을 가름하는 리트머스(Litmus) 테스트이다(Wilson).

지혜는 '부익부 빈익빈' (富益富 貧益貧) 현상을 가중시킨다(9절). 지혜롭지 못한 악인들은 아예 상종하지 말라고 했던 아버지는 징계를 감사히 받아들이는 지혜로운 사람들에게는 더 많은 교훈을 주어 더 지혜롭게 하라고 한다. 예수님의 "무릇 있는 자는 받아 넉넉하게 되되 무릇 없는 자는 그 있는 것도 빼앗기리라"(마 13:12)는 말씀을 생각나게 한다.

사람이 남에게 지혜를 전수해 주다 보면 자신도 더 지혜로워진다. 배움을 거부한 어리석은 자들은 더 어리석어지고, 조언을 감사히 받는 지혜로운 사람들은 더 지혜로워진다. 그러므로 지혜와 어리석음의 가장 기본적인 차이는 배우려는 마음가짐에 있다. 아버지는 이어 의로운 사람(צַדִּיק)을 가르치면 그가 '학식'(הוֹדַע)을 더 할 것이라며 지혜 있는 사람은 의로우며, 나날이 학식(지식)을 더하는 사람이라 한다(9c-d절). 지혜와 학식은 같은 말이다(Longman, cf. 1:7). 지혜는 의로운 삶을 통해 꽃을 피우고, 꾸준히 지식을 쌓으려는 노력을 통해 더 고귀해진다.

그러나 모든 학식(지식)이 사람을 지혜롭게 하는 것은 아니다. 아버지는 오직 '여호와를 경외하는 것'이 지혜의 근본이라며, 창조주 하나님을 아는 지식과 명철을 쌓아가라고 권면한다(10절). 어리석은 자들에게 '여호와를 경외하는 것'(יִרְאַת יְהוָה)은 두려움과 공포를 자아내지만, 지혜로운 사람들에게는 존경과 감동을 준다(Kitchen). 지혜로운 사람들에게 '여호와를 경외하는 것'은 여호와께서 '지혜의 길(삶)'을 보장하시기 때문에 그를 매우 존경한다는 뜻이다(Clifford). 잠언이 지속적으로 여호와를 경외하는 일을 언급하는 것은 이 책이 도덕적 윤리(virtue ethics)에 관한 것이 아니라 신앙에 관한 것임을 암시한다(Pauw).

지혜로운 사람의 정반대인 거만한 사람은 하나님을 의지하지 않고 자신을 의지하는 자이다(cf. 7, 12절). 하나님을 의지하지 않는 거만한 사람들은 절대 지혜로울 수 없다. 반면에 지혜로운 사람은 겸손히 하나님을 의지하며 주님을 경외한다. 지혜의 창조자인 하나님은 그를 경외하는 사람들에게 지혜를 복으로 내려 주신다. 그러므로 참 지혜는 하나님을 경외하며 우리가 추구해야 할 참 지식이다.

지혜는 사람들에게 장수를 줄 수 있다(11절). 지혜는 우리가 창조주 하나님이 정하신 테두리를 존중하며 살게 하기 때문에 주님의 섭리와 이치에 따라 오래 살게 한다. 고대 사람들에게 장수는 사람이 누릴 수 있는 가장 큰 축복이었다. 지혜는 당시 사람들이 가장 갖고 싶어하던 것을 약속한다. 그러므로 지혜는 받아들이는 사람에게 참으로 유익하다(12절). 그러나 거만하여 지혜를 거부하면 홀로 해를 당할 것이다. 지혜를 거부하는 사람은 스스로 대가를 치러야 한다는 뜻이다. 이 말씀은 지혜 있는 사람은 항상 공동체를 형성하거나 공동체를 섬기려 하지만, 거만한 사람은 스스로 자신을 소외시키고 그 소외감을 가중시킨다는 의미이다(Davis).

칠십인역(LXX)은 12절을 조금 다르게 번역하고 있으며, 이후 긴 문장을 더했다: "네가 만일 지혜로우면, 너는 네 이웃을 위해서도 지혜로울 것이다. 그러나 만일 네가 악하면, 너는 홀로 악의 대가를 치러야 한다. 거짓 위에 머무는 자는 바람을 다스리려는 것과 같고, 싸우는 새들을 잡으려는 것과 같다. 그는 자기 포도원으로 가는 길을 저버리고, 자기 농사의 차축(axles)을 딴 길로 가게 하는 사람이다. 그는 메마른 사막과 기근이 심한 땅을 지나가며 그의 손으로 얻는 것은 아무것도 없다." 어리석은 자는 완전히 망할 것이며 어떠한 수확도 얻지 못할 것이라는 말이다.

II. 지혜를 얻으라는 권면(1:8-9:18)
M. 지혜와 미련한 여인의 초청(9:1-18)

2. 미련한 여인의 초청(9:13-18)

앞 섹션에서 아버지는 지혜의 초청과 상반되는 반응에 대해 말했다. 지혜의 부름에 응하는 사람은 생명을 얻을 것이지만, 어리석은 자는 지혜를 거부하고 스스로 죽음의 길을 선택한다. 이제 아버지는 미련한 여인의 유혹과 그 유혹에 빠지면 어떤 일이 벌어지는가를 설명한다. 본 텍스트도 초청과 결과 두 부분으로 나뉜다.

A. 초청(9:13-17)

B. 결과(9:18)

II. 지혜를 얻으라는 권면(1:8-9:18)
M. 지혜와 미련한 여인의 초청(9:1-18)
2. 미련한 여인의 초청(9:13-18)

(1) 초청(9:13-17)

[13] 미련한 여인이 떠들며
어리석어서 아무것도 알지 못하고
[14] 자기 집 문에 앉으며
성읍 높은 곳에 있는 자리에 앉아서
[15] 자기 길을 바로 가는 행인들을 불러 이르되
[16] 어리석은 자는 이리로 돌이키라
또 지혜 없는 자에게 이르기를
[17] 도둑질한 물이 달고
몰래 먹는 떡이 맛이 있다 하는도다

13절은 이 여인을 세 가지로 묘사한다: '미련한 여자, 떠드는 여자, 아무것도 모르는 여자.' 미련한 여인(Woman Folly)도 창녀가 그랬던 것처럼(7:11) 떠들어 대며 사람들을 불러 모은다. 본문에서 '떠들다'(המה)는 무식하고 단순한 사람이 뱉어내는 혼란스럽고 자극적인 말을 뜻한다(Longman). 지혜는 여종들을 보내 사람들을 초청했지만, 미련한 여인은 직접 한다. 이외에도 미련한 여인은 여러 모로 지혜를 따라하지만, 별 의미 없는 흉내일 뿐이다.

아버지는 그녀를 '미련한 여인'(אֵשֶׁת כְּסִילוּת)이라 하는데(13절), 지능이나 지식이 부족한 것이 아니라 거만과 오만을 강조하는 표현이다(cf.

HALOT). 그녀는 어리석어서 아무것도 알지 못한다고 하는데, '어리석음'(פְּתַיּוּת)은 통찰력을 의미하는 '명철'(בִּינָה)의 반대말이다. 그녀의 문제는 분별력과 상황판단 능력이 떨어진다는 점이다. 더 큰 문제는 그녀는 자신이 이렇게 어리석다는 사실을 모른다는 사실이다. 그녀는 아무것도 모르기 때문이다.

미련한 여인도 지혜처럼 자기 집 문에서, 또한 성읍 높은 곳에서 길 가는 사람들을 부른다(14절). 그녀도 지혜처럼 어리석은 자와 지혜 없는 자들을 주 대상으로 삼는다(16절, cf. 4절). 그러나 이 두 여인의 초청에는 큰 차이가 있다. 지혜는 초청한 사람들에게 우둔함과 어리석음을 내려놓고 생명을 얻으라고 한다. 반면에 미련한 여인은 초청한 사람들의 우둔함과 어리석음을 제물로 삼아 죽음으로 인도하려고 한다(Yoder).

지혜는 사람들에게 자신이 정성껏 준비한 잔치 음식을 먹으라고 했는데(2절), 미련한 여인은 '도둑질한 물이 달고 몰래 먹는 떡이 맛있다'며 어리석은 자들을 유혹한다(17절). 5장에서 '물'은 부부 사이의 성관계를 뜻했다(cf. 5:15-20). 그러므로 도둑질한 물은 불륜이다. '몰래 먹는 떡'도 불륜에 대한 비유이다(Garrett, Koptak, Murphy, Pauw, Whybray, cf. 7:6-20, 30:20). 이러한 비유를 우상숭배로 유혹하는 것으로 해석하는 이들도 있다(Perdue). 그러나 이 여인은 부적절한 성관계로 미련한 자들을 유혹한다.

II. 지혜를 얻으라는 권면(1:8-9:18)
M. 지혜와 미련한 여인의 초청(9:1-18)
2. 미련한 여인의 초청(9:13-18)

(2) 결과: 죽음(9:18)

18 오직 그 어리석은 자는

죽은 자들이 거기 있는 것과
그의 객들이 스올 깊은 곳에 있는 것을
알지 못하느니라

사람들은 그녀의 집에는 죽은 자들이 있고, 그녀의 손님들은 스올 깊은 곳에 있는 것을 알지 못한다. 어리석은 여자는 불륜이 재미있다며 손님들을 죄로 유혹한다. 그러나 그녀의 집은 이미 유혹을 당했다가 죽음을 면하지 못한 사람들로 가득하다. 만일 이 순간 유혹의 기로에 서 있는 어리석은 자가 그녀를 따라가면, 그도 죽음을 면하지 못할 것이라는 경고이다. 아버지는 아들이 절대 이 여인을 따라가지 않을 것을 간절히 바란다.

III. 솔로몬의 첫 번째 잠언집
(10:1-22:16)

긴 서론(1-9장)이 끝나고 드디어 지혜에 대한 구체적인 가르침이 시작된다. 이 섹션의 표제인 '솔로몬의 잠언이라'(10:1)가 새로운 섹션이자 두 번째 주요 부분의 시작을 알린다. 대부분 학자들은 책의 세 번째 주요 섹션의 시작을 22:17로 본다. 22:17-21이 30가지 교훈에 대해 소개하고, 이어 22:22-24:22이 30가지의 교훈을 나열하기 때문이다.

또한 '솔로몬'(שְׁלֹמֹה)이라는 이름이 지닌 숫자적 가치(히브리 사람들은 아라비아 숫자를 사용하지 않고 알파벳 자음들로 숫자를 표기함)를 계산해보면 총 375(ש=300, ל=30, מ=40, ה=5)가 되는데, 10:1-22:16에는 정확히 375개의 가르침이 있다(Skehan). 그러므로 대부분 학자들은 이러한 상황이 편집자들의 의도에 의한 것이라 간주하여 22:16에서 이 섹션이 마무리되어야 한다고 한다(cf. Kitchen, Murphy, Skehan, Waltke, Whybray). 솔로몬은 잠언 3,000개를 했다고 한다(왕상 4:32). 만일 숫자 3,000을 실제 숫자로 받아들인다면, 본 텍스트에 기록된 375개는 약 12.5%에 달한다. 솔로몬의 잠언은 25:1-29:27에서도 발견된다.

본 텍스트는 10:1-15:33과 16:1-22:16 두 파트로 구분된다. 첫 번째 파트(10:1-15:33)는 의인과 악인에 대한 대조적인(antithetical) 가르침의 모음집이다. 예를 들자면 10:1은 "지혜로운 아들은 아버지를 기쁘게 하지만, 미련한 아들은 어머니의 근심거리다"라며 지혜로운 아들과 미련한 아들을 대조하며, 또한 의인은 부모에게 기쁨을, 악인은 근심을 안겨 준다고 한다.

이어지는 두 번째 파트(16:1-22:16)에서는 연륜이 많은 사람이 삶에서 얻은 통찰력을 바탕으로 가르침을 주는 듯하며 대조적인 가르침보다는 평행적인(일행과 이행이 비슷하거나 평행을 이루는) 교훈이 주류를 이룬다. 우리의 눈에 보이는 것이 실체의 다가 아니며, 창조주께서는 같은 사안을 우리가 보는 관점과 다른 각도에서 보고 판단하고 개입하실 수 있다는 가르침이 많다. 예를 들자면 16:1은 "계획은 사람이 세우지만 결정은 주님께서 하신다"며 사람이 아무리 선한 계획을 세운다 해도, 하나님이 허락해야 비로소 실현된다는 가르침을 준다. 그러므로 솔로몬의 첫 번째 잠언집이라 할 수 있는 본 텍스트는 다음과 같이 두 파트로 구분된다.

A. 상반되는 지혜 모음집(10:1-15:33)
B. 통찰적인 지혜 모음집(16:1-22:16)

III. 솔로몬의 첫 번째 잠언집(10:1-22:16)

A. 상반되는 지혜 모음집(10:1-15:33)

잠언은 특성상 매우 다양한 가르침을 반영하지만, 이 모음집이 다루는 주제도 매우 다양하다(cf. Garrett, Kitchen). 이 섹션의 특징은 평행적 가르침(1행의 가르침을 2행이 더 발전시키는 것)과 지속적 가르침(1행의 가르침을 2행이 어어서 말하는 것)을 포함하고 있기는 하지만, 대부분 지혜로운 사람과 어리석은 사람의 대조되는 면을 부각시키는 가르침으로 구성되었다는 점이다(Whybray). 다음 표제들은 각 섹션의 전반적인 파악이며 세부적인 사항들 중 일부는 전체를 아우르는 표제와 다를 수 있다.

A. 상반되는 가르침 모음집 시작(10:1–8)
B. 선과 악에 대한 가르침(10:9–32)
C. 선과 악에 대한 추가적 가르침(11:1–31)
D. 훈육과 지혜 사랑(12:1–28)
E. 지혜로운 조언 경청(13:1–25)
F. 지혜로운 여인이 지은 집(14:1–35)
G. 상반되는 가르침 모음집 끝(15:1–33)

III. 솔로몬의 첫 번째 잠언집(10:1–22:16)
A. 상반되는 지혜 모음집(10:1–15:33)

1. 상반되는 가르침 모음집 시작(10:1–8)

1 솔로몬의 잠언이라
지혜로운 아들은 아비를 기쁘게 하거니와
미련한 아들은 어미의 근심이니라
2 불의의 재물은 무익하여도
공의는 죽음에서 건지느니라
3 여호와께서 의인의 영혼은 주리지 않게 하시나
악인의 소욕은 물리치시느니라
4 손을 게으르게 놀리는 자는 가난하게 되고
손이 부지런한 자는 부하게 되느니라
5 여름에 거두는 자는 지혜로운 아들이나
추수 때에 자는 자는 부끄러움을 끼치는 아들이니라
6 의인의 머리에는 복이 임하나
악인의 입은 독을 머금었느니라
7 의인을 기념할 때에는 칭찬하거니와

악인의 이름은 썩게 되느니라
8 마음이 지혜로운 자는 계명을 받거니와
입이 미련한 자는 멸망하리라

'솔로몬의 잠언이라'는 표제가 새로운 모음집의 시작을 알린다. 이 문장이 지금부터 전개되는 가르침이 모두 솔로몬이 직접 한 말이라는 것인지, 그의 신하들이 여러 출처에서 모았다는 뜻인지, 혹은 훗날 여러 편집자들이 솔로몬을 기념하며 기록한 것인지 정확히 알 수는 없다. 솔로몬이 백성들을 가르치며 직접 한 말을 모아 놓은 것으로 간주해도 별문제는 없다.

솔로몬의 첫 번째 가르침은 지혜로운 아들과 미련한 아들을 대조한다(1절). '지혜로운 아들'(cf. 13:1; 15:20; 23:24)은 부모에게 기쁨을 준다. '기쁘다'(שׂמח)는 마음(출 4:14; 시 19:8; 104:15)과 영혼(시 86:4)과 눈(15:30) 등 온 사람을 즐겁게 한다는 뜻을 지녔다(Kitchen). '미련한 아들'(17:25; 19:13)은 부모에게 근심거리일 뿐이다(17:21, 25; 19:13). 이런 아들은 부모에게 근심을 안겨줄 뿐만 아니라, 도리어 부모를 무시하고 업신여긴다(15:20).

자식들은 부모를 기쁘게 하거나 슬프게 하는 것을 피할 수는 없다(17:21, 25; 23:24–25; 28:7; 29:3). 또한 고대 근동에서 자식들은 집안에 명예를 안겨 줄 수도 있고, 수치를 안겨 줄 수도 있었다(cf. Clifford). 온 집안이 큰아들의 이름에 따라 '~의 집'이라고 불렸다. 지금도 일부 아랍 사회에서는 아들이 있는 사람은 큰아들의 이름에 따라 '~의 아버지'로 불리는 것이 일상적이다(Koptak). 자식들은 집안의 명예를 드높이기도 하고, 낮추기도 하는 가장 중요한 요인이었다. 그러므로 이 말씀은 집안의 명예에 관한 것이지 기쁨과 근심에 관한 것이 아니다.

이 말씀은 부모들이 정상적이거나 지혜롭고 경건하다는 것을 전제한다. 또한 이 부모들은 자신들이 속한 공동체를 매우 중요시 여긴다.

그러므로 자식들이 집안의 명예에 끼치는 영향에 대해 매우 민감하다. 악하고 어리석은 부모들은 자식들이 지혜롭건 미련하건 별로 개의치 않는다. 또한 공동체가 그들을 어떻게 생각하느냐에 대하여도 별로 관심이 없다.

'지혜로운 아들'(בֵּן חָכָם)은 서론(1-9장)이 정의한 지혜(명철, 지식, 경건 등등)를 어느 정도 지녔고, 계속 추구하는 자녀를 두고 하는 말이다. '미련한 아들'(בֵּן כְּסִיל)은 거만하고 어리석을 뿐만 아니라, 자신이 지혜가 부족하다는 것도, 또한 지혜가 삶에 꼭 필요하다는 것도 느끼지 못한다. 또한 자신이 부모에게 수치를 안겨 준다는 사실도 깨닫지 못한다. 미련한 자의 가장 큰 비극은 자신의 상태를 깨닫지 못하는 것과 그가 집안에 수치를 안겨 준다는 사실을 깨닫지 못하는 것에 있다.

솔로몬의 두 번째 가르침은 불의의 재물과 공의를 대조한다(2절). 잠언은 정당하게 얻은 재물은 하나님이 축복으로 주신 귀한 것이라고 한다(8:21). 그러나 재물을 쌓는 것이 삶의 목적과 목표가 되어 수단과 방법을 가리지 않으면 나중에는 그 사람을 죽일 수도 있다(21:6, 20). '재물'(אוֹצָר)은 구약에서 우상숭배와 연관되는 등 항상 부정적인 의미를 지녔다(TWOT). 더욱이 '불의의 재물'(אוֹצְרוֹת רֶשַׁע)은 부도덕하고 악한 수단과 방법으로 모은 재산이며(공동, 믹 6:10), 하나님이 미워하신다. '공의'(צְדָקָה)는 정직하고 올바르다는 뜻이지만(Ross), 본문에서는 '불의의 재물'과 대조되는 것으로 보아 자신이 소유한 재물로 이웃에게 자비와 긍휼을 베푼다는 의미를 지녔다(Waltke, cf. 단 4:27; 시 22:31; 31:1; 51:14; 69:27; 103:17; 143:1, 11).

우리가 살면서 쌓고 모으는 것은 큰 위기를 당할 때 진가를 발한다. 부정한 방법으로 모은 재물은 무익하다(1:11-14, 18-19; 10:16; 13:11; 16:8; 21:6; 28:16). 이런 재물을 모으면 많은 사람들에게 자비를 베푸는 것이 아니라 상처를 준다. 심지어는 이웃의 원한을 살 수도 있다. 이렇게 재산을 모은 부자가 위기에 처하면 그 누구도 도우려 하지 않을 것이다. 심지어는 많은 돈을 약속해도 별 효과가 없다. 위기는 어느 정도 모면할지 몰라도 돕는 이들의 마음은 살 수 없기 때문이다.

반면에 정직하고 올바르게 살면서 재물로 사람들에게 자비를 베풀면 많은 사람들의 존경을 받는다. 의롭게 산다는 것은 의로우신 하나님이 그와 함께하신다는 것을 전제한다(Koptak). 또한 의롭게 사는 것은 이웃들의 인권과 재산권을 존중할 뿐만 아니라, 그들의 권리가 부당하게 침해당할 때 침묵하지 않는 것이다. 그러므로 이처럼 의롭게 살았던 사람이 위기에 처하면 예전에 그의 도움을 받았던 사람들이 발 벗고 나서 그를 도울 것이다. 심지어는 그의 생명을 위협하는 상황에도 개입하여 그를 도울 것이다. 본문이 영적인 죽음을 혹은 육체적인 죽음을 혹은 영원한 죽음을 뜻하는지는 알 수 없으며 중요하지도 않지만, 내세관이 뚜렷하지 않은 구약에서는 육체적인 죽음을 의미할 때가 가장 많다. 솔로몬은 이 말씀을 통해 불의의 재산을 모으는 것보다 자비롭게 베풀며 사는 것이 더 복되다고 한다. 의로우신 하나님이 도와주셔야 피할 수 있는 환난을 당할 때는 더욱더 그렇다.

솔로몬의 세 번째 가르침은 의인의 영혼과 악인의 소욕을 대조한다(3절). '의인'은 2절의 '공의'와 같은 단어에서 파생했다. 그러므로 의인은 곧 공의를 행하는 사람이다. '악인'도 2절의 '불의'(רָשָׁע)와 같은 단어에서 파생했다. 그러므로 악인은 부도덕하여 온갖 죄를 짓는 사람이다. '의인의 영혼'(נֶפֶשׁ צַדִּיק)은 문자적으로 '의인의 목구멍'이다(HALOT). 그러므로 의인의 식욕을 상징할 수도 있다(Waltke). 솔로몬은 2절에서 불의의 재물은 무익하다고 했다. 악인의 재물은 그가 배불리 먹는 것을 보장하지 못한다. 반면에 본문은 여호와께서 경건하고 거룩하게 사는 사람은 배고프지 않도록 그를 먹이실 것이라고 한다. 주님께서 그의 삶에 함께 하고 계시기 때문에 의식주도 살펴 주신다(cf. 시 37:19, 25; 잠 13:21). 이 단어(נֶפֶשׁ)를 '목구멍'이 아니라 '영혼'으로 해석하면 하나님이 우리의 비(非)육체적인 모든 필요를 채우신다는 뜻이 된다

(Kidner, cf. 23:2). 둘 다 충분히 가능한 해석이다.

'악인의 소욕'(הַוַּת רְשָׁעִים)은 악인이 이루고자 하는 욕심과 욕망이다(NIDOTTE). 그러므로 이 말씀이 대조하는 것은 의인의 열망과 악인의 욕망이다. 의인들은 많은 것을 욕심내지 않는다. 설령 무엇을 이루고자 해도 경건하고 거룩한 것들이다. 하나님이 그들을 먹이시기 때문이다. 반면에 하나님의 보호없이 스스로 세상을 살아야 하는 악인들은 많은 것을 욕심낸다. 그들은 물질적인 것뿐만 아니라 그 이상의 것들도 욕심을 낸다(Kitchen). 그들이 욕심을 내는 것들은 모두 악한 것들이다. 그러므로 여호와께서 악인들을 결코 이루어지지 않을 그들의 욕망에 사로잡혀 살게 하실 것이다(McKane). 혹은 사람이 계획한 바를 이루시는 하나님이(cf. 16:1) 그들의 경망스러운 욕심을 물리치실 것이다. '물리치다'(הדף)는 매우 강력한 행동을 전제하는 단어로 자리에서 밀어낸다는 뜻을 지녔다(NIDOTTE, cf. 신 6:19; 9:4; 수 23:5). 하나님은 악인들의 계획과 욕심이 이루어지지 않도록 밀어내실 것이다.

솔로몬의 네 번째 가르침은 손을 게으르게 놀리는 자와 손이 부지런한 자를 대조한다(4절). 잠언은 게으름과 부지런함을 자주 대조한다(6:6-11; 12:11, 24, 27; 13:4; 14:23; 18:9; 27:23-27; 28:19). '게으른 손'(כַּף־רְמִיָּה)은 '느슨한 손바닥'이라는 뜻이며 아무 일도 하지 않고 무료하게 시간을 보내는 사람보다는 하는 일에 온전히 마음을 담지 않고 대충하는 사람을 상징한다(Kitchen, cf. TWOT, 12:24, 27; 19:15). 자신이 하는 일의 질에 상관하지 않는, 노동윤리가 결여된 사람이다. 이런 사람은 가난하게 된다. 게으름은 스스로 가난을 자청하는 것이다.

'부지런한 손'(יַד חָרוּצִים)은 문자적으로 '날카로운 손'이라는 의미를 지녔으며(cf. 사 28:27; 41:15; 암 1:3; 욥 41:30) 해야 할 일을 마다하지 않고 성실하고 부지런하게 효율적으로 해내는 사람을 상징한다(TWOT). 솔로몬이 일 중독자를 염두에 두고 하는 말이 아니다(Kitchen). 그는 해야 할 일을 미루지 않고 그때그때 성실하게 해낸다. 그러므로 부지런한 사람은 당연히 부유하게 된다. 그의 노동이 결실을 맺은 것이다. 앞 절(3절)에서는 하나님이 정직한 사람을 주리지 않게 하신다고 했는데, 이 절에서는 하나님이 그를 주리지 않게 하기 위해 사용하시는 가장 흔한 방법인 부지런함을 말한다.

이 가르침은 때와 장소를 가리지 않고 언제, 어디서든 유효한 것은 아니다(cf. Murphy). 농경 사회처럼 육체적 노동이 중심이 되는 사회에서는 아직도 맞는 말씀이다. 그러나 자본주의 세상이나 생산 라인이 자동화되거나 인공지능(AI)이 중심 주체가 되는 사회에서는 제한적인 의미를 지닐 수밖에 없다. 이런 사회에서는 사람이 아무리 부지런해도 가난할 수 있기 때문이다. 오히려 게으르게 손을 놀리는 사람이 부자가 될 수 있다. 그러므로 '부모의 재력도 능력'이고 '금수저—흙수저' 말이 나온다.

솔로몬의 다섯 번째 가르침은 여름에 거두는 아들과 추수 때 자는 아들을 대조한다(5절). 부지런함과 게으름을 대조하기 때문에 4절의 가르침을 더 강화한다고 할 수 있다. 여름에 거둔다는 것은 곡식과 과일 등이 수확할 기회가 생기자마자 곧바로 거두어들인다는 뜻이다(cf. 6:6). "하려고 하면 길이 보이고, 하지 않으려고 하면 핑계가 보인다"는 말이 있다. 인류 역사를 살펴보면 역사를 바꿔 놓은 가장 중요한 일들은 누가 하고 싶어서가 아니라 해야 하는 일이라서 한 일들이다(Kitchen). 그들은 느낌이 좋지 않다며 수많은 핑계를 댈 수 있었지만, 기회가 주어지자 이러한 감정을 짓누르고 해야 할 일을 해서 역사를 바꿔 놓았다.

부지런한 사람은 부모에게 지혜로운 아들이자 자랑스러운 자녀이다. '지혜로움'(מַשְׂכִּיל)은 잠언에서 19차례 사용되며 이번에 세 번째이다(1:3; 3:4; 10:5, 19; 12:8; 13:15; 14:35; 15:24; 16:20, 22, 24; 17:2, 8; 19:11, 14; 21:11, 12, 16; 23:9). 사람이 지혜롭다는 것은 자신이 하고자 하는 행동을 여러 측면에서 생각해 보고 가장 현명한 결정을 내리는 것을 뜻한다(TWOT). 그러므로 부지런히 자기 먹을 것을 쌓아 두는 사람은 현명한 사람이다(cf. 6:6-8). 부모는 이런 자녀를 볼 때마다 그가 충분히 홀로 설 준비가 되어 있다며 기뻐한다. 독립은 경제 능력을 전제하기 때문이다.

그런데 추수할 시즌이 임했는데도 곡식을 거두어들이기는커녕 잠만 자는 게으른 아들이 있다! '잠자다'(רדם)는 주변의 상황을 전혀 깨닫지 못하는 깊은 잠을 자는 것을 뜻한다(Waltke, cf. 삿 4:21; 단 8:18; 시 76:6). 깊은 잠에 빠진 아들은 곡식이 들에서 썩게 할 것이고, 과일과 열매가 땅에 떨어지게 할 것이다. 잠언은 미래를 준비할 수 있는 기회가 주어졌는데도 움직이지 않는 게으름을 맹렬하게 비난한다(6:9-11; 13:4; 15:19; 19:15; 20:13; 24:30-34; 28:19, 20). 이런 자녀는 부모에게 '부끄러움을 끼친다'(בוש). 큰 모멸감과 수치를 준다는 뜻이다. 본문이 여름에 거두는 자를 지혜로운 아들이라고 했기 때문에, 이 게으른 아들을 '어리석은 아들'로 표기하는 것이 당연하다. 그러나 솔로몬은 그를 '부끄러움을 끼치는 아들'이라 한다. 이러한 표기법을 '관계적 대체'(substitution of relationship)라고 하며 어리석은 자는 수치를 유발시킨다며 미련함과 수치를 연관시킨다(Burke).

게으름은 단순히 그 어리석은 자에게만 영향을 미치는 것이 아니라, 온 집안과 그가 속해 있는 공동체에도 부정적인 영향을 끼친다. 그러므로 이런 자를 어리석다고 하기에는 부족하며 부모에게 수치를 안기는 자라는 표현이 더 적절하다(Koptak). 이런 자녀의 가장 큰 문제는 자신이 게으르다는 것을 인정하지 않고 자신이 집안과 공동체에 해를 끼친다는 것을 알지 못하는 것에 있다.

솔로몬의 여섯 번째 가르침은 의인의 머리와 악인의 입을 대조한다(6절). 머리는 사람의 모든 것을 상징한다. 그러므로 '의인의 머리'(צדיק ראש)에 복이 임하는 것은 하늘에 계시는 여호와께서 그의 삶에 복을 내리셔서 행복하고 풍요롭게 하신다는 것이다(Waltke, cf. TWOT, 창 48:14-22). 그는 하나님의 축복 아래 살고 있다.

사람은 입을 통해 가장 많은 죄를 짓는다. 또한 입을 통제하는 것은 각자의 몫이다. 악인의 입은 독을 머금었다고 하는데, '머금다'(כסה)는 숨긴다는 뜻이다. 그러므로 일부 주석가들은 악인들은 자신의 입(말)으로 온갖 폭력을 가리는 것(McKane, Ross, cf. NAS), 혹은 온갖 폭력이 말을 가리는 것으로 해석한다(Kidner, cf. NIV). 그러나 이 말씀은 의인이 받는 축복과 악인이 받는 저주(심판)를 대조한다. 그러므로 악인이 쏟아 내는 말이 가리는 것은 그들이 받을 하나님의 심판이다. 그들은 창조주의 어떠한 제재도 받지 않을 것처럼 말하지만, 실상은 그들이 말로 인해 받을 심판을 숨기고 있다는 뜻이다(Delitzsch, Kitchen).

솔로몬의 일곱 번째 가르침은 의인과 악인의 이름을 대조한다(7절). 사람들이 의인을 떠올릴 때에는 그를 칭찬하기 바쁘다(cf. 잠 22:1; 전 7:1). 그의 신앙과 선행이 그를 그립게 할 것이다. 솔로몬은 '악인의 이름'과 대조를 이루는 '의인의 이름'을 언급하지 않고 '의인'(צַדִּיק)을 기념하는 것으로 묘사한다. 의인은 이름뿐만 아니라 삶과 인격의 모든 것이 기념되어야 하기 때문이다.

반면에 악인의 이름은 썩게 된다. '썩다'(רקב)는 삭아서 분해되고 없어진다는 뜻이다(Delitzsch). '이름'(שֵׁם)은 명예를 뜻하기도 한다. 사람들이 그를 떠올리는 것은 욕하고 비난하기 위해서이다. 그러므로 악인은 죽어서도 불명예를 씻을 수 없다. 악인이 죽으면 그의 이름은 그의 시체가 삭아 없어지는 것처럼 없어질 것이며(Kitchen, Waltke), 시간이 지나면서 사람들은 그의 악행마저도 기억에서 지울 것이다.

솔로몬의 여덟 번째 가르침은 마음이 지혜로운 자와 입이 미련한 자를 대조한다(8절). '지혜로운 마음'(חֲכַם־לֵב)은 계명을 받는다. '계명'(מִצְוָה)은 구약에서 흔히 하나님의 명령(말씀)을 뜻하지만, 잠언에서는 자식이 부모에게 혹은 제자가 스승에게 전수받은 가르침을 의미한다(Whybray). 그러나 이미 언급한 것처럼 부모들이 자식들에게 주는 가르침은 곧 하나님의 일반 은총이 대부분이기 때문에 하나님의 교훈이라고도 할 수 있다. '받다'(לקח)는 구약에서 1,000회 이상 사용되는 흔한 단어이며 본문에서는 의도적으로 잡는(취하는) 것을 뜻한다(TWOT). 지혜로운 사람은 항상 열린 마음을 지녔으며, 하나님과 부모의 계명(가르침)을 사모한다.

'미련한 입'(אֱוִיל שְׂפָתַיִם)은 어리석게 떠들어 대는 사람이다. 솔로몬은 다음 섹션(10:9-32)에서 입(말)에 대하여 본격적으로 가르치기 시작하는데, 이 구절이 시작이다(Kitchen, cf. 10:10, 11, 13, 14, 18-21, 31, 32). 미련한 입을 가진 사람은 신중하지 못해 해야 할 말과 해서는 안 되는 말을 가리지 못한다. 그러므로 그는 결국 자신의 말로 인해 스스로 멸망에 이르게 된다. 사람이 책임지지 못할 말과 해서는 안 되는 말을 절제하는 것은 참으로 큰 지혜이다.

III. 솔로몬의 첫 번째 잠언집(10:1-22:16)
A. 상반되는 지혜 모음집(10:1-15:33)

2. 선과 악에 대한 가르침(10:9-32)

이 섹션은 이렇다할 구조나 주제 전개와 발전이 없다. 다양한 주제의 격언이 하나로 묶인 것이 잠언 모음집의 특성이다. 본 텍스트는 다음과 같이 세분화하여 살펴보고자 한다.

A. 흠 없는 삶과 그릇된 삶(10:9-10)
B. 악인의 숨김과 의인의 덮음(10:11-12)
C. 지혜와 어리석음(10:13-14)
D. 부와 소득(10:15-16)
E. 생명의 길과 그릇된 길(10:17)
F. 덕이 되는 말과 해가 되는 말(10:18-21)
G. 복된 삶과 심판받는 삶(10:22-26)
H. 의인의 장수와 악인의 단명(10:27-30)

I. 의인의 입과 악인의 입(10:31–32)

III. 솔로몬의 첫 번째 잠언집(10:1–22:16)
A. 상반되는 지혜 모음집(10:1–15:33)
2. 선과 악에 대한 가르침(10:9–32)

(1) 흠 없는 삶과 그릇된 삶(10:9–10)

[9] 바른 길로 행하는 자는 걸음이 평안하려니와
굽은 길로 행하는 자는 드러나리라
[10] 눈짓하는 자는 근심을 끼치고
입이 미련한 자는 멸망하느니라

솔로몬은 바른 길로 행하는 사람과 굽은 길로 행하는 사람을 대조한다(9절). 같은 어원을 지니고 있는 '[그가] 길을 가다'(יֵלֵךְ)와 '행하는/걷는 자'(הוֹלֵךְ)가 언어유희를 형성하고 있다. '바름'(תֹּם)은 '흠이 없이 온전한 것'을 뜻하며 하나님께 제물로 드리는 짐승을 묘사할 때 자주 사용된 종교적인 의미를 지닌 단어이다(NIDOTTE). 이 단어는 29절에서는 '정직한 사람'이라는 의미를 지녔으며 건강한 공동체의 일원으로서 자신의 관심사를 공동체의 필요를 바탕으로 정하는 사람이다(Brueggemann). 또한 사람이 바른 길로 행한다는 것은 그의 마음과 언행이 일치한다는 것을 의미한다(Van Leeuwen). 그러나 죄를 전혀 짓지 않는다는 말은 아니다. 그는 최선을 다해 하나님께 순종하며 산다(Kitchen). 이런 사람의 걸음걸이(인생 여정을 가는 것)는 평안할 것이다(cf. 1:33; 4:6). '평안'(בֶּטַח)은 걱정할 일이나 해를 염려할 필요가 없는 상황을 말한다(HALOT). 하나님이 그의 발걸음을 지켜 주시니 당연하다.

반면에 굽은 길로 행하는 사람은 드러난다. '굽음'(מְעַקֵּשׁ)은 꼬이고 뒤틀렸다는 뜻이다(TWOT, cf. 11:20; 17:20; 19:1; 28:6). 사람들은 정도(正

道)를 가지 않고 자꾸 잔머리를 굴려 옆길로 가려고 하지만, 정작 그들이 택한 옆길은 지름길이 아니라, 죄악의 길이다. '드러나다'(ידע)는 사람들이 알게 된다는 의미를 지녔다. 세상에는 비밀이 없다. 그러므로 굽은 길로 가는 사람들은 자신들의 부끄러운 행동을 숨기려 하지만, 결국 온 세상에 드러난다. 그들의 명예가 심각하게 훼손될 것을 경고하고 있다(Koptak, cf. 5, 7절). 굽은 길로 행하는 사람은 평안이 없고 불안과 초조함이 있을 뿐이다. 하나님이 그들의 악한 행실을 모두 들추어내실 것이기 때문이다.

솔로몬은 이어 눈짓하는 자와 입이 미련한 자에 관한 교훈을 말한다(10절). 이때까지는 대조적인 가르침을 주었는데, 이 교훈은 비교적인(comparison) 가르침이다(Kitchen). 칠십인역(LXX)은 이 문장도 대조적인 교훈을 주는 것으로 해석하여 "속이는 눈으로 윙크하는 사람은 사람들에게 근심을 끼치지만 용감하게 징계하는 사람은 화평을 이룬다"(ὁ ἐννεύων ὀφθαλμοῖς μετὰ δόλου συνάγει ἀνδράσι λύπας ὁ δὲ ἐλέγχων μετὰ παρρησίας εἰρηνοποιεῖ)로 번역했다. 우리말 번역본들 중에는 공동과 현대어성경이, 영어 번역본들 중에는 NRS가 칠십인역을 따르고 있다. 일부 주석가들은 이 해석을 선호한다(Clifford, Murphy, Van Leeuwen). 그러나 마소라 사본의 비교적인 가르침을 버리고 굳이 칠십인역의 대조적인 교훈을 따를 필요는 없다. 그러므로 거의 모든 영어 번역본들도 마소라 사본의 비교적인 가르침을 반영하여 번역했다(cf. NAS, NIV, TNK, ESV, DSB, NIRV).

첫 문장은 눈을 동원하고 두 번째 문장은 입을 동원하지만, 주고자 하는 교훈은 비슷하다. '눈짓하다'(קֹרֵץ עַיִן)는 윙크하듯 눈을 깜빡이는 것을 뜻한다(HALOT, cf. 6:12-15). 본문에서는 희생제물로 삼을 사람이 앞에 서 있는 상황에서 그의 악한 일을 거드는 사람에게 눈짓으로 말한다는 뜻을 지녔다(cf. 잠 6:13; 시 35:19). 희생양이 될 사람이 모르게 음모를 꾸미는 상황이다. 이런 사람은 근심을 끼친다. '근심'(עַצָּבֶת)은 구약에서 5차례 밖에 사용되지 않는 단어이며(욥 9:28; 시 16:4; 147:3; 잠 15:13) 육체적인 고통과 감정적인 아픔을 의미한다(TWOT). 이 말씀이 비교적인 가르침이기 때문에, 악인이 자기 자신에게 고통을 가하는 것으로 해석될 수도 있다(Koptak). 그러나 악인들의 경우에는 대체적으로 양심의 가책을 느끼지 않는다. 그러므로 '끼친다'(יִתֵּן)는 그의 희생양이 된 사람에게 상처를 주는 것으로 해석되어야 한다(HALOT). 악인은 억울한 사람들에게 온갖 상처와 피해를 입힌다. 그러나 하나님은 언젠가는 그가 사람들에게 입힌 상처와 피해가 그에게 돌아가게 하실 것이다.

"입이 미련한 자는 멸망한다"(10b절)는 8b절을 반복하고 있다. 8절에서는 '지혜로운 마음'과 대조를 이루었는데, 이곳에서는 '근심을 끼치는 눈'과 평행을 이룬다. '입이 미련한 자'(אֱוִיל שְׂפָתַיִם)는 어리석게 떠들어 대는 사람이다. 이런 사람은 이웃들에게 씻을 수 없는 상처를 주어 괴롭게 한다. 그러나 그들도 결국에는 미련한 입으로 인해 멸망한다. "눈짓하는 자는 근심을 끼친다"(10a절)와 연결해서 해석하면, 10a절은 희생양들이 피해를 입는 것에 초점을 맞추고, "입이 미련한 자는 멸망한다"(10b절)는 가해자들도 망할 것이라는 사실에 초점을 맞추고 있다. 하나님이 그들을 심판하실 것이기 때문이다.

III. 솔로몬의 첫 번째 잠언집(10:1-22:16)
A. 상반되는 지혜 모음집(10:1-15:33)
2. 선과 악에 대한 가르침(10:9-32)

(2) 악인의 숨김과 의인의 덮음(10:11-12)

11 의인의 입은 생명의 샘이라도
악인의 입은 독을 머금었느니라
12 미움은 다툼을 일으켜도
사랑은 모든 허물을 가리느니라

솔로몬이 다시 대조적인 교훈을 시작한다. 의인의 입과 악인의 입이 대조되고 있다(11절). '의인의 입'(פִּי צַדִּיק)은 정직하고 바른 말을 상징하며, 말을 하기 전에 교육을 받아 하나님의 생명을 주는 지혜를 말한다(Kitchen). '악인의 입'(פִּי רְשָׁעִים)은 속이고 왜곡하는 말을 뜻한다(cf. NIDOTTE). 의인의 입은 '생명의 샘'(מְקוֹר חַיִּים)이다(cf. 시 36:9; 잠 13:14; 14:27). 기근과 가뭄이 종종 찾아오고 혹독하리만큼 건조한 가나안에서는 참으로 매력적인 이미지이다. 또한 잠언은 종종 '생명 나무'를 언급한다(3:18; 15:4). 사람이 생명 나무나 샘이 되려면 하나님을 알아야 한다. 하나님이 바로 그 생명 샘이시기 때문이다(시 36:9). 예수님도 자신이 바로 생명 샘이라고 하신다(요 7:38, cf. 요 4:14). 생명 샘이신 하나님에게서 교육을 받은 의인들의 말은 지혜로 가득하다. 그러므로 그들의 말은 격려가 되고 치유가 되며 듣는 자들이 의욕적으로 삶에 임하게 한다. 그들의 지혜로운 말은 사람을 살린다(cf. 잠 3:13-18; 10:13, 31; 시 37:30).

반면에 악인의 입은 독을 머금었다(11b절, cf. 6절). '머금다'(כסה)는 '가리다, 숨기다'는 뜻이다. 이 말씀이 6절에서 처음 사용될 때는 하나님의 복이 임하는 의인의 머리와 대조를 이루며 악인의 말이 그들에게 임할 하나님의 심판을 숨긴다는 의미로 사용되었다. 이곳에서는 생명 샘과 대조를 이루며 악인의 말은 독을 숨겨 놓았다가 때가 이르면 주변 사람들과 자신에게 죽음(독)을 준다는 뜻을 지녔다(Goldingay).

솔로몬의 두 번째 대조적인 교훈은 미움과 사랑을 비교한다(12절). '미움(שִׂנְאָה)과 '사랑'(אַהֲבָה)은 둘 다 감정적인 언어이다. 미움은 증오를, 사랑은 좋은 감정을 가지고 있다는 뜻이다. 그러나 본문에서는 행동으로 표현된 미움과 사랑이다(Clifford). 미움은 다툼을 일으킨다. '다툼'(מְדָן)은 잠언에서만 사용되는 단어이다. 하나님은 다툼을 미워하시며(6:16-19), 거만한 자나 하는 일이다(22:10). '일으키다'(עור)는 깨우거나 자극하여 흥분하게 한다는 뜻을 지녔다(HALOT). 가만히 있으면 별 일이 아닌데 굳이 이슈화시켜 문제를 만든다는 뜻이다(NIDOTTE). 미움은 이처럼 좋지 않은 일을 자꾸 드러내려고 하며 일부러 긁어 부스럼을 만든다.

반면에 사랑은 모든 허물을 가린다(12b절). '허물'(פְּשָׁעִים)은 매우 포괄적인 언어로 온갖 죄를 의미한다(NIDOTTE). 사랑은 '모든 허물'(כָּל־פְּשָׁעִים)을 덮어 준다. '덮다'(כסה)는 11b절에서 악인의 입이 독을 '머금었다'로 번역된 단어(כסה)와 같다. 악인의 말은 이웃을 해치는 독을 숨기고, 사랑은 이웃의 죄를 덮는다. 마치 반창고가 상처를 가리는 것처럼(Koptak), 혹은 담요가 덮는 사람을 가리는 것처럼 말이다(Kitchen). 원수를 사랑하라는 간접적인 권면이다(Whybray). 이 말씀은 베드로전서 4:8과 야고보서 5:20에서 인용된다.

III. 솔로몬의 첫 번째 잠언집(10:1–22:16)
A. 상반되는 지혜 모음집(10:1–15:33)
2. 선과 악에 대한 가르침(10:9–32)

(3) 지혜와 어리석음(10:13–14)

13 명철한 자의 입술에는 지혜가 있어도
지혜 없는 자의 등을 위하여는 채찍이 있느니라
14 지혜로운 자는 지식을 간직하거니와
미련한 자의 입은 멸망에 가까우니라

솔로몬은 명철한 자의 입술과 지혜 없는 자의 등을 대조한다(13절). 명철한 사람은 항상 지혜로운 말을 하기 때문에 남에게 억압을 당하거나 매를 맞을 일이 없다. 반면에 '지혜 없는 자'(חֲסַר־לֵב), 곧 생각이 모자란 자의 등을 위해서는 채찍이 있다(13b절). 그는 잘못된 생각과 사고체계로 인해 불필요한 원수 관계를 만들기도 하고, 하지 않아도 될 고

생을 하기도 한다.

지혜가 없는 자가 유일하게 이해하는 것은 징벌이다(Kitchen, Murphy, cf. 잠 26:3; 시 32:8, 9). 잠언에서 '채찍'(שֵׁבֶט)은 주로 어린아이들을 훈육하기 위해 사용하는 것이지만(13:24; 22:15; 23:13, 14; 29:15), 종종 어리석은 자들에게도 사용된다(14:3; 26:3). 우리말에도 "머리가 나쁘면 육체가 고생한다"는 말이 있지 않은가! 게다가 이런 사람일수록 남의 말을 듣지 않는다. 그러므로 이런 사람은 징계(채찍)로 바른 길을 가도록 다스려야 한다는 뜻이다.

솔로몬의 두 번째 대조적 가르침은 지혜로운 자와 미련한 자의 입에 관한 것이다(14절). 지혜로운 사람은 지식을 간직한다. '간직하다'(צפן)는 '숨기다/보관하다'는 뜻을 지녔다(TWOT). 지혜로운 사람은 지식의 소중함을 잘 안다. 그러므로 항상 더 많은 지식을 쌓아 두려고(보관하려고) 노력한다(cf. 잠 2:1-5). 그는 수시로 보관한 지식을 활용할 것이다.

반면에 미련한 자의 입은 멸망에 가깝다(14b절). 이 말씀은 지혜로운 사람은 지혜를 모아 두는데, 어리석은 사람은 말을 뿌리고 다닌다며 보관과 흩음을 대조하고 있다(Clifford). '가깝다'(קָרוֹב)는 근처에 있다는 뜻이다. 미련한 자의 특징은 해야 할 말과 해서는 안 될 말을 분별하지 못한다. 그러므로 그는 불필요한 말을 하여 이웃들에게 상처를 주고 원수를 만들기도 한다. 또한 책임질 수 없는 말을 하여 스스로 자신을 올가미에 묶는다. 결국 그는 별생각 없이 내뱉은 말로 인해 스스로 멸망한다(Fox, Kidner, cf. 13:3; 18:7). 야고보서도 말의 중요성에 대하여 다음과 같이 말한다: "누구든지 스스로 경건하다 생각하며 자기 혀를 재갈 물리지 아니하고 자기 마음을 속이면 이 사람의 경건은 헛것이라"(약 1:26).

III. 솔로몬의 첫 번째 잠언집(10:1-22:16)
A. 상반되는 지혜 모음집(10:1-15:33)
2. 선과 악에 대한 가르침(10:9-32)

(4) 부와 소득(10:15-16)

15 부자의 재물은 그의 견고한 성이요
가난한 자의 궁핍은 그의 멸망이니라
16 의인의 수고는 생명에 이르고
악인의 소득은 죄에 이르느니라

첫 번째 가르침에서 솔로몬은 부자의 재물과 가난한 자의 궁핍을 대조한다(15절). '재물'(הוֹן)은 재산과 소유물을 뜻하며, 어떻게 모으고 사용하느냐에 따라 득이 되기도 하고 해가 되기도 한다. 이 단어는 잠언에서 10차례 사용되는데, 다섯 차례는 본문에서처럼 사람들에게 재물을 귀하게 여기라 하고(12:27; 13:7; 19:4, 14; 29:3), 다섯 차례는 재물을 의지하지 말라고 한다(Waltke). 본문은 부자가 정당한 방법으로 모은 재물을 뜻한다. 잠언이 이미 부정하게 모은 재물은 아무 쓸모가 없다고 했기 때문이다(10:2). 또한 부자가 자기 재산을 어떻게 대하는가도 중요하다. 하나님은 주님을 의지하지 않고 자기 재산을 신뢰하는 자를 낮추시기 때문이다(11:4, 28). 부자가 힘들고 어려운 일을 당할 때면 그의 재산은 그를 보호해 주는 든든하고 견고한 성과 같을 것이다. 돈으로 많은 일을 할 수 있으며, 안녕과 평안도 살 수 있기 때문이다. 또한 재물로 그를 축복하신 이가 그를 보호하실 것이다.

반면에 가난한 자의 궁핍은 그의 멸망이다(15절). 가난은 악한 말처럼 공포와 파멸을 안겨 줄 수 있다(Van Leeuwen). '멸망'(מְחִתָּה)은 멸망한 도시를 뜻하기도 한다(시 89:40). 그러므로 1행의 '견고한 성'과 2행의 '멸망한 도시'는 강력한 대조를 이룬다(Clifford). 가난한 사람이 처한 위기에서 빠져나오려면 돈이 필요한데, 가난해서 돈이 없기 때문에 아무런 손을 쓸 수가 없다. 그러므로 그는 궁핍함으로 인해 멸망하게 된다. 잠언은 게으르고 어리석은 자들은 가난하다고 한다. 그러나 모든 가난한 사람이 게으르다고는 하지 않는다(Koptak). 더 나아가 하나님이 가난한 사람들을 보호하신다고 한다(잠 22:22-23; 시 12:5). 이 말씀은 가난한 악인들을 두고 하는 말씀이다. 그러므로 삶의 질이 낮아질 때 가난을 원망하라는 말이 아니다(Kidner). 전도서는 사람이 재물을 어느 정도는 가지고 있어야 한다고 한다.

솔로몬의 두 번째 가르침은 의인의 수고와 악인의 소득을 대조한다(16절). 그러므로 15절은 의인과 악인의 전반적인 경제 여건에 대해, 이 구절은 그들의 수입과 수익에 대해 논하고 있다고 할 수 있다(Hildebrandt). 이처럼 15-16절을 연결된 가르침으로 간주하면 나쁜 방법으로 얻은 소득은 환난 때 별 도움이 되지 않지만, 의롭게 사는 사람은 처한 위기를 잘 벗어날 수 있다는 2-5절의 가르침과 연관이 있다.

'수고'(פְּעֻלָּה)는 '노동'을 뜻할 수도 있고, '소득'이 될 수도 있다(HALOT). 그러므로 번역본들도 둘로 나눠져 있다: '의인의 수고'(노동)(개역개정, 새번역, TNK; CSB), '의인의 소득'(공동, 아가페, NAS, NIV, ESV, NRS). '수고'로 해석하면 의인은 열심히 일을 하여 생명을 얻는다는 뜻이 된다. '소득'으로 해석하면 의인은 열심히 일한 대가로 하나님께 생명을 받는다는 뜻이다. 생명은 하나님이 주시는 것이라는 사실을 생각할 때, '소득'으로 해석하는 것이 바람직하다. 로마서 6:23도 "죄의 삯은 사망"이라고 한다. 또한 다음 행도 '의인의 소득'을 '악인의 소득'과 대조하고 있다.

악인의 '소득'(תְּבוּאָה)은 수확을 뜻한다. 악인도 그의 노동과 수고의 대가를 거둔다. 문제는 그의 소득은 죄뿐이며(16b절), 하나님이 그의 죄를 지켜보신다는 사실이다(cf. Waltke). 결국 죄는 사망에 이르게 하기 때문에 NIV는 악인의 소득은 '죄와 죽음'(sin and death)이라고 번역한다. 현대어성경은 의인과 악인이 어떤 사람인가를 다른 말로 바꾸어 이 구절을 다음과 같이 번역했다: "올바로 살아가려고 애쓰는 사람은 생명을 얻지만, 못된 짓 꾸미고 남 짓누르고 착취하는 것들은 죽임을 낳는다." 본문의 의미를 잘 살린 번역이다.

III. 솔로몬의 첫 번째 잠언집(10:1-22:16)
A. 상반되는 지혜 모음집(10:1-15:33)
2. 선과 악에 대한 가르침(10:9-32)

(5) 생명의 길과 그릇된 길(10:17)

17 훈계를 지키는 자는 생명 길로 행하여도
징계를 버리는 자는 그릇 가느니라

이 말씀은 훈계를 지키는 자와 징계를 버리는 자를 대조한다. 이때까지 잠언은 훈계를 지키는 자를 지혜로운 사람으로, 징계를 버리는 자를 어리석은 사람으로 묘사했다. 그러므로 이 말씀은 지혜로운 사람과 미련한 자를 대조한다.

솔로몬은 지혜로운 사람은 생명 길로 행한다고 한다. 그러나 지혜로운 사람이 스스로 생명 길을 간다는 것인지, 혹은 다른 사람들에게 생명 길을 보여 주거나 그 길로 인도한다는 것인지 확실하지가 않다. 그러므로 번역본들도 둘로 나누어져 있다. 우리말 번역본들은 모두 지혜 있는 사람이 스스로 생명 길로 가는 것으로 번역했지만, NIV와 TNK 등은 그가 다른 사람들에게 생명 길을 보여 주는 것으로, 그러므로 다음 행도 어리석은 자가 다른 사람들을 잘못 인도하는 것으로 해석했다. ESV는 지혜로운 자는 생명 길을 가고, 어리석은 자는 다른 사람들을 잘못 인도한다며 또 다른 해석을 내놓았다. 이때까지 솔로몬이 지혜로운 사람 각 개인과 어리석은 사람 각 개인에 초점을 맞춰 교훈을 주었던 점을 감안할 때, 지혜로운 사람 자신이 홀로 생명의 길로 가는 것으로 해석하는 것이 바람직하다.

'생명 길'(אֹרַח לְחַיִּים)은 생명으로 인도하는 길이며 지혜가 줄 수 있는 건강과 평안과 번영으로 충만한 삶을 의미한다(Koptak). '훈계'(מוּסָר)는 훈련과 경고를 뜻하는데, 누구나 이런 일을 겪는 것을 즐거워하지는 않는다. 그러나 지혜로운 사람은 하나님이 그를 위하여 예비하신 길을 가려면 반드시 훈계가 꼭 필요하며, 그에게 약이 될 것을 안다. 그러므로 훈계를 마다하지 않고 꼭 지킨다.

반면에 어리석은 자는 징계를 버린다. '징계'(תּוֹכַחַת)는 훈계보다 훨씬 더 강력하며 처벌을 포함한다 사람이 어리석을수록 더 강한 처방이 필요하다. 그러나 미련한 자는 징계를 버린다. '버리다'(עזב)는 '떠난다'는 의미이다. 미련한 자는 그를 위한 징계가 싫다며 스스로 떠난다. 그러므로 지혜로운 사람이 생명으로 인도하는 길을 가는 동안, 미련한 자는 그릇 간다. '그릇 가다'(תעה)는 '방황하다'는 의미이다(NIDOTTE). 미련한 자는 자신이 가야할 길의 방향을 잃고 갈팡질팡한다.

III. 솔로몬의 첫 번째 잠언집(10:1–22:16) A. 상반되는 지혜 모음집(10:1–15:33) 2. 선과 악에 대한 가르침(10:9–32)

(6) 덕이 되는 말과 해가 되는 말(10:18–21)

18 미움을 감추는 자는 거짓된 입술을 가진 자요
중상하는 자는 미련한 자이니라
19 말이 많으면 허물을 면하기 어려우나
그 입술을 제어하는 자는 지혜가 있느니라
20 의인의 혀는 순은과 같거니와
악인의 마음은 가치가 적으니라
21 의인의 입술은 여러 사람을 교육하나

미련한 자는 지식이 없어 죽느니라

이 섹션은 '말'이라는 주제를 공통분모로 지니고 있다. 첫째, 솔로몬은 미움을 감추는 자와 중상하는 자를 어리석은 자들로 취급한다(18절). 이 가르침은 비슷함을(synonymous) 바탕으로 하는 교훈이다. 이런 유형에서는 첫 번째 행의 가르침을 두 번째 행에서 더 발전시키며 이어간다. 말을 해야 할 때 하지 않는 것(1행)과 말을 하지 않아야 할 때 하는 것이 문제라고 한다.

이 구절의 정확한 번역은 쉽지 않다. 첫째, 개역개정은 "미움을 감추는 자는 거짓된 입술을 가진 자요 중상하는 자는 미련한 자이니라"라고 번역하며 미움을 감추는 자를 주어로 삼았다(cf. 새번역, 공동, 아가페, NAS, ESV, TNK). 현대어성경은 전혀 다르지만 비슷한 논리로 번역했다: "속으로 남을 증오하는 자는 위선자요, 까닭 없이 남을 헐뜯는 자는 어리석은 자다." 둘째, 공동번역은 "거짓말하는 입에는 미움이 숨어 있다. 험담을 일삼는 사람은 바보다"라며 거짓말하는 입을 주어로 삼았다(cf. NRS). 셋째, 칠십인역(LXX)은 전혀 다른 내용을 반영하고 있다: "의로운 입술은 증오를 덮지만 폭언을 일삼는 자들은 참으로 어리석다"(καλύπτουσιν ἔχθραν χείλη δίκαια οἱ δὲ ἐκφέροντες λοιδορίας ἀφρονέστατοί εἰσιν). 일부 학자들은 이 번역을 선호한다(Garrett).

그러나 대부분 번역본들과 개역개정을 따르는 것이 바람직하다. 사람이 살다 보면 누구를 미워할 수 있다. 또한 미움을 굳이 그 사람에게 표현할 필요는 없다. 반면에 솔로몬은 미움을 숨기는 미련한 사람은 거짓된 입술을 가진 자, 곧 위선자라고 한다. 거짓말을 하기 때문이다(cf. 26:24, 26, 28). 잠언은 사람이 솔직하게 말하는 것을 중요시 여긴다(Longman).

그러나 이 말씀은 누구에게든 적용할 만한 말이 아니다. 아마도 솔로몬은 미움의 대상이 지혜로운 사람일 때를 염두에 두고 이런 말을 하는 듯하다. 누가 지혜로운 사람을 미워하게 되면 분명 이유가 있을 것이고, 지혜로운 사람은 자신이 왜 미움을 당하는지 알 권리가 있다. 또한 알아야 고칠 것은 고칠 것 아닌가! 그러므로 그에 대한 미움을 감추고 침묵하는 것은 거짓된 입술을 가진 것과 같다. 해야 할 말을 하지 않기 때문이다.

중상하는 자도 미련한 사람이다(18b절). '중상하는 자'(מוֹצִא דִבָּה)는 일부러 돌아다니며 남에 대하여 악성 루머를 퍼트리는 사람이다(cf. NIDOTTE). 지혜로운 사람은 말을 신중히 하고 절제하는데, 어리석은 사람은 스스로 돌아다니며 말을 옮긴다. 그가 하는 말은 대인 관계와 이 관계와 연관된 것들을 깨뜨린다(cf. 16:28; 20:19; 25:9-10; 26:20, 22). 이 교훈은 말을 해야 할 때 하지 않는 사람(미움을 감추는 사람)과 말을 하지 않아야 할 때 말을 하는 사람(중상하는 자)을 비교하며 둘 다 어리석다고 한다. 우리는 미움은 다툼을 일으키지만 사랑은 모든 허물을 덮는다는 말씀을 마음에 새겨야 한다(cf. 12절).

솔로몬의 두 번째 교훈은 말을 많이 하는 사람과 입술을 제어하는 사람을 대조한다(19절). 사람은 말로 가장 많은 죄를 짓는다. 이 구절을 18b절과 이어 해석을 하면 본문의 '많은 말'이 '중상하는 말'을 포함하고 있다는 것을 알 수 있다. 그러므로 말은 지혜로운 사람과 어리석은 자를 구분하는 가장 중요한 요인이다. 말이 많으면 허물을 면하기가 어렵다(19a절). '허물을 면하기 어렵다'(יֶחְדַּל־פָּשַׁע)는 문자적으로 '죄를 멈출 수 없다'는 뜻이다. 말은 양떼와 같다. 양이 많을수록 길을 잃는 양이 많아진다(Koptak). 말이 많으면 끊임없이 죄를 짓게 된다는 뜻이다.

그러므로 입술을 제어하는 사람은 지혜롭다(19b절, cf. 잠 10:14; 13:3; 17:27-28; 21:23; 전 5:2-7). '제어하다'(חשׂך)는 하고 싶은 말이 있더라도 자제한다는 뜻이다(TWOT). 말이 많으면 죄를 많이 짓게 되니 죄를 짓지 않는 슬기로운 삶을 살려면 말을 아끼고 자제하라는 가르침이다. 말을 해야 될 때에 하지 않아도 문제이지만, 그런 경우는 흔하지 않다.

오히려 말을 하지 않아야 될 때 해서 죄를 짓는 경우가 더 많다. 심지어 13:3은 "입을 지키는 자는 자기의 생명을 보전하나 입술을 크게 벌리는 자에게는 멸망이 오느니라"라며 말을 많이 하면 생명이 위험할 수도 있다고 한다. 또한 29:20은 "네가 말이 조급한 사람을 보느냐 그보다 미련한 자에게 오히려 희망이 있느니라"라며 별생각 없이 말을 내뱉는 사람보다 차라리 미련한 자가 더 낫다고 한다. 그러므로 말은 되도록이면 줄이는 것이 좋다.

솔로몬의 세 번째 가르침은 의인의 혀와 악인의 마음을 대조한다(20절). 바로 앞 절은 말을 아끼는 사람이 슬기로운 사람이라 했다. 이번에는 그렇게 말을 절제하는 사람은 지혜로울 뿐 아니라 '의인'(צַדִּיק)이라 한다. 사람은 대부분 입으로 죄를 짓기 때문에 입을 제어하는 사람은 다른 사람들에 비해 현저히 죄를 덜 짓는다. 그러므로 솔로몬은 그를 의인이라 칭한다. 또한 말을 절제하여 해야 할 말만 하는 그의 혀는 순은과 같다고 하는데, '순은'(כֶּסֶף נִבְחָר)은 용광로에서 정제되어 불순물이 없는 상태의 은이다(HALOT). 의인이 말을 절제하는 것은 가장 순결하고 귀하며 은보다 더 귀하다(3;14).

반면에 악인의 마음은 가치가 적다(20b절). '가치가 적다'(מְעַט)는 너무 작아서 셈할 필요가 없다는 뜻이다(HALOT). 악인의 혀가 아니라 마음이 대조되는 것이 특이하다. '마음'(לֵב)은 말로 전할 수 있는 생각이 시작되는 곳이기도 하지만, 삶 전체를 상징한다(cf. 13절). 또한 마음은 인간의 가장 근본적인 문제이기도 하다(렘 17:9; 마 15:18-19). 그러므로 이 대조는 의인들의 한 부위(혀)는 매우 귀하지만, 악인들의 삶 전체는 셈할 가치도 없다며 악인들을 깎아내린다. 그들의 존재 전체가 의인들의 혀 하나만 못하다.

솔로몬의 네 번째 가르침은 의인의 입술과 미련한 자의 지식을 대조한다(21절). 개역개정이 '의인의 입술은 여러 사람을 교육한다'로 번역한 문장(שִׂפְתֵי צַדִּיק יִרְעוּ רַבִּים)을 문자적으로 번역하면 '의인의 입술은 많은 사람을 먹인다'는 뜻이다(cf. 새번역, 공동, NAS, ESV, NRS, TNK). 아마도 이 섹션이 말을 할 때와 하지 않아야 할 때에 대해 가르침을 주고 있기 때문에 개역개정이 이렇게 번역한 것 같은데, 마소라 사본의 의미를 그대로 반영하여 '의인의 입술은 많은 사람을 먹인다'고 보는 것이 바람직하다. 이렇게 해석하면 배경이 되는 이미지는 많은 양을 먹이는 목자이다(Hildebrandt, Van Leeuwen, Waltke). '먹이다'(רעה)가 흔히 목자가 양을 치는 것을 묘사하는 동사로 사용되기 때문이다(cf. 시 23편). 의인의 말은 사람을 살리고, 악인의 말은 죽이는 것이 이 말씀이 강조하고자 하는 대조이다.

솔로몬은 의인이 말을 자제하는 것(cf. 19절)은 순은처럼 순결하고 귀하며(cf. 20절), 말을 해야 할 때 말을 하지 않는 것도 어리석다고 했다(cf. 18절). 하지만 그는 언제 말을 하는 것이 지혜로운가에 대해서는 말하지 않는다. 이 가르침에서 그는 사람들을 먹여 살릴 때, 곧 사람들에게 덕이 될 때는 말을 하라고 한다. 격려와 위로와 치유를 위한 말이라면 아끼지 않는 것이 좋다. 이웃을 살리는 일이라면 많은 말을 해도 괜찮다. 의인은 지혜로운 말을 통해 공동체를 세운다(사람들을 먹인다).

'미련한 자들'(אֱוִילִים)(21b절)은 도덕적으로 결함이 있는 사람들이다(cf. NIDOTTE, 새번역 각주). 그들은 지식이 없어 죽는다는데 '지식이 없다'(חֲסַר־לֵב)는 생각이 모자란다는 뜻이다. 이 표현은 잠언에서 11차례 사용된다(Van Leeuwen). 그들의 사고 체계에는 하나님이 없기 때문에 생각이 모자란다(Kitchen). 그들은 생각이 모자라기 때문에 남에게 줄 것이 없다. "아는 것이 힘이다"라는 말이 생각난다. 자신은 생각이 모자라는 사람이라는 것을 깨달으면 배우면 된다. 그러나 이들은 자신의 부족함을 깨닫지 못하기 때문에 채울 생각을 하지 않는다. 결국 미련한 사람들은 지식(깨달음)이 없어 죽는다. 현대어성경은 미련한 사람들이 다른 사람을 죽음으로 몰고 간다고 하는데, 마소라 사본의 의미는 그들이 스스로 죽는다는 뜻이다. 지혜는 살리며, 미련함은 죽인다.

III. 솔로몬의 첫 번째 잠언집(10:1-22:16)
A. 상반되는 지혜 모음집(10:1-15:33)
2. 선과 악에 대한 가르침(10:9-32)

(7) 복된 삶과 심판 받는 삶(10:22-26)

22 여호와께서 주시는 복은 사람을 부하게 하고
근심을 겸하여 주지 아니하시느니라
23 미련한 자는 행악으로 낙을 삼는 것 같이
명철한 자는 지혜로 낙을 삼느니라
24 악인에게는 그의 두려워하는 것이 임하거니와
의인은 그 원하는 것이 이루어지느니라
25 회오리바람이 지나가면 악인은 없어져도
의인은 영원한 기초 같으니라
26 게으른 자는 그 부리는 사람에게
마치 이에 식초 같고
눈에 연기 같으니라

솔로몬은 하나님이 사람에게 복을 주실 때 그를 부하게 하신다고 한다(22a절). '부하다'(עשר)는 하나님이 그가 큰 부자가 되게 하신다는 뜻이다(NIDOTTE). 악인들이 폭력과 착취를 통해 쌓는 부는 나쁜 것이지만, 여호와께서 복(בְּרָכָה)으로 내려 주시는 부는 좋은 것이다. 그러나 부를 물질적으로만 해석할 필요는 없다. 가난해도 주님이 주신 복으로 부유할 수 있고, 부자라 하더라도 하나님이 주신 것이 아니면 빈곤할 수 있다(Kitchen).

하나님이 부를 복으로 주실 때 근심을 함께 주시지 않는다(22b절). 이 말씀의 의미를 파악하기가 쉽지 않다(cf. Murphy, Van Leeuwen). '근심'(עֶצֶב)은 '몹시 힘든 일'(strenuous work)을 의미한다(HALOT). 하나님이 누구에게 복을 주실 때에는 그 복이 쉽게 그의 것이 되도록 하시지, 그가 심하게 고생하여 받게 하시거나, 나쁜 것과 함께 주시지 않는다(cf. NIV, NRS). 이 말씀은 인간의 노력이 의미가 없다는 것이 아니라, 인간의 노력이 하나님이 내려 주시는 복에 더할 것은 아무것도 없다는 뜻이다(Clifford). 주님께서 하나님을 의지하는 자들에게 번영과 안전과 마음의 평안을 모두 주시기 때문이다(Ross). 잠언에서 '근심'은 하나님이 악인들에게 주시는 것을 의미한다(Koptak). 그러므로 사람이 하나님의 복을 받으면 아무 염려하지 않고 그 복을 누리면 된다.

솔로몬은 이어 다시 대조적 가르침을 시작한다(23절). 미련한 자와 명철한 자에 관한 교훈이다. '미련한 자'(כְּסִיל)는 생각이 모자란 바보를 뜻하며, '명철한 자'(אִישׁ תְּבוּנָה)는 삶에 대한 사리 판단이 확고한 슬기로운 사람이다(TWOT). 미련한 사람은 행악으로 낙을 삼는다. '행악'(זִמָּה עֲשׂוֹת)은 계획하여 저지르는 악한 짓이며, '낙'(שְׂחוֹק)은 즐김을 뜻한다(HALOT). 악인들은 실수로 죄를 짓는 것이 아니라, 계획적으로 음모를 꾸며 죄를 짓고, 그 죄를 즐긴다. 그러므로 그들은 근시적인 안목을 지닌 자들이라 할 수 있다. 그들의 '즐김' 다음에 하나님의 심판이 오고 있는 것을 보지 못하기 때문이다.

반면에 명철한 사람은 지혜로 낙을 삼는다. '지혜'(חָכְמָה)는 이때까지 잠언이 꾸준히 추구하라고 한 것이며, 아버지가 아들에게 반드시 구하여 가까이하라는 것이다. 사람이 살아가는 데 필요한 기술과 통찰력 등을 뜻한다(NIDOTTE). 이 말씀에 의하면 미련한 자와 명철한 사람의 차이는 무엇을 즐기느냐에 있다. 미련한 자는 죄를 즐기고, 명철한 사람은 지혜를 즐긴다. 주의 백성에게 낙(pleasure)은 금기사항이 아니다. 낙은 하나님과 그의 길(의의 길)을 추구하는 사람과 꾸준히 함께하는 동반자이다(Kitchen). 그러므로 주님과 함께 걸으면서 낙을 만나는 것은 그가 지혜로운 길을 잘 가고 있다는 증거이다.

솔로몬의 두 번째 대조적 가르침은 악인과 의인에 관한 것이다(24절). 악을 행하고 즐기는 '악인'(רָשָׁע)에게는 그가 두려워하는 것이 닥친다. '두려워하는 것'(מְגוּרָה)을 공동번역은 '꺼리던 일'로 번역했는데, 이 단어는 훨씬 더 강력한 '공포를 느끼게 하는 것'이다(HALOT). 악인들 중 조금이라도 양심이 남아 있는 사람들은 입으로는 자신들이 지은 죄를 즐긴다. 하지만 마음속 깊은 곳에는 심판에 대한 두려움이 있다(cf. 히 10:27). 그들도 언젠가는 자신들이 죄값을 치러야 한다는 것을 안다(cf. 시 73:17-19). 창조주이신 여호와께서 언젠가는 그들이 두려워하는 심판으로 그들을 다스리실 것이다. 이것이 바로 그들이 두려워하는 것이며, 반드시 그들에게 임할 것이다: "잠시 후에는 악인이 없어지리니 네가 그 곳을 자세히 살필지라도 없으리로다"(시 37:10).

반면에 의인은 원하는 것을 얻는다(24b절). '이루어지느니라'(יִתֵּן)는 그에게 허락될 것이라는 의미를 지녔다(cf. 공동, 아가페, NAS, ESV, NIV, NRS, TNK). 하나님이 그가 소망하는 것을 허락하실 것이라는 뜻이다. 의인은 무엇을 소망할까? 시편 37:4은 "여호와를 기뻐하라 그가 네 마음의 소원을 네게 이루어 주시리로다"라고 한다. 의인은 하나님을 소망하고 기뻐한다. 그러므로 하나님은 그에게 임하셔서 그의 소원 성취가 되어 주실 것이다. 창조주께서 악인들은 심판하시고, 의인들의 바램은 이루어 주신다.

이어지는 가르침도 악인과 의인의 엇갈리는 운명에 관한 것이며 24절과 비슷한 대조적인 가르침이다(25절). '회오리바람'(עֲבוֹר סוּפָה)은 주변의 모든 것을 빨아들이는 무서운 광풍이다. 이런 바람이 사람들이 사는 성을 지나가면 악인들은 순식간에 사라지지만 의인들은 성과 성벽의 영원한 기초처럼 흔들리지도 않는다. '영원한 기초'(יְסוֹד עוֹלָם)는 창조된 세상의 완고함을 상징한다(시 78:69; 104:5, cf. 욥 38:4; 시 24:2; 잠 3:19). 하나님이 창조하신 세상이 흔들리지 않고 확고한 것처럼 의인들도 어떠한 '바람'도 견디어 낸다.

고대 근동에서는 천재지변이 일면 신들의 분노가 폭발한 것으로 생각했다. 성경에서도 회오리바람은 하나님의 심판을 상징한다(욥 27:19-

21; 시 58:9; 잠 1:27; 사 5:28; 29:6; 66:15; 렘 4:13; 나 1:3). 이 말씀에서도 같은 곳에 사는 악인과 의인이 전혀 다른 운명을 맞이하는 것은 회오리바람이 하나님의 심판이기 때문이다. 하나님이 심판의 회오리바람을 보내시는 날, 악인들은 모두 사라질 것이지만, 의인들은 하나님이 보존하신다(cf. 1:26-27). 이 말씀은 하나님이 이 땅에 행하실 최후 심판을 염두에 둔 말씀이기도 하다(Waltke).

이 섹션의 마지막 가르침은 게으른 자에게 일을 시켜야 하는 사람의 고충을 묘사한다(26절). 이때까지 악인과 의인을 대조하다가 갑자기 게으른 자와 그를 부리는 자를 대조하기에 문맥과 잘 어울리지 않는다고 하는 이들도 있다(Koptak, Van Leeuwen). 또한 솔로몬이 대조적인 가르침을 이어 오는 상황에서 이 교훈은 주변 것들과 잘 어울리지 않는 듯하다. 그러나 잠언이 악인과 게으른 자를 거의 동일시한다는 사실을 고려하면 별로 문제가 될 만한 이슈는 아니다. 게다가 23-25절은 악인이 자신에게 가하는 해(害)에 대해 말했다. 이 말씀은 악인은 자신을 해할 뿐만 아니라, 남들에게도 해를 가하는 자들이라는 사실을 강조한다.

'게으른 자'(עָצֵל)는 '일하기 싫어하는 자'(NIRV) 혹은 '게을러 터진 사람'(현대어)이다. 이런 사람에게 일을 시키는 사람은 마치 이빨이 상한 사람이(고대 시리아어 번역은 이빨에 '깨진'을 더함, cf. Waltke) 식초를 머금은 것 같고 눈에 매운 연기가 들어간 것처럼 고통스럽다(cf. 25:13). 일을 시킨 사람은 마시기 좋은 술을 기대했는데, 게으른 자는 그에게 식초를 주고, 맛있는 음식을 만드는 좋은 불을 기대했는데, 어리석은 자는 연기만 일으킨다! 이런 사람은 일을 시켜도 성실하게 하지 않고, 기대한 대로 하지 않기 때문에 시킨 사람의 애가 터진다. 결국 '차라리 내가 하고 말지!'라며 맡겼던 일을 가져와 자신이 한다. 결국 게으른 자에게 일을 맡긴 시간만 잃는다. 그러므로 게으른 자는 일을 시킨 사람에게 이에 식초처럼, 눈에 연기처럼 해를 끼친다. 신약도 어떠한 일도 하지 않으려는 자를 악하고 게으른 종이라고 한다(마 25:26). 살면서 이런 사람하고 상종하지 않는 것도 하나님의 축복이다.

III. 솔로몬의 첫 번째 잠언집(10:1-22:16)
A. 상반되는 지혜 모음집(10:1-15:33)
2. 선과 악에 대한 가르침(10:9-32)

(8) 의인의 장수와 악인의 단명(10:27-30)

27 여호와를 경외하면 장수하느니라
그러나 악인의 수명은 짧아지느니라
28 의인의 소망은 즐거움을 이루어도
악인의 소망은 끊어지느니라
29 여호와의 도가 정직한 자에게는 산성이요
행악하는 자에게는 멸망이니라
30 의인은 영영히 이동되지 아니하여도
악인은 땅에 거하지 못하게 되느니라

솔로몬의 첫 번째 교훈은 여호와를 경외하는 것과 악인의 수명을 대조한다(27절). 그는 '여호와에 대한 경외'(יִרְאַת יְהוָה)가 '날들을 더한다'(תּוֹסִיף יָמִים)며 사람이 창조주 여호와에 대한 경건하고 거룩한 두려움을 품고 살면 장수한다고 한다. 지혜는 장수를 약속한다(3:2, 16; 19:23). 지혜의 근본인 여호와에 대한 경외를 가슴에 품고 살면 창조주께서 세우신 도덕적인 기준들과 세상의 이치를 위반하지 않으며 살려고 노력할 것이다. 사람이 이렇게 살면 자신의 육체적-정신적 건강을 지킬 수 있으며, 하나님이 주님께 순종하며 사는 이에게 복을 내려 주실 것이기 때문에 오래 살 수 있다. 또한 이 말씀은 의인이 어떤 사람인가를 간접적으로 정의한다. 의인은 창조주이신 여호와를 신뢰하고 의지하는 사람이다. 신앙 없이는 의인이 될 수 없다는 뜻이다.

반면에 악인의 수명은 짧아진다(27b절). 악인은 여호와를 경외하지 않기 때문에 주님께서 정하신 기준과 이치를 마음에 두지 않고 산다. 그는 자신의 정신적—육체적 건강을 헤치는 일을 한다. 여기에 그가 짓는 죄에 대한 하나님의 심판이 더해진다. 그러므로 그는 오래 살지 못한다.

이 원리도 오늘날에는 제한된 범위에서 적용될 수밖에 없다. 의료서비스가 발달한 오늘날에는 악인들도 돈만 있으면 건강관리를 잘하여 오래 살 수 있다. 반면에 의인들이 단명하는 경우도 많다. 그러므로 이 말씀은 의인이나 악인이나 그들의 경제적 여건에 상관없이 이렇다 할 의료 혜택을 받지 못할 때 의미 있는 가르침이다. 또한 내세와 영생을 전제할 때 의미 있는 말씀이 된다(Delitzsch).

솔로몬이 주는 두 번째 가르침은 의인의 소망과 악인의 소망을 대조한다(28절). 의인들의 소망은 그들에게 기쁨을 안겨 준다. 그들이 바라던 것이 실현될 것이라는 뜻이다. 반면에 악인들의 소망은 이루어지지 않고 사라진다(28b절). 이 말씀은 계획은 사람이 세우지만 실현은 하나님이 하신다는 16:1과 연관이 있다. 의인들은 분명 거룩하고 좋은 것을 희망할 것이며, 악인들은 나쁘고 해로운 것들을 소망할 것이다. 그러므로 사람들의 계획을 이루시는 선하신 하나님이 악인들의 꿈은 이뤄지지 않도록 하시고(cf. 시 9:17), 의인들의 소망은 실현되도록 하실 것이다(cf. 시 37:4; 145:19).

솔로몬의 세 번째 교훈은 여호와의 도와 행악하는 자를 대조한다(29절). 구약에서 '여호와의 도'(דֶּרֶךְ יְהוָה)는 잠언에서는 이곳에만 사용되는 표현이다. 이 표현은 말씀을 통해 정의하신 도덕적—윤리적 길을 의미하거나(Delitzsch, cf. 창 18:19; 삿 2:22; 삼하 22:22; 왕하 21:22; 대하 17:6; 시 18:21, cf. 잠 3:17; 4:11; 8:20) 하나님이 역사의 흐름 속에서 각 개인과 민족을 대하시는 길(방법)을 의미한다(Kitchen, Van Leeuwen, cf. 사 40:3; 겔 18:25, 29; 33:17, 20). 본문에서 여호와의 도는 하나님이 각 사람을 대하시는 길을 뜻한다. 그래야 2행에서 악인이 하나님의 심판을 받아 멸망한다는 해석이 가능하기 때문이다. 1-9장은 사람은 악한 길(1:15, 19, 31 등등)과 선한 길(2:8; 8:20 등등) 중 하나를 택할 것을 요구한다.

하나님은 이 원리를 기준으로 세상을 운영하신다. 의인은 축복하시고, 악인은 벌하시는 것이다. 그러므로 창조주의 기준과 이치에 따라 사는 '정직한 사람'(תֹּם)(온전하고 순수한 사람)에게 여호와의 도는 산성과 같은 보호막이 된다. 주께서 피난처가 되어 그를 보호하실 것이기 때문이다(cf. 시 37:39).

반면에 행악하는 자들에게 여호와의 도는 멸망이 된다(29b절). '행악하는 자들'(פֹּעֲלֵי אָוֶן)은 광범위하고 다양한 죄를 짓는 자들이다(NIDOTTE). 같은 기준(여호와의 도)이 정직하게 살려고 하는 이들에게는 보호하는 산성이 되고, 죄를 짓는 자들에게는 멸망을 안겨 준다. 삶에 환난이 임할 때 하나님이 의인에게는 피난처가 되어 주시지만, 악인들에게는 심판자가 되실 것이기 때문이다.

이 말씀에도 예외가 있다. 우리는 여호와께서 의인을 보호하신다는 믿음으로 살려고 하는 경건하고 거룩한 사람들이 예상치 못한 죽음을 당하는 경우를 종종 본다. 순교자들의 죽음도 여기에 속한다. 이런 경우는 하나님이 특별한 목적을 가지고 악이 정직한 사람들을 해하도록 허락하시는 것으로 보아야 한다. 그 외에는 이 말씀이 보편적인 원리가 되어 우리의 삶을 보호하기도 하고, 멸망에 이르게 하기도 한다.

솔로몬의 네 번째 가르침은 의인과 악인을 대조한다(30절). 이 말씀은 회오리바람 심판에 대한 25절 가르침과 비슷하다. 의인은 영영히 이동되지 않는다고 하는데 '이동되지 않다'(בַּל־יִמּוֹט)는 '흔들리지 않는다'는 뜻이지만(cf. 새번역, 공동, NAS, TNK), 본문에서는 흔들림보다는 '뿌리 뽑힘'으로 해석되어야 한다(cf. 아가페, 현대어, NIV, ESV, NRS). 의인들도 때로는 '흔들리기' 때문이다. 그러나 그들은 뿌리가 뽑히지는 않는다. 여호와를 경외하는 믿음에 뿌리를 내리고 살기 때문에 하나님이 그들의 뿌리가 뽑히지 않도록 하신다. 그러므로 의인들은 삶이 흔들리는 것을 경험하더라도 그들을 붙드시는 하나님을 바라보며 견뎌 내야 한다.

반면에 악인은 땅에 거하지 못하게 된다(30b절). 세상 그 어디에서도 오래 살지 못할 것이라는 뜻이다(cf. 아가페). 세상을 다스리시는 여호와께서 자신의 좋은 땅에서 악인들이 활보하는 것을 오래 지켜보지 않으실 것이다. 그러므로 필요하면 회오리바람을 보내서라도 그들을 제거하신다(cf. 25절). 더 나아가 다음 세상에서 악인들은 아예 뿌리가 뽑혀 흔적도 없이 사라진다: "잠시 후에는 악인이 없어지리니 네가 그 곳을 자세히 살필지라도 없으리로다"(시 37:10).

III. 솔로몬의 첫 번째 잠언집(10:1-22:16) A. 상반되는 지혜 모음집(10:1-15:33) 2. 선과 악에 대한 가르침(10:9-32)

(9) 의인의 입과 악인의 입(10:31-32)

31 의인의 입은 지혜를 내어도
패역한 혀는 베임을 당할 것이니라
32 의인의 입술은 기쁘게 할 것을 알거늘
악인의 입은 패역을 말하느니라

10장을 마무리하고 있는 두 가르침은 말에 관한 것이다. 또한 31절은 지혜로운 말과 패역한 말을 말하며, 이어지는 32절은 무엇이 지혜로운 말이고 패역한 말인지를 정의하는 듯하다. 그러므로 둘을 한꺼번에 취급하여 해석하는 것이 바람직하다.

의인의 말은 지혜롭다(31a절, cf. 12:14; 13:2; 18:20). 그는 하나님과 이웃들에게 도움과 기쁨이 되는 말을 하기 때문이다(32a절). 그는 주변 사람들에게 덕이 되고 득이 되는 말을 할 줄 아는 지혜를 지녔다.

반면에 악인의 패역한 혀는 베임을 당할 것이다(31절). 혀를 베어 내는 것은 참으로 폭력적인 이미지이지만, 실제로 옛 앗시리아 사람들은 반역자들의 혀를 뜯어냈다는 기록을 남겼다(cf. ANET). 악인들은 입을 열 때마다 패역을 일삼는다. '패역'(תַּהְפֻּכָה)은 사악함을 뜻한다. 하나님과 이웃들에게 전혀 도움이 되지 않는 말만 쏟아 낸다. 그러므로 하나님이 그의 패역한 혀를 베실 것이다(31b절). 사람을 통해서, 혹은 어떤 기적을 통해서 그가 더 이상 말을 못하도록 하실 것이라는 뜻이다. 혹은 아무리 떠들어 대도 사람들이 그의 말을 무시할 것이기 때문에 그는 결국 허공을 향해 떠들어 대는 처량한 사람이다.

III. 솔로몬의 첫 번째 잠언집(10:1-22:16)
A. 상반되는 지혜 모음집(10:1-15:33)

3. 선과 악에 대한 추가적 가르침(11:1-31)

이 장도 통일성과 흐름이 있는 섹션으로 구분하기가 참으로 어렵다. 이러한 상황은 구조에 대해 천차만별적 제안을 하는 주석들을 보면 알 수 있다. 이 주석에서는 다음과 같은 단락으로 나누어 본문을 주해해 나가고자 한다.

A. 정직하고 의로운 삶(11:1-8)
B. 의인과 악인과 공동체(11:9-15)
C. 선행과 악행(11:16-23)
D. 나눌수록 늘어나는 재산(11:24-28)
F. 심은 대로 거두는 삶(11:29-31)

(1) 정직하고 의로운 삶(11:1-8)

1 속이는 저울은 여호와께서 미워하시나
공평한 추는 그가 기뻐하시느니라
2 교만이 오면 욕도 오거니와
겸손한 자에게는 지혜가 있느니라
3 정직한 자의 성실은 자기를 인도하거니와
사악한 자의 패역은 자기를 망하게 하느니라
4 재물은 진노하시는 날에 무익하나
공의는 죽음에서 건지느니라
5 완전한 자의 공의는 자기의 길을 곧게 하려니와
악한 자는 자기의 악으로 말미암아 넘어지리라
6 정직한 자의 공의는 자기를 건지려니와
사악한 자는 자기의 악에 잡히리라
7 악인은 죽을 때에 그 소망이 끊어지나니
불의의 소망이 없어지느니라
8 의인은 환난에서 구원을 얻으나
악인은 자기의 길로 가느니라

솔로몬은 대조적인 가르침을 이어간다. 여호와께서는 속이는 저울을 미워하시고, 공평한 추는 기뻐하신다(1절). '속이는'(מִרְמָה)은 남에게 해를 입히기 위해 의도적으로 나쁜 것을 디자인하는 행위를 뜻한다(Waltke). 하나님은 공의가 사람들이 물건을 사고파는 시장에서도 존중되고 적용되기를 요구하신다(Van Leeuwen, cf. 잠 20:10, 13; 마 7:12; 고전 6:8). 저울은 공동체가 세운 기준이며 신뢰하는 사회를 유지하는 데 필수적이다. 공평한 거래가 이루어지려면 공정한 저울이 있어야 한다. 그러므로 속이는 저울은 사회의 공정성과 신뢰를 훼손하며 창조주께서 세우신 상업과 저울에 대한 기준(cf. 16:11)과 질서를 위반하기 때문에 하나님은 속이는 저울을 사용하는 부도덕한 비즈니스 행태를 미워하신다(cf. 레 19:35-36; 신 25:13-16; 겔 45:10; 호 12:7-8; 암 8:5; 믹 6:11; 잠 16:11; 20:10, 23).

'미움'(תּוֹעֵבָה)을 더 정확하게 번역하면 '역겨움/가증함'이다(공동, NAS, ESV, NRS, cf. 3:32; 6:16; 11:20; 12:22; 15:19). 매우 강력한 부정적인 감정을 표현하는 단어이다(Whybray). 성경에서 하나님이 가증하게 여기시는 것은 우상 숭배(신 7:25), 동성애 등 성적 부패(레 18:22-30; 20:13), 인간 번제(신 12:31), 이단 종교행위(신 18:9-14), 신전 음란(왕상 14:23ff.), 부정하거나 흠이 있는 짐승을 제물로 바치는 것(신 14:3-8; 17:3) 등이다(TWOT). 하나님은 같은 감정으로 거짓 저울을 역겨워하신다.

반면에 공평한 추는 기뻐하신다(1b절). '공평한 추'(אֶבֶן שְׁלֵמָה)는 문자적으로 '샬롬(완전한)한 돌'이다. 당시에는 돌을 추로 사용했기 때문에 이렇게 표현했다(cf. ABD). 당시 상인들은 흔히 두 세트의 추를 소유하고 있었다. 물건을 사들일 때에는 무거운 추를, 물건을 팔 때는 가벼운 추를 사용했다(Buzzell, cf. 신 25:13-16; 암 8:5). 하나님은 공동체가 세운 기준에 부합한 추를 사용하여 정직하게 거래를 하는 사람을 기뻐하신다. 정직한 거래를 하는 사람은 하나님이 뜻하신 바를 실천하고 있다. 반면에 속이는 추로 장사를 하는 상인은 사람만 속이는 것이 아니라, 하나님께 범죄한다.

공동체의 비즈니스 방식에 대한 말씀에 '여호와'(יְהוָה)의 이름이 사용되는 것은 중요한 메시지를 지녔다(Kitchen). 여호와께서 세상의 비즈니스와 상업에 깊이 관여하고 계시므로 사고 파는 사람들이 서로 정직하게 대하기를 기대하신다는 뜻이다. 성경은 속된 것(영역)과 거룩한 것(영역)을 구분하지 않는다. 주의 자녀들은 속된 세상에서도 거룩하게 살아야 한다.

솔로몬의 두 번째 교훈은 교만한 사람과 겸손한 사람을 대조한다(2절, cf. 6:27; 13:10; 16:8; 18:12). '교만'(זָדוֹן)은 물이 끓어 넘치는 것에서 유래한 단어이며(Ross), 주제넘게 자신만만하다는 뜻이다(NIDOTTE). 이런 사람의 삶에는 자신만 가득하므로 하나님과 주님의 능력은 없다(TWOT). 또한 물이 끓어 넘치는 것처럼 하나님이 정해 주신 선을 넘는다. 건강한 자신감은 좋은 것이지만, 교만은 지나친 자신감이며 삶에서 하나님이 머무실 공간을 마련하지 않는 것이다. 자신을 신처럼 높이기 때문이다(Plaut). 능력이 없으면서도 있는 것처럼 행세하는 것이 교만이다. 그러므로 실제로 실력을 보여야 할 순간에 제대로 보여 주지 못한다. 또한 이웃을 착취하고도 심판을 두려워하지 않는 것도 교만이다(Koptak). 시편 59:7은 교만한 자는 "입으로는 악을 토하며 그들의 입술에는 칼이 있어 이르기를 누가 들으리요"라고 한다고 한다.

사람들은 교만한 자를 욕하고 비난한다. 교만한 자는 자신을 대단한 사람으로 생각하지만, 주변 사람들은 그를 존경하지 않는다. 거짓 추와 교만한 자의 공통점은 자신들을 실제보다 더 무겁다고(비중이 있다고) 하는 것이다(Garrett). 그러므로 사람들은 오히려 교만한 자를 욕한다. '욕'(קָלוֹן)은 수치/불명예를 뜻한다. 교만과 욕(교만의 결과)은 항상 함께 간다. 그러므로 이 말씀은 "악한 사람이 오면 멸시가 뒤따른다"는 18:3과 비슷하다. 그럼에도 불구하고 교만한 사람은 하나님을 의지하지 않고 자신의 능력을 믿는다.

반면에 겸손한 사람은 지혜롭다(2b절). 문자적으로 번역하면 '지혜가 겸손한 자와 함께한다'이다. 1행은 교만한 자는 자신과 자신이 처한 상황을 올바르게 판단하지 못하는 어리석은 사람이라 했다. 그러므로 그와 대조를 이루는 2행에서 지혜는 판단력과 분별력을 뜻한다(Van Leeuwen, cf. 26:1, 8).

'겸손한 사람들'(צְנוּעִים)은 이곳에서 단 한 번 사용되는 단어이다. '경건한 자들, 거룩한 자들, 신실한 자들' 등 종교적인 뉘앙스가 강한 개념이다(Buzzell, cf. HALOT). 생각해 보면 신앙이 깊은 사람은 겸손할 수밖에 없다. 신앙이 깊을수록 여호와를 더 의지하며, 하나님을 의지할수록 하나님이 정해 주신 기준에 따라 살려고 노력한다. 그는 하나님의 기준에 따라 사는 것이 얼마나 어렵고 힘든 일인지 알기 때문에 겸손해진다. 지혜는 항상 겸손한 사람(하나님을 의지하는 자)과 머물며 정확한 사리 판단을 하게 하고, 교만한 자(자신을 믿는 자)와는 절대 함께하지 않는다. 교만한 자는 스스로 지혜가 필요하다고 생각하지 않을 뿐더러 하나님이 그를 낮추실 것이기 때문이다(삼상 2:3; 사 10:12-19).

솔로몬은 정직한 자와 사악한 자를 대조하며 세 번째 교훈을 준다(3절). 처음 두 교훈이 사람이 삶에서 실천하는 것에 관한 것이라면, 이 교훈은 그의 행동을 지휘하는 마음 자세에 관한 것이다. '정직한 자들'(יְשָׁרִים)은 좌로나 우로나 치우치지 않고 곧바로 길을 가는 사람들이다(TWOT). 이들은 성실하다고 하는데, '성실'(תֻּמָּה)은 구약에서 5차례 사용되는 단어이며 본문을 제외하면 모두 욥기에서 사용된다(욥 2:3, 9; 27:5; 31:6). 도덕적으로 순결하여 흠이 없다는 뜻이다(TWOT). 정직한 사람들의 가장 기본적인 성향은 딴 생각으로 물들거나 유혹당하지 않고 자신들이 가는 바른 길을 꾸준히 가는 것이다. 그가 가는 길에는 온갖 암초와 덫이 도사리고 있지만, 정직함이 그들을 바른 길로 인도한다(Koptak). 구약에서 정직한 사람의 가장 적절한 예는 요셉과 욥이다(Kitchen). 요셉은 참으로 억울하게 많은 일을 당했지만, 끝에 가서 "당신들은 나를 해하려 하였으나 하나님은 그것을 선으로 바꾸사 오늘과 같이 많은 백성의 생명을 구원하게 하시려 하셨다"라고 고백했다(창 50:20).

'사악한 자들'(בּוֹגְדִים)은 남을 기만하고 속이는 자들이다(TWOT). '패역'(סֶלֶף)은 '사악함, 배신'을 뜻한다(HALOT). 이 단어는 매우 다양하고 광범위하게 사용된다. 결혼 관계에서(출 21:8; 말 2:14), 친구 관계에서

(욥 6:15), 계약 관계에서(삿 9:23), 법적인 다툼에서(렘 12:6), 혹은 하나님과의 관계에서(렘 9:2)도 사용된다. 또한 사악한 자들은 뇌물로 진실과 정의를 왜곡시키는 자들이다(cf. 출 23:8; 신 16:19). 그러므로 이런 사람은 절대 신뢰할 수 없다. 기회만 생기면 남들을 속일 생각을 하기 때문이다. 결국 그들의 패역함은 그들을 망하게 한다. '망하다'(שׁדד)는 회복할 가능성이 없을 정도로 완전히 파괴된다는 뜻이다(NIDOTTE). 하나님이 그들을 멸망에 이르게 하신다.

네 번째 가르침은 재물과 공의를 대조한다(4절). '재물'(הוֹן)은 '재산/부'를 뜻한다. 본문에서는 불의한 방법으로 모은 재물을 의미한다(Kitchen, Waltke). '진노의 날'(יוֹם עֶבְרָה)은 하나님이 분노하시는 날, 곧 심판하시는 날이다(cf. 공동, 현대인). 선지서에서 하나님이 온 세상을 심판하시고 끝내시는 때를 의미하며 자주 사용되는 '여호와의 날'과 같다(Whybray, Van Leeuwen, cf. 욥 21:30; 사 13:9, 13; 겔 7:19; 습 1:15, 18). 솔로몬은 하나님이 진노하시는 날, 곧 각 사람을 '끝내시는 날'에는 재물이 아무런 효력을 발휘하지 못하기 때문에 무익하다고 한다. 호세아도 악한 방법으로 모은 재물을 믿는 자들을 비난했다(호 12:6-8).

반면에 '공의'(צְדָקָה)는 죽음에서 사람을 건진다(4b절). '건지다'(נצל)는 '낚아채다'는 뜻이다. 죽을 수밖에 없는 상황에서도 사람을 살린다. 평상시에 선을 행하며 살면 환난 때 도움이 된다는 가르침이다. 이 말씀은 10:2과 매우 비슷하다. 단지 이곳에서는 '부정하게 모은 재물'이라 하지 않고 '재물'이라고 하는 차이를 보일 뿐이다. 하나님이 심판하시는 날, 정당하게 모은 재산도 아무 효력이 없으니 부정하게 모은 재산은 말할 것도 없다.

솔로몬의 다섯 번째 교훈은 완전한 자와 악한 자를 대조한다(5절). '완전한 자'(תָּמִים)는 제물로 드릴 짐승이 흠이 없는 것처럼 나무랄 흠이 없는 사람들을 뜻한다(Delitzsch). '악한 자'(רָשָׁע)는 죄를 짓는 자를 의미한다. 완전한 사람이 실천하는 '공의'(צְדָקָה)는 그가 가는 길을 평탄하고 곧게 하지만, 악인은 자기 악에 걸려 넘어진다. '곧다'(ישׁר)의 강조점은 가는 길이 직선이라는 것이 아니라 평평하여 평안하게 갈 수 있는 것에 있다(TWOT). 이 말씀은 의인의 행동과 악인의 행동이 매우 대조적인 결과를 초래한다며 그들의 행동에 초점을 맞추는 말씀이다.

정직한 자와 사악한 자를 대조하는 여섯 번째 가르침(6절)은 다섯 번째 교훈(5절)을 더 발전시킨 것이다. 5절은 완전한 자의 공의는 그가 가는 길을 곧게 한다고 했는데, 이번에는 그의 공의가 그를 위기(죽음)에서 구원할 것이라고 한다. 반면에 사악한 자의 경우에는 자신의 죄로 인해 실족한다고 했는데(5절), 이번에는 그의 악이 올무가 되어 그를 잡을 것이라고 한다(6b절). '악'(הַוָּה)은 욕망/야심이다(HALOT). 그들은 한계를 모르는 악한 욕심에 사로잡혀 스스로 멸망한다(Koptak).

솔로몬의 일곱 번째 가르침은 1행과 2행이 같은 주제를 이어 가는 비슷한(synonymous) 교훈이다(7절). 죽음은 하나님이 악인에게 최종적으로 답하시는 'No'이다(Van Leeuwen). 또한 악인이 죽으면 그의 소망도 그와 함께 사라진다(7a절). 그와 함께 사라지는 소망은 어떤 것인가? 불의의 소망이다. '불의의 소망'(תּוֹחֶלֶת אוֹנִים)은 '재물에 대한 욕심'이라는 뜻이다(TWOT, cf. 현대어, ESV, NIRV). 악인들은 평생 재물에 대한 욕심을 버리지 못하기 때문에 그들이 죽으면 그들의 재물에 대한 욕심도 함께 죽는다. 평생 재물욕에 사로잡혀 살다가 죽는 사람의 모습이다.

이 섹션의 마지막 교훈은 의인과 악인을 대조한다(8절). 의인은 환난에서도 구원을 얻는다(cf. 3, 5-6절). '구하다'(חלץ)는 빼낸다는 뜻을 지녔다. 하나님이 위기에 처한 그를 그 위기에서 빼내시는 것이다(Whybray, cf. 출 2:23-25; 시 34:4, 19; 107:2). 반면에 악인은 위기/환난으로 스스로 걸어 들어간다(8b절). 아마도 그가 스스로 판 구덩이일 것이다(cf. 시 7:15; 9:16; 35:8; 57:6). 이미지는 의인이 빠져나온 자리를 악인이 채우는 것이다: "의인은 재난에서 구원을 받고, 그의 자리를 악인이 차지한다"(TNK, cf. NAS, NIV, NRS). 하나님이 의인이 당할 환난을 악인들이 당하게 하신다는 뜻이다(cf. 개역).

성경에서 이 원리가 적용되는 사례로 꼽을 수 있는 것은 하만과 모르드개 이야기이다. 악한 하만이 모르드개를 매달려고 세워 놓은 장대에서 자신이 죽었다(에 5:14; 7:10; 9:1-10). 또한 다니엘과 사자 굴 이야기도 좋은 예이다(단 6:23-24). 본문은 언제 이런 일이 있을지에 대해 말하지 않는다. 우리가 이 세상에 사는 동안일 수도 있고, 내세에서일 수도 있다(Kitchen).

III. 솔로몬의 첫 번째 잠언집(10:1-22:16) A. 상반되는 지혜 모음집(10:1-15:33) 3. 선과 악에 대한 추가적 가르침(11:1-31)

(2) 의인과 악인과 공동체(11:9-15)

9 악인은 입으로 그의 이웃을 망하게 하여도
의인은 그의 지식으로 말미암아 구원을 얻느니라
10 의인이 형통하면 성읍이 즐거워하고
악인이 패망하면 기뻐 외치느니라
11 성읍은 정직한 자의 축복으로 인하여 진흥하고
악한 자의 입으로 말미암아 무너지느니라
12 지혜 없는 자는 그의 이웃을 멸시하나
명철한 자는 잠잠하느니라
13 두루 다니며 한담하는 자는 남의 비밀을 누설하나
마음이 신실한 자는 그런 것을 숨기느니라
14 지략이 없으면 백성이 망하여도
지략이 많으면 평안을 누리느니라
15 타인을 위하여 보증이 되는 자는 손해를 당하여도
보증이 되기를 싫어하는 자는 평안하니라

솔로몬의 첫 번째 교훈은 악인과 의인을 대조한다(9절). 개역개정이 '악인'으로 번역한 단어(חָנֵף)는 하나님을 경외하지 않는 자(godless)이다 (TWOT, cf. 새번역, 공동, 아가페, NAS, NIV, NRS, TNK, ESV). 그는 입으로 이웃을 망하게 한다. 그가 사는 공동체에 큰 피해를 입힌다는 뜻이다. 반면에 '의인들'(צַדִּיקִים)은 소유한 지식을 통해 구원을 얻는다(9b절). 그들의 지식은 당연히 '여호와를 경외하는 지식'이다. 하나님은 주님을 경외하고 의지하는 그들을 곤경에서 '빼내신다/건지신다'(חלץ). 악인이 자신이 속한 공동체에 아무리 큰 해를 끼쳐도 하나님은 그 위기에서 의인들을 건지실 것이다.

두 번째 가르침(10절)은 첫 번째 가르침(9절)과 연관이 있다. 의인과 악인이 공동체에 기쁨을 주는 것은 같다. 단지 정황이 다르다. 의인은 공동체에 이익을 주며 건강하게 보존하는 사람들이다. 그러므로 의인들이 형통하면 온 성읍이 즐거워한다. 악인은 공동체를 망하게 한다(9a절). 그들은 덕이 되는 것이 아니라 해를 끼치는 자들이다(cf. 28:12; 29:2). 그러므로 악인들이 죽었다는 소식이 들리면 온 성읍이 '소리를 지르며(רִנָּה) 기뻐한다'(cf. 왕하 11:20).

그들은 의인이 형통했다는 소식보다 악인이 망했다는 소식에 더 열광한다! 악인들의 멸망으로 인해 공동체의 보존과 건강이 어느 정도 보장되었기 때문이다. 모르드개와 하만의 이야기가 좋은 예로 남아 있다(에 3:15; 8:15-17). 죽었다는 소식에 열광하는 공동체를 생각하면 악인들의 삶이 참으로 서글퍼 보인다. 우리의 삶은 죽을 때 주변 사람들로부터 평가를 받는다.

솔로몬의 의인과 악인을 대조하는 세 번째 교훈은(11절) 두 번째 가르침(10절)을 보완 설명하는 역할도 한다. 의인이 형통하면 성읍이 즐거워하는 것은(10a절) 정직한 사람의 축복으로 인해 온 성읍이 진흥하기 때문이다. '진흥하다'(רום)는 높아진다는 뜻이다. 정직한 사람은 도시의 평안을 위해 기도할 것이며(시 122:6, cf. 왕상 8:14, 55; 시 51:18;

128:5-6; 133:1-3), 공동체를 위한 여러 가지 일도 도시에게 복(좋은 것)이다. 그러나 '축복'(בְּרָכָה)은 하나님이 주신다. 성에 사는 의인들이 하나님의 축복을 받으면, 그 축복은 온 성을 하나님의 복을 받은 도성으로 승화시킨다. 그러므로 성의 명성과 위상이 높아진다(cf. 14:34). 의인들이 사회에 끼치는 복에 하나님이 신성한 복을 더하시는 것이다.

반면에 악한 사람들은 입(말)으로 성을 무너뜨린다(11b절). 그러므로 이 가르침은 의인의 '세움'과 악인의 '무너뜨림'을 대조하고 있다. 악인들이 성을 누비고 다니며 온갖 오해와 불신을 유발하는 말, 세우고 격려하는 말이 아니라 깎아내리고 분란을 일으키는 말을 해대므로 그들의 말이 공동체를 세우는 것이 아니라 무너뜨린다. 그러므로 악인이 망할 때 온 공동체가 열렬히 기뻐했던 것이다(10b절). 공동체는 멤버들에 의해 항상 영향을 받는다.

솔로몬의 네 번째 가르침은 어리석은 자와 지혜로운 사람을 대조한다(12절). 이번에도 말과 사람을 대하는 태도가 이슈가 되고 있다. '지혜가 없는 자'(חֲסַר־לֵב)는 마음이 텅 비어 생각이 모자란 자를 뜻한다. 이 사람은 깊이 생각하지 않고 이웃을 멸시한다. '멸시하다'(בּוּז)는 비웃고 모욕한다는 뜻이다(cf. 1:7; 13:13; 14:21; 23:9, 22; 30:17). 그는 자신이 이웃보다 훨씬 더 잘났다고 생각하기 때문에 이런 짓을 한다.

반면에 '명철한 사람'(אִישׁ תְּבוּנוֹת), 곧 사리 판단과 이해력이 투철한 사람은 침묵한다(12b절, cf. 2:2, 3; 10:19). 정황을 고려할 때 어리석은 자는 자신이 나서서 이웃을 비웃을 만한 상황(그가 실수를 한 정황 등)이라고 생각해서 그를 모욕하지만, 지혜로운 사람은 이런 상황임에도 불구하고 잠잠히 이웃을 대한다. 지혜로운 사람은 이웃을 멸시하거나 그에게 해가 되는 일은 하지 않는다. 반면에 지혜가 모자란 자는 아무 때나 느끼는 대로 멸시하고 모욕하여 만들지 않아도 될 원수들을 만든다.

다섯 번째 교훈은 남의 비밀을 누설하는 자와 숨기는 자를 비교한다(13절). '한담하는 자'(רָכִיל)는 구약에서 여섯 차례밖에 사용되지 않으며

(레 19:16; 렘 6:28; 9:4; 겔 22:9; 잠 20:19) 정보를 자기 잇속을 챙기기 위하여 악용하는 사람이다(Koptak, cf. TWOT). 별생각 없이 소문을 퍼뜨리는 것이 아니라, 악의적인 의도를 가지고 한다(Kidner). 이런 사람은 남의 비밀을 숨겨줄 만한 자비와 지혜가 없다. 그러므로 그들은 들은 것을 까발리고 부풀려 많은 사람을 곤경에 빠트린다.

반면에 마음이 신실한 사람은 남의 비밀을 모두 숨긴다(13b절). '신실한 사람'(נֶאֱמַן־רוּחַ)은 '신실한 영혼'을 가진 사람이며 신앙심이 투철하다는 뜻이다. '숨기다'(כסה)는 10:12에서 '사랑은 많은 죄를 덮는다' 할 때 사용된 단어이다. 솔로몬은 참 신앙인은 이웃의 비밀을 존중할 줄 아는 사람이라고 한다. 비밀은 대체적으로 수치와 죄에 관한 것이다. 신실한 사람은 이웃의 허물을 비밀로 붙일 줄 아는 사람이다(cf. 12:16; 17:9; 20:19).

솔로몬의 여섯 번째 가르침은 지략에 대한 것이다(14절). 1행의 '지략'(תַּחְבֻּלוֹת)은 사회가 나가야 할 '방향'(direction)이다(NIDOTTE). 이 단어는 배를 움직이는 도구에서 유래하였다(TWOT, cf. 욥 37:11-12). 쉽게 말해서 함께 추구해야 할 비전이 없는 백성은 방향을 잃고 떠도는 배처럼 망하고(Whybray, cf. 12:5), 비전(추구하고자 하는 것)이 많은 민족은 번영과 평안을 누린다는 뜻이다.

2행의 '지략'(יוֹעֵץ)은 지도자를 뜻한다(cf. 새번역, 아가페, 현대어, NAS, NIV, ESV). '평안'(תְּשׁוּעָה)은 위기에서 구원을 얻는다는 뜻이다. 그러므로 더 정확한 번역은 '지략(비전)이 없으면 백성이 망하고, 참모들(지도자들)이 많으면 [위기에서] 구원을 누린다'가 된다. 구원은 원수들의 공격을 성공적으로 막아 내는 것이다(Fox). 그러므로 이 말씀은 각 개인과 공동체는 조언자들에게 많은 조언을 구하고 귀담아 들어야 한다는 가르침이다(Kitchen). 리더십의 중요성을 강조하고 있다.

이 섹션의 마지막 교훈은 보증에 관한 것이다(15절). 14절은 사회가 평화와 안정을 누리는 방법을 말했고, 이 구절은 각 개인이 평화와 안정을 누리는 방법을 말하고 있다(Garrett). 잠언은 만일 보증을 서게 되면 곧바로 그 보증을 물리라고 한적이 있다(6:1). 돌려받지 못할 각오로 돈을 꾸어줄지언정 보증은 서지 않는 것이 지혜라고 했다. 이 말씀은 보증이 끼치는 손해에 대해 경고한다(cf. 22:26–27). 누구든 타인을 위해 보증을 서면 반드시 손해를 볼 것이라고 한다(15a절). '타인'(זָר)은 일상적으로 비(非)이스라엘 사람을 뜻하지만, 보증에 있어서는 가족 범위 밖에 있는 사람으로 해석하는 것이 바람직하다(Toy, cf. 6:1 주해). 솔로몬은 보증이 되기를 싫어하는 자는 평안할 것이라고 하는데(15b절), '싫어하다'(שׂנא)는 본문에서 '거절하다'라는 뜻을 지녔다(cf. 새번역, 아가페, NIV). 보증을 거부하는 자가 지혜로운 사람이라는 가르침이다.

III. 솔로몬의 첫 번째 잠언집(10:1–22:16)
A. 상반되는 지혜 모음집(10:1–15:33)
3. 선과 악에 대한 추가적 가르침(11:1–31)

(3) 선행과 악행(11:16–23)

16 유덕한 여자는 존영을 얻고
근면한 남자는 재물을 얻느니라
17 인자한 자는 자기의 영혼을 이롭게 하고
잔인한 자는 자기의 몸을 해롭게 하느니라
18 악인의 삯은 허무하되
공의를 뿌린 자의 상은 확실하니라
19 공의를 굳게 지키는 자는 생명에 이르고
악을 따르는 자는 사망에 이르느니라
20 마음이 굽은 자는 여호와께 미움을 받아도
행위가 온전한 자는 그의 기뻐하심을 받느니라
21 악인은 피차 손을 잡을지라도 벌을 면하지 못할 것이나

의인의 자손은 구원을 얻으리라
22 아름다운 여인이 삼가지 아니하는 것은
마치 돼지 코에 금 고리 같으니라
23 의인의 소원은 오직 선하나
악인의 소망은 진노를 이루느니라

솔로몬의 첫 번째 가르침은 유덕한 여자와 근면한 남자에 관한 것이다(16절). '유덕한 여자'(אֵשֶׁת־חֵן)를 '아름다운 여인'으로 제한해서 해석해야 한다는 주장이 있지만(Clifford, Kitchen, Van Leeuwen, cf. 5:19; 31:30), 주변 사람들에게 자비를 베풀어 덕망이 있는 여자를 뜻한다(Garrett, Ross, Waltke, cf. 31:10-31). 모든 아름다운 여자가 존경을 받는 것은 아니기 때문이다. 유덕한 여인은 존영을 얻을 것이라고 하는데, '존영'(כָּבוֹד)은 솔로몬이 구하지 않았지만 받았던(cf. 왕상 3:13) 큰 명예와 영광을 의미한다(NIDOTTE, cf. 3:35; 15:33; 18:12; 20:3; 25:27; 26:8; 29:23). 자비를 베푸는 여자는 존경과 칭송을 받는다.

'근면한 남자들'(עָרִיצִים)(16b절)은 정확한 번역이 아니다. 이 단어는 일상적으로 폭력적인 사람, 혹은 강인한 독재자를 뜻하기 때문이다(HALOT). 그래서 NAS와 ESV는 '폭력적인 남자들'(violent men)로, NIV와 TNK는 '무자비한 남자들'(ruthless men)로 번역했다. 칠십인역(LXX)은 전혀 다른 내용을 반영하고 있다: "자비로운 아내는 남편에게 영광을 안겨 준다. 그러나 공의를 미워하는 여인은 불명예의 주제가 된다. 게으른 자는 가난하지만, 부지런한 자는 부로 자기 자신을 세운다"(γυνὴ εὐχάριστος ἐγείρει ἀνδρὶ δόξαν θρόνος δὲ ἀτιμίας γυνὴ μισοῦσα δίκαια πλούτου ὀκνηροὶ ἐνδεεῖς γίνονται οἱ δὲ ἀνδρεῖοι ἐρείδονται πλούτῳ).

이 말씀이 '덕망이 있는 여자'를 어떤 유형의 남자에게 대조하는 것으로 보아, '근면한 남자'는 아닌 듯하다. 게다가 '근면'으로 번역된 단어는 '폭력/무자비함'을 뜻한다(NIDOTTE, TWOT). 그러므로 이 말씀은

'덕망이 있는 여자'와 '덕망이 없는 남자'(폭력적인 남자)를 대조하는 것으로 보아야 한다. 덕망이 있는 여자는 존귀(명예)를 얻지만(혹은 사람들의 마음을 얻지만), 무력만 휘두를 줄 아는 폭력적인 남자는 사람들의 존경을 얻지 못하고 무자비함으로 재물을 얻을 뿐이라는 뜻이다(cf. NAS, NIV, ESV, TNK). 그가 폭력을 행사하여 얻는 재물도 악하다(Clifford).

두 번째 교훈은 인자한 자와 잔인한 자를 대조한다(17절). '인자한 자'(אִישׁ חֶסֶד)는 룻기에 등장하는 보아스처럼 이웃들에게 아낌없이 사랑과 자비를 베푸는 사람이다. '영혼'(נֶפֶשׁ)은 사람을 내면에서 보는 것이며, '몸'(שְׁאֵר)은 바깥에서 보는 것(신체)을 뜻한다(Waltke). 욥기는 신체적인 고통이 모든 재산을 잃는 고통보다 더 크다고 한다(욥 1:12; 2:4-6). 악한 자는 '이롭다'(גמל)는 부족한 부분을 채운다는 의미를 지녔다(HALOT). 종합해 보면 이웃들에게 자비와 사랑을 베푸는 사람은 자기 영혼(삶)의 필요를 모두 채운다는 뜻이다. 그 무엇 하나도 채워지지 않은 것이 없어 매우 만족한 삶을 산다.

'잔인한 자'(אַכְזָרִי)는 온갖 악행으로 남에게 피해를 입히는 사람이며 긍휼과 자비는 아예 찾아볼 수 없는 사람이다(NIDOTTE). 이런 사람은 자기 몸도 해롭게 한다(17b절). '해롭게 한다'(עכר)는 재앙을 불러들이는 일을 뜻하며(TWOT), 아간이 이스라엘과 자기 집에 끼친 해를 묘사한다(수 7:25-26). 아합은 엘리야를 두고 나라에 해를 끼치는 자라고 했다(왕상 18:17-18). 잔인한 사람은 남들을 잔인하게 대하는 것으로도 모자라 자기 자신과 가족에게도 재앙을 불러들인다. 이 말씀은 자기애(narcissism)의 종착역에 관한 것으로 해석될 수도 있다(Van Leeuwen).

솔로몬의 세 번째 가르침은 악인과 공의를 뿌린 자를 대조한다(18절). 악인의 삯은 허무하다. '허무'(פְּעֻלַּת־שָׁקֶר)는 '속이는 삯'이라는 뜻을 지녔다. 아무리 열심히 일해봤자 얻는 것이 별로 없다는 뜻이다. 설령 큰 부를 얻는다 해도 별 효력을 발휘하지 못하니 허무하고 속이는 삯이다(Scott). 하나님이 심판하시는 날 악인에게는 벌 외에는 별로 줄 것도 없다.

반면에 공의를 뿌린 자는 하나님께 확실한 상을 받는다(18b절). '공의를 뿌린 자'(זֹרֵעַ צְדָקָה)는 삶의 터전 모든 곳에서 꾸준히 정의를 행하여 마치 농부가 밭에 씨앗을 심듯이 모든 영역에 정의를 심은 사람이라는 뜻이다. '확실한 상'(שֶׂכֶר אֱמֶת)은 신뢰할 수 있는 보상을 뜻한다(HALOT). 이런 사람은 하나님이 심판하시는 날 거둘 것이 많다.

네 번째 교훈은 공의를 굳게 지키는 자와 악을 따르는 자를 대조한다(19절). '공의를 굳게 지키는 자'(כֵּן־צְדָקָה)는 '공의를 추구하는 자'라는 의미를 지녔다(McKane, Toy, cf. Fox). 그러므로 '참으로 의로운 자'라는 뜻이며 항상 의를 실천하는 사람을 두고 하는 말이다. 의를 실천하며 사는 사람은 생명에 이른다(19a절). 이 땅에서 오래 살 것을 의미할 수도 있고 영생을 의미할 수도 있다(Ross).

반면에 악을 따르는 자는 사망에 이른다(19b절). '따르다'(רֹדֵף)는 '쫓다'이다. 악인은 누가 시켜서가 아니라 스스로 서둘러 악을 쫓아가는 사람이다(Clifford, Murphy). 이런 사람은 결국 '자기 죽음'(מוֹתוֹ)에 이른다. 그가 죽음을 맞는 것도 그가 악을 쫓기로 선택했기 때문이다. 악인은 죽으면서 그 누구도 원망할 수 없다. 죽음을 선택한 자신을 원망해야 한다.

솔로몬의 다섯 번째 교훈은 마음이 굽은 자와 행위가 온전한 자를 대조한다(20절). '마음이 굽은 자'(עִקְּשֵׁי־לֵב)은 생각이 꼬인 사람 혹은 마음이 비뚤어져 삶이 위선과 거짓으로 가득한 자를 뜻한다(NIDOTTE). 이 사람의 가장 큰 문제는 바르지 못한 마음에 있다(Kitchen). 이런 사람은 여호와께 미움을 받는다. '미움을 받다'(תּוֹעֲבַת)는 '가증스럽게 여긴다'는 뜻이다. 하나님은 마음이 굽은 사람을 가증스럽게 여기신다.

반면에 행위가 온전한 사람은 기뻐하신다(20b절). '행위가 온전한 자'(תְּמִימֵי דָרֶךְ)는 가는 길(삶)이 흠이 없어 경건하고 거룩한 사람들을 뜻한다. 이런 사람들은 하나님의 기쁨이 된다. '그[하나님]의 기쁨'(רְצוֹנוֹ)

은 하나님과 행위가 온전한 자들의 관계를 강조한다. 하나님이 특별히 그들을 보살피실 것이다.

여섯 번째 가르침은 악인과 의인의 엇갈리는 운명을 대조한다(21절). 악인은 피차 손을 잡을지라도 벌을 피할 수 없다고 하는데, '피차 손을 잡다'(יָד לְיָד)는 숙어이며 '확실하다'라는 뜻을 지녔다. 그러므로 21a절은 '확실히 알라. 악인은 벌을 피하지 못한다'로 번역되어야 한다(NAS, NIV, ESV, NRS, TNK).

반면에 의인의 자손은 구원을 얻을 것이다(21b절). 하나님은 모든 의인들을 빠짐없이 구원하실 것이며(Kitchen, Ross, Whybray), 의롭게 산 조상들을 기억하셔서 그들의 후손에게도 두고두고 구원을 베푸실 것을 뜻한다(cf. Garrett). 우리가 의롭게 살면 하나님은 우리가 죽은 후에도 우리를 기억하셔서 우리 자손들에게 은혜를 베푸실 것이다. 칠십인역(LXX)은 이 절을 다소 다르게 번역했다: "불손하게 손을 잡는 자는 벌을 피할 수 없을 것이며 의를 심는 자는 신실한 보상을 받을 것이다"(χειρὶ χεῖρας ἐμβαλὼν ἀδίκως οὐκ ἀτιμώρητος ἔσται ὁ δὲ σπείρων δικαιοσύνην λήμψεται μισθὸν πιστόν).

일곱 번째 교훈은 삼가지 않는 아름다운 여인을 돼지 코에 걸린 금고리에 비교한다(22절). 고대 여인들은 장식으로 금고리를 코에 걸고 다녔다(창 24:22, 47; 사 3:21; 겔 16:12). 유목민 여인들은 지금도 코의 오른쪽을 뚫어 코고리를 한다(Waltke). '삼가하지 않다'(סָרַת טָעַם)는 '분별력을 버리다'는 뜻이다(HALOT). 스스로 판단력을 흐려 절제하지 않고 닥치는 대로 행하는 여인은 아무리 아름답다 할지라도 마치 돼지 코에 걸린 금고리 같다고 한다. 돼지는 부정하기도 하지만 가장 더러운 짐승 중 하나이다. 도대체 어울리지 않으며, 귀한 것(금)이 천하고 우스꽝스러운 것(돼지 코)에 걸린 것과 같다. 아름답지만 지혜가 없는 여인은 불합치(incongruity)의 절정이다(Murphy).

여자는 아름다울수록 해야 할 일과 해서는 안 될 일을 가려 품위를 지켜야 한다. 아비가일과 에스더는 아름다움과 품위를 유지하는 지혜를 가진 좋은 사례들이다. 그렇게 하기 위해서는 여호와를 경외해야 한다: "고운 것도 거짓되고 아름다운 것도 헛되나 오직 여호와를 경외하는 여자는 칭찬을 받을 것이라"(31:30).

이 섹션의 마지막 가르침은 의인의 소원과 악인의 소망을 대조한다(23절). 문장이 완전하지가 않기 때문에 정확한 의미를 구상하기가 쉽지 않다(cf. Kitchen). "의인들의 소원은 오직 선하다"(23a절). 의인들은 경건한 것들을 소망으로 삼기 때문에 그들이 바라는 것들은 오로지 선한 것들뿐이다. 그러므로 하나님은 그들의 선한 소원이 이뤄지게 하실 것이다.

반면에 악인들이 소망하는 것은 악하다(cf. 7절). 그러므로 그들이 바라는 것들은 진노를 이룬다. 하나님이 그들의 소망에 진노하신다는 뜻이다. 그러므로 이뤄지기는커녕 오히려 심판만 받는다.

III. 솔로몬의 첫 번째 잠언집(10:1-22:16) A. 상반되는 지혜 모음집(10:1-15:33) 3. 선과 악에 대한 추가적 가르침(11:1-31)

(4) 나눌수록 늘어나는 재산(11:24-28)

24 흩어 구제하여도 더욱 부하게 되는 일이 있나니
과도히 아껴도 가난하게 될 뿐이니라
25 구제를 좋아하는 자는 풍족하여질 것이요
남을 윤택하게 하는 자는 자기도 윤택하여지리라
26 곡식을 내놓지 아니하는 자는 백성에게 저주를 받을 것이나
파는 자는 그의 머리에 복이 임하리라
27 선을 간절히 구하는 자는 은총을 얻으려니와
악을 더듬어 찾는 자에게는 악이 임하리라

28 자기의 재물을 의지하는 자는 패망하려니와
의인은 푸른 잎사귀 같아서 번성하리라

솔로몬의 첫 번째 가르침은 나누는 사람과 아끼는 사람을 대조한다(24절). 어려움에 처한 사람들을 구제하기 위해 자신이 가진 재산을 전부 나눠 주었는데 구제를 하기 전보다 더 부자가 되는 사람이 있다(24a절, cf. 시 112:9; 잠 3:9-10; 전 11:1-2; 요 12:24-25; 눅 6:38; 고후 9:6-9). 그러므로 부유해지기 위해서는 나눠야 한다(cf. 시 112:9; 고후 9:6-9). 하나님이 선한 마음을 가진 이들을 축복하시기 때문이다.

반면에 과도히 아껴도 가난하게 되는 경우가 있다(24b절, cf. 21:13; 28:22). 가난한 사람들에게 인색하게 굴고(cf. 공동), 심지어는 자기가 마땅히 쓸 것까지 아끼는데도 가난하다(Delitzsch, cf. 새번역). 하나님이 복을 주지 않으시기 때문이다. 재산은 얼마나 많이 가졌는가보다는 어떻게 사용하느냐가 더 중요하다. 선한 일에 사용하면 하나님은 몇 배로 갚아 주신다. 반면에 가진 것을 붙잡으려 하면 가진 것마저도 잃는다.

두 번째 교훈은 구제를 좋아하는 자와 남을 윤택하게 하는 자에 대한 것이다(25절). 이 말씀은 24절을 보충 설명하는 것으로 간주할 수 있다. '구제를 좋아하는 자'(נֶפֶשׁ־בְּרָכָה)는 어렵게 사는 사람들을 '축복하는 사람'이다. 하나님의 이름으로 자신이 가진 재물을 나눠 주는 사람이다. 이런 사람은 이웃들을 물질로 축복한 후에 더 풍족해진다. '풍족하다'(רשן)는 '몸이 불어나다/살이 찌다'라는 뜻이다(TWOT, cf. 신 32:15). 기근과 가뭄으로 먹을 것이 충분하지 않았던 고대 사회에서는 참으로 강력한 이미지이다(Kitchen, cf. 13:4; 28:25). 재산이 더 늘어난다는 뜻을 지녔다. 하나님이 나누는 것을 기뻐하시는 그에게 복을 주셨기 때문이다.

또한 남을 윤택하게 하는 사람은 자기도 윤택해진다(25b절). 이 문장(מַרְוֶה גַּם־הוּא יוֹרֶא)을 문자적으로 해석하면 '물을 주는 사람은 자기도 물을 받을 것이다'이다(cf. 새번역, NAS, ESV). 남의 갈증(어려움)을 해소시키는 사람은 자신의 갈증도 해소되는 경험을 한다는 뜻이다. 하나님이 돕는 자를 도우시기 때문이다(막 9:41).

솔로몬의 세 번째 가르침은 곡식을 저장해 놓고 팔지 않는 자와 파는 자를 대조한다(26절). 이 말씀이 배경으로 하는 정황은 땅에 기근이 들어 곡식이 귀한 때이다. 한 사람은 창고에 곡식이 가득한데 나중에 값을 더 받으려고 시중에 내다 팔지를 않는다. 이런 사람은 내놓아야 할 때 내놓지 않아서 백성들의 저주를 받을 것이라고 한다(26a절). 돈을 더 벌기 위해 상황을 악용하고 있기 때문이다(Longman).

반면에 나중에 팔면 돈을 더 받을 수 있는 데도 곡식을 구하지 못하는 사람들을 생각해서 가진 곡식을 내다 파는 사람이 있다(26b절). 이집트의 국무총리가 되었던 요셉이 좋은 사례이다(창 41:56; 42:6; 47:25). 이런 사람의 머리에는 복이 임한다. 하나님이 그의 선한 생각을 축복하시기 때문이다. 서민들의 식량을 가지고 더 높은 수익을 올리기 위해 잔머리를 굴리는 것은 옳지 않다.

네 번째 교훈은 선을 간절히 구하는 자와 악을 더듬어 찾는 자를 대조한다(27절). 이 말씀은 재물에 대해 말하는 이 섹션의 교훈들과 잘 어울리지 않는다. '간절히 구하다'(שחר)는 부지런히 찾는 것을 뜻한다. 선을 이처럼 간절히 사모하는 사람은 은총을 얻을 것이다. '은총'(רָצוֹן)은 하나님과 사람을 기쁘게 하는 것이다(잠 3:4; 삼상 2:26; 눅 2:52). '얻다'(בקש)는 '발견하다'라는 의미이다. 선을 간절히 사모하면 하나님이 그가 참 기쁨을 누릴 수 있도록 은총을 발견하게 하실 것이다.

반면에 악을 더듬어 찾는 자가 있다(27b절). '더듬어 찾다'(דרש)는 '조사하다, 묻다'라는 의미를 지녔다(HALOT). 일부러 찾아 나서는 행위를 묘사한다. 사람이 살다가 악을 마주치는 것도 문제인데, 이 사람은 의도적으로 악을 찾아 나선다. 그러므로 하나님이 그에게 '악'(심판)이 임하도록 하신다. 예수님은 "먼저 그의 나라와 그의 의를 구하라"고 하셨다(마 6:33).

솔로몬의 다섯 번째 교훈은 자기 재물을 의지하는 자와 의인을 대조한다(28절). 하나님을 의지하지 않고 자기 재물을 의지하는 것은 악인의 특징이다. 그러므로 이 말씀은 악인과 의인의 대조이다. 재물 자체는 나쁜 것이 아니다(10:15). 선한 일을 하는데 사용할 수도 있다(19:17; 22:9). 그러나 의와 함께하지 않는 재물은 나쁘다(Van Leeuwen). 그러므로 하나님을 의지하지 않고 자기 재물을 의지하는 자는 패망한다(28a절). 소유자를 죽음으로 몰아가는 재물은 악하다(Kitchen, cf. 시 9:6; 62:10; 잠 11:4; 23:4, 5).

'패망하다'(נפל)는 넘어진다는 의미이다. 그는 넘어져 그가 의지하던 모든 재산을 잃는다. 그리고 다시는 부자가 되지 못할 것이다. 하나님이 그가 다시 일어나 부자가 되는 것을 막으실 것이기 때문이다.

반면에 의인은 푸른 입사귀처럼 번성한다(28b절). 가나안 지역의 건조한 기후에서 푸른 입사귀는 참으로 귀하게 여겨졌다(cf. 시 1:3). 의인은 번영과 번성을 거듭하며 많은 열매를 맺어 사람들을 먹일 것이다. 그러므로 사람들은 그를 존경할 것이다. 하나님이 그의 길을 축복하셔서 모든 것이 잘 되게 하실 것이기 때문이다.

III. 솔로몬의 첫 번째 잠언집(10:1-22:16)
A. 상반되는 지혜 모음집(10:1-15:33)
3. 선과 악에 대한 추가적 가르침(11:1-31)

(5) 심은 대로 거둠(11:29-31)

29 자기 집을 해롭게 하는 자의 소득은 바람이라
미련한 자는 마음이 지혜로운 자의 종이 되리라
30 의인의 열매는 생명 나무라
지혜로운 자는 사람을 얻느니라

[31] 보라
의인이라도 이 세상에서 보응을 받겠거든
하물며 악인과 죄인이리요

솔로몬의 첫 번째 교훈은 자기 집을 해롭게 하는 자와 미련한 자에 대한 연속적인 가르침이다(29절). '해롭게 하다'(עכר)는 이미 17절에서 잔인한 사람은 관계를 맺고 있는 사람들뿐만 아니라 자신까지 해친다며 사용된 단어이다. 자해하는 자가 자기 집안을 온전하게 내버려 둘리 없다. 그는 자신의 집에 온갖 재앙을 안긴다. 그러므로 집안은 날로 어려워지고 가족들은 고통스러워한다. '소득'(נחל)으로 번역된 단어의 의미는 '유산을 받다'이다(HALOT, cf. NAS, NIV, NRS, ESV, TNK). 그가 유산을 받을 때가 되면 유일하게 받는 것이 바람이다. 아무것도 남아난 것이 없고, 누가 이런 아들에게 유산을 주고 싶겠는가! 그나마 광풍을 받지 않은 것이 다행이다(cf. 호 8:7).

미련한 자는 마음이 지혜로운 사람의 종이 될 것이다(29b절, cf. 14:19; 17:2). 이 말씀은 1행과 잘 연결되지 않는다. 그러나 마음이 미련한 자를 1행의 자기 집을 해롭게 하여 집이 망하게 한 자로 해석하면 가능하다. 그는 어리석어서 집을 망하게 한 '미련한 자'(אֱוִיל)이다. 유산으로 받은 것이 없어 결국 남의 종으로 팔렸다. 그를 사서 부리는 주인은 '마음이 지혜로운 자'(חֲכַם־לֵב)이다. 주인은 이런 괴팍한 사람을 어떻게 부릴 줄을 잘 안다는 뜻이다. 그러므로 앞으로 그는 이 미련한 종을 최대한 잘 부려먹을 것이다. 한때 자기 집이 파산하도록 수고를 아끼지 않은 미련한 자가 이제는 남의 집을 번영시키기 위하여 열심히 일해야 한다. 모든 유형의 무능함은 노예가 되게 한다(Murphy). "무릇 있는 자는 받아 넉넉하게 되되 없는 자는 그 있는 것도 빼앗기리라"는 예수님의 말씀이 생각난다(마 13:12; 25:29; 눅 19:26).

두 번째 가르침은 의인과 지혜로운 사람에 대한 연속적인 가르침이다(30절). 의롭게 사는 사람은 생명 나무를 열매로 거둔다(30a절). '생명 나무'(עֵץ חַיִּים)는 창세기의 '생명 나무'(עֵץ הַחַיִּים)(창 2:9; 3:22; 3:24)와 같은 표현이지만, 창세기의 것과는 달리 정관사가 빠졌다. 창세기는 이 표현에 지속적으로 정관사를 더함으로써 그 '생명 나무'(עֵץ הַחַיִּים)가 사람에게 영생을 주는 나무임을 암시한다. 반면에 본문의 '생명 나무'는 의롭게 사는 사람은 이 땅에서 장수하며 왕성한 삶을 살 것을 뜻한다(cf. Sheppard). 더 나아가 자신들의 '생명 나무' 열매로 많은 사람을 먹일 것이다(Koptak). 악인은 자신과 집안에 해를 끼쳐 생명을 단축하는데, 의인은 경건하게 살아 자신과 주변 사람들의 생명을 연장시킨다. 하나님이 그들을 보고 계시기 때문이다.

이어 솔로몬은 지혜로운 이는 사람을 얻는다고 한다(30b절). 이 말씀은 지혜로운 사람은 사람을 얻는 것이 재물을 얻는 것보다 더 낫다는 것을 잘 아는 사람이라며 사람에게 투자할 것을 당부하고 있다. 칠십인역(LXX)은 전혀 다른 말을 한다: "죄인들은 일찍 죽는다"(ἀφαιροῦνται δὲ ἄωροι ψυχαὶ παρανόμων). 아마도 '생명 나무'(장수의 상징)와 '단명'을 대조하기 위해 이렇게 한 것으로 보인다. 우리말 번역본들 중에는 새번역과 공동이, 영어 번역본들 중에는 NRS, CSB 등이 칠십인역을 따른다. 그러나 이 가르침이 두 행에서 비슷한 내용을 연이어 반복하고 있는 것으로 간주하면 마소라 사본을 그대로 유지하는 것이 바람직하다. 의인과 지혜로운 사람은 비슷한 말이며, '생명 나무'(장수와 행복한 삶)를 누리는 가장 좋은 방법은 사람들에게 투자하는 것이라는 의미로 해석될 수 있기 때문이다.

이 섹션의 마지막 가르침은 의인과 악인 모두 이 땅에서 사는 동안 하나님의 심판을 피할 수 없다는 사실을 바탕으로 하고 있다(31절). 이 말씀은 '하물며' 양식으로 구분되는데, 잠언에는 이런 유형의 격언이 네 개가 있으며(15:11; 19:7; 21:27), 이 말씀이 첫 번째이다(Kitchen). 하나님은 이 땅에서 경건하고 거룩하게 사는 의인을 그가 살아 있는 동안 보상하시다(31a절). '보상하다'(שׁלם)는 '샬롬'의 어원이 되는 단어이며 평화롭게 하거나 부족함을 채운다는 의미를 지녔다. 하나님의 보상이 때로는 더디게 올 수도 있지만, 분명 의인은 살아 있는 동안 상급을 받아 평화를 누리며 만족하는 삶을 살게 될 것이다.

하나님은 죄인과 악인에게도 그들이 살아 있는 동안 그렇게 하신다(31b절). 물론 악인과 죄인이 하나님께 받을 것은 보상이 아니라 심판이며 재앙이다. 그러므로 그들의 삶에는 '샬롬'이 없다. 이 가르침의 핵심 포인트는 하나님의 보상과 심판이 세상 끝날에만 있는 것이 아니라, 우리가 살아 있는 동안에도 임할 수 있다는 경고이다.

III. 솔로몬의 첫 번째 잠언집(10:1–22:16)
A. 상반되는 지혜 모음집(10:1–15:33)

4. 훈육과 지혜 사랑(12:1–28)

흐름이나 통일성이 별로 없는 여러 가르침을 모아 놓았다. 본 주석은 다음과 같은 구분을 바탕으로 이 장을 주해해 나가고자 한다. 각 섹션의 타이틀이 내용을 모두 수용하지는 못한다.

A. 흔들리지 않는 삶(12:1–3)
B. 든든한 의인의 가정(12:4–7)
C. 선한 노동의 열매(12:8–12)
D. 삶이 맺는 열매(12:13–14)
E. 약이 되는 말과 해가 되는 말(12:15–19)
F. 기쁨이 깃드는 삶(12:20–23)
G. 부지런한 사람과 게으른 사람(12:24–28)

III. 솔로몬의 첫 번째 잠언집(10:1-22:16)
A. 상반되는 지혜 모음집(10:1-15:33)
4. 훈육과 지혜 사랑(12:1-28)

(1) 흔들리지 않는 삶(12:1-3)

[1] 훈계를 좋아하는 자는 지식을 좋아하거니와
징계를 싫어하는 자는 짐승과 같으니라
[2] 선인은 여호와께 은총을 받으려니와
악을 꾀하는 자는 정죄하심을 받으리라
[3] 사람이 악으로서 굳게 서지 못하거니와
의인의 뿌리는 움직이지 아니하느니라

솔로몬의 가르침은 훈계를 좋아하는 사람과 징계를 싫어하는 사람을 비교하는 것으로 시작한다(1절). '훈계'(מוּסָר)는 훈련과 연관된 개념이며, '징계'(תּוֹכַחַת)는 책망 혹은 꾸지람이다(TWOT). 그러므로 징계가 훈계보다 훨씬 더 강력한 제재를 내포하고 있지만, 이 말씀에서는 비슷한 말로 사용되고 있다. '좋아하다'(אהב)는 사랑하는 것을, '싫어하다'(שׂנא)는 미워하는 것을 뜻한다. 둘 다 감정이 실린 언어이다. 훈계를 좋아하는 사람은 지식을 좋아한다. '지식'(דַּעַת)은 지혜와 뗄 수 없는 관계에 있으며 거의 비슷한 말이다(Kitchen). 지혜는 지식을 근거로 삼기 때문이다. 그러므로 훈계를 좋아하는 사람은 지혜를 사랑하며, 지혜를 사랑하는 사람은 삶에 대한 새로운 배움을 좋아한다는 뜻이다.

반면에 징계를 싫어하는 자는 짐승과 같다(1b절). '짐승'(בַּעַר)은 '바보'라는 의미도 지녔다(HALOT). 사람은 어리석음에 사로잡혀 이웃의 조언을 무시하고 제멋대로 행동할 때 미련한 짐승과 별반 다를 바가 없다(Fox, cf. 시 49:11; 73:22; 92:7; 잠 30:2). 사람과 짐승의 차이가 사람은 훈계를 받아들이지만 짐승은 거부하는 것에 있기 때문이다. 또한 본문은 아무리 똑똑한 사람이라 할지라도 훈계를 거부하는 사람을 '바보와 같다'고 한다. 그러므로 상당수의 번역본들이 '미련한 자, 바보'로 번역한다(공동, 아가페, NAS, NIV, NRS, ESV).

두 번째 교훈은 선인과 악을 꾀하는 자를 대조한다(2절). '선인'(טוֹב)은 말 그대로 '선한/착한 사람을 의미하며, 자기 희생을 바탕으로 한 사랑으로 모든 일을 하는 사람이다(Delitzsch). 그는 여호와께 은총을 받는다. '은총'(רָצוֹן)은 하나님과 사람을 행복하게 하는 것을 의미한다(NIDOTTE). 여호와께서 착한 사람에게는 복을 주신다.

반면에 악을 꾀하는 사람은 정죄하심을 받는다(2b절). '악을 꾀하는 자'(אִישׁ מְזִמּוֹת)는 남을 해치려고 음모를 꾸미는 사람이다(HALOT, cf. 잠 24:8; 창 6:5; 8:21; 전 7:29). 이런 사람은 하나님께 복을 받는 것이 아니라 정죄하심을 받는다. '정죄하심을 받다'(יַרְשִׁיעַ)를 정확히 해석하면 '그가 정죄하다'이다. 그러나 누가 누구를 정죄하는가가 정확하지 않다. 악인이 스스로를 정죄하거나, 혹은 선인이 악인을 정죄하거나, 하나님이 그를 정죄하는 것으로 보이는데, 하나님이 그를 정죄하는 것으로 해석하는 것이 바람직하다(cf. 아가페, NAS, TNK). 하나님은 착한 사람에게는 은총을, 남을 해하려는 음모를 꾸미는 사람에게는 심판을 내리신다(cf. 시 10:2). 본문에서 악한 사람이 음모를 꾸미는 것으로 보아 착한 사람은 자신의 생각을 함부로 계획으로 바꾸지 않는 사람일 수도 있다(Fox).

솔로몬의 세 번째 가르침은 악을 추구하는 사람과 의인을 대조한다(3절). 사람은 악(악한 방법)으로는 굳게 서지 못한다. '굳게 서다'(כּוּן)는 자신이 속한 공동체에 뿌리를 내려 존경을 받으며 평안히 사는 것을 의미한다(cf. HALOT). 창조주께서 천지를 창조하실 때 선을 지향하고 악을 배척하는 메커니즘을 세상에 두셨다. 그러므로 하나님의 직접적인 심판이 없더라도 세상은 악인이 굳게 서는 것을 용납하지 않는다(cf. 렘 1:9-10).

반면에 의인의 뿌리는 움직이지 않는다(3절). 의인들은 공동체에 깊이 뿌리를 내려 사람들의 존경을 받으며 평안하게 산다. 또한 그들이 사회에 내린 뿌리는 결코 뽑히지 않으며, 흔들리지도 않는다. 뿌리는 나무를 생각나게 하며, 나무는 하나님의 은혜로 존재하고 번영한다(Waltke). 선하신 하나님이 그들을 보호하실 것이다.

III. 솔로몬의 첫 번째 잠언집(10:1-22:16)
A. 상반되는 지혜 모음집(10:1-15:33)
4. 훈육과 지혜 사랑(12:1-28)

(2) 든든한 의인의 가정(12:4-7)

4 어진 여인은 그 지아비의 면류관이나
욕을 끼치는 여인은 그 지아비의 뼈가 썩음 같게 하느니라
5 의인의 생각은 정직하여도
악인의 도모는 속임이니라
6 악인의 말은 사람을 엿보아 피를 흘리자 하는 것이거니와
정직한 자의 입은 사람을 구원하느니라
7 악인은 엎드러져서 소멸되려니와
의인의 집은 서 있으리라

솔로몬은 어진 여인과 욕을 끼치는 여인이 그들의 남편들에게 어떤 존재들인가를 대조한다(4절). '어진'으로 번역된 단어(חַיִל)는 군사적인 용어로 싸움을 잘 하는 군인을 묘사하는 단어이다(시 18:32, 39; 110:3). 그러나 여자에게 적용될 때에는(אֵשֶׁת־חַיִל) 문자적으로는 '능력 있는 여인'이라는 의미를 지녔지만(cf. TNK, CSB), 31:10-31은 입이 닳도록 칭찬하는 '현숙한 여인'을 뜻한다. 능력보다는 인격을 강조하는 표현이다(cf. 아가페, NIV, NIRV). 보아스는 룻을 현숙한 여인이라고 한다(룻 3:11). 유대인들의 정경 순서에서는 잠언 바로 다음에 등장하는 책이 룻기이다. 마치 잠언의 마지막 부분이 '현숙한 여인'을 정의한 후, 이어서 룻기는 룻이야 말로 참으로 현숙한 여인이라고 하는 듯하다.

성경은 하나님의 '인애'(חֶסֶד)를 알고 자신이 경험한 인애를 남에게 베푸는 여자를 '현숙한 여인'이라 한다. 그러므로 솔로몬이 칭찬하고자 하는 여인도 이웃에게 많은 자비를 베푸는 사람이다. 이런 여인은 남편의 면류관이다(cf. 4:9; 14:24; 16:31; 17:6). 남편의 위상을 높일 뿐만 아니라, 남편의 자랑이다(cf. 고전 11:7). 그녀의 선행이 남편의 위상에 덕망을 더한다(cf. 11:16; 18:22).

반면에 욕을 끼치는 여인은 남편의 썩은 뼈와 같다(4b절). '욕을 끼치는 여인'(מְבִישָׁה)은 자신도 우스갯거리이지만(cf. 11:22), 남편에게도 씻을 수 없는 수치를 안겨 주는 사람이다. '현숙한 여인'과 대조를 이루는 것으로 보아 이 여자는 남에게 자비를 베풀지 않고 자기만을 위한 삶을 산다. 사람들은 매정한 그녀를 보고 남편을 욕한다. 현숙한 여인처럼 남편의 위상을 드높이는 것이 아니라, 오히려 깎아내린다. 그러므로 이런 여자를 아내로 둔 남자는 '자신의 뼈가 썩는'(כְּרָקָב בְּעַצְמוֹתָיו) 고통을 경험한다. 사람이 경험할 수 있는 최악의 고통이다. 또한 지혜로운 여인은 밖에서(이웃에게 자비를 베품으로) 남편의 덕을 쌓아 가는데, 어리석은 여인은 안에서(남편의 뼈) 남편을 욕되게 한다(cf. 19:13; 21:9, 19; 25:24; 27:15). 남편의 입장에서는 '원수는 안에 있다'는 말이 생각난다. 이 말씀은 결혼할 상대를 고를 때 인품을 가장 중요한 기준으로 삼으라는 말씀이기도 하다(Koptak).

두 번째 가르침은 의인과 악인을 대조한다(5절). 의인들의 생각은 정직하다. '생각'(מַחְשָׁבָה)은 계획과 의도를(6:18; 15:22, 26; 16:3; 19:2; 20:18; 21:5), '정직'(מִשְׁפָּט)은 바르다는 뜻이다(NIDOTTE). 의인들이 세우는 계획은 자신들과 모두를 위하여 선하고 좋은 것이다.

반면에 악인의 도모는 속임이다(5b절). '도모'(תַּחְבֻּלוֹת)는 방향을 조정하는 밧줄이다(Ross). 선원들은 이것을 가지고 배가 가는 방향을 조정한다(1:5; 11:1; 20:18; 24:6). '속임'(מִרְמָה)은 말 그대로 속임수와 사기를 의미한다(TWOT). 그들은 사람들을 속여 자신들이 원하는 것을 얻을 것을 계획하지, 절대 선한 것을 도모하지 않는다. 의인과 악인은 둘 다 계획을 세우지만, 차이는 정직함(의)이 있고 없고 이다. 의인은 하나님 보시기에 옳은 계획을 세우고, 악인은 자기 잇속을 챙기는 계획을 세운다(Kitchen).

솔로몬의 세 번째 교훈은 악인의 말과 정직한 사람의 말의 효력을 대조한다(6절). 이 말씀의 배경이 증인이 되어 법정에서 증언하는 것이라 하는 이들도 있지만(Whybray), 법정과 상관없는 일반적인 가르침으로 생각된다. "악인의 말은 사람을 엿보아 피를 흘리자 하는 것이거니와"(6a절)를 더 정확하게 번역하면 '악인들의 말은 숨어서 덮칠 피를 기다린다'이다(cf. NAS, NIV, ESV, TNK). 악인들은 전혀 예상하지 못하는 사람들에게 갑자기 악한 말을 하여 엄청난 상처와 피해를 입힌다는 뜻이다(cf. 1:11). 아마도 모함하여 억울한 사람을 곤경에 빠트리는 일을 의미하는 듯하다(Whybray). 그러나 그들의 행동은 남이 아니라 숨어 있다가 자신을 덮치는 결과를 초래한다(1:18). 하나님이 그들을 벌하시기 때문이다.

반면에 정직한 자의 입은 사람을 구한다(6b절). '구하다'(נצל)는 '뜯어내다'는 의미를 지녔다. 하나님이 위기에 처한 사람들을 구원하시는데 많이 사용된다. 정직한 사람들의 말이 자신들을 구하는지, 혹은 곤경에 처한 이웃들을 구하는지는 확실하지 않다. 만일 자신을 구한다면 삼손이 좋은 예가 될 수 있고(cf. 사 14장), 후자라면 다윗이 사울을 죽이라는 부하들의 요구를 거부한 일(삼상 26:1-12)이 좋은 예가 될 수 있다(Kitchen). 악인들의 말은 사람들을 덮치고, 의인들의 말은 사람들을 악인들의 '덮침'에서 구해 낸다.

이 섹션의 마지막 가르침은 악인의 소멸과 의인의 영원함을 대조한다(7절). 5-7절은 악인들의 나쁜 생각이 계획과 실천으로 옮겨져 많은 사람들에게 피해를 입혔고, 하나님은 이런 그들을 심판하시는 것으로 흐름이 전개되고 있다. 때로는 악인들이 영원히 이 세상을 지배하는 것 같지만, 때가 되면 그들은 반드시 엎드려진다. '엎드려지다'(הפך)는 하나님이 소돔과 고모라를 회복 불능 상태로 벌하신 일과 연관되어 쓰인 단어이다(창 19:21, 25, 29; cf. 신 29:23; 사 13:19; 렘 20:16; 49:18; 암 4:11). 쓰러지면 다시는 일어나지 못할 것이다. 하나님이 그들을 심판하셨기 때문이다.

반면에 의인의 집은 서 있다(7b절). 악인들이 심판을 받아 사라진 후에도 의인들은 영원히 있을 것이며 번성할 것이다. 하나님이 그를 세우시고 보호하시기 때문이다. 이 말씀은 하나님이 심판하시는 날 악인과 의인의 대조되는 운명에 관한 가르침이다.

III. 솔로몬의 첫 번째 잠언집(10:1–22:16)
A. 상반되는 지혜 모음집(10:1–15:33)
4. 훈육과 지혜 사랑(12:1–28)

(3) 선한 노동의 열매(12:8–12)

8 사람은 그 지혜대로 칭찬을 받으려니와
마음이 굽은 자는 멸시를 받으리라
9 비천히 여김을 받을지라도 종을 부리는 자는
스스로 높은 체하고도 음식이 핍절한 자보다 나으니라
10 의인은 자기의 가축의 생명을 돌보나
악인의 긍휼은 잔인이니라
11 자기의 토지를 경작하는 자는 먹을 것이 많거니와
방탕한 것을 따르는 자는 지혜가 없느니라
12 악인은 불의의 이익을 탐하나
의인은 그 뿌리로 말미암아 결실하느니라

솔로몬의 첫 번째 교훈은 칭찬을 받는 사람과 멸시를 받는 사람을 대조한다(8절). 사람은 그가 지닌 지혜대로 칭찬을 받는다. 그가 지혜로운 말을 하면 사람들은 그를 존경하고 칭찬한다. '지혜로운 말'(פִּי־שִׂכְלוֹ)은 통찰력과 이해력을 겸비한 말이다(HALOT). 이런 사람은 다른 사람들과 교감을 잘한다.

반면에 마음이 굽은 자는 멸시를 받는다(8b절). '마음이 굽은 자'(לֵב־נַעֲוֵה)는 생각이 바르지 못해 잘못된 길을 가는 사람이다(TWOT). 사람들은 이런 자를 멸시한다. 대중은 어떤 사람을 존경하고, 어떤 사람을 멸시해야 하는가에 대해 뚜렷한 일가견을 지녔다. 아비가일과 나발이 이 말씀을 적절하게 드러낸다(Waltke, cf. 삼상 25장).

두 번째 가르침은 잠언에 등장하는 첫 번째 '…보다 낫다' 형식의 가르침이다(9절, cf. 15:16-17; 16:8, 19, 32; 17:1; 19:1, 22; 21:9, 19; 22:1; 25:7, 24; 27:5, 10; 28:6). 사람들이 비천하게 여겨 존경을 받지는 못하지만, 종을 부리는 사람이 있다. 칠십인역(LXX)은 종이 아니라 자신이 음식을 챙긴다고 한다. 마소라 사본과 칠십인역이 제시하는 메시지는 같다. 겸손이 허세보다 낫고 실속이 있다는 가르침이다(Kitchen). 그는 종이 준비한 음식을 배불리 먹는다. 이 사람은 사람들의 눈을 의식하지 않고 실속을 챙기는 사람이다.

자신은 대단한 사람이라고 생각하는 자가 있다(9b절). 그러나 그는 먹을 음식이 없다! 허세로 가득한 사람이다. 그러므로 솔로몬은 남의 눈을 의식하지 않고 실속을 챙기는 사람이 허세로 가득하지만, 먹을 음식이 없는 사람보다 낫다고 한다. 허세를 부리는 사람에게 주는 경고이다. 또한 이 말씀은 사람은 자신이 가진 것으로 만족할 줄 알아야 한다는 교훈도 준다(Whybray, cf. 15:16, 17; 16:8; 17:1; 19:1; 28:6).

솔로몬의 세 번째 교훈은 의인의 자상함과 악인의 긍휼을 대조한다(10절). 의인은 자기 가축의 생명을 돌본다. '돌보다'(ידע)는 '알다'는 뜻이다. 의인은 자기가 소유한 가축들의 필요를 알고 채워 준다(cf. NIV,

NRS, TNK). 의인은 짐승들에게도 자상하고 자비롭다.

반면에 악인들의 긍휼은 잔인이다(10b절). '악인들의 긍휼'(the mercy of the merciless)은 모순어법(oxymoron)의 좋은 예이다. 모순어법은 앞뒤가 안 맞는 것들의 조합이다. 예를 들자면 '계획된 사고'도 모순어법이다. 그러므로 의인의 말이 되는 것이 악인의 이웃이 되는 것보다 낫다(Koptak).

'긍휼'(רַחֲמִים)은 자비로운 보살핌이다(HALOT). 그러나 악인들이 베풀 수 있는 최고의 '긍휼'은 잔인함이다. '잔인'(אַכְזָרִי)은 사람이 자기 이익과 번영을 위해서는 수단과 방법을 가리지 않고 무엇이든 하는 무자비함이다(TWOT, cf. 잠 5:9; 11:17; 17:11; 사 13:9; 렘 6:23; 30:14). 이들은 선을 행하는 것을 알지 못하며 다른 생명에 대한 배려도 전혀 없는 자들이다. 그러므로 이 말씀은 의인의 짐승이 되는 것이 악인의 종이나 이웃이 되는 것보다 더 낫다고 한다. 의인이 누구를 잘못 대하는 것이 악인이 가장 잘 대하는 것보다 낫기 때문이다(Waltke).

네 번째 가르침은 성실하게 일하는 사람과 뜬구름을 잡으려 하는 자를 대조한다(11절). 이 말씀의 배경은 조그만 땅을 경작하는 농부이다(Whybray). 지혜로운 농부는 열심히 일해 삶을 유지한다. 그러므로 비록 작기는 하지만 자신이 소유한 밭을 가는 농부는 먹을 것이 넉넉하다. 성실하게 일하는 사람은 노동의 대가를 충분히 즐긴다는 뜻이다.

그러나 방탕한 것을 따르는 자는 지혜가 없다(11b절). '방탕한 것들'(רֵיקִים)은 텅 비어 있는 상태를 말한다(NIDOTTE). 지혜가 없는 자는 허황된(실체가 없는) 꿈이나 환상을 좇는다는 뜻이다. '지혜가 없다'(חֲסַר־לֵב)는 이미 생각이 모자라다는 의미로 몇 차례 사용된 표현이다. 이 말씀은 지혜로운 사람은 성실하게 자기 일에 임하는 사람이며, 어리석은 사람은 정당한 노동을 하지 않고 재빠르게 한몫 챙기려는 허무를 좇아다닌다고 한다(cf. 28:19). 지혜로운 사람은 성실하게 일하는 사람이며 돈을 쉽게 벌려고 하지 않는다(Plaut).

이 섹션의 마지막 교훈은 악인의 수입과 의인의 열매를 대조한다(12절). 이 구절을 정확하게 번역하기가 쉽지 않다(cf. Toy, Van Leeuwen). 전반적인 의미는 악인은 불의의 이익을 탐한다는 뜻이다. '탐하다'(חמד)는 기뻐한다는 뜻이다. 그가 기뻐하는 '불의의 이익'(מְצוֹד רָעִים)을 문자적으로 풀이하면 '악인들의 덫'이다. 악인들은 다른 악인들이 쳐 놓은 덫에 걸린 수익을 탐한다는 뜻이다(cf. Clifford). 그들은 상대를 가리지 않고 누구든 착취하고 빼앗기를 기뻐한다. 악인들은 불로소득을 즐긴다.

반면에 의인은 그 뿌리로 말미암아 결실한다(12b절). 의인들은 열심히 의를 심고, 그들이 심은 의가 맺은 열매를 즐긴다는 뜻이다. 의인의 특징은 요행을 바라지 않고 성실하게 삶에 임하여 열심히 심고 거둔다.

III. 솔로몬의 첫 번째 잠언집(10:1-22:16)
A. 상반되는 지혜 모음집(10:1-15:33)
4. 훈육과 지혜 사랑(12:1-28)

(4) 삶이 맺는 열매(12:13-14)

13 악인은 입술의 허물로 말미암아 그물에 걸려도
의인은 환난에서 벗어나느니라
14 사람은 입의 열매로 말미암아 복록에 족하며
그 손이 행하는 대로 자기가 받느니라

첫 번째 교훈은 악인과 의인의 말을 대조한다(13절). 악인은 마치 새가 그물에 걸리듯 자신이 한 말로 인해 스스로 올무에 걸려든다. '그물'(מוֹקֵשׁ)의 더 정확한 번역은 나무로 만든 덫(wooden snare)이다(HALOT). 악인의 특징은 거짓말을 하거나 책임질 수 없는 말을 하여 스스로 무덤을 파는 것이다. 그러므로 그는 자주 말실수를 하여 스스로 파멸에 이른다. 이 말씀은 사람들이 종종 거짓말을 하여 위기를 모면하려고 하지만, 결국은 그 거짓말로 인하여 파멸에 이른다는 교훈을 준다. 거짓말은 프라이팬에서 불로 뛰어드는 행위이다(Van Leeuwen).

반면에 의인은 환난에서 벗어난다(13b절). 이 말씀이 악인은 아무리 의인을 해하려고 일을 꾸며도 실패할 것이기 때문에 의인은 악인의 음모에 걸려들지 않는다는 뜻인지, 혹은 악인의 말은 스스로 몰락하는 길이지만, 의인은 어떠한 위기에서도 지혜로운 말을 해 그 위기를 빠져나온다는 의미인지 확실히 알 수 없다. 이 가르침이 악인의 말을 문제 삼는 것으로 보아 의인은 지혜로운 말로 환난에서 벗어난다는 뜻으로 해석하는 것이 바람직하다. 의인은 많은 말을 하지는 않지만(21:23), 그가 말을 할 때는 자신을 구할 정도로 덕이 되고 지혜로운 말을 한다(cf. 11:8-9).

칠십인역은 13절 끝에 이 말을 더한다: "순하게 보이는 사람은 불쌍히 여김을 받지만, 성문에서 다투는 자는 영혼들에게 상처를 준다"(ὁ βλέπων λεῖα ἐλεηθήσεται ὁ δὲ συναντῶν ἐν πύλαις ἐκθλίψει ψυχάς). 아마도 의인이 환난에서 벗어나는 이유(순하게 보임)와 악인이 어떻게 스스로 문제를 만드는가(아무나 하고 시비를 함)를 설명하는 것으로 생각된다.

솔로몬의 두 번째 가르침은 언행에 관한 것이다(14절). 사람은 입의 열매로 복록에 족하다(cf. 13:2; 18:20). '복록에 족하다'(יִשְׂבַּע־טוֹב)는 문자적으로 '선한(좋은) 것을 배불리 먹어' 더 이상 원하는 것이 없다는 뜻이다. 그는 선한 말로 많은 것을 심고 거두어 부족함이 없는 삶을 살며, 자신의 열매로 이웃들을 먹인다(Waltke).

또한 사람은 손이 행하는 대로 자기가 받는다(14b절). '손'(יָד)은 사람이 하는 행동을 상징한다. 사람은 자신이 행한 대로 자기가 받는다. '자기가 받다'(יָשׁוּב לוֹ)는 '그에게 돌아온다'는 뜻이다. 사람의 손이 행하여 얻은 '혜택'(גְּמוּל)은 긍정적일 수도 있고 부정적일 수도 있다. 그러므로 이 말씀은 누구든 자기 말과 행동의 열매를 거둘 것이므로 선한 말을 하는 사람은 좋은 것들을 열매로 거둘 것이며, 행동이 바른 사람은 그의 행실의 열매를 누릴 것이라 한다. 반대로 악한 말을 한 사람은 악을 거두고, 악한 일을 일삼는 사람도 악을 거둘 것이라는 뜻이다(cf. 1:31; 15:4; 18:4). 우리말로 하면 사람이 심은 대로 거둔다는 뜻이다. 하나님은 최후 심판 때 의인과 악인을 이렇게 하실 것이다(Delitzsch).

III. 솔로몬의 첫 번째 잠언집(10:1-22:16) A. 상반되는 지혜 모음집(10:1-15:33) 4. 훈육과 지혜 사랑(12:1-28)

(5) 약이 되는 말과 해가 되는 말(12:15-19)

15 미련한 자는 자기 행위를 바른 줄로 여기나
지혜로운 자는 권고를 듣느니라
16 미련한 자는 당장 분노를 나타내거니와
슬기로운 자는 수욕을 참느니라
17 진리를 말하는 자는 의를 나타내어도
거짓 증인은 속이는 말을 하느니라
18 칼로 찌름 같이 함부로 말하는 자가 있거니와
지혜로운 자의 혀는 양약과 같으니라
19 진실한 입술은 영원히 보존되거니와
거짓 혀는 잠시 동안만 있을 뿐이니라

이 섹션은 '말'이라는 주제로 함께 묶여 있다. 솔로몬의 첫 번째 교훈은 미련한 자와 지혜로운 자를 대조한다(15절). 미련한 자는 자기 행위를 바른 줄로 여긴다. '미련한 자의 행위'(דֶּרֶךְ אֱוִיל)는 문자적으로 '미련한 자의 길'을 뜻하며 삶을 '길'에 비유하고 있다. 그는 자신이 가는 길(삶)이 바른 줄로 여긴다. '바른 줄로 여긴다'(יָשָׁר בְּעֵינָיו)는 '그의 눈에는 바르다'는 뜻이다. 미련한 자는 삶을 돌아보면서 자신이 모범적인 삶을 살고 있다고 생각하지만 실제로는 죽음의 길을 걷고 있다(cf. 14:12; 16:25). 이런 사람은 남의 조언을 귀담아 듣지 않는다(cf. 1:7; 10:8; 15:15). 스스로 완벽하고 모든 것을 안다고 생각하기 때문이다.

반면에 지혜로운 사람은 권고를 듣는다(15b절). '권고'(עֵצָה)는 조언(advise)을 의미하며, '듣다'(שׁמע)는 순종을 기본으로 하는 단어이다. 그는 겸손하여 자신이 더 지혜롭고 경건한 삶을 사는 데 필요한 조언을 귀담아 듣는다. 미련한 자와 지혜로운 사람의 차이가 귀에 있다. 하나는 '들을 귀'가 없고, 하나는 '들을 귀'가 있다. 남의 조언에 귀를 기울이는 자는 지혜롭고 신실한 사람이다.

두 번째 가르침은 감정 표출에 관한 것이다(16절). 미련한 자는 당장 분노를 나타낸다. '분노'(כַּעַס)는 자극을 받아 매우 불안정하여 폭발하기 일보 직전의 마음 상태를 뜻한다(TWOT). '당장'(בַיּוֹם)은 '바로 그날에'이다. 그는 누구에게 서운함이나 분노를 느끼면 잠시라도 생각하고 마음을 정리해야 하는데, 이런 과정을 거치지 않고 곧바로 자기의 감정을 드러낸다. 미련한 자가 이렇게 감정을 표출하는 것은 마치 다친 짐승이 날뛰는 것과 같다(McKane). 사람들은 그가 큰 상처를 입었기 때문에 이렇게 한다는 것을 안다. 솔로몬은 이런 사람을 '미련한 자'(אֱוִיל)라며 맹렬히 비난한다.

반면에 슬기로운 자는 수욕을 참는다(16b절). '슬기로운 자'(עָרוּם)는 영리한 사람이며, 경우에 따라서는 교활함을 뜻하기도 한다(창 3:1; 욥 5:12; 15:5). 본문에서는 긍정적인 의미를 지녔으며 미련한 자와 대조를 이룬다(NIDOTTE). '수욕'(קָלוֹן)은 수치와 불명예 등을 뜻하며 미련한 자가 경험하는 '분노/슬픔'(כַּעַס)보다 더 치욕적인 감정을 유발할 수 있다(TWOT). 지혜로운 사람은 미련한 자가 '폭발하는 상황'보다 '더 수치스러운 상황'도 참아 낸다. 솔로몬은 "참는 것이 복이며 지혜"라고 한다(cf. 29:11).

솔로몬의 세 번째 가르침은 진실을 말하는 사람과 거짓 증언을 하는 자를 대조한다(17절). 이 말씀은 재판 중 증인이 진실을 말하는 것이 매우 중요한 상황을 배경으로 하고 있다(cf. 6:19; 14:5, 25; 19:5, 9, 28; 21:28; 25:18). 문서보다는 말을 중심으로 한 사회에서 소송은 대부분 증인들의 증언으로 판가름 났다(Van Leeuwen, cf. 신 17:6; 19:15-18; 왕상 21:8-14). 이세벨이 나봇의 포도원을 빼앗기 위해 재판에 회부한 일이 생각난다(왕상 21:1-14).

진리를 말하는 자는 의를 나타낸다. '진리'(אֱמוּנָה)는 '진실'로 번역하는 것이 더 정확하다(cf. 새번역, 공동, 아가페, 현대어). 법정에서 필요한 것은 사건에 대한 진실이기 때문이다. 이런 증인은 의를 나타낸다. '나타내다'(נגד)는 '말하다, 제공하다'라는 의미를 지녔다(HALOT). 그는 정의가 실현되도록 진실을 말한다.

반면에 거짓 증인은 속이는 말을 한다(17b절). 이 구절의 문법은 거짓 증인은 '육신화된 사기'(deceit incarnate)로 묘사한다(Murphy). 위증하는 사람은 법정과 청중들을 속이려는 의도로 거짓을 말한다. 그들은 진실에 관심이 없다. 자신들의 잇속을 챙기기 위해서라면 언제든지, 얼마든지 거짓을 진실인 것처럼 말한다. 그러나 그들이 사람을 속일 수는 있어도, 하나님은 속이지 못한다. 거짓말을 하는 혀는 여호와께 가증스러운 것이다(6:17, 19).

네 번째 가르침은 상처를 주는 말과 치료를 하는 말을 대조한다(18절). 세상에는 함부로 말하는 자가 있다. 이 말씀은 '…이 있다'(there is…) 형식 잠언의 두 번째 예이다(11:24; 13:7; 14:12; 16:25; 20:15). '함부로 말하는 자'(בּוֹטֶה)는 자기가 하고자 하는 말이 어떤 파장을 일으킬 것인가에 대해 별로 생각하지 않고 충동적으로 말한다(TWOT). 이런 사람의 말은 당사자에게 칼로 찌르는 듯한 아픔을 준다. 입다가 섣불리 말했다가 자기 딸을 죽인 일을 생각나게 하는 말씀이다(Van Leeuwen, cf. 삿 11장).

반면에 지혜로운 사람의 혀는 양약과 같다(18b절). '양약'(מַרְפֵּא)은 상처를 치료하는 치료제라는 뜻이다. 그러므로 이 말씀은 충동적으로 하는 말은 칼로 찌르듯 상처를 내고, 지혜로운 말은 상처를 치료하는 약과 같다는 뜻을 지녔다. 지혜로운 사람은 충동적으로 말하지 않는다. 어리석거나 포악한 자들이나 충동적으로 말한다. 사람이 하는 말은 가치 중립적이지 않다. 우리가 하는 말은 듣는 이에게 상처를 줄 수도 있고, 약이 될 수도 있다: "죽고 사는 것이 혀의 힘에 달렸나니 혀를 쓰기 좋아하는 자는 혀의 열매를 먹으리라"(18:21).

솔로몬의 다섯 번째 교훈은 진실한 말과 거짓 말을 대조한다(19절). 진실한 입술은 영원히 보존된다. '진실한 입술'(שְׂפַת־אֱמֶת)은 진실을 말하는 사람을 뜻한다. 그는 영원히 보존된다. 하나님이 그를 지키시기 때문이다.

반면에 거짓 혀는 잠시 동안만 있다(19b절). 거짓말은 오래가지 않는다(Plaut). '잠시 동안만 있다'(אַרְגִּיעָה)는 사람이 눈을 깜빡이는 순간을 뜻한다(HALOT). 거짓을 말하는 사람은 결코 보존되지 않을 것이다. 그는 '눈 깜빡이는 순간'만큼 존재할 뿐이다. 이 말씀은 의인들의 영원함과 악인들의 순간적임을 대조한다(Whybray).

Ⅲ. 솔로몬의 첫 번째 잠언집(10:1-22:16)
A. 상반되는 지혜 모음집(10:1-15:33)
4. 훈육과 지혜 사랑(12:1-28)

(6) 기쁨이 깃드는 삶(12:20-23)

20 악을 꾀하는 자의 마음에는 속임이 있고
화평을 의논하는 자에게는 희락이 있느니라
21 의인에게는 어떤 재앙도 임하지 아니하려니와
악인에게는 앙화가 가득하리라
22 거짓 입술은 여호와께 미움을 받아도

진실하게 행하는 자는 그의 기뻐하심을 받느니라
23 슬기로운 자는 지식을 감추어도
미련한 자의 마음은 미련한 것을 전파하느니라

솔로몬의 첫 번째 가르침은 악한 음모를 꾸미는 자와 화평을 계획하는 자를 대조한다(20절). 악을 꾀하는 자의 마음에는 속임이 있다. '꾀하다'(חרשׁ)는 '쟁기질을 하다'는 뜻을 지녔다(HALOT). 악을 심을 계획으로 땅을 쟁기질하는 사람의 모습이다. 악을 꾀하는 사람의 마음에는 이웃을 상대로 사기를 치려는 음모가 도사리고 있다. 이 음모가 성사되면 많은 사람들에게 아픔을 안겨 줄 것이다. 그러므로 악인들의 마음에 있는 속임은 아픔의 씨앗이며 화평과 대조를 이룬다(Kitchen).

반면에 화평을 의논하는 자에게는 희락이 있다(20b절). '화평을 의논하는 자들'(לְיֹעֲצֵי שָׁלוֹם)은 함께 모여 평화를 논하고 계획하는 사람들이다. 이런 사람들에게는 희락이 있다. 그들의 노력으로 인해 앞으로 사회에 임할 평화를 생각하니 기쁘기 그지없다. 그러므로 예수님도 "화평케 하는 자는 복이 있나니 그들이 하나님의 아들이라 일컬음을 받을 것임이요"라며 이런 사람을 칭찬하셨다(마 5:9). 사람은 어떤 일을 계획하고 꿈꾸느냐에 따라 마음이 하나님이 주시는 기쁨으로 가득할 수도 있고, 죄지을 생각으로 꽉 차 있을 수도 있다.

두 번째 교훈은 의인의 평안한 삶과 악인의 요동치는 삶을 대조한다(21절). 의인에게는 어떠한 재앙도 임하지 않는다. 이 섹션은 말에 관한 것이라는 문맥을 고려할 때, 그는 말을 할 때와 말을 하지 않을 때, 또한 해야 할 말과 해서는 안될 말을 가려서 하므로 말로 인해 스스로 자기 삶에 재앙을 가져오는 일은 없다는 뜻이다(Kitchen). 물론 항상 이런 것은 아니다. 때로는 의인도 선한 말 때문에 재앙을 경험한다. 악인들은 의인들의 말의 꼬투리를 잡고 왜곡하는 것을 즐기기 때문이다. 그러나 의인의 입장에서는 이런 대접을 받을 만한 말은 하지 않았다.

반면에 악인에게는 앙화가 가득하다(21b절). '앙화'(רָע)는 온갖 재앙을 뜻한다. 그들이 끊임없이 잘못되고 책임질 수 없는 말을 하니 말로 인해 빚어지는 재앙이 끊이지 않는다. 그러므로 악인들의 삶은 재앙의 연속이다.

세 번째 가르침은 거짓을 말하는 자와 진실하게 행하는 자를 대조한다(22절). 거짓 입술은 여호와께 미움을 받는다. '거짓 입술'(שִׂפְתֵי־שָׁקֶר)은 거짓을 말하는 사람을 상징한다. '미움'(תּוֹעֲבָה)은 매우 강력한 표현으로 하나님이 '가증스럽게 여기신다'는 뜻이다. 하나님은 말로 남을 속이는 사람을 참으로 싫어하신다.

반면에 진실하게 행하는 자는 기뻐하신다(22b절). '진실하게 행하는 자'(עֹשֵׂי אֱמוּנָה)도 사람을 강조하는 표현이다. '기뻐하심을 받는다'(רְצוֹנוֹ)의 더 정확한 표현은 '그의[여호와의] 기쁨이다'이다. 하나님은 진실하게 행하는 사람을 참으로 귀하게 여기셔서 자기 기쁨으로 삼으신다는 뜻이다. 우리도 진실되게 살면 하나님의 기쁨이 될 수 있다.

솔로몬의 네 번째 가르침은 슬기로운 사람과 미련한 사람을 대조한다(23절). 슬기로운 사람은 지식을 감춘다. '슬기로운 사람'(אָדָם עָרוּם)은 똑똑한 사람이다. 그는 지식을 감춘다. 배우고 터득한 지식이 많지만, 남들에게 아는 체하지 않고 겸손한 자세를 취한다는 의미이다.

반면에 미련한 자의 마음은 미련한 것을 전파한다(23b절). '미련한 자들'(כְּסִילִים)은 지적으로 모자란 사람들일 뿐만 아니라(cf. HALOT), 어리석은 자들처럼 도덕적인 결함을 지닌 자들이다(NIDOTTE, cf. 새번역). 이런 사람들은 자신의 미련함과 어리석음을 진리인 것처럼 떠들어 댄다. 결국 그들이 말을 하지 않고 조용히 있었으면 바보라는 것을 알 길이 없는 사람들도 그들이 어리석은 자들이라는 것을 알게 된다. 대체적으로 말이 많은 사람은 비중 있는 말을 할 확률이 낮고, 말이 적은 사람은 들을 만한 말을 한다(Kitchen).

III. 솔로몬의 첫 번째 잠언집(10:1–22:16)
A. 상반되는 지혜 모음집(10:1–15:33)
4. 훈육과 지혜 사랑(12:1–28)

(7) 부지런한 사람과 게으른 사람(12:24–28)

24 부지런한 자의 손은 사람을 다스리게 되어도
게으른 자는 부림을 받느니라
25 근심이 사람의 마음에 있으면 그것으로 번뇌하게 되나
선한 말은 그것을 즐겁게 하느니라
26 의인은 그 이웃의 인도자가 되나
악인의 소행은 자신을 미혹하느니라
27 게으른 자는 그 잡을 것도 사냥하지 아니하나니
사람의 부귀는 부지런한 것이니라
28 공의로운 길에 생명이 있나니
그 길에는 사망이 없느니라

첫 번째 교훈은 부지런한 자와 게으른 자를 대조한다(24절). 부지런한 자의 손은 사람을 다스린다. '부지런한 자들의 손'(יַד־חָרוּצִים)은 부지런하게 사는 사람들의 삶과 행동을 상징한다. 그들은 남들을 다스린다. '다스리다'(מְשׁוֹל)는 남들을 밑에 두고 부린다는 뜻이다. 지도자들은 부지런해야 한다는 의미를 담고 있다.

반면에 게으른 자는 부림을 받는다(24b절). '게으른 자'(רְמִיָּה)는 느슨한/해이한 자를, '부림을 받다'(תִּהְיֶה לָמַס)는 강제 노동에 동원되는 것을 뜻한다(HALOT). 자기 할 일을 하지 않고 빈둥대는 사람들은 결국 부지런한 자들의 지배를 받는다는 말씀이다. 부지런한 사람은 올라가고, 게으른 사람은 내려간다(Ross).

솔로몬의 두 번째 교훈은 사람의 마음에 있는 근심과 선한 말을 대조한다(25절). 사람의 마음에 근심이 있으면 번뇌하게 한다. '번뇌하다'(שחח)는 정복을 당하거나 억압을 당한다는 뜻이다(NIDOTTE). 근심거리가 온 마음을 짓눌러 사람을 노예로 삼았다.

반면에 선한 말은 그것을 즐겁게 한다(25b절). 누구에게 들은 좋은 말은 그것을 즐겁게 한다는데, 그것은 다름아닌 '사람의 마음'(לֶב־אִישׁ)이다. 사람의 마음은 근심으로 인해 짓눌릴 수도 있지만, 좋은 말로 인해 그 근심이 기쁨으로 변할 수도 있다는 뜻이다(Van Leeuwen). 그러므로 우리는 서로에게 좋은 말을 많이 해야 한다.

세 번째 가르침은 의인과 악인을 대조한다(26절). 이 구절을 정확하게 번역하기가 쉽지 않다(cf. Koptak, Murphy, Waltke, Whybray). 의인은 이웃의 인도자가 된다. '인도자가 되다'(תור)는 마치 정탐꾼처럼 이웃이 가야 할 길을 미리 살펴보고 알려 준다는 뜻이다(HALOT). 가장 확실한 인도자이다.

반면에 악인의 소행은 자신을 미혹한다(26b절). '소행'(דֶּרֶךְ)은 길을 뜻하며, 삶을 여정으로 표현한다. '자신을 미혹한다'(תַּתְעֵם)의 더 정확한 번역은 '그들(이웃들)을 미혹한다'이다(cf. 새번역, 현대인, NAS, NIV, ESV, NIRV). 의인은 이웃에게 덕을 끼치지만, 악인은 해를 끼친다는 말씀이다.

솔로몬의 네 번째 가르침은 게으른 자와 부지런 사람을 대조한다(27절). 게으른 자는 그 잡을 것도 사냥하지 않는다. '사냥하다'(חרך)는 이곳에서 단 한 번 사용되는 단어(hapax legomenon)라 정확한 의미를 파악하기가 어렵다. 칠십인역과 탈굼은 '사냥하다'로 번역했기 때문에 개역개정도 게으른 사람은 사냥을 나가지 않는다는 뜻으로 번역했다. 그러나 이 동사는 아람어로 '불에 굽다'라는 의미를 지녔다(Ross). 그러므로 본문에서도 이러한 의미로 해석하는 것이 가능할 뿐만 아니라 실제로 문맥과 더 잘 어울린다(NIDOTTE, cf. Kitchen).

번역본들 사이에서 이 말씀은 '게으른 자는 구울 짐승이 없다'로 번역되기도 하고(공동, 현대어, TNK) '게으른 사람은 사냥한 것도 불에 구우려 하지 않는다'로 번역되기도 한다(새번역, 아가페, NAS, NIV, ESV, NRS). 후자가 더 정확한 번역이다. 게으른 사람은 나가서 겨우 사냥을 하기는 했는데, 사냥한 짐승을 굽는 일까지는 하지 않는다. 사람이 일을 시작하면 끝내야 하는데, 게으른 사람은 중간에 그만둔다는 의미를 지녔다.

사람의 부귀는 부지런한 것이다(27b절). 게으른 사람을 생각해 보면 부지런함이 얼마나 소중한 것인가를 깨닫게 된다. 그러므로 사람이 가장 귀하게 여겨야 할 것은 부지런함이다. 하나님 보시기에 부지런하고 성실하게 일하는 사람처럼 귀한 것은 없다.

이 섹션의 마지막 교훈은 공의로운 삶에 관한 것이다(28절). 공의로운 길에는 생명이 있다. 의인이 가는 길(삶의 여정)에는 생명이 있어서 그도 이 생명을 즐기고, 이웃과 나누기도 한다. 의인의 삶은 여러 사람에게 덕이 된다.

그러므로 그 길에는 사망이 없다(28절). 의인이 가는 길은 생명이 가득하므로 사망이 있을 리 없다. 삶에서 고난과 죽음을 예방하는 가장 좋은 방법은 의롭게 살아서 생명으로 가득 채우는 것이라는 뜻이다. 이 말씀은 이 땅에서의 삶 이상의 것을 말한다(Delitzsch, Kitchen, Waltke, cf. NIV). 언젠가 하나님은 의인들이 영원히 살게 하실 것이다.

III. 솔로몬의 첫 번째 잠언집(10:1-22:16)
A. 상반되는 지혜 모음집(10:1-15:33)

5. 지혜로운 조언 경청(13:1-25)

이 섹션도 이렇다 할 구조나 주제별 분류가 없다. 본 주석에서는 다음과 같은 순서로 본문을 주해해 나가고자 한다.

A. 말과 선행(13:1-6)
B. 재산과 선행(13:7-11)

C. 소원과 성취(13:12-19)
D. 지혜로운 사귐(13:20-21)
E. 가정의 미래(13:22-25)

Ⅲ. 솔로몬의 첫 번째 잠언집(10:1-22:16)
A. 상반되는 지혜 모음집(10:1-15:33)
5. 지혜로운 조언 경청(13:1-25)

(1) 말과 선행(13:1-6)

1 지혜로운 아들은 아비의 훈계를 들으나
거만한 자는 꾸지람을 즐겨 듣지 아니하느니라
2 사람은 입의 열매로 인하여 복록을 누리거니와
마음이 궤사한 자는 강포를 당하느니라
3 입을 지키는 자는 자기의 생명을 보전하나
입술을 크게 벌리는 자에게는 멸망이 오느니라
4 게으른 자는 마음으로 원하여도 얻지 못하나
부지런한 자의 마음은 풍족함을 얻느니라
5 의인은 거짓말을 미워하나
악인은 행위가 흉악하여 부끄러운 데에 이르느니라
6 공의는 행실이 정직한 자를 보호하고
악은 죄인을 패망하게 하느니라

솔로몬의 첫 번째 교훈은 지혜로운 아들과 거만한 자를 대조한다(1절, cf. 12:1). 지혜로운 아들은 아버지의 훈계를 듣는다. '훈계'(מוּסָר)는 교정을 통한 교육(TWOT), 곧 훈련이다(HALOT). 1행을 직역하면 '지혜로운 아들—아버지의 훈계'(בֵּן חָכָם מוּסַר אָב)가 된다. 그러나 이때까지 잠언이 지속적으로 강조했던 내용과 2행의 동사(듣다)를 감안하면 지혜로운 아들은 아버지의 훈계를 듣는다는 뜻이다. 잠언에는 이처럼 동사가 빠져 있는 문장이 제법 있다. 시 양식을 취하다 보니 빚어진 일이다.

잠언은 사람이 이미 지닌 지식으로만 살아가기에는 턱없이 부족하므로 하나님의 훈계(3:11)와 그의 말씀(1:2, 3)과 부모의 가르침(1:8; 4:1; 13:24)과 주의 백성의 권면(10:17; 13:18; 19:20)이 지속적으로 필요하다고 한다. 사람은 평생 배움을 멈추지 않고 필요한 지혜를 쌓아가야 한다. 또한 여호와를 경외하는 것이 바로 하나님과 말씀과 부모와 이웃들의 권면에 귀를 기울이는 것이라 한다. 하나님이 이러한 채널을 통해서 말씀하시고 지혜를 주시기 때문이다. 현명한 사람은 아버지에게 귀를 기울인다. 정상적인 아버지라면 아들에게 허튼 권면을 할 리 없다. 그러므로 자식을 사랑하는 마음에서 그가 더 잘되기를 바라며 하는 훈계이니 지혜로운 아들은 아버지의 조언을 자신이 더 성장하고 성화되는 기회로 삼는다.

반면에 거만한 자는 꾸지람을 즐겨 듣지 않는다(1b절). '거만한 자'(לֵץ)는 남을 비웃는 자이다(TWOT, NIRV, cf. 1:22; 3:3; 9:7-8, 12; 14:6; 15:12; 19:25, 28, 29; 20:1, 11; 21:11, 24; 22:10; 24:9). 그는 자신이 남보다 우월하다고 생각하여 쉽게 비아냥거린다. 이런 사람일수록 충고나 권면이 필요 없다고 자만한다. 어리석고 미련한 자들 중에서도 가장 저질이다. 그는 누가 싫은 소리를 하면 오히려 그를 조롱하고 면박을 준다. 1행과 2행을 연결해서 읽으면, 그가 조롱하는 조언자는 바로 그의 아버지다. 참으로 거만한 아들이다. 이런 자는 지혜와 인격이 더 성장할 수 있는 기회를 스스로 거부한다. 거만한 자의 가장 큰 문제는 '배울 만한/가르칠 만한 마음'(teachable spirit)이 없다는 것이다(Whybray).

'꾸지람'(גְּעָרָה)은 누가 하는 일을 방해하거나 하지 못하도록 하기 위해 지르는 큰 소리이다(Koptak, cf. 17:10). 사용되는 이미지는 거만한 사람이 악한 일을 하려 할 때 누가 그를 말리려고 소리를 지른다. 교만한 자는 주변에서 사람들이 소리치며 말리는 짓까지 서슴지 않고 한다.

그는 어떠한 경고에도 반응하지 않는다. 자기보다 상황판단을 더 정확하게 하고 지혜로운 자는 없다고 생각하기 때문이다.

칠십인역(LXX)은 상당히 다른 번역을 지니고 있다: “지혜로운 아들은 아버지에게 순종하지만, 불순종하는 아들은 멸망할 것이다”(υἱὸς πανοῦργος ὑπήκοος πατρί υἱὸς δὲ ἀνήκοος ἐν ἀπωλείᾳ). 그러나 1행과 2행이 매끈한 대조를 이루지 않는 것이 잠언의 특성이다. 그러므로 마소라 사본을 그대로 유지하는 것이 바람직하다.

두 번째 가르침은 좋은 입의 열매와 궤사한 마음을 대조한다(2절). 사람은 입의 열매로 인해 복록을 누린다고 하는데, ‘입의 열매’(פְּרִי פִי)는 그가 평소에 하는 말이다. ‘복록을 누린다’(יֹאכַל טוֹב)를 직역하면 ‘좋은 것을 먹는다’이다(cf. 12:14). 평소에 선한 말을 많이 하면 나중에 자신이 한 말로 인해 좋은 일들이 많이 생길 것이다(12:14, 18). 말은 사람의 삶의 질에 가장 큰 영향을 미친다.

반면에 마음이 괴사한 자는 강포를 당한다(2b절). ‘마음이 괴사한 자들’(נֶפֶשׁ בֹּגְדִים)은 남을 속이는 자들이다(HALOT). 이런 사람은 오직 자기 자신만을 중요시 여기기 때문에 거짓으로 이웃들을 속이는 것은 당연하다고 생각한다. 솔로몬은 이런 사람은 강포를 당할 것이라고 경고한다. ‘강포’(חָמָס)는 혹독한 폭력을 뜻한다(HALOT). 마음이 괴사한 자들의 말을 들은 사람들이 매우 폭력적인 반응을 보인다는 뜻이다(Kitchen). 그들은 나쁜 것을 심었으니, 나쁜 것을 거둔다.

이 말씀은 사람이 좋은 말을 하면, 좋은 것들이 돌아올 것이고, 나쁜 말을 하면, 나쁜 것이 돌아올 것이라고 한다. 사람은 각자 입으로 심은 대로 거둔다는 뜻이다. 칠십인역(LXX)은 2행을 “죄인들은 제명을 다 살지 못하고 죽을 것이다”(παρανόμων ὀλοῦνται ἄωροι)로 번역했다. 그들은 ‘강포’로 인해 단명할 것이라고 하는 것이다.

세 번째 교훈은 입을 닫고 있는 사람과 벌리고 있는 사람을 대조한다(3절). ‘자기 입을 지키는 자’(נֹצֵר פִּיו)는 입에 보초를 세우는 이미지를 구상하고 있다. 이런 사람은 신중하게 말하여 자기 자신을 위험에서 지킨다. 되도록이면 많은 말을 하는 것을 피하며, 꼭 말을 해야 할 때에는 신중하여 진실과 자신이 책임질 수 있는 말만 한다. 이 같은 신중함은 그의 생명 보존으로 이어진다(cf. 21:23). '생명을 보존하다'(שֹׁמֵר נַפְשׁוֹ)를 직역하면 '자기 생명을 지키는 자'이다. 그러므로 1행은 '자기 입을 지키는 자는 자기 생명을 보존하는 자이다'가 된다. 입과 생명이 직결돼 있다는 뜻이다(cf. 18:21).

반면에 입술을 크게 벌리는 자에게는 멸망이 온다(3b절). '입술을 크게 벌리는 것'(פֹּשֵׂק שְׂפָתָיו)은 많은 말을 한다는 뜻이다. 많은 말을 하는 사람은 필요 없는 말을 할 뿐만 아니라 실수도 많이 한다. 또한 말로 죄도 많이 짓는다. 그러므로 말을 많이 하는 사람은 참담한 결과를 피할 수 없다(cf. 10:8, 14; 12:18; 18:7). 멸망이 그를 찾아오기 때문이다. 제2차 세계대전 때에 연합군 쪽에서는 서로 입단속을 하기 위하여 "입술을 벌리면 배들이 가라앉는다"(Loose lips sink ships)는 말이 있었다고 한다(Van Leeuwen). '멸망'(מְחִתָּה)은 공포를 자아내는 파멸이다(HALOT). 신중하게 말하는 사람과 닥치는 대로 떠들어 대는 사람은 참으로 대조적인 결말을 맞는다. 삶과 죽음이 말에 있다(Kitchen).

솔로몬의 네 번째 가르침은 게으른 자의 욕망과 부지런한 자의 마음을 대조한다(4절). 잠언은 게으른 자에 대한 교훈을 많이 담고 있다(6:6–9; 10:26; 21:25; 26:13–16). 이번에는 게으른 자는 마음으로 원하는 것을 얻지 못한다는 경고이다. '원하다'(אוה)는 간절히 바란다는 뜻이다(TWOT). 게으른 자도 원하는 것은 많지만, 그것을 성취하거나 얻을 만한 의지와 노력은 부족하다. 꿈을 꾸지만, 그것을 성취하려고 노력하지 않는 것은 '해야 할 일을 하지 않은 죄'(sin of omission)에 해당한다(Van Leeuwen). 사람이 노력을 하지 않으면 얻을 수 있는 것은 별로 없다. 그러므로 꿈은 꾸지만 그 꿈을 이루려는 노력을 하지 않는 사람은 자신을 창살 없는 감옥에 가두는 것과 같다(cf. McKane).

반면에 부지런한 자의 마음은 풍족함을 얻는다(4b절). '풍족하다'(דשן)는 '살이 찌다'(become fat)는 뜻이다(NIDOTTE). 부지런한 사람들의 영혼이 살이 찐다는 것은 바라는 것들을 모두 이루어 가며 흡족한 삶을 산다는 뜻이다(cf. 11:25). 부지런한 사람은 원하는 것이 있으면 성실하고 부지런히 그 일을 이루기 위해 최선을 다한다. 그러므로 이 말씀은 바라는 것은 많으나 이루려는 노력은 하지 않는 게으른 자와 계획을 세우고 그 일을 열심히 추진하는 부지런한 사람이 누리는 결과를 대조한다. 사람이 꿈꾸고 계획하는 것은 많으나 열심히 노력하는 사람들에게만 현실이 된다(cf. 10:4, 24; 12:24).

다섯 번째 교훈은 의인과 악인의 행위를 대조한다(5절). 의인은 거짓말을 미워한다. 의인은 하나님이 미워하시는 것을 미워하고, 하나님은 거짓말을 미워하시기 때문이다(6:16-17; 8:13; 12:22). '거짓말'(דְּבַר־שֶׁקֶר)은 신뢰를 져버리는 말이나 행동을 의미한다. 의인은 위선적이고 속이는 말과 행실을 미워한다. '미워하다'(שׂנא)는 감정이 서린 말로 역겨움을 표현한다. 이 말씀을 다음 행과 연결하면 의인들은 악인들의 행위를 역겨워한다는 의미이다.

반면에 악인은 행위가 흉악하여 부끄러운 데에 이른다(5b절). '행위가 흉악하다'(באשׁ)는 '역겨운 냄새를 풍기다'이다(TWOT, cf. 출 5:21; 전 10:1). 악인들이 하는 짓은 오래 숨겨질 수 없다. 주변 사람들에게 '역겨운 냄새를 풍기기' 때문이다. 그러므로 그들은 부끄러운 데에 이른다. '부끄러운 데에 이른다'(חפר)는 수치스러운 행동을 하여 체면을 잃는다는 뜻이다(HALOT). 그들이 아무리 숨기려 해도 그들의 악행이 이웃들의 '코를 자극하는 악취를 발하니' 결국 독한 방귀를 낀 사람이 부끄러움을 느끼는 것처럼 수치를 느낀다는 뜻이다.

마지막 가르침은 공의가 보호하는 정직한 사람과 악이 망하게 하는 죄인을 대조한다(6절). '공의'(צְדָקָה)는 하나님이 세우신 법과 질서에 따라 사는 것을 의미한다(Ross). '행실이 정직한'(תָּם־דָּרֶךְ) 사람은 온전하고 흠이 없는 길을 가는 사람이다(cf. 2:7; 10:9, 29; 13:6; 19:1; 20:7; 28:6; 29:10). 솔로몬은 삶을 길을 가는 여정으로 묘사한다. 공의가 이런 사람을 보호하고 지킨다는 것은 곧 하나님이 그의 안전을 보장하신다는 뜻이다. 그가 하나님이 세우신 법과 질서에 따라 살고 있으며, 하나님은 이런 사람을 보호하시기 때문이다(Kitchen). 이 말씀은 하나님이 세상을 창조하실 때 악을 배척하고 선을 선호하는 메커니즘을 세상 안에 두신 것과 연관이 있다(Clifford). 하나님은 의롭게 사는 사람을 보호하고 악인들은 망하게 하신다.

반면에 악은 죄인을 패망하게 한다(6b절). '악'(רִשְׁעָה)은 사실을 왜곡하거나 비트는 것을 뜻한다(TWOT). '죄인'(חַטָּאת)은 포괄적인 단어로 모든 유형의 죄를 지은 사람이다. 아무리 조그마한 악을 저질러도 죄인이라는 뜻이다. 그는 자신이 저지른 악으로 인해 패망한다. '패망하다'(סלף)는 잘못된 길을 가서 망하게 된다는 뜻이다. 죄인은 자신이 저지른 악(죄)의 대가로 멸망한다. 의인과 죄인의 대조되는 운명은 잠언에서 지속적으로 반복된다(2:21, 22; 10:9; 11:3, 5, 6; 12:21; 13:3).

III. 솔로몬의 첫 번째 잠언집(10:1-22:16)
A. 상반되는 지혜 모음집(10:1-15:33)
5. 지혜로운 조언 경청(13:1-25)

(2) 재산과 선행(13:7-11)

7 스스로 부한 체하여도 아무 것도 없는 자가 있고
스스로 가난한 체하여도 재물이 많은 자가 있느니라
8 사람의 재물이 자기 생명의 속전일 수 있으나
가난한 자는 협박을 받을 일이 없느니라
9 의인의 빛은 환하게 빛나고
악인의 등불은 꺼지느니라

10 교만에서는 다툼만 일어날 뿐이라
권면을 듣는 자는 지혜가 있느니라
11 망령되이 얻은 재물은 줄어가고
손으로 모은 것은 늘어가느니라

솔로몬의 첫 번째 가르침은 우리가 눈으로 보는 것하고 실체는 상당히 다를 수 있다고 한다. 그는 허세에 사로잡힌 자와 재물욕에 사로잡힌 자를 대조한다(7절). 세상에는 가진 것이 없는 데도 있는 척하는 사람이 있다. 그는 스스로 부한 체하지만, 정작 가진 것은 아무 것도 없다. '아무것도 없다'(אֵין כֹּל)는 그가 살아가는 데 필요한 '모든 것이 없다'는 뜻이다. 그런데도 허세는 대단하여 마치 자신이 부자인 것처럼 행동한다. 아마도 어떤 이익을 추구하기 위해서일 것이다(Kitchen, cf. 12:9). 하나님은 속이는 것을 미워하시는데(6:16–17; 8:13; 12:22), 이러한 행동도 속임수다.

반면에 스스로 가난한 체해도 참으로 많은 재물을 가진 자가 있다(7b절). 이런 사람을 긍정적으로 보는 주석가도 있지만(Koptak), 솔로몬은 이런 사람도 부정적으로 본다(cf. Kitchen). 이 사람도 어떤 이익을 추구하며 이런 식으로 살아간다(cf. 20:14). 그는 살아가는 데 필요한 부를 충분히 가지고 있으면서도 가난한 사람처럼 행동한다. '가난한 척하는 자'(מִתְרוֹשֵׁשׁ)는 재물에 대한 욕망에 사로잡힌 자이며 많은 것을 가지고 있으면서도 베풀지 않고 더 많은 재물을 욕심내는 사람이다. 이런 사람은 어려운 이웃들에게 베풀지 않아 하나님이 그에게 복을 주신 이유를 실현하지 않는 범죄를 저지른다(Bridges). 십자가의 원리에서 가장 멀리 떨어져 있는 사람인 것이다.

부자가 필요 이상의 사치를 하며 재물을 낭비하면 안 되겠지만, 가난한 사람들에게 베풀 줄 알아야 한다. 솔로몬은 없으면서도 있는 척하는 사람도 문제지만, 있으면서도 없는 척하며 어려운 이웃들을 냉대하는 사람도 문제라고 한다. 재물은 어떻게 모으는가도 중요하지만, 어떻게 사용하는가가 더 중요하다.

칠십인역(LXX)은 다소 다른 가르침을 반영하고 있다. “아무것도 가진 것이 없지만 자신을 부하게 하는 사람이 있는가 하면, 많은 것을 가지고 있으면서도 망하는 사람이 있다”(εἰσὶν οἱ πλουτίζοντες ἑαυτοὺς μηδὲν ἔχοντες καὶ εἰσὶν οἱ ταπεινοῦντες ἑαυτοὺς ἐν πολλῷ πλούτῳ). 사람이 행복한 삶을 살아가는 것에는 재물이 그다지 중요하지 않다는 것이다. 마소라 사본과 칠십인역 모두 좋은 가르침이다.

두 번째 교훈은 재물이 많은 사람도 좋고, 가난한 사람도 좋다는 가르침이다(8절). 부자가 좋은 것은 악인들에게 납치 등 생명의 위협을 당할 때 그들이 요구하는 돈을 지불하고 풀려날 수 있다는 것이다. 또한 돈을 많이 가지고 있으면, 고소와 소송도 많아진다. 이럴 때는 그가 소유한 재물이 그의 생명의 속전이 된다(cf. 6:35). ‘속전’은 생명의 대가로 지불하는 돈을 뜻한다(TWOT).

가난한 사람이 좋은 것은 그가 협박받을 일이 없다는 사실이다(8b절). 악인들은 아무나 협박하지 않는다. 무언가 뜯어낼 것이 있는 사람을 협박한다. 악인들도 아무것도 없는 가난한 사람은 피한다. 그러므로 가난한 사람은 ‘협박을 듣지 않는다’(לֹא־שָׁמַע גְּעָרָה). 이런 관점에서 볼 때 가난도 괜찮다. 남이 탐할 만한 것을 가지지 않았기 때문에 잃을 것이 없다. 이 말씀은 “부자의 재물은 그의 견고한 성이요 가난한 자의 궁핍은 그의 멸망이니라”(10:15)와 상당히 상반된 가르침이다. 적용할 만한 정황을 잘 분별해야 한다.

세 번째 가르침은 의인의 빛과 악인의 등불을 대조한다(9절). 의인의 빛은 환하게 빛난다. 성경에서 ‘빛’은 생명과 생동감과 기쁨의 상징이다(욥 3:20; 에 8:16; 잠 4:18; 6:23). 반면에 어두움은 죽음과 패배와 종말의 상징이다(욥 18:5, 6; 잠 20:20; 21:4; 24:20). 이러한 정황에서 본문은 의인의 빛(생명)은 환하게 빛이 난다고 한다. 그는 참으로 행복하고 풍요롭고 좋은 것들로 가득한 삶을 살 것이라는 뜻이다.

반면에 악인의 등불은 꺼진다(9b절). 성경에서 등불은 장수와 행복을 상징한다(Koptak). 그러나 이곳에서는 의인의 밝은 빛과 대조를 이루고 있는 것으로 보아 희미함을 상징한다. 의인의 삶은 밝은 빛(대낮)과 같지만, 악인의 삶은 희미한 등불과 같다. 그나마 그의 등불은 꺼지고 만다. '꺼지다'(ידעך)는 수동태(passive)를 동반하는 단어이다. 누군가가 희미한 그의 등불을 끈다는 뜻이다. 하나님은 의인의 삶은 밝게 빛나게 하시고(생기로 충만하게 하시고), 악인의 등불은 끄신다.

칠십인역(LXX)은 이 말씀에 "교활한 자들은 죄로 인해 파탄에 이르지만, 의인은 [이웃들을] 불쌍히 여기고 자비를 베푼다"(ψυχαὶ δόλιαι πλανῶνται ἐν ἁμαρτίαις δίκαιοι δὲ οἰκτίρουσιν καὶ ἐλεῶσιν)는 말을 더한다. 악인들의 등불은 죄를 지어서 꺼지고, 의인들은 이웃들에게 자비를 베풀어 더 빛이 난다는 부연설명이다.

네 번째 교훈은 교만과 지혜를 대조한다(10절). '교만'(זָדוֹן)은 건방짐 혹은 지나친 자신감을 뜻한다(HALOT, cf. 11:2; 12:24). 교만이 있는 곳에는 다툼만이 있다. 혹은 다툼이 있는 곳에는 항상 교만이 있다(Waltke). 건방진 사람은 남의 말을 들으려 하지 않고 자기 말만 하기 때문이다. 이웃의 조언과 권면은 더욱더 들으려 하지 않는다(Kidner). 그러므로 그를 염려해 조언을 해 주는 자와 다투고 오히려 그들에게 상처를 줄 뿐이다.

반면에 권면을 듣는 자는 지혜가 있다(10절). 이웃들의 조언에 귀를 기울이는 이들은 지혜가 있는 사람들이다. 조언을 하는 사람들과 다툴 일이 없고, 조언을 감사히 받아들여 더 올바르게 행동할 것이기 때문이다(cf. 19:20). 그러므로 이 말씀은 이웃들의 조언에 귀를 기울이는 겸손한 사람과 남의 말에 귀를 기울이지 않으려는 건방진 사람들을 대조한다.

칠십인역(LXX)은 다소 다른 교훈을 반영하고 있다: "악인은 오만함으로 악을 행하지만, 자기 자신을 판단하는 사람들은 지혜롭다"(κακὸς μεθ' ὕβρεως πράσσει κακά οἱ δὲ ἑαυτῶν ἐπιγνώμονες σοφοί). 자기 자신을 성찰하는 사람은 지혜롭고 오만방자한 자는 악하다는 뜻이다.

솔로몬의 다섯 번째 가르침은 망령되이 얻은 재물과 노동하여 얻은 재물을 대조한다(11절). '망령됨'(הֶבֶל)은 순식간에 사라지는 숨결(breath) 혹은 헛된 것(vanity)을 의미하며 전도서에서 자주 사용되는 단어이다. 정당한 노동을 하지 않고 부정한 방법으로 모든 재산이 바로 망령되이 얻은 재물이다. 오늘날의 예를 들자면 도박과 복권과 투기 등으로 번 돈이 이런 것이다(Kitchen). 도둑질한 물건도 여기에 포함된다(Koptak). 결과는 결코 방법을 정당화시킬 수 없다. 이렇게 모은 재산은 시간이 지날수록 점점 줄어든다. 부정한 방법으로 얻은 재물일수록 악인들의 표적이 되기 쉽고, 쉽게 번 돈은 쉽게 쓰는 것이 인간의 생리이다.

반면에 손으로 모은 것은 늘어 간다(11b절). 성경에서 손은 노동을 상징하며 랍비 문헌에서는 '서서히'(gradually)라는 의미를 지녔다(Murphy). 열심히 일해서 조금씩 모은 재산은 계속 불어난다(cf. 10:4; 6:6-11; 12:11, 24, 27; 13:4; 14:23; 28:19). 사람은 수고하여 번 돈을 함부로 쓰지 않는다. 또한 하나님은 정당한 노동을 축복하신다. 그러므로 이런 사람의 재산은 날이 갈수록 늘어난다. 칠십인역(LXX)은 끝에 "의인은 자비롭고, 돈을 빌려준다"(δίκαιος οἰκτίρει καὶ κιχρᾷ)는 말을 더한다. 의인은 모은 돈을 좋은 일에 쓴다는 뜻이다.

III. 솔로몬의 첫 번째 잠언집(10:1-22:16)
A. 상반되는 지혜 모음집(10:1-15:33)
5. 지혜로운 조언 경청(13:1-25)

(3) 소원과 성취(13:12-19)

12 소망이 더디 이루어지면 그것이 마음을 상하게 하거니와
소원이 이루어지는 것은 곧 생명 나무니라
13 말씀을 멸시하는 자는 자기에게 패망을 이루고
계명을 두려워하는 자는 상을 받느니라
14 지혜 있는 자의 교훈은 생명의 샘이니
사망의 그물에서 벗어나게 하느니라
15 선한 지혜는 은혜를 베푸나
사악한 자의 길은 험하니라
16 무릇 슬기로운 자는 지식으로 행하거니와
미련한 자는 자기의 미련한 것을 나타내느니라
17 악한 사자는 재앙에 빠져도
충성된 사신은 양약이 되느니라
18 훈계를 저버리는 자에게는 궁핍과 수욕이 이르거니와
경계를 받는 자는 존영을 받느니라
19 소원을 성취하면 마음에 달아도
미련한 자는 악에서 떠나기를 싫어하느니라

첫 번째 가르침은 소원에 관한 것이다(12절). 사람들은 언젠가는 이루기를 원하는 소망을 품고 산다. 그가 희망하는 것이 오랫동안 이루어지지 않으면 낙심할 수도 있다. '상한 마음'(מַחֲלָה־לֵב)은 소원이 성취되는 날을 기다리다가 지쳤다는 뜻이다(HALOT).

반면에 소원이 이루어지는 것은 생명 나무와 같다(12b절). '생명 나무'(עֵץ חַיִּים)가 영생을 상징하는 것은 아니고 삶에 활기를 더하고 이 땅

에서 장수하게 한다는 의미를 지녔다. 사람이 살면서 바라는 것이 성취될 때마다 삶에 대한 의욕이 샘솟는 것을 경험하는 것은 당연한 일이다.

칠십인역(LXX)은 전혀 다른 가르침을 제시한다: "[당장] 실질적인 도움을 주기 시작하는 자가 [나중에] 도와주겠다고 하여 희망을 갖게 하는 자보다 낫다. 선한 희망은 생명 나무다"(κρείσσων ἐναρχόμενος βοηθῶν καρδίᾳ τοῦ ἐπαγγελλομένου καὶ εἰς ἐλπίδα ἄγοντος δένδρον γὰρ ζωῆς ἐπιθυμία ἀγαθή). 나중에 도와주겠다는 것보다 당장 도와주는 것이 좋다는 뜻이다.

솔로몬의 두 번째 교훈은 말씀을 멸시하는 자와 계명을 두려워하는 자를 대조한다(13절). 말씀과 계명은 율법 등 하나님의 말씀을 뜻하는데, 말씀은 전반적인 것이며, 계명은 구체적이고 더 강력한 것이다(Ross, Waltke). 하나님의 말씀을 멸시하는 자는 스스로 지혜롭기 때문에 하나님의 말씀이 필요 없다고 생각한다. 그러나 우리가 잘 알다시피 사람은 스스로 지혜롭다고 교만할 때 망하기 시작한다. 결국 그는 패망을 이룬다. '패망을 이루다'(חבל)는 '담보로 잡히다'는 의미를 지녔다(NIDOTTE). 그는 자신의 교만에 스스로 담보가 되어 망한다(cf. NAS). 그들이 자유를 누릴 수 있는 유일한 길은 하나님의 말씀에 순종하는 것이다.

반면에 계명을 두려워하는 자는 상을 받는다(13b절). 하나님의 말씀을 경외하는 사람은 적절한 보상을 받을 것이라는 뜻이다. '상을 받다'(שלם)는 '평안'의 어원이며 모든 것이 풍족하여 참으로 만족스러운 삶을 산다는 뜻이다(TWOT). 이런 축복은 하나님만이 주실 수 있다.

칠십인역(LXX)은 13절에 "교활한 아들에게는 선한 것이 아무것도 없지만, 지혜로운 종은 하는 일이 잘 될 것이며, 그가 가는 길은 바르게 인도함을 받을 것이다"(υἱῷ δολίῳ οὐδὲν ἔσται ἀγαθόν οἰκέτῃ δὲ σοφῷ εὔοδοι ἔσονται πράξεις καὶ κατευθυνθήσεται ἡ ὁδὸς αὐτοῦ)라는 말을 더한다.

이 고대 번역본은 말씀을 멸시하는 아들보다 계명을 두려워하여 잘 준수하는 종이 더 낫다고 한다. 집안에 평화와 번영을 안겨 주는 자는 불순종하는 아들이 아니라 순종하는 종이기 때문이다.

세 번째 가르침은 지혜 있는 사람의 말에 귀를 기울일 것을 권면한다(14절). 잠언은 지혜로운 사람은 말을 아끼는 사람이라고 한다. 그러므로 그가 말을 할 때 사람들은 귀담아 들어야 한다. 교훈을 줄 때는 더욱더 그렇다. '교훈'(תּוֹרָה)은 율법처럼 매우 귀중한 가르침이기 때문이다. 지혜로운 사람의 교훈은 사람을 살리고 삶을 윤택하게 하는 생명의 샘이다(cf. 1:32-33; 2:11; 3:13-18; 4:4, 10, 20-22; 8:35-36). '생명의 샘'(מְקוֹר חַיִּים)은 계속 솟아나는 샘물이기 때문에 마를 날이 없다. 지혜로운 사람의 가르침은 귀담아 듣는 사람에게 평생 도움이 될 것이라는 뜻이다. 지혜로운 가르침에 순종하느냐 혹은 불순종하느냐가 사람을 살리거나 죽인다(Van Leeuwen).

또한 지혜 있는 사람의 교훈은 사망의 그물에서도 벗어나게 한다(14b절). 지혜로운 사람의 교훈은 경청하는 이에게 '생명의 샘'이 되므로 사람을 사망으로 몰고 가는 덫에서 벗어나게 하는 것은 당연한 결과이다. 솔로몬은 생명과 사망을 대조하면서 살고 싶으면 지혜로운 사람들의 가르침에 귀를 기울일 것을 권면한다.

네 번째 가르침은 지혜로운 자와 사악한 자의 삶을 대조한다(15절). 선한 지혜는 은혜를 베푼다. '선한 지혜'(שֵׂכֶל־טוֹב)는 좋은 이해력과 통찰력을 말한다(Ross). 사무엘서는 다윗의 손에서 남편 나발의 생명을 구한 아비가일이 선한 지혜를 지닌 여자라 한다(삼상 25:3). 선한 지혜를 가진 사람은 이웃들의 형편을 살핀다. 어려운 사람이 있으면 주저하지 않고 은혜를 베푼다.

반면에 사악한 자들의 길은 험하다(15b절). '길'(דֶּרֶךְ)은 그들의 삶을 의미한다. '험하다'(אֵיתָן)는 원래 꾸준함을 뜻하며, 사시사철 흐르는 샘을 의미한다(HALOT). 이곳에서는 악인들의 삶은 절대 변하지 않는다는 의미로 사용되는 듯하다(cf. TNK, CSB). 지혜로운 사람은 지속적으로 지혜를 습득하여 계속 자기 자신의 삶을 바꿔간다. 반면에 악인들의 삶은 아무리 시간이 지나도 변하지 않는다. 그러므로 사악한 사람들은 꾸준히 죽음/멸망으로 인도하는 길을 간다는 뜻이다(Kitchen, cf. NAS, NIV, ESV, NRS).

칠십인역(LXX)은 1행과 2행 중간에 "율법을 아는 것이 선한 지혜의 일부"(τὸ δὲ γνῶναι νόμον διανοίας)라는 말을 삽입한다. 선한 지혜가 어떤 것인가를 설명하기 위해서이다. 선한 지혜는 율법을 아는 것이 필수적이라고 한다.

솔로몬의 다섯 번째 교훈은 지혜롭게 사는 사람과 미련하게 사는 사람을 대조한다(16절). 무릇 슬기로운 사람은 지식으로 행한다. '무릇 슬기로운 사람'(כָּל־עָרוּם)은 모든 지혜로운 자들이다. 슬기로운 자들은 한 사람의 예외도 없이 모두 자신이 쌓아 둔 지식을 바탕으로 행동한다는 뜻이다(12:16, 23; 14:8, 15, 18; 22:3; 27:12). 이 지식(דַּעַת)은 하나님을 경외하는 지식과 삶에 대한 통찰력이며 지혜와 비슷한 말로 사용된다(Whybray). 그들은 자신이 아는 것을 삶에서 살아낸다.

반면에 미련한 자는 자기의 미련한 것을 나타낸다(16b절). '나타내다'(פרשׂ)는 '펼치다, 전시하다'는 의미를 지녔다(TWOT). 상인이 판매할 물건들을 전시하는 데 사용되는 단어이다(Delitzsch). 미련한 사람들은 바르지 않을 뿐만 아니라 그들의 행동은 그들이 어리석다는 것을 사람들에게 전시하는 결과를 초래한다는 뜻이다(cf. 10:14; 12:16; 15:2; 29:11). 어리석은 사람은 기회만 생기면 자신의 어리석음을 온 천하에 드러낸다(Plaut). 이 교훈은 각 사람의 행실은 그가 어떤 사람인가를 가름하는 데 가장 좋은 기준이라고 한다.

여섯 번째 가르침은 악한 사자와 충성된 사신을 대조한다(17절). 악한 사자는 재앙에 빠진다. '사자'(מַלְאָךְ)는 소식을 전하는 전령이다. 전령이 악하다는 것은 무엇을 의미하는가? 1행이 보낸 사람이 전하고자 하는 메시지를 제대로 전달하는 충성된 사신과 대조를 이루는 것으로 보아, 보낸 이가 전하고자 하는 메시지를 왜곡하거나 다른 메시지를 전하는 자를 뜻한다(cf. Heim). 악한 사자는 스스로 재앙에 빠지기도 하고(NAS, NIV, ESV), 다른 사람(보낸 사람)을 재앙에 빠뜨리기도 한다(새번역, 아가페, NRS).

반면에 충성된 사신은 양약이 된다(17b절). '충성된'(אֵמוּן)은 '신실한, 신뢰할 만한'이라는 의미를 지녔다(HALOT). 사신이 신실하다는 것은 보낸 사람의 메시지를 정확하게 전한다는 뜻이다. 또한 사신은 그를 보낸 이의 입장을 잘 설명하여 이해를 구하고 할 수 있다면 보내는 자의 입장에서 상대방을 설득하는 역할을 한다(TWOT). 그러므로 신실한 사신은 매우 중요하다. 이런 사람은 양약이 된다는데, '양약'(מַרְפֵּא)은 치료제/약이라는 의미를 지녔다. 보낸 이의 메시지를 정확하게 전하는 사신은 보낸 사람과 받는 사람에게 복을 끼친다는 뜻이다.

칠십인역(LXX)은 1행의 '악한 사자'를 '경솔한 왕'(βασιλεὺς θρασὺς)으로 대체했다. 이렇게 할 경우 이 교훈은 충성된 사신이 경솔한 왕보다 더 낫다고 한다. 왕과 부하를 대조하는 좋은 교훈이지만, 마소라 사본을 바꿀 필요는 없다. 서로 멀리 떨어져 있으면 직접 대화할 방법이 없었던 고대 사회에서 두 사람 사이를 왕래하며 소식을 전하는 자는 보내는 자들을 기쁘게도 하고 슬프게도 할 수 있었다(10:26; 22:21; 25:13, 25; 26:6).

솔로몬의 일곱 번째 교훈은 훈계를 저버리는 자와 경계를 받는 자를 대조한다(18절). 훈계를 저버리는 자에게는 궁핍과 수욕이 이른다. '저버리다'(פרע)는 '방치하다'를, '수욕'(קָלוֹן)은 '불명예, 수치'를 의미한다(TWOT). '훈계'(מוּסָר)는 고통을 동반할 수 있기 때문에 수용하는 것이 쉽지 않다. 그러나 훈계는 더 좋은 삶을 살기 위해 필요한 훈련과정이다. 주변에서 사랑하는 이들이 잘되기를 바라며 좋은 의도에서 훈계를 할 때는 받아들여야 한다. 만일 받아들이지 않고 거부하면 훗날 그는 가난하게 될 것이고, 더 큰 수모를 당하게 된다.

반면에 경계를 받는 자는 존영을 받는다(18b절). '경계'(תּוֹכַחַת)는 징벌을 뜻하며 훈계보다 강도가 훨씬 더 높다. '받는 자'(שׁוֹמֵר)는 '지키는 자/보관하는 자'라는 뜻을 지녔다. 경계를 보관하는 자는 훈계를 방치하는 자와 대조를 이룬다. 고통스러울지라도 징벌을 더 나은 삶을 살기 위한 훈련 과정으로 생각하고 받아들이는 사람은 훗날 존영을 받는다. '존영을 받다'(כבד)는 큰 존귀함을 받는다는 뜻이다. 사람들이 그를 귀하게 여겨 대접할 것이다.

솔로몬의 여덟 번째 가르침을 형성하고 있는 19절이 무엇을 대조하고자 하는가를 파악하는 것이 쉽지 않다(cf. Kitchen, Murphy, Toy, Waltke, Whybray). 그래서 칠십인역(LXX)은 2행을 수정했다. 그럼에도 불구하고 확실한 의미를 파악하기는 쉽지 않다. 전체 구절은 다음과 같이 읽힌다: "경건한 사람의 소원은 영혼을 기쁘게 하지만, 사악한 자들이 하는 짓은 지식에서 멀다"(ἐπιθυμίαι εὐσεβῶν ἡδύνουσιν ψυχήν ἔργα δὲ ἀσεβῶ ν μακρὰν ἀπὸ γνώσεως). 경건한 사람들은 아직 실현되지 않은 희망사항들을 생각하면서 기뻐한다. 좋은 것들을 꿈꾸기 때문이다. 반면에 악인들이 하는 일들(이미 실현된 것들)은 기쁨을 주는 지식(지혜)과 상관없는 무자비한 짓들이기 때문에 기쁨을 주지 않는다는 뜻이다.

마소라 사본을 있는 그대로 의미를 구상하려고 하면 사람이 소원이 성취될 때 희열을 느끼는 것처럼 미련한 사람은 악을 행할 때 희열을 느끼기 때문에 악을 떠나기를 매우 싫어한다는 뜻이다. 그러나 차라리 1행과 2행을 독립적인 격언들도 취급하는 것도 괜찮아 보인다. 1행은 누구든 소원을 성취하면 마음에 기쁨을 누린다는 뜻이다. 당연한 말이다. 2행은 미련한 자는 악에서 떠나기를 싫어한다. '싫어하는 것'(תּוֹעֵבָה)은 가증스럽게 여기는 것을 의미한다. 미련한 사람은 악한 일을 자제하는 것을 가증스럽게 여길 정도로 악을 즐기므로 악에서 떠나기를 싫어한다는 뜻이다.

III. 솔로몬의 첫 번째 잠언집(10:1-22:16)
A. 상반되는 지혜 모음집(10:1-15:33)
5. 지혜로운 조언 경청(13:1-25)

(4) 지혜로운 사귐(13:20-21)

[20] 지혜로운 자와 동행하면 지혜를 얻고
미련한 자와 사귀면 해를 받느니라
[21] 재앙은 죄인을 따르고
선한 보응은 의인에게 이르느니라

첫 번째 가르침은 유유상종이라고 친구를 잘 사귀어야 한다고 한다(20절). 지혜로운 자와 동행하면 지혜를 얻는다. 사람이 '지혜로운 자들과 걸으면'(הוֹלֵךְ אֶת־חֲכָמִים), 곧 지혜가 있는 사람들과 동반자가 되어 함께 인생의 여정을 걸으면, 그도 지혜롭게 된다. 지혜는 대화와 배움을 통해 전수되기 때문에 지혜로운 사람들과 함께하면 그 사람도 덩달아 지혜롭게 된다.

반면에 미련한 자와 사귀면 해를 받는다(20b절). '사귀다'(רעה)는 '친구가 되다'는 의미를 지녔다(TWOT). 미련한 자들하고 가까이 지내면 삶에 절대 도움이 되지 않고 해가 될 뿐이다. 같은 부류로 취급받을 수도 있고, 그들에게서는 도움이 될 만한 지혜를 얻을 수 없다.

두 번째 가르침은 재앙이 따르는 자와 선한 보응이 따르는 자를 대조한다(21절). 재앙은 죄인들을 따른다. '재앙'(רָעָה)은 일반적으로 악한 것을 의미하며, 규모는 '재앙' 수준이 아니라 '좋지 않은 일'처럼 작은 해프닝일 수 있다(NIDOTTE). 이 말씀에서는 죄의 대가, 곧 응징이다. 본문은 하나님을 언급하지 않지만, 하나님이 암시된 주어이다(Van Leeuwen). 하나님은 죄를 짓는 사람들은 분명 대가를 치르게 하시기 때문에 그들의 삶에는 항상 우환이 있다. 그러므로 죄인은 대가를 치를 각오를 하고 죄를 지어야 한다. 그러나 대부분 사람은 자신이 대가를 치르지 않을 것이라고 생각하기 때문에 죄를 짓는다.

반면에 의인들에게는 선한 보응이 이른다(21b절). '보응이 이르다'(שׁלם)는 어떤 상황에 대해 '보상하다'(make restitution)는 뜻이다(HALOT). 의인은 선한 일(טוב)을 하기 때문에 선한 것(טוב)으로 보상을 받는다. 누가 그들을 보상하는가? 당연히 하나님이시다. 창조주께서 선하게 사는 사람은 좋은 것들로 축복하신다. 이 말씀은 죄인들은 재앙이 추격해서 파멸에 이르게 하고 의인들은 선한 보응이 따라다니며 축복을 한다는 의미를 지녔다(Kitchen).

III. 솔로몬의 첫 번째 잠언집(10:1-22:16)
A. 상반되는 지혜 모음집(10:1-15:33)
5. 지혜로운 조언 경청(13:1-25)

(5) 가정의 미래(13:22-25)

22 선인은 그 산업을 자자 손손에게 끼쳐도
죄인의 재물은 의인을 위하여 쌓이느니라
23 가난한 자는 밭을 경작함으로 양식이 많아지거니와
불의로 말미암아 가산을 탕진하는 자가 있느니라
24 매를 아끼는 자는 그의 자식을 미워함이라
자식을 사랑하는 자는 근실히 징계하느니라
25 의인은 포식하여도
악인의 배는 주리느니라

솔로몬의 첫 번째 교훈은 선인의 산업과 죄인의 재물을 대조한다(22절). '선인'(טוֹב)은 착한 사람이며 본문에서는 '죄인'(חוֹטֵא)과 대조를 이룬다. 그러므로 선인은 하나님 앞에 경건한 사람이다. 경건한 사람은 자신이 모은 재산을 '자자손손'(בְנֵי־בָנִים, 아들들의 아들들)에게 유산으로 물려준다. 선하게 모은 재산은 하나님이 자손대대로 물려주도록 허락하신다. 이 말씀은 일반적인 원리를 말하고 있다. 그러므로 예외는 항상 있다.

반면에 죄인의 재물은 의인을 위해 쌓인다(22b절). 죄인도 자손에게 물려주려고 열심히 재산을 쌓는다. 그는 자신이 의인을 위해 재산을 모으고 있다는 사실을 모른다. 그러나 심판하시는 하나님이 악인이 모은 재산을 빼앗아 의인에게 주신다. 결과적으로 죄인은 의인들에게 재산을 넘겨주려고 열심히 모았던 것이다. 악한 하만이 모은 재산이 모르드개와 에스더에게 넘어간 일이 좋은 예이다(에 8:1-2).

두 번째 가르침은 가난한 사람의 밭의 풍요로움과 예상하지 못한 빈곤을 대조한다(23절). 이 말씀은 여러 가지 난제를 안고 있어서 정확하게 번역하기가 쉽지 않다(cf. McKane, Murphy, Whybray). 그럼에도 불구하고 개역개정은 좋은 번역이 아니다. 새번역은 이 구절을 "가난한 사람이 경작한 밭에서는 많은 소출이 날 수도 있으나, 불의가 판을 치면 그에게 돌아갈 몫이 없다"라고 하는데, 마소라 사본을 더 정확하게 반영하고 있다(cf. 현대어, NAS, NIV, ESV, NRS).

가난한 사람도 지혜를 가질 수 있고, 가진 지혜를 활용하여 열심히 농사를 지으면 그와 가족들이 충분히 먹을 수 있는 수확을 얻는다. 그러나 변수가 있다. 그가 많은 수확을 얻더라도 폭력과 착취를 일삼는 불한당들이 판을 치는 세상에서는 그들에게 빼앗기기 일쑤다. 불한당들은 다른 농부일 수도 있고, 권력을 행사하는 자들일 수도 있다. 그들이 누구인가는 별로 중요하지 않지만, 그들이 열심히 노력한 농부의 수확을 갈취한다는 사실이 중요하다. 결국 농부와 가족들이 먹을 것이 부족하다. 세상은 열심히 일한 사람이 항상 노동의 열매를 누릴 수 있는 곳은 아니다. 그렇게 기대하기에는 악이 큰 변수로 작용한다. 그러므로 더욱더 하나님을 의지하여 주님께 보호와 일용할 양식을 구해야 한다.

칠십인역(LXX)은 다른 가르침을 반영하고 있다: "의인은 여러 해 동안 부를 누릴 것이지만, 불의한 자는 순식간에 망한다"(δίκαιοι ποιήσουσιν ἐν πλούτῳ ἔτη πολλά ἄδικοι δὲ ἀπολοῦνται συντόμως). 선하게 모은 재산은 오래가지만, 악하게 모은 재산은 순식간에 사라진다는 뜻이다.

세 번째 가르침은 부모가 자식을 훈육하는 것에 대한 교훈이다(24절). 사람의 인격은 만들어진다(Wilson). 그러므로 아이가 어렸을 때 매를 아끼는 부모는 자식을 미워함과 같다. 잠언은 매로 자식을 훈육하는 것을 몇 차례 언급하는데(22:15; 23:13-14; 29:15), 이곳이 처음이다. 고대 사회의 아이 양육에서 매는 매우 중요한 훈계 수단이었다. 부모는 아이가 미워서가 아니라 바른 길로 가기를 바라며 매를 들었다. 그러므로 매는 양을 이끄는 목자의 지팡이 같았다.

솔로몬은 훈육하는 매(사랑의 회초리)를 아끼는 부모는 자식을 사랑하지 않을 뿐만 아니라, 그 아이를 '미워하는 자'(שׂוֹנֵא)라며 징계를 하지 않는 부모는 자식에게 베풀어야 할 사랑을 베풀지 않고 오히려 그를 미워하는 것과 같다고 한다. 솔로몬은 사랑과 미움을 의도적으로 강력하게 대조하고 있다(Kitchen).

반면에 자식을 사랑하는 자는 근실히 징계한다(24b절, cf. 신 8:5; 잠 3:12; 히 12:5-11). '근실하다'(שׁחר)는 기회가 생길 때마다 놓치지 않으려고 항상 상황을 주시한다는 뜻이다(HALOT). 매의 때를 기다리다가 절대 놓치지 않는다는 것이 아니라, 부모의 책임과 의무를 다해 아이를 징계해야 할 때는 반드시 나서서 징계를 한다는 뜻이다. 이런 사람은 자식을 사랑한다.

오늘날에도 아이들 양육에 회초리를 사용해야 하는가? 만일 회초리를 사용하지 않고도 아이들을 훈육할 수 있다면 가장 좋다. 솔로몬의 권면은 부모는 자식이 바른 길을 가도록 성실하게 훈련해야 한다는 것이 핵심 포인트이기 때문이다. 그러므로 회초리를 사용하지 않고 아이를 훈육하는 것이 가장 좋다.

만일 회초리를 사용하게 될 경우 부모가 마음에 새기고 지켜야 할 한 가지 기준이 있다. 절대 감정을 실어서 매질을 하지 않는 것이다. 부모가 분노를 실어 매질을 하면 아이들은 마음에 상처를 받고, 부모는 이루고자 하는 목적은 이루지 못하고 아이에게 신체적인 상처만 남긴다. 한 가지 좋은 방법은 회초리를 다른 방에 두어 꼭 사용해야 할 경우에는 부모가 그것을 가지러 가면서 호흡을 가다듬고 자신을 다스리는 것이다. 회초리를 든 부모는 반드시 이성적이고 냉정해야 한다.

네 번째 교훈은 의인의 배부른 배와 악인의 주린 배를 대조한다(25절). 의인은 포식한다. '포식한다'(אֹכֵל לְשֹׂבַע נַפְשׁוֹ)의 더 정확한 번역은 '그의 영혼이 만족할 때까지 먹는다'이다. 배부를 때까지 먹는다는 뜻이지 포식한다는 의미는 아니다. 하나님이 의인이 배불리 먹도록 보호하신다.

반면에 악인의 배는 주린다(25b절). '주리다'(חסר)는 줄어들거나 비어 있다는 뜻이다. 악인은 음식을 마음껏 먹지 못해 그의 배는 비어 있다.

이 말씀은 우리의 현실과 동떨어진 듯한 느낌을 준다. 우리 주변에는 배를 굶는 의인들도 있고, 배불리 먹는 악인들도 있기 때문이다. 솔로몬은 죄가 더 이상 영향력을 행사할 수 없는 시대, 곧 종말에 이런 일이 있을 것이라고 하는 듯하다.

III. 솔로몬의 첫 번째 잠언집(10:1-22:16)
A. 상반되는 지혜 모음집(10:1-15:33)

6. 지혜로운 여인이 지은 집(14:1-35)

본 텍스트도 매우 다양한 주제의 교훈이 주류를 이루며 논리적인 흐름이나 섹션화가 보이지 않는다. 다음은 본문을 주해하기 위한 구분이며 각 섹션의 내용을 통합적으로 반영하는 것으로 보기는 어렵다.

A. 지혜로운 일상(14:1–7)
B. 겉모습과 진실(14:8–14)
C. 어리석음과 슬기(14:15–18)
D. 심은 대로 거두는 삶(10:19–25)
E. 여호와 경외(14:26–27)
F. 더불어 사는 세상(14:28–35)

III. 솔로몬의 첫 번째 잠언집(10:1–22:16)
A. 상반되는 지혜 모음집(10:1–15:33)
6. 지혜로운 여인이 지은 집(14:1–35)

(1) 지혜로운 일상(14:1–7)

1 지혜로운 여인은 자기 집을 세우되
미련한 여인은 자기 손으로 그것을 허느니라
2 정직하게 행하는 자는 여호와를 경외하여도
패역하게 행하는 자는 여호와를 경멸하느니라
3 미련한 자는 교만하여 입으로 매를 자청하고
지혜로운 자의 입술은 자기를 보전하느니라
4 소가 없으면 구유는 깨끗하려니와
소의 힘으로 얻는 것이 많으니라
5 신실한 증인은 거짓말을 아니하여도
거짓 증인은 거짓말을 뱉느니라
6 거만한 자는 지혜를 구하여도 얻지 못하거니와
명철한 자는 지식 얻기가 쉬우니라
7 너는 미련한 자의 앞을 떠나라
그 입술에 지식 있음을 보지 못함이니라

솔로몬의 첫 번째 교훈은 미련함과 지혜를 의인화한다(Murphy, cf. 1:20-33; 8:1-36). 이러한 면에서 이 말씀은 9장, 특히 9:1과 연관이 있다(Koptak, Whybray). '여인들'(נָשִׁים)은 매우 광범위한 단어로 모든 연령층을 아우를 수 있으며 본문에서도 결혼한 여인, 곧 아내로 제한될 필요는 없다. 지혜로운 여인은 자기 집을 세운다. '세우다'(בנה)는 집을 짓는다는 뜻을 지녔으며, 이곳에서는 주거지를 짓는 것보다는 '집안을 살린다'는 의미, 곧 여인의 집안이 그녀의 지혜로운 경영으로 인해 번영한다는 뜻을 지녔다(cf. 31:10-31).

반면에 미련한 여인은 자기 손으로 그것을 헌다(1b절). '미련한 여인'(אִוֶּלֶת)은 신중하게 생각하지 않고 닥치는 대로 행동하는 사람이다. 이런 여인은 이미 세워진 것마저도 자기 손으로 무너뜨린다(cf. 9:13-18). 지혜로운 사람은 매사에 긍정적이고 모두에게 도움이 되는 일, 곧 세우는 일을 하고, 미련한 자는 무너뜨리고 파괴하는 부정적인 일을 한다. 그러므로 사람이 지혜로운지 어리석은지는 삶의 열매를 보면 된다. 유대인들의 전승인 미드라쉬(midrash)는 모세의 어머니 요게벳을 지혜로운 여자의 예로, 하만의 아내 세레스를 어리석은 여인의 예로 든다(Plaut).

두 번째 교훈은 정직하게 행하는 자와 패역하게 행하는 자를 대조한다(2절). 이번에도 삶을 길 가는 것에 비교하고 있는데 '정직하게 행하는 자'(הוֹלֵךְ בְּיָשְׁרוֹ)는 곧은 길을 걷는 사람을 뜻한다(cf. 13:20). 그가 정직한 삶을 살게 된 가장 큰 동기부여는 여호와에 대한 경외에 있다. 잠언의 중심 주제인 여호와 경외가 이 장(章)에서 세 차례 언급된다(2, 26, 27절). 심판하시는 하나님을 경외하며 의지하는 삶을 살면 하나님이 얼마나 정직하게 사는 사람을 귀하게 여기시는가를 깨닫게 된다. 이러한 사실을 깨달은 사람은 당연히 정직하고 성실하게 삶에 임한다(cf. 8:13; 16:6). 그러나 여호와를 경외하는 삶을 사는 것은 각자의 선택이다(1:29). 오직 정직한 사람만이 이러한 삶을 선택한다(cf. 23:17).

반면에 패역하게 행하는 자는 여호와를 경멸한다(2b절). '패역하게 행하는 자'(נְלוֹז דְּרָכָיו)도 길을 가는 사람으로 묘사되고 있다. 삶은 여정이기 때문이다. 교활한 그는 바른 길을 가지 않는다. 잘못된 길을 간다. 그가 죄의 길을 가는 것은 여호와를 경외하지 않을 뿐만 아니라 오히려 하나님을 경멸하기 때문이다. '경멸하다'(בזה)는 얕보아 경시한다는 뜻이다(TWOT). 자신은 똑똑하고 지혜로워서 하나님의 말씀이 필요 없다고 생각하는 자의 오만방자한 모습이다. 솔로몬은 정직하게 사는 사람과 추악하게 사는 사람의 차이는 신앙(여호와 경외)의 차이라고 한다.

세 번째 가르침은 미련한 자와 지혜로운 자의 말이 각자에게 어떤 영향을 미치는가에 관한 것이다(3절). 미련한 자는 자신의 부족함을 깨닫지 못하고 마치 아무것도 필요 없는 것처럼 교만하게 군다. 그의 교만함은 그가 하는 말을 통해 가장 잘 표현된다. 그러므로 그는 입으로 매를 자청하는 결과를 초래한다. '매를 자청함'(חֹטֶר גַּאֲוָה)을 직역하면 '교만의 가지'가 된다. '매'(שֵׁבֶט)는 부모가 자식을 훈계하는 도구이다(cf. 13:24). 대부분 번역본들이 본문에서 '매'로 번역하는 단어(חֹטֶר)가 실제로는 구약에서 단 두 차례 등장하며, '싹/줄기'를 뜻한다(cf. 사 11:1). 그러므로 본문을 더 정확하게 번역하면 '어리석은 자의 입에서는 교만의 싹이 튼다'가 된다(cf. NIV, TNK, LXX). 이 말씀을 어리석은 자들이 잘못된 말로 매를 자청한다는 뜻으로 해석하는 이들도 있지만(Clifford, Waltke), 어리석은 자들이 말로 교만해진다는 뜻이다(Kitchen, Van Leeuwen). 이러한 해석은 2행과 연결할 때 더 매끈하다.

반면에 지혜로운 자의 입술은 자기를 보전한다(3b절). '보전하다'(שׁמר)는 '지키다'는 뜻이다. 지혜로운 사람들은 말을 가려서 하고 자제하여 사람들의 비난과 질타를 받을 일이 없다. 또한 그들의 지혜로운 말이 그들을 위기에서 구하기도 한다. 지혜로운 사람은 말로 위기를 모면하지만, 어리석은 자는 말로 교만을 드러낸다. 그는 결국 위기를 자처한다.

네 번째 가르침은 구유에 소가 있을 때와 없을 때의 차이에 관한 것이다(4절). 소가 없으면 구유는 깨끗하다. 소를 먹일 일도 없고 치다꺼리할 일도 없다. 그러므로 소가 없으면 돌볼 일손이 줄어들고 주변은 깨끗하다. 더 나아가 소가 먹을 곡식을 다른 가축들에게 줄 수도 있다(Garrett). 그러나 소의 노동력을 통해 얻는 것도 없다. 그러므로 농부가 손해를 염려해서 소를 갖지 않는 것은 어리석은 경제 논리이다(Whybray).

반면에 소가 있으면 소의 힘으로 얻는 것이 많다(4b절). 밭도 갈고 수레를 끌게 할 수도 있다. 그러므로 소의 노동력은 주인을 풍요롭게 해준다. 그러나 소를 두려면 많은 수고를 해야 한다. "소에게서 우유를 얻으려면 쇠똥을 감수해야 한다"는 말이 있다(cf. Longman). 본문은 사람이 선한 것을 얻으려면 수고를 아끼지 않아야 한다는 의미를 지녔다. 선한 것은 선한 대가를 요구한다. 반면에 수고를 하지 않으면 얻는 것도 없다. 오늘날에는 가축을 농사에 부리는 사람이 별로 없으므로 이 말씀은 사업을 하면서 필요한 지출은 아끼지 말라는 뜻으로 이해할 수 있을 것이다. 지출한 만큼 얻는 대가도 크기 때문이다.

솔로몬의 다섯 번째 교훈은 신실한 증인과 거짓 증인을 대조한다(5절, cf. 12:17; 13:5). 이 말씀은 법정 등에서 증언하는 일을 배경으로 하고 있다. '신실함'(אֵמוּן)은 믿을 만하다, 혹은 신뢰할 만하다는 뜻이다. 이런 사람은 거짓말을 하지 않고 뇌물이나 협박에 굴하지 않는다. '거짓말을 하지 않는다'(לֹא יְכַזֵּב)는 남을 속이는 말을 하지 않는다는 뜻이다. 그들은 진실만을 말한다. 진실을 말하는 것은 모든 대화와 소통의 기본이다. 그러므로 잠언은 진실을 말할 것을 지속적으로 권면한다(6:19; 12:17; 14:25; 16:10; 19:5, 9; 21:28; 24:28; 25:18).

반면에 거짓 증인은 거짓말을 뱉는다(5b절). '거짓말을 뱉다'(כְּזָבִים יָפִיחַ)를 직역하면 '거짓을 숨쉬다'이며(cf. 14:25) 이런 사람은 법정에서뿐만 아니라 일상에서도 진실을 말하지 않고 거짓말을 일삼는다는 뜻이다(TWOT, cf. 출 20:16). 이런 사람은 억울하게 당하는 사람들의 원통함에는 관심이 없다. 오직 자기의 잇속을 챙기는 것에만 급급하다. 그러므로 그들은 자기 이익을 위해서라면 거짓말도 서슴지 않는다. 그가 숨을 쉬듯 입에서 내뿜는 거짓말은 몽둥이나 화살이 되어 많은 피해를 입힌다(Koptak, cf. 25:18).

여섯 번째 가르침은 거만한 자와 명철한 자를 대조한다(6절). '거만한 자'(לֵץ)는 자신이 가장 지혜롭다 생각하여 남들의 조언을 비웃는 사람이다. 심지어는 하나님의 말씀도 들으려 하지 않는다. 이런 사람이 지혜를 구하는 것은 자체가 어불성설이며, 진심으로 구하는 것이 아니라 '구하는 척'하는 것뿐이다. 아마도 지혜가 부귀영화와 명예를 주기 때문에 자신의 사회적인 지위를 높여보고자 지혜를 구하는 척할 수도 있다(cf. 3:16). 지혜를 구하는 척하는 이 거만한 자는 가난하면서도 부자인 척하는 사람과 비슷하다(cf. 13:7). 그러므로 그는 지혜를 접해도 그것이 지혜라는 것을 깨닫지 못한다. 그는 결코 지혜를 얻지 못한다.

반면에 명철한 자는 지식 얻기가 쉽다(6b절). 명철한 사람은 이해력과 판단력이 있는 사람을 뜻한다. 평소에 지혜를 사모하던 그가 지혜를 접하면 쉽게 분별한다. 그러므로 그는 지식을 쉽게 얻는다. 지혜를 사모하는 사람은 절대 책 읽을 시간이 없다는 핑계를 대지 않는다(Plaut). 있는 자에게는 더 주신다는 예수님의 말씀이 생각난다(마 13:12).

솔로몬의 일곱 번째 교훈은 미련한 자와 상종하지 말라는 권면이다(7절, cf. 13:20). 그는 마치 아버지가 아들에게 권면하듯 명령문을 사용하여 미련한 자의 앞을 떠나라 한다. 솔로몬은 미련한 자의 입술에 지식이 있는 것을 본적이 없기 때문이다(7b절). 이런 자들은 항상 어리석음을 말하면서도 자신은 지혜롭다고 생각한다. 그러므로 미련한 자들과 함께 있어봤자 삶에 전혀 도움이 되지 않는다. 더욱이 이런 사람은 우리의 영성에도 해가 된다(13:20; 17:12).

Ⅲ. 솔로몬의 첫 번째 잠언집(10:1-22:16)
A. 상반되는 지혜 모음집(10:1-15:33)
6. 지혜로운 여인이 지은 집(14:1-35)

(2) 겉모습과 진실(14:8-14)

8 슬기로운 자의 지혜는 자기의 길을 아는 것이라도
미련한 자의 어리석음은 속이는 것이니라
9 미련한 자는 죄를 심상히 여겨도
정직한 자 중에는 은혜가 있느니라
10 마음의 고통은 자기가 알고
마음의 즐거움은 타인이 참여하지 못하느니라
11 악한 자의 집은 망하겠고
정직한 자의 장막은 흥하리라
12 어떤 길은 사람이 보기에 바르나
필경은 사망의 길이니라
13 웃을 때에도 마음에 슬픔이 있고
즐거움의 끝에도 근심이 있느니라
14 마음이 굽은 자는 자기 행위로 보응이 가득하겠고
선한 사람도 자기의 행위로 그러하리라

솔로몬의 첫 번째 교훈은 슬기로운 자의 지혜와 미련한 자의 어리석음을 대조한다(8절).[1] '슬기로운 자'(עָרוּם)는 가치 중립적인 단어로 부정

1 한 주석가는 8-15절에 대하여 다음과 같은 교차대구법적 구조를 제시한다(Garrett).
A. The shrewd and fools(v. 8)
B. Making amends for sin(v. 9)
C. Secrets of the heart(v. 10)
D. The destruction of the wicked versus the prosperity of the upright(v. 11)
D′. The deceptive way to death(v. 12)
C′. Secrets of the heart(v. 13)
B′. Being repaid for sin(v. 4)

적으로 사용될 때는 '교활한 자'라는 의미를 지닌다(NIDOTTE). 지혜를 활용할 줄 아는 사람은 슬기로운 자이기 때문에 본문에서는 긍정적인 의미를 지녔다. 슬기로운 사람은 자신이 지닌 지혜를 충분히 활용하여 자신이 가는 길을 안다. '길'(דֶּרֶךְ)은 삶의 여정이다. 그러므로 이 말씀은 슬기로운 사람은 지혜롭게 삶을 살아간다는 뜻이다.

반면에 미련한 자의 어리석음은 속이는 것이다(8b절). 슬기로운 사람들이 지혜를 붙잡는 것처럼, 미련한 자들은 어리석음을 붙잡는다. 안타까운 것은 어리석음은 그들에게 전혀 도움이 되지 않는다는 사실이다. 어리석음은 미련한 자들도 속이고, 그들이 상대하는 사람들도 속인다. '속이는 것'(מִרְמָה)은 환상을 깨는 것을 뜻한다(HALOT). 어리석음은 미련한 자들이 지닌 환상을 깨뜨리며, 다른 사람들에게는 환멸을 느끼게 한다. 지혜와 미련함은 각자 따르는 자들에게 엄청난 영향을 끼친다.

솔로몬의 두 번째 가르침인 9절의 의미를 파악하는 일은 쉽지 않다. 그러므로 번역본들은 세 가지로 나뉘어져 있다. 첫째, "미련한 자는 죄를 심상히 여긴다"(개역개정, 공동, NAS, cf. 현대어). 이 번역은 미련한 자는 죄짓는 것을 가볍게 생각하여 어떠한 죄책감 같은 것을 느끼지 않는다는 뜻이다. 둘째, "미련한 자는 속죄제를 우습게 여긴다"(새번역, ESV, NRS). 이 번역은 미련한 자들은 죄를 짓고도 자신들이 지은 죄에 대한 제물을 드릴 필요를 느끼지 못한다는 뜻이다. 셋째, "미련한 자는 죄를 보상하는 일을 우습게 여긴다"(NIV, CSB, NIRV, cf. 아가페). 이 해석은 미련한 자들은 자신들이 남들에게 끼친 피해에 대하여 보상해 줄 생각이 전혀 없다는 뜻이다. 이처럼 각기 다른 해석이 가능한 것은 개역개정이 '죄'로 번역한 히브리어 단어(אָשָׁם)가 '죄, 속죄제물, 죄에 대한 보상' 등 다양한 의미를 지녔으며, 이 말씀의 정황과 문맥이 워낙 짧다 보니 세 가지 의미가 모두 가능하기 때문이다.

A′. The gullible versus the shrewd(v. 15)

이 외에도 TNK는 "미련한 자들을 중재하는 것은 보상이다"라고 하고, 칠십인역(LXX)은 이 구절을 "죄인들의 집들은 정결예식이 필요하고, 의인들의 집들은 [그대로] 받으신다"(οἰκίαι παρανόμων ὀφειλήσουσιν καθαρισμόν οἰκίαι δὲ δικαίων δεκταί)라며 상당히 다르게 번역했다. 주어와 목적어를 바꾸어 "죄/속죄제는 어리석은 자를 우습게 본다"로 해석하는 학자도 있다(Toy).

9b절이 "정직한 자 중에는 은혜가 있다(은총을 입는다)"라고 하는 것으로 보아 솔로몬은 미련한 자들이 드리는 속죄제물과 정직한 자들이 드리는 속죄제물을 대조하는 것으로 보인다. 그렇다면 9a절의 의미는 '미련한 자들은 속죄제를 우습게 여긴다'가 맞다. 그들은 죄를 짓고도 속죄제를 드리는 일을 우습게 여기기 때문에 용서를 받지 못한다. 반면에 정직한 자들은 신중하게 속죄제를 드리기 때문에 하나님의 은총을 입는다(용서를 받는다). 솔로몬은 제물이라고 해서 모두 같지 않으며 하나님의 은총을 입게 하는 제물이 있는가 하면 아무런 효력을 발휘하지 못하는 제물도 있다는 것을 가르치고 있다. 결국 어리석음은 끊임없이 문제를 일으키고 지혜는 지속적으로 고쳐 나간다(Ross).

세 번째 교훈은 사람이 각자 홀로 살아야 하는 현실에 관한 것이다(10절). 이 구절도 정확하게 번역하기는 쉽지 않지만, 새번역이 본문의 의미를 가장 확실하게 살렸다: "마음의 고통은 자기만 알고, 마음의 기쁨도 남이 나누어 가지지 못한다." 사람은 홀로 사는 존재이기 때문에 고통도 홀로 감당해야 하며 기쁨도 홀로 누린다(cf. 고전 2:11). 사무엘의 어머니 한나가 그랬고(삼상 1:10), 베드로가 그러했다(마 26:75). 우리가 속한 공동체가 건강하면(cf. 시 133:1) 고통을 함께 나눌 때 가벼워지고, 기쁨을 함께 나눌 때 몇 배가 되기도 한다. 그러나 대부분의 경우 사람은 홀로 존재한다. 친지들과 이웃들이 아무리 위로하며 함께 지려고 해도 결국에는 홀로 지고 가야 하는 고통이 있다. 반면에 친지들과 이웃들이 함께 기뻐해 주는 것 같지만, 진심으로 기뻐하는 이는 자기 혼자라는 생각이 들 때도 있다. 우리의 깊은 내면은 홀로이기 때문에 항상 외롭다(cf. 왕상 8:38). 심지어 우리도 우리 자신을 이해할 수 없을 때가 있다(잠 21:2; 렘 17:9). 그래서 하나님이 더욱더 필요하다(cf. 시 44:21; 잠 15:11; 렘 17:10; 고후 1:4).

솔로몬의 네 번째 가르침은 악한 자의 집과 정직한 자의 장막을 대조한다(11절). 집을 짓고 그 집에서 사는 악인들이 있다. 그들의 집은 망한다. '망하다'(שׁמד)는 수동태를 취하며 누군가가 그들의 집이 망하도록 한다는 것을 암시한다. 바로 심판하시는 하나님이 그들을 망하게 하신다.

반면에 정직한 자의 장막은 흥할 것이다(11b절). '장막'(אֹהֶל)은 임시 거처이다. 본문에서 '흥하다'(פרח)는 식물이 왕성하게 자라는 모습을 묘사하는 단어이다(NIDOTTE). 본문에서는 누군가가 정직한 사람의 집안을 흥하게 할 것이라는 의미를 지녔다. 바로 그들을 축복하시는 하나님이시다. 여호와께서는 집에서 사는 악인들은 망하게 하시고, 장막에 사는 정직한 사람들은 축복하신다. 하나님은 좋은 여건에서 살면서 죄를 짓는 자들은 벌하시고, 환경이 열악한 곳에서 살면서도 정직하게 사는 사람들은 축복하신다. 하나님은 사람이 사는 환경에 상관하지 않으시고 공의와 정의로 공평하게 대하신다는 뜻이다.

다섯 번째 가르침은 사람이 자신의 판단력을 의존하면 안 된다고 한다(12절). 사람이 보기에는 분명 바른 길이지만, 정작 그 길이 죽음의 길일 때가 있다. 사람의 판단력은 언제든지 흐려질 수 있고 사람을 잘못된 길로 인도할 수 있기 때문이다. 예수님의 좁은 문과 넓은 문에 대한 말씀을 생각나게 한다(cf. 마 7:13-14). 사람들은 대부분 넓은 문을 좋아한다. 또한 그 문이 옳은 길로 인도하는 문이라고 생각한다. 그러나 정작 좁은 문이 바른 길로 인도한다. 그러므로 지혜로운 사람은 절대 자기 자신의 판단만을 의지하지 않는다. 기도로 하나님께 자문을 구하고 인도하심을 받는다. 하나님의 지혜와 판단에 의존해야 한다.

여섯 번째 교훈은 사람이 겉으로 드러내는 것과 속에 있는 것이 다를 수 있다고 한다(13절). 웃을 때에도 마음에 슬픔이 있을 수가 있고, 즐거움의 끝에도 근심이 있을 수가 있다. 한마디로 말해 '웃는게 웃는 것이 아닌 때'가 있다는 것이다(cf. 에 3:11-12; 전 7:2, 3, 4, 6). 슬플 때는 마음껏 슬퍼해야 하는데, 체면 때문에 혹은 신앙 때문에 슬퍼하지 못하고 억지로 웃는 사람들이 있다. 이러한 상황은 별로 바람직하지 않다. 슬픔을 제대로 표현하지 못하면 마음의 병이 될 수도 있기 때문이다. 사람은 슬퍼해야 할 때는 마음껏 슬퍼하고 그 후에는 털고 일어나야 한다. 마음껏 슬퍼하기 전에는 무리하지 않는 것이 좋다.

일곱 번째 가르침은 악한 사람이나 선한 사람이나 각자 행위대로 보응을 받는다는 것이다(14절). '굽은 자'(סוּג)는 '왔던 길을 되돌아가는 자'(backslider)라는 의미를 지녔다(TWOT). 그러므로 마음이 굽었다는 것은 일을 실천했다가 되돌리는 것이다. 이런 사람은 분명 자신의 번복하는 행동에 대해 긍정적인 대가든 부정적인 대가든 그 대가를 치러야 한다. 선한 사람도 마찬가지로 자신의 행위대로 보응을 받을 것이다. 모든 사람은 각자 행위에 따라 얻는 결과가 있으며, 그 결과에 대해 각자 책임을 져야 한다는 말씀이다. 그러므로 신약은 "사랑하는 자들아 영을 다 믿지 말고 오직 영들이 하나님께 속하였나 분별하라 많은 거짓 선지자가 세상에 나왔음이라"(요일 4:1)라며 매사에 분별력을 행사할 것을 권고한다.

III. 솔로몬의 첫 번째 잠언집(10:1-22:16)
A. 상반되는 지혜 모음집(10:1-15:33)
6. 지혜로운 여인이 지은 집(14:1-35)

(3) 어리석음과 슬기(14:15-18)

[15] 어리석은 자는 온갖 말을 믿으나

슬기로운 자는 자기의 행동을 삼가느니라
16 지혜로운 자는 두려워하여 악을 떠나나
어리석은 자는 방자하여 스스로 믿느니라
17 노하기를 속히 하는 자는 어리석은 일을 행하고
악한 계교를 꾀하는 자는 미움을 받느니라
18 어리석은 자는 어리석음으로 기업을 삼아도
슬기로운 자는 지식으로 면류관을 삼느니라

솔로몬의 첫 번째 가르침은 어리석은 자와 슬기로운 사람을 대조한다(15절). 어리석은 사람은 다른 사람들이 하는 말을 모두 믿는다. '어리석은 사람'(פֶּתִי)은 주관이 뚜렷하지 않은 어리숙한 사람을 뜻한다(NIDOTTE). 이런 사람은 누가 하는 말이든 별생각 없이 다 받아들인다. 우리가 대화를 할 때 상대방을 믿어 주는 것은 매우 중요한 미덕이다. 그러나 그렇다고 해서 그들이 하는 모든 말을 사실인 것처럼 받아들이는 것은 문제다. 분별력을 가지고 사실인지 아닌지를 판단하여 믿을 것은 믿어 주고, 아닌 것은 흘려버려야 한다. 사람들, 특히 악한 사람들은 진실을 말하지 않고 자기 잇속을 보호하는 말을 하기 때문이다. 어리석은 자는 이러한 분별력이 없다.

반면에 슬기로운 사람은 자기 행동을 삼가한다(15b절). 이 말씀은 이 사람도 남들이 하는 말을 모두 들은 것을 전제한다. 그러나 슬기로운 사람도 남들이 하는 말을 귀담아 듣되 마음으로 사실과 거짓, 진실과 오류를 판단한다. 그리고 나서 판단한 것에 따라 자신의 행동을 삼가한다. '삼가하다'(בין)는 자신이 처한 상황을 신중하게 판단하여 지혜롭게 행한다는 뜻이다. 지혜로운 사람과 어리석은 자의 차이는 사람들의 말을 어떻게 평가하는가에 있다. 어리석은 사람은 평가하지 않는다. 슬기로운 사람은 신중하게 평가하여 자신의 삶에 반영한다.

두 번째 가르침은 악을 멀리하는 사람과 악인들과 한통속이 되는 사람을 대조한다(16절). 지혜로운 사람은 두려워하여 악을 떠난다. '두려워하다'(ירא)는 [여호와를] '경외하다'와 같은 단어이다. 지혜로운 사람은 악을 심판하시는 여호와를 경외하여 악을 멀리한다(Longman, Van Leeuwen, cf. NIV).

반면에 어리석은 자는 방자하여 스스로를 믿는다(16b절). '방자하다'(עבר)는 '화를 내다'는 의미를 지녔다(HALOT, cf. CSB, NIRV). 그는 하나님을 경외하는 것이 아니라, 자기 자신을 믿는다. 그러므로 어떠한 도덕적 제재도 없이 제멋대로 날뛴다(공동, 아가페). 악을 떠날 생각을 하지 않고 그곳에서 둥지를 튼다는 뜻이다(cf. LXX). 솔로몬은 지혜로운 자와 어리석은 자의 차이를 누구를 믿고 의지하느냐에서 찾는다. 지혜로운 자는 하나님을 믿고 의지하며, 어리석은 자는 자기 자신을 믿는다.

세 번째 교훈은 사람들에게 환영받지 못하는 두 가지 사람들에 관한 것이다(17절). '노하기를 속히 하는 자'(קְצַר־אַפַּיִם)는 문자적으로 '코가 짧은 자'이며 성격이 급한 사람 혹은 화를 잘 내는 사람을 뜻한다. 사람이 신중하지 못하고 성급하게 행동하면 어리석게 행동하는 것은 당연한 일이다. 이런 사람은 주변 사람들이 싫어하고 피한다. 가능하면 최소한 긴 숨을 들이 쉬며 생각하고 행동해야 한다.

악한 계교를 꾀하는 자도 미움을 받기는 마찬가지이다(17b절). 하나의 음모도 문제인데, 이 사람은 '여러 개의 악한 계교'(מְזִמּוֹת)를 계획한다. 그러므로 누가 이런 사람을 좋아하겠는가! 계교는 은밀하게 시간을 들여 세우는 계획이다(Fox). 그러므로 솔로몬은 생각 없이 선불리 화를 내거나 행동하는 사람과 상당한 시간을 투자하여 비밀리 악한 음모를 꾸미는 자들 모두 주변 사람들에게 환영받지 못한다고 한다.

네 번째 가르침은 어리석은 자와 슬기로운 사람이 삶의 기준으로 삼는 것을 대조한다(18절). 어리석은 자들은 어리석음을 기업으로 삼는다. 일부 학자들은 '기업으로 삼다'(נחל)를 '면류관'으로 수정할 것을 제안하지만(Murphy), 그렇게 할 필요는 없으며 '유산을 상속하다'는 원래 의미를 지속하는 것이 좋다. 항상 그런 것은 아니지만, 어리석은 부모는 대체적으로 자식을 어리석은 자로 양육한다. 그러므로 어리석음이 대물림된다는 말이 가능하다.

반면에 슬기로운 사람은 지식을 면류관으로 삼는다(18b절). 면류관은 이마에 쓰는 것이다. 슬기로운 자가 습득한 지혜는 그의 행동을 통해 온 천하에 드러난다는 뜻이다. 어리석은 사람이라도 어리석음을 대물림할 필요는 없다. 지식을 얻기를 기뻐하고, 습득한 지혜를 바탕으로 살면 그도 자신의 슬기로움을 면류관처럼 쓸 수 있다.

III. 솔로몬의 첫 번째 잠언집(10:1-22:16) A. 상반되는 지혜 모음집(10:1-15:33) 6. 지혜로운 여인이 지은 집(14:1-35)

(4) 심은 대로 거두는 삶(14:19-25)

19 악인은 선인 앞에 엎드리고
불의한 자는 의인의 문에 엎드리느니라
20 가난한 자는 이웃에게도 미움을 받게 되나
부요한 자는 친구가 많으니라
21 이웃을 업신여기는 자는 죄를 범하는 자요
빈곤한 자를 불쌍히 여기는 자는 복이 있는 자니라
22 악을 도모하는 자는 잘못 가는 것이 아니냐
선을 도모하는 자에게는 인자와 진리가 있으리라
23 모든 수고에는 이익이 있어도
입술의 말은 궁핍을 이룰 뿐이니라
24 지혜로운 자의 재물은 그의 면류관이요
미련한 자의 소유는 다만 미련한 것이니라
25 진실한 증인은 사람의 생명을 구원하여도

거짓말을 뱉는 사람은 속이느니라

솔로몬의 첫 번째 가르침은 선이 악을 이길 것이라 한다(19절). 악인은 선인 앞에 엎드린다. 불의한 자도 의인의 문에 엎드린다(19b절). 두 문구 모두 사죄하고 용서를 구한다는 뜻이다. 요셉의 형들이 요셉 앞에서 엎드린 일을 생각나게 한다(cf. 창 44-45장). 가해자가 피해자에게 엎드리는 것은 당연한 일이지만, 이 세상에서는 흔치 않은 일이다. 대부분의 악인들은 자신의 잘못을 깨달을 양심이 없으며 의인들에게 사죄할 생각은 더더욱 없다.

그러므로 이 말씀은 하나님이 둘 사이에 중재하실 때 가능한 일이다. 죄인들이 자신들의 죄를 깨닫고 창조주 하나님께 고백하고 용서를 구하면, 하나님은 그들의 양심에 찔림을 주신다. 하나님의 찔림으로 인해 죄인들은 자신들이 희생양으로 삼았던 사람들에게까지 용서를 구해야 한다는 사실을 깨닫는다. 그러므로 그들을 찾아가 용서를 구한다. 우리가 꿈꾸는 세상이며, 이것이 바로 진정으로 회개한 죄인의 모습이다. 이런 일은 세상이 끝나는 날 있을 일이다(Ross, Waltke, cf. 눅 16:19-31). 또한 이 땅에서도 하나님께 용서를 구한 것처럼 자신이 잘못을 저지른 사람에게도 용서를 구하는 사람이 진정으로 회개했다고 할 수 있다.

두 번째 가르침은 재정적인 여건이 대인관계에 얼마나 중요한가에 관한 것이다(20절). 사람의 인기가 가진 것으로 결정되는 안타까운 현실을 의미한다(Ross). 가난한 자는 이웃에게도 미움을 받는다. '이웃'(רֵעַ)은 친구나 동료도 포함하는 광범위한 개념이다. 대부분 사람들은 어떤 이해타산이 맞아야 다른 사람들과 사귄다. 그런데 가난한 사람들은 관계를 유지해 봤자 별로 도움이 되지 않는다. 그러므로 무엇을 얻기 위해 사람을 사귀는 자들에게 가난한 사람은 기피 대상이다.

반면에 부요한 사람은 친구가 많다(20b절). 이 문구(אֹהֲבֵי עָשִׁיר רַבִּים)를 직역하면 '부자를 사랑하는 자들은 많다'가 된다. 사람들은 사람보다는 그가 지닌 부를 더 좋아한다는 뜻이다. 결국 가난한 사람은 돈이 없어서 미움을 사고, 부자는 돈이 있어서 환영을 받는다. 솔로몬은 세상 사람들이 사람의 인격과 상관없이 그의 경제적 지위에 따라 좋아하기도 하고 싫어하기도 한다고 한다. 이런 사람들과는 관계를 맺지 않아도 된다. 반면에 하나님의 자녀들은 경제적 위치에 상관없이 서로를 사랑하고 환영해 주어야 한다.

솔로몬의 세 번째 가르침은 이웃을 업신여기는 자는 죄를 범하는 자라고 한다(21절). 어떠한 이유로 이웃을 업신여기는 자를 문제 삼는가? 본문이 특별한 이유를 말하지 않기 때문에 어떠한 이유에서든 이웃을 무시하고 미워하는 것을 뜻하는 듯하다. 그러나 다음 행(21b절)이 빈곤한 자에 대한 것을 언급하는 것으로 보아 이웃이 가난하다고 업신여기는 것을 의미할 수도 있다. 바로 앞 절(20절)은 세상 사람들은 가난한 사람을 미워한다고 했다. 그러므로 이 말씀은 가난한 사람을 업신여기는 것은 죄라며 하나님을 경외하는 사람은 세상 사람들처럼 가난한 사람을 업신여겨서는 안 된다고 한다.

반면에 빈곤한 자를 불쌍히 여기는 자는 복이 있는 사람이다(21b절). '불쌍히 여기다'(חנן)는 '긍휼을 베풀다'는 뜻이다(NIDOTTE, cf. 아가페, 현대어, ESV, NAS, NIV). 솔로몬은 가난한 사람에게 실질적인 도움을 주는 사람을 복이 있는 사람이라고 한다. '복이 있는 사람'(אַשְׁרֵי)은 하나님의 축복을 받아 행복하게 사는 사람이다. 어려운 이웃을 돕는 사람은 하나님이 복을 내리셔서 그들이 이웃에게 베푼 것보다 더 많은 것으로 채우실 것이다.

네 번째 교훈은 악을 도모하는 자와 선을 도모하는 자를 대조한다(22절). 1행은 질문형 접두사(הֲ)로 시작하기 때문에 대부분 번역본들이 개역개정처럼 1행을 질문형으로 번역했다. 그러나 1행이 질문이라면 문법적으로 2행과 잘 어울리지 않는다. 또한 잠언을 질문형으로 표현하는 것은 흔한 일이 아니다. 그러므로 상당수의 번역본들이 1행을 서술형으로 번역한다: "악을 꾀하는 사람은 길을 잘못 가는 것이니..."(새번역, cf. 공동, 아가페, 현대인, TNK). '도모하다'(חרש)는 '방법을 강구하다'는 의미를 지녔다(HALOT). 악을 행할 방법을 강구하는 자는 길을 잘못 간다. 삶을 잘못 사는 것이라는 뜻이다.

반면에 선을 행할 방법을 강구하는 사람에게는 인자와 진리가 있다(22b절). '인자'(חֶסֶד)는 긍휼로도 자주 번역되는 단어이며, '진리'(אֱמֶת)는 성실을 의미한다(TWOT). 이 둘은 하나님의 성품들 중 가장 기본적이고 중요한 것들이다. 그들은 여호와께서 기뻐하시는 바른 삶을 살기 때문에 그들이 가는 길에는 항상 하나님의 인자하심과 성실하심이 함께한다는 뜻이다. 사람의 삶에 하나님의 인자하심과 성실하심이 함께 한다면 그는 삶을 잘 살고 있는 것이다.

칠십인역(LXX)은 22절과 23절사이에 "악을 계획하는 자는 자비와 진리를 이해하지 못하지만, 선을 계획하는 자에게는 자비와 신실함이 함께 한다"(τέκτονες κακῶν ἐλεημοσύναι δὲ καὶ πίστεις παρὰ τέκτοσιν ἀγαθοῖς)는 말을 추가한다. 22절의 의미를 더 확실하게 설명하고자 했기 때문일 것이다.

다섯 번째 가르침은 노동하는 사람과 말뿐인 사람을 대조한다(23절). 모든 수고에는 이익이 있다. '수고'(עֶצֶב)는 고통을 동반하는 심한 노동을 의미한다(NIDOTTE). 모든 노동에는 적절한 이익(보상)이 있다는 뜻이다. 성경은 노동이 인간의 죄에 대해 하나님이 내리신 벌이 아니라, 하나님이 축복으로 주신 신성한 것이라고 한다(cf. 창 2장). 그러므로 모든 수고에는 상응하는 보상이 따른다.

반면에 입술의 말은 궁핍을 이룰 뿐이다(23b절). 이 말씀은 일은 하지 않고 말만 하는 사람에 대한 것이다. 현대어성경이 이 말씀의 의미를 잘 살렸다: "쉬지 않고 열심히 땀흘려 일하면 살림살이가 불어나나 앉아서 입만 놀리고 있으면 찾아오는 것은 가난 뿐"(cf. 공동, 아가페, NAS,

NIV, ESV, NRS, TNK).

여섯 번째 교훈은 지혜로운 자의 재물과 미련한 자의 소유를 대조한다(24절). 이 말씀을 정확히 번역하는 일이 쉽지 않다. 그래서 번역본들도 다양한 해석을 보이고 있다. 1행이 지혜로운 자의 면류관(자랑거리)을 2행의 미련한 자의 자랑거리와 대조하는 것으로 보아 이 말씀의 의미는 아가페성경이 가장 잘 반영했다: "지혜로운 자가 쓸 면류관은 자기의 지혜이지만, 미련한 사람이 쓸 화관은 자기의 미련이다"(cf. 새번역, 공동, 현대인, NRS). 지혜와 어리석음은 면류관과 같아서 말하지 않아도 모든 사람에게 드러난다는 교훈이다.

일곱 번째 가르침은 진실한 증인과 위증을 하는 사람을 대조한다(25절). 이 말씀은 증인의 증언에 따라 피고인이 살 수도 있고 죽을 수도 있는 재판을 배경으로 한다. 우리는 이미 12:17과 14:5에서도 증인들에 대해 가르침을 받았으며, 이 말씀이 새로이 주는 교훈은 없다. 그럼에도 불구하고 잠언이 증인에 대한 가르침을 계속 반복하는 것은 증인이 진실을 말하는 것은 참으로 중요하기 때문이다(cf. 출 20:16; 23:1-2; 신 5:20; 17:6; 19:15-19). 진실을 말하는 증인은 사람의 생명을 구원한다. 억울하게 범법자로 몰린 사람의 경우 누가 나서서 진실을 말하면 살 수 있다.

반면에 거짓말을 뱉는 사람은 속인다(25b절). 이 말씀이 법정을 배경으로 하고 있으므로 더 정확한 번역은 '거짓 증인은 속인다'이다(cf. 새번역, 아가페, NIV, TNK, NIRV). 그는 법정에서 거짓말을 하여 재판에 참여한 사람들을 모두 속일 뿐만 아니라, 억울한 사람을 죽음으로 몰아간다. 나봇이 이세벨이 세운 거짓 증인들로 인해 죽임을 당한 사건을 생각나게 한다(왕상 21장). 누가 우리를 위해 위증하는 것을 반겨서는 안 된다. 그는 언젠가는 우리를 상대로 위증할 것이기 때문이다(Kidner). 사람이 진실을 말하는 것은 참으로 귀한 일이며, 죽게 된 사람을 살릴 수도 있다.

III. 솔로몬의 첫 번째 잠언집(10:1-22:16)
A. 상반되는 지혜 모음집(10:1-15:33)
6. 지혜로운 여인이 지은 집(14:1-35)

(5) 여호와 경외(14:26-27)

26 여호와를 경외하는 자에게는 견고한 의뢰가 있나니
그 자녀들에게 피난처가 있으리라
27 여호와를 경외하는 것은 생명의 샘이니
사망의 그물에서 벗어나게 하느니라

첫 번째 교훈은 여호와를 경외하는 자와 그의 자녀들에 관한 것이다(26절). '여호와를 경외하는 자에게'(בְּיִרְאַת יְהוָה)를 직역하면 '여호와를 경외함 안에는'이다(cf. NAS, ESV, NRS, CSB). '견고한 의뢰'(מִבְטַח־עֹז)는 강한 믿음 혹은 신뢰함을 뜻한다. 그러므로 1행을 종합해 보면 여호와를 경외함 안에 견고한 믿음이 있다는 뜻이다(cf. NAS, ESV, NRS). 하나님을 경외하는 사람에게는 참으로 믿고 의지할 만한 견고한 의뢰, 곧 여호와가 계신다. 한 학자는 고대 근동에서 신을 경외하는 것은 감정(마음)과 무관한 예식 행위였다고 한다(Clifford). 그러나 구약에서는 분명 감정을 동반하는 행위이다.

또한 그들의 의지가 되어 주시는 하나님은 그들의 자녀들에게도 피난처가 되어 주신다(26b절). 여호와를 경외하는 사람들은 자손 대대로 하나님의 축복과 보호를 기대할 수 있다는 뜻이다. 이 교훈은 하나님의 축복이 1,000대까지 이른다는 말씀을 생각나게 한다(cf. 출 20:6; 신 5:9). 또한 우리가 후손들을 위하여 할 수 있는 최고의 투자는 오늘 이 순간에 하나님 앞에서 진실되게 살아 우리 집안이 대대로 이러한 복을 누리게 하는 것이다.

두 번째 교훈은 여호와를 경외하면 생명을 얻는다고 한다(27절). 솔로몬은 여호와를 경외하는 것이 생명의 샘(생명의 근원)이라고 한다. 그는 하나님 안에 있는 생명력의 풍부함과 왕성함을 강조하기 위해 '생명들'(חַיִּים)이라며 복수를 사용하고 있다. 또한 여호와를 경외하면 사망의 그물에 걸릴 일이 없다(27b절). 여호와를 경외하면 하나님이 그의 길을 인도하시고 보살피시기 때문이다. 또한 여호와를 경외하는 것은 지식의 근본이라는 사실을 고려할 때, 여호와를 경외하는 사람은 죽음의 덫을 분별하여 피하는 지혜를 갖고 있다.

III. 솔로몬의 첫 번째 잠언집(10:1–22:16)
A. 상반되는 지혜 모음집(10:1–15:33)
6. 지혜로운 여인이 지은 집(14:1–35)

(6) 더불어 사는 세상(14:28–35)

28 백성이 많은 것은 왕의 영광이요
백성이 적은 것은 주권자의 패망이니라
29 노하기를 더디 하는 자는 크게 명철하여도
마음이 조급한 자는 어리석음을 나타내느니라
30 평온한 마음은 육신의 생명이나
시기는 뼈를 썩게 하느니라
31 가난한 사람을 학대하는 자는 그를 지으신 이를 멸시하는 자요
궁핍한 사람을 불쌍히 여기는 자는 주를 공경하는 자니라
32 악인은 그의 환난에 엎드러져도
의인은 그의 죽음에도 소망이 있느니라
33 지혜는 명철한 자의 마음에 머물거니와
미련한 자의 속에 있는 것은 나타나느니라
34 공의는 나라를 영화롭게 하고
죄는 백성을 욕되게 하느니라
35 슬기롭게 행하는 신하는 왕에게 은총을 입고

욕을 끼치는 신하는 그의 진노를 당하느니라

첫 번째 교훈은 일명 '왕족 격언'(royal proverb)의 첫 사례이다(Whybray, cf. 14:35; 16:15; 17:7; 19:10, 12; 21:1; 25:7; 28:2). 왕족 격언들은 왕이 여호와를 의지하는 것이 얼마나 중요한가를 강조한다(Whybray). 백성이 많은 것은 왕의 영광이다. '영광'(הֲדָרָה)은 왕권(majesty)을 의미한다. 왕의 권세는 그가 누리는 부귀영화에 있는 것이 아니라 얼마나 큰 백성을 통치하는가에 있다는 뜻이다. 그러므로 다스리는 백성이 많으면 많을수록 그의 왕권도 굳건하다. 신약은 예수님을 셀 수 없을 만큼 많은 사람들을 다스리시는 참 왕이라고 한다(cf. 살후 1:10; 계 7:9, 10).

반면에 왕이 다스리는 백성이 적은 것은 주권자의 패망이다(28b절). '적은 것'(אֶפֶס)은 끝나거나 없어진다는 뜻이다(TWOT). 그러므로 다스리는 백성이 없으면 왕/주권자의 권세는 패망했다고 할 수 있다. 권력과 권세는 다스리는 백성들이 많을수록 크며, 반대로 적을수록 별 볼 일 없는 허세에 불과하다. 그러므로 다스릴 사람이 없으면 직분이나 보직은 별 의미가 없다. 르호보암은 백성들의 지지를 받지 못하는 것이 얼마나 치명적인가를 뼈저리게 경험한 사람이다(cf. 왕상 12:1-20).

두 번째 가르침은 인내심이 있는 자와 없는 자를 대조한다(29절). 노하기를 더디하는 자는 크게 명철하다. 사람이 살다 보면 화가 나는 일이 한두 가지가 아니다. 화를 낼 만한 일인데도 화를 내지 않고 참는 자는 '크게 명철하다'(רַב־תְּבוּנָה). 참으로 지혜롭게 행하는 사람이며 실용적(pragmatic)으로 사는 사람이라는 뜻이다(Fox). 어떠한 이유에서든 사람이 화를 내면 되돌릴 수 없다. 또한 화를 내고 나면 설령 화를 낼 때에는 그것이 정당했다는 생각이 들더라도 지나고 나면 후회가 막심하다. 그러므로 화를 내고 싶을 때 인내심을 가지고 참는 사람은 지혜로운 사람이다. 나중에 후회할 일을 하지 않기 때문이다.

반면에 마음이 조급한 자는 어리석음을 나타낸다(29b절). 마음이 조급한 자는 참아야 할 때 참지 못하고 화를 낸다. 그러므로 나중에 후회할 일을 한다. 솔로몬은 이 가르침을 통해 사람은 화를 내고 싶을 때도 참아야 하며, 참는 자가 지혜로운 사람이라고 한다.

세 번째 교훈은 마음의 평온과 시기를 대조한다(30절). '평온한 마음'(לֵב מַרְפֵּא)은 고요하고 부드러운 마음이다(TWOT). 어떠한 염려나 걱정이 없으며, 감정의 굴곡을 찾아볼 수 없다. 평온한 마음을 지닌 사람은 몸에 생기가 돈다(공동, 현대어, ESV, NIV, NRS).

반면에 시기는 뼈를 썩게 한다(30b절). 시기하는 마음은 질투와 분노로 가득하다. 그러므로 시기하는 자의 요동치는 마음은 몸에 생기가 돌게 하는 평온한 사람의 마음과 전혀 다르다. 시기가 극에 달하면 몸에 생기가 없을 뿐 아니라 속이 뒤집어져 뼈까지 썩게 한다(Murphy, cf. 3:8; 15:30; 16:24; 17:22). 시기는 사람의 정신과 감정과 신체를 한꺼번에 파괴한다(Longman). 솔로몬은 건강한 사람과 병자를 대조한다.

네 번째 가르침은 가난한 사람을 대하는 것이, 곧 창조주를 대하는 것과 같다고 한다(31절). 이 말씀은 성경적 창조신학의 가장 기본적인 적용 사례에 관한 것이라 할 수 있다(Ross). 가난한 사람을 학대하는 사람은 그를 지으신 이를 멸시한다. 가난한 사람도 하나님의 모양과 형상대로 창조된 피조물이다. 그러므로 가난한 사람을 학대하는 것은 곧 창조주 하나님의 모양과 형상을 멸시하는 것이기 때문에 하나님을 멸시하는 것과 같다. '학대'(עשק)와 '멸시'(חרף)가 비슷한 말로 사용되고 있다.

반면에 궁핍한 사람을 불쌍히 여기는 자는 주를 공경하는 사람이다(31b절). '불쌍히 여기다'(חנן)는 실질적인 도움을 준다는 의미를 지녔다(HALOT). 마음을 다해 어려운 이웃을 돕는 사람은 그 이웃을 자기의 모양과 형상대로 만드신 하나님을 공경하는 자이다. 우리가 이웃을 대하는 것은 곧 하나님을 대하는 것과 같다는 뜻이다.

다섯 번째 교훈은 악인과 의인의 운명을 대조한다(32절). 이 절은 번역하기가 난해하다(cf. Kitchen, Murphy, Whybray). 악인은 그의 환난에 엎드러진다. 악인은 자신이 저지른 악행 때문에 넘어져 일어나지 못한다. 그는 자신의 죄 때문에 죽는다는 뜻이다.

반면에 의인은 그의 죽음에도 소망이 있다(32b절). '그의 죽음에도 소망이 있다'(חֹסֶה בְמוֹתוֹ)를 직역하면 '그의 죽음 안에 피난처가 있다'가 된다. 이 말씀이 내세(의인이 죽은 후에 겪을 일)를 말하는가? 우리말 번역본들은 거의 모두 내세와 상관없는 말씀이라고 생각하여 의인의 현실과 연결하여 번역한다: (1) 죽음이 닥쳐와도 피할 길이 있다(새번역), (2) 정직으로 피난처를 얻는다(공동), (3) 죽을 자리에서도 피난처를 얻는다(아가페), (4) 죽음이 닥쳐와도 피할 수 있다(현대어). 번역본들이 이렇게 번역하는 것은 무엇보다도 구약에는 내세에 대한 뚜렷한 개념이 없다고 생각하기 때문이다(cf. Murphy, Van Leeuwen, Whybray).

우리말 번역본들과는 달리 영어 번역본들은 대부분 내세를 염두에 두고 번역한다: (1) 그는 죽을 때 피난처가 있다(NAS), (2) 그는 자신의 죽음에서 피난처를 찾는다(ESV), (3) 죽으면서도 하나님 안에서 피난처를 찾는다(NIV), (4) 죽어서도 안전한 곳이 있다(NIRV). 이 말씀은 악인은 현세에서 망하지만(끝장나지만), 의인은 다음 세상에서도 소망이 있다는 것을 대조하는 것으로 보아 영어 번역본들이 본문의 의미를 더 정확하게 표현하고 있다. 솔로몬은 이 말씀에서 내세에 대한 희망을 말하고 있는 것이다(cf. Delitzsch, Longman, Kitchen, Kidner).

여섯 번째 가르침은 지혜의 숨겨짐과 어리석음의 드러남을 대조한다(33절). 이 말씀도 번역하기가 쉽지 않다(cf. Koptak, McKane, Murphy, Whybray). 지혜는 명철한 자의 마음에 머문다. '머물다'(נוח)는 '정착하다, 쉬다'는 뜻이다(NIDOTTE). 지혜는 명철한 자와 오랫동안 함께 하려는 의도를 가지고 그의 삶에 정착한다. 사람이 얻은 지혜는 평생 그가 슬기로운 삶을 살아갈 수 있도록 도울 것이다.

반면에 미련한 자의 속에 있는 것은 나타난다(33b절). '나타나다'(ידע)는 알려진다는 뜻이다. 사람들은 미련한 자들의 마음에 있는 것을 모두 알아본다. 미련한 자들의 마음에는 어리석음이 있다. 그들은 자신들이 어리석다는 것을 숨기려 할지 몰라도, 그들의 언행을 통해 역력히 드러나기 때문에 사람들이 알아본다. 솔로몬은 우리의 마음에 무엇이 있느냐에 대하여 생각해 보라고 한다. 지혜가 머물면 그는 명철한 사람이며, 어리석음이 머물면 미련한 자이다. 또한 지혜와 어리석음은 소유한 자들의 언행을 통해 온 세상에 공개된다.

솔로몬의 일곱 번째 교훈은 공의와 죄가 온 나라에 미치는 영향에 대한 것이다(34절). '공의'(צְדָקָה)는 의로운 법 집행이 이루어질 때 빚어지는 좋은 결과이다. '영화롭게 하다'(רום)는 위상을 드높인다는 뜻이다. 그러므로 이 말씀은 한 나라에 공정한 법과 질서가 확립되면 그 나라의 위상이 드높아진다고 한다.

반면에 죄는 백성을 욕되게 한다(34b절). '죄'(חַטָּאת)는 매우 포괄적인 개념이며 모든 형태의 악을 뜻한다. '욕'(חֶסֶד)은 '인애'(חֶסֶד)와 동음이의어(同音異義語)이며 구약에서 단 두 차례 사용된다(NIDOTTE, cf. 레 20:17). 공동체가 행하는 모든 형태의 악은 그들에게 수치를 안기며(공동, 아가페, NAS, ESV, NRS, TNK), 그들을 정죄하기도 한다(NIV). 공의는 공동체의 앞길을 밝혀 주지만, 죄는 공동체의 미래를 어둡게 한다는 말씀이다.

이 섹션의 마지막 가르침은 왕에게 슬기로운 신하와 욕을 끼치는 신하를 대조한다(35절). 왕의 은총이 슬기롭게 행하는 신하에게 임한다. 왕은 신하들을 세워 백성을 다스리는데, 신하들이 지혜롭게 처신하면 백성들의 칭찬과 감사가 왕에게 간다. 그러므로 왕은 이런 신하들에게 포상 등을 통해 은총을 내린다.

반면에 욕을 끼치는 신하는 그의 진노를 당한다(35b절). '욕을 끼치다'(בוש)는 수치를 안긴다는 뜻이다. 지혜롭게 처신하지 못하여 왕이 백성들의 원망을 듣게 하는 신하들이 왕의 진노를 당하는 것은 당연한 일이다. 우리가 하나님의 신하들로써 어떻게 처신하고 있는가를 되돌아보게 하는 말씀이다.

Ⅲ. 솔로몬의 첫 번째 잠언집(10:1-22:16)
A. 상반되는 지혜 모음집(10:1-15:33)

7. 상반되는 가르침 모음집 끝(15:1-33)

상반되는 지혜 모음집(10:1-15:33)의 마지막 장이다. 이 장은 말에 대해 많은 가르침을 담고 있다(1, 2, 4, 7, 14, 23, 26, 28절). 이 장을 구성하고 있는 33절 중 9절이 여호와를 언급하는 독특성도 지녔다(Whybray, cf. 3, 8, 9, 11, 16, 25, 26, 29, 33절). 또한 그동안 주류를 이루었던 대조적인 가르침도 이 장에서는 다소 줄어든다(cf. Kitchen). 본 주석은 다음과 같은 섹션화를 바탕으로 본문을 주해해 나가고자 한다.

A. 좋은 말과 나쁜 말(15:1-4)
B. 지혜와 어리석음(15:5-7)
C. 하나님이 삶을 지켜보심(15:8-11)
D. 마음 자세(15:12-14)
E. 행복과 재산(15:15-17)
F. 바른 길과 즐거움(15:18-24)
G. 하나님은 의인을 가까이하심(15:25-29)
H. 훈계와 책망(15:30-33)

Ⅲ. 솔로몬의 첫 번째 잠언집(10:1-22:16)
A. 상반되는 지혜 모음집(10:1-15:33)
7. 상반되는 가르침 모음집 끝(15:1-33)

(1) 좋은 말과 나쁜 말(15:1-4)

1 유순한 대답은 분노를 쉬게 하여도

과격한 말은 노를 격동하느니라
2 지혜 있는 자의 혀는 지식을 선히 베풀고
미련한 자의 입은 미련한 것을 쏟느니라
3 여호와의 눈은 어디서든지
악인과 선인을 감찰하시느니라
4 온순한 혀는 곧 생명 나무이지만
패역한 혀는 마음을 상하게 하느니라

솔로몬의 첫 번째 가르침은 유순한 대답과 과격한 말을 대조한다(1절). '유순한'(רַךְ)은 부드럽다 못해 연약해 보인다는 뜻이다(TWOT). 누가 시비를 걸며 해명을 요구할 때 겸손히 상대방의 문제 제기에 귀를 기울이고 있음을 드러내는 말이다. '분노'(חֵמָה)는 가장 격한 화를 의미한다(Kitchen). 분노한 사람은 상대방이 자기 말을 들어주기를 원하고 상대방이 그의 말에 공감하고 있다는 것을 의식하면 수그러든다. 그러므로 솔로몬은 분노한 사람에게 격한 말로 대꾸하는 것을 자제하라고 한다. 일단은 서로 감정을 추스르는 시간이 필요한데, 이때 가장 좋은 것이 부드럽고 공감하는 말이다. 또한 부드럽게 말하다 보면 어떻게든 화해하려는 마음이 생긴다(cf. McKane, Ross). 기드온이 화가 난 에브라임 사람들을 부드러운 말로 달랬던 일이 좋은 예가 될 수 있다(삿 8:1-3).

반면에 과격한 말은 노를 격동한다(1b절). '과격한'(עֶצֶב)은 상처를 입히는 것을 의미한다(Whybray, cf. HALOT). 일부러 상처를 입히기 위해 하는 말이다(Cohen). '노'(אַף)는 화를 의미하는 가장 보편적인 단어로 수위가 가장 낮다(Delitzsch). 과격한 말은 대수롭지 않은 듯한 화에서부터 진노까지 불러일으킨다는 뜻이다. 나발이 다윗의 화를 격동시킨 일이 좋은 예이다(삼상 25:10-13). 그의 아내 아비가일은 유순한 말로 다윗의 화를 누그러뜨렸다.

화가 난 사람의 말을 상처가 되는 말로 맞받아 치는 것은 상처에 소

금을 뿌리는 격이다. 또한 과격한(잔인한) 말은 가만히 있는 사람의 가슴에 분노의 불을 지핀다. 입다가 에브라임 사람들에게 진노한 것이 좋은 예이다(삿 12:1-6). 솔로몬은 여러 마디의 말이 아니라 한 '단어'(דָּבָר)가 이러한 효력을 발휘한다며 '한 마디의 말'을 자제할 것을 당부한다(Kidner, cf. NAS, NIV, NRS, ESV).

이러한 행동은 지혜롭지 않으며 소리지르는 자에게 자비(치유)를 베풀어야 한다. 격앙된 감정으로 말을 주고받는 것은 오히려 더 큰 문제로 발전할 수 있기 때문에 잘잘못을 따지기 전에 일단은 한숨 돌리고 가는 것이 좋다. 과격한 말은 절대 도움이 되지 않으며, 유순한 말로 그가 받은 상처를 어루만지며 대꾸하는 것이 바람직하다.

부드러운 말이라 하여 힘이 없는 것은 아니다. 부드러운 혀는 뼈를 꺾을 정도로 강하다(25:15). 이러한 가르침에 위배되는 성경적 예는 나발이 어리석은 말로 다윗과 부하들을 분노케 한 것과 아비가일이 지혜로운 말로 다윗이 이성을 찾도록 한 일이다(삼상 25:1-35). 칠십인역(LXX)은 이 말씀 앞에 '화는 죽인다'(ὀργὴ ἀπόλλυσιν)를 더하며 한 번 더 화를 자제할 것을 권한다.

두 번째 가르침은 지혜로운 사람의 말과 미련한 자의 말을 대조한다(2절). 지혜 있는 사람의 혀는 지식을 선히 베푼다. '선히 베풀다'(יטב)는 누구를 선하게 대한다는 의미를 지녔다(Toy). 그는 선을 행하듯 자신의 지식을 이웃들과 나눈다. 중요한 것은 무엇을 나누느냐가 아니라 어떻게 나누느냐이다. 그는 이웃들이 기분 좋게 받아들일 수 있도록 지식을 나눈다(Kitchen). 그들에게 강요하는 듯한 느낌을 주지 않기 위해 슬기롭게 속도를 조절하며 지식을 나눈다. 이웃들도 그처럼 지혜롭게 되기를 바라는 마음뿐이다.

반면에 미련한 자의 입은 미련한 것을 쏟는다(2b절). '쏟다'(נבע)는 물이 콸콸 흘러나오는 것을 묘사하는 단어이다(TWOT, cf. 28절). 성경에서 쏟아내는 것은 항상 부정적인 의미를 지녔다(Koptak). 미련한 자일수록 앞뒤 가리지 않고 입에 거품을 물고 쉴 새 없이 말을 쏟아낸다. 그가 생각하는 모든 것이 곧바로 말이 되어 입에서 쏟아져 나온다(Kitchen). 아쉽게도 그는 말하기 전에 생각하는 자가 아니기 때문에 콸콸 쏟아내는 그의 말에는 별로 선한 것이 없다. 그는 남들이 들을 만한 지식을 갖고 있지 않기 때문이다. 그의 마음에는 미련한 것들로 가득하며, 이런 것들을 쏟아내는데 누가 좋아하겠는가!

세 번째 교훈은 하나님의 편재(偏在)와 전지(全智)에 관한 것이다(3절). 여호와의 눈이 세상 구석구석을 지켜보고 있다. 이 세상에서 일어나는 일을 모두 감찰하신다. '감찰하다'(צפה)는 감시하다는 뜻을 지녔다(TWOT). 여호와의 눈이 세상에서 일어나는 모든 일을 매우 관심 있게 지켜보신다(cf. 대하 16:9; 욥 31:4; 시 139편; 렘 16:17). 그러므로 세상에 사는 악인들과 선인들의 언행도 모두 하나님의 관리 대상이다. 하나님이 감찰하신다는 것은 곧 그들의 행동에 대한 적절한 응보가 있을 것을 암시한다. 그러므로 하나님의 감찰은 선한 사람들에게는 축복이지만, 악한 사람들에게는 심판이다. 이 말씀은 신학적인 선언문이 아니라, 사람이 언행을 바르게 하도록 하는 장려책이다(Plaut).

네 번째 가르침은 온순한 혀와 패역한 혀를 대조한다(4절). '온순한'(מַרְפֵּא)은 고요하고 부드럽다는 뜻을 지녔고 '치료하다'(רפא)가 이 단어의 어원이다(NIDOTTE, cf. 렘 8:15). 그러므로 '온순한 혀'는, 곧 '치료하는 혀'를 의미한다. 온순한 혀가 하는 말은 곧 치료와 회복을 이루는 말이다(cf. 4:20-22; 12:18; 13:17). 그러므로 이런 말은 듣는 이들에게 치료와 회복을 주는 생명 나무이며 그의 말은 이 나무의 열매와 같다(cf. McKane, 겔 47:12; 잠 3:18; 11:30; 13:12).

반면에 패역한 혀는 마음을 상하게 한다(4b절). '패역함'(סֶלֶף)은 굽었다는 뜻이다(TWOT, cf. 11:3). 솔직하고 정직한 말이 아니라, 거짓말이거나 꼬고 비튼 말이다(Whybray). 이런 말을 듣는 사람이 어리석지 않다면 기뻐할 리 없다. 그러므로 패역한 말은 듣는 이들의 마음에 상처를 안겨 줄 뿐이다. 창조주 하나님은 우리에게 치료할 수 있는 말과 상처를 줄 수 있는 말을 할 수 있는 혀를 주셨다(Kitchen). 그러므로 우리는 혀를 지혜롭게 사용하여 치료하고 위로하는 말을 해야 한다.

Ⅲ. 솔로몬의 첫 번째 잠언집(10:1–22:16)
A. 상반되는 지혜 모음집(10:1–15:33)
7. 상반되는 가르침 모음집 끝(15:1–33)

(2) 지혜와 어리석음(15:5–7)

5 아비의 훈계를 업신여기는 자는 미련한 자요
경계를 받는 자는 슬기를 얻을 자니라
6 의인의 집에는 많은 보물이 있어도
악인의 소득은 고통이 되느니라
7 지혜로운 자의 입술은 지식을 전파하여도
미련한 자의 마음은 정함이 없느니라

첫 번째 교훈은 부모의 가르침을 업신여기는 자와 받아들이는 자를 대조한다(5절). 부모의 훈계를 업신여기는 자는 미련한 자다. 미련한 자는 지적으로 모자란 사람이 아니라 영적으로 어리석은 자를 가리킨다. '업신여기다'(נאץ)는 '퇴짜 놓다'는 뜻이다. 미련한 자는 자신이 부모보다 더 지혜롭다 생각하여 그들의 말을 들을 때마다 일축한다. 부모는 하나님이 주신 지혜를 자식에게 전수해 주는 통로라는 점을 감안하면, 이 사람은 하나님의 가르침도 업신여긴다.

반면에 경계를 받는 자는 슬기를 얻는다(5b절). 사람이 누구에게 싫은 소리를 듣는 것은 결코 기분 좋은 일이 아니다. 그러나 자신이 더 지혜롭게 될 수 있는 기회를 놓치는 것은 바보짓이다. '경계'(תּוֹכַחַת)는 '훈계'(מוּסָר)보다 훨씬 더 강력한 징계이다(TWOT). 부모의 징벌을 기꺼

이 받아들이는 사람은 그 경험을 통해 더 슬기롭게 된다. 처음에는 훈계를 받아들이기가 어렵지만, 몇 번 받아들이고 나면 점차 쉬워지며, 쉬워지면 더 잘 받아들여 더 슬기로운 사람이 된다. '슬기롭다'(ערם)는 삶을 살아가는데 도움이 되는 기술을 가지고 있다는 뜻이다(cf. 19:25). 지혜로운 사람은 듣고(hear) 말을(speak) 한다(cf. 12:16, 23; 13:16; 14:8). 반면에 어리석은 자는 듣지 않고 말을 한다.

솔로몬의 두 번째 교훈은 의인과 악인의 소득과 재산을 대조한다(6절). 의인의 집에는 많은 보물이 있다. 그는 정직한 노동으로 재산을 조금씩 불려 가기 때문이다(Van Leeuwen). 하나님은 정당한 노동의 대가로 얻은 재산을 축복하신다. 의인의 소득은 집 안의 창고에 있어서 안전한 재산이 된다(Cohen, Delitzsch).

반면에 악인의 소득은 고통이 된다(6b절, cf. 27절). 악인의 소득은 그와 가족들에게 고통을 가져올 뿐이라는 뜻이다(cf. 새번역). 한 주석가는 악인의 소득을 들판에 쌓여 있어 누구나 훔쳐갈 수 있는 곡식단에 비교한다(Clifford). 그는 온갖 악을 동원하여 소득을 올린다. 또한 이웃들의 원망과 원한을 사는 일을 꺼려하지 않는다. 그러므로 그가 올린 소득은 이웃들의 피눈물과 고통이 서린 돈이며, 하나님이 이런 소득을 기뻐하실 리 없다. 그러므로 그는 자신의 소득을 지키며 즐길 수가 없다(cf. 1:19; 10:2, 16; 11:17). 또한 그와 가족들에게도 고통을 안겨 준다. 가나안 정복 전쟁 중 아간이 여리고 성에서 훔친 것들이 온 집안에 진멸을 안겨 준 일을 생각나게 한다(수 7장).

세 번째 가르침은 지혜로운 자의 말과 미련한 자의 침묵을 대조한다(7절). 지혜로운 사람의 입술은 지식을 전파한다. '전파하다'(זרה)는 농부가 씨를 뿌리는 것 혹은 수확한 곡식을 바람에 까부르는 것을 묘사한다(NIDOTTE). 지혜로운 사람은 자신이 가진 지식(지혜)을 농부가 씨를 뿌리듯 주변 사람들의 마음의 밭에 뿌린다. 언젠가는 싹이 나고 열매 맺기를 기대하면서 열심히 뿌린다. 지혜로운 선생의 모습이다.

반면에 미련한 자의 마음은 정함이 없다(7b절). '정함이 없다'(לֹא־כֵן)는 옳은 것이 하나도 없다는 뜻이다. 미련한 자의 마음에는 이웃들과 나눌 만한 지식이나 지혜가 전혀 없다. 본인은 있다고 하겠지만, 하나님 보시기에 그가 마음에 쌓아 둔 것은 어리석음뿐이다.

III. 솔로몬의 첫 번째 잠언집(10:1–22:16)
A. 상반되는 지혜 모음집(10:1–15:33)
7. 상반되는 가르침 모음집 끝(15:1–33)

(3) 하나님이 삶을 지켜보심(15:8–11)

8 악인의 제사는 여호와께서 미워하셔도
정직한 자의 기도는 그가 기뻐하시느니라
9 악인의 길은 여호와께서 미워하셔도
공의를 따라가는 자는 그가 사랑하시느니라
10 도를 배반하는 자는 엄한 징계를 받을 것이요
견책을 싫어하는 자는 죽을 것이니라
11 스올과 아바돈도 여호와의 앞에 드러나거든
하물며 사람의 마음이리요

솔로몬은 3절에서 여호와께서 세상 구석구석을 지켜보시며 의인들과 악인들의 언행을 감찰하신다고 했다. 이 섹션은 하나님이 감찰하신 것에 대해 어떠한 조치를 내리시는가에 대한 것이다. 첫 번째 교훈은 악인의 제사와 정직한 자의 기도를 대조한다(8절). 악인의 제사는 여호와께서 미워하신다(cf. 21:27). '미움'(תּוֹעֵבָה)은 가증스럽게 여기신다는 뜻이다. 마음이 함께 하지 않는 제물은 의미가 없을 뿐만 아니라 하나님을 격노케 한다(Kitchen, cf. 삼상 15:22; 잠 21:3; 사 1:11; 렘 6:20; 믹 6:7).

'제사'(זֶבַח)는 예배자들이 하나님과 공동체와 함께 먹는 친교 제물

(fellowship offering)이기도 하다(Waltke). 그러므로 악인이 하나님과 화평하기 위해 주님과 함께 친교 제물을 먹는 모습은 앞뒤가 맞지 않는다. 그는 주님께 죄를 고백하고 용서함을 받으려 하는 것이 아니라, 이 예식을 통해 하나님을 이용하려 든다. 그러나 성공하지 못한다. 하나님이 그를 미워하시기 때문이다. 왜 하나님이 그를 미워하시는가? 그는 제물을 드렸을지 몰라도 마음은 드리지 않았기 때문이다(Waltke).

반면에 정직한 자의 기도는 기뻐하신다. '기쁨'(רָצוֹן)은 뿌듯한 마음으로 자비롭게 대하신다는 뜻이다. 하나님은 사람들이 드리는 제물로 매수되실 수 있는 분이 아니다. 그러므로 악인들이 아무리 큰 제물을 가지고 주님을 찾아와도 그들을 외면하신다. 반면에 정직한 사람은 기도만 드릴지라도 기뻐하신다. 또한 정직한 사람들도 분명 하나님께 제물을 드리며 하나님은 그들의 제물을 기뻐 받으신다(Greenstone, cf. 시 4:5). 그러므로 이 말씀은 제물에 관한 것이 아니라, 제물을 드리는 자에 관한 것이다(Murphy). 하나님을 예배할 때 우리의 삶과 마음이 중요하지 무엇을 드리느냐는 그다지 중요하지 않다. 우리의 예배와 일상은 결코 나눠질 수 없다(cf. 사 1:10-17; 29:13; 59:1-2).

두 번째 교훈은 악인의 길과 공의를 따라가는 자를 대조한다(9절). 여호와께서는 악인의 길을 '가증스럽게'(תּוֹעֵבָה) 여기신다. 이 단어는 8절에서 '미움'으로 번역된 단어이며 매우 강력한 거부감을 표현한다(cf. 15:26; 16:5). 하나님은 악인의 제물뿐만 아니라(cf. 8절), 그가 가는 길, 곧 그의 삶을 매우 싫어하신다.

반면에 공의를 따라가는 자는 사랑하신다(9b절, cf. 21:21). '따라가다'(רדף)는 길을 가는 것을 배경으로 하고 있으며 '쫓다'는 의미를 지녔다. 삶에서 적극적으로 추구한다는 뜻이다. 하나님을 사랑하는 사람은 설령 위험하다 할지라도 적극적으로 공의를 추구한다(Plaut). 하나님은 이런 사람을 사랑하신다. '사랑하다'(אהב)도 감정이 실린 단어로 '가증스럽게 여김'과 강력한 대조를 이룬다. 하나님은 악인을 참으로 미워하시고, 의인들은 참으로 좋아하신다.

세 번째 교훈은 도를 배반하는 자와 견책을 싫어하는 자를 비교한다(10절). 이 말씀의 첫 번째 행은 동사가 없기 때문에 번역하기가 쉽지 않다(Kidner, Kitchen, cf. NAS, NIV, CSB, TNK). 그러나 전반적인 의미는 확실하다. '도'(אֹרַח)는 '길'(דֶּרֶךְ)과 비슷한 말이며 사람은 가는 길이 정해져 있음을 암시한다. 창조주께서 사람들에게 정직하고 올바른 삶을 살도록 정해 주신 것이 있다는 뜻이다. 하나님이 정해 주신 바른 삶을 살지 않는 사람은 엄한 징계를 받는다. '엄한 징계'(מוּסָר רָע)는 별로 도움이 되지 않는 소모적인 징벌을 뜻한다(NIDOTTE). 도를 배반하는 사람은 하나님의 징계를 받고도 아랑곳하지 않는다. 그러므로 하나님이 그에게 혹독한 징계를 내려도 그에게는 별 도움이 되지 않는 엄한(소모적인) 징계라 할 수 있다(cf. 10:17; 12:1; 15:5, 12).

이어 솔로몬은 견책을 싫어하는 자는 죽을 것이라고 경고한다(10b절). 하나님의 징계를 탐탁지 않게 생각하는 사람들에 관한 말씀이다. 하나님은 그들에게 징계보다 더 강한 '견책'(תּוֹכַחַת)을 내리시지만, 그들은 견책을 받으면서도 깨달음이 없고, 그 견책을 미워한다. 그러므로 그들은 죽을 것이다. 하나님이 심판하실 것이기 때문이다. 죽는 것보다는 견책을 받아들이는 것이 더 현명한 일이다. 다윗은 누이를 성폭행한 암논을 견책하지 않아 결국 그를 죽음으로 몰았다(cf. 삼하 13:7-33).

솔로몬의 네 번째 가르침은 사람의 마음을 낱낱이 헤아리시는 하나님에 대한 것이다(11절). 여호와 앞에는 숨겨진 것이 없다. 심지어는 스올과 아바돈도 낱낱이 드러난다. '스올'(שְׁאוֹל)과 '아바돈'(אֲבַדּוֹן)은 사람이 죽으면 가는 '저세상'을 의미하며 고대 사람들은 가장 낮고 어두운 곳이라고 생각했다(Delitzsch, cf. 욥 26:6; 28:22; 31:12; 시 88:11; 잠 27:20). 계시록에서 아바돈은 우두머리 악령의 이름으로 사용된다(계 9:11). 여호와께서는 가장 어둡고 낮은 곳에서 일어나는 일도 모두 헤아리신다(cf. 시 139:8).

세상의 가장 깊고 어두운 곳을 꿰뚫어 보시는 하나님이 사람의 마음도 보신다(11b절). 하나님은 사람들의 언행만 감찰하시는 것이 아니라, 그들의 마음도 꿰뚫고 계신다. 경건한 생각을 품고 사는 사람은 축복하시지만, 악한 생각을 하며 사는 사람들은 징계하신다. 그러므로 이 말씀은 우리가 어떤 생각을 품고 있느냐에 따라 축복이 될 수도 있고, 심판이 될 수도 있다. 솔로몬은 이 말씀을 통해 항상 선한 생각을 마음에 품고 살 것을 권고한다.

III. 솔로몬의 첫 번째 잠언집(10:1-22:16)
A. 상반되는 지혜 모음집(10:1-15:33)
7. 상반되는 가르침 모음집 끝(15:1-33)

(4) 마음 자세(15:12-14)

12 거만한 자는 견책 받기를 좋아하지 아니하며
지혜 있는 자에게로 가지도 아니하느니라
13 마음의 즐거움은 얼굴을 빛나게 하여도
마음의 근심은 심령을 상하게 하느니라
14 명철한 자의 마음은 지식을 요구하고
미련한 자의 입은 미련한 것을 즐기느니라

솔로몬의 첫 번째 교훈은 거만한 자의 삶에 관한 것이다(12절). '거만한 자'(לֵץ)는 자신의 삶과 생각을 전혀 바꾸려 하지 않는 자이다(Kitchen). 그는 부모의 권면도 조롱한다. 그러므로 그가 견책 받기를 좋아할 리 없다. '견책을 받다'(יכח)는 조언에 가까운 가벼운 경고를 받는 것을 뜻한다(NIDOTTE). 거만한 자는 이웃들의 조언을 받아들여 지혜롭게 될 생각이 전혀 없는 사람이다(cf. 1:22; 9:7-8; 13:1; 14:6, 9).

또한 그는 지혜 있는 사람에게도 가지 않는다(12b절). 교만한 자는 스스로 지혜로운 자라고 생각하기 때문에 다른 지혜자들을 찾을 필요성을 느끼지 못한다. 이스라엘의 왕 아합이 그에게 하나님의 지혜를 줄 수 있었던 미가야 선지자를 의도적으로 기피한 일이 하나의 좋은 예이다(Kitchen, cf. 왕상 22:8-28). 이웃의 조언도 싫어하고, 지혜를 얻을 수 있는 기회도 스스로 포기하니 이런 사람의 앞날은 뻔하다.

두 번째 가르침은 즐거움과 근심의 영향력을 대조한다(13절). 마음의 즐거움은 얼굴을 빛나게 한다. 사람의 얼굴이 마음에 있는 것을 드러내는 것은 자연스러운 현상이다. 물론 속에 있는 것을 의도적으로 가리는 포커페이스(poker face)는 예외이다. 그러므로 마음이 즐거운 사람은 그 즐거움이 얼굴에서 역력하게 드러난다. 이런 사람은 용감하다(Toy).

반면에 마음의 근심은 심령을 상하게 한다(13b절). '상한 심령'(נְכֵאָה רוּחַ)은 모든 의욕을 상실하고 좌절하는 마음을 묘사한다(cf. 잠 17:22; 18:14; 사 66:2). 생명을 유지하는데 필수적인 에너지가 흐르지 못하는 상황이다(Van Leeuwen). 마음은 사람의 중심이다. 근심은 사람의 정신 건강뿐만 아니라 육체적인 건강도 좀먹는다. 사람의 얼굴은 즐거움을 숨길 수 없고, 사람의 온몸은 마음의 근심으로 지대한 영향을 받는다. 살다 보면 근심거리가 없을 수는 없겠지만, 근심이 우리를 지배하게 해서는 안 된다. 우리의 삶에서 어떤 일이 일어나는가보다 우리가 그 일에 대해 어떤 입장과 자세를 취하는가가 더 중요하며, 우리의 삶에 더 큰 영향을 끼친다(Kitchen). 그러므로 우리는 하나님의 도움을 받아 감정을 추스르고 다스리는 연습을 꾸준히 해야 한다.

이 섹션의 마지막 가르침은 명철한 자의 마음과 미련한 자의 입을 대조한다(14절). 명철한 사람의 마음은 지식을 요구한다. '요구하다'(בקשׁ)는 무엇을 찾거나 얻으려고 노력한다는 뜻이다. 명철한 사람은 이미 가진 지혜가 충분하지만, 온 마음을 다해 더 많은 지혜를 사모한다. 그는 지혜의 진가를 아는 사람이기 때문이다.

반면에 미련한 자의 입은 미련한 것을 즐긴다(14b절). '즐기다'(רעה)는 먹는다는 뜻이다(NIDOTTE). 미련한 자는 미련한 것밖에는 없으면서도 있는 것(어리석음)을 음식을 먹듯 즐긴다(Waltke). 그는 명철한 사람처럼 새로이 지혜를 얻으려 하지 않는다. 그러므로 솔로몬은 명철한 자는 '마음으로' 지식을 구하는데, 미련한 자는 '입으로' 미련함을 목자가 양을 돌보듯 돌본다고 한다. 참으로 우스꽝스러운 장면이다.

III. 솔로몬의 첫 번째 잠언집(10:1–22:16)
A. 상반되는 지혜 모음집(10:1–15:33)
7. 상반되는 가르침 모음집 끝(15:1–33)

(5) 행복과 재산(15:15–17)

15 고난 받는 자는 그 날이 다 험악하나
마음이 즐거운 자는 항상 잔치하느니라
16 가산이 적어도 여호와를 경외하는 것이
크게 부하고 번뇌하는 것보다 나으니라
17 채소를 먹으며 서로 사랑하는 것이
살진 소를 먹으며 서로 미워하는 것보다 나으니라

첫 번째 교훈은 고난 받는 자와 마음이 즐거운 자를 대조한다(15절). '고난 받는 자'(עָנִי)는 삶의 고통으로 인해 힘들어하는 사람을 뜻할 수도 있지만, 가난한 사람을 의미할 수도 있고(현대어, NRS, TNK), 본문에서는 이 두 가지 의미를 모두 지닐 수도 있다(HALOT). 공동번역은 전혀 다른 '낯을 찡그리고 사는 사람'으로 해석했다. 본문이 '고난 받는 자'를 '마음이 즐거운 자'와 대조하는 것으로 보아 '고난 받는 자'는 매사에 삶에 대한 불만과 원망을 마음에 품고 사는 사람이다. 이런 사람은 사는 날이 모두 험악하다. '험악함'(רָעִים)은 어떠한 가치도 없이 무의미하다는 뜻이다(TWOT). 삶에 대한 불만과 원망으로 가득한 사람은 삶의 낙이나 보람을 느끼지 못하고 항상 무의미한 삶을 산다.

반면에 마음이 즐거운 자는 항상 잔치를 한다(15b절). '마음이 즐거운 자'(טוֹב־לֵב)를 직역하면 '선한 마음을 가진 사람'이며, 마음을 좋은 생각과 계획으로 채우는 사람이다. 그러므로 '지혜로운 마음'(wise heart)으로도 해석이 가능하다(Clifford). 이런 사람은 항상 잔치를 한다. 삶을 참으로 즐긴다는 뜻이다. 우리의 경험이 마음 자세를 조정하는 것이 아니라, 마음 자세가 우리의 경험을 조정한다(Kitchen).

솔로몬은 이 말씀을 통해 고난을 받으며 사는 것하고 즐거운 마음으로 사는 것에는 재정적인 여건이 작용하지 않는다고 한다. 삶에 임하는 마음 자세가 가장 중요하다. 물론 혹독한 고통이 엄습하면 그 고통에서 자유 할 수는 없겠지만, 어느 정도의 시간이 지나면 이 또한 우리를 계속 짓눌러서는 안 된다. 다시 마음의 평안을 찾아야 한다. 주님은 우리가 마음의 다스림을 받는 것보다, 우리가 마음을 다스리기를 원하신다.

두 번째 가르침도 첫 번째 것처럼 마음의 평안에 관한 것이다(16절). 재산이 많지 않지만 여호와를 경외하는 것이 좋다. 참 평안과 기쁨은 재산에서 비롯되는 것이 아니라, 여호와를 경외하는 일에서 비롯되기 때문이다. 하나님을 경외하면 하나님은 그를 보호하실 뿐만 아니라, 참 평안과 기쁨을 주신다.

반면에 크게 부하지만, 번뇌하는 사람이 있다(16b절). 부(副)는 좋은 것이다. 그러나 세상에는 부보다 더 중요한 것들이 있다. 신앙은 물질적인 부족함을 채우지만, 번뇌는 부의 가치를 떨어뜨린다(Fox). 부유하지만 번뇌하는 사람은 모든 사람이 겪는 삶의 애환뿐 아니라 가진 재산을 지키려는 본능으로 인해 더해지는 불안감과 고민이 있다. 솔로몬은 많은 것을 가졌지만, 마음이 평안하지 못한 사람보다는 가진 것이 별로 없지만, 마음은 평안한 사람이 훨씬 더 낫다고 한다. 주님은 수고

하고 무거운 짐을 진 자들의 짐을 대신 지어 주시는 분이다(마 11:28). 그러므로 우리는 모든 시름을 주님의 십자가 앞에 내려놓고 평안하게 살 수 있다.

세 번째 가르침도 두 번째 것과 비슷하다(17절). 채소를 먹으며 서로 사랑하는 사람들이 있다. 당시 평범한 사람들의 식사가 이러했다(Kitchen). 그들은 가진 것이 많지 않아 호의호식은 하지 못하지만, 서로 아끼고 사랑하는 사람들이다. 이런 사람은 살진 소를 먹으며 서로 미워하는 자들보다 더 낫다(17b절). 사랑하는 사람들끼리 나누는 음식은 무엇이든 간에 함께 하는 자들을 행복하게 하는 큰 잔치 음식이 된다(Clifford). 사람이 행복하고 서로 사랑하는 것에 재산은 크게 작용하지 않는다. 마음이 물질보다 더 중요하기 때문이다.

III. 솔로몬의 첫 번째 잠언집(10:1-22:16)
A. 상반되는 지혜 모음집(10:1-15:33)
7. 상반되는 가르침 모음집 끝(15:1-33)

(6) 바른 길과 즐거움(15:18-24)

18 분을 쉽게 내는 자는 다툼을 일으켜도
노하기를 더디 하는 자는 시비를 그치게 하느니라
19 게으른 자의 길은 가시 울타리 같으나
정직한 자의 길은 대로니라
20 지혜로운 아들은 아비를 즐겁게 하여도
미련한 자는 어미를 업신여기느니라
21 무지한 자는 미련한 것을 즐겨 하여도
명철한 자는 그 길을 바르게 하느니라
22 의논이 없으면 경영이 무너지고
지략이 많으면 경영이 성립하느니라

[23] 사람은 그 입의 대답으로 말미암아 기쁨을 얻나니
때에 맞는 말이 얼마나 아름다운고
[24] 지혜로운 자는 위로 향한 생명 길로 말미암음으로
그 아래에 있는 스올을 떠나게 되느니라

솔로몬의 첫 번째 교훈은 쉽게 화를 내는 사람과 화를 잘 내지 않는 사람을 대조한다(18절). 분을 쉽게 내는 자는 다툼을 일으킨다. 구약에서 '일으키다'(גרה)는 주로 전쟁을 시작하는 일을 묘사한다(TWOT, cf. 신 2:5, 9, 19, 24). 화를 참지 못하고 곧바로 표출하는 사람은 툭하면 싸움질을 하게 된다. 세상에는 그의 화를 받아줄 사람이 별로 없고 오히려 맞받아칠 사람들은 많기 때문이다. 심지어는 명백하게 잘못한 사람들에게 화를 내도 그들은 되려 화를 낸다.

반면에 노하기를 더디 하는 자는 시비를 그치게 한다(18b절). '더디 하는'(אֶרֶךְ)은 길거나 연장한다는 뜻이다(NIDOTTE). '시비'(ריב)는 관점이 서로 대립하는 다툼이다. 다투는 사람들은 모두 상대방이 자기 입장에 귀를 기울여 주기를 원한다. 상대방이 그와 공감한다는 생각이 들 때는 많은 것을 포기하고 새로이 입장을 정리하기 일쑤다. 반면에 언성이 높아지면 협상은 불가능하다. 그러므로 다툼에서 이기는 사람은 아무리 화가 나도 화를 마음속으로 삭이며 상대방의 말을 들어주는 사람이다. 이런 사람은 이미 시작된 시비도 그치게 한다. 그러므로 "화목하게 하는 자는 복이 있다"(마 5:9).

세상에는 두 가지 사람들이 있다(McKane). 첫째 부류는 무엇이든 트집을 잡거나 소송으로 이어가려는 사람들이다. 둘째 부류는 상황이 어떻든 간에 어떻게 해서든 화평하도록 노력하는 사람들이다. 이 둘의 차이는 쉽게 화를 내는가와 끝까지 참는가이다. 솔로몬은 화를 참음이 참으로 지혜로운 일이라고 하며 성급하게 굴지 말고 오래 참으라고 권면한다. 또한 이 말씀은 사람이 급한 성질을 타고 날 수도 있지만, 훈련을 통해 충분히 통제할 수 있다는 사실을 암시한다.

두 번째 가르침은 게으른 자의 길과 정직한 자의 길을 대조한다(19절). 게으른 사람의 길은 가시 울타리 같다. '게으른 자'(עָצֵל)는 해야 할 일을 하지 않고 빈둥대는 태만한 자이다(TWOT). 이런 사람의 길(삶)은 매우 어렵다. 그는 자신이 해야 할 일들을 하지 않고 빈둥대기 때문에 해야 할 일들이 마치 가시 울타리처럼 그의 앞길을 가로막는다(Delitzsch, cf. 호 2:6). 성경에서 가시 울타리는 악과 연관된 이미지이다(cf. 믹 7:4). 그는 이 울타리를 뚫거나 넘어갈 생각을 하지 않는다. 그러므로 가시는 더욱더 자라 울타리는 높아만 간다. 게으름은 도덕적으로 문제가 있을 뿐만 아니라 신앙적으로도 문제가 있다(Kidner). 예수님은 게으른 종을 악하다고 하셨다(마 25:26).

반면에 정직한 자의 길은 대로이다(19b절). '대로'(סְלֻלָה)는 고속도로(highway)처럼 평탄하게 쭉 뻗었다는 뜻이다. 이 길은 가시 울타리가 막고 있는 게으른 자의 길과 달리 사람이 쉽고 편하게 다닐 수 있다. 본문이 '정직한 자'(יְשָׁרִים)와 게으른 자를 대조하는 것으로 보아, 이곳에서 정직한 자는 '부지런한 사람'이라는 의미를 지녔다(cf. 새번역, 공동, 현대어). 또한 게으름은 비윤리적이기 때문에 정직함과 대조를 이룬다. 매사에 적극적이고 자신이 해야 할 일을 신속하게 해내는 사람은 어떠한 일도 주저하지 않기 때문에 그의 삶을 가로막는 것은 없다. 그러므로 그가 가는 길은 대로라 할 수 있다.

세 번째 교훈은 지혜로운 아들과 미련한 자를 대조한다(20절). 지혜로운 자녀는 부모를 즐겁게 한다. 그는 자신의 삶을 스스로 지혜롭게 잘 개척해 나가며 좋은 열매를 많이 맺기 때문에 부모의 마음을 뿌듯하게 한다. 그가 이러한 삶을 살 수 있었던 것은 부모의 가르침을 잘 받아들였기 때문이다. 부모는 이런 자녀를 생각할 때마다 기쁘다.

반면에 미련한 자는 어미를 업신여긴다(20b절). '업신여기다'(בזה)는 경멸한다는 뜻이다. 미련한 자는 마음이 굳어져서 자신이 살아가는

데 필요한 기술이나 지식을 습득할 필요를 느끼지 못한다(Kidner). 그러므로 그의 삶은 항상 고달프다. 이러한 삶이 자신의 미련함에서 비롯된 것이라 생각하지 않고 오히려 부모를 탓한다. 또한 부모를 업신여겨 그들이 어떠한 조언을 해 줘도 무시한다. 그러므로 이런 사람은 부모들에게 근심거리가 될 뿐이다. 잠언은 미련한 자는 부모를 저주하고(20:20; 30:11), 경멸하며(30:17), 도둑질하고(28:24), 구박하며 쫓아낸다고 한다(19:26). 이런 자는 가장 혹독한 심판을 받을 것이다(20:20; 30:17).

솔로몬의 네 번째 가르침은 무지한 자와 명철한 자를 대조한다(21절). '무지한 자'(חֲסַר־לֵב)는 마음이 채워지지 않아 항상 부족하지만, 자신의 부족함을 깨닫지 못하고 사는 사람이다(cf. 6:32; 10:13; 12:11). 이런 사람은 미련한 것을 즐긴다. '미련한 것'(אִוֶּלֶת)은 어리석음을 뜻한다. 무지한 자는 무엇이 부족한 줄도 모른 채 자신의 어리석음을 즐긴다. 자기 세상에 도취해서 사는 것이다. 지식은 인격의 근원이다(Toy). 미련한 자는 이러한 사실을 알지 못한다.

반면에 명철한 자는 그 길을 바르게 한다(21b절). 자기 길을 똑바로 걸어간다는 뜻이다(새번역, 공동, 아가페, NAS, NIV, ESV). 그는 자신이 가야 할 길에 대해 미리 계획을 세우고 좌로나 우로나 치우치지 않고 곧바로 걸어간다. 뚜렷한 목표가 있으니 주저함이 없고, 옆길로 빠지게 하는 유혹도 쉽게 물리친다.

다섯 번째 교훈은 의논이 없는 경영과 지략이 많은 경영을 대조한다(22절). '의논'(סוֹד)은 비밀스러운 논의(confidential discussion)나 '비밀도 털어놓는 절친한 친구들'(circle of confidants)을 뜻한다(HALOT). 이 말씀에서는 마음을 열고 허심탄회하게 대화를 나눌 수 있는 상대를 뜻한다(cf. 11:13; 20:19; 25:9). 그러므로 상당수의 영어 번역본들은 '회담'(consultation) 혹은 '자문'(counsel)으로 번역한다(ESV, NAS, NIV, NRS, TNK). '경영'(מַחֲשָׁבָה)은 일에 대한 계획이다.

사람이 아무리 좋은 계획을 세운다 할지라도 그 계획에 대해 여러 사람에게 말하고 그들의 조언을 구하는 절차를 거치지 않으면 실패할 확률이 높다. '무너지다'(פרר)는 금이 가거나 깨진다는 뜻이다(Delitzsch). 어리석은 독재자일수록 주변 사람들의 조언을 구하지 않는다. 성경에서는 솔로몬의 아들 르호보암이 이 어리석은 경영자 부류에 속한다(cf. 왕상 12장). 이런 사람은 하나님의 조언도 달갑지 않게 생각한다(cf. 시 32:8).

반면에 지략이 많으면 경영이 성립한다(22b절). '지략'(יוֹעֲצִים)은 조언자들이다(NIDOTTE). 세운 계획에 대하여 여러 사람들과 대화하며 자문을 구하면 실현과 성공 가능성을 높일 수 있다(cf. 11:14; 12:15). '성립한다'(תָּקוּם)는 '성립하다'(קוּם)의 2인칭 여성 단수이며, 모든 지략이 하나도 빠짐없이 성립한다는 사실을 강조한다(Cohen). 솔로몬은 이 말씀을 통해 사람이 계획을 수립하면 조언을 줄 수 있는 사람들과 많은 대화를 나눌 것을 권면한다.

여섯 번째 가르침은 적절한 말의 중요성에 관한 것이다(23절). 사람은 그 입의 대답으로 말미암아 기쁨을 얻는다. 일부 주석가는 이 말씀을 말하는 자를 중심으로 해석하여 어리석은 사람은 자기 말에서 기쁨을 얻는다고 한다(Koptak). 그러나 듣는 이를 중심으로 해석하면 사람은 적절하고 시원한 대답을 들을 때 기쁨을 얻는다는 뜻이다(새번역, 아가페, 현대어, NAS). 이 말씀에 어떠한 부정적인 내용이 서려있지 않기 때문에 듣는 자를 중심으로 해석하는 것이 바람직하다.

사람이 남들에게 마음을 털어 놓을 때는 대부분 어떤 물질적인 도움을 바라서가 아니라, 따뜻한 말, 혹은 위로가 되어 주는 말을 듣기 위해서이다. 이런 말을 들을 때 우리는 치유를 받고 용기도 얻는다. 그러므로 때에 맞는 말은 얼마나 아름다운가!(23b절). 말이 때에 맞다는 것은 참으로 시기적절하다는 뜻이다(TWOT). 시기적절함이 얼마나 중요한가에 대하여는 전도서 3:1-8을 참조하라. 특히 7절은 말할 때가 있으면, 침묵할 때가 있다고 한다. 이런 말을 해 줄 수 있는 사람은 참으로 지혜롭다. 솔로몬은 말을 하는 것이 중요한 것이 아니라, 적절한 말을 해 주는 것이 중요하다고 한다. 상대방에게 도움이 되는 말을 해 주려면 먼저 들어야 한다.

일곱 번째 교훈은 삶의 방향의 중요성에 관한 것이다(24절). 지혜로운 사람이 걷는 생명의 길은 위쪽으로 나 있다(새번역). 그는 성공적인 삶을 살 것이라는 뜻이다(Clifford, cf. 신 28:43). 또한 위쪽은 스올이 있는 아래와 정반대 쪽이다. 또한 구약은 하나님이 계시는 곳이 위쪽에 있다고 한다. 그러므로 이 말씀은 하나님과 함께하는 영생을 암시한다(Kitchen, Ross, cf. 14:32).

사람이 하나님이 계시는 생명 길을 사모하며 가려고 노력하다 보면 아래에 있는 죽음의 상징인 스올은 저절로 떠나게 된다. 스올에서 멀어지려고 노력해서가 아니라, 영생으로 인도하는 길을 가려고 노력하면 스올 문제는 저절로 해결된다.

경건한 삶은 죄를 멀리하려는 것보다는 경건과 거룩을 가까이하려고 할 때 더 쉽게 살 수 있다. 예를 들자면 담배를 피우던 사람이 금연하겠다고 작정하고 담배를 끊으면 금단현상도 일어나고 하루 종일 담배만 생각하게 된다. 결국 금연이 실패할 확률이 높다. 반면에 금연을 시작한 사람이 담배를 생각할 시간을 경건하고 거룩한 언행으로 채운다면 훨씬 더 쉽게 성공할 수 있다. 이와 같이 가장 쉽게 죄(스올)에서 멀어지는 길은 경건과 거룩(생명의 길)을 추구하고 실현하는 것이다.

III. 솔로몬의 첫 번째 잠언집(10:1-22:16)
A. 상반되는 지혜 모음집(10:1-15:33)
7. 상반되는 가르침 모음집 끝(15:1-33)

(7) 하나님은 의인을 가까이하심(15:25-29)

25 여호와는 교만한 자의 집을 허시며
과부의 지계를 정하시느니라
26 악한 꾀는 여호와께서 미워하시나
선한 말은 정결하니라
27 이익을 탐하는 자는 자기 집을 해롭게 하나
뇌물을 싫어하는 자는 살게 되느니라
28 의인의 마음은 대답할 말을 깊이 생각하여도
악인의 입은 악을 쏟느니라
29 여호와는 악인을 멀리 하시고
의인의 기도를 들으시느니라

첫 번째 가르침은 세상을 다스리시는 하나님의 심판에 관한 것이다(25절). 여호와께서는 교만한 자의 집을 허신다. 성경은 하나님이 교만을 가장 미워하신다고 한다. 그러므로 하나님이 정의와 공의로 다스리는 세상에서 교만한 자들이 성공하도록 오래 지켜보지는 않으실 것이다. 그들이 망하는 것은 그들에게 당한 겸손한자들의 기쁨이기도 하지만, 그들을 미워하시는 하나님의 기쁨이기도 하다.

반면에 하나님은 과부의 지계를 정하신다(25b절). 과부는 악인들이 쉽게 먹잇감으로 삼을 수 있는 가장 연약한 자들의 상징이다(Van Leeuwen). '지계'(גְּבוּל)는 경계선(boundary)를 뜻한다. 지계를 움직이는 것은 불의의 상징이다(신 19:14; 27:17; 호 5:10). 하나님은 과부의 재산권이 침해당하지 않도록 확실히 '선을 그으신다'(cf. 22:28; 23:10-11). 심지어는 과부를 방어하고 변호하시겠다고 다짐하신다(시 68:5; 146:9). 선하신 여호와께서 세상의 가장 가난하고 연약한 자들의 권리가 훼손되지 않도록 하신다는 뜻이다.

두 번째 교훈은 악한 꾀와 선한 말을 대조한다(26절). 여호와께서는 악한 꾀를 미워하신다. '꾀'(מַחְשָׁבָה)는 계획 혹은 생각이다. 주님은 사람들이 마음에 품거나 계획하는 악한 것을 '미워하신다'(תּוֹעֵבַת)는데 '가증스럽게 여기신다'는 뜻이다.

반면에 선한 말은 정결하다(26b절). '선한 말'(אִמְרֵי־נֹעַם)은 따듯하고 친절한 말이다(TWOT). '정결하다'(טָהוֹר)는 하나님께 제물로 바칠 수 있을 정도로 도덕적—예식적으로 순결하다는 의미를 지녔다(HALOT). 주님은 우리가 이웃에게 해 주는 따뜻한 말을 가장 순결한 제물처럼 받으신다. 하나님은 악한 생각이나 계획을 사람이 마음에 품기만 해도 가증스럽게 여기신다. 하지만 사람이 하는 선한 말은 정결한 예물이 되어 하나님께 드려진다.

세 번째 교훈은 이익을 탐하는 자와 뇌물을 싫어하는 자를 대조한다(27절). '이익을 탐하는 자'(בּוֹצֵעַ בָּצַע)는 문자적으로 '자기 몫을 챙기는 것'(to make one's cut)이며 뇌물 등 불법적인 수입을 올리는 것을 의미한다(NIDOTTE). 이런 사람은 자기 집을 해롭게 한다. '해롭게 하다'(עכר)는 '재앙을 가져오다'는 뜻이다(TWOT). 악인은 분명 불의한 수입으로 자기 집을 반듯하게 세우려고 하겠지만, 사실은 그의 집안을 초토화시킬 수 있는 재앙을 초래한다. 아간이 이 원리의 좋은 예이다(수 7:24–26).

반면에 뇌물을 싫어하는 사람은 살게 된다(27b절). '뇌물'(מַתָּנָה)의 기본적인 의미는 '선물'이다(Ross). 그러나 어떤 결정에 입김을 넣기 위해 주는 선물이다(HALOT, cf. 18:16; 19:6; 21:14). 사람이 이런 선물(뇌물)을 받으면 판단력이 흐려지며, 뇌물을 제공한 자의 편에 서게 된다. 그는 결국 하나님의 정의와 공의를 위반하고 불의를 행한다. 그러므로 하나님은 뇌물을 수수한 자를 벌하신다. 결국 뇌물은 사람의 수명을 단축하는 효과를 발휘한다. 엘리사의 사환 게하시가 이 원리의 예이다(cf. 왕하 5:27).

뇌물을 싫어하는(미워하는) 사람은 '오래 산다'(새번역). 뇌물을 거부한 성경적 예로 아브라함이 소돔 왕으로부터 선물 받기를 거부한 일을 떠올릴 수 있다(창 14:23). 솔로몬은 사람들에게 뇌물을 받아 집안을 망하게 하든지, 뇌물을 거부하고 오래 살아 평안한 집안을 만들든지, 둘 중에 하나를 택하라고 한다. 칠십인역(LXX)은 이 구절에 "선행과 신실한 거래로 죄가 제거되며, 모든 사람은 여호와를 경외함으로 악에서 멀어진다"(ἐλεημοσύναις καὶ πίστεσιν ἀποκαθαίρονται ἁμαρτίαι τῷ δὲ φόβῳ κυρίου ἐκκλίνει πᾶς ἀπὸ κακοῦ)는 말을 더한다.

네 번째 가르침은 의인의 마음과 악인의 입에 대한 대조이다(28절). 의인의 마음은 대답할 말을 깊이 생각한다. '깊이 생각하다'(הגה)는 비둘기가 '구구거리는 것'을 묘사하며 성경에서 깊이 묵상한다는 의미로 사용된다(NIDOTTE). 의인은 사람들이 던지는 질문에 대하여 매우 신중하게 생각해 보고 답을 한다.

반면에 악인의 입은 악을 쏟는다(28절). '쏟다'(נבע)는 물이 콸콸 쏟아져 나온다는 의미를 지녔다(cf. 2절). 한 주석가는 이 단어가 지니고 있는 이미지를 댐이 무너져 쏟아지는 물에 비교한다(Koptak). 악인들은 신중하게 생각하지 않고 생각나는 대로 말을 내뱉으며, 그들이 내뱉는 것은 모두 악하다. 그들의 악한 말은 그 누구에게도 도움이 되지 않을 뿐만 아니라, 마치 무너진 댐에서 흘러나오는 물이 모든 것을 휩쓸어 버리는 것처럼 듣는 이들을 초토화한다.

다섯 번째 가르침은 하나님이 악인과 의인을 어떻게 대하시는가에 대한 것이다(29절). 여호와는 악인을 멀리 하신다. '멀리 하다'(רָחוֹק)는 거리감보다는 회피하는 것을 의미한다(Koptak). 하나님은 악인들과 상종하기를 싫어하신다. 그러므로 하나님이 이런 사람을 축복하실 일은 없다(cf. Waltke).

반면에 하나님은 의인의 기도를 들으신다(29b절). 하나님은 의인들을 귀하게 여기셔서 그들을 가까이하실 뿐만 아니라, 그들이 드리는 기도도 들으신다(cf. 약 5:16). 그들의 기도를 들으신다는 것은 응답하신다는 뜻이다. 하나님은 악인과 의인을 분명 차별하신다. 악인들과는 거리를 유지하시며, 의인들은 마음에 품으시고 그들의 모든 신음 소리에 귀를 기울이신다.

III. 솔로몬의 첫 번째 잠언집(10:1-22:16)
A. 상반되는 지혜 모음집(10:1-15:33)
7. 상반되는 가르침 모음집 끝(15:1-33)

(8) 훈계와 책망(15:30-33)

30 눈이 밝은 것은 마음을 기쁘게 하고
좋은 기별은 뼈를 윤택하게 하느니라
31 생명의 경계를 듣는 귀는
지혜로운 자 가운데에 있느니라
32 훈계 받기를 싫어하는 자는 자기의 영혼을 경히 여김이라
견책을 달게 받는 자는 지식을 얻느니라
33 여호와를 경외하는 것은 지혜의 훈계라
겸손은 존귀의 길잡이니라

첫 번째 교훈은 우리의 몸과 마음을 기쁘고 건강하게 하는 것들에 관한 것이다(30절). 눈이 밝은 것은 마음을 기쁘게 한다. 우리가 대하는 사람이 밝은 눈을 가졌으면 우리의 마음이 흐뭇하다는 뜻이다(Kitchen, cf. 새번역, NIV, NIRV). 사람의 눈은 그의 생기를 엿볼 수 있는 창이다(Whybray). 빛으로 가득한 눈은 삶에 생기와 활력이 있다는 뜻이다. 그러므로 밝은 눈은 보는 사람의 마음을 기쁘게 한다.

또한 좋은 기별은 뼈를 윤택하게 한다(30b절). '뼈를 윤택하게 하다'(תְּדַשֶּׁן־עָצֶם)를 직역하면 '뼛속을 살찌운다'(공동), 혹은 '뼈에 기름을 더 한다'이다. 좋은 소식은 사람의 뼈까지 건강하게 해 준다는 뜻이다. 야곱이 이집트를 다녀온 자식들을 통해 요셉이 살아 있다는 소식을 들었을 때를 상상해 보라(창 45:27-28). 이처럼 우리도 이웃을 대할 때 빛이 가득하여 보는 이에게 생기를 주는 눈으로 뼈를 건강하게 하는 좋은 소식을 전하는 사람들이 되었으면 좋겠다.

두 번째 교훈은 지혜로운 자들 만이 생명의 경계에 귀를 기울인다고 한다(31절). '경계'(תּוֹכַחַת)는 심한 징계를 뜻한다(TWOT, cf. 1:23, 25, 30; 3:11; 5:12; 6:23; 10:17; 12:1; 13:18; 15:5, 10, 32; 27:5; 29:1, 15). 사람들이 흔쾌히 받아들일 만한 경험은 아니다. 그러므로 어리석은 자들은 경계를 거부한다. 그러나 지혜로운 사람들은 이러한 징계를 통해 반성하고 더 경건한 삶으로 도약하려는 발판으로 삼는다. 그러므로 그들은 경계에 귀를 기울인다. 또한 그는 지혜로운 자들 가운데 있다. '있다'(לִין)는 머문다는 뜻이다. 유유상종이라고 경계를 듣는 지혜로운 귀를 가진 사람은 자신처럼 지혜로운 사람들과 어울린다.

세 번째 가르침은 훈계를 받기 싫어하는 자와 달게 받는 자를 대조한다(32절). 훈계를 싫어하는 자가 있다. '훈계'(מוּסָר)는 '경계'(תּוֹכַחַת)에 비하면 상대적으로 가벼운 책망이다. 물론 훈계를 받는 것도 즐거운 일은 아니다. 그러나 사람이 더 경건하고 지혜로운 삶을 살려면 훈계를 받아들여야 한다. 그러므로 훈계를 받기를 싫어하는 미련한 자는 자기의 영혼을 경히 여긴다. '경히 여기다'(מאס)는 '경멸하다'(cf. 아가페, NAS, NIV, ESV, NRS) 혹은 의도적으로 거부한다는 뜻이다(NIDOTTE, cf. 1:25; 8:33; 13:18). 어리석은 자의 행동도 문제지만, 그가 거부하는 것(목적어)이 더 큰 문제를 일으킨다(Kitchen).

반면에 견책을 달게 받는 자는 지식을 얻는다(32b절). '견책'(תּוֹכַחַת)은 31절에서 경계로 번역된 단어이며, 훈계보다 훨씬 더 강한 형태의 징계이다. 어리석은 사람은 가벼운 훈계도 받기 싫어하지만, 지혜로운 사람은 그보다 훨씬 더 심한 징계도 달게 받으며 지식을 얻는다. '지식을 얻다'(קוֹנֶה לֵּב)를 직역하면 '마음을 사다/얻다'이다. 마음은 사람의 이성과 논리의 중심이기 때문에 마음을 얻는 것이 지능/지식을 얻는 것으로 설명되고 있다.

네 번째 교훈은 여호와를 경외하는 것과 겸손의 중요함에 대한 것이다(33절). 여호와를 경외하는 것은 지혜의 훈계이다. '지혜의 훈계'(חָכְמָה מוּסָר)는 '지혜가 주는 훈계'라는 뜻이다(새번역, cf. ESV, NIV, NRS). 지혜는 사람들에게 여호와를 경외하라고 권면한다. 사람이 여호와를 경외하려면 스스로 자신을 다스리는 위치에서 내려와야 한다(Koptak).

또한 겸손은 존귀의 길잡이다(33b절). 겸손하면 영광이 따르며(새번역, 공동, 아가페), 사람들의 존경을 받는다(현대어). 사람들은 자신의 영광(사람들에게 존경받는 것)을 위하여 온갖 짓을 다하지만, 솔로몬은 겸손한 사람에게 자연스럽게 따르는 것이 영광이라 한다.

III. 솔로몬의 첫 번째 잠언집(10:1–22:16)

B. 통찰적인 지혜 모음집(16:1–22:16)

솔로몬 모음집의 전반부(10–15장)는 대체적으로 상반되는 가르침(1행과 2행이 대조적인 내용을 바탕으로 하고 있는 잠언)으로 구성되어 있었다. 모음집의 후반부(16–22장)는 전반적으로 동의하는 가르침(1행과 2행의 내용이 비슷한 원리를 제시하는 잠언)으로 형성되어 있다. 또한 후반부(16:1–22:16)는 총 375절로 구성되어 있는데, 이 중 55절(약 15퍼센트)이 하나님의 성호 '여호와'(יהוה)를 포함하고 있다. 그러므로 솔로몬의 첫 번째 모음집(10:1–22:16)의 후반부(16:1–22:16)는 지혜의 근원이신 여호와를 여러 차례 언급함으로써 책의 초반부(1–9장)를 연상케 한다. 또한 이 모음집

(16–22장)의 전반부(10–15장)는 사람의 기본적인 행동과 그에 상응하는 대가를 중심으로 가르친 것에 반해 후반부(16–22장)는 이러한 원칙에 예외 되는 것들을 포함하고 있다(Bartholomew, Van Leeuwen).

잠언은 대부분 짧고 독립적인 문장들로 구성되어 있는 모음집이다. 그렇다 보니 잠언을 섹션화 하는 일은 참으로 도전적이다. 예를 들자면 15:33–16:9에는 하나님의 성호 '여호와'가 10차례 등장한다(Clifford, cf. Whybray). 이러한 사실을 바탕으로 학자들 중에는 '솔로몬 모음집'을 16:9를 기준으로 두 파트로 구분하기도 한다. 15:33–16:9의 내용을 살펴보면 이렇다할 통일성은 없고, 단지 하나님의 성호가 만수인 10차례 등장하는 것뿐이다. 그러므로 이러한 섹션화는 별 의미가 없어 보인다.

이 주석에서는 다음과 같은 섹션화를 바탕으로 16–22장을 주해해 나가고자 한다. 각 섹션이 한 장(章)을 기준으로 하고 있고 타이틀이 각 장의 내용을 모두 아우르지 못하는 것은 본 모음집에도 이렇다할 구조는 없다는 것을 암시한다.

A. 모음집 시작(16:1–33)
B. 배부른 것보다 지혜와 평화(17:1–28)
C. 어리석은 자는 지혜를 기뻐하지 않음(18:1–24)
D. 가난하지만 흠없이 사는 사람(19:1–29)
E. 절제가 필요한 술(20:1–30)
F. 마음을 보시는 하나님(21:1–31)
G. 왕족 지혜 모음집 끝(22:1–16)

III. 솔로몬의 첫 번째 잠언집(10:1-22:16)
B. 통찰적인 지혜 모음집(16:1-22:16)

1. 모음집 시작(16:1-33)

본 장은 물리적으로 잠언의 한 중심에 위치한다. 또한 16:17은 책의 중앙이 되는 말씀이다. 아울러 이 장은 솔로몬 잠언집의 두 번째 주요 섹션(16:1-22:16)을 시작한다. 이 섹션의 특징은 모음집의 전반부(10:1-15:33)가 제시한 '보편적인 가르침'을 더 복잡하고 구체화한 가르침으로 발전시킨다. 그렇다 보니 종종 표면적으로 서로 대립되는 양상의 가르침이 있다(Yoder). 본 주석에서는 솔로몬 모음집의 두 번째 섹션을 시작하는 16장을 다음과 같이 구분하여 본문을 주해해 나가고자 한다.

A. 여호와에 대한 말씀(16:1-9)
B. 왕에 대한 가르침(16:10-15)
C. 금보다 나은 지혜(16:16-19)
D. 선한 말의 지혜로움(16:20-24)
E. 악한 말의 맹렬함(16:25-30)
F. 지혜의 가치(16:31-33)

III. 솔로몬의 첫 번째 잠언집(10:1-22:16)
B. 통찰적인 지혜 모음집(16:1-22:16)
1. 모음집 시작(16:1-33)

(1) 여호와에 대한 말씀(16:1-9)

1 마음의 경영은 사람에게 있어도
말의 응답은 여호와께로부터 나오느니라
2 사람의 행위가 자기 보기에는 모두 깨끗하여도
여호와는 심령을 감찰하시느니라
3 너의 행사를 여호와께 맡기라

그리하면 네가 경영하는 것이 이루어지리라
4 여호와께서 온갖 것을 그 쓰임에 적당하게 지으셨나니
악인도 악한 날에 적당하게 하셨느니라
5 무릇 마음이 교만한 자를 여호와께서 미워하시나니
피차 손을 잡을지라도 벌을 면하지 못하리라
6 인자와 진리로 인하여 죄악이 속하게 되고
여호와를 경외함으로 말미암아 악에서 떠나게 되느니라
7 사람의 행위가 여호와를 기쁘시게 하면
그 사람의 원수라도 그와 더불어 화목하게 하시느니라
8 적은 소득이 공의를 겸하면
많은 소득이 불의를 겸한 것보다 나으니라
9 사람이 마음으로 자기의 길을 계획할지라도
그의 걸음을 인도하시는 이는 여호와시니라

이 섹션에 포함된 잠언은 8절을 제외하고는 모두 여호와를 언급한다. 그러므로 한 학자는 여호와를 언급하기 시작하는 15:33에서 16:9까지를 10-22장의 '신학적 핵심'(theological kernel)이라 한다(Whybray). 솔로몬은 여호와께서 인간의 삶의 모든 영역에 관여하신다는 사실을 강조한다. 특히 1절과 9절은 비슷한 내용을 반복함으로써 일종의 괄호(inclusion)를 형성하고 있다.

첫 번째 가르침은 사람의 계획과 실제 실현에 관한 것이다(1절). 마음의 경영은 사람에게 있다. '경영'(מַעֲרָךְ)은 어떤 일을 하기 위하여 일목요연하게 준비하는 것을 뜻한다(Kitchen). 성경은 이 단어를 사용하여 전쟁을 하기 위해 군대를 정비하는 것(창 14:8)과 제사장이 제사를 드리기 위해 제물로 바칠 짐승을 올바르게 정리하는 일을 묘사한다(레 1:8; 24:8). 하나님의 모양과 형상에 따라 창조된 인간은 생각할 수 있고, 어떤 일을 디자인할 수 있고, 그 일을 이룰 계획을 수립할 수 있다.

그러나 우리는 이 모든 일을 겸손히 기도하며, 하나님을 의지하며 해야 한다. 말의 응답은 여호와께 오는 것이기 때문이다(1b절). '응답'(מַעֲנֶה)은 처한 상황에 대한 가장 옳고 완전한 반응이다(Kitchen, Waltke). 우리의 마음이 스스로 생산해 내는 응답은 완전하지 않을 수 있다. 그러므로 잠언은 우리의 명철을 의지하지 말라고 권면한다(3:5). 반면에 모든 것을 아시는 하나님은 가장 효과적이고 완전한 응답을 그를 경외하는 사람의 입에 주신다. 우리가 어떤 일에 대해 계획하거나 결정해야 할 때, 혹은 어떤 제안에 대해 답을 해야 할 때, 전적으로 하나님을 의지하며 생각하고 결정하면 하나님은 가장 지혜롭고 좋은 말을 우리 입에 주실 것이다. 영어에는 "사람이 제안하지만, 하나님이 처리하신다"(Man proposes, but God disposes)라는 말이 있는데, 이 말씀과 맥을 같이하고 있다(Whybray).

두 번째 교훈은 어떤 일을 할 때 동기(이유)의 중요성에 관한 것이다(2절). 사람이 어떤 일을 할 때 그가 보기에는 모두 깨끗할 수 있다. '깨끗한'(זַךְ)은 성전에서 사용된 올리브유를 묘사할 때 사용된 단어이기도 하다(Ross, cf. 출 27:20; 30:7-8; 레 24:2). 사람은 자기 합리화 등 다양한 방법으로 자신이 하고자 하는 일은 참으로 순수하다며 사람들을 속이고 자신도 속이거나 세뇌시킬 수 있다(cf. 12:15; 14:12; 16:25). 또한 모든 사람은 편견을 지니고 있고, 착각도 잘한다(Koptak).

여호와는 심령을 감찰하신다(2b절). '감찰하다'(תכן)는 무게와 크기 등에 대하여 정해진 기준에 따라 검사해 판단한다는 뜻이다(HALOT). 성경에서 무게를 다는 일은 판단과 평가를 상징한다(출 5:8; 삼상 2:3; 잠 21:2; 24:12). '심령들'(רוּחוֹת)은 '동기'(motives)를 의미한다(21:2; 24:12; cf. NAS, NIV, TNK, CSB). 하나님은 인간들보다 그들을 더 잘 아신다(Ross). 또한 여호와는 사람이 하는 일보다 그가 왜 그 일을 하고자 하는가에 대해 관심이 더 많으시다. 설령 좋은 일이라 할지라도 경건하지 않은 목적과 동기에서 비롯된 일이라면 기뻐하지 않으신다. 결과는 결코 과정이나 동기를 정당화시킬 수 없기 때문이다(cf. 고전 4:4). 선하신 여호와께서는 항상 우리가 선한 마음을 지니고 살며 생각하고 계획하기를 원하신다.

세 번째 교훈은 하나님을 전적으로 의지하며 일할 것을 권면한다(3절). 이 말씀은 첫 번째와 두 번째 가르침(1-2절)의 자연스러운 결론이라 할 수 있다. 사람이 계획한 바를 이루시는 분이 여호와이고(1절), 하나님이 사람의 의도를 관찰하시는 분이라면(2절), 지혜로운 사람은 하나님을 전적으로 의지하여 모든 것을 해야 한다(3절).

솔로몬은 행사를 여호와께 맡기라고 한다. '행사'(מַעֲשֶׂה)는 일이나 노동을 뜻하며, '맡기다'(גלל)는 우물을 덮고 있는 큰 돌을 굴리는 일을 묘사한다(창 29:3, 8, 10, cf. TWOT). 사람이 돌을 굴리듯 하나님께 모든 일을 굴린다는 것은 여호와를 전적으로 의지하며 지속적인 기도를 통해 주님의 인도하심에 따라 계획을 세우고 행동으로 옮긴다는 뜻이다(cf. 시 22:8; 37:5; 55:22; 벧전 5:7). 그러므로 하나님께 일을 맡긴다고 해서 사람이 일을 하지 않는 것은 아니다. 단지 하나님 안에서 일을 하는 것을 의미한다.

이처럼 사람이 하나님을 의지하여 주님께 맡기면(주님의 인도하심에 따라 일을 진행하면) 그가 경영하는 것이 모두 이루어질 것이다(3b절, cf. 4:26; 12:3). '경영'(מַחֲשָׁבָה)은 생각과 의도와 계획 등을 포함한 포괄적인 의미를 지닌 단어이다(NIDOTTE). 일을 생각하고 계획하는 단계에서부터 하나님을 의지하여 기도하며 이때까지 왔으니 하나님이 그 일을 이루시고 축복하시는 것은 당연한 일이다. 또한 하나님을 전적으로 의지하는 참 믿음은 근심과 걱정을 해소한다(Greenstone). 그러므로 어떤 일이든 우리는 기도로 시작하고, 기도로 준비해야 한다. 솔로몬은 "계획하라, 기도하라, 그리고 실천하라"(Koptak)고 권면한다.

이렇게 하지 않으면 하나님은 선한 사람의 좋은 계획이라도 허락하지 않으실 때가 있다. 다윗이 좋은 예이다. 다윗은 선지자 나단을 불러 자신이 하나님의 성전을 세우고 싶다는 선한 계획을 알렸다. 나단는 좋은 일이라며 축복했지만, 바로 다음날 번복해야 했다. 우리는 선한 일을 하는 것보다 하나님의 의중을 파악하는 것에 집중해야 한다. 이런 일은 기도와 묵상을 통해 할 수 있다.

네 번째 가르침은 모든 것에는 적당한 때와 쓰임이 있다는 말씀이다(4절). 4절을 두 개의 독립적인 잠언들("여호와께서 온갖 것을 그 쓰임에 적당하게 지으셨다"와 "악인도 악한 날에 적당하게 하셨다")로 구분하는 이들도 있다(Waltke). 그러나 내용이 비슷하기 때문에 굳이 따로 취급할 필요는 없다.

창조주이신 여호와께서 세상의 모든 것을 그 쓰임에 적당하게 지으셨다. '쓰임'(מַעֲנֶה)은 목적을 의미한다(HALOT). 세상에 쓸모없는 것은 하나도 없다. 창조주께서 가장 지혜롭고 아름답게 세상을 창조하시면서 그 안에 있는 모든 것이 각자 제 역할을 하도록 만드셨기 때문이다. 사람과 짐승에게 많은 해를 끼치는 듯한 모기도 적당한 쓰임을 위하여 창조되었다. 세상은 하나의 시스템이며, 그 안에 있는 모든 것은 각자의 역할을 하도록 디자인되었다. 또한 이 말씀은 세상에서 일어나는 모든 일(선하건, 악하건)은 흐지부지 끝나지 않고 분명 적절한 끝이 있을 것이라는 뜻이다(Kidner).

심지어는 악인들도 적당한 쓰임이 있다. 그들은 악한 날에 적당하다(4b절). 이 말씀은 "여호와께서 창조하신 선한 세상에 왜 악인들이 있습니까?"라는 실존적인 질문에 답하고 있다(cf. Whybray). '악한 날'(יוֹם רָעָה)은 하나님이 그들을 온갖 재앙으로 심판하시는 날이다. 구약은 이 날을 여호와의 날이라고 하기도 한다. 하나님이 심판하시는 날, 악인들은 저지른 죄값을 치르게 된다. 이 말씀은 평상시에 하나님이 왜 악인들을 용납하시는지에 관한 말씀이다. 여호와께서 '악한 날'에 벌을 받게 하기 위해 악인들이 악을 행하도록 예정하셨다는 의미가 아니다(Lucas). 하나님은 단지 그들을 '악한 날'에 벌하시려고 '저축해 두고' 계신다. 그날 악인들이 당할 고통은 참으로 혹독할 것이다. 이스라엘을 내보내기를 거부했던 이집트 왕 바로가 이런 경험을 했다(cf. 출 9:16).

다섯 번째 교훈은 여호와께서 교만한 자를 결코 용납하지 않으신다는 경고이다(5절). '무릇 마음이 교만한 자'(כָּל־גְּבַהּ־לֵב)를 직역하면 '마음이 높아진 모든 자들'이다. 자신이 다른 사람들보다 더 낫다고 생각하여 높은 곳에서 그들을 내려다보는 이미지이다. 하나님은 이처럼 자신을 과대평가하는 교만한 자들을 미워하신다. '미워함'(תּוֹעֲבָה)은 가증스럽게 여기신다는 매우 강력한 언어이다. 교만한 자는 하나님이 가장 미워하시는 일곱 가지 죄의 선봉에 서 있다(6:17).

교만한 자들은 피차 손을 잡을지라도 벌을 면하지 못한다(5b절). '피차 손을 잡음'(יָד לְיָד)은 서로 연합하기 위해 손에 손을 잡는 모습이다. 하나님이 악인들을 벌하시기로 작정하셨으니 그들이 아무리 연합하여 대책을 세운다 할지라도 하나님이 내리시는 벌을 피할 수 없다. '벌을 면하다'(נקה)는 '죄가 없다'는 뜻이다(NIDOTTE). 그들이 손에 손을 잡고 연합하여 저항을 해도 하나님은 그들의 죄를 낱낱이 드러내시고 죄에 상응하는 벌을 내리실 것이다.

여섯 번째 가르침은 사람이 어떻게 죄를 용서받고 경건하게 살 수 있는가를 제시한다(6절). 사람은 인자와 진리로 인해 죄악에 속하게 된다. 인자와 진리는 하나님이 인간을 대하시는 자세를 표현하는 쌍(pair)이다(Koptak). 이 단어들이 인간과 연관하여 사용될 때, '인자'(חֶסֶד)는 우리가 이웃에게 베푸는 선행과 자비이며, '진리'(אֱמֶת)는 신뢰와 성실함을 뜻하며 우리가 하나님께 취해야 할 자세이다. '죄악'(עָוֹן)은 잘못된 행실이나 죄를 의미하며, '속하다'(כפר)의 기본적인 개념은 '덮다'이다(Kitchen, cf. TWOT, 16:14). 하나님은 죄인이 이웃에게 선을 베풀고 하나님과 사람들 앞에서 성실하게 살면 그의 죄를 덮으신다. 더 이상 문제 삼지 않으신다는 뜻이다. 하나님은 그 사람을 마치 죄를 짓지 않은 사람처럼 대하실 것이다(Toy). 이 말씀이 성전에서 죄를 용서받기 위해 행해진 예식을 대체하는 것은 아니다. 제사장들도 자신들이 주도하는 예식이 죄를 완전히 해결할 수 없다는 것을 알고 있었기 때문이다(Longman).

또한 사람은 여호와를 경외함으로 말미암아 악에서 떠난다(6b절). 여호와를 경외하는 사람은 하나님이 죄를 얼마나 싫어하시고 또한 심판하시는가를 잘 안다. 그러므로 심판하시는 여호와에 대한 두려움이 그를 악에서 떠나게 한다. '떠나다'(סור)는 길을 가는 것을 묘사하는 단어로, 죄를 향해 가던 길에서 벗어난다는 의미를 지녔다. 하나님을 경외하는 사람은 죄인의 길(삶)을 가지 않는다. 또한 그렇게 함으로써 악(죄인에게 임하는 재앙)을 떠난다.

일곱 번째 가르침은 사람의 행위가 여호와를 기쁘시게 할 때 하나님이 그를 어떻게 축복하시는가에 관한 것이다(7절). '사람의 행위'(דַּרְכֵי־אִישׁ)를 직역하면 '사람의 길들'이며 우리의 삶을 길을 가는 것에 비교하고 있다. 사람이 어떻게 하면 여호와를 기쁘시게 할 수 있는가? 잠언은 지혜롭게 사는 것, 곧 공의와 정의를 추구하며 똑바른 길을 가는 것이라고 한다. 이런 삶을 살면 하나님을 기쁘시게 할 수 있다.

우리가 공의와 정의를 추구하며 똑바른 길을 가면 하나님은 어떤 복을 내리시는가? 여호와께서는 우리의 원수라도 우리와 더불어 화목하게 하신다(7b절). 2행에 주어가 없기 때문에 일부 주석가들은 이 문장의 주어를 '그'(he), 곧 행위가 여호와를 기쁘게 하는 자로 이해한다(Cohen, Kitchen, Ross, cf. ESV, NIV, NRS). 이렇게 해석할 경우 행위를 바르게 하여 여호와를 기쁘게 하는 자는 자기 원수들과도 화목한다는 의미가 된다. 그러므로 한 주석가는 의인은 원수들과의 관계를 회복할 능력이 있는 것을 강조하는 말씀이라 한다(McKane). 하나님을 기쁘시게 하는 행위는, 곧 원수들과의 화목이라는 뜻이다. 그러나 이 문장의 주어는 분명 여호와이시다(Kidner, Murphy, cf. 새번역, 공동, 아가페, NAS, CSB, TNK). 원수들과의 화목은 하나님이 똑바른 길을 가는 이들에게 내려 주시는 축복이라는 뜻이다. 그러므로 의인들의 삶에도 원수들과의 화목이 있을 수도 있고, 없을 수도 있다. 하나님이 하시는 일이기 때문이다.

'화목하다'(שׁלם)는 모든 것이 만족스러운 상황을 묘사한다. 그러나 화목하는 것하고 화해하는 것은 별개 문제이다. 화목하는 것은 더 이상 싸우지 않아 평화가 유지되는 것이며, 화해는 많은 시간이 지나야 가능할 때가 있다. 사람은 화해하지 않으면서도 화목할 수 있다.

여덟 번째 가르침은 소득보다는 의를 추구할 것을 권면한다(8절). 이 말씀은 이 섹션(1-9절)에서 유일하게 하나님의 이름을 언급하지 않는다. 그러나 7절이 언급한 '여호와께서 기뻐하시는 삶'에 대한 추가적인 설명으로 보면 '여호와와 연관된 말씀의 일부'로 볼 수 있다(Kitchen).

소득이 공의를 겸한다는 것은 정의롭고 정당한 노동의 대가로 받은 수입을 뜻한다. 반면에 '불의를 겸한 소득'(תְבוּאוֹת בְּלֹא מִשְׁפָּט)을 직역하면 '의롭지 않은 소득'이며 부정하고 불의한 방법으로 올린 수익이다. 솔로몬은 여호와를 경외하여 공의롭게 살며 적게 버는 것이 불의하게 살며 많이 버는 것보다 낫다고 한다(cf. 약 5:1-5). 많은 수익이 불의를 정의로 바꿀 수는 없기 때문이다.

아홉 번째 교훈은 첫 번째 것(1절)과 비슷하다(9절, cf. Van Leeuwen). 사람은 각자 자기의 길을 계획한다. 그러나 정작 그의 걸음을 인도하시는 이는 여호와이시다(9b절). 솔로몬은 삶을 길가는 것에 비유한다. 그는 우리가 각자 가고자 하는 길을 설계하고 계획하면서 반드시 하나님께 기도하며 인도하심을 받을 것을 권면한다. 이렇게 하면 처음부터 잘못될 일이 없다.

또한 우리의 걸음을 인도하시는 분은 하나님이시다(cf. 20:24). 우리가 아무리 좋은 계획을 가지고 있어도 하나님이 허락하지 않으시면 실현될 수 없다는 뜻이다. 그러므로 우리의 삶에서 가장 중요한 것은 계획이 아니라 하나님의 함께하심과 인도하심이다. 하나님이 처음부터 함께하시며 세우게 하신 계획은 반드시 이루어질 것이다. 우리는 "저의 발걸음을 주님의 말씀 위에 확고히 세우소서"라고 기도해야 한다(Kitchen).

III. 솔로몬의 첫 번째 잠언집(10:1-22:16) B. 통찰적인 지혜 모음집(16:1-22:16) 1. 모음집 시작(16:1-33)

(2) 왕에 대한 가르침(16:10-15)

10 하나님의 말씀이 왕의 입술에 있은즉
재판할 때에 그의 입이 그르치지 아니하리라
11 공평한 저울과 접시 저울은 여호와의 것이요
주머니 속의 저울추도 다 그가 지으신 것이니라
12 악을 행하는 것은 왕들이 미워할 바니
이는 그 보좌가 공의로 말미암아 굳게 섬이니라
13 의로운 입술은 왕들이 기뻐하는 것이요
정직하게 말하는 자는 그들의 사랑을 입느니라
14 왕의 진노는 죽음의 사자들과 같아도
지혜로운 사람은 그것을 쉬게 하리라
15 왕의 희색은 생명을 뜻하나니
그의 은택이 늦은 비를 내리는 구름과 같으니라

앞 섹션의 '여호와'가 이 섹션에서는 '왕'으로 바뀌었다. 이스라엘의 왕이신 여호와와 그들을 다스리는 인간 왕 사이의 다이내믹한 관계를 암시하기 위해서이다(Kitchen). 여섯 절로 형성된 이 섹션은 다음과 같이 세 파트로 구분 될 수 있다(Waltke): (1) 공정한 판결을 내릴 수 있는 왕의 권위(10-11절), (2) 정의에 대한 왕의 윤리적 민첩성(12-13절), (3) 사람의 삶과 죽음에 영향을 끼치는 왕의 법적 행위(14-15절).

첫 번째 가르침은 왕은 하나님의 공의와 정의를 기준으로 한 판결을 내려야 한다고 한다(10절). 왕의 입술에는 항상 하나님의 말씀이 있어야 한다. '하나님의 말씀'(קֶסֶם)은 신탁을 뜻하며 왕은 하나님의 말씀을 백성들에게 대언하는 자가 되어야 한다. 하나님이 왕에게 이런 역할을 하도록 세우시고 지혜를 주셨기 때문이다. 그렇기 때문에 왕은 항상 하나님을 의지하고 모든 일을 기도를 통해 하나님의 인도하심을 받으며 해 나가야 한다. 종종 지도자들은 자신들이 아는 것보다 더 많은 것을 말하고 예언한다(cf. 요 11:49-52). 이런 경험을 할 때마다 지혜로운 지도자들은 근신하고 하나님의 음성에 더 귀를 기울이려고 노력해야 한다.

특별히 재판할 때에 왕의 입이 그르치지 않아야 한다(10b절). '그르치다'(מעל)는 진실되게 행하지 않아 법적인 책임을 위반하는 행위이다(NIDOTTE). 왕은 판결할 때, 어떠한 부정이나 실수가 있어서는 안 된다. 그는 하나님을 대신해서 판결을 내리기 때문이다. 고대 근동에서는 왕들을 신들로 추대하는 일이 종종 있었고, 왕들과 신들의 구분이 확실하지 않을 때가 있었는데, 이 말씀은 하나님과 왕을 확실히 구분짓고 있다. 왕은 신이 아니라, 하나님이 주신 권위로 하나님을 대신할 뿐이다. 그러므로 그는 그를 세우신 하나님의 말씀에 귀를 기울일 줄 알아야 하며 항상 하나님을 의지하여 백성을 다스려야 한다.

두 번째 교훈은 왕은 서로 믿고 신뢰할 수 있는 사회를 이룩해야 한다고 한다(11절). 공평한 저울과 접시 저울은 여호와의 것이다. 한 주석가는 이 말씀의 주어는 '왕'이어야 하는데 필사가의 실수로 '여호와'가 되었다며 바꿀 것을 제안한다(Toy). 그러나 그럴 필요는 없다. 구약이 나라에 왕이 있기 전부터 저울은 여호와께서 정해 주신 것이라고 하기 때문이다(cf. 레 19:35-36; 잠 11:1; 20:10, 23).

'저울'(פֶּלֶס)과 '접시 저울'(מֹאזְנַיִם)은 각 사회가 물건을 사고팔 때 사용하려고 세운 기준이다. 그러므로 이 기준은 모든 사람과 모든 거래에서 동일하게 적용되어야 한다. 이 점을 강조하기 위해 저자는 공평한 저울과 접시 저울은 여호와의 것이라고 한다. 하나님이 그 기준을 세우셨으므로 누구든 속일 생각을 해서는 안 된다는 강력한 경고이다. 여호와께서 정하시어 왕에게 관리하도록 하신 것이다(Cohen). 그러므로 부정한 저울을 사용하는 것은 하나님을 속이는 행위가 된다.

주머니 속의 저울추도 다 여호와께서 지으신 것이다(11b절). '저울추'(אֶבֶן)는 왕이 규격으로 정한 무게를 지닌 돌이다(Kidner, cf. 삼하 14:26). 당시 많은 상인들이 물건을 살 때와 팔 때 비밀리 다른 추를 사용했는데(그러므로 저울추들은 항상 주머니 속에 있었음), 하나님은 저울추도 하나님이 지으신 것이라며 이런 일을 금하고 있다. 상인들이 부정한 저울추로 사람들을 속이는 것은, 곧 창조주를 속이는 것이라고 경고한다(cf. 레 19:35-36; 잠 11:1; 20:10, 23). 하나님은 세상의 상업 거래에도 깊이 관여하신다(Kitchen). 솔로몬은 이 말씀을 통해 왕은 공평한 기준이 항상 적용되어 서로 신뢰할 수 있는 사회를 만들어가도록 하나님이 세우신 자라는 사실을 강조한다. 하나님은 모든 사람의 마음을 저울로 달아 보시는 분이다(21:2; 24:12).

세 번째 가르침은 왕은 항상 공의를 행하는 자가 되어야 한다고 한다(12절). 왕들은 악을 행하는 것을 미워해야 한다. '미워함'(תּוֹעֵבָה)은 이미 하나님과 연관하여 여러 차례 사용된 것으로 가증스럽게 여긴다는 뜻을 지녔다. 매우 강력한 감정의 표현이다. 왕은 자신의 '악행'(עֲשׂוֹת רֶשַׁע)에 알레르기적 반응을 일으켜야 한다. 백성들이 저지른 악을 벌해야 하며, 자신도 악행을 가증스럽게 여기며 자제해야 한다.

왕이 이처럼 악에 대해 강력한 자세를 취해야 하는 것은 그 보좌가 공의로 말미암아 굳게 서기 때문이다(12b절). 이스라엘의 왕들은 의로우신 하나님을 대신해서 그의 백성들을 다스렸다. 그러므로 그들의 통치에서 하나님의 의로우심이 잘 반영되지 않으면 하나님이 그들의 통치를 오래 허락하지 않으신다. 또한 백성들도 불의한 통치에 불만을 표할 것이다. 하나님과 백성들이 문제를 제기하는 왕권은 오래가지 못한다. 반면에 공의를 집행하는 왕은 그 보좌가 오래갈 것이다. 하나님과 백성이 모두 인정하는 왕권이 될 것이기 때문이다. 그러므로 이상적인 지도자들은 의를 사랑하고 아첨을 미워해야 한다(Plaut). 이 말씀은 오늘날에도 지도자들이 어떻게 해야 하는가에 대해 가르친다.

네 번째 가르침은 세 번째 것과 대조적인 상황을 말한다(13절). 왕들은 의로운 입술을 기뻐해야 한다. '의로운 입술'(שִׂפְתֵי־צֶדֶק)은 의로운(정직한) 말을 뜻한다. 서로 신뢰할 수 있는 사회가 되려면 사람들이 정직하게 말하고 행하는 것은 필수적이다. 그러므로 왕들은 자신들도 의로운 말을 해야 하며 정직한 말을 하는 사람들을 기뻐하고 선처해야 한다(cf. 22:11). 거짓말하고 아첨하는 자는 멀리 해야 한다(26:28). 그래야 왕들의 통치가 공의 위에 굳건하게 세워진다.

더 나아가 왕들은 정직하게 말하는 사람들을 사랑해야 한다(13b절, cf. 12:22). 이 말씀을 뒤집어 해석하면 왕은 악하고 바르지 않은 말을 하는 사람들은 미워해야 한다는 뜻이기도 하다. 왕이 정직한 말을 하는 사람을 기뻐할 뿐만 아니라 사랑한다는 소문이 퍼지면 백성들은 그를 존경할 것이다. 왕이 공의와 정의가 실현되는 사회를 꿈꾸고 있기 때문이다. 왕에게 권위를 위임하여 자기 백성을 다스리게 하신 하나님도 그를 돕고 축복하실 것이다.

다섯 번째 가르침은 왕의 진노가 지닌 파괴력에 관한 것이다(14절). 왕의 진노는 죽음의 사자들과 같다. '죽음의 사자들'(מַלְאֲכֵי־מָוֶת)은 유월절에 온 이집트 땅을 돌며 이집트의 장자들을 죽였던 천사들을 연상케 하는 표현이다. 화가 난 왕이 여러 방향으로 죽이는 사신들을 내보내는 이미지이다(Fox). 절대적인 권력을 가진 왕의 진노는 언제든 많은 사람을 죽일 수 있다는 경고이다. 성경에서는 이집트 왕이 그의 술 관원을 죽인 일(창 40장), 이스라엘 왕 사울이 제사장 아히멜렉을 죽인 일(삼상 22:16–19), 솔로몬이 아도니야와 요압과 시므이를 죽인 일(왕상 2:25–46) 등등이 왕의 진노가 사람을 죽인 예들이다.

반면에 지혜로운 사람은 왕의 진노를 쉬게 한다(14b절). '쉬게 하다'(כפר)는 무엇을 덮는 일에서 유래한 단어이며(cf. 6절) '달래다, 가라앉히다'는 의미를 지녔다. 지혜로운 사람이 어떻게 왕의 진노를 달랠 수 있는지 정확히 알 수는 없지만, 아마도 지혜로운 말을 통해서일 것이다(cf. 15:1, 18). 이때까지 잠언은 지혜와 연관하여 말이 가장 중요하다고 해왔기 때문이다. 요셉(창 41장)과 다니엘(단 2장)과 아비가일(삼상 25장) 모두 왕들 앞에서 지혜로운 말을 했다. 전도서는 왕이 진노할 때 그 자리를 피하지 않고 견디어 내는 것도 지혜라 한다: "주권자가 네게 분을 일으키거든 너는 네 자리를 떠나지 말라 공손함이 큰 허물을 용서받게 하느니라"(전 10:4).

여섯 번째 교훈은 다섯 번째 것과 대조를 이루는 말씀이다(15절). 왕의 희색은 생명을 뜻한다. '왕의 희색'(אוֹר־פְּנֵי־מֶלֶךְ)을 직역하면 '왕의 얼굴에 있는 빛'이다. 빛은 생명과 생기의 상징이다. 그러므로 왕의 얼굴에 빛이 있다는 것(왕이 기분이 좋아 얼굴이 밝은 것)은 '생명'(חַיִּים)으로 가득함을 뜻한다. 제사장이 백성들에게 빌어 주는 축도가 이러한 원리를 잘 나타내고 있다(민 6:25).

왕은 생명을 백성들과 나눌 것이다. 그러므로 그의 은택이 늦은 비를 내리는 구름과 같다(15b절). 늦은 비는 3-4월에 내리는 비로 수확하기 전 마지막으로 곡식을 영글게 하는 비다. 이 비가 내리지 않으면 거둘 곡식이 사라진다. 그러므로 이스라엘 사람들은 3-4월에 비구름을 보면 여호와의 은총이라며 감사를 드렸다. 이처럼 늦은 비는 제때 내려야 하는 매우 중요한 비다. 솔로몬은 이 말씀을 통해 왕이 생명의 근원이신 하나님의 축복을 받아 건강하고 생명력으로 가득해야 백성들도 왕에게 혜택을 누릴 수 있다고 한다.

(3) 금보다 나은 지혜(16:16-19)

16 지혜를 얻는 것이 금을 얻는 것보다 얼마나 나은고
명철을 얻는 것이 은을 얻는 것보다 더욱 나으니라
17 악을 떠나는 것은 정직한 사람의 대로이니
자기의 길을 지키는 자는 자기의 영혼을 보전하느니라
18 교만은 패망의 선봉이요
거만한 마음은 넘어짐의 앞잡이니라
19 겸손한 자와 함께 하여 마음을 낮추는 것이
교만한 자와 함께 하여 탈취물을 나누는 것보다 나으니라

이 섹션은 잠언의 첫 부분이자 서론인 1-9장에서 사용되는 단어들로 가득하다 해서 16:20-30에 대한 '미니어처 머리말'(a miniature prologue)이라고 불리기도 한다(Waltke). 첫 번째 가르침은 지혜가 사람이 추구해야 할 가장 귀한 보배라고 한다(16절). 지혜를 얻는 것은 금을 얻는 것보다 낫다. '얻다'(קנה)는 '사다, 구하다'라는 의미를 지녔다. 지혜는 생명과 죽음을 결정한다(16:4-5, 14-15). 그러므로 솔로몬은 지혜는 참으로 귀한 것이니 금을 사는 것보다 지혜를 사라(구하라)고 권한다(cf. 3:14; 8:10-11, 19).

또한 명철을 얻는 것은 은을 얻는 것보다 더욱 낫다(16b절). '얻다'(בחר)는 '선택하다'는 뜻이다. 명철을 사는 것은 은을 선택하는 것(사는 것)보다 낫다고 한다. 솔로몬이 지혜와 명철이 금이나 은보다 낫다고 하는 것은 삶의 질과 연관이 있다. 사람이 아무리 금과 은을 많이 소유한들 행복하지 못하다면 별 의미가 없다. 삶의 기쁨과 즐거움은 지혜와 명철에서 온다. 또한 금과 은을 얻으면 그것으로 끝이지만, 지혜와 명철을 얻으면 행복한 삶에 은과 금을 더할 수 있다. 보화와 지혜의 차이는 물고기와 물고기 잡는 법의 차이이기 때문이다. 지혜가 동반하지 않는 부는 잔혹한 개인주의에 불과하다(McKane).

이 말씀이 부(副)가 죄라고 하는 것은 아니다. 부유함은 분명 좋은 일이다. 그러나 부유함보다 더 소중한 것이 하나 있다는 가르침이다. 바로 지혜와 명철이다. 솔로몬도 처음에는 지혜가 재물보다 더 소중하다는 사실을 알았기 때문에 기브온 산당에서 하나님께 지혜를 구했다. 하나님은 삶에서 무엇이 가장 중요한 것인지를 잘 알았던 솔로몬에게 그가 구한 지혜 외에도 많은 것을 축복하셨다(왕상 3:11-13).

두 번째 가르침은 정직한 삶을 살라는 권면이다(17절). 이 말씀은 잠언의 가장 중앙에 위치한 구절이다(Murphy). 악을 떠나는 것은 정직한 사람의 대로이다. '악을 떠나는 것'(סוּר מֵרָע)은 악한 길(악을 추구하는 삶)에서 벗어난다는 뜻이다. '대로'(מְסִלָּה)는 주변보다 높고 다져진 길이다. 또한 쭉 뻗어 넓고 평탄한 길이며 잘 유지되고 보수되는 길이다(Ross). 그러므로 홍수나 자연 재해에도 염려 없는 길이다. 솔로몬은 사람이 악한 길을 벗어나는 것이 곧 평탄하고 넓은 길을 편안히 가는 것이라고 한다. 조금이라도 양심이 있는 사람은 악한 길을 가면 마음이 편안할 수 없다. 그러므로 사람이 악을 버리고 정직하게 살면 그는 마음의 평안을 얻고 평탄한 대로를 가는 것과 같다.

자기 길을 지키는 자는 자기의 영혼을 보존한다(17b절). 이 말씀은 앞 행에서 악의 길을 떠나 바른 길을 가는 사람이 누릴 복에 관한 것이다. 사람이 바른 길을 가는 것(올바른 삶을 사는 일)은 쉽지 않다. 온갖 풍파와 유혹이 수시로 찾아오기 때문이다. 그러나 중심을 잡고 자기 길(바른 삶)을 지키는 사람은 자기 영혼을 보전하는 복을 누리게 된다. '보존하다'(נצר)는 소중한 것을 지킨다는 뜻이다(NIDOTTE). 창조주 하나님은 모든 악인을 심판하시며, 의인들의 생명은 보호해 주신다. 의로운 삶을 추구하는 사람은 분명 자기 생명을 보전하는 복을 받게 된다. 그러므로 사람이 생명을 보존하는 방법은 자기 길, 곧 의를 추구하며 사는 삶을 보존하는 것이다.

칠십인역(LXX)은 여러 문장을 이 절에 더한다: "의로운 사람의 길은 장수이다. 가르침을 받는 사람은 번영할 것이다. 징계를 받아들이는 사람은 지혜롭게 될 것이다. 자기 삶을 사랑하는 사람은 자기 입을 보존할 것이다." 이 구절을 보완하고 설명하려는 노력으로 평가된다.

세 번째 교훈은 교만한 사람의 끝에 대한 말씀이다(18절). '교만'(גָּאוֹן)은 높이와 연관된 단어로 자신의 위치를 높여 이웃들을 내려다보는 것이다. '패망'(שֶׁבֶר)은 그릇이 박살나듯 깨지는 것이다(TWOT). '패망의 선봉'(לִפְנֵי־שֶׁבֶר)은 패망 앞에 있는 것으로 망할 것이 뻔하다는 뜻이다. 교만은 결코 패망을 피할 수 없다. 또한 높이 올라갈수록(교만할수록) 떨어지면 더 많은 조각으로 박살난다. 하나님은 교만한 자가 산산조각 나게 하실 것이다. 주님은 참으로 교만을 싫어하신다(cf. 6:17; 11:2; 13:10; 18:12; 29:23).

거만한 마음도 넘어짐의 앞잡이다(18b절). '거만'(גֹּבַהּ)도 높이와 연관된 단어이며 교만과 비슷한 말이다. '거만한 마음'(גֹּבַהּ רוּחַ)을 직역하면 '거만한 영'이며 거만한 의도(motivation)를 가진 사람을 뜻한다(Koptak). 교만한 사람이 '패망 앞에'(לִפְנֵי־שֶׁבֶר) 서 있듯, 거만한 사람도 '넘어짐 앞에'(לִפְנֵי כִשָּׁלוֹן) 서 있다. 걸려 넘어진다는 뜻이다. 그를 넘어뜨리는 것은 다름 아닌 그의 교만이다. 심판하시는 하나님이 거만한 자들에게 그들의 거만함이 걸림돌이 되도록 하신다.

네 번째 가르침은 겸손한 자와 교만한 자를 대조한다(19절). 겸손한 자와 함께하여 마음을 낮추는 사람이 있다. '겸손한 자들'(עֲנָוִים)은 본인의 의지와 상관없이 세상 풍파와 악인들에 의하여 낮아진 가난한 자들이다. 반면에 '교만한 자들'(גֵּאִים)은 하나님을 의지하지 않고 자신들을 의지하며 하나님이 필요 없다고 생각하는 자들이다. 솔로몬은 세상 풍파에 꺾여 겸손해진 사람들과 함께 '마음을 낮추는 것'(שְׁפַל־רוּחַ), 곧 하나님 앞에 겸손히 엎드리는 것이 교만한 사람들과 약탈한 물건들을 나누는 것보다 더 좋다고 한다. '약탈한 물건'(שָׁלָל)은 군인들이 정복한 땅에서 얻는 전리품이다(TWOT). 당시 군인들에게는 가장 큰 기쁨을 주는 것이 바로 전리품을 나누는 일이었다. 겸손히 엎드려 하나님의 자비를 구하면 하나님이 분명 교만한 자들이 기쁨으로 나누는 약탈물보다 더 큰 기쁨과 좋은 것들로 채우실 것이다.

III. 솔로몬의 첫 번째 잠언집(10:1-22:16)
B. 통찰적인 지혜 모음집(16:1-22:16)
1. 모음집 시작(16:1-33)

(4) 선한 말의 지혜로움(16:20-24)

20 삼가 말씀에 주의하는 자는 좋은 것을 얻나니
여호와를 의지하는 자는 복이 있느니라
21 마음이 지혜로운 자는 명철하다 일컬음을 받고
입이 선한 자는 남의 학식을 더하게 하느니라
22 명철한 자에게는 그 명철이 생명의 샘이 되거니와
미련한 자에게는 그 미련한 것이 징계가 되느니라
23 지혜로운 자의 마음은 그의 입을 슬기롭게 하고
또 그의 입술에 지식을 더하느니라
24 선한 말은 꿀송이 같아서
마음에 달고 뼈에 양약이 되느니라

이 섹션의 첫 번째 교훈은 말을 조심하고 여호와를 의지하라고 한다(20절). '삼가 말씀에 주의하는 자'(מַשְׂכִּיל עַל־דָּבָר)를 직역하면 '말(일, 물건)에 대해 이해하는 자'라는 뜻으로 하나님의 말씀을 이해하고 그 말씀에 따라 조심히 행동하는 사람을 뜻한다(Kitchen, cf. NAS). 이런 사람은 좋은 것을 얻는다. '얻다'(מצא)는 찾던 것을 만나게 된다는 의미를 지녔다(HALOT). 하나님의 말씀을 행동의 기준으로 삼는 사람은 당연히 '좋은 것'(טוֹב)을 얻게 될 것이다.

솔로몬은 이어 여호와를 의지하는 자는 복이 있다고 한다(20b절). 하나님의 말씀을 이해하고 삶의 기준으로 삼는 것과 여호와를 의지하는 것이 평행을 이루는 것으로 보아 솔로몬은 사람이 여호와를 의지하는 것은, 곧 삶에서 주님의 말씀을 기준으로 삼아 살아가는 것이라고 한다. 이런 사람은 하나님이 축복하신다. 하나님을 의지하는 사람은 자기 마음에 내키는 대로 행동하지 않고 하나님의 말씀에 따라 조심스럽게 행하여 하나님의 복을 누린다.

두 번째 가르침은 지혜로운 사람의 마음과 말에 관한 것이다(21절). 마음이 지혜로운 사람은 명철하다 일컬음을 받는다. 우리는 사람의 마음이 지혜롭다는 것을 어떻게 알 수 있을까? 다음 행에서 '입이 선한 자'와 평행을 이루고 있는 것으로 보아, 마음이 지혜로운 사람은 지혜로운 말을 함으로써 그 지혜를 표현하는 것으로 보인다.

입이 선한 자는 남의 학식을 더하게 한다(21b절). '입이 선하다'(שְׂפָתַיִם מֶתֶק)를 직역하면 '입이 달다'이며, 부드럽고 따뜻하게 말한다는 의미이다(cf. 엡 4:29). '학식'(לֶקַח)은 '가르침, 지시' 등을 의미한다. 부드럽게 말하는 사람은 좋은 선생이 되어 이웃들에게 가르침을 줄 수 있다는 뜻이다. 그러므로 '부드러운 말은 설득력을 높인다'(sweetness of speech increases persuasiveness)로 번역하는 것이 좋다(NAS, ESV, NRS).

세 번째 가르침은 사람은 각자 추구한 것이 무엇이냐에 따라 거두는 것도 정해진다고 한다(22절). 명철한 사람에게는 그 명철이 생명의 샘이 된다. '명철'(שֶׂכֶל)은 삶을 성공적으로 살아갈 수 있는 이해력과 통찰력을 뜻한다(NIDOTTE). '명철한 자'(בְּעָלָיו)를 직역하면 '그것[명철]의 주인'이다. 명철을 추구하여 얻은 사람에게는 그 명철이 생명의 샘이 된다. 행복하고 건강한 삶을 살 수 있는 원동력이 된다는 뜻이다.

반면에 미련한 자에게는 그 미련한 것이 징계가 된다(22b절). '미련한 자들'(אֱוִלִים)의 가장 큰 문제는 자신들이 어리석다는 사실을 깨닫지 못하는 것이다. 만일 깨닫는다면 슬기로움을 추구할 텐데 말이다. 결국 미련한 자들에게는 자신들의 미련함을 깨닫지 못하는 어리석음이 하나님이 그들에게 내리시는 징계가 된다(Fox, cf. Clifford). 그들은 지혜로운 사람이라면 당하지 않을 많은 재앙을 겪게 된다.

네 번째 가르침은 지혜로운 자는 말부터 다르다고 한다(23절). 지혜로운 자의 마음은 그 사람의 입을 슬기롭게 한다. 사람의 생각은 마음에서 시작되며, 말은 그 생각을 입을 통해 표현한 것이다. 그러므로 지혜로운 사람의 마음이 그의 입을 슬기롭게 한다는 것은 그가 이해력과 통찰력이 깊은 말을 할 수 있도록 마음이 생각하고 조절한다는 뜻이다. 또한 지혜로운 자의 마음은 그의 입술에 지식을 더한다(23b절). '지식'(לֶקַח)은 '가르침, 교훈'이다. 지혜로운 마음이 그 사람의 입술이 좋은 가르침을 할 수 있도록 끊임없이 지식을 더한다는 뜻이다(cf. 1:5). 마음이 지혜롭지 않으면 절대 지혜로운 말을 할 수 없으며, 지속적으로 지혜를 더하려하지 않는다.

다섯 번째 교훈은 선한 말은 사람을 참으로 행복하고 건강하게 한다는 말씀이다(24절). '선한 말'(אִמְרֵי־נֹעַם)을 직역하면 친절한(기분 좋게 하는, 따뜻한) 말이다. 이런 말은 당시 가장 단 음식으로 알려졌던 꿀송이 같다. 사람을 참으로 기분 좋게 한다는 뜻이다. 또한 듣는 이의 뼈에 양약이 된다. '양약'(מַרְפֵּא)은 치유(healing)이다(HALOT). 사람을 기분 좋게 할 뿐만 아니라, 실제로 그의 마음을 치료하고 회복시키기도 한다. 좋은 말은 사람의 영혼뿐만 아니라 육체도 치유하고 회복시킨다(cf. 3:8; 4:22; 14:30; 17:22). 우리도 서로에게 따뜻한 말을 자주, 많이 했으면 좋겠다.

(5) 악한 말의 맹렬함(16:25-30)

25 어떤 길은 사람이 보기에 바르나
필경은 사망의 길이니라
26 고되게 일하는 자는 식욕으로 말미암아 애쓰나니
이는 그의 입이 자기를 독촉함이니라
27 불량한 자는 악을 꾀하나니
그 입술에는 맹렬한 불 같은 것이 있느니라
28 패역한 자는 다툼을 일으키고
말쟁이는 친한 벗을 이간하느니라
29 강포한 사람은 그 이웃을 꾀어
좋지 아니한 길로 인도하느니라
30 눈짓을 하는 자는 패역한 일을 도모하며
입술을 닫는 자는 악한 일을 이루느니라

솔로몬의 첫 번째 교훈은 자신의 감각과 판단력을 지나치게 신뢰하지 말라는 경고이다(25절). 이 말씀은 14:12을 그대로 반복하고 있다. 그렇다면 왜 이곳에서 다시 등장하는가? 아마도 이 장(특히 1-9장)이 강조하고자 하는 인간의 생각과 하나님의 주권의 관계성에 대하여 적절한 경고이기 때문일 것이다(cf. Kitchen, Koptak, Ross). 우리가 볼 때 어떤 길은 분명 바른 길이며 생명으로 인도하는 길로 보이지만, 실제로는 우리를 죽음으로 인도하는 길이 될 때가 있다(cf. 2절). 그러므로 방심하지 말고 항상 주님을 의지하며 주님의 인도하심을 구해야 한다. 주님은 우리가 보지 못하는 것들까지 모두 꿰뚫고 계시기 때문이다.

두 번째 가르침은 필요가 가장 좋은 자극이라고 한다(26절). 이 말씀을 정확하게 번역하는 일은 쉽지 않다. 그러나 전반적인 의미는 확실하다. '고되게 일하는 자'(עָמֵל)는 싫어하는 일을 억지로 하며 고통을 받는 사람을 뜻한다(NIDOTTE). 개역개정이 "고되게 일하는 자는 식욕으로 말미암아 애쓴다"로 번역한 말씀의 의미는 '허기진 배는 싫어하는 일도 하게 한다'는 뜻이다(cf. 새번역, 공동, 아가페). 사람이 배고프면 대가로 음식을 얻기 위해 어떤 일이건 가리지 않고 열심히 일한다. 그러므로 허기진 배는 사람을 일하게 하는 가장 효과적인 동기부여다.

사람이 배가 고프면 왜 이렇게 열심히 일을 하는가? 그의 입이 그를 독촉하기 때문이다(26b절). '독촉하다'(אכף)는 매우 강하게 밀어붙인다는 뜻이다(NIDOTTE). 배고픈 사람은 음식을 먹어야 하고, 한동안 음식을 먹지 못한 입은 그 사람이 일해서 음식을 가져와 입에 넣어 줄 때까지 무척 강한 압력을 가한다는 말씀이다.

세 번째 교훈은 불량한 자의 행실에 대한 경고이다(27절). '불량한 자'(אִישׁ בְּלִיַּעַל)는 어떠한 쓸모도 없는 사람을 뜻한다(TWOT). 성경에서는 가장 타락한 사람을 묘사한다(Kitchen, Toy, cf. 신 13:13; 삼상 10:27; 30:22; 왕상 21:10, 13). 중간사 시대(구약과 신약 시대 사이)에 '벨리야알'은 사탄을 부르는 이름으로 사용되기 시작했다(cf. 고후 6:15). 이런 사람은 악을 꾀한다고 하는데 '꾀하다'(כרה)는 땅을 파낸다는 의미를 지녔다(TWOT). 이런 자는 죄 없는 사람들을 잡기 위해, 또한 자신이 싫어하는 사람들을 괴롭히기 위해 땅을 판다(Kitchen). 또한 성경은 하나님이 죄를 용서하실 때 '덮는다'(כפר)고 하는데, 이와는 상반되는 단어이다. 불량한 자들은 숨겨져 있는 악까지 일부러 파낸다(cf. McKane).

불량한 자들의 입술에는 맹렬한 불 같은 것이 있다(27b절). '맹렬한 불'(אֵשׁ צָרָבֶת)은 뭐든지 태우는 강력한 불이다(HALOT). 지혜로운 자들의 친절한 말은 치유를 한다고 했는데(24절), 불량한 자들의 말은 정반대다. 뭐든지 접하는 대로 태우고, 데게 한다. 그들의 말에는 매우 가공할 만한 파괴력이 있다. 또한 맹렬한 불이 지나간 자리는 오랜 시간이 흘러도 잘 회복되지 않는다. 이와 같이 불량한 자들의 말이 남긴 상처는 오랫동안 피해자들을 괴롭힌다. 그러므로 솔로몬은 이런 사람을 피하고 상종하지 않는 것도 지혜라고 한다.

네 번째 가르침은 말을 함부로 하고 많이 하는 자들에 대한 경고이다(28절). 패역한 자는 다툼을 일으킨다. '패역한 자'(אִישׁ תַּהְפֻּכוֹת)는 정상적인 바른 길을 벗어나는 사람이며(Kitchen), 괴팍하고 심술궂은 자를 의미한다(NIDOTTE). 이 단어(תַּהְפּוּכָה)와 어원은 잠언에서 9차례 사용되지만(2:12, 14; 6:14; 8:13; 10:31, 32; 16:28, 30; 23:33), 잠언을 벗어나서는 신명기 32:20이 유일하다. '패역한 자'는 주로 말로 문제를 일으킨다(Cohen, cf. 2:12; 10:31, 32). 이런 사람은 적절하지 않은 말만 골라서 하기 때문이다. 그렇다 보니 듣는 이들을 자극하여 결국에는 그들 사이에 다툼이 일어나게 한다. '일으키다'(שׁלח)는 '보내다'라는 뜻이며 삼손이 여우들의 꼬리에 불을 묶어 들판을 태우도록 보냈을 때도 이 동사가 사용된다(삿 15:4-5). 패역한 자들은 마치 삼손이 태우는 불을 보낸 것처럼, 사람들 사이에 다툼을 보낸다.

말쟁이는 친한 벗을 이간한다(28b절). 함부로 말하는 패역한 자도 문제이지만, 말쟁이도 문제를 일으킨다. '말쟁이'(נִרְגָּן)는 투덜거리는 자이다(HALOT). 누구를 만나든 계속 불만을 토로하는 사람이다. 이런 사람은 결국 친한 친구들도 이간시킨다. '친한 친구'(אַלּוּף)에는 아내도 포함되어 있다(2:17). 살면서 가장 가까이, 또한 긴밀하게 교재하는 사람들이다. 말쟁이들이 친한 친구들 사이에서도 계속 불만스러운 말만 전하니 견뎌낼 수 있는 우정이나 관계는 없다. 패역한 자는 크게 떠들며 문제를 일으키는 자이고, 말쟁이는 비밀히 소곤소곤 속삭이며 사고를 치는 자이다. 둘 다 공동체를 파괴하는 자들이다(Koptak, cf. 18:8; 26:20, 22).

다섯 번째 가르침은 강포한 사람의 유혹에 대한 경고이다(29절). '강포한 사람'(אִישׁ חָמָס)은 폭력성이 매우 강한 사람이다. 이런 사람은 폭력을 즐긴다. 사람들은 이런 자들을 피해 다니지 어울리려 하지 않는다. 그러므로 강포한 자는 끊임없이 주변 사람들을 꾄다. '꾀다'(פתה)는 속이는 것, 곧 유혹하는 것을 뜻한다(NIDOTTE). 이 단어가 이곳에 사용되는 것은 강포한 자들이 꾀는 자들은 유혹에 쉽게 넘어가는 어리숙한 자들임을 암시한다(TWOT, cf. 12:26). 강포한 자들은 유혹되지 않을 것 같은 지혜로운 자들은 꾀지 않는다.

강포한 자는 꾄 어리숙한 사람들을 좋지 아니한 길로 인도한다(29b절). '좋지 않은'(לֹא־טוֹב)은 선하지 않다는 뜻이다. 폭력적인 사람이 선한 길을 갈 리가 없다. 그러므로 그는 자신이 가는 길, 곧 악한 길로 그들을 인도한다. 함께 폭력과 죽음이 있는 길을 가는 것이다. 솔로몬은 이 말씀을 통해 폭력을 즐기는 사람들은 상종하지 말라고 한다. 함께 파멸의 길을 가게 될 것이기 때문이다.

여섯 번째 가르침은 속이는 자들을 피하라는 조언이다(30절). 눈짓을 하는 자는 패역한 일을 도모한다. '눈짓을 하는 자'(עֹצֶה)는 속이기 위하여 윙크를 하는 사람이다(NIDOTTE). 이미지는 속이려는 사람을 앞에 두고 뒤에 서 있는 동료 악인에게 눈짓을 하는 것이다(cf. 6:13; 10:10). 이런 사람은 패역한 일을 도모한다. 이때까지 솔로몬은 말을 함부로 하는 자들을 조심하라고 했는데, 이 말씀을 통해서는 속이는 몸짓을 하는 자들도 조심하라고 한다. '도모하다'(חשב)는 꾸미거나 계획하는 것을 의미한다(TWOT). 그러므로 솔로몬은 이런 낌새를 눈치채는 순간 의인은 그들을 떠나야 한다고 한다.

입술을 닫는 자는 악한 일을 이룬다(30b절). '입술을 닫는 자'(שְׂפָתָיו קֹרֵץ)는 결단한 일을 하려는 의지의 표현으로 '입술을 깨무는 사람'이다. 본문에서는 '악한 일'(רָעָה)을 하려고 이를 악물며 결단한 사람이다. 이런 사람은 누구도 말릴 수 없다. 그러므로 그는 끝까지 악한 일을 이룰 것이다. '이루다'(כלה)는 끝까지 간다는 뜻으로 중도에 포기하지 않고 반드시 실현한다는 의미이다(TWOT). 솔로몬은 이런 사람을 피하는 것도 지혜라 한다.

III. 솔로몬의 첫 번째 잠언집(10:1-22:16)
B. 통찰적인 지혜 모음집(16:1-22:16)
1. 모음집 시작(16:1-33)

(6) 지혜의 가치(16:31-33)

31 백발은 영화의 면류관이라
공의로운 길에서 얻으리라
32 노하기를 더디하는 자는 용사보다 낫고
자기의 마음을 다스리는 자는 성을 빼앗는 자보다 나으니라
33 제비는 사람이 뽑으나
모든 일을 작정하기는 여호와께 있느니라

첫 번째 교훈은 의롭게 살면 장수할 것이라는 말씀이다(31절). '백발'(שֵׂיבָה)은 장수의 상징이다(NIDOTTE). 잠언은 악인은 하나님의 심판을 받아 일찍 죽기 때문에 제명을 다 살지 못한다고 한다. 반면에 의인이 오래 사는 것은 하나님의 축복이라고 한다(3:1-2, 16; 9:6; 10:27; 12:28; 16:17). 그러므로 백발은 부끄러운 것이 아니라 영화의 면류관이다(레 19:32). 사람들에게 자랑할 만한 것이라는 뜻이다. 신약에서 이러한 삶은 영생으로 이어진다(Toy).

솔로몬은 장수하는 모든 사람이 이렇다고 하지는 않는다. 악인들 중에서도 장수하는 자들이 있기 때문이다. 그러므로 솔로몬은 공의로운 길에서 얻은 장수로 제한한다(31b절). 잠언은 정직하고 성실하게 사는 사람을 하나님이 축복하시고 보존하신다고 한다. 그러므로 영화로운 면류관 같은 백발을 가진 사람은 평생 공의를 추구하며 성실하게 살아온 사람들이다. 이런 경우 백발은 참으로 잘 살아온 삶의 증표이다.

두 번째 가르침은 사람이 자기 마음을 다스리는 것이 얼마나 중요한가에 대한 것이다(32절). 노하기를 더디하는 자는 용사보다 낫다. '노하기를 더디하는 자'(אֶרֶךְ אַפַּיִם)는 하나님께 자주 사용되는 표현이다(cf. 출 34:6; 민 14:18; 시 86:15). 하나님을 닮아 노하기를 더디하고자 하는 사람에게는 하나님이 그렇게 할 수 있도록 은혜를 주신다(Kitchen). '용사'(גִּבּוֹר)는 능력이 뛰어난 군인이다. 화를 오래 참는 사람은 능력이 투철한 용사보다 더 큰일을 한다는 뜻이다. 자기 자신을 정복하는 것이 남들을 정복하는 것보다 더 낫다(Clifford).

또한 자기 마음을 다스리는 자는 성을 빼앗는 자보다 낫다(32b절). 1행과 2행이 평행을 이루는 것으로 보아 마음을 다스리는 자는 곧 노하기를 더디하는 사람이며, 용사는 성을 빼앗는 자이다. 솔로몬은 자기 마음을 다스려 화를 잘 내지 않는 사람은 단숨에 성을 정복하는 용사보다 낫다고 한다. 지혜가 없으면 자기 자신도, 집안도, 세상도 효과적으로 다스릴 수 없다(Van Leeuwen). 신체적 능력을 활용하는 것보다 마음을 다스리는 일이 더 어려우며, 마음을 다스리면 더 큰일을 할 수 있다는 가르침이다.

세 번째 교훈은 세상에서 일어나는 모든 일은 하나님이 결정하신다는 말씀이다(33절). 제비는 사람이 뽑는다. '제비'(גּוֹרָל)는 어떤 일을 결정할 때 사용하는 돌이다. 성경에서는 주머니에 우림이라고 불리는 흰 돌(yes를 상징)과 둠밈이라고 불리는 검은 돌(no를 상징)을 넣고 그 중 하나를 뽑는 형식을 취한다(cf. 출 28:30-31; 레 8:8; 16:8-10). 사람이 결정하기가 쉽지 않아 하나님의 뜻을 구할 때 사용했다. 그러므로 비록 사람이 기도하고 제비를 뽑지만, 정작 어떤 돌이 사람의 손에 잡히는 가는 하나님이 결정하신다. 세상에는 우연히 되는 일은 없으며, 모든 것이 하나님의 작정에 따라 이루어진다.

III. 솔로몬의 첫 번째 잠언집(10:1-22:16)
B. 통찰적인 지혜 모음집(16:1-22:16)

2. 배부른 것보다 지혜와 평화(17:1-28)

이 장은 앞 장보다 더 다양한 주제에 대한 가르침을 모아 두었다(Heim). 뚜렷한 구조나 흐름이 없어서 '잡동사니 말씀'(hodgepodge of sayings)이라고 하는 이도 있다(Murphy). 편리상 몇 절씩 섹션으로 나누어 본문을 주해하지만, 각 섹션을 아우르는 공통주제도 없다. 그러므로 다음 섹션화는 완전하지 않으며 매우 임의적인 제안이다.

A. 화목한 가정(17:1-6)
B. 지혜로운 지도자(17:7-10)
C. 악인들과 어리석은 자들(17:11-16)
D. 우정과 보증(17:17-22)
E. 정의로운 판결(17:23-28)

III. 솔로몬의 첫 번째 잠언집(10:1-22:16)
B. 통찰적인 지혜 모음집(16:1-22:16)
2. 배부른 것보다 지혜와 평화(17:1-28)

(1) 화목한 가정(17:1-6)

1 마른 떡 한 조각만 있고도 화목하는 것이
제육이 집에 가득하고도 다투는 것보다 나으니라
2 슬기로운 종은 부끄러운 짓을 하는 주인의 아들을 다스리겠고
또 형제들 중에서 유업을 나누어 얻으리라
3 도가니는 은을, 풀무는 금을 연단하거니와
여호와는 마음을 연단하시느니라
4 악을 행하는 자는 사악한 입술이 하는 말을 잘 듣고
거짓말을 하는 자는 악한 혀가 하는 말에 귀를 기울이느니라

5 가난한 자를 조롱하는 자는 그를 지으신 주를 멸시하는 자요
사람의 재앙을 기뻐하는 자는 형벌을 면하지 못할 자니라
6 손자는 노인의 면류관이요
아비는 자식의 영화니라

솔로몬의 첫 번째 교훈은 먹을 것이 부족하더라도 행복한 집안이 많이 먹으며 싸우는 집안보다 낫다고 한다(1절, cf. 15:16, 17; 16:8). '마른 떡 한 조각'(פַּת חֲרֵבָה)은 먹다 남은 빵의 끝 부분을 뜻하며(Kitchen), 찍어 먹을 소스마저 없는 상황을 묘사한다(Ross, cf. 룻 2:14). 그러므로 마른 떡 한 조각은 먹을 음식이 거의 없는 가난한 집을 상징한다(Whybray, cf. 28:21). 먹을 것이 부족하지만 가족들은 화목한 집이 있다. 여기서 '화목'(שַׁלְוָה)은 식구들이 모두다 평안과 안정을 누리는 것, 혹은 화목제를 뜻한다(cf. HALOT). 본문에서는 '다툼'과 반대되는 단어이다.

먹을 것이 마땅치 않은 화목한 집에서 사는 것이 제육이 집에 가득하고도 다투는 것보다 낫다(1b절). '제육'(זֶבַח)은 원래 제사로 드리는 고기이다. 아마도 이 집에서 화목제를 드렸다는 것을 의미하는 듯하다(Koptak, cf. 레 7:11–17). 화목제로 드리는 짐승은 일부만 제단에서 태워지고, 대부분은 드리는 자가 친지들과 함께 먹는다. 그러므로 화목제를 드릴 때면 성대한 잔치가 벌어졌다(Kitchen, cf. 삼상 9:12–13; 20:6; 잠 7:14). 그렇기 때문에 주석가들은 '다툼의 제물'(זִבְחֵי־רִיב)과 '화목제물'(זִבְחֵי־שָׁלוֹם)이 아이러니를 형성하고 있다고 생각한다(Kidner, Kitchen, cf. 신 12:11, 21; 삼상 20:6). 아무리 화목제를 드려도 다툼이 있다면 말짱 도루묵이다.

제육이 본문에서는 진수성찬을 뜻한다. 아무리 호의호식을 한다 해도 서로 다투는 집이라면 먹을 것이 마땅치 않지만 화목한 집보다 못하다고 한다. 재물보다 평온이 낫다는 뜻이다. 또한 삶에서 관계가 재물보다 더 소중하다는 의미이기도 하다(Alden). 공동번역이 우리 문화

상황을 반영하여 본문의 의미를 잘 살렸다: "집에 진수성찬을 차려 놓고 다투는 것보다 누룽지를 먹어도 마음 편한 것이 낫다." 이 집에는 어떤 다툼이 있었을까? 정확히 알 수는 없지만, 다음 구절이 유산 상속을 언급하는 것으로 보아 재산 분배로 인한 다툼으로 해석할 수도 있다(Kitchen).

두 번째 가르침은 능력이 특권보다 더 중요하다고 한다(2절). 슬기로운 종은 지혜롭게 주인 집의 살림을 운영하여 주인에게 많은 덕을 끼치며 기쁨을 안겨 준다. 반면에 부끄러운 짓을 하여 아버지에게 수치를 안겨 주는 아들이 있다. '부끄러운 짓'(מֵבִישׁ)이 정확히 무엇인지는 알 수 없지만 아마도 게으름을 피는 일일 것이다(10:5; 12:24). 또한 교만하고 어리석은 아들도 부모에게 수치를 안겨 준다.

지혜로운 주인은 그의 재산을 불리고 행복을 안겨 주는 슬기로운 종을 아들처럼 취급하여 부끄러운 짓을 하는 아들을 다스리도록 할 것이다. 성실함은 피보다 진해야 하기 때문이다(Kitchen). '다스리다'(משל)는 지배하다는 뜻이다. 종이 부끄러운 아들을 종처럼, 혹은 형이 동생을 지배하듯 그를 지배할 것이다. 이런 일은 아들이 더 이상 부끄러운 짓을 하지 않을 때까지 계속된다.

주인이 자식들에게 유업을 나눠 줄 때에 종에게도 한 몫 챙겨 줄 것이다(cf. 창 15:2-3; 삼하 16:1-4; 19:24-30). 지혜로운 주인은 종의 수고와 노력에 대하여 적절한 보상을 하는 사람이기 때문이다. '유업'(נַחֲלָה)은 유산이다. 유산으로 나눠 주는 재산의 일부가 종이 열심히 일해 얻은 일꾼 것이니 그에게도 나눠 주는 것은 당연한 일이다. 게으른 아들에게는 경종을 울리는 말씀이다(cf. 11:29; 12:24; 30:22).

이 말씀은 지혜로운 주인이 다스리는 집안의 이상적인 상황이다. 현실에서는 단지 혈육이라는 이유로 어리석은 아들에게 모든 것을 맡길 뿐만 아니라 모든 유산도 그에게 남기는 사람이 대부분이다. 현실에서 슬기로운 종은 이용당하고 버림받기 일쑤이다.

세 번째 가르침은 여호와께서 사람의 마음을 연단하신다고 한다(3절). 도가니는 은을, 풀무는 금을 연단한다(cf. 27:21). 도가니(מַצְרֵף)와 풀무(כּוּר)는 각각 은과 금을 정제하는 화덕(용광로)이다. 은과 금은 용광로에서 나오는 순간 가장 순수하고 빛이 난다. 모든 불순물과 찌끼가 제거되었기 때문이다. 그러므로 성경에서 용광로는 연단과 훈련을 상징한다(Clifford, cf. 시 26:2; 66:10; 렘 9:6; 슥 13:9).

사람의 마음은 여호와께서 연단하신다(3b절). '연단하다'(בחן)는 시험한다(to test)는 뜻이다. 하나님이 '용광로'가 되셔서 사람의 마음에 있는 불순물과 찌끼를 제거하신다. 금과 은이 용광로 경험을 통해 가장 순수한 형태를 취하게 되는 것처럼, 하나님은 연단을 통해 사람의 마음을 순결하고 온전하게 하신다(cf. 대상 29:17; 시 7:9; 17:3; 26:2; 139:23; 렘 17:10). 그러므로 우리는 하나님이 주시는 고난과 아픔을 감사히 받아야 한다. 연단이 끝날 때 우리는 정금같이 빛날 것이기 때문이다(cf. 욥 23:11).

네 번째 교훈은 악인들은 악한 자들이 하는 말을 잘 듣는다고 한다(4절). 일종의 유유상종에 관한 말씀이다. 의인들은 악한 사람들의 사악한 말에 귀를 기울이지 않기 때문이다. '듣다'(קשׁב)는 하나도 놓치지 않으려고 집중하여 듣는 모습을 묘사한다(HALOT). '사악한 입술'(שְׂפַת־אָוֶן)은 재앙을 가져오는 말이다. 악인들은 다른 악인들이 이웃들에게 재앙을 안겨 줄 만한 말을 할 때 절대 놓치지 않는다. 우리의 인격은 우리가 하는 말을 통해 드러나기도 하지만(눅 6:45), 우리가 무엇에 귀를 기울이는가를 통해서도 드러난다(Kitchen). 잠언은 남들의 말을 가려서 들으라고 경고한다(1:10-16).

거짓말을 하는 자는 악한 혀가 하는 말에 귀를 기울인다(4b절). '거짓말을 하는 자'(שֶׁקֶר)는 사람들의 신뢰를 저버린 자이다(TWOT). '악한 혀'(לְשׁוֹן הַוֹּת)는 협박이나 파괴를 가져오는 말이다. 거짓말을 하는 자들은 악인들이 이웃들에게 파괴를 안겨 줄 만한 말을 할 때 하나도 놓치지 않고 귀담아듣는다. 그들이 하는 말을 행동으로 옮기기 위해서다. 그러나 악한 말은 의인들에게 환영받지 못하고 죽는다(Kidner). 오직 악한 사람들만 악한 말을 환영한다. 우리가 무엇에 귀를 기울이는가는 단지 우리의 인격을 드러낼 뿐만 아니라, 우리 마음속에 무엇이 있는가도 드러낸다.(Kitchen)

한 가지 주의할 점은 엄청난 파괴력을 지닌 말도 우리가 들을 때와 전할 때는 그다지 해가 되지 않을 것으로 느껴진다는 사실이다. 말을 전하는 자가 '내로남불'(내가 하면 로맨스고 남이 하면 불륜)이라는 생각에 사로잡혀 있기 때문이다. 소문이 그렇다. 그러므로 좋지 않은 소문은 듣고 흘려버려야지 남에게 전하면 상상을 초월하는 파괴를 유발한다. 경건하고 의롭게 사는 사람들은 이렇게 말을 전하는 사람들을 피해야 한다. 그러므로 '찌라시'에 귀를 기울이는 사람은 조심해야 한다.

다섯 번째 교훈은 인간의 존엄성에 관한 것이다(5절). 가난한 사람을 조롱하는 자는 그를 지으신 주를 멸시한다. '가난한 자'(רָשׁ)는 경제적—사회적으로 가장 힘이 없는 사람이다(TWOT). 사람은 이런 사람들에 대해 부정적인 편견을 가지기 일쑤다(Koptak). 그러나 누가 가난하다는 이유로 그를 멸시한다면, 그는 그 가난한 사람을 창조하신 창조주를 멸시하는 것과 같다. 창조주께서 세상을 효과적으로 다스리지 못하시기 때문에 가난한 사람이 발생한 것이라며 하나님을 멸시하는 것일 수 있고(Toy), 혹은 가난한 사람도 창조주께서 자기 모양과 형상대로 만드신 걸작품이기 때문에 그를 멸시하는 것은 하나님을 멸시하는 것이라 할 수 있다(cf. 창 1:26-28).

이 말씀은 경제적인 이유로 남을 멸시하는 것에 대한 강력한 경고이다. 또한 가난한 사람을 멸시하는 것은 가난한 사람의 빈곤이 모두 그의 잘못에서 비롯된 것이라는 것을 전제한다(Plaut). 우리가 이웃, 특히 연약한 이웃을 대하는 자세는 우리가 하나님을 대하는 자세를 반영해야 한다. 부자들에게는 가난한 자들을 착취하지 말라는 경고이다

(Whybray). 가난은 죄가 아니기 때문이다.

사람의 재앙을 기뻐하는 자는 형벌을 면하지 못할 것이다(5b절). 모든 사람이 하나님의 모양과 형상에 따라 창조된 걸작품이라면, 그 걸작품의 고통을 기뻐하는 자는 악하다. 더욱이 우리는 공동체를 형성하여 함께 사는데, 이웃의 아픔을 즐기거나 기뻐하는 것은 참으로 악한 일이다. 그러므로 이런 사람은 하나님의 형벌을 피할 수 없다. 이 행을 1행과 연결해서 해석하면 1행의 가난한 자는 처음부터 가난한 사람이 아니라, 살면서 경험한 재앙으로 인해 가난해진 사람이다(Kitchen). 고통으로 인해 가뜩이나 힘든 시간을 보내고 있는 가난한 사람을 멸시하는 것은 참으로 잔인한 일이다. 하나님은 눈에 보이는 죄뿐만 아니라, 보이지 않는 태도에 대하여도 심판하신다(Fox). 암몬(겔 25:3-7)과 에돔(겔 35:12-15)이 유다가 겪고 있는 어려움으로 인해 그들을 멸시한 일이 좋은 예이다.

여섯 번째 교훈은 건강한 가정에 관한 것이다(6절). 손자는 노인의 면류관이다. 사람이 오래 사는 것도 큰 축복인데, 살아서 손자들을 보는 것은 더욱더 큰 축복이다(cf. 창 48:11; 시 128:5-6). 그러므로 손자들은 하나님이 할아버지에게 씌워 주신 축복의 면류관이며, 할아버지들이 자랑할 만한 면류관이다(cf. 잠 16:31).

아비는 자식의 영화이다(6b절). 할아버지(어른)가 손자(아이)를 기뻐하는 것처럼 아들(아이)은 아버지(어른)를 기뻐한다. 할아버지에서 손자에 이르는 삼대가 서로 존경하고 사랑하는 건강한 가정의 모습이다. 삼대로 이루어진 행복한 가정을 묘사하고 있는 이 말씀은 전 세대가 다음 세대를 경건하고 거룩하게, 또한 자손 대대로 여호와를 경외하도록 양육한 결과이다. 우리의 가정들도 이러했으면 참 좋겠다.

III. 솔로몬의 첫 번째 잠언집(10:1-22:16)
B. 통찰적인 지혜 모음집(16:1-22:16)
2. 배부른 것보다 지혜와 평화(17:1-28)

(2) 지혜로운 지도자(17:7-10)

7 지나친 말을 하는 것도 미련한 자에게 합당하지 아니하거든
하물며 거짓말을 하는 것이 존귀한 자에게 합당하겠느냐
8 뇌물은 그 임자가 보기에 보석 같은즉
그가 어디로 향하든지 형통하게 하느니라
9 허물을 덮어 주는 자는 사랑을 구하는 자요
그것을 거듭 말하는 자는 친한 벗을 이간하는 자니라
10 한 마디 말로 총명한 자에게 충고하는 것이
매 백 대로 미련한 자를 때리는 것보다 더욱 깊이 박히느니라

첫 번째 교훈은 말은 격이 있는 것이어야 한다고 한다(7절). 지나친 말은 미련한 자에게 합당하지 않다. 우리말 번역본들은 대부분 '지나친 말'(שְׂפַת־יֶתֶר)을 '거만한 말' 등 부정적인 의미로 해석했지만(Delitzsch, cf. 새번역, 아가페, 현대어), 사실은 '훌륭한 말, 탁월한 말'등 긍정적인 의미를 지녔다(Waltke, cf. 공동, NAS, ESV, NIV, NRS, TNK, cf. Ross). '미련한 자'(נָבָל)는 영적으로 어두운 자(godless, unbeliever)라는 의미를 지녔으며(HALOT), 언젠가는 우리 모두가 하나님 앞에 서서 심판을 받아야 한다는 사실을 인정하지 않는 사람이다(Kitchen, cf. Waltke, Whybray). 아비가일의 남편이 이렇게 불렸다(삼상 25:25). 탁월하거나 좋은 말은 미련한 사람하고 잘 어울리지 않으므로, 이런 사람에게 선한 말을 기대하지 말라는 권면이다.

거짓말을 하는 것이 존귀한 자에게도 합당하지 않다(7b절). '존귀한 자'(נָדִיב)는 귀족이나 상류층 등 사회 지도층을 뜻하기도 하지만, 자비와 긍휼로 사람들을 대하는 선한 사람을 뜻하기도 한다(Kitchen, cf.

NIDOTTE). 격이 있고 탁월한 말이 미련한 자들과 어울리지 않는 것처럼, 존귀한 자들에게는 거짓말이 어울리지 않는다. 존귀한 사람은 진실된 말을 해야 하며, 거짓말을 해서 미련한 자들처럼 천박하게 굴지 말라는 권면이다. 사람은 각자 지위와 위치에 어울리는 말을 해야 한다(cf. McKane).

두 번째 교훈은 뇌물의 유혹에 관한 것이다(8절). 뇌물은 그 임자(주는 자)가 보기에 보석 같다. '보석'(אֶבֶן־חֵן)은 '마술을 부리는 돌'(NRS, ESV, CSB) 혹은 우리말로 '요술방망이'(새번역, 공동)처럼 신비로운 능력을 가진 돌이다. 뇌물은 참으로 마법적인 힘을 지녔고 좋은 결과를 얻어낸다는 뜻이다(Buzzell).

그가 어디로 향하든지 형통하게 한다(8b절). 뇌물은 불가능한 일을 가능하게 하는 능력을 지녔으므로 뇌물을 잘 쓰는 사람은 승승장구할 것이다(cf. 잠 18:16; 21:14; 전 10:19). 솔로몬이 이 말씀을 통해 뇌물이 지닌 힘에 대하여 말하는 것은 알겠는데, 그렇다면 그가 독자들에게 일상에서 뇌물을 사용하여 무엇이든 원하는 것을 얻으라고 가르치는가? 이때까지 의롭게 사는 것이 지혜라고 했던 그가 이제 와서 뇌물을 사용하여 원하는 것을 얻으라며 불의를 저지르라고 권면할 리 없다.

그러므로 일부 영어 번역본들은 '뇌물'(שֹׁחַד)을 '선물(gift)로 번역하여 이 문제를 해결하려 한다(KJV, cf. NIRV). 그러나 이 단어의 전반적인 의미는 뇌물이 맞으며, 설령 '선물'로 번역한다 할지라도 선물을 통해 원하는 것을 얻으면 그것이 바로 뇌물이라는 점을 감안하면 별로 도움이 되지 않는다(cf. Kidner). 이 말씀은 우리가 삶에 적용할 만한 원리를 제시하는 것이 아니라, 뇌물을 잘 쓰는 사람의 생각을 말하는 것으로 해석하는 것이 바람직하다. 뇌물을 즐겨 쓰는 사람은 뇌물로 모든 일을 이룰 수 있다고 생각한다는 것이다(cf. NIV). 그러나 뇌물은 정의로운 사회의 질서와 기준을 교란시킨다(15:27; 17:23). 그러므로 하나님은 뇌물을 미워하시기 때문에 결코 뇌물을 주는 자가 생각하고 바라는 대로 이루어지지 않게 하실 것이다. 또한 이 말씀은 뇌물을 받지도 말고 주려고 하는 자들을 멀리하라는 경고이다. 지도자가 뇌물을 받으면 올바른 판결이 아니라, 뇌물을 주는 자에게 놀아나는 행위이기 때문이다.

세 번째 교훈은 이웃의 허물은 덮어 주라고 한다(9절). 허물을 덮어 주는 자는 사랑을 구하는 사람이다. '허물'(פֶּשַׁע)은 죄를 의미하는 보편적인 개념이다. '덮다'(כסה)는 '봉인하다'는 의미를 지녔다(cf. 10:18). 이웃의 죄를 덮는 것은 더 이상 문제 삼지 않는 것이며, 이런 사람은 사랑을 추구하는 사람이다. 사랑은 많은 죄를 덮기 때문이다(벧전 4:7). 종종 일부러 드러내고 정면으로 부딪쳐야 하는 죄도 있기는 하다(cf. 마 18:15-17). 그러나 대부분 덮어 주는 것이 은혜이다. 우정은 친구의 죄를 잊을 수 있어야 한다(Plaut). 하나님께 용서받은 사람은 이웃을 용서할 줄 안다. 죄를 용서하는 은혜는 경험해 본 사람만이 남에게 베풀 수 있기 때문이다.

이웃의 죄를 덮고 가는 사람은 죄를 지은 사람과 화평할 뿐만 아니라, 죄로 인해 피해를 본 모든 사람(죄인과 자기 가족과 친지들 포함)과 좋은 관계를 유지하려고 최선을 다한다. 본인이 용서를 구하든, 구하지 않든 피해자 입장에서는 용서가 되지 않더라도 덮고 가는 것이 최선이다. 자칫 잘못하면 덮어 두지 못한 죄로 인해 스스로 큰 심리적—정신적 피해를 입을 수 있기 때문이다.

반면에 그것을 거듭 말하는 자는 친한 벗을 이간하는 자이다(9b절, cf. 16:28). "좋은 말도 여러 번 들으면 싫증이 난다"는 말이 있다. 하물며 나쁜 말(상대방의 죄를 문제 삼는 말)을 자주 들으면 당연히 싫다. 사람은 본능적으로 자기 죄를 드러내는 말을 하는 사람을 싫어하고 회피하게 만든다. 자신들도 잘못한 것을 아는데, 자꾸 들추기는 것은 도움이 되지 않기 때문이다. 그러므로 아무리 친한 친구 사이라도 멀어지게 되어 있다. 2:17은 부부 사이를 '친한 친구' 사이로 묘사한다. 가장 끈끈하고 긴밀한 관계를 뜻한다. 그러므로 솔로몬은 친구의 죄는 땅에 묻고 다시는 파내지 말라고 한다.

네 번째 교훈은 징계의 효율성에 대한 말씀이다(10절). 어떤 사람에게는 말 한마디가 효과를 발휘하는 징계가 된다. 바로 총명한 사람이다. '총명한 사람'(מֵבִין)은 상황판단이 빠르고 이해력이 뛰어난 사람이다. 이런 사람은 물리적으로 응징할 필요가 없으며 말로 하면 된다. 가르침을 받아들일 만한 마음을 지녔기 때문이다.

반면에 아무리 응징을 해도 소용이 없는 자가 있다(10b절). 매 백 대를 때려도 소용이 없는 미련한 자다. 이런 사람은 가르침을 받아들일 생각이 없다. 고대 근동에서 회초리는 교육 과정에 동원되지는 않았다(Koptak). 또한 율법은 사람을 40대 이상 치는 것을 금지한다(신 25:3; cf. 고후 11:24). 그러므로 이 말씀에서 매 백 대는 한마디 말과 대조를 이루는 과장법이지, 실제가 아니다(Van Leeuwen).

'미련한 자'(כְּסִיל)는 잠언에서 자주 사용되는 개념이며 생각 없이 사는 멍청한 사람을 뜻한다. 이런 사람은 응징해봤자 소용이 없다. 멍청한 사람은 자신이 왜 혼나는가에 대해 생각하지 않고 단순히 징계를 싫어하고, 응징하는 자를 미워한다. 이런 사람에게 징계는 물리적인 고통만 안길 뿐 효과를 발휘하지 못한다. 그러므로 솔로몬은 총명한 자에게 한마디 하는 것이 미련한 자를 백 대 때리는 것보다 낫다고 한다. 징계는 받을 만한 사람에게나 하는 것이지, 받을 능력이 안 되는 사람에게는 차라리 하지 않는 것이 좋다. 말을 듣지 않는 사람에게는 매도 소용이 없기 때문이다.

III. 솔로몬의 첫 번째 잠언집(10:1-22:16)
B. 통찰적인 지혜 모음집(16:1-22:16)
2. 배부른 것보다 지혜와 평화(17:1-28)

(3) 악인들과 어리석은 자들(17:11-16)

11 악한 자는 반역만 힘쓰나니
그러므로 그에게 잔인한 사자가 보냄을 받으리라
12 차라리 새끼 빼앗긴 암곰을 만날지언정
미련한 일을 행하는 미련한 자를 만나지 말 것이니라
13 누구든지 악으로 선을 갚으면
악이 그 집을 떠나지 아니하리라
14 다투는 시작은 둑에서 물이 새는 것 같은즉
싸움이 일어나기 전에 시비를 그칠 것이니라
15 악인을 의롭다 하고 의인을 악하다 하는 이 두 사람은
다 여호와께 미움을 받느니라
16 미련한 자는 무지하거늘
손에 값을 가지고 지혜를 사려 함은 어찜인고

첫 번째 교훈은 악한 사람은 하나님이 직접 심판하실 것이라고 한다(11절). 악한 자는 반역만 힘쓴다. 성경에서 '반역'(מְרִי)은 거의 항상 죄인이 하나님께 하는 행동을 묘사한다(Whybray). 본문에서 악인은 자나 깨나 하나님과 사람을 상대로 나쁜 일만 한다는 의미로 사용되고 있다. 그에게 윤리나 양심이란 없다. 그러므로 아무리 권면을 해도 소용이 없다. 미련한 자를 백 대 때리는 것처럼 어떠한 효력도 발휘하지 못한다(cf. 10절). 이 사람은 인간이 할 수 있는 징계의 한계를 벗어난 것이다.

그러므로 그에게 잔인한 사자가 보냄을 받는다(11b절). 악인이 주변 사람들의 말은 듣지 않으니 하나님이 그에게 응징자를 보내신다는 뜻이다. 이 '사자'(מַלְאָךְ)는 천사일 수도 있고, 사람일 수도 있다. 하나님이 보내시는 사자는 악인을 죽이거나 큰 피해를 입힐 것이다. 주님은 기적을 통해서라도 하나님이 세우신 가치관과 기준에 반역만 하는 악인을 가만히 두지 않으실 것이다.

두 번째 교훈은 미련한 자의 위험을 경고한다(12절). 새끼를 빼앗긴 암곰과 마주치는 것은 매우 위험한 일이다(cf. 왕하 2:23-24; 잠 28:15; 애 3:10; 암 5:19). 지금은 멸종했지만, 당시 가나안 지역에는 시리아 불곰(Syrian brown bear)이 서식하고 있었는데, 키가 2미터에 몸무게가 225킬로그램에 달하는 큰 곰이었다(Waltke). 곰은 모성이 매우 강한 짐승으로 알려져 있다(cf. 삼하 17:8; 호 13:8). 새끼가 조금이라도 위험하다 싶으면 목숨을 내걸고 싸워 보호한다. 이런 암곰이 새끼를 잃었다고 생각해보라. 흥분하여 주변을 파괴하고 사람을 위협하는 상황은 상상만으로도 두려운 일이다.

솔로몬은 새끼를 빼앗긴 암곰을 대하는 것보다 더 위험한 일이 있다고 한다. 바로 미련한 일을 행하는 미련한 자를 만나는 것이다(12b절). '미련한 일'(אִוֶּלֶת)은 사람이 별 생각없이 저지르는 어리석음이다. '미련한 자'(כְּסִיל)는 잠언에서 매우 흔하게 언급이 되는 자로 생각이 모자라 멍청한 사람을 뜻한다(Kitchen). 이런 사람은 도덕적 개념이 없으며 영성에도 관심이 없다(Kidner). 손에 칼이나 총을 들거나, 혹은 운전대를 잡은 미련한 자를 상상해 보라. 참으로 두렵다(Alden).

본문은 어리석음으로 무장한 멍청한 사람을 만나는 것이 새끼를 빼앗긴 암곰을 만나는 일보다 더 위험하다고 한다. 대조는 멍청한 사람은 [미련함을] 가졌고, 암곰은 [새끼를] 가지지 않았는데도, 차라리 '가지지 않은 곰'을 만나는 것이 '가진 미련한 자'를 만나는 것보다 더 낫다고 하는 데 있다. 이런 사람은 주변 사람들에게 큰 피해를 주면서도 자신의 어리석음이 얼마나 위험하다는 것을 알지 못한다. 그러므로 미련한 일을 즐기는 미련한 자는 먼 발치에서 피하는 것이 상책이다. 우리는 미련한 사람을 어떻게 알아볼 수 있는가? 그가 하는 행동을 보면 대번에 알 수 있다(cf. 13:16; 14:8, 17, 29; 19:3).

세 번째 가르침은 선을 악으로 갚지 말라는 경고이다(13절). '선'(טוֹבָה)은 '좋은 것, 옳은 것'이다. '악'(רָעָה)은 '사악함, 부패' 등을 의미한다. 이웃들이 베푸는 선한 일/것들을 악으로 되갚는 것은 배은망덕한 행위이다(cf. 공동, 아가페). 심판하시는 하나님은 배은망덕한 악인을 가만히 두지 않으시고 반드시 심판하실 것이다(cf. 시 35:12; 38:20; 109:5; 렘 18:20). 사울이 다윗의 선을 악으로 갚았다(삼상 19:4). 다윗은 밧세바와 간음하여 선을 행한 우리아에게 악으로 갚았다(삼하 11-12장). 나발은 다윗의 선에 악으로 갚다가 죽었다(삼상 25장). 하나님은 우리가 악을 선으로 갚기를 원하신다(잠 25:21; 마 5:43-48; 롬 12:21; 벧전 3:9).

주님이 선을 악으로 갚은 자를 어떻게 심판하시는가? 그의 집에서 악이 떠나지 않게 하실 것이다(cf. 삼하 12:10). '악'(רָעָה)은 1행에서 악인이 이웃이 베푼 선을 악으로 되갚는 것을 묘사했다. 그러므로 하나님은 악인이 의인의 선을 되갚는 '악'(רָעָה)으로 그를 심판하실 것이다. 온갖 재앙과 불행이 그의 집을 떠나지 않고 계속 머물게 하실 것이다. 재앙과 우환에 대한 참으로 무서운 경고이다.

네 번째 가르침은 사소한 시비가 큰 싸움이 될 수 있다는 경고이다(14절). 다툼의 시작은 둑에서 물이 새는 것과 같다. '새다'(פטר)는 '흐른다'는 뜻이다(cf. NAS, ESV, NRS). 한번 흘러간 물은 다시 돌이킬 수 없다는 뜻이다. 이러한 해석도 가능하지만, 둑에 난 조그만 구멍을 통해 물이 빠져나가는 것으로 해석할 수도 있다(Ross, Van Leeuwen, cf. 새번역, 공동, 아가페, NIV). 처음에는 물이 조금씩 새는 댐(둑)이라 할지라도 방치하면 시간이 지나면서 물이 새는 구멍이 점점 더 커지고, 급기야 둑을 무너뜨리게 된다. 이 해석이 더 설득력이 있다.

싸움이 일어나기 전에 시비를 그쳐야 한다(14b절). '그치다'(נטש)는 땅을 경작하기 위해서는 쟁기질을 해야 하는데, 쟁기질하지 않고 그냥 내버려두는 것을 뜻한다(NIDOTTE). '둑을 무너뜨리는 큰 싸움'으로 번지기 전에 '물이 조금 새는 듯한 시비'(רִיב)를 멈추고 내버려 두는 것이 좋다. 굵어 부스럼을 만들지 말라는 경고이다. 현대어성경이 이 말씀의 의미를 잘 살렸다: "둑에 물이 새기 시작하면 나중에는 큰물이 나서 막을 수 없다. 처음엔 사소한 일로 서로 다투다가도 나중엔 걷잡을 수없이 일이 커질 수 있으니, 처음부터 다툴 생각은 아예 하지도 말아라." 시비는 피하는 것이 상책이다(잠 14:29; 15:1; 16:32; 19:11; 25:8; 마 5:25-26; 롬 12:18).

다섯 번째 교훈은 공의와 정의를 교란시키는 판결을 내리는 자들은 벌을 받을 것이라고 경고한다(15절). 법정이 악인을 의롭다 하는 것은 옳지 않다. 또한 의인을 악하다 하는 것도 옳지 않다. 선과 악은 창조주 하나님이 정하셔서 자기 모양과 형상대로 만드신 모든 사람에게 주신 공통적인 기준이자 가치관이다. 악인을 의롭다 하고, 의인을 악하다고 하는 행위는 창조주가 정하신 질서에 도전하는 행위이다. 판결을 내리는 자가 이렇게 하는 것은 공의와 정의를 정하신 창조주보다 자신이 더 지혜롭다고 생각하는 교만에서 비롯되었거나 뇌물을 수수했기 때문이다.

그러므로 여호와께서는 이 두 유형의 재판관들(악인을 의롭다 하는 자와 의인을 악하다고 하는 자) 모두를 미워하신다(15b절). '미워하심'(תּוֹעֵבָה)은 가증스럽게 여기신다는 의미이며 가장 강력한 역겨움과 혐오감을 표현한다. 창조주께서는 자신이 세우신 공의와 정의를 훼손하는 자들의 죄를 가볍게 보시지 않는다. 분명히 심판하실 것이다.

여섯번째 교훈은 미련한 자는 결코 지혜를 사지 못한다고 한다(16절). 이 말씀은 수사학적인 질문으로 되어 있다. 도저히 믿기 어려운 일이 벌어지고 있다는 사실을 강조하기 위해서이다. 그러나 이 말씀을 정확하게 번역하는 것은 쉽지 않다. 그러므로 번역본들마다 조금씩 다르게 번역하고 있다(cf. 새번역, 공동, 현대어, NAS, NIV, TNK, CSB, NIRV).

믿기 어려운 일은 다름이 아니라 미련한 자가 손에 돈을 들고 지혜를 사려 하는 상황이다(개역개정, 공동, 현대어, NAS, NIV, ESV). 설령 그가 값을 치르고 지혜를 산다 해도 별 의미는 없다. 그의 마음이 무지하여 지혜롭게 될 수 없기 때문이다(cf. Toy). '무지하다'(לֶב־אָיִן)를 직역하면 '마음이 존재하지 않는다'이다. 그가 지혜를 얻는다 해도 담을 수 있는 그릇(마음)이 없다. 그러므로 미련한 자가 값을 치르고 지혜를 사는 일은 낭비이다. 만일 미련한 자가 참으로 지혜를 구하기를 원한다면, 먼저 그 지혜를 담을 수 있는 마음의 밭을 일구어야 한다. 이러한 준비 없이 지혜를 구하면 그에게 지혜는 돼지 코에 걸린 금고리와 같다. 지혜는 그의 삶에서 아무런 효과를 발휘하지 못한다.

III. 솔로몬의 첫 번째 잠언집(10:1–22:16)
B. 통찰적인 지혜 모음집(16:1–22:16)
2. 배부른 것보다 지혜와 평화(17:1–28)

(4) 우정과 보증(17:17–22)

17 친구는 사랑이 끊어지지 아니하고
형제는 위급한 때를 위하여 났느니라
18 지혜 없는 자는 남의 손을 잡고
그의 이웃 앞에서 보증이 되느니라
19 다툼을 좋아하는 자는 죄과를 좋아하는 자요
자기 문을 높이는 자는 파괴를 구하는 자니라
20 마음이 굽은 자는 복을 얻지 못하고
혀가 패역한 자는 재앙에 빠지느니라
21 미련한 자를 낳는 자는 근심을 당하나니
미련한 자의 아비는 낙이 없느니라
22 마음의 즐거움은 양약이라도

심령의 근심은 뼈를 마르게 하느니라

첫 번째 교훈은 친구와 형제의 차이에 관한 것이다(17절). 주석가들 사이에는 이 말씀이 상반되는 가르침(1행과 2행이 서로 대조적인 경우)인지, 평행적인 가르침(1행과 2행이 같은 주제를 더 발전 시키는 경우)인지에 대해 논쟁이 있다(cf. Kitchen, McKane, Murphy, Waltke). 2행을 시작하는 접두사(וְ)는 '그리고'도 될 수 있고, '그러나'도 될 수 있기 때문이다. 두 가지 모두 가능하다. 첫 번째 경우 형제가 친구보다 낫다는 뜻이며, 두 번째 경우 친구와 형제는 우리의 삶에서 서로 다른 영역을 차지하고 있다고 하는 의미를 지녔다.

친구는 사랑이 끊어지지 않는다. '끊어지지 않는다'(בְּכָל־עֵת)를 직역하면 '언제든, 어느 때든'이다. 친구는 때와 장소를 막론하고 항상 '사랑하는 사람'(אֹהֵב)이다. 아무런 조건 없이 환영해 주고 아껴 주는 것이 친구라는 뜻이다. 이런 사람은 형제보다 더 낫다(18:24). 성경은 룻과 요나단을 가족보다 나은 친구라고 한다(룻 1:16; 삼하 1:26).

형제는 위급한 때를 위해 태어났다(17b절). '위급한 때'(לְצָרָה)는 곤경에 처할 때, 불안할 때 등 위험한 상황에 처했을 때이다. 형제는 우리가 어려움에 처했을 때 도움을 주기 위해 태어났다. 친구는 언제나 사랑해서 좋지만, 정작 도움이 필요할 때에는 도움이 되지 않을 수 있다. 반면에 형제는 항상 서로 도와주어야 한다. 하나님이 서로 도우라고 한 가족으로 묶어 주셨기 때문이다. 이 말씀은 창조주께서 어려움에 처한 가족을 못 본채 하는 자들에게 경고하시는 말씀이다. 형제는 항상 친구보다 더 나아야 한다. 그러나 우리 주변에는 제 구실을 하지 못하는 친구보다 못한 형제들이 허다하다.

두 번째 교훈은 보증을 서지 말라고 경고한다(18절). 지혜 없는 자는 남의 손을 잡는다. '손을 잡는다'(תּוֹקֵעַ כָּף)는 어떤 약속을 하거나 계약을 맺은 후 기쁨의 상징으로 서로 손뼉을 친다는 뜻이다(HALOT, cf. 6:1;

11:15). 오늘날의 '하이 파이브'(high-five)와 비슷하다. 미련한 자는 다른 사람의 담보가 되기로 서약하고 기뻐한다는 뜻이다.

결국 그는 이웃 앞에서 보증이 된다(18b절). 남의 빚에 보증을 선다는 뜻이다(Cohen, cf. 6:1; 11:15; 20:16; 22:26; 27:13). 잠언에서 솔로몬은 보증을 서는 일은 미련한 짓이므로 절대 서지 말 것을 당부했다(cf. 6:1-5). 보증은 오직 가족들 사이에서 서는 것이다. 미련한 자는 이러한 권면을 무시하고 보증이 된다. 스스로 올무에 걸려드는 일이며, 스스로 무덤을 파는 일이다. 결국 그가 보증한 채무는 그가 스스로 판 무덤에 그를 묻을 것이다.

세 번째 말씀은 삶에서 무엇을 즐기는지 신중하라는 경고이다(19절). 이 행에서는 주어와 동사가 분명치 않아 정확한 번역이 쉽지 않다(cf. Kitchen, Murphy, Waltke, Whybray). 새번역은 개역개정의 주어와 동사 순서를 바꿔 해석했다: "벌받기[죄과]를 좋아하는 사람은 싸우기[다툼]를 좋아한다." 내용이 크게 다르지 않기 때문에 개역개정의 순서를 따르고자 한다.

다툼을 좋아하는 자는 죄과를 좋아하는 자이다. '좋아하다'(אהב)는 '사랑하다'는 뜻으로 열정과 감정적으로 좋아하는 것이다. '다툼'(מַצָּה)은 갈등과 불화를 뜻한다(TWOT). '죄과'(פֶּשַׁע)는 죄에 대한 벌로 임하는 악과 재앙이다. 남들과 다투는 것을 즐기는 자는 결국 그에 상응하는 악(재앙)을 거두게 될 것이다(cf. 10:12; 11:9; 12:6; 16:27; 17:14; 29:22).

자기 문을 높이는 자는 파괴를 구하는 자이다(19b절). 이 행은 해석하기가 난해하다(Kitchen, McKane, Murphy, Waltke). '높이다'(גבה)는 교만해진다는 뜻이다(Ross, cf. TWOT). '파괴를 구하는 자'(מְבַקֶּשׁ־שָׁבֶר)는 '뼈가 부러지도록 하는 자'라는 의미로 해석될 수도 있다(NRS, TNK). 이미지는 문턱을 너무 높여 사람들이 걸려 넘어져 뼈가 부러지는 일이다(Van Leeuwen). 그러므로 교만한 자는 자기가 출입하는 문을 높여 모든 사람이 보는 앞에서 출입하여 자신을 과시하는 교만을 떤다는 의미를 지녔다(Murphy, cf. 공동, 현대어). 그러나 그는 넘어져 뼈를 분지를 것이다. 교만한 사람은 파괴를 구하는 자, 곧 스스로 자멸할 길을 찾는 자라는 뜻이다. 사람은 경건한 것을 좋아하고 즐겨야 한다. 악한 것들을 즐겨하면 분명 대가를 치러야 한다.

네 번째 가르침은 세 번째 것과 비슷하며 살아가는 방식의 중요성을 강조한다(20절). 마음이 굽은 자는 복을 얻지 못한다. '굽은 마음'(לֵב־עִקֵּשׁ)은 비뚤어짐과 거짓으로 가득한 마음이다(NIDOTTE). 이런 사람은 복을 얻지 못한다. '복'(טוֹב)은 선한 것을, '얻다'(מצא)는 '찾다, 만나다'는 뜻을 지녔다. 마음에 선한 것은 하나도 없고 온갖 악한 것들로 가득한 사람이 선한 일을 만나지 못하는 것은 당연한 일이다. 심판하시는 하나님이 허락하지 않으시기 때문이다.

혀가 패역한 자는 재앙에 빠진다(20b절). '혀가 패역하다'(נֶהְפָּךְ בִּלְשׁוֹנוֹ)는 것은 온통 악한 말만 쏟아낸다는 뜻이다. 사람이 마음에 품은 것은 입을 통해 나오기 마련이다(Kitchen). 비뚤어짐과 거짓으로 가득한 마음을 지닌 사람의 입에서 선한 것이 나올 리 없다. 그러므로 그는 재앙에 빠진다. '빠지다'(נפל)는 떨어진다는 뜻이다. 그는 자신이 토해낸 악한 말이 만들어낸 재앙 구덩이에 스스로 떨어져 헤어나지 못한다. 솔로몬은 마음을 선한 것들로 채우고 이에 합당한 선한 말을 하라고 권면한다.

다섯 번째 가르침은 미련한 자식은 참으로 골칫거리라고 한다(21절). 미련한 자를 낳는 자는 근심을 당한다(cf. 10:1). '근심'(תּוּגָה)은 슬픔이다. 잠언은 미련한 자는 부모를 업신여긴다고 한다(15:20). 자식에게 업신여김을 당한 부모는 분노하기보다는 그 미련한 자식을 생각할 때마다 걱정이 앞선다(10:1; 15:20; 17:25; 19:13, 26).

그러므로 미련한 자의 아버지는 낙이 없다(21b절). '낙이 없다'(יִשְׂמַח־לֹא)는 기뻐하지 못한다는 뜻이다. 아들이 멍청하니 부모가 어떻게 기뻐하겠는가! 게다가 2행은 미련한 자를 뜻하며 다른 단어를 사용한다.

2행의 '미련한 자'(נָבָל)는 언젠가는 자신이 하나님 앞에 서서 심판을 받아야 한다는 사실을 인정하지 않는 자이다(Kitchen, cf. Toy). 이런 아들은 평생 부모에게 짐이 될 뿐이다. 사람이 바르고 철든 생각을 하는 것도 효도라는 생각이 든다. 또한 여호와를 경외하는 신앙을 가지는 것은 더 큰 효도이다.

여섯 번째 교훈은 마음이 삶과 몸에 얼마나 큰 영향을 미치는가에 대한 것이다(22절). 마음의 즐거움은 양약이다. '양약'(גֵּהָה)은 성경에서 단 한 차례 사용되는 단어(hapax legomenon)이며 치유적인 효과를 지닌 것을 의미한다(NIDOTTE). 이 문구(לֵב שָׂמֵחַ יֵיטִב גֵּהָה)를 직역하면 '즐거운 마음은 치유처럼 좋다(좋은 약이다)'이다. 즐겁게 사는 것이 몸과 마음에 가장 좋은 약이 된다는 뜻이다. 즐거운 마음은 기쁨의 얼굴을 통해서도 표현된다(15:13). 살면서 항상 즐거운 마음을 유지하는 것은 쉬운 일이 아니다. 그러나 어떻게 생각하면 우리가 처한 상황이 어떻든 간에 우리의 마음 가짐은 우리가 조정할 수 있다. 그러므로 매사에 긍정적이고 미래에 대하여 낙관적인 마음을 가지도록 노력해야 한다. 그래야 조금 더 쉽게 살 수 있다.

반면에 심령의 근심은 뼈를 마르게 한다(22b절). '근심'(נְכֵא)은 패배감이다(HALOT). 마음이 패배감으로 가득하면 몸에도 영향을 미친다. 뼈를 마르게 하기 때문이다. '마르다'(יבשׁ)는 생기가 없다는 뜻이며(TWOT), '썩는 뼈'와 비슷한 말이다(Kitchen, cf. 12:4; 14:30). 또한 마른 뼈는 '기름기 있는 뼈'와 대조를 이룬다(15:30).

걱정하는 마음은 사람의 몸에 남아 있는 생기까지 앗아간다는 의미를 지녔다. 우리가 걱정한다고 해서 문제가 해결될 것이 아니라면, 걱정하지 않으려고 노력해야 한다. 걱정할 시간이 있으면, 문제를 십자가 아래 내려 놓고 문제를 해결하실 수 있고, 하시고자 하는 주님을 향해 기도하는 것이 지혜롭다. 16:24는 "선한 말은 꿀송이 같아서 마음에 달고 뼈에 양약이 된다"며 이 교훈과 비슷한 말을 한다.

(5) 정의로운 판결(17:23-28)

23 악인은 사람의 품에서 뇌물을 받고
재판을 굽게 하느니라
24 지혜는 명철한 자 앞에 있거늘
미련한 자는 눈을 땅 끝에 두느니라
25 미련한 아들은 그 아비의 근심이 되고
그 어미의 고통이 되느니라
26 의인을 벌하는 것과
귀인을 정직하다고 때리는 것은 선하지 못하니라
27 말을 아끼는 자는 지식이 있고
성품이 냉철한 자는 명철하니라
28 미련한 자라도 잠잠하면 지혜로운 자로 여겨지고
그의 입술을 닫으면 슬기로운 자로 여겨지느니라

첫 번째 교훈은 뇌물을 삼가하라는 경고이다(23절). 이 말씀은 지도자들, 특히 소송에 대하여 판결하는 자들에 관한 것이다. 악인은 사람의 품에서 뇌물을 받는다. 품에서 뇌물을 받는다는 것은 남의 눈을 피해 아주 은밀하게 거래한다는 뜻이다(cf. 21:14). 뇌물은 떳떳하게 받을 수 있는 것이 아니니 당연히 숨어서 받는다.

뇌물을 받은 사람은 재판을 굽게 한다(23b절). 뇌물은 대가를 바라고 주는 선물이다. 그러므로 뇌물을 받은 사람은 준 사람이 원하는 대로 해 줘야 한다. 재판을 굽게 한다는 것은 옳고 그름에 따라 공정한 판결이 나오는 것이 아니라, 뇌물을 준 사람에게 이로운 판결이 나온다는 뜻이다. 결국 이런 사회에서는 뇌물이 정의가 된다. 창조주께서 세워 주신 공의와 정의는 아랑곳하지 않는다.

두 번째 교훈은 지혜는 가까운 곳에 있다고 한다(24절). 지혜는 명철한 자 앞에 있다. 명철한 사람은 지혜로운 사람이기 때문에 그가 머무는 곳에서는 항상 지혜를 찾을 수 있다. 또한 명철한 사람은 그에게 지혜를 줄 수 있는 사람들과 어울리기 때문에 지혜는 항상 그의 곁을 지킨다.

그러나 미련한 자는 눈을 땅 끝에 둔다(24b절). 미련한 자는 가까이 있는 명철한 사람과 지혜를 보지 못한다. 보아도 알아보지 못한다. 그의 집중력이 항상 방황하고 있기 때문이다(Whybray). 그는 지혜가 아주 먼 곳에 있다고 생각하여 항상 먼 곳에서 지혜를 찾으려 한다. 미련한 사람은 행복은 먼 곳이 아니라 가까운 곳에 있다는 사실을 깨닫지 못한다. 그들의 편견과 선입견이 가까이 있는 명철과 지혜를 보지 못하게 한다. "등잔 밑이 어둡다"는 말이 생각난다. 미련한 자들은 등잔 밑을 살펴볼 지혜가 없다. 사람을 찾고 구할 때, 주변에서 찾아보라.

세 번째 가르침은 미련한 자들은 부모에게 근심과 고통이 된다고 한다(25절). 이 말씀의 내용은 21절과 비슷하다. '근심'(כַּעַס)은 짜증과 불안이며, '고통'(מֶמֶר)은 쓴맛이다(HALOT). 자식은 부모의 자랑거리가 되어야 하는데, 미련한 자들은 부모에게 골칫거리라는 것이다. 이런 자식을 둔 부모는 항상 노심초사하며 자식을 걱정한다. 그들이 혹시 사고를 쳐 이웃에게 피해를 입혔을까 하는 마음이다. 우리가 여호와를 경외하는 지식을 배우고 습득하여 슬기롭게 사는 것도 효도다.

네 번째 가르침은 착하게 사는 사람을 벌하지 말라는 경고이다(26절). 이 말씀은 '…은 좋지 않다'는 유형의 가르침의 첫 번째 사례이다(cf. 18:5; 19:2; 20:23; 24:23; 25:27; 28:21). 의인은 죄를 짓지 않은 사람이다. 법정이 의인을 벌하는 것은 선하지 않다. '벌하다'(ענש)는 벌금을 물리다는 뜻이다(TWOT). 죄를 짓지 않은 사람에게 벌금을 물려 그를 벌하는 것은 공의로운 사회의 근간을 흔드는 일이다.

또한 귀인을 정직하다고 때리는 것도 선하지 않다(26b절). '귀인'(נָדִיב)은 일상적으로 귀족을 뜻하기 때문에 대부분 번역본들이 이러한 의미로 해석한다. 그러나 누가 감히 귀족을 때리겠는가? 게다가 '정직'(יֹשֶׁר)은 바르게 산다는 뜻이다. 정직한 귀족은 더욱더 때릴 수 없다. 그러므로 '귀인'을 다르게 해석해야 한다. '귀인'이 지닌 의미 중 하나는 자신의 정당한 법적 권리를 주장하는 사람이다(HALOT). 본문에서도 이러한 의미로 해석되어야 한다. 법정에서 정당한 권리를 주장하는 정직한 사람을 때리는 것은 옳지 않다. 하나님이 정해 주신 정의와 공의를 굽게 하는 행위이기 때문이다. 선지자 예레미야는 자신이 전한 의로운 메시지 때문에 매를 맞았다(렘 20:2).

다섯 번째 교훈은 지혜로운 사람이 겸비해야 할 것들에 관한 것이다(27절). 지식이 있는 사람은 말을 아껴야 한다. 지혜로운 사람은 언제 말을 하고, 언제 침묵해야 하는가에 대한 판단이 정확한 사람이다. 그러므로 말을 많이 하지도, 함부로 하지도 않는다(10:19; 11:12). 말의 능력과 힘은 '양(量)'에 있지 않고 시기적절함에 있다. 평소에는 말을 아끼다가 적시 적소에 한마디씩 해 주는 것이 말의 가치를 높인다.

또한 성품이 냉철한 자는 명철하다. '냉철'(קַר)은 억제하거나 자제한다는 뜻이다(cf. 공동, 아가페, TNK, NIV, NIRV). 감정이 격해지면 이성적이고 합리적인 판단을 하기 힘들다(cf. 14:29). 그러므로 지혜로운 사람은 절대 자기 감정이 폭발하지 않도록 한다. 자기 감정을 통제하는 사람은 훌륭한 인격자일 뿐만 아니라, 지혜로운 사람이다. 우리는 감정을 폭발시키는 말로 하나님의 의를 얻지 않는다(약 1:19–20). 말을 아끼다가 적기 적소에 한마디씩 해 주는 사람, 또한 자기 감정을 잘 통제하는 사람, 솔로몬은 이런 사람이 참으로 지혜롭다고 한다.

이 장의 마지막 교훈은 미련한 자는 더욱더 말을 아끼라고 한다(28절). 미련한 자의 특징은 자신의 무지와 어리석음을 말로 표현하는 것에 있다. 물론 미련한 사람은 자신이 미련하다고 생각하지 않기 때문에 떠들어 댄다. 솔로몬은 미련한 자라도 잠잠하면 지혜로운 자로 여겨질 수 있다고 한다. 지혜로운 사람은 말을 많이 하지 않기 때문이다. 그러므로 어리석은 자라도 말을 아끼면 사람들은 그가 지혜로운 사람이기 때문에 말을 많이 하지 않는 것이라고 생각할 것이다. 욥의 세 친구가 말을 하기 전에는 지혜로운 자들로 생각되었다(cf. 욥 2:13). 그러나 일단 입을 연 후에는 어리석음을 드러냈다. 그러므로 욥은 그들이 다시 입을 다물기를 바랬다(욥 13:5).

미련한 자가 입술을 닫으면 슬기로운 자로 여겨진다(28b절). 1행의 내용을 다른 말로 반복하고 있다. 잠언은 미련한 자는 많은 말을 통해 자신의 어리석음을 드러낸다고 했다. 그러므로 그가 말을 자제하면 자신의 어리석음을 사람들 앞에서 드러낼 일이 없다. 침묵은 금이라는 말이 생각난다. 사람이 지혜롭거나 어리석게 되는 것에 대하여 할 수 있는 일이 상당히 많지만, 가장 효과적인 일은 말을 아끼는 것이다. 또한 말을 아끼면 우리가 짓는 죄의 대부분을 짓지 않아도 된다.

III. 솔로몬의 첫 번째 잠언집(10:1-22:16)
B. 통찰적인 지혜 모음집(16:1-22:16)

3. 어리석은 자는 지혜를 기뻐하지 않음(18:1-24)

책이 이때까지 말과 행실의 중요성을 강조해 왔던 것처럼 이 섹션도 말과 행실에 신중한 것이 지혜라 한다. 특히 부자들과 사회 지도층의 언행에 대해 다양한 가르침을 준다. 내용을 분석해 보면 이미 제시한 것들을 다르게 표현하는 것도 있고 새로운 것들도 있다. 이렇다 할 흐름이나 구조는 없다(Murphy). 이 주석에서는 본 장을 다음과 같이 섹션화하여 본문을 주해해 나가고자 한다.

A. 미련한 자와 악한 자(18:1-8)

B. 안전과 보안(18:9-12)

C. 말과 다툼(18:13-19)

D. 말의 열매(18:20-24)

III. 솔로몬의 첫 번째 잠언집(10:1-22:16)
B. 통찰적인 지혜 모음집(16:1-22:16)
3. 어리석은 자는 지혜를 기뻐하지 않음(18:1-24)

(1) 미련한 자와 악한 자(18:1-8)

[1] 무리에게서 스스로 갈라지는 자는 자기 소욕을 따르는 자라
온갖 참 지혜를 배척하느니라
[2] 미련한 자는 명철을 기뻐하지 아니하고
자기의 의사를 드러내기만 기뻐하느니라
[3] 악한 자가 이를 때에는 멸시도 따라오고
부끄러운 것이 이를 때에는 능욕도 함께 오느니라
[4] 명철한 사람의 입의 말은 깊은 물과 같고
지혜의 샘은 솟구쳐 흐르는 내와 같으니라
[5] 악인을 두둔하는 것과
재판할 때에 의인을 억울하게 하는 것이 선하지 아니하니라
[6] 미련한 자의 입술은 다툼을 일으키고
그의 입은 매를 자청하느니라
[7] 미련한 자의 입은 그의 멸망이 되고
그의 입술은 그의 영혼의 그물이 되느니라
[8] 남의 말하기를 좋아하는 자의 말은 별식과 같아서
뱃속 깊은 데로 내려가느니라

첫 번째 교훈은 독불장군에 관한 것이다(1절). 이 말씀을 정확히 번역하고 해석하기가 쉽지 않다(cf. 새번역, 공동, 아가페, NIV, NAS). 무리에

게서 스스로 갈라지는 사람은 자기 소욕을 따르는 자다. 창조주께서는 우리가 서로 돌보고 의지하는 공동체를 형성하며 살도록 창조하셨다. 그러나 어느 공동체든 다른 사람들과 잘 어울리지 못하는 사람들도 있고, 일부러 어울리지 않으려고 하는 사람들도 있다. 이 말씀은 다른 사람들과 어울리지 않는 분리주의자와 자기 잇속만 챙기는 이기주의자에 대한 경고이다(Toy).

사람이 무리에게서 스스로 갈라질 때에는 여러 가지 이유가 있겠지만, 가장 흔한 이유는 자기는 다른 사람들과 질과 격이 다르다고 생각하는 교만이다. 이런 사람은 공동체를 통해서는 자신이 추구하는 것을 얻을 수 없다고 생각하여 스스로 거리감을 둔다. 그러므로 자기 소욕을 따르기 위해 스스로 외토리가 된다. '소욕'(תַּאֲוָה)은 소망처럼 긍정적인 것이 아니라, 부정적인 의미를 지닌 갈망이다(NIDOTTE). 롯이 소욕을 추구하기 위해 아브람에게서 갈라져 나갔다(창 13:9, 11).

자신을 공동체에서 스스로 소외시키는 사람은 온갖 참 지혜도 배척한다(1b절). '온갖 참 지혜'(כָּל־תּוּשִׁיָּה)는 경건하고 성공적인 삶을 살아가는 데 필요한 슬기로움이다(TWOT, cf. 2:7). '배척하다'(גלע)는 다툼을 통해 고의적으로 거부하는 것을 의미한다(TWOT). 이 단어는 '이빨을 드러내다'는 뜻을 지녔다(NIDOTTE). 다른 사람들과 다투는 일을 묘사하는 것이다(Kitchen, cf. 17:14; 18:1; 20:3). 자신은 다른 사람들보다 격과 질이 다르다고 생각하는 교만한 자가 그 사람들의 지혜로운 말을 받아들일 리 없다. 그러므로 그는 어리석음의 구덩이를 파서 자신을 스스로 그 구덩이에 가둔다.

두 번째 교훈은 미련한 자의 성향에 관한 것이다(2절). 미련한 자는 명철을 기뻐하지 않는다. 미련한 사람의 특징은 배울 필요를 느끼지 못하는 것이다. 그러므로 누가 깨우침을 주거나 통찰력을 배울 기회가 생겨도 반기지 않는다. 미련한 자들의 입은 열려 있지만, 그들의 마음은 닫혀 있다(Waltke). 그렇다 보니 악순환이 계속되어 그는 더 미련해진다.

또한 미련한 자일수록 자기 의사를 드러내기만 기뻐한다(2b절). 그는 닫힌 마음과 열린 입을 지녔다(Kidner). 남이 줄 수 있는 지혜나 조언에 관심이 없는 사람이니 남의 말을 들으려 하지 않는다. 그러므로 그는 사람들에게 그의 '슬기로움'에 대하여 질문하도록 유도하며, 배우기 위해 남에게 질문하지 않는다(Ross). 그는 자신이 어리석다는 것도 모른 채 자기의 어리석은 생각만 자랑하려고 하는 것이다. 이 미련한 자는 과시욕이 강한 사람이다. 문제는 그가 과시할 것이 아무것도 없다는 것에 있다. 그는 '마음이 없는' 자이기 때문에(cf. 11:12) 드러낼 것이 없다. 일종의 아이러니이다(Van Leeuwen). 아무 말도 하지 않고 가만히 있으면 오히려 더 나을 텐데 말이다(cf. 17:27, 28).

이런 사람의 말을 들어줄 사람은 별로 없다. 그러므로 떠벌리기를 좋아하는 미련한 자는 공동체가 그를 따돌리는 결과를 초래한다. 1절이 언급한 교만한 자는 공동체에서 스스로 자신을 따돌리고, 2절이 말하고 있는 미련한 자는 공동체에서 따돌림을 받는다. 교만한 자나 미련한 자나 공동체에서 소외되기는 마찬가지이다. 요즘 말로 하면 그들은 '왕따들'이다. 교만한 자는 스스로 자신을 '왕따'시키고, 미련한 자는 어리석은 언행으로 '왕따'를 당한다. 우리가 공동체를 형성하고 살아가는 한, 어떠한 형태의 '왕따'도 바람직하지 않다.

세 번째 교훈은 악한 사람은 항상 악을 동반하고 다닌다는 경고이다(3절). 악한 자가 이를 때에는 멸시도 따라온다. '멸시'(בּוּז)는 경멸을 뜻하는데, 악한 자가 사람들을 멸시한다는 것인지, 악한 사람을 보는 사람들이 그를 멸시한다는 것인지 정확하지 않다. 공동번역과 아가페성경과 현대어성경은 사람들이 그를 멸시하는 것으로, 영어번역본들은 대부분 그가 멸시를 가져오는 것(다른 사람들을 무시하는 것)으로 이해한다. 이 말씀을 1-2절이 묘사하고 있는 교만한 자와 미련한 자와 연관시키면, 교만한 자(1절)는 주변 사람들을 멸시하며(멸시를 가져오며), 미련한 자(2절)는 주변 사람들에게 멸시를 당한다. 이 둘의 차이가 그다지 중요하지는 않다. 중요한 것은 이들이 머무는 곳에는 항상 멸시도 있다는 사실이다.

부끄러운 것이 이를 때에는 능욕도 함께 온다(3b절). 이 말씀은 1행의 내용을 재차 확인한다. '부끄러운 것'(קָלוֹן)은 '불명예, 수치'를 뜻하며 '능욕'(חֶרְפָּה)은 '조롱, 놀림'을 의미한다(TWOT). 1행과 2행이 평행을 이루고 있는 점을 감안하면 1행의 '악한 자'가 2행에서는 '부끄러운 것'으로 표현되고 있다고 해석할 수도 있다. 악한 사람은 '부끄러운 것[물건]'에 불과하다고 하는 것이다. 이 말씀은 악인들 주변에는 멸시와 부끄러움과 능욕이 있을 뿐이라는 경고이다. 그들은 다투기를 좋아하기 때문에 항상 멸시와 부끄러움과 능욕이 있다(Garrett). 그러므로 우리는 악인들을 멀리해야 한다.

네 번째 가르침은 사람의 말과 지혜를 대조한다(4절). 우리말 번역본들은 1행에 마소라 사본에는 없는 '명철한 사람'을 투입하여 지혜로운 사람의 말은 깊은 물과 같다고 한다(개역개정, 새번역, 현대어). 1행과 2행이 평행적인 구조를 지닌 것으로 간주하면 '명철한 사람'을 투영하는 일이 가능하다(Delitzsch, Kitchen, cf. Longman). 그러나 실제적인 말이 없으니 오역이다. 그러므로 모든 영어번역본들은 '사람의 말은 깊은 물과 같다'고 표현한다(NIV, NAS, ESV, NRS, TNK).

이 말씀은 사람의 말에 대한 긍정적인 평가가 아니라, 부정적인 평가를 반영하고 있다. '깊은 물'(מַיִם עֲמֻקִּים)은 도대체 무엇이 숨겨져 있는지 가늠할 수 없음을 상징한다. 게다가 잠언은 그 어디에서도 사람의 말이 자체적인 지혜의 근원을 지니고 있다고 하지 않는다(Goldingay). 지혜의 근원은 오직 여호와이시다. 종합해 볼 때 사람의 말은 결코 신뢰할 수 없다는 것이 1행의 의미이다(Waltke).

반면에 지혜의 샘은 솟구쳐 흐르는 내와 같다(4b절). '솟구쳐 흐르는 내'(נַחַל נֹבֵעַ מְקוֹר)는 마르지 않는 샘이 있어 건기 때에도 물이 흐르는 물줄기다. 또한 사람의 말은 '깊은 물'같이 음흉하여 도대체 무엇이 숨겨져 있는지 알 수 없지만, 솟구쳐 흐르는 지혜의 샘은 모든 것을 표면으로 올려 보낸다(Clifford). 지혜가 하는 일은 모두 투명하다는 뜻이다.

다섯 번째 가르침은 법을 올바르게 집행하라는 당부이다(5절, cf. 레 19:15; 신 1:17; 16:19; 잠 17:15, 23, 26; 24:23–25; 28:21). 악인을 두둔하는 것은 옳지 않다. '두둔하다'(שְׂאֵת פְּנֵים)를 직역하면 '얼굴을 들다'이며 무죄를 뜻하는 숙어이다(Koptak, Waltke). 악인을 옹호하여 그는 죄가 없다며 사람들이 보는 앞에서 그를 높이는 행위이다. 법정이 악인을 높이면, 그에게 당한 사람은 낮아진다. 억울한 사람이 죄인 취급을 받고 죄인이 죄가 없는 사람 취급을 받는 매우 악한 상황이다.

재판할 때에 의인을 억울하게 하는 것도 선하지 않다(5b절). '억울하게 하다'(נטה)를 직역하면 '엎드리게 하다'가 된다. 1행과 연결해서 해석하면, 법정이 죄가 없다며 얼굴을 들게 한 악인에게 의인이 잘못했다며 엎드려야 한다. 참으로 있어서는 안 될 일이다. 안타깝게도 우리 주변에서 이런 일은 계속 일어나고 있다. 하나님은 이런 일은 '선하지 않다'(לֹא־טוֹב)고 하신다. 하나님은 선하시다. 그러므로 하나님이 선하지 않다고 하시는 것은 이러한 일은 하나님이 세워 주신 의로운 기준을 위반하는 행위이므로 주님의 심판을 피할 수 없다는 사실을 경고한다. 어느 사회든 그 사회의 안정성은 법정의 안정성과 비례한다(Kitchen). 이 말씀은 16:26과 비슷하다.

여섯 번째 교훈은 미련한 자는 스스로 악한 삶을 산다고 경고한다(6절). 미련한 자의 입술은 다툼을 일으킨다. 미련한 자는 지혜롭게 말할 수 없다. 그는 항상 어리석고 악한 말만 한다. 그러므로 그의 말은 항상 다툼과 갈등을 일으킨다. 미련한 자는 문제를 일으키는 말만 해대기 때문에 그는 항상 갈등과 다툼의 중심에 있다. 그는 말을 많이 할수록 더 많은 문제를 일으킨다(McKane).

그의 입은 매를 자청한다(6b절). 이 행이 1행의 결과를 말하는지, 혹은 1행과 다른 새로운 교훈을 말하는지는 확실하지 않다. 만일 1행의 결과라면 미련한 자가 다툼과 갈등을 일으키는 것은 스스로 매를 자청하는 일이라는 의미가 된다. 만일 새로운 교훈이라면, 미련한 자는 항상 '매를 버는' 삶을 산다는 그의 삶에 대한 전반적인 평가이다. 미련한 자의 삶에는 평안과 안식이 없다. 항상 다툼과 갈등과 폭력이 있을 뿐이다.

일곱 번째 가르침은 미련한 자의 말이 그를 멸망에 이르게 한다는 경고이다(7절). 미련한 자의 입은 그의 멸망이 된다. '멸망이 되다'(מְחִתָּה־לוֹ)는 그에게 공포와 파괴를 안겨 준다는 뜻이다. 미련한 자는 미련하고 악한 말만 하는 입으로 스스로 자폭한다. 안타까운 것은 그는 미련해서 이러한 사실을 알지 못하고 망한다.

또한 미련한 자의 입술은 그의 영혼의 그물이 된다(7b절). '그물'(מוֹקֵשׁ)은 짐승을 잡으려고 놓은 덫이다. 문제는 이 덫이 다름아닌 미련한 자 자신을 잡는 덫이라는 것이다. 미련한 자의 말은 자신을 얽어매는 덫과 같다. 미련한 자는 남들이 공격해서 망하는 것이 아니라, 스스로 망한다. 어리석은 말 때문이다. 성경에서는 사사 입다(삿 11:30-35)와 사울 왕(삼상 14:24-30; 36-45)이 섣불리 말했다가 엄청난 대가를 치른 사람들이다.

여덟 번째 남에 대한 험담을 멀리하라는 경고이다(8절). 이 말씀은 26:22에서 반복된다. '남의 말하기 좋아하는 자'(נִרְגָּן)는 헐뜯는 말을 하는 사람이다(HALOT). 이런 사람은 항상 불만투성이기 때문에 이웃에 대해 선한 말을 하지 않는다. 매사에 부정적이고 빈정대는 말만 한다. 또한 소문도 매우 신속하게 살을 붙여 잘 옮긴다. 더 심각한 문제는 듣는 이들에게 있다. 이런 말을 들으면 거부하고 듣지 말아야 하는데, 잘 듣는다. 인간은 본능적으로 남에 대한 비방을 듣고자 하는 열망이 있기 때문이다(Whybray).

그러므로 부정적이고 나쁜 말은 별식과 같다. '별식'(מִתְלַהֲמִים)은 [순식간에] '먹어 치우다'는 동사에서 유래하며, 아주 귀하고 좋은 음식, 곧 별미다(NIDOTTE). 인간은 악하기 때문에 남에 대한 나쁜 소문을 즐긴다. 마치 우리가 정크푸드(junk food)가 몸에 좋지 않다는 것을 알면서도 즐기는 것처럼 말이다(Van Leeuwen).

나쁜 말이고 근거 없는 소문일수록 뱃속 깊은 데로 내려간다(8b절). 듣는 사람의 뼈가 되고 살이 되어 그의 일부가 된다는 뜻이다(cf. Kitchen). 솔로몬은 이 말씀을 통해 이웃이 전하는 악한 소문이나 나쁜 말은 아예 듣지 말 것을 권면한다. 듣게 되면 자기도 모르는 사이에 어느덧 그것들이 우리의 일부가 되어 있고, 언젠가는 입을 통해 다른 사람들에게도 옮겨 가기 때문이다.

III. 솔로몬의 첫 번째 잠언집(10:1–22:16) B. 통찰적인 지혜 모음집(16:1–22:16) 3. 어리석은 자는 지혜를 기뻐하지 않음(18:1–24)

(2) 안전과 보안(18:9–12)

9 자기의 일을 게을리하는 자는
패가하는 자의 형제니라
10 여호와의 이름은 견고한 망대라
의인은 그리로 달려가서 안전함을 얻느니라
11 부자의 재물은 그의 견고한 성이라
그가 높은 성벽 같이 여기느니라
12 사람의 마음의 교만은 멸망의 선봉이요
겸손은 존귀의 길잡이니라

첫 번째 가르침은 부지런해야 한다는 권면이다(9절). 자기 일을 게을리하는 자가 있다. '게을리하는 자'(מִתְרַפֶּה)는 일을 느슨하게 하는 자라는 뜻이다(TWOT). 게으르고 핑계와 구실을 앞세워 자신이 해야 할 일을 성실하게 하지 않는 자를 두고 하는 말이다(NIDOTTE). 잠언은 게으름은 위험하다고 한다(6:6-11; 10:4; 12:11, 24, 27; 13:4; 14:23; 27:23-27; 28:19). 일은 타락의 결과가 아니라, 창조주께서 주신 축복이다. 진흙으로 사람을 빚으신 하나님은 제일 먼저 그에게 동산을 관리하는 일을 주셨다(창 2:15). 인간이 타락하기 전에 있었던 일이다. 노동은 죄와 상관없는 축복인 것이다.

일을 게을리하는 사람은 창조주의 섭리를 거스릴 뿐만 아니라, 패가하는 자의 형제이다(9b절). '패가하는 자'(בַּעַל מַשְׁחִית)를 직역하면 '파괴의 주인'(가장 잘 파괴하는 자)이다(cf. 28:24). 요즘 말로 하면 '파괴의 달인'이다. 선하신 하나님은 성실하게 사역하셔서 꾸준히 세우시는데, 일을 게을리하는 사람은 본인의 의지와 상관없이 하나님이 세우신 것을 파괴하는 자와 '형제'(אָח)가 된다. 동조한다는 뜻이다. 그러므로 경건한 삶을 살고자 하는 주의 백성은 절대로 게으르면 안 된다.

두 번째 교훈은 하나님을 의지하라는 권면이다(10절). '여호와의 이름'(שֵׁם יְהוָה)은 잠언에서 이 곳에서 단 한 차례 사용된다(Clifford). 여호와의 이름은 견고한 망대이며 피난처이다(시 20:7; 61:7-8; 124:8; 142:7). 이름은 존재를 뜻한다. 세상의 온갖 풍파에서도 끄떡없는, 적들의 공격에도 요동치 않는 높이 솟아 있는 망대이다. 세상 풍파가 휘몰아칠 때 망대이신 주께 피하고 주의 도움을 청하는 자는 분명 보호를 받을 것이다.

그러므로 의인은 그 망대로 달려가 안전함을 얻는다(10b절). 솔로몬은 여호와의 이름을 의지하여 안전을 얻을 사람을 '의인'(צַדִּיק)으로 제한한다. 누구든 주님의 구원을 얻을 수는 없고, 오직 여호와를 의지하며 경건하고 바르게 산 사람만이 주님의 보호를 받을 수 있다. 환난 날이 임할 때 여호와의 이름은 진가를 발휘한다. 그러나 사람들은 눈에 보이는 것을 선호하고 눈에 보이는 것에서 위로를 받기 때문에 눈에 보이는 재물이 의지하기가 쉽지, 눈에 보이지 않는 하나님을 의지하는 일은 어렵다(cf. Waltke). 우리에게 믿음이 필요하다는 말씀이다.

세 번째 가르침은 세상을 의지하는 자들에게 주는 경고이다(11절). 부자의 재물은 그의 경고한 성이다(cf. 10:15). 부를 가진 사람들은 가진 것을 의지하려 한다. 그들은 자신들이 소유한 재물을 견고한 성처럼 여기기 때문이다. 그들은 환란이 임할 때 재물이 그들을 구해 줄 것이라고 믿고 확신한다.

그러므로 부자들은 자기 재산을 높은 성벽 같이 여긴다(11b절). 누구도 넘어올 수 없는 매우 높은 성벽이다. 문제는 '여긴다'(מַשְׂכִּית)에 있다. 이 단어는 상상 혹은 착각을 의미한다(NIDOTTE). 그들은 재물이 그들을 보호하고 지켜 줄 것으로 믿지만, 실제로 그들의 이런 바람은 착각일 뿐이다. 재물은 그들을 지키지 못한다. 그러므로 자신이 가진 재물을 의지하는 자들은 어리석다. 재물은 우리가 삶에서 당면하는 문제들을 해결하는데 어느 정도 도움이 되기는 하지만, 삶에서 가장 중요한 이슈들에서는 오히려 해가 되기 때문이다(Longman). 그들의 생각은 여호와가 높은 망대라고 하는 두 번째 교훈(10절)과 큰 대조를 이룬다.

네 번째 교훈은 겸손하라는 권면이다(12절). 사람의 마음의 교만은 멸망의 선봉이다. '사람의 마음의 교만'(יִגְבַּהּ לֶב־אִישׁ)을 직역하면 '사람의 마음이 높아지면'이다. 사람이 자신을 높이면, 주변에 있는 사람들을 내려다보게(무시하고 우습게 보게) 된다. '멸망의 선봉'(לִפְנֵי־שֶׁבֶר)은 파괴 앞에 서 있는 모습을 묘사한다. 분명 망한다는 뜻이다. 솔로몬은 교만한 사람은 반드시 망할 것이라고 경고한다.

반면에 겸손은 존귀의 길잡이다(12b절). '겸손'(עֲנָוָה)은 자기 자신을 낮추는 것이다. 이미지가 대조적이다. 교만한 사람은 사람들 앞에서 자기를 높이는 것에 반해 겸손한 자는 오히려 낮춘다. 그런데 하나님은 높아진 교만한 자는 낮추시고, 낮아진 겸손한 자는 높이신다. 존귀함은 우리가 취하는 것이 아니라, 하나님이 주시는 것이다(Clifford, cf.

Aitken). '존귀의 길잡이'(לִפְנֵי כָבוֹד)는 존귀 앞에 서 있는 모습이며 '멸망의 선봉'(לִפְנֵי־שֶׁבֶר)과 같은 표현법을 사용하고 있다. 교만한 자가 확실히 멸망하는 것처럼, 겸손한 자는 반드시 존귀하게 될 것이다.

III. 솔로몬의 첫 번째 잠언집(10:1–22:16) B. 통찰적인 지혜 모음집(16:1–22:16) 3. 어리석은 자는 지혜를 기뻐하지 않음(18:1–24)

(3) 말과 다툼(18:13–19)

13 사연을 듣기 전에 대답하는 자는
미련하여 욕을 당하느니라
14 사람의 심령은 그의 병을 능히 이기려니와
심령이 상하면 그것을 누가 일으키겠느냐
15 명철한 자의 마음은 지식을 얻고
지혜로운 자의 귀는 지식을 구하느니라
16 사람의 선물은 그의 길을 넓게 하며
또 존귀한 자 앞으로 그를 인도하느니라
17 송사에서는 먼저 온 사람의 말이 바른 것 같으나
그의 상대자가 와서 밝히느니라
18 제비 뽑는 것은 다툼을 그치게 하여
강한 자 사이에 해결하게 하느니라
19 노엽게 한 형제와 화목하기가 견고한 성을 취하기보다 어려운즉
이러한 다툼은 산성 문빗장 같으니라

첫 번째 교훈은 말하기 전에 들으라는 권면이다(13절). 사연을 듣기 전에 대답하는 자가 있다. 이런 사람의 답은 전혀 도움이 되지 않는다. 효과적인 말은 정확한 상황 판단과 여러 관점을 예민하게 고려하는 일과 나뉠 수 없기 때문이다(McKane).

사람들은 어떤 조언을 구하기 위하여 자기가 처한 상황에 대해 다른 사람들에게 말을 하기도 하지만, 상당 수는 자기 하소연을 들어 달라는 차원에서 말을 한다. 이런 사람들에게 조언은 별로 중요하지 않다. 그들이 원하는 것은 공감(共感)이다. 그러므로 이야기를 들어 보지도 않고 대답하는 자는 상황을 판단하지 못하고 엉뚱한 답을 주기 때문에 조언을 구하는 자에게 반발만 살 것이다. 또한 공감을 바라는 사람에게는 들어주지 않으니 상처만 남긴다. 우리는 말하는 것보다 들어주는 것이 더 중요하다는 사실을 마음에 새겨야 한다. 특히 사역자들은 듣는 연습을 더 열심히 해야 한다.

이런 사람은 미련한 자이며, 욕을 당한다(13b절). '욕'(כְּלִמָּה)은 견디기 힘든 모욕이다(HALOT). 모욕을 당하는 것도 겸손처럼 일종의 '낮아짐'이다. 이 둘의 차이는 겸손이 스스로 취하는 자세인데 반해, 모욕은 남들에 의해 낮아진다는 사실에 있다(Koptak). 겸손을 드러내는 가장 좋은 방법은 남의 말을 잘 들어주는 것이다.

누구에게 모욕을 당하는가? 그에게 조언을 구하며 말을 하고자 했던 사람과 주변에 모여 있는 사람들에게 당한다. 이런 사람은 당해도 싸다는 생각이 든다. 우리는 말하기 전에 먼저 들어야 한다. 입이 귀를 앞서 가면 분노와 모욕이 있을 뿐이다. 욥의 친구들이 이 어리석은 자들의 예가 된다(Kitchen).

두 번째 가르침은 심령의 중요성을 강조한다(14절). 사람의 심령은 그의 병을 능히 이긴다. '심령'(רוּחַ)은 사람의 '영, 정신', 곧 마음 가짐이다(cf. 새번역, 아가페). 사람은 마음을 단단히 하면 병을 이길 수 있다. '이기다'(כול)의 더 정확한 의미는 '통제하다, 견디다'이다(NAS, ESV, NIV, TNK). 병에서 낫는 것이 아니라 병을 통제할 수 있다는 뜻이다. 우리말 격언 "호랑이에게 물려 가도 정신만 차리면 산다"는 의미와 비슷하다.

그러나 심령이 상하면 그것을 일으킬 사람이 없다(14b절). 이미지는 도저히 감당할 수 없는 무거운 짐에 짓눌리는 것이다. 건강한 정신은 몸에 도움을 주어 병을 견딜 수 있게 하지만, 정신이 병들고 상하면 소망이 없다는 뜻이다(cf. 마 26:14). 그러므로 우리는 절대 정신 건강을 등한시해서는 안 된다. 우리의 영혼을 만드신 하나님께 꾸준히 도움을 청하며 우리 마음을 건강하게 유지해야 한다.

세 번째 가르침은 지혜로운 사람은 항상 지식을 얻으려고 노력해야 한다고 한다(15절). 명철한 자의 마음은 지식을 얻는다. '얻다'(קנה)는 '구하다, 사다'라는 뜻을 지녔다. 지혜로운 사람의 특징은 계속 배우려고 하는 것이다(Whybray). 그러므로 지혜로운 사람은 대가를 지불하고서라도 꾸준히 지식을 구한다(cf. 1:5; 4:5, 7). 지혜로움은 지식에서 시작하고, 지식에 바탕을 두기 때문이다. 가장 많이 아는 사람은 자신이 모르는 것이 얼마나 많은가를 아는 사람이다(Kidner).

그러므로 지혜로운 자의 귀도 지식을 구한다(15b절). 잠언에서 마음과 혀(입)가 함께 언급이 되는 것은 자주 있는 일인데, 마음과 귀가 연결되기는 처음이다. '구하다'(בקשׁ)는 열심히 찾는다는 뜻이다. 지혜가 있는 사람은 지식의 소중함을 알기 때문에 사람들, 특히 지혜로운 사람들의 말에 귀를 기울인다. 솔로몬은 지식이 자연히 생기는 것이 아니고 사람이 노력해야 얻을 수 있는 것이라 한다. 얻고 구하려고 노력해야 비로소 갖게 되는 것이 지식이라 한다. 특히 여호와를 경외하는 지식은 열심히 노력해야 얻을 수 있다.

네 번째 교훈은 선물에 인색하지 말라는 권면이다(16절). 사람의 선물은 그의 길을 넓게 한다. 잠언은 이때까지 뇌물은 나쁜 것이라 했다(15:27; 17:8, 23). 그런데 선물은 사람의 길을 열어 주는 좋은 것이라 한다. '뇌물'(שֹׁחַד)과 '선물'(מַתָּן)의 차이는 무엇일까? 별 차이가 없다고 하여 이 '선물'을 법정의 판결에 영향을 주려고 주는 뇌물이라며 부정적으로 해석하는 주석가들도 있다(Lucas, Waltke, Whybray). 그러나 본문은 긍정적인 의미를 지닌 가르침이다(Kidner, cf. Wilson). 뇌물은 무엇을 바라며 그 일을 결정할 수 있는 사람에게 주는 선물이다. 뇌물에는 확실한 대가 요구가 동반한다. 그러므로 주는 자가 원하는 것을 해 줄 수 없으면 받은 자는 뇌물을 돌려주어야 한다.

반면에 선물은 사람들에게 아무런 조건없이 베푸는 은혜이다(cf. Kidner, Ross, Van Leeuwen). 마치 하나님이 예수님을 통해 우리에게 구원을 선물로 주신 것처럼 말이다. 주변 사람들에게 아무런 대가를 바라지 않으며 선물을 주면 놀라운 일이 일어난다. 그가 가는 길이 넓어진다! 그의 삶이 평탄하고 행복하게 될 것이라는 뜻이다. 선물을 주는 사람은 이런 결과를 바라고 주지 않았다. 그러나 받은 사람들은 감사한 마음으로 그의 삶에 도움이 되기를 원할 것이며, 하나님은 이웃에게 자비를 베푼 사람을 축복하시기를 원하기 때문에 이런 결과가 나온다.

더 나아가 선물은 존귀한 자 앞으로 그를 인도한다(16b절). '존귀한 자들'(גְּדֹלִים)은 왕족 등을 포함한 사회 지도층이다. 이러한 상황도 선물을 주는 자가 의도한 바는 아니다. 그러나 고마운 마음으로 선물을 받은 사람들 중 기회가 되면 그를 어떤 직책에 천거하거나 귀족들을 만나게 해서 더 많은 선을 베풀 수 있도록 하는 사람들이 있을 것이다. 그러므로 선물이 때로는 존귀한 자 앞으로 인도하는 결과를 초래한다.

다섯 번째 교훈은 판결에 신중하라는 말씀이다(17절). 송사에서는 먼저 온 사람의 말이 바른 것 같다. 첫 번째로 말하는 사람이 진실을 말하는 것같이 생각된다는 것이다. 당연하다. 모든 사람은 각자의 입장과 관점에서 할 말이 있고, 이러한 상황을 설득력 있게 설명한다. 그러므로 자칫 잘못하면 다른 증인들의 말을 들어 보기 전에 이미 마음으로 판결을 내릴 수 있다.

솔로몬은 그렇게 하지 말 것을 당부한다. 오직 바른 말만 하는 것 같은 사람도 상대자가 와서 밝힐 것이기 때문이다(17b절). '밝히다'(חקר)는 '탐구하다'는 뜻이다(HALOT). 그러므로 '대질하다'(cross-examine)가 좋은 번역이다(공동, NIV, NRS, CSB). 대질 심문을 하다 보면 먼저 온 사람의 말이 어디까지 진실이고, 어디서부터 거짓인지 드러난다. 이때 비로소 모든 것을 참작하여 올바른 판결을 내릴 수 있다. 솔로몬은 절대 한쪽 말만 듣고 결정해서는 안 되며 쌍방의 말을 들어 본 다음에 신중한 판결을 내리라고 한다.

여섯 번째 교훈은 제비를 뽑는 것이 문제의 해결책이 될 수 있다고 한다(18절). 제비 뽑는 것은 다툼을 그치게 한다. 어떤 일에 대해 서로 동의하거나 합의할 수 없을 때, 제비를 뽑아 결정하는 것도 좋은 일이다. 이스라엘에서 제비 뽑기는 우림과 둠밈으로 불리는 흰 돌과 까만 돌을 같은 자루에 놓고 섞은 다음에 제사장이 기도한 후 하나를 뽑는 형식을 취했다(cf. 출 28:30). 제비 뽑기는 하나님의 의중을 알아보는 좋은 방법이라고 생각하여 결정하기 어려운 일에 종종 사용되었다(cf. Lucas, Van Leeuwen).

어떤 결과가 나와도 받아들이겠다는 동의 아래 이루어진 제비 뽑기는 다툼을 그치게 한다. 그러므로 강한 자 사이에 해결하게 한다(18b절). '해결하게 한다'(פרד)는 싸우려고 붙어 있는 강자들을 떼어 놓는 이미지를 구상하고 있다. 제비 뽑기는 이들 사이에 숨 쉴 공간을 준다는 뜻이다. 양쪽이 치열하게 대립할 때, 제비 뽑기는 갈등을 해소하는 효과적인 방법이 될 수도 있지만, 자주 사용하는 것은 바람직하지 않다. 우리에게는 하나님의 말씀인 성경이 있기 때문이다(Goldsworthy).

일곱 번째 교훈은 친구를 노엽게 하면 그 사람을 다시 내 편으로 만드는 일은 매우 어렵다는 경고이다(19절). 그러므로 이 말씀은 친구를 학대하여 원수로 만드는 일에 관한 것이다(McKane). 노엽게 한 형제와 화목하기가 견고한 성을 취하기보다 어렵다. '노엽게 하다'(פשע)는 '관계를 깨다'는 뜻이다(HALOT). 그동안 형제처럼 친하게 지내던 사람이라 할지라도 한번 화를 내고 돌아서면 관계를 예전처럼 회복하기가 참으로 어렵다. 친구와 벽을 쌓기는 쉽지만, 헐기는 참으로 어렵다

(Kidner). 그러므로 실수로라도 누구와 관계를 깨는 일은 하지 말아야 한다.

친한 사람이라 할지라도 한번 깨진 관계를 회복하는 것은 군인이 전쟁을 해 견고한 성을 취하는 것보다 어렵다. 누구를 노엽게 하는 다툼은 산성의 문빗장 같기 때문이다(19b절). '문빗장'(בְּרִיחַ)은 산성의 보안에 가장 큰 영향을 미치는 것이다. 문빗장이 약하면 적들이 순식간에 문을 부수고 성 안으로 들어와 정복할 수 있다. 그러므로 문빗장은 가장 강한 소재를 사용하여 튼튼하게 만들었다. 친구를 노엽게 하는 다툼은 잠긴 문빗장이 성안으로 들어가지 못하게 하는 것처럼 친구의 마음을 다시는 얻을 수 없게 한다. 그러므로 솔로몬은 친구와의 다툼은 피하라고 권면한다.

III. 솔로몬의 첫 번째 잠언집(10:1-22:16) B. 통찰적인 지혜 모음집(16:1-22:16) 3. 어리석은 자는 지혜를 기뻐하지 않음(18:1-24)

(4) 말의 열매(18:20-24)

[20] 사람은 입에서 나오는 열매로 말미암아 배부르게 되나니
곧 그의 입술에서 나는 것으로 말미암아 만족하게 되느니라
[21] 죽고 사는 것이 혀의 힘에 달렸나니
혀를 쓰기 좋아하는 자는 혀의 열매를 먹으리라
[22] 아내를 얻는 자는 복을 얻고
여호와께 은총을 받는 자니라
[23] 가난한 자는 간절한 말로 구하여도
부자는 엄한 말로 대답하느니라
[24] 많은 친구를 얻는 자는 해를 당하게 되거니와
어떤 친구는 형제보다 친밀하니라

첫 번째 교훈은 사람은 자기 말이 맺은 열매를 누리며 사는 것이라 한다(20절). 사람은 입에서 나오는 열매로 말미암아 배부르게 된다. 좋은 말을 하여 좋은 열매를 맺으면 좋은 음식으로 배부를 것이며, 나쁜 말을 하여 나쁜 열매를 맺으면 나쁜 것들로 배를 채울 것이다. 어떤 말을 하느냐에 따라 다른 결과가 초래된다.

또한 그의 입술에서 나는 것으로 말미암아 만족하게 된다(20b절). 입술에서 나는 것도 말이다. 자신이 한 말에 대한 결과를 책임져야 한다(cf. 1:31; 12:14; 13:2). 좋은 말을 하면 좋은 결과로 만족할 것이다. 나쁜 말을 하면 나쁜 결과로 만족해야 한다. 말은 우리가 심은 대로 거두게 한다.

두 번째 가르침은 혀는 죽이기도 하고 살리기도 하는 힘을 지녔다고 한다(21절). 이 말씀은 첫 번째 교훈(20절)과 비슷하다. 사람의 혀는 작고 부드러운 장기이지만, 막강한 능력을 지녔다. 어떤 말을 하느냐에 따라 사람을 죽일 수도 있고, 살릴 수도 있기 때문이다. 생명의 하나님을 믿는 우리는 서로에게 살리는 말을 하여 생기를 북돋아 주고 죽어가는 사람을 살려야 한다.

혀를 쓰기 좋아하는 자는 혀의 열매를 먹는다(21b절). 잠언은 말을 자제하는 것이 지혜라고 한다. 그러므로 말을 많이 하는 것은 바람직하지 않다. 좋은 말이든, 나쁜 말이든 일단 말을 하면 열매(결과)가 따른다. 각 사람은 심은 대로 거두게 된다(Clifford, Williams). 책임질 일이 있으면 책임을 져야 한다는 뜻이다. 그러므로 우리는 되도록이면 선한 말을 하여 선한 열매를 누릴 수 있도록 해야 한다.

세 번째 가르침은 결혼의 복됨에 대한 것이다(22절). 아내를 얻는 자는 복을 얻는다. '복'(טוֹב)은 선한 것이다. 결혼은 참으로 좋은 것이라는 뜻이다. 오늘날 많은 사람이 결혼을 부정적으로 보는데, 안타까운 일이다. 결혼은 하나님이 인간을 창조하시고 내리신 최초의 축복이다(cf. 창 2:18). 외로운 인생길 두 사람이 서로 의지하며 가는 것은 더 없는 위로이자 행복이다. 더욱이 현숙한 여인을 아내로 맞이하면 더욱더 그렇다(cf. 31:10-31).

그러므로 결혼한 사람은 여호와께 은총을 받은 자이다(22b절). 1행은 결혼에 관한 인간의 노력을 강조하는 반면에, 2행은 결혼에 관한 하나님의 은총을 강조한다(Clifford). 결혼은 하나님이 인간에게 내리신 최초의 축복이기 때문에 결혼을 한 사람은 여호와께 은총을 받은 것이다. 어떤 사람들에게 결혼 생활은 참으로 고통이고 비극이다. 그것은 하나님이 세우신 결혼 제도가 나빠서가 아니라, 두 사람이 지혜롭게 결혼 생활에 임하지 않아서이다. 우리가 삶에서 지혜를 추구하는 가장 큰 이유는 행복한 부부 관계와 가정생활을 이루기 위해서이다.

네 번째 교훈은 사람은 재력에 따라 말이 달라진다고 경고한다(23절). 가난한 사람은 간절한 말로 구한다. '간절함'(תַּחֲנוּן)은 '호소, 애원'을 뜻한다(HALOT). 자신의 상황이 절박하므로 자존심 같은 것은 없다. 그러므로 가난한 사람은 그를 도울 수 있는 사람(부자)에게 넙죽 엎드려 도와 달라고 애원한다.

반면에 부자는 엄한 말로 대답한다(23b절). '엄함'(עַז)은 강인함이다. 말이 강하다는 것은 거칠고 심하여 심지어 무례하기까지 하다는 의미이다(공동, 아가페, 현대어). 이 말씀은 가난한 사람은 굽실거리며 살고, 부자는 떵떵거리며 사는 현실을 반영하고 있다. 그러나 재력이 있다고 교만하게 말하는 것은 지혜롭지 않다. 그러므로 이 말씀은 부자들에게 도움을 청하는 가난한 사람들에게 무례하게 굴지 말라는 권면이다(Whybray).

다섯 번째 가르침은 사람을 함부로 사귀지 말라는 권면이다(24절). 많은 친구를 얻는 자는 해를 당하게 된다. '친구들'(רֵעִים)은 '동료들, 알고 지내는 사람들'을 의미하며 일상적으로 함께 어울리는 사람들이다(TWOT). 우리는 되도록이면 많은 사람들과 어울리는 것이 좋다고 생각하지만, 꼭 그렇지만은 않다. 개중에는 사기꾼들도 있고, 신뢰할 수 없는 사람들도 있기 때문이다. 또한 이런 사람들일수록 겉포장을 잘하여 잘 드러나지 않는다. 그러다가 어느 순간에 큰 상처를 입히고 떠난다. 또한 많은 사람과 교제하면 교제의 깊이가 얕아진다.

어떤 친구는 형제보다 친밀하다(24b절). 사람을 사귀다 보면 종종 진국인 사람을 만날 때가 있다. 이런 사람은 놓치지 않아야 한다. 이런 사람을 친구로 사귀면 형제보다 더 친하게 지낼 수 있으며, 어려울 때 서로에게 형제보다 더 큰 도움을 줄 수 있다. 2행의 '친구'(אֹהֵב)는 '사랑하는 자'이다. 솔로몬은 많은 '친구들'(רֵעִים) 중 진정 사랑해 줄 수 있는 진짜 '친구'(אֹהֵב)를 구별하여 사귀라고 한다(cf. Cohen). 다윗에게 요나단이 이런 친구였다(cf. 삼상 20장).

III. 솔로몬의 첫 번째 잠언집(10:1-22:16)
B. 통찰적인 지혜 모음집(16:1-22:16)

4. 가난하지만 흠없이 사는 사람(19:1-29)

이 섹션도 매우 다양한 주제에 관한 가르침으로 구성되어 있다. 그럼에도 불구하고 자주 반복되는 주제는 부와 가난이다. 또한 거짓 증언도 자주 언급된다. 이 주석에서는 다음과 같은 섹션화를 바탕으로 본문을 주해해 나가고자 한다.

A. 재물과 윤리(19:1-3)
B. 재물과 친구(19:4-7)
C. 지혜와 궁(19:8-12)
D. 행복한 가정(19:13-15)
E. 선행과 양육(19:16-20)
F. 성실과 경건(19:21-23)
G. 게으르고 오만한 자들(19:24-29)

III. 솔로몬의 첫 번째 잠언집(10:1–22:16)
B. 통찰적인 지혜 모음집(16:1–22:16)
4. 가난하지만 흠없이 사는 사람(19:1–29)

(1) 재물과 윤리(19:1–3)

[1] 가난하여도 성실하게 행하는 자는
입술이 패역하고 미련한 자보다 나으니라
[2] 지식 없는 소원은 선하지 못하고
발이 급한 사람은 잘못 가느니라
[3] 사람이 미련하므로 자기 길을 굽게 하고
마음으로 여호와를 원망하느니라

첫 번째 교훈은 성실하게 사는 사람이 미련한 자보다 낫다고 한다(1절). '…보다 낫다'(better than…) 잠언은 대체적으로 '가난과 부'(15:16–17; 16:8; 17:1)와 어리석음을 풍자하는 것(17:12)에 사용되어 왔으며, 이 두 주제를 하나로 묶는 것은 이 말씀이 처음이다(Koptak). '가난하다'(רוש)는 빈곤을 뜻하는 가장 기본적인 단어로 게으름에서 비롯된 가난은 아니다(Buzzell, cf. NIDOTTE).

'성실함'(תם)은 흠이 없다는 뜻이며 삶의 모든 영역에서 온전히 하나님만을 의지하며 경건하게 사는 것이다(Delitzsch). 사람들이 보기에 도덕적으로 문제가 될 만한 일을 하지 않는 사람이다. 성실한 사람은 돈을 많이 벌 수 있는 악한 일을 멀리하고, 돈을 벌지 못하더라도 하나님 보시기에 선하고 정직한 일을 하며 살아간다.

가난하지만 성실하게 사는 사람은 입술이 패역하고 미련한 자보다 낫다(1b절). 1행이 성실한 사람이 가난한 사람이라고 하는 것으로 보아, 2행의 패역하고 미련한 자는 부자임을 전제한다. 또한 이 말씀의 1행과 같은 표현으로 시작하는 28:6도 2행에서 "부유하면서 굽게 행하는 자보다 낫다"고 한다. 이스라엘의 지혜자들은 사람이 어느 정도의 재산을 가지고 사는 것은 좋은 일이라 한다(Longman). 그러나 부유한 악인보다는 가난한 의인이 더 낫다. 양심을 지키며 가난하게 사는 것은 괜찮은 일이다(cf. 18:23; 19:22). 가난한 자는 하나님의 복을 받고(20:7), 누가 훔쳐 갈 것이 없으니 안전하고(cf.욥 4:6), 여호와께서 그가 가는 길을 지키시며(2:7), 그의 길은 산성 같다(10:29). 반면에 '굽게 행하는 자'는 선한 것을 찾지 못하며 파멸을 향해서 간다(17:20).

그러므로 공동번역은 이 구절을 "더럽게 재산을 모으느니 가난해도 떳떳하게 살아라"로 번역한다. 이 번역은 부를 쌓는 일에 지나치게 집중하는 면모가 있는 번역이기는 하지만, 본문의 의미를 잘 살리고 있다. 입술이 패역한 부자보다는 가난하지만 성실한 사람이 더 낫다는 뜻이다. 하나님이 그를 귀하게 여겨 주시고, 사람들이 그를 존경하고 따를 것이기 때문이다.

입술이 '패역하다'(עִקֵּשׁ)는 것은 거짓말과 비꼬는 말을 즐긴다는 뜻이다(TWOT). 솔로몬은 이런 사람은 미련하다고 한다. 당장은 그의 패역한 말이 문제가 되지 않을 수도 있지만, 장기적으로는 분명 문제가 되어 창조주의 심판을 받게 될 것이다. 이러한 사실을 깨닫지 못하고 악하게 말하고 행동하는 사람은 미련한 자다.

두 번째 교훈은 신중하게 생각하며 살라는 권면이다(2절). 지식이 없는 소원은 선하지 못하다고 한다. 본문을 직역하면 '사람이 지식이 없는 것은 선하지 않다'가 된다. 모든 번역본이 본문의 의미를 더 정확하게 표현하기 위해 '소원, 욕망, 열심'을 삽입했다. 그러나 있는 그대로도 충분히 의미를 구상한다. 사람이 살아가면서 생각 없이(혹은 목표 없이) 사는 것은 좋은 것이 아니라는 뜻이다. 항상 신중하게 생각하며 살아야 원하는 것을 이룰 수 있다. 삶을 알차게 살려면 분명 '지식'(דַּעַת)이 필요하다. 지식은 지혜의 근원이기 때문이다. 지혜로운 삶은 지식 위에 세워진다. 그러므로 우리는 살면서 꾸준히 지식을 추구해야 한다.

발이 급한 사람은 잘못 간다(2b절). 사람은 지혜롭고 신중하게 생각하고 난 다음에 행동해야 하는데, 발이 급한 사람은 깊이 생각하지 않고 행동하기 때문에 문제가 생긴다. 잠언에서 '급하다'(אוּץ)는 항상 돈을 벌기 위해 양심을 버리고 행동하는 사람을 묘사한다(Waltke). 신중하게 생각하지 않으면 '그는 잘못 간다'(חוֹטֵא)고 하는데, 죄를 짓는다는 뜻이다(cf. 출 20:20; 삿 10:15; 시 51:6). 주변 사람들에게도 폐를 끼치고, 하나님께도 죄가 되는 일을 한다. 손쉽고 빠른 결과를 추구하는 사람은 참으로 부정적인 결과를 얻을 것이라는 경고이다(Kidner). 사람이 열정만 앞세우고 일을 하면 그르치기 일쑤라는 뜻이다(cf. 21:5; 28:20; 29:20).

이 잠언은 '1행이 묘사하는 일도 나쁘지만, 2행이 묘사하는 상황은 더 나쁘다'는 취지의 말씀이다(Kitchen). 그러므로 솔로몬은 어떤 일이든 성급하게 하지 말고 신중하게 생각하고 행해야 하며(2행), 만일 그렇게 하지 않으면 생각 없이 사는 것보다 더 나쁘다고 한다. 지식이 없는 열정은 멸망의 지름길이다(cf. 롬 10:2). "서두름은 쓰레기를 만든다"(Haste makes waste)(Buzzell). 그러므로 신중함과 조심성 있는 지식이 의욕(열정)을 검증해야 한다(cf. Koptak).

세 번째 가르침은 자신이 저지른 잘못된 일에 대해 스스로 책임을 통감하라는 권면이다(3절). 사람이 미련하므로 자기 길을 굽게 한다. '미련함'(אִוֶּלֶת)은 사람의 어리석은 마음이 밖으로 표현된 것이다(TWOT, cf. 12:23; 13:16; 14:17, 24; 15:2). '자기 길을 굽게 하다'(תְּסַלֵּף דַּרְכּוֹ)는 '가는 길을 스스로 뒤집다'는 뜻이다(Koptak). 지혜롭지 않아 스스로 삶을 망가뜨리는 상황이다.

미련한 자는 스스로 일을 망쳐 놓고도 마음으로 여호와를 원망한다(3b절). 이 잠언에서는 미련함과 망언이 직접적으로 연관이 있다(Whybray). '원망하다'(זעף)는 '매우 화를 내다'는 뜻을 지녔다(NIDOTTE). 세상에는 핑계 없는 무덤이 없다. 또한 잘된 일은 모두 자기가 잘한 것이고, 안 된 일은 모두 다른 사람들 탓이다. 심지어는 "방귀 뀐 놈이

화를 낸다." 자기가 지은 죄에 대해 하나님께 화를 내기도 한다(cf. 사 8:21). 죄인의 전형적인 모습이다.

솔로몬은 자신이 저지른 실수와 죄에 대하여는 각자 책임을 지라고 한다(cf. 애 3:39-40). 죄가 세상에 들어왔을 때 처음으로 빚어낸 결과가 책임 전가이다. 창세기 3장은 인류가 저지른 최초의 죄에 대해 회고하고 있는데, 하나님이 아담을 추궁하자 아담은 하와에게 책임을 떠넘겼고, 하와는 뱀에게 책임을 떠넘겼다. 하나님의 은총을 입어 주님의 자녀로 사는 것은 반드시 자신의 실수와 죄에 대하여 스스로 책임을 통감하는 것이 포함된다. 또한 창조주를 원망하는 것은 가증한 망언이다.

III. 솔로몬의 첫 번째 잠언집(10:1-22:16)
B. 통찰적인 지혜 모음집(16:1-22:16)
4. 가난하지만 흠 없이 사는 사람(19:1-29)

(2) 재물과 친구(19:4-7)

4 재물은 많은 친구를 더하게 하나
가난한즉 친구가 끊어지느니라
5 거짓 증인은 벌을 면하지 못할 것이요
거짓말을 하는 자도 피하지 못하리라
6 너그러운 사람에게는 은혜를 구하는 자가 많고
선물 주기를 좋아하는 자에게는 사람마다 친구가 되느니라
7 가난한 자는 그의 형제들에게도 미움을 받거든
하물며 친구야 그를 멀리 하지 아니하겠느냐
따라가며 말하려 할지라도 그들이 없어졌으리라

첫 번째 교훈은 우리가 사는 세상의 냉혹한 현실을 반영한다. 재물은 많은 친구를 더한다(4절). 부자들은 주변에 항상 사람들이 들끓는다는 뜻이다. 재물은 사람들을 끌어 모으는 자석과 같다. 사람들이 부자들 주변에 모여드는 것에는 여러 가지 이유가 있을 수 있다. 대부분 어떤 이익을 추구하여 모여든다. 사실 그들은 부자를 좋아해서가 아니라, 그가 지닌 부가 좋아서 모여든다(cf. 14:20; 19:6). 이러한 상황에 대해 분노할 필요는 없다. 이것이 부와 권력이 가진 힘이다. 그러나 부자는 모여드는 '친구들' 중에 참 친구(그가 가난해도 함께 할 친구)를 구별할 줄 알아야 한다(cf. 18:23-34).

반면에 가난하면 친구가 끊어진다(4b절). 사람들은 주로 무언가 얻고자 관계를 맺고 유지하기 때문에 아무것도 줄 것이 없는 가난한 사람과는 잘 사귀려 들지 않는다. 그러므로 부자에게는 '많은 친구들'(רֵעִים)이 모여들지만(1행), 가난한 자는 '한 친구'(רֵעַ)(2행)에게 마저 버림을 받는다(Cohen). 또한 어느 정도 부를 누리던 사람이 가난해지면 주변에 있던 대부분의 사람들이 떠난다. 이웃들마저 가난한 사람을 싫어하기 때문이다(14:20). 이것이 세상의 이치이다.

그러나 슬퍼할 필요는 없다. 가난해져도 곁에 남아 있는 사람이 참 친구이기 때문이다. 솔로몬은 주의 자녀들은 친구를 사귈 때 친구의 재정 여건을 고려하지 말 것이며, 좋은 사람이면 가난해도 좋으니, 그 사람의 곁을 지키라고 권면한다.

두 번째 교훈은 진실되게 살라는 경고이다(5절). 이 잠언은 잠시 후 9절에서 거의 그대로 반복된다. 거짓 증인은 벌을 면하지 못할 것이다. 이 말씀은 법정을 배경으로 하고 있으며 1절과 상당히 유사하다. 또한 이 말씀의 일부가 6:19, 12:17, 14:5에도 등장한다. 잠언은 위증의 심각성을 지속적으로 경고한다. 당시 법정에서 위증이 만연했기 때문이다(Whybray). 율법도 거짓말을 금한다(출 23:1; 신 19:16-19).

소송은 피해자가 억울한 일을 당하지 않도록, 또한 가해자는 적절한 책임을 지게 하도록 해야 한다. 이러한 상황에서 가장 중요한 것은 증인들의 증언이다. 증인들이 위증을 하면 불의한 판결이 나올 수밖에 없다. 불의한 판결은 창조주께서 세우신 공평한 사회의 근간을 흔든다. 그러므로 위증이 발각되면 벌을 받을 뿐만 아니라, 발각되지 않더라도 하나님이 그를 벌하실 것이다(cf. 6:19).

거짓말을 하는 자도 피하지 못한다(5b절). '거짓말을 하다'(יָפִיחַ כְּזָבִים)를 직역하면 사람이 숨을 내쉬듯 '거짓말을 내쉰다'이다(cf. NIDOTTE). 어떠한 주저함도 없이 편안하게, 상습적으로 거짓을 말하는 사람이다(Kitchen). 우리말로 하면 '거짓말을 밥 먹듯이 하는 사람'이다.

1행은 법정에 관한 것이었지만, 2행은 일상에서 거짓말을 하는 것을 금한다. 그렇다면 성경은 모든 거짓말을 금하는가? 그렇지는 않다. 하나님은 이스라엘의 아이들을 살리기 위해 바로에게 거짓말한 산파들(출 1:18-20)과 이스라엘 스파이들을 살리기 위해 여리고 성 왕의 부하들에게 거짓말을 한 라합(수 2:1-5)에게 축복하셨다. 거짓말보다 거짓말을 하는 목적/의도가 더 중요하다. 개인적인 잇속을 챙기기 위한 거짓말은 하나님이 벌하신다. 하나님이 거짓 증인들을 고용하여 나봇을 죽이고 그의 포도밭을 빼앗은 이세벨을 벌하신 것이 좋은 예이다(왕하 9:21-37). 그러나 누구를 살리기 위한 선한 거짓말과 누구를 격려하고 위로하기 위해 하는 하얀 거짓말(white lies)은 오히려 더 많이 해야 한다. 하나님은 이 땅에 생명과 치유를 주는 것을 기뻐하시기 때문이다.

세 번째 교훈은 자비로운 사람들 주변에는 항상 사람들이 모여든다고 한다(6절). 너그러운 사람에게는 은혜를 구하는 자가 많다. '너그러운 사람'(נָדִיב)은 일상적으로 귀족을 뜻한다(HALOT). 곤경에 처한 사람이 귀족이나 부자의 도움을 청하는 것은 당연한 일이다(cf. 삼상 25:1-9; 욥 11:19; 시 45:12; 말 1:9). 가난한 사람들을 돕는 귀족들은 정의를 실현하기 위한 목적으로 그들을 도와야지 자기 만족이나 어떤 이익을 추구하고 도우면 안 된다(Waltke).

본문에서 '너그러운 사람'은 어려운 사람들을 도우려고 하는 자비로운 마음을 가진 사람을 뜻한다(NIDOTTE). 사람들은 그를 찾아와 은혜를 구한다. '은혜를 구하다'(יְחַלּוּ פָנִים)를 직역하면 '얼굴을 어루만지다'이다. 아부와 아첨을 상징하는 행동이다(Buzzell). 사람들이 그에게 도움을 청하는 것은 그가 실질적인 도움을 줄 수 있기 때문이다. 그러므로 이런 사람은 사회적—재정적 지위가 상대적으로 높은 사람이다. 너그러운 사람은 창조주께서 그에게 많은 재물과 높은 지위를 주신 것이 힘들고 어려운 자들을 도우라고 주신 것이라고 확신한다. 그는 떼로 몰려와 도움을 청하는 사람들 중 도와야 할 자들을 구별하는 지혜가 필요하다(Kitchen).

선물 주기를 좋아하는 자에게는 사람마다 친구가 된다(6b절). 사람들은 무엇이든 나누려 하고 흔쾌히 주는 사람을 좋아한다. 그러므로 선물을 주는 사람과는 친구가 되고자 한다. '선물'(מַתָּן)은 조건이나 요구사항 없이 그냥 주는 것이다. 하나님이 우리에게 내려 주시는 복이 모두 선물이다. 이런 사람과 친구하고 싶은 사람이 많다. 많은 친구들을 사귀어 놓으면, 언젠가 그들이 우리를 도울 수도 있다. 불의한 재물로라도 친구를 사라는 주님의 말씀이 생각난다(눅 16:1-15). 친구 관계는 서로 돕기 위해 선물을 주고받는 관계이다. 그러나 선물을 잘 주는 사람은 과연 그들 중 누구와 친구를 할 것인가에 대해 신중하게 생각해야 한다.

네 번째 가르침은 슬픈 현실을 반영하고 있다(7절). 또한 4절과 비슷한 말씀이다. 사람이 가난하면 그의 '모든 형제'(כָּל אַחִים)도 그를 싫어한다. 관계는 '주고받는 것'인데, 가난한 사람에게는 받을 것이 없으니, 형제들도 그를 기피한다. 이것이 세상의 이치다. 세상의 이치와 다르게 살아야 한다는 소명을 받은 주의 자녀들은 어려운 형제들을 돌보고 도와주어야 한다.

하물며 친구야 그를 멀리 하지 아니하겠느냐(7b절). 형제들도 가난하다고 멀리하는데, 친구들이 더욱더 그를 멀리하는 것은 당연하다는 의미를 지닌 수사학적인 질문이다('하물며 잠언'은 11:31; 15:11; 17:7; 19:10;

21:27에서 사용됨). 심지어는 그들을 따라가며 말을 하더라도 소용이 없다(7c절). 3행을 정확하게 번역하기는 쉽지 않다(Koptak, cf. NIV). 그래서 학자들은 이 말씀이 원래는 두 행으로 형성된 것이었는데, 한 행이 잊혀져 이 구절에 첨부된 것이라 한다(Murphy). 그러나 이 잠언을 세 행으로 구성된 것으로 간주하여 3행을 1-2행과 연결하여 해석해도 전반적인 의미는 별 어려움 없이 구성할 수 있다. 친구들에게 따돌림을 받은 가난한 사람이(2행) 친구들에게 적극적인 의지를 보이며 계속 친구하자고 해도(3행) 그들은 그를 무시하고 떠난다.

돈이 있으면 친구들이 생기고 돈이 없으면 모두 떠나간다는 4절과 비슷한 말씀이다. 솔로몬은 주의 백성은 세상의 이 같은 이치로 친구를 사귀지 말라고 경고한다. 재산이 있는 자는 경제적인 손실을 감수하며 가난한 사람들도 친구로 사귀어야 한다. 창조주께서 가난한 자들을 도우며 함께 살라고 부를 주신 것인지 누가 아는가!

III. 솔로몬의 첫 번째 잠언집(10:1-22:16)
B. 통찰적인 지혜 모음집(16:1-22:16)
4. 가난하지만 흠없이 사는 사람(19:1-29)

(3) 지혜와 궁(19:8-12)

8 지혜를 얻는 자는 자기 영혼을 사랑하고
명철을 지키는 자는 복을 얻느니라
9 거짓 증인은 벌을 면하지 못할 것이요
거짓말을 뱉는 자는 망할 것이니라
10 미련한 자가 사치하는 것이 적당하지 못하거든
하물며 종이 방백을 다스림이랴
11 노하기를 더디 하는 것이 사람의 슬기요
허물을 용서하는 것이 자기의 영광이니라

[12] 왕의 노함은 사자의 부르짖음 같고
그의 은택은 풀 위의 이슬 같으니라

첫 번째 교훈은 지혜를 추구하며 사는 자는 만족한 삶을 살 것이라고 한다(8절). 지혜를 얻는 자는 자기 영혼을 사랑한다. '지혜를 얻는 자'(קֹנֶה־לֵּב)를 직역하면 '마음을 사는 자'이다. 사람의 생각과 의지를 주관하는 마음을 지혜로 채우는 사람은 그의 영혼(삶)을 사랑한다는 뜻이다(cf. 6:32; 7:7; 11:12; 12:11; 15:21). 마음이 지혜로운 생각과 계획을 세울 수 있도록 여건을 마련해 주기 때문이다.

또한 명철을 지키는 자도 복을 얻는다(8b절). 슬기로운 삶을 사는데 필요한 통찰력과 이해력이 '명철'(תְּבוּנָה)이다. 그러므로 명철을 지키는 사람은 복을 얻는다. '복을 얻다'(לִמְצֹא־טוֹב)는 '좋은 것에 이르다/만나다'이다(cf. 16:20; 17:20; 18:22). 지혜롭게 살면 좋은 일이 많이 생길 것이라는 뜻이다.

두 번째 가르침은 진실한 말을 하라는 권고이다(9절). 거짓 증인은 벌을 면하지 못할 것이다. 이 말씀은 5a절과 같다. 법정을 배경으로 하고 있으며 거짓 증언으로 인해 억울한 일을 당하지 않도록 하라는 말씀이다. 증인들이 위증을 하면 불의한 판결이 나올 수밖에 없다. 불의한 판결은 창조주께서 세우신 공평한 사회의 근간을 흔든다(cf. 신 19:18-19). 그러므로 위증이 발각되면 벌을 받을 뿐만 아니라, 발각되지 않더라도 창조주께서 그를 벌하실 것이다. 왕에게 다니엘을 비방하여 사자 굴로 들어가게 한 사람들은 자신들의 가족들과 함께 사자들에게 먹혔다(단 6:24).

거짓말을 뱉는 자는 망한다(9b절). 1행은 법정에 관한 것이었지만, 2행은 일상에서 거짓말을 하는 것을 금한다. 이 말씀은 5b절과 거의 비슷하며 마지막 동사만 다르다. 5절은 '[심판을] 피하지 못할 것이다'(לֹא יִמָּלֵט)라고 했는데, 이 말씀에서는 '망할 것이다'(יֹאבֵד)라고 한다. 5

절은 하나님의 심판을 강조한 것에 반해 9절은 스스로 망하게 될 것을 강조한다. 거짓말을 하면 결국 거짓말로 인해 망할 것이라는 뜻이다.

이미 언급한 것처럼 성경은 무조건 거짓말을 금하지는 않는다. 자기 잇속을 챙기기 위한 거짓말을 금하지만 선한 거짓말은 괜찮다. 하나님은 이스라엘의 아이들을 살리기 위해 바로에게 거짓말한 산파들(출 1:18-20)과 이스라엘 스파이들을 살리기 위해 여리고 성 왕의 부하들에게 거짓말한 라합(수 2:1-5)을 축복하셨다. 거짓말보다 거짓말을 하는 목적/의도가 더 중요하다. 누군가를 살리기 위한 선한 거짓말과 누군가를 격려하고 위로하기 위해 하는 하얀 거짓말(white lies)은 오히려 더 많이 해야 한다. 하나님은 이 땅에 생명과 치유를 주는 것을 기뻐하시기 때문이다.

세 번째 가르침은 자기 분수를 알고 처신하라는 권면이다(10절). 미련한 자가 사치하는 것은 적당하지 못하다. 이 가르침이 모습을 보이는 것은 이런 일이 당시에도 종종 있었다는 뜻이다(Fox). '적당하다'(נָאוֶה)는 '보기 좋다, 어울린다'는 의미를 지녔다(NIDOTTE). 무언가 격식에 맞지 않고, 잘 어울리지도 않는다(cf. 17:7; 26:1). 미련한 자들이 사치를 하는 것은 꼴불견이라는 뜻이다. 미련한 자의 사치는 마치 돼지 코에 걸린 금고리와 같다. 어리석은 자에게 격이 있는 말이 어울리지 않고(17:7), 미련한 자에게 명예가 어울리지 않는 것처럼(26:1), 미련한 자에게는 사치가 어울리지 않는다. 아비가일의 남편 나발이 걸맞지 않은 부를 누리는 사람의 예이다(cf. 삼상 25:2, 25, 37). 사람들은 이런 자들을 두고 뒷담화 하기를 좋아한다.

"하물며 종이 방백을 다스림이랴"(10절). 1행의 논리에 근거한 수사학적인 질문이다. 미련한 사람이 사치를 하면 왠지 어색하고 잘 어울리지 않는 것처럼, 종이 방백을 다스리는 일도 그렇다는 것이다. '방백들'(שָׂרִים)은 왕자들/귀족들이다. 그러므로 이미지는 가장 천하고 낮은 자가 가장 존귀한 자들을 다스리는 것이다. 잘 어울리지 않는 그림이지만, 세상에서는 종종 일어난다(cf. 전 10:5-7). 특히 천한 자들이 쿠데타를 통해 정권을 잡으면 이렇게 된다. 조금은 다르지만 잠언도 이미 이런 상황에 대하여 17:2에서 말한 적이 있다. 종이 수치스러운 아들을 다스리는 이야기이다(cf. Whybray).

솔로몬은 사람은 각자 분수대로 사는 것이 자연스럽다고 한다. 우리말에 "송충이는 솔잎을 먹는다"는 말과 비슷하다. 그렇다고 해서 우리의 운명이 도저히 범접할 수 없도록 결정된 것은 아니다. 때로는 "개천에서 용이 난다." 우리가 평생 '미련한 자'로 갇혀 살지 않으면 되고, 더 이상 '종'처럼 살지 않으면 된다. 주님이 주신 지혜로 지혜로워지고, 주님이 주신 새로운 신분으로 왕 같은 제사장이 될 수 있다. 그때는 왕 같은 제사장의 품격에 맞는 삶을 살면 된다.

네 번째 교훈은 참는 것과 용서하는 것이 지혜로운 일이라고 한다(11절). 노하기를 더디하는 것이 사람의 슬기이다(cf. 잠 14:17, 29; 15:18; 16:32; 전 7:9; 약 1:19-20). 화를 내는 것은 어리석은 짓이다(19:19; 22:24; 29:22). 사람이 화를 내지 않을 수는 없다. 그러므로 이 말씀은 화가 나더라도 상대방이 눈치채지 못하도록 잘 숨기라는 뜻이다(Kitchen, cf. 12:16; 15:1). 노하기를 더디하는 것은 하나님의 성품이기도 하다(출 34:6; 민 14:18; 느 9:17; 시 86:15; 103:8; 145:8; 욜 2:13).

'슬기'(שֵׂכֶל)는 성공적인 삶을 사는데 필요한 통찰력과 이해이다(TWOT). 지혜로운 사람은 성급하지 않고, 무례하지도 않다 오래 참으며 온유하다. 이렇게 사는 것이 그가 남들에게 베푸는 자비이지만, 세상을 성공적으로 살아가는 방법이기 때문에 좋은 열매로 그의 삶을 채운다. 자기의 의를 드러내기 위해 남들과 다투면 오히려 역효과가 난다(Koptak).

이웃의 허물을 용서하는 것도 자기의 영광이다(11b절). '용서하다'(עבר)는 지나간다는 뜻이다. 남의 죄를 조목조목 지적하거나 따지지 않고 마치 못 본 척하고 지나치는 것이다. '영광'(תִּפְאֶרֶת)은 아름다움이다(TWOT). 남을 용서하는 일은 세상 사람들에게 용서하는 자의 매력과 아름다움을 드러내는 결과를 초래한다는 것이다. 사람들이 그의 인격을 인정할 것이다. 자신이 의롭다고 '드러내면' 싸움이 일고, 이웃의 불의(죄)를 '덮어 주면' 의인이 된다.

사람이 누구를 용서한다고 해서 굳이 그 사람에게 "내가 너를 용서한다"라며 그 죄를 지적하는 말을 할 필요는 없다. 어떤 죄는 아무 말도 하지 않고 덮고 지나가는 것이 좋다. 그래야 용서받는 사람의 체면이 산다. 우리도 때로는 이웃의 과오를 덮고 지나가야 한다.

다섯 번째 가르침은 권력에 관한 경고이다(12절). 왕의 노함은 사자의 부르짖음 같다(cf. 잠 20:2; 28:15; 30:30; 암 3:4). 두렵고 떨리게 한다는 뜻이다. 최고의 권력을 가진 이가 화를 내니 누가 두렵지 않겠는가! 그는 마치 먹잇감을 움켜진 사자처럼 부르짖는다. 그러므로 이런 상황에서는 그 자리를 피하는 것이 상책이다. 이 말씀을 "혁명을 일으키지 말라"는 권면으로 해석하는 이도 있다(Van Leeuwen). 그러나 대부분 학자들은 지나친 해석이라 한다(cf. Wilson).

반면에 왕의 은택은 풀 위의 이슬 같다(12b절). 왕이 화를 내면 모두 두려워하지만, 자비를 베풀면 마치 풀 위에 내리는 이슬처럼 백성들을 살리고 생동하게 한다. 성경에서 이슬은 하나님의 축복이다(창 27:28; 신 33:28; 시 133:3; 호 14:5; 미 5:7). 이 말씀은 왕의 감정의 폭이 극에서 극에 달하기 때문에 백성들은 지혜롭게 행동하여 왕의 진노를 사지 말고 오히려 은총을 입으라고 한다. 또한 권력을 가진 자들에게 되도록이면 아랫사람들에게 화를 자제하고 선을 베풀라는 권면이다. 자신에게는 별 것 아닐 수도 있지만, 받는 사람 입장에서는 생명과 죽음의 차이일 수도 있기 때문이다.

III. 솔로몬의 첫 번째 잠언집(10:1-22:16)
B. 통찰적인 지혜 모음집(16:1-22:16)
4. 가난하지만 흠 없이 사는 사람(19:1-29)

(4) 행복한 가정(19:13-15)

13 미련한 아들은 그의 아비의 재앙이요
다투는 아내는 이어 떨어지는 물방울이니라
14 집과 재물은 조상에게서 상속하거니와
슬기로운 아내는 여호와께로서 말미암느니라
15 게으름이 사람으로 깊이 잠들게 하나니
태만한 사람은 주릴 것이니라

첫 번째 가르침은 평탄하지 않은 가정에 관한 것이다(13절). 미련한 아들은 그의 아비의 재앙이다. 앞에서 솔로몬은 지혜로운 아들은 아비를 기쁘게 하지만, 미련한 아들은 어미의 근심이라고 했는데(10:1), 이번에는 아예 미련한 자식은 부모에게 재앙이라고 한다. '재앙'(הַוָּה)은 '파괴, 위협'이다(HALOT). 그로 인해 온 가정이 온갖 피해를 볼 것이라는 뜻이다(cf. 10:1-5; 17:21, 25). 또한 자식은 늙은 부모의 '지팡이'가 되어야 하는데, 이렇게 될 가능성은 사라졌고, 유산을 남겨 줘도 미련한 아들은 분명 그것을 탕진하여 집안이 몰락할 것이다(Waltke). 그러므로 미련한 아들은 재앙이다. 자식은 축복의 통로가 되어야 하는데, 미련한 자식은 그를 가장 사랑하는 자들에게 파멸일 뿐이다.

다투는 아내는 이어 떨어지는 물방울이다(13b절). '다투는 아내'(אִשָּׁה מִדְיָנֵי)는 항상 바가지를 긁거나 잔소리를 멈추지 않는 아내이다(공동, 현대인, TNK, CSB, cf. 21:9, 19; 25:24; 27:15). 이런 여자는 남편뿐만 아니라 온 가족을 참으로 피곤하게 한다. '이어 떨어지는 물방울'(דֶּלֶף טֹרֵד)은 지붕/천장에 난 여러 개의 구멍을 통해 끊이지 않고 떨어지는 물방울이다(Kitchen, cf. 새번역, 현대인, NIV). 수도꼭지에서 떨어지는 물은 별 피해를 입히지 않지만, 천장에서 떨어지는 물줄기들은 매우 파괴적이고 위험하다(Garrett). 온 가족의 삶을 참으로 고통스럽게 만든다는 뜻이다. 고대 근동에서는 장마철에 새는 지붕을 때우는 일은 착하고 능력이 있는 아들이 하는 일이었다(Farmer). 아내는 남편에게 할 말은 하되, 때와 장소와 말을 가려 가며 지혜롭게 해야 한다.

두 번째, 여호와께 아내를 구하라는 권면이다(14절). 집과 재물은 조상에게서 상속한다. 우리가 누리는 물질적인 것들은 부모에게서 유산으로 받았다는 뜻이다. 물론 아무것도 상속받지 못한 사람들도 우리 주변에 허다하다. 그러므로 이 말씀은 일상적인 원리를 말한다. 부모가 자기 부모에게 받은 유산을 자식에게 대물림해 주는 것은 당연한 일이라는 뜻이다.

반면에 슬기로운 아내는 여호와께로서 말미암는다(14b절). '여호와께로서 말미암다'(מֵיְהוָה)는 강조형이며, 이 구절의 핵심 메시지이다(Kidner). 지혜로운 아내는 참으로 하나님의 축복이라는 뜻이다. 지혜로운 아내는 남편과 자녀들을 편안하고 행복하게 해 주며 지혜롭게 집안 살림을 해 부를 쌓는다(cf. 31:10-31). 부모에게 유산으로 받은 부보다 더 많이 쌓는다. 그러므로 사람이 아내를 구할 때는 더 열심히 기도하고 하나님을 바라보아야 한다. 그리고 좋은 아내와 살고 있다면 지속적으로 하나님께 감사해야 한다. 소크라테스는 악한 아내로 인해 많은 고통을 당하다가 철학자가 되었다! 우리는 이런 일을 반복할 필요가 없다.

세 번째 교훈은 성실하게 일하라고 한다(15절). 게으름이 사람으로 깊이 잠들게 한다. 성경에서 '깊은 잠'(תַּרְדֵּמָה)은 주로 하나님이 주시는 잠이다(Clifford, cf. 창 2:21; 15:12; 삼상 26:12; 욥 4:13). '게으름'(עַצְלָה)은 성경에서 단 한 차례 사용되는 단어이며, 느리다는 뜻이다(TWOT). 그러므로 이 잠은 피곤해서 자는 잠이 아니며 하나님이 주신 잠도 아니다. 매사에 느려 터진 게으른 사람이 자는 잠이다. 일상을 잠으로(빈둥댐으로) 채우는 사람이다(cf. 10:3-4; 12:27). 그러므로 게으른 자의 잠은 그를 세상으로부터 단절시킨다. 지혜롭고 성실한 사람은 이런 잠을 자면 안 된다.

태만한 사람은 주릴 것이다(15b절). '태만'(רְמִיָּה)은 느슨하다는 뜻이다(HALOT). 본문에서는 게으른 자와 평행을 이룬다. 태만한 자는 일은 하지 않고 그저 빈둥대며 잠을 청한다. 결국 수입이 없으니 양식을 살 수 없고, 양식이 없으니 굶는다. 일을 하고 싶어 하지만, 할 수 없는 사람은 돕되, 이런 사람은 도와줄 필요가 없다. 성경은 일하지 않는 자는 먹지도 말라고 한다(살후 3:10).

III. 솔로몬의 첫 번째 잠언집(10:1-22:16)
B. 통찰적인 지혜 모음집(16:1-22:16)
4. 가난하지만 흠 없이 사는 사람(19:1-29)

(5) 선행과 양육(19:16-20)

16 계명을 지키는 자는 자기의 영혼을 지키거니와
자기의 행실을 삼가지 아니하는 자는 죽으리라
17 가난한 자를 불쌍히 여기는 것은
여호와께 꾸어 드리는 것이니
그의 선행을 그에게 갚아 주시리라
18 네가 네 아들에게 희망이 있은즉
그를 징계하되 죽일 마음은 두지 말지니라
19 노하기를 맹렬히 하는 자는 벌을 받을 것이라
네가 그를 건져 주면 다시 그런 일이 생기리라
20 너는 권고를 들으며 훈계를 받으라
그리하면 네가 필경은 지혜롭게 되리라

첫 번째 교훈은 하나님의 말씀에 순종하며 살라고 권면한다(16절). 계명을 지키는 자는 자기 영혼을 지킨다. '계명'(מִצְוָה)은 부모가 자식에게(2:1; 4:4; 7:2; 13:13), 혹은 여호와께서 자기 백성에게 주시는 삶의 지침이다. 이 둘은 상당 부분 동일하다(cf. Longman, Van Leeuwen). 여호와께서 부모를 통해 자식들을 가르치시기 때문이다. 하나님의 말씀대로 살면 생명을 지키는 축복을 누리게 된다. 하나님의 말씀은 바른 삶과 악한 삶을 판단하는 기준이며, 이로운 삶과 해로운 삶을 분별하도록 해 준다. 그러므로 말씀대로 살면 하나님이 기뻐하시는 바른 삶을 살게 될 뿐만 아니라, 자신에게도 이로운 삶을 살게 된다. 결국 말씀을 지키는 것은 하나님의 심판과 자신을 해하는 일에서 자기 영혼을 지키는 결과를 초래하는 것이다.

반면에 자기 행실을 삼가지 아니하는 자는 죽을 것이다(16b절). '자기 행실'(דְּרָכָיו)은 각자가 살아가는 삶을 길가는 것으로 묘사하는 표현이다. '삼가하지 않다'(בזה)는 '경멸하다'는 의미이다(NIDOTTE). 쉽게 말해 생각하지 않고 함부로 사는 사람은 결코 온전하지 못할 것이라는 경고이다. 창조주께서는 모든 사람에게 소중한 생명을 주시고 각자 지혜롭게 살기를 바라신다. 그러므로 이처럼 막 살아 삶을 낭비하면 결국 죽음을 맞이할 수밖에 없다.

두 번째 가르침은 어려운 이웃에게 자비를 베풀라고 한다(17절). 가난한 자를 불쌍히 여기는 것은 여호와께 꾸어 드리는 것이다. '불쌍히 여기다'(חנן)는 호의나 친절을 베푸는 것이다. 그러므로 경제적인 어려움을 겪고 있는 '가난한 자'(דָּל)에게 친절을 베푼다는 것은 그를 경제적으로 도와준다는 뜻이다. 잠언은 가난한 사람들에게 자비를 베풀라는 권면을 꾸준히 한다(14:21, 31; 22:9; 28:27). 또한 가난한 사람들의 필요에 둔감한 것을 꾸짖는다(14:31; 21:13; 22:16; 28:3, 27). 이런 면에서 잠언은 율법과 맥을 같이 한다(cf. 신 15:7-8).

가난한 자도 부자들처럼 여호와께서 자기의 형상과 모양대로 아름답고 선하게 창조하신 사람이다. 성경은 하나님이 고아와 과부 등 가난한 사람들의 아버지라 한다(시 68:5). 그러므로 하나님의 자녀인 가난한 자들을 사랑하고 섬기는 것은, 곧 그들의 아버지이자 창조주이신 여호와께 경의를 표하는 일이다. 더 나아가 솔로몬은 가난한 사람을 돕는 것이, 곧 여호와께 꾸어 드리는 것이라 한다. 예수님도 비슷한 말씀을 하셨다: "내가 진실로 너희에게 이르노니 너희가 여기 내 형제 중에 지극히 작은 자 하나에게 한 것이 곧 내게 한 것이니라"(마 25:40). 반대로 가난한 사람들을 멸시하는 것은 곧 하나님을 멸시하는 것이다(14:31; 17:5).

여호와께서는 그의 선행을 그에게 갚아 주실 것이다(17c절). 가난한 자들은 여호와의 자녀들이다. 그러므로 1행은 가난한 자들을 돕는 것은, 곧 여호와께 꾸어 드리는 것이라 했다. 2행은 하나님은 반드시 그 빚을 갚으실 것이라 한다. 가난한 자들은 갚지 못한다. 그러나 하나님은 항상 갚아 주실 수 있다(cf. 3:27-28; 11:17, 25; 14:21; 22:9; 22-23; 25:22-23). 이와는 대조적으로 가난한 자들을 멸시하는 자는 하나님과 다퉈야 한다(21:13; 22:11-23; 28:27).

또한 우리가 가난한 사람들을 도우면 하나님은 반드시 몇 배의 축복으로 우리를 풍요롭게 하실 것이다. 예수님은 이 이슈에 대해 이렇게 말씀하셨다: "주라 그리하면 너희에게 줄 것이니 곧 후히 되어 누르고 흔들어 넘치도록 하여 너희에게 안겨 주리라 너희의 헤아리는 그 헤아림으로 너희도 헤아림을 도로 받을 것이니라"(눅 6:38). 여호와는 계산이 정확하신 분이라 가난한 그의 자녀들이 진 사랑의 빚을 반드시 갚아 주신다. 그러므로 하나님의 복을 사모하는 사람은 성심성의껏 가난한 사람들에게 자비를 베풀어야 한다.

세 번째 교훈은 자녀를 징계를 하되 정도껏 하라고 한다(18절). '징계하다'(יסר)는 가르침과 양육을 전제하는 단어이다(NIDOTTE). 자녀를 징계하는 일은 부모에게도 고통스러운 일이다. 그러나 부모라면 반드시 징계를 해야 한다. 부모가 자녀를 징계하는 것은 자녀가 지혜롭고 바른 사람으로 성장할 것이라는 희망의 표현이기 때문이다(18a절, cf. 새번역). 부모는 항상 자녀를 희망해야 한다. 잠언에서 징계의 가장 기본적인 목적은 징계받는 사람의 마음이 여호와를 향하게 하기 위해서다(Kitchen, cf. 1:7).

부모가 자녀를 징계하되 죽일 마음은 두지 말라고 한다(18b절). 이 말씀을 정확히 해석하는 것이 쉽지 않다. 두 가지 가능성이 있다. 첫째, 13:24 등을 근거로 부모가 자녀를 징계하지 않는 것은 그를 죽이는 것과 같다는 의미로 해석할 수 있다(Scott, Whybray, cf. 2:18; 5:5; 7:27; 8:36; 10:2; 11:4, 19). 다윗은 이복 누이 디나를 강간한 암논을 벌하지 않아 결국 압살롬의 손에 그가 죽게 했다(삼하 13장). 또한 아도니야를 징계하지 않아 솔로몬의 손에 죽게 했다(cf. 왕상 1:5–6). 둘째, 부모는 자식을 징계하되 감정적으로 하여 죽이는 일은 없도록 하라는 뜻이다(Clifford, Murphy, cf. TNK). 두 번째 해석이 본문의 의도를 더 정확하게 반영하고 있다.

징계는 살리기 위한 것이지, 죽이기 위한 것이 아니다. 그러므로 부모가 자식이 죽을 때까지 징계하는 것은 징계의 원리에도 어긋나며 하나님의 모양과 형상에 따라 만들어진 창조의 걸작품을 파괴하는 행위이다. 이런 흉악한 일을 행하는 자가 설령 그의 아버지라도 하나님의 벌을 피할 수 없다. 징계에는 분명 미리 정해진 한계가 있어야 한다. 그래야 벌하는 자의 감정이 극단적으로 치닫지 않는다. 성경도 범죄자를 벌할 때 매로 40대 이상 치는 것을 금한다(신 25:3; cf. 고후 11:24). 그가 심하게 다치거나 죽으면 징계하는 목적이 무색해지기 때문이다. 징계는 반드시 살리기 위한 목적을 두고 진행되어야 한다.

네 번째 가르침은 노하기를 맹렬히 하는 자는 반드시 대가를 치른다는 경고이다(19절). '노하기를 맹렬히 하는 자'(גְּרָל־חֵמָה)는 '성격이 불 같은 사람'(새번역) 혹은 '성미가 사나운 사람'(공동)을 뜻한다. 자기 감정만이 중요하다고 생각하여 앞뒤 가리지 않고 폭발하는 사람이다. 이런 사람은 많은 실수를 하며(14:16-17, 29; 15:18; 29:22), 흔히 자기는 "뒤끝이 없다"고 하지만 이것도 사실이 아니다. 그는 반드시 벌을 받을 것이다. '벌'(עֹנֶשׁ)은 저지른 잘못에 상응하는 대가이다(NIDOTTE). 화를 내다가 당하던 사람들의 응징을 받을 수도 있고, 스스로 파멸에 이를 수도 있고, 하나님의 벌을 받을 수도 있다.

이런 사람은 건져 주면 다시 그런 일이 생긴다(19b절). 좋은 의도로 말리고 그를 위기에서 구해 줘 봤자 자기 버릇 개에게 주지 못하고 다시 폭발한다. 그러므로 솔로몬은 이런 사람들에 대한 선처는 말짱 도루묵이니 아예 멀리하라고 한다(cf. 22:24). 부모는 자식에게 소망이 있을 때 징계하라고 했는데(18절), 이런 사람은 그때를 지났고 그를 위기 때마다 구해 줘 봤자 바뀌는 것이 없다. 자녀가 어렸을 때(아직 소망이 있을 때) 부모가 그를 훈련하는 일이 얼마나 중요한가를 새삼 깨닫게 한다.

다섯 번째 가르침은 노력하는 사람은 지혜로워질 수 있다고 한다(20절). 누구든 권고를 듣고 훈계를 받으면 된다. 이 말씀은 잠언의 서론인 1-9장의 내용(지혜를 얻으라는 권면)을 새로이 표현하고 있다(Kitchen). '권고'(עֵצָה)는 충고와 조언을, '훈계'(מוּסָר)는 징계 등을 통한 훈련이다(HALOT). 사람이 열린 마음으로 주변 사람들의 권고와 훈계를 받아들이면 어떤 일이 생기는가?

그렇게 하면 필경은 지혜롭게 된다(20b절). '필경'(לְמַעַן)은 '반드시'라는 뜻이다. 누구든 노력하면 반드시 좋은 결과를 얻어 지혜롭게 될 것이다. 솔로몬은 사람이 태어날 때부터 지혜로운 것이 아니라, 살면서 노력하여 지혜롭게 된다고 한다. 그러므로 누구든 노력하면 지혜를 얻을 수 있다. 이것은 하나님이 우리 모두에게 주신 소망이다. 또한 주님은 우리가 지혜롭게 되기를 바라신다. 사람이 자기 미래를 결정할 수는 없지만 지혜를 추구하여 소망할 수는 있다(Waltke).

III. 솔로몬의 첫 번째 잠언집(10:1-22:16)
B. 통찰적인 지혜 모음집(16:1-22:16)
4. 가난하지만 흠 없이 사는 사람(19:1-29)

(6) 성실과 경건(19:21-23)

21 사람의 마음에는 많은 계획이 있어도
오직 여호와의 뜻만이 완전히 서리라
22 사람은 자기의 인자함으로 남에게 사모함을 받느니라
가난한 자는 거짓말하는 자보다 나으니라
23 여호와를 경외하는 것은 사람으로 생명에 이르게 하는 것이라
경외하는 자는 족하게 지내고 재앙을 당하지 아니하느니라

첫 번째 가르침은 오직 하나님의 뜻이 이루어진다고 한다(21절). 사람의 마음에는 많은 계획이 있다. '계획'(מַחֲשָׁבָה)은 생각(창 6:5)과 계획(렘 18:12)과 재주(대하 2:13) 등 마음이 하는 다양하고 창의적인 것들을 뜻한다(TWOT). 생각이 많은 사람일수록 다양하고 많은 계획을 세운다. 계획을 세우고 그 목표를 향해 나아가는 것은 행복하고 흥분되는 일이다.

그러나 오직 여호와의 뜻만이 완전히 선다(21b절, cf. 16:1-4, 33). 사람은 많은 계획을 세우고 추진하며 살지만, 세상은 창조주 하나님의 계획만이 이루어지는 곳이다. 이스라엘을 내보내기를 거부했지만 결국 내보내야 했던 이집트 왕 바로와 다윗을 상대로 반역을 일으켰지만 실패했던 압살롬과 유대인들을 학살하려 했지만 결국 그가 속한 족속이 멸망한 하만이 이 원리의 좋은 예들이다(Toy).

우리는 기도를 통해 우리가 세우는 계획과 목표가 하나님의 뜻의 한 부분인지를 확인해야 한다. 만일 아니라면, 신속하게 바꾸는 것이 바람직하다. 솔로몬은 사람이 계획을 세우며 사는 것은 좋은 일이지만, 반드시 하나님의 뜻의 일부가 되는 계획을 세우라고 권면한다. 이런

일은 기도와 묵상을 통해 할 수 있다.

두 번째 교훈은 인자를 베풀며 살라고 권면한다(22절). 사람은 자기의 인자함으로 남에게 사모함을 받는다. '인자'(חֶסֶד)를 '수치'로 해석하여(cf. 레 20:17) '욕심은 사람에게 수치를 안겨 준다'로 해석하는 이들이 있다(Lucas, TNK). 그러나 본문과 잘 어울리지 않는다. 또한 이 단어의 일반적인 의미인 '인자'를 유지하는 것이 더 낫다. '인자'(חֶסֶד)는 자비와 긍휼을 뜻하며, 하나님이 사람들에게 베푸시는 가장 기본적인 은혜이다. 사람이 이웃들에게 자비를 베풀고 그들을 따뜻하게 대하면 그들도 그를 존경하고 좋아해 줄 것이다.

가난한 자는 거짓말하는 자보다 낫다(22b절). '거짓말하는 자'(כָּזָב)가 다른 곳에서는 '위증하는 자'라는 의미를 지녔다며, 이 행을 '위증하여 부자가 되는 것보다 가난한 자로 남는 것이 낫다'로 해석하는 이들도 있다(Whybray). 그러나 이 말씀을 1행과 연결하여 해석하면 거짓말 하는 자는 능력이 되면서도 가난한 자를 돕지 않으려고 거짓말을 하는 자이다(Kitchen). 그렇다면 이 말씀은 돕고 싶어도 남을 도울 수 없는 가난한 사람이 도울 수 있는데 돕지 않기 위해 거짓말을 하는 사람보다 낫다는 뜻이 된다. 그러나 1행이 실질적인 도움을 주는 것을 말하기 때문에 '돕고 싶어도 돕지 못하는 가난한 사람'은 별 의미가 없다.

그러므로 이 말씀은 1행과 독립적으로 취급되는 것이 바람직하다. 주제가 완전히 다르며, 두 행이 평행을 이룬다 할 수 없기 때문이다. 이웃에게 인자를 베풀려면(1행) 어느 정도 부유함이 있어야 하는데, 가난한 사람(2행)은 이 같은 재정적인 여건이 마련되어 있지 않기 때문이다. 그러므로 이 행은 1행과 연관되어 있지 않은 독립적인 가르침을 주는 것으로 해석해야 한다. 거짓말쟁이로 사느니 가난하게 사는 것이 더 좋다는 말씀이다. '거짓말쟁이'(אִישׁ כָּזָב)는 위증하는 자를 뜻한다(6:19; 14:5, 25; 19:9; 21:28). 형편이 어렵더라도 양심을 팔고 억울한 사람을 궁지로 내모는 삶은 살지 말라는 권면이다(cf. 19:1, 5, 9). 가난은 죄가 아니지만, 거짓말은 죄이기 때문이다.

세 번째 가르침은 여호와를 경외하는 사람은 생명에 이르게 된다고 한다(23절). '생명에 이르다'(לְחַיִּים)는 '장수할 것'이라는 뜻이다. 악인들과 미련한 자들은 벌을 받아 단명하지만, 여호와를 경외하는 지식과 지혜를 지닌 사람은 오래 살 것이다. 그들은 여호와의 심판을 받지 않아 오래 살고, 지혜가 그들이 건강하고 생기로 가득한 삶을 살도록 인도할 것이기 때문이다. 그러므로 이 문장은 '여호와를 경외하는 것이 참 생명이다'로 해석할 수도 있다(cf. TWOT).

또한 경외하는 자는 족하게 지내고 재앙을 당하지 않는다(23b절). 마소라 사본에는 '경외하는 자'가 없으며 2행이 1행과 평행을 이룬다 하여 1행에서 도입된 주어이다. '족하게 지내다'(שָׂבֵעַ יָלִין)는 '만족스럽게/편안하게 잠을 자다'는 뜻이다. '재앙을 당하지 않는다'(בַּל־יִפָּקֶד רָע)는 재앙이 그를 찾지 않을 것이라는 뜻이다(cf. 시 91:10). 여호와께서 그를 경외하는 사람을 온갖 재앙에서 보호하실 것이기 때문이다(cf. 16:6). 그러므로 솔로몬은 무병장수하며 평탄한 삶을 살려면 여호와를 경외하라고 권면한다.

III. 솔로몬의 첫 번째 잠언집(10:1–22:16)
B. 통찰적인 지혜 모음집(16:1–22:16)
4. 가난하지만 흠 없이 사는 사람(19:1–29)

(7) 게으르고 오만한 자들(19:24–29)

24 게으른 자는 자기의 손을 그릇에 넣고서도
입으로 올리기를 괴로워하느니라
25 거만한 자를 때리라
그리하면 어리석은 자도 지혜를 얻으리라
명철한 자를 견책하라

그리하면 그가 지식을 얻으리라
[26] 아비를 구박하고 어미를 쫓아내는 자는
부끄러움을 끼치며 능욕을 부르는 자식이니라
[27] 내 아들아
지식의 말씀에서 떠나게 하는 교훈을 듣지 말지니라
[28] 망령된 증인은 정의를 업신여기고
악인의 입은 죄악을 삼키느니라
[29] 심판은 거만한 자를 위하여 예비된 것이요
채찍은 어리석은 자의 등을 위하여 예비된 것이니라

첫 번째 가르침은 게으른 자를 조롱한다(24절). 잠언은 게으른 자들에게 끊임없이 경고한다(6:6, 9; 10:26; 13:4; 15:19; 20:4; 21:25; 22:13; 24:30; 26:13-16). 이 말씀은 26:15에서 거의 그대로 반복된다. 솔로몬은 게으른 자의 우스꽝스러운 모습을 묘사한다. 그는 식사를 하려고 음식이 담긴 그릇을 대한다. 드디어 손으로 그릇에 담긴 음식을 집어 들지만, 정작 입으로 올리기를 괴로워한다! 세상에서 가장 느린 짐승인 나무늘보도 이렇게 게으르지는 않다. 솔로몬은 게으른 사람은 음식을 먹을 자격이 없다며 조소적으로 묘사한다. 게으른 자들은 원하는 것은 많지만, 아무 일도 하지 않고 얻으려 한다(Koptak). 요즘 말로 '날로 먹으려' 한다. 이 말씀은 어떤 일을 시작했으면 끝을 보라는 권면이기도 하다(Whybray).

두 번째 교훈은 훈계의 효과에 대한 것이다(25절). 이 말씀은 21:11에서 거의 그대로 반복된다. 거만한 자를 때리면 어리석은 자도 지혜를 얻는다. '거만한 자'(לֵץ)는 권면하는 사람들을 비웃는 자이다. 자신이 가장 지혜롭다고 생각하여 자신의 언행에는 교정할 것이 없다고 생각하는 자이다(cf. 9:7, 8; 13:1; 15:12). 이런 사람은 조언한 사람을 오히려 조롱하며 지혜를 배울 필요를 느끼지 못한다(9:8; 13:1; 14:6; 15:12;

17:10; 21:11). 솔로몬은 이런 사람은 때리라고 한다. 말로 될 사람이 아니기 때문이다. 그러나 오늘날에는 어떠한 경우라도 폭력을 사용하면 안 된다.

'어리석은 자'(פֶּתִי)는 어리숙한(naïve) 사람을 뜻한다(HALOT). 거만한 자를 때리면, 그가 정신을 차리고 겸손해질 수도 있고, 그렇지 않을 수도 있다. 그러나 주변에서 지켜보던 어리숙한 자에게는 확실한 학습효과가 있다(Kidner, McKane, Ross, cf. 신 13:10-11; 딤전 5:20). 그가 거만한 자가 매를 맞는 것을 보면서 지혜를 얻기 때문이다. 어떤 지혜일까? 정확히 알 수는 없지만, 거만하게 굴면 안 되겠다는 지혜일 것이다.

명철한 자를 견책하면 그가 지식을 얻는다(25c-d절). '견책하다'(יכח)는 야단을 친다는 뜻이다. 말이 통하는 사람에게는 매를 사용할 필요가 없다. 폭력을 동원하지 않고 말로 해도 명철한 자는 지식을 얻는다(cf. 17:10). 아마도 자신이 한 행동이 옳지 않아 바람직한 일이 아니라는 것을 깨달았을 것이다. 명철한 자는 자신의 징계 경험을 통해 지혜를 배우지만, 거만한 자는 매를 맞고도 깨닫지 못하며, 남 좋은 일만 한다. 그가 매를 맞는 것을 보고 어리석은 자가 지혜를 얻기 때문이다. 명철한 자는 자신을 징계하는 이를 사랑하기까지 한다(cf. 9:8).

세 번째 가르침은 부모를 업신여기는 자식에 관한 경고이다(26절). 아비를 구박하고 어미를 쫓아내는 자가 있다. '구박하다'(שׁדד)는 '폭력적으로 대하다'라는 뜻이다(TWOT). '쫓아내다'(ברח)는 이곳에 단 한 차례 사용되는 단어로 '상처를 입히다'는 의미를 지녔다(HALOT). 그러므로 이 말씀은 부모에게 폭력을 행하는 자녀에 대한 말씀이다.

이런 자는 부끄러움을 끼치며 능욕을 부르는 자식이다(26b절). '부끄러움을 끼치다'(בושׁ)는 심한 수치와 모멸감을 안겨 준다는 뜻이다. '능욕을 부르다'(חפר)는 '창피하게 하다'는 뜻을 지녔다(HALOT). 자식은 부모의 자랑거리가 되어야 하는데, 이런 자식은 오히려 큰 수치를 안긴다. 솔로몬은 자식들에게 폭력적으로 부모를 대하지 말라고 경고하고 있다(cf. 잠 28:24; 30:11; 삿 17:1–2). 하나님이 지켜보신다.

네 번째 가르침은 분별력을 키우라는 권면이다(27절). 잠언의 서론 부분(1–9장)에서 자주 접했던 '내 아들아'로 시작하는 권면이다(cf. 1:8, 10, 15; 2:1; 3:1, 11, 21; 4:10; 5:1; 6:1; 7:1). 그러나 10:1–22:16에서는 유일하게 이곳에 등장한다. '교훈'(מוּסָר)은 훈련을 목적으로 둔 훈계이다. 그러나 교훈이라고 다 좋은 것은 아니다. 모든 교훈은 세계관과 가치관을 반영하고 있는데, 모두 다 정의롭고 거룩한 것은 아니기 때문이다. 그러므로 솔로몬은 어떤 교훈은 아예 귀담아 듣지 말라고 한다. 어떤 교훈인가? 지식의 말씀에서 떠나게 하는 교훈이다. '지식'(דַּעַת)은 지혜의 바탕이다. 그러므로 이 말씀은 사람이 지혜를 떠나 어리석게 하는 교훈은 거부하라고 한다.

다섯 번째 교훈은 진실된 말을 하라는 경고이다(28절). 망령된 증인은 정의를 업신여긴다. '망령된'(בְּלִיַּעַל)은 가장 낮은 질의 인간이다(NIDOTTE, cf. Kitchen). 훗날 마귀의 이름이 되기도 한다(고후 6:15). 요즘 말로 '인간 말종'이라는 뜻이다. 억울한 사람의 생명과 죽음을 좌우할 수 있는 법정에서 위증하는 자에 대한 하나님의 극한 감정을 표현하고 있다. 위증하는 자는 자기 잇속을 챙기기 위해 거짓을 말하겠지만, 결과적으로는 창조주 하나님이 세우신 공의와 정의를 훼손한다. 그러므로 세상에 공의와 정의를 세우고 다스리시는 하나님을 업신여기는 행위이다. 이세벨이 나봇의 포도원을 빼앗기 위해 저지른 만행이 좋은 예이다(왕상 21:10).

또한 악인의 입은 죄악을 삼킨다(28b절). 1행과 연결해서 해석하면 악인은 망령된 증인이다. 그는 입으로 정의를 업신여기는 말을 했다. 그러므로 그의 입은 죄악을 삼켜야 한다. 그는 자신이 거짓말을 해서 초래한 결과를 스스로 감당해야 할 것이라는 경고이다(cf. Koptak). 입으로 악을 심었으니(위증했으니), 입으로 악(위증에 대한 하나님의 심판)을 삼켜야 한다.

여섯 번째 가르침은 지혜를 멀리하는 자들은 징계를 피할 수 없다는 경고이다(29절). 심판은 거만한 자를 위하여 예비된 것이다. '예비되다'(כון)는 굳건하게 세워졌다는 뜻이다(TWOT). 하나님이 거만한 자들에게 내리실 심판은 갑자기 결정되거나 세워진 것이 아니라 심판이 진행되기 오래 전부터 철저하게 준비된 것이라는 의미이다. 하나님은 거만한 자(자기만 잘났다며 남을 무시하고 자기 말만 떠들어대는 자)에게 준비된(혹독한) 벌을 내리실 것이다.

또한 채찍은 어리석은 자의 등을 위하여 예비된 것이다(29b절). '채찍'(מַהֲלֻמוֹת)은 물리적인 징계를 상징한다. 어리석은 자들은 말을 듣지 않는다. 잠언은 아이들과 미련한 자들을 채찍과 매로 다스리라고 한다(14:3; 18:6; 22:15; 23:13; 26:3). 그러므로 필요하면 물리적인 응징을 가해서라도 훈계하라는 말씀이다. 그러나 18절이 경고하는 것처럼 죽도록 때리면 안 된다. 또한 오늘날에는 물리적인 폭력은 자제해야 한다. 때리지 않으면서도 같은 효과를 발휘하는 방법을 찾아 징계하는 사람이 지혜롭다. 이 말씀은 교만하고 어리석은 자들은 반드시 응징을 받을 것이라는 경고이다.

III. 솔로몬의 첫 번째 잠언집(10:1–22:16)
B. 통찰적인 지혜 모음집(16:1–22:16)

5. 절제가 필요한 술(20:1–30)

이 장(章)도 다양한 주제에 관한 말씀으로 구성되어 있다. 본 주석에서는 다음과 같은 섹션화를 바탕으로 본문을 주해해 나가고자 한다.

A. 술과 다툼(20:1–4)

B. 분별력과 판단력(20:5–9)

C. 행실로 드러나는 지혜(20:10–15)

D. 어리석은 자의 삶(20:16–21)

E. 하나님이 다스리시는 세상(20:22-25)

F. 지혜로운 왕(20:26-30)

III. 솔로몬의 첫 번째 잠언집(10:1-22:16)
B. 통찰적인 지혜 모음집(16:1-22:16)
5. 절제가 필요한 술(20:1-30)

(1) 술과 다툼(20:1-4)

[1] 포도주는 거만하게 하는 것이요
독주는 떠들게 하는 것이라
이에 미혹되는 자마다 지혜가 없느니라
[2] 왕의 진노는 사자의 부르짖음 같으니
그를 노하게 하는 것은 자기의 생명을 해하는 것이니라
[3] 다툼을 멀리 하는 것이 사람에게 영광이거늘
미련한 자마다 다툼을 일으키느니라
[4] 게으른 자는 가을에 밭 갈지 아니하나니
그러므로 거둘 때에는 구걸할지라도 얻지 못하리라

첫 번째 교훈은 술은 사람을 어리석게 만드니 멀리하라는 권면이다(1절). 포도주는 사람을 거만하게 한다. 솔로몬은 포도주와 독주를 의인화(personification)하여 권면한다. 사람이 술을 마시면 술이 사람을 조정하기 때문이다. '거만한 자'(לֵץ)는 이웃의 조언이나 충고가 필요 없다고 생각하는 자이다. 스스로 지혜롭다고 생각하여 배울 필요를 느끼지 못한다. 포도주에 취한 사람은 마음에 있는 '지혜'를 말한다. 그러나 정작 그것은 지혜가 아니라 어리석음이다. 당시 포도주는 분량의 7-10퍼센트가 알콜이었으며, 물에 섞어 도수를 낮춰 마셨다(TWOT). 잠언은 앞으로도 몇 차례 더 술의 위험성을 가르친다(23:20, 21, 29-35;

31:4-5).

독주는 떠들게 하는 것이다(1b절). '독주'(שֵׁכָר)는 포도주보다 더 독한 술이며 곡물이나 과일을 발효시켜 만들었다(Kitchen, cf. 레 10:9; 신 14:26). 당시 사람들은 증류주는 만들지 않은 것으로 알려졌다. 성경은 술을 금하지는 않지만(cf. 신 14:26), 제사장들(레 10:9)과 나실인들(민 6:3)의 경우에는 술 마시는 것을 금했다. 노아는 술에 취해 죄를 저질렀다(창 9:21).

대부분 사람들은 술에 취하면 말이 많아진다. '떠들다'(המה)는 '소란을 피우다'는 뜻이다(NIDOTTE). 술에 취한 사람은 말이 많아질 뿐만 아니라 소란도 피운다. 술 취함이 있는 곳에는 다툼과 분란이 있기 때문이다. 잠언은 미련한 여자가 소란을 피운다고 했다(7:11; 9:13). 잠언에서 술에 취하는 것은 미련한 자나 하는 일이다(Toy). 지혜로운 사람은 이런 행동을 하지 않는다.

그러므로 술에 미혹되는 자마다 지혜가 없다(1c절). '미혹하는 자'(שֹׁגֶה)는 사람을 가던 길에서 이탈하여 잘못된 길로 접어들게 하는 자라는 뜻이다(TWOT). 술은 사람이 가야할 길을 가지 않고 곁길로 가게 할 뿐만 아니라 생각도 마비시킨다(cf. 사 28:7). 지혜로운 사람은 자신이 가야할 길을 가는 사람이다. 그러므로 곁길로 가는 사람은 지혜로운 사람이 아니다(cf. 19:27; 28:10). 술은 판단력을 흐리게 할 뿐만 아니라(cf. 호 4:11), 온갖 추태를 부리게 하고, 하지 않아도 될 말을 하게 하여 스스로 어리석다는 것을 드러내게 하니 마시지 않는 것이 바람직하다. 잠언에서 술은 폭식(23:20)과 가난(23:21)과 대인 갈등(23:29)과 생각과 판단력 혼란(23:33)과 자기 몰락(23:34)과 형편없는 리더십(31:4)과 불의(31:5) 등과 연관이 있다(Kitchen).

두 번째 교훈은 권세자들을 화나게 하지 말라는 경고이다(2절). 왕의 진노는 사자의 부르짖음 같다. 화가 난 왕은 백성이 상상할 수 있는 최악의 악몽이다. 이 행은 19:12과 거의 같다. 사람을 심히 두렵고 떨리게 한다. 화난 왕이 마음만 먹으면 사자가 먹잇감을 찢듯이 사람을 죽이거나 큰 피해를 입히는 일은 일도 아니다. 또한 사자가 곧바로 먹잇감을 덮치는 것처럼, 화가 난 왕은 곧바로 벌을 내린다(Ross).

이 말씀은 아랫사람들은 상관이 진노하지 않도록 지혜롭게 행동할 것을 권면한다. 특히 성질이 못되거나 급한 상관은 되도록이면 피하는 것이 상책이다. 미련한 자들은 상관의 심기를 불편하게 하여 화가 나게 하지만, 지혜로운 자는 이러한 상황을 피한다.

이 같은 권면을 귀담아 듣지 않고 왕을 노하게 하는 것은 자기 생명을 해하는 것이다(2b절). 신하는 아무리 의로운 충언이라도 때를 가려 왕에게 말해야 한다. 왕이 화가 났을 때에는 삼가하는 것이 좋다. 사람이 감정이 격해지면 이성이 마비되기 때문이다. 그러므로 기분이 좋을 때에는 고맙게 받아들일 만한 말도 기분이 나쁠 때는 화나게 할 수 있다. 특히 상관에게 말을 할 때에는 때를 분별하는 지혜가 필요하다. 자칫 잘못하면 좋은 말을 하려다가 오히려 큰 피해를 입을 수 있기 때문이다.

세 번째 가르침은 살면서 되도록이면 다툼을 피하라는 권면이다(3절). 다툼을 멀리하는 것이 사람에게 영광이다. '멀리 하는 것'(שֶׁבֶת מִן־)을 직역하면 '떨어져 앉는 것'이다(cf. Murphy). 어떠한 유형의 다툼이라도 되도록이면 멀리 떨어져 있어 연루되지 말라는 권면이다. 이처럼 다툼을 멀리하는 것이 사람에게 영광이다. '영광'(כָּבוֹד)은 무거움을 의미하기 때문에 공동번역은 이 말씀을 '무게 있는 사람은 분쟁에 끼어들지 않는다'로 번역했다. 잠언에서 영광은 대체적으로 명예를 뜻한다(3:35; 11:16; 15:33; 18:12; 25:27; 26:1, 8; 29:23).

반면에 미련한 자마다 다툼을 일으킨다(3b절). '미련한 자마다'(כָּל־אֱוִיל)는 '모든 미련한 자들'이다. 미련한 사람들은 하나도 예외 없이 모두 분란에 끼어든다는 뜻이다. 솔로몬은 지혜로운 사람과 미련한 사람을 판가름하는 하나의 시험(리트머스 테스트)은 그들이 분란에 어떻게 대처하는가를 보는 것이다. '일으키다'(גלע)는 잠언에서만 세 차례 사용되는 단어로(cf. 17:14; 18:1), 일부러 촉발시킨다는 뜻이다(NIDOTTE). 미련한 자들은 긁어 부스럼을 만드는 자들이다. 가만히 있으면 될 것을 일부러 문제로 발전시킨다.

네 번째 가르침은 심지 않으면 거둘 것이 없다는 경고이다(4절). 잠언은 게으른 자에 대해 매우 많은 경고를 한다(6:6-11; 10:26; 13:4; 15:19; 19:24; 20:4; 21:25-26; 22:13; 24:30; 26:13-16). 게으른 자는 가을에 밭을 갈지 않는다. 이스라엘 사람들은 논농사를 하지 않았다. 오직 밭 농사만 했다. 그러므로 그들의 파종 시기는 항상 가을이었다. 가을에 보리와 밀을 파종하고 늦은 봄에 수확했다. 그러므로 이 말씀은 가을이 밭을 갈아 파종하는 시기인데 게으른 자는 밭에 나가서 씨앗을 심지 않는다고 한다. 이때는 날씨가 춥고 비도 와서 쟁기질을 하여 파종하는 것이 즐거운 경험은 아니다(TDOT). 그러나 이듬해에 수확을 기대한다면 반드시 나가서 뿌려야 한다. 그러나 그는 너무나도 게을러서 모든 사람들이 하는 일을 하지 않는다.

그러므로 거둘 때에는 구걸할지라도 얻지 못한다(4b절). '거둘 때'(בַקָּצִיר)는 늦은 봄 추수 시즌이다. '구걸하다'(שׁאל)는 '구하다'라는 뜻이며, 구걸하기보다는 '수확할 것을 구하는 것', 곧 추수할 것을 찾는 것으로 해석되어야 한다. 그러므로 새번역은 이 행을 "추수 때에 거두려고 하여도 거둘 것이 없다"로 번역했다. 솔로몬은 게으른 자는 바라는 것이 많으나 얻는 것은 없다고 경고했었다(13:4). 가나안 지역과 우리 나라의 농사와 농사철이 다르기 때문에 공동번역은 "봄철에 밭갈지 않는 게으름뱅이는 가을이 되어 아무리 찾아도 거둘 것이 없다"로 번역했다. 사람은 생산적인 일을 하면서 살아야 한다.

III. 솔로몬의 첫 번째 잠언집(10:1-22:16)
B. 통찰적인 지혜 모음집(16:1-22:16)
5. 절제가 필요한 술(20:1-30)

(2) 분별력과 판단력(20:5-9)

5 사람의 마음에 있는 모략은 깊은 물 같으니라
그럴지라도 명철한 사람은 그것을 길어 내느니라
6 많은 사람이 각기 자기의 인자함을 자랑하나니
충성된 자를 누가 만날 수 있으랴
7 온전하게 행하는 자가 의인이라
그의 후손에게 복이 있느니라
8 심판 자리에 앉은 왕은
그의 눈으로 모든 악을 흩어지게 하느니라
9 내가 내 마음을 정하게 하였다
내 죄를 깨끗하게 하였다 할 자가 누구냐

첫 번째 교훈은 지혜로운 사람은 숨겨진 모략도 찾아낸다고 한다(5절). 사람의 마음에 있는 모략은 깊은 물 같다. 이 말씀을 정확하게 해석하는 것은 결코 쉽지 않다(Koptak, Murphy, Whybray). '모략'(עֵצָה)은 조언과 충고를(cf. 8:14; 19:20, 21; 21:30), '깊음'(עֲמֻקִּים)은 도저히 헤아릴 수 없는 깊이를 뜻하는데, 복수를 사용하여 더 깊다는 것을 강조한다. 사람들에게 조언과 충고를 구하는 일은 참으로 어렵고 신비롭기까지 하다는 뜻이다. 누구든 쉽게 마음에 있는 말을 하지 않으려 하기 때문이다.

그럴지라도 명철한 사람은 그것을 길어 낸다(5b절). 사람이 아무리 충고와 조언해 주는 것을 피하려 해도, 명철한 사람은 기어코 그 사람에게서 원하는 지혜를 받아낸다는 뜻이다. 그 사람을 설득할 수도 있고, 대화 중 의중을 파악할 수도 있다. 다양한 방법을 활용하여 알아낼 수 있다. 솔로몬은 이러한 상황을 '물기르다'(דלה)라는 동사를 사용하여 깊이가 너무 깊어 도저히 깊이와 물을 가름할 수 없는 샘에서 두레박으로 물을 길어내는 것에 비교한다. 지혜로운 사람은 다른 사람의 마음에 가장 깊이 숨겨져 있는 것도 드러낼 수 있다. 또한 그는 사람들이 하는 말의 내면에 무엇이 숨겨져 있는가도 잘 파악하여 적절한 말로 표현한다(Lucas).

두 번째 교훈은 믿을 만한 사람을 찾는 것은 참으로 어려운 일이라 한다(6절). 많은 사람이 각기 자기의 인자함을 자랑한다. 사람들은 각자 자신은 참으로 성실하고 믿을 만한 사람이라고 떠들어 댄다. '인자함'(חֶסֶד)은 이웃에게 자비와 긍휼을 베푼다는 뜻이지만, 참으로 이웃을 돕는 사람들은 자신을 자랑하지 않는다. 그러므로 본문에서 인자함은 누구와 관계를 맺으면 참으로 성실히(충성되게) 임한다는 뜻으로 해석되어야 한다. 자신을 이렇게 자랑하는 사람일수록 신뢰가 가지 않는다. 말은 싸기 때문이다(talk is cheap)(Longman). 세상은 우리가 사는 시대를 '자기 피알(피터지게 알리는) 시대'라고 하는데, 이 말씀이 우리의 세태를 묘사하는 듯하다.

충성된 자를 누가 만날 수 있으랴(6b절). 자신은 신실한 사람이라며 자랑하는 사람은 많지만, 정작 충성된 사람은 찾기가 어렵다는 탄식 섞인 수사학적 질문이다. '충성된 사람들'(אֱמוּנִים)은 믿고 신뢰할 만한 사람들을 뜻한다. 위선과 불신으로 가득한 세상에서 충성된 사람은 보석보다 귀하다. 명성이 자자한 사람은 많지만, 실제로 바른 삶을 사는 사람은 많지 않다(Clifford). 솔로몬은 자기 자랑을 늘어놓는 사람들을 믿지 말고, 서로 의지하고 믿을 수 있는 사람들을 찾아 사귀라고 한다. 비록 세상이 거짓과 위선으로 가득 차 있지만, 진실한 사람들도 분명 있다. 진실한 사람들을 어떻게 분별하는가? 그들의 말이 아니라, 행실을 보면 된다.

세 번째 가르침은 의인들의 자손들은 복을 받는다고 한다(7절). 온전하게 행하는 자가 의인이다. '온전하게 행하는 자'(מִתְהַלֵּךְ בְּתֻמּוֹ)는 자기에게 주어진 길을 성실하고 흠 없이(옆길로 빠지지 않고) 가는 사람이다. 이런 사람은 하나님께 '의인'(צַדִּיק)이라고 칭찬을 받는다. 주님께서 그의 삶을 의롭다고 인정하신다는 뜻이다.

주님은 이 의인의 후손에게도 복을 내리신다(7b절). '복이 있다'(אַשְׁרֵי)는 시편에서 자주 사용되는 표현으로(cf. 시 1:1) 하나님의 특별한 보살핌으로 인해 행복한 삶을 사는 사람을 묘사한다. 하나님은 의인의 자손들을 대대로 보살피시며 좋은 것들로 그들을 행복하게 해 주신다(cf. 13:22; 14:11, 26). 자손 대대로 이어지는 하나님의 축복은 돈으로 사거나, 팔거나, 잃어버릴 수 없고 그 집안에 영원히 남는 것이다(cf. 10:7; 13:22; 17:2). 의로운 조상들로 인해 후손들이 복을 거둔다(cf. 14:26).

네 번째 교훈은 왕은 정확하게 판단하고 분별해야 한다고 한다(8절). 고대 근동에서 왕의 업무 중 하나는 '심판의 자리에 앉아'(עַל־כִּסֵּא־דִין יוֹשֵׁב) 재판을 진행하는 것이다. 그가 재판을 진행할 때 반드시 그가 섬기는 신(들)에게 받은 지혜로 해야 한다(cf. 시 72편). 왕의 재판은 악인을 벌하고 의인이 억울한 일을 당하지 않도록 해야 하는데, 이때 필요한 것이 분별할 수 있는 지혜이기 때문이다. 그러므로 그에게 가장 중요한 것은 판단력과 분별력이다.

심판의 자리에 앉은 왕은 그의 눈으로 모든 악을 흩어지게 한다(8b절). '흩다'(זרה)는 파종 시즌에 농부가 씨를 뿌리는 것을 뜻하기 때문에 개역개정은 왕은 악을 씨를 뿌리듯 '흩어지게 한다'로 번역했다. 왕은 자기 백성들 중 악인들을 분별하여 흩는 자라는 뜻이다. 그러나 이 동사는 '까부르다, 키질하다'는 의미도 지녔다(NIDOTTE). 본문에서도 이 의미가 더 잘 어울린다(cf. 잠 20:26; 시 1:4-6). 이 말씀의 핵심이 분별하는 것에 있기 때문이다. 그러므로 공동번역의 "임금은 재판석에 앉아 나쁜 놈을 한눈에 가려 낸다"가 본문의 의미를 잘 전달하고 있다(cf. 새번역, 아가페, 현대어, NIV, ESV, NRS, TNK). 정의로운 정권은 악을 뿌리

뽑는다(Plaut). 그러나 세상에는 이런 정권이 한 번도 없었다(Ross).

다섯 번째 가르침은 심판하시는 창조주 앞에 떳떳한 사람은 하나도 없다고 한다(9절). 솔로몬은 세상에는 "내가 내 마음을 정하게 했다, 내 죄를 깨끗하게 했다"라고 당당하게 말할 사람은 하나도 없다는 사실을 수사학적 질문으로 표현하고 있다: "누구냐?" 우리 모두는 창조주 앞에 부정한 자들이며, 죄인들이라는 고백이다. 안타깝게도 모든 사람이 이렇게 고백하지는 않는다. 자기 잘난 맛에 사는 거만한 자들과 교만한 자들과 미련한 자들은 이렇게 고백하지 못한다. 오직 겸손하고 지혜로운 의인들만이 이렇게 고백할 수 있다. 고백해야 할 자들이 고백하지 않는 것은 일종의 모순이다. 세상에는 자신이 의인이라고 하는 사람은 많지만, 정작 의롭게 사는 사람들은 그렇게 많지 않다는 사실을 지적하고 있다(Koptak). 또한 우리는 우리 자신과 이웃들에 대한 기대를 낮추어야 한다.

III. 솔로몬의 첫 번째 잠언집(10:1–22:16) B. 통찰적인 지혜 모음집(16:1–22:16) 5. 절제가 필요한 술(20:1–30)

(3) 행실로 드러나는 지혜(20:10–15)

10 한결같지 않은 저울 추와
한결같지 않은 되는
다 여호와께서 미워하시느니라
11 비록 아이라도 자기의 동작으로
자기 품행이 청결한 여부와
정직한 여부를 나타내느니라
12 듣는 귀와 보는 눈은
다 여호와께서 지으신 것이니라

13 너는 잠자기를 좋아하지 말라
네가 빈궁하게 될까 두려우니라
네 눈을 뜨라
그리하면 양식이 족하리라
14 물건을 사는 자가 좋지 못하다 좋지 못하다 하다가
돌아간 후에는 자랑하느니라
15 세상에 금도 있고 진주도 많거니와
지혜로운 입술이 더욱 귀한 보배니라

첫 번째 교훈은 믿고 신뢰할 만한 정직한 거래를 하라는 경고이다(10절). 한결같지 않은 저울 추와 되가 있다. '한결같지 않은 저울 추'(אֶבֶן וָאֶבֶן)를 직역하면 무게를 달기 위하여 사용하는 '돌(추)과 돌(추)'이다. 물건을 사들일 때와 팔 때, 혹은 이 사람과 저 사람에게 판매할 때 각기 다른 무게의 추를 사용하는 것을 뜻한다(공동, NAS, ESV, NIV, NRS). '한결같지 않은 되'(אֵיפָה וְאֵיפָה)를 직역하면 부피 단위인 '에바와 에바'이며 의미는 '한결같지 않은 저울 추'와 같다. 한 에바는 대략 21-22리터에 달한 것으로 생각된다(ABD). 상인들이 추와 되로 사람들을 속이고 있다(cf. 11:1; 16:11; 20:23).

이런 것들은 모두 여호와께서 미워하신다(10c절, cf. 레 19:35-36; 신 25:13; 겔 45:10; 암 8:5; 믹 6:10-11). 사업 윤리는 영성이기 때문이다(Kitchen). '미워하시다'(תּוֹעֵבָה)는 가증스럽게 여긴다는 뜻이며, 하나님이 참으로 싫어하시는 것을 강조하는 감정적인 표현이다. 이런 일은 절대 하지 말아야 한다는 권면이다. 저울과 되로 속이는 일은 하나님이 세우시고자 하는 정의로운 사회를 좀먹는 심각한 범죄이기 때문이다. 당시 이런 일이 만연했기 때문에 이런 말씀이 잠언에서 지속적으로 나오고 있다(Whybray).

두 번째 가르침은 경건과 정직함을 행동으로 나타내는 삶을 살라고

권면한다(11절). 아이라도 자기의 동작으로 자기 품행이 청결하다는 것을 나타낸다. 이 말씀은 번역하고 해석하기가 매우 어렵다(cf. McKane, Murphy, Waltke). '나타내다'(נכר)가 칼(Qal)에서는 '변장하다'는 의미를 지녔으며 히트파엘(Hithpael)에서는 '자신을 알아볼 수 없게 하다'(왕상 14:5-6), '낯선 사람처럼 행동하다'(창 42:7), 혹은 이곳에서처럼 정반대로 '자신을 알리다'가 될 수 있기 때문이다(cf. NIDOTTE, HALOT). 그러므로 이 말씀이 아이의 행동을 긍정적으로 보는지, 부정적으로 평가하는지 결정하기가 쉽지 않다. 한 번역본은 "아이는 행동이 온전하고 정직하다 할지라도 가식적으로 꾸민다"(TNK, cf. Clifford)로 번역했고, 다른 번역본은 "어린 아이들도 행실로 알아보는 상황에서, 그들의 행동은 참으로 순수하고 정직한가?"(NIV)로 번역했다.

우리말 번역본들도 다양하게 해석했다. 현대어성경은 "될성부른 나무는 떡잎부터 알아본다고, 아이가 잘될지 잘못될지는 그 하는 짓을 보고 알 수 있다"로(cf. Kitchen), 새번역은 "비록 아이라 하여도 자기 행위로 사람됨을 드러낸다. 그가 하는 행실을 보면 그가 깨끗한지 더러운지, 올바른지 그른지, 알 수 있다"로, 아가페성경은 "아이일지라도 그 행동으로 자신들의 깨끗함과 옳음을 나타낸다"로 번역했다(cf. 개역).

이 말씀이 아이를 예로 들어 어른들에게 가르침을 주고자 한다는 점을 고려하면 '하물며 아이들도 하는 행동을 통해 그들이 청결하고 정직한지, 혹은 그렇지 않은지를 나타내는데, 어른들은 더욱더 그렇지 않겠느냐?'라는 의미로 해석하는 것이 옳다. 솔로몬은 독자들에게 정직하고 순결하게 행동하여 남들에게 긍정적인 평가를 받는 삶을 살 것을 권면하고 있다. 남녀노소 가릴 것 없이 모두다 자신이 하는 언행으로 평가받기 때문이다. 다양한 언행이 행하는 자를 평가하지만, 가장 쉽고 흔한 평가 방법은 그가 돈을 어디에 어떻게 쓰는가를 보면 된다(Van Leeuwen).

세 번째 교훈은 지혜는 모두 여호와께서 주시는 것이라 한다(12절).

창조주이신 여호와는 우리 신체가 지닌 모든 장기를 만드셨다. 듣는 귀뿐 아니라, 듣지 못하는 귀도 만드셨고, 보는 눈뿐 아니라 보지 못하는 눈도 만드셨다. 그러므로 '듣는 귀'(אֹזֶן שֹׁמַעַת)는 하나님과 사람들의 말을 듣고 깨달음을 얻는 귀다(cf. 2:2; 4:2; 5:1; 15:31; 18:15; 22:17; 23:12; 25:12). '보는 눈'(עַיִן רֹאָה)도 관찰을 통해 지혜를 얻는 눈이다(cf. 3:7; 4:25; 7:2; 12:15; 21:2; 23:26; 26:5, 12, 16). 이 두 장기는 지혜로운 사람이 지닌 가장 중요한 장기들이다.

듣는 귀와 보는 눈은 다 여호와께서 지으신 것이다(12b절). 지혜의 저자이신 여호와께서 사람들에게 듣는 귀와 보는 눈을 주셔서 그들을 지혜롭게 하셨다. 그러므로 지혜로운 자는 스스로 지혜롭게 되었다고 자랑하지 말고, 그에게 지혜를 주신 여호와께 감사하고 이웃들에게 겸손해야 한다. 또한 솔로몬은 이 말씀을 통해 지혜가 부족한 사람은 여호와께 지혜를 구하라고 권면한다.

네 번째 가르침은 게으름 피우지 말고 성실하게 일하라는 권면이다(13절). 잠은 하나님이 주신 선물이다(3:24; 19:23). 그러나 지나치게 많이 자는 잠은 게으름의 상징이다. 그러므로 솔로몬은 잠자기를 좋아하지 말라고 한다. '좋아하다'(אהב)는 '사랑하다'라는 뜻이다. 필요한 잠은 당연히 자되, 필요 이상의 잠을 즐기지 말라는 뜻이다. 사람마다 각각 양(量)은 다르겠지만, 적절한 수면은 육체적—정신적 건강에 필수적이다. 그러므로 가능하면 충분히 자도록 해야 한다. 그러나 필요 이상의 잠은 자제하는 것이 좋다. "잠은 잘수록 는다"는 말도 있다.

잠을 많이 자면 어떤 일이 생기는가? 빈궁하게 된다(13b절). 잠언에서 잠과 가난은 비례한다(Kitchen, cf. 19:15; 24:33). '빈궁하다'(ירשׁ)는 먹을 양식이 없다는 뜻이다(cf. 창 45:11). 일해야 될 때 잠이나 자며 빈둥대면 결국에는 양식까지 떨어져 배를 굶게 될 것이라는 경고이다.

반면에 눈을 뜨면 충분한 양식이 생긴다(13c–d절). '눈을 뜨라'(פְּקַח עֵינֶ)는 아침에 일어날 시간이면 잠을 그만 자고 일어나라는 뜻이다(cf. 아가페, NIV). 또한 사람이 깨어 있는 것은 일하는 것을 상징한다(cf. 공동). 또한 바로 앞 절(12절)이 '보는 눈'을 언급한 것을 보면 눈을 지혜롭게 사용하라는 권면을 내포하고 있다(Murphy). 이 말씀은 항상 그런 것은 아니지만, 어떤 가난은 게으름의 결과라고 한다. 그러므로 솔로몬은 삶을 부지런하고 생산적으로 살 것을 당부한다. 그래야 충분히 먹고 살 수 있다.

다섯 번째 교훈은 정직하게 흥정하라는 권면이다(14절). 이때까지 잠언은 상인들을 주로 비난했다(cf. 10절). 이번에는 손님을 비난한다(Bridges). 사람이 물건을 살 때면 어떻게든 조금이라도 값을 깎아 보려고 좋은 물건을 두고도 상인에게 '좋지 못하다, 좋지 못하다'라고 한다. '좋지 못하다'(רע)를 직역하면 '나쁘다'이다. 물건이 나쁘면 안 사면 되지, 굳이 파는 사람 앞에서 '나쁘다, 나쁘다'를 반복할 필요가 있는가? 이런 사람일수록 조금만 깎아 주면 사겠다는 의지를 갖고 있다고 할 수 있다.

결국 그 사람은 물건을 사서 돌아간 후에는 자랑한다(14b절). 산 물건이 좋다고, 혹은 좋은 물건을 싸게 샀다고 주변 사람에게 자랑한다. 솔로몬은 물건 값을 흥정할 때 당연히 저렴한 가격에 사려고 노력해야겠지만, 세상 사람들처럼 물건을 폄하하지는 말라고 권면한다. 물건이 나쁘다고 하면 파는 상인뿐 아니라 생산자까지도 욕하는 것이 되기 때문이다.

물건이 좋으면 그 가치를 인정하되 합리적인 방법으로 합리적인 가격에 사야한다. 좋은 물건을 폄하하지 않으면서 합리적인 가격에 살 수 있는 방법에는 어떤 것이 있을까? 간단히 말해서 물건의 가치를 인정하고(칭찬하고), 자기가 그 물건을 사기 위해 지불할 수 있는 가격을 말하여 흥정을 시작하면 된다. 파는 사람들도 조금 덜 받더라도 물건의 가치를 알아 주는 사람에게 팔기를 원하지 나쁘다고 하는 사람에게는 팔고 싶어하지 않는다.

여섯 번째 가르침은 지혜는 가장 귀한 보배라고 한다(15절). 세상에는 금도 있고 진주도 많다. 우리가 돈으로 살 수 있는 보배는 참으로 다양하고 많다는 뜻이다. '진주들'(פְּנִינִים)은 귀한 산호를 가공해 만든 보석이다(HALOT). 세상의 다양한 보배들 중 가장 귀한 것은 지혜로운 입술이다. '지혜로운 입술'(שִׂפְתֵי־דָעַת)을 직역하면 '지식의 입술', 곧 지식을 말하는 입술이다(Ross, cf. 14:7). 물건을 사기 위한 흥정에 관한 말씀인 바로 앞 절(14절)과 연결하여 해석하면, 이 구절은 물건을 살 때 무조건 깎아내리거나 비하하는 말을 하지 말고 지혜로운 말로 흥정하라는 권면이 될 수 있다(Koptak).

또한 일상에 적용하면 많은 것을 아는 사람의 말은 지혜롭다는 뜻이다. 그러므로 이웃들에게 좋고 도움이 되는 말을 한다. 솔로몬은 사람이 이런 입술을 가지고 있으면, 세상에서 가장 귀한 보석을 가진 것과 같다고 한다. 지혜는 금과 진주보다 더 값지고 빛이 난다.

III. 솔로몬의 첫 번째 잠언집(10:1–22:16)
B. 통찰적인 지혜 모음집(16:1–22:16)
5. 절제가 필요한 술(20:1–30)

(4) 어리석은 자의 삶(20:16–21)

16 타인을 위하여 보증 선 자의 옷을 취하라
외인들을 위하여 보증 선 자는 그의 몸을 볼모 잡을지니라
17 속이고 취한 음식물은 사람에게 맛이 좋은 듯하나
후에는 그의 입에 모래가 가득하게 되리라
18 경영은 의논함으로 성취하나니
지략을 베풀고 전쟁할지니라
19 두루 다니며 한담하는 자는 남의 비밀을 누설하나니
입술을 벌린 자를 사귀지 말지니라

[20] 자기의 아비나 어미를 저주하는 자는
그의 등불이 흑암 중에 꺼짐을 당하리라
[21] 처음에 속히 잡은 산업은
마침내 복이 되지 아니하느니라

첫 번째 교훈은 보증을 선 사람의 신원을 확보하라는 권면이다(16절). 잠언은 남(채무자)을 위해 보증을 서지 말라는 경고를 지속적으로 한다(6:1; 11:15; 17:18; 22:26-27; 27:13). 보증을 서는 일은 미련하고 무모한 짓이므로 지혜로운 사람은 꼭 피하라는 경고이다. 새번역은 이 절에서 사용되는 모든 동사를 수동태(passive)로 해석하여 이 말씀을 보증서지 말라는 또 하나의 경고로 간주한다. 그러나 마소라 사본과 모든 번역본들은 능동태(active)를 반영하고 있다. 새번역이 본문을 자연스럽지 않게 번역한 것이다.

이 말씀은 채권자의 위치에서 보증을 선 자들을 확실히 붙잡으라는 권면이다(cf. 신 24:10-13). '타인'(זָר)의 기본적인 의미는 이스라엘에 거주하는 이방인들이다. 이곳에서는 가족 범위를 벗어난 사람을 두고 하는 말이다. 누가 자기 가족이 아닌 사람을 위해 보증을 서면, 채무자가 아니라 그를 위해 보증을 서는 사람의 옷을 담보로 잡으라고 한다. '옷'(בֶּגֶד)은 겉옷이며 낮에는 옷으로, 밤에는 이불로 사용된다(Waltke). 보증을 선 자의 옷을 담보로 잡으면 채권자가 채무자에게 돈을 갚으라는 압력을 직접 행사할 필요가 없다. 담보를 잡힌 사람이 자기 물건을 찾기 위해서라도 채무자에게 그 압력을 행사할 것이기 때문이다.

또한 외인들을 위해 보증을 선 자는 그의 몸을 볼모로 잡아야 한다(16b절). '외인들'(נָכְרִים)은 이스라엘에 거주하지 않는 이방인들을 뜻한다(TWOT). 그러므로 이스라엘 안에 거주하는 이방인들인 '타인'(זָר)보다 '외인들'(נָכְרִים)에게 돈을 떼일 확률이 훨씬 더 높다. 이곳에서는 이 단어도 가족 범위 밖에 있는 사람들을 뜻한다(Waltke). 어떠한 사정이 있어서 알지 못하는 외인들을 위하여 보증을 서는지 알 수는 없지만, 일단 누가 외인들을 위해 보증을 서면 아예 보증인의 몸을 볼모로 잡으라고 한다. 가족이 아닌 사람을 위해 보증을 서는 일은 이와 같이 어이없는 일을 초래한다. '볼모로 잡다'(חבל)는 채무자가 빚을 다 갚을 때까지 보증인을 가둬 두라는 뜻이다.

솔로몬은 돈을 떼일 위험이 높을수록 더 강경한 대책을 마련하라고 한다. 또한 이때까지 그는 보증을 서는 일은 매우 어리석은 일이니 어떠한 경우에도 보증을 서지 말라고 권면했다. 이제 그는 채권자 입장에서 함부로 보증을 서는 사람들을 혼내 주라고 한다. 남을 위해 보증을 서려고 했던 사람이 이처럼 강경한 입장을 취하는 채권자의 입장을 생각해 보면, 아마도 보증 서려는 생각을 재고하는 효과를 유발할 것이다. 솔로몬이 이 말씀을 통해 노리는 것도 이러한 학습 효과이다. 어떤 사회에서든 가족 범위를 벗어나 보증을 서는 일은 배척해야 할 어리석은 일이기 때문이다.

두 번째 가르침은 남을 속여 얻은 수입은 분명 탈이 날 것이라는 경고이다(17절). 속이고 취한 음식물은 사람에게 맛이 좋은 듯하다. 이 말씀은 "도둑질한 물이 달고 몰래 먹는 떡이 맛있다"(9:17)와 비슷하다. 속임수와 같은 악한 짓은 사람에게 쾌감을 주고, 불의한 수익이 처음에는 참으로 횡재를 한 것으로 생각될 수도 있다는 뜻이다.

그러나 후에는 그의 입에 모래가 가득하게 된다(17b절). '모래'(חָצָץ)는 더 정확히 말하면 자갈이다(HALOT). 불의한 수입이 처음에는 먹기 좋은 맛있는 음식이었지만, 나중에는 도저히 먹을 수 없는 자갈처럼 된다는 경고이다. 그러므로 '속이는 음식'은 남을 속여서 얻은 음식이며 동시에 자신이 속아 넘어가는 음식이다(Fox). 뇌물과 위증으로 올린 수익이 이렇다. 받을 때는 아무런 해가 없을 것이라고 생각해서 받지만, 나중에 발각되면 이러한 수익은 올무가 되어 그를 빠져나올 수 없는 수렁으로 처넣는다. 또한 사람의 눈에는 발각되지 않더라도 심판하시는 하나님 앞에서는 낱낱이 드러난다.

세 번째 교훈은 큰일을 할 때는 많은 사람들의 조언을 구한 다음에 하라는 권면이다(18절). 경영은 의논함으로 성취한다. '경영'(מַחֲשָׁבָה)은 사람이 이루고자 하는 계획이다. 설령 많은 생각을 하고 세운 계획이라 할지라도, 의논함으로 성취해야 한다. '의논함'(עֵצָה)은 주변 사람들(지혜로운 사람들)에게 구하는 조언과 충고이다. 많은 조언을 구하고 진행해야 계획을 성취할 것이다. '성취하다'(כון)는 굳건하게 세워진다는 뜻이며, 계획을 성공적으로 이룬다는 뜻이다.

그러므로 지략을 베풀고 전쟁을 해야 한다(18b절). 이 행은 이 말씀이 왕에게 주는 권면임을 암시한다. 왕이나 전쟁을 하지, 보통 사람들은 전쟁을 일으킬 수 없기 때문이다. 전쟁은 왕이 할 수 있는 가장 큰일이며, 좋지 않은 일이다. 전쟁은 최대한 피해야 한다. 그러나 어쩔 수 없이 전쟁을 해야 할 경우, 왕은 먼저 지략을 베풀어야 한다.

'지략'(תַּחְבֻּלוֹת)은 '방향과 계획'을 뜻한다(TWOT). 전쟁을 하더라도 먼저 어떻게 진행할 것인가에 대해 정확한 계획을 세운 다음에 하라는 뜻이다. 전쟁에 대해 계획을 세우는 것은 왕이 홀로 할 수 없으며, 홀로 해서는 안 된다. 되도록이면 많은 전문가들과 전술가들의 생각과 통찰력을 모아서 세워야 한다. 전쟁에서 지략이 얼마나 중요한가는 다윗과 압살롬 이야기에서 전략가들인 후새와 아히도벨의 역할이 역력하게 드러난다(삼하 15:32-37; 16:15-17:23). 솔로몬은 이 말씀을 통해 큰일은 반드시 많은 사람의 조언을 구한 다음에 하라고 권면한다(cf. 1:25, 30; 8:14; 12:15; 19:20-21).

네 번째 가르침은 입이 가벼운 자를 멀리하라고 한다(19절). 두루 다니며 한담하는 자가 있다. '한담'(רָכִיל)은 '비방, 험담'이다. 이런 사람은 이웃들에 대해 나쁜 말을 할 뿐 선한 말은 하지 않는다. 또한 이런 사람일수록 남의 비밀을 누설한다. '비밀을 누설하는 자'(גּוֹלֶה־סוֹד)는 사람들이 그에게 비밀리 상의하거나, 비밀이라며 알려 준 것도 예외 없이 까발리는 자라는 뜻이다. 이곳저곳 돌아다니며 남들에 대해 험담하는 사람일수록 비밀은 없다. 이 말씀을 지략에 관한 앞 절(18절)과 연결해 해석하면 우리는 주변에서 지략을 구해야지, 소문으로 만족해서는 안 된다고 한다(Koptak).

솔로몬은 이처럼 입술을 벌리고 다니는 자를 사귀지 말라고 한다(19b절). '입술을 벌린 자'(פֹּתֶה שְׂפָתָיו)는 말을 가지리 않고 하는 '입이 싼 사람'이다. 이런 사람을 꼭 악인으로 볼 필요는 없다. 단지 생각이 모자란 어리석은 자들이다(McKane). '사귀다'(ערב)는 '관여하다, 섞이다'이며(HALOT), 깊은 사귐이 아니라 형식적인 관계를 형성하는 것을 의미한다. 솔로몬은 이런 사람은 아예 섞이지 말라고(상종하지 말라고) 경고한다(Cohen). 이런 사람은 사귀어 봤자 세상 말로 '아무런 영양가'도 없다. 오히려 해만 있을 뿐이다.

다섯 번째 교훈은 부모를 저주하는 자는 반드시 벌을 받을 것이라고 한다(20절). 자기의 아비나 어미를 저주하는 자가 있다. '저주하다'(קלל)는 무시하고 하찮게 여긴다는 뜻이다(TWOT). 잠언은 부모의 가르침을 무시하는 자는 어리석고 거만한 자라고 했다. 그러므로 이 말씀은 부모를 하찮게 여기는 거만한 자들에 대한 경고이다.

그의 등불이 흑암 중에 꺼짐을 당한다(20b절). 등불은 생명을 상징한다(20:27). 흑암은 죽음이나 절망적으로 생각될 정도로 좋지 않은 상황을 상징한다. 사람이 가장 절실하게 도움이 필요할 때이다. 그러나 거만한 자의 등불이 꺼진다. 죽는다는 뜻이다(잠 13:9; 24:20; 욥 18:5-6; 21:17; cf. 출 21:17; 레 20:9). 혹은 아이를 낳지 못하게 된다는 의미로 해석될 수도 있다(Whybray). 가장 도움이 필요할 때 부모는 그를 돕지 않을 것이며, 하나님은 부모를 저주한 그를 심판하신다. 그러므로 환난 날을 위해서라도 부모를 공경하고, 귀하게 여겨야 한다. 그렇게 하면 부모가 도울 것이며, 하나님이 축복하실 것이다.

여섯 번째 가르침은 유산을 너무 빨리 주지 말라고 한다(21절). '처음에'(בָּרִאשֹׁנָה)는 순서보다는 시기를 강조하는 단어이다(NIDOTTE). 그러므로 '처음에'보다는 '[너무] 일찍'이라는 말이 더 정확한 표현이다(cf. NAS, ESV, NRS, TNK, CSB). '산업'(נַחֲלָה)은 유산을 뜻한다(Whybray, cf. 19:14). 사람이 부모에게서 일찍 유산을 상속받으면 좋아 보인다. 일부 학자들은 본문의 일찍 유산을 상속받은 자와 앞 절의 부모를 저주하는 자를 같은 아들로 간주한다(Toy, Whybray).

일찍 유산을 상속받은 일이 마침내 복이 되지 않는다(21b절). 시간이 지나면 자식에게 일찍 유산을 물려주는 것이 결코 지혜로운 처사가 아니라는 사실이 드러난다는 뜻이다. 자식이 유산을 탕진할 수도 있고, 유산을 물려준 부모가 곤란해질 수도 있다(cf. Waltke). 돌아온 탕자 이야기(눅 15:11-32)는 일찍 물려받은 유산을 탕진하는 아들의 이야기다. 이런 경우는 일찍이 유산을 받아간 자녀에게 절대 복이 되지 않는다. 그의 삶에 어떠한 도움도 되지 않는다는 뜻이다.

또한 우리는 유산을 받은 후에도 부모를 잘 섬기겠다며 유산을 받아간 자녀가 후에는 부모를 모른 채 하여 유산반환 소송이 제기되는 것을 목격하기도 한다. 이런 경우는 미리 유산을 나눠 준 부모에게도 복이 되지 않는다. 자식에게 유산을 물려주되 부모가 죽을 때쯤 물려주는 것이 가장 바람직하다. 세상 말로 "부모가 끝까지 돈을 쥐고 있어야 부모 대접을 받는다"는 사실을 마음에 새겨야 한다.

III. 솔로몬의 첫 번째 잠언집(10:1-22:16)
B. 통찰적인 지혜 모음집(16:1-22:16)
5. 절제가 필요한 술(20:1-30)

(5) 하나님이 다스리시는 세상(20:22-25)

22 너는 악을 갚겠다 말하지 말고

여호와를 기다리라

그가 너를 구원하시리라
23 한결같지 않은 저울 추는
여호와께서 미워하시는 것이요
속이는 저울은 좋지 못한 것이니라
24 사람의 걸음은 여호와로 말미암나니
사람이 어찌 자기의 길을 알 수 있으랴
25 함부로 이 물건은 거룩하다 하여 서원하고
그 후에 살피면 그것이 그 사람에게 덫이 되느니라

첫 번째 교훈은 복수하지 말고 여호와께 모든 것을 맡기라고 한다(22절). 누가 우리에게 악을 행하면 그 악을 직접 갚지 말라고 한다. '갚다'(שׁלם)는 되돌려준다는 의미이다(HALOT). 보복하지 말라는 권면이다.

대신 여호와를 기다려야 한다(22b절). '기다리다'(קוה)는 소망을 가지고 바라본다는 뜻이다(NIDOTTE). 우리는 누가 우리에게 악을 행하면, 그 악을 악으로 되갚으려 하지 말고 간절한 마음으로 여호와를 바라보아야 한다. 오직 하나님만이 보복하실 수 있기 때문이다(신 32:35; 시 94:1; 롬 12:19; 히 10:30). 이 말씀은 아무리 부당한 일을 당해도 무조건 잠잠하라는 평화주의(pacifism)을 지향하는 것이 아니다(Van Leeuwen). 악을 선으로 갚으며(잠 25:21; 마 5:38–42) 모든 것을 심판하시는 여호와께 맡기고 기다리라는 뜻이다. 우리가 스스로 나서서 보복하는 것은 하나님의 심판이 우리에게 임하게 하는 결과를 초래할 수 있다(17:13).

모든 것을 주님께 맡기면 여호와께서 우리를 구원하실 것이다(22c절). '구원하다'(ישׁע)는 보복의 차원을 넘어서 처한 어려움과 곤경에서 빼내실 것이라는 뜻이다. 그러므로 솔로몬은 사람이 악을 악으로 갚으면 둘 사이에 계속 보복(악)이 오가지만, 여호와께 맡기면 보복을 주고받는 일이 끝이 날 뿐만 아니라, 모든 것을 맡기고 주님만 바라보는 사람을 갈등에서도 구원하실 것이라 한다. 가장 이상적으로 갈등을 해결하는 방법이다.

두 번째 가르침은 모든 상업적 거래는 공정해야 한다는 경고이다(23절). 한결같지 않은 저울 추는 여호와께서 미워하신다. 이 말씀은 이미 10절에서 언급한 내용이다. 10절하고 다른 것은 10절은 무게를 다는 저울 추와 부피를 다는 되를 예로 삼았는데, 이 말씀은 무게를 다는 저울 추와 저울을 문제 삼는다. '저울'(מֹאזְנַיִם)은 균형을 이룬 두 접시 위에 한쪽은 물건을, 다른 쪽은 규격에 따라 정한 무게를 올려 무게를 다는 기구이다. 이런 것들은 모두 여호와께서 '가증스럽게 여기시는'(תּוֹעֵבָה)(증오하시는) 것이다. 공정한 저울(기준)은 서로 믿고 거래할 수 있는 사회의 가장 기본이며, 하나님이 정해 주신 기준이기 때문이다.

세 번째 교훈은 여호와를 온전히 의지하여 주님의 지혜를 구하며 살 것을 당부한다(24절). 사람의 걸음은 여호와로 말미암는다. 우리의 삶에서 일어나는 모든 일은 하나님이 주관하시고 인도하시는 것이라는 뜻이다. 이때까지 잠언은 사람이 많은 계획을 세우지만 정작 이루시는 분은 하나님이라고 했는데, 이 말씀은 그 가르침을 한 단계 더 발전시킨다. 하나님은 우리가 계획하는 큰일뿐만 아니라, 사소한 일에도 간섭하시고 삶에서 일어나는 모든 일을 통해 자기의 뜻을 이루신다. 우리는 인도자가 아니라, 따르는 자들이다(Kitchen).

그러므로 사람이 어찌 자기의 길을 알 수 있으랴(24b절). 하나님이 우리의 삶에서 일어나는 모든 일을 주관하시고 자기의 뜻대로 이루어 나가신다면, 우리가 어떻게 해야 우리가 가는 길을 알 수 있을까? 이 말씀을 도저히 알 수 없다며 절망하는 탄식으로 해석할 수도 있다. 새번역과 아가페성경이 이러한 입장을 취하여 문장을 느낌표(!)로 마무리한다. 그러나 이 질문은 사람들에게 자기의 길을 알 수 있다며 어떠한 해결책을 제시하고자 하는 수사학적 질문이다. 오직 여호와만이 우리가 가는 길을 아신다면, 기도를 통해 주님께 우리가 가는 길을 분별할 수 있는 지혜를 달라고 하면 된다. 솔로몬은 살면서 큰일뿐만 아니라 작고 사소한 일까지 기도로 하나님께 물어 주님을 전적으로 의지하며 사는 사람이 지혜롭다고 한다.

네 번째 가르침은 성급하게 결정하고 나서 후회하는 일은 없도록 하라고 한다(25절). 함부로 '이 물건은 거룩하다'며 서원하는 사람이 있다. 사람이 어떤 물건을 거룩하다고 서원하면 그 순간부터 그 물건은 거룩하게 되어 하나님의 것이 되며 성전에 들여 놓아야 한다.

서원을 해 놓고 그 후에 살피면 그것이 그 사람에게 덫이 된다(25b절). '살피다'(בקר)는 '재고하다, 다시 생각하다'이다(cf. NIDOTTE). 깊이 생각하지 않고 충동적으로 서원했다가 자신이 서원한 물건을 생각해 보니 아깝거나 자신이 가지고 싶다는 생각이 든다는 뜻이다. 이런 경우에 그의 서원은 그에게 덫이 된다.

'덫'(מוקש)은 짐승을 잡기 위해 설치하는 것이다. 마음이 자유롭고 행복하고자 서원을 했는데, 오히려 그를 구속하는 올무가 되었다. 이런 경우에는 차라리 서원하지 않았으면 좋을 뻔했다. 입다가 어리석은 서원을 하여 딸을 번제물로 바친 일이 이 가르침이 주고자 하는 경고의 실질적인 예이다(삿 11:30-40). 솔로몬은 어떤 일이든, 심지어는 서원처럼 좋은 일이라도 충동적으로 하지 말고 심사숙고한 후에 하라고 한다. 그래야 후회하거나 실족하는 일이 없다.

III. 솔로몬의 첫 번째 잠언집(10:1-22:16)
B. 통찰적인 지혜 모음집(16:1-22:16)
5. 절제가 필요한 술(20:1-30)

(6) 지혜로운 왕(20:26-30)

26 지혜로운 왕은 악인들을 키질하며
타작하는 바퀴를 그들 위에 굴리느니라
27 사람의 영혼은 여호와의 등불이라

사람의 깊은 속을 살피느니라
28 왕은 인자와 진리로 스스로 보호하고
그의 왕위도 인자함으로 말미암아 견고하니라
29 젊은 자의 영화는 그의 힘이요
늙은 자의 아름다움은 백발이니라
30 상하게 때리는 것이 악을 없이하나니
매는 사람 속에 깊이 들어가느니라

첫 번째 가르침은 왕은 악인들을 징벌해야 한다는 권면이다(26절). 창조주께서는 왕에게 그가 통치하는 나라에 공의와 정의를 확립하라는 사명을 주셨다. 왕은 선을 권장하고 악을 배척해야 한다. 그래야 그가 다스리는 나라가 굳건해질 수 있다. 왕이 악인들을 벌하는 것은 여러모로 좋은 일이다.

지혜로운 왕은 악인들을 키질한다. '키질하다'(זרה)는 곡식에서 쭉정이를 가려내려고 까부른다는 뜻이다. 악인들을 무리에서 구별해 내는 왕은 지혜롭다. 창조주께서 그에게 주신 소명에 성실하게 임하는 것이며, 자기가 다스리는 나라에서 악을 배척하여 공의와 정의가 실현되는 나라를 만들어가는 일이기 때문이다.

왕은 타작하는 바퀴를 그들 위에 굴린다(26b절). 지혜로운 왕은 '키질'을 통해 구별해 낸 악인들에게 혹독한 벌을 내린다. 마치 탈곡기를 굴려 짓부수듯(공동) 그들을 깔아 뭉개 없애 버린다(아가페). 왕이 악인들을 혹독하게 벌하는 일은 옆에서 이 광경을 지켜보던 백성들이 자신들은 악을 행하지 않겠다고 다짐하는 학습효과도 발휘한다. 솔로몬은 지혜로운 왕은 악을 응징한다고 한다.

두 번째 교훈은 여호와께서 사람의 영혼을 통해 그의 깊은 내면을 살피신다고 한다(27절). '영혼'(נְשָׁמָה)은 호흡처럼 공기의 움직임을 뜻한다(창 2:7, cf. HALOT). 오직 산 사람만이 호흡하는 것은 사람의 영혼(호흡)

이 여호와께서 밝히시는 등불이기 때문이다(Clifford, Murphy, Scott). ‘등불’(נֵר)을 말씀으로 해석하는 이들도 있지만(Waltke), 본문에서는 생명을 상징한다(13:9; 21:4; 24:20). 사람이 살아 있는 이유는 하나님이 그의 영혼을 등불을 밝히듯 밝히시기 때문이다. 이 말씀이 첫 번째 권면처럼 왕에게 주는 권면이라면 왕은 주님 앞에서 겸손할 것을 주문한다. 그가 이 땅에서는 절대권자이지만, 하나님은 언제든지 그의 등불(생명)을 끄실 수 있기 때문이다. 또한 왕이 자기 백성들 중에 악인들과 의인들을 살피는 것처럼, 하나님은 우리의 마음을 살피신다(Wilson).

하나님은 사람의 영혼을 통해 그의 내면의 깊은 속을 살피신다(27b절). ‘깊은 속’(כָּל־חַדְרֵי־בָטֶן)을 직역하면 ‘중심에 있는 모든 어두운 방’이다. 하나님은 사람의 마음속 가장 어두운 방에 숨겨져 있는 것도 모두 관찰하신다. 마치 지혜로운 사람이 바닥이 보이지 않는 깊은 우물에서 가르침과 조언을 길어내는 것처럼 말이다(20:5). 우리의 생각과 묵상 중 하나님께 숨겨진 것은 하나도 없다(cf. 5:21; 15:3, 11; 16:2; 17:3; 18:8; 21:2). 그러므로 숨기려고 하는 것보다 주님께 솔직하게 고백하는 것이 현명하다. 지혜로운 왕은 모든 것을 하나님께 알리고 검증을 받으며 백성을 다스려야 한다.

세 번째 가르침은 왕은 자비로워야 한다는 조언이다(28절). 왕은 인자와 진리로 스스로 보호한다. ‘인자’(חֶסֶד)는 왕이 자기 백성에게 베푸는 자비와 긍휼이다. ‘진리’(אֱמֶת)는 신뢰하고 의지할 만한 성실함이다. 왕의 통치는 그가 백성들에게 베푸는 자비와 백성들에게 얻는 신뢰에 의해 유지된다는 뜻이다.

그의 왕위도 인자함으로 말미암아 견고하다(28b절). 이 말씀은 1행의 내용을 다른 말로 표현하고 있다. 왕의 보좌는 ‘인자함’(חֶסֶד), 곧 그가 백성들에게 베푸는 자비를 통해 견고하게 된다. 왕이 백성들을 선하게 대하면 백성들은 그를 존경하고, 그의 통치를 기뻐할 것이다. 그러므로 그의 왕권도 든든하게 선다. 솔로몬은 ‘인자’(חֶסֶד)가 왕에게 가장 중요한 통치 수단이라고 하는데, 인자는 인격에서 자연스럽게 흘러나오는 것이지, 억지로 모방할 수 있는 것은 아니다. 모방하는 인자는 적선에 불과하고, 사람들은 적선을 좋아하지 않는다.

네 번째 교훈은 세대마다 다른 자랑거리를 지녔다고 한다(29절). 젊은 자의 영화는 그의 힘이다. 젊은 사람이 자랑할 만한 것은 그의 강인한 힘이라는 뜻이다. 젊은 사람은 자기 힘을 믿고 어리석은 짓도 잘한다. 그러므로 한 현인은 "젊음은 젊은이에게 주기는 너무 아깝다"는 말을 남겼다. 젊은 사람들은 힘은 지녔지만, 삶의 연륜과 지혜는 다소 부족하다.

반면에 늙은 자의 아름다움은 백발이다(29b절). 나이가 들면 육체는 쇠퇴해져서 젊은 시절처럼 힘을 자랑할 수는 없다. 반면에 오랜 세월을 살며 터득한 지혜와 연륜의 상징인 백발이 그의 자랑거리이다. 솔로몬은 각 세대마다 자랑할 만한 것이 다르다며 각 세대는 다른 세대가 지닌 것을 부러워하지 말고, 자기 세대가 지닌 자랑거리를 마음껏 뽐내라고 한다.

다섯 번째 가르침은 훈계는 꾸준히, 지속적으로 하는 것이라 한다(30절). '상하게 때리는 것'(חַבֻּרוֹת פֶּצַע)은 몸에 상처가 나거나 멍이 들 때까지 때린다는 뜻이다. 이렇게 때려야 그 사람의 삶에서 악을 없앨 수 있다. 그러나 이 말씀은 아이를 양육할 때 상처가 생길 때까지 심한 폭력을 동원하여 징계하라는 것이 아니라, 중간에 포기하지 말고 끝까지 하라는 권면이다(Kitchen). 자녀를 양육할 때 징계는 거룩한 가치관을 심어 주는 매우 중요한 수단이지만, 하다가 멈추면 시작하지 않은 것만도 못하다. 그러므로 솔로몬은 자녀를 양육할 때 징계를 도구로 사용하려면 끝까지 사용해야 한다고 한다.

이렇게 하면 매는 사람 속에 깊이 들어간다(30b절). 이미 언급한 것처럼 이 말씀은 한꺼번에 심한 폭력으로 징계하는 것이 아니라, 중간에 포기하지 않는 지속적인 징계를 뜻한다. 지속적인 징계는 효력을 발휘하여 사람의 마음을 변화시킨다는 뜻이다(cf. 공동, 아가페). 그러므로 솔로몬은 징계를 하려면 지속적으로 할 것을 권면한다.

6. 마음을 보시는 하나님(21:1–31)

이 주석에서는 본 장을 다음과 같이 나누어 주해해 나가고자 한다.

A. 하나님의 주권(21:1–3)
B. 악인의 몰락(21:4–7)
C. 악인과 의인의 대조적인 삶(21:8–11)
D. 하나님의 심판(21:12–18)
E. 악인의 파괴력과 의인의 능력(21:19–24)
F. 게으름과 악(21:25–29)
G. 하나님의 승리(21:30–31)

(1) 하나님의 주권(21:1–3)

1 왕의 마음이 여호와의 손에 있음이 마치 봇물과 같아서
그가 임의로 인도하시느니라
2 사람의 행위가 자기 보기에는 모두 정직하여도
여호와는 마음을 감찰하시느니라
3 공의와 정의를 행하는 것은
제사 드리는 것보다 여호와께서 기쁘게 여기시느니라

첫 번째 교훈은 세상을 통치하는 권세는 모두 하나님의 통제 아래 있다고 한다(1절, cf. 16:1). 하나님은 모든 사람의 마음을 주관하신다(16:9; 19:21; 20:24). 세상의 권력자들은 예외인 것 같지만, 사실은 왕의 마음도 마치 봇물 같고 여호와의 손에 있다. '봇물'(פַּלְגֵי־מַיִם)은 농사 등에 사용하기 위하여 물을 끌어오는 도랑이다(cf. 신 11:10; 사 32:1-2). 왕의 마음이 나라와 백성을 다스리기 위한 모든 계획을 세우는데, 그 마음은 하나님의 손안에 있는 도랑과 같다. 하나님이 도랑을 파서 왕의 생각이 그 도랑에 흐르게 한다(Garrett).

그러므로 그가 임의로 인도하신다(1b절). 하나님이 자기 손안에 있는 도랑을 얼마든지 통제하시고 원하는 대로 물이 흐르게 하실 수 있는 것처럼 왕의 마음을 주관하신다는 뜻이다. 아비멜렉(창 20:6; 시 105:14-15)과 이집트 왕(행 7:10; 출 10:1-2)과 아닥사스다(스 7:21-23, 27)와 디글랏 빌레셀(사 10:5-7)과 고레스(스 6:22; 사 45:1-4)와 느부갓네살(단 4:30-31, 34-37)과 벨사살(단 5:22-28) 등이 이 원리의 좋은 예들이다.

봇물은 사람뿐 아니라 작물과 가축들에게 꼭 필요한 좋은 물이다. 하나님이 왕의 마음을 흐르는 봇물처럼 다스리셔서 백성들을 좋은 것들로 먹이실 것이다(cf. Waltke). 하나님의 영광과 능력을 강조하는 말씀이다(Murphy). 이러한 상황은 창조주의 주권을 인정하는 지혜롭고 이상적인 왕의 통치를 묘사한다. 안타깝게도 이스라엘 왕들은 이렇지 않았다.

또한 세상을 호령하는 최고의 권세자인 왕도 하나님의 통제 아래 있다면 하물며 보통 사람들은 얼마나 더 그렇겠는가! 우리는 어떠한 일을 하거나, 혹은 어떠한 일이 닥치더라도 절망할 필요 없다. 우리는 주님의 손안에 있으며, 주님이 우리의 계획과 실천을 모두 다스리시기 때문이다.

두 번째 가르침은 하나님은 우리의 마음을 꿰뚫어 보신다고 한다(2절). 이 말씀은 16:2를 거의 그대로 반복하고 있다. 사람들은 모두 자신이 한 일은 정직하다며 자신을 정당화시킨다(cf. 12:15; 14:12; 16:25). '정직하다'(יָשָׁר)는 바르다는 뜻이다. 옳은 길을 가는 것이다. 그러나 사람의 마음을 감찰하시는 여호와께서 보시기에는 그렇지 않을 수도 있다. 하나님은 각 사람보다 그들의 내면을 더 깊이 들여다보고 살피시기 때문이다: "내가 보는 것은 사람과 같지 아니하니 사람은 외모를 보거니와 나 여호와는 중심을 보느니라"(삼상 16:7).

예레미야는 이렇게 절망했다: "만물보다 거짓되고 심히 부패한 것은 마음이라 누가 능히 이를 알리요"(렘 17:9). 사람은 이웃뿐만 아니라, 자신까지 속일 수 있다. 자신을 속이는 일은 참으로 위험한 일이다(cf. 눅 16:15; 요일 1:8). 다행히 하나님은 속일 수 없다(cf. 16:2). 하나님은 언제, 어디서든 우리의 모든 것을 지켜 보신다: "여호와의 눈은 어디서든지 악인과 선인을 감찰하시느니라"(15:3). 또한 우리가 어떤 일을 할 때, 하나님은 우리가 왜 그 일을 하고자 하는지 그 의도를 중요하게 여기신다.

인간의 마음을 꿰뚫어 보시는 하나님만이 인간의 부패한 마음을 치유하실 수 있다. 사람은 스스로를 치료할 수 없다(cf. 20:9). 사람이 자신을 되돌아보는 것은 좋은 일이지만, 한계를 지니고 있기 때문이다(고전 4:4-5). 그러므로 이렇게 기도하는 사람은 지혜롭다: "하나님이여 나를 살피사 내 마음을 아시며 나를 시험하사 내 뜻을 아옵소서. 내게 무슨 악한 행위가 있나 보시고 나를 영원한 길로 인도하소서"(시 139:23-24).

세 번째 교훈은 하나님의 백성들이 공의와 정의를 행하는 것을 가장 우선으로 삼아야 한다고 한다(3절). '공의'(צְדָקָה)는 옳고 그름에 대한 개념으로 정직하고 바르게 살아가는 것을 뜻한다(NIDOTTE). '정의'(מִשְׁפָּט)는 공정한 판결 등을 통해 억울한 일을 당하는 사람이 없도록 하는 것이다(NIDOTTE). 공의와 정의는 여호와를 경외하는 지혜로운 사람들이 평생 추구하는 가치들이다.

여호와께서는 공의와 정의를 제사보다 더 기쁘게 여기신다(3b절). '제사'(מִזְבֵּחַ)는 짐승을 제물로 드리는 것이다. 비록 제물을 여호와께 드리는 것이기는 하지만, 이러한 종교행위가 하나님께는 가증스럽게 여겨질 수도 있다(15:8; 21:27). 사울 왕도 여호와께 제물을 드렸지만, 버림받았다(삼상 15:22). 반면에 그를 이어 왕이 된 다윗은 신앙생활의 올바른 순서를 알고 있었다(시 40:6-8). 선지자들도 의로운 삶과 제물들의 관계를 정확히 알고 있었다(cf. 사 1:11, 16, 17; 렘 7:21-23; 호 6:6; 믹 6:6-8). 예수님도 의로운 삶이 뒷받침하지 않는 제물은 하나님이 거부하신다고 하셨다(마 23:23; 막 12:33).

'기쁘게 여기다'(בחר)는 '선호하다, 선택하다'는 의미이다(TWOT). 여호와께서는 어떠한 제물보다도 주의 자녀들이 공의와 정의를 행하는 일을 더 선호하신다. 하나님은 자신이 창조한 세상에서 공의와 정의가 실현되는 일을 참으로 기뻐하시기 때문이다. 솔로몬이 여호와께서 모든 제물을 싫어하신다고 하는 것은 아니다. 그는 삶에서 공의와 정의를 추구하는 사람이 드리는 제물은 하나님이 기뻐하신다고 한다(cf. 왕상 3:4; 8:62-64).

III. 솔로몬의 첫 번째 잠언집(10:1-22:16)
B. 통찰적인 지혜 모음집(16:1-22:16)
6. 마음을 보시는 하나님(21:1-31)

(2) 악인의 몰락(21:4-7)

4 눈이 높은 것과
마음이 교만한 것과
악인이 형통한 것은 다 죄니라
5 부지런한 자의 경영은 풍부함에 이를 것이나
조급한 자는 궁핍함에 이를 따름이니라

[6] 속이는 말로 재물을 모으는 것은 죽음을 구하는 것이라
곧 불려다니는 안개니라
[7] 악인의 강포는 자기를 소멸하나니
이는 정의를 행하기 싫어함이니라

첫 번째 가르침은 교만에 관하여 세 가지 죄를 정의한다(4절, cf. 3:34; 8:13; 16:5, 18; 21:24).

첫째, 눈이 높은 것은 죄다(4a절). '눈이 높다'(רוּם־עֵינַיִם)는 것은 거만한 자를 뜻한다(Whybray, cf. 새번역, 아가페, 현대인). 그는 높은 곳에서 아래를 내려다보듯 주변 사람들을 얕잡아 본다.

둘째, 마음이 교만한 것도 죄다(4b절). '마음이 교만하다'(רְחַב־לֵב)를 직역하면 '마음이 넓게 퍼져 있다'이다(Cohen, cf. 시 101:5). 이미지를 정리해 보면 거만한 자는 높이와 연관이 되어 있고, 교만한 자는 넓이와 연관이 있다. 마음이 교만한 자는 욕심을 많이 부리는 자이다(cf. NIDOTTE). 성경은 교만한 자들은 낮아질 것이라고 경고한다(cf. 사 2:11, 17; 10:12).

셋째, 악인이 형통한 것도 죄다(4c절). '형통'(נִר)의 의미가 확실하지 않다(cf. Kitchen, McKane, Ross). 기본적으로는 '쟁기질하지 않은 땅' 혹은 '등불'이다(HALOT). 그래서 번역본들도 둘로 갈라진다. 공동번역과 NIV와 TNK 등은 밭을 일구는 것과 연관하여 "악인이 밭을 일구어 심는 것은 죄밖에 없다"(공동). 이렇게 번역할 경우 악인들은 절대 바뀌지 않으며 그저 하는 짓이 모두 죄라는 뜻이다(McKane, Murphy, cf. 현대어). NAS와 ESV와 NRS 등은 "악인의 등불은 죄다"로 번역했다(cf. 20:20, 27; 24:20). 이렇게 번역할 경우 악인들의 등불(눈이 높은 것, 마음이 교만한 것)은 죄라는 뜻이다. 이 해석이 더 설득력을 지녔다(Longman, Kitchen).

새번역은 이 말씀을 "거만한 눈과 오만한 마음, 이러한 죄는 악인을 구별하는 표지이다"라고 했는데, 이렇게 해석할 경우 본문이 죄로 지

적하는 것은 세 가지가 아니라 두 가지가 된다. 그리고 이 두 가지(높은 눈과 교만한 마음)가 악인을 구별하는 방법이 된다. 그러나 마소라 사본과 동떨어진 번역이다.

두 번째 교훈은 부지런함과 성급함을 구분하라고 권면한다(5절). 부지런한 자의 경영은 풍부함에 이른다. '경영'(מַחְשָׁבָה)은 계획을 뜻한다(NIDOTTE). 아무리 좋은 계획을 세워 놓고도 실천으로 옮기지 않으면 별 의미가 없다. 또한 적절한 때에 신속하게 실천해야 한다. 부지런해야 때를 놓치지 않는다. 그러므로 부지런함은 사람이 지닐 수 있는 가장 좋은 것이다(12:27, cf. 6:6-8; 12:11; 14:23; 28:19). 부지런하면 풍부함을 얻는다. '풍부함'(מוֹתָר)은 수익(profit) 혹은 이점(advantage)이다(TWOT). 좋은 결과를 얻을 것이라는 뜻이다.

반면에 조급한 자는 궁핍함에 이를 따름이다(5b절). '조급한 자'(אָץ)는 서두르는 사람을 의미한다(HALOT). 돈과 연관된 일에서 성급함은 욕심을 상징하며(28:20, cf. 11:24), 성급하게 말하는 것은 생각을 하지 않는 것을 뜻한다(29:20)(Van Leeuwen). 또한 서두르는 것은 또 다른 형태의 게으름이다(Koptak). 부지런한 노력이 필요한 심사숙고를 하지 않고 일을 하기 때문이다. 잠언은 서두르는 것은 좋지 않다고 한다(20:21; 29:20). 이 말씀이 적절한 수고를 하지 않은 채 쉽게 돈을 벌려고 하는 일을 묘사할 수도 있다(Kitchen, cf. 13:11; 20:21; 28:20).

서두르면 일을 망치기 일쑤다. 결국 이런 사람은 궁핍하게 된다. '궁핍함'(מַחְסוֹר)은 필요한 것이 부족하다는 뜻이다(TWOT). 계획한 일이 원하는 대로 되지 않아 좋은 결과를 얻지 못했기 때문에 형편이 어려워졌다는 뜻이다. 솔로몬은 서두르는 것과 신속한 것(부지런한 것)은 다르다고 한다. 사람이 지혜롭게 생각하고 신속하게 진행해야 좋은 결과를 거둘 수 있지만, 신중하게 생각하지 않고 서두르기만 하면 오히려 일을 망친다.

세 번째 가르침은 사기를 쳐 모으는 재산은 죽음을 부른다고 한다(6

절). 속이는 말로 재물을 모으는 사람이 있다. 이 사람은 남들에게 사기를 쳐서 재물을 모으고 기뻐하지만, 정작 그의 행위는 죽음을 구하는 것과 다를 바가 없다. '구하다'(בקשׁ)는 '발견하다, 요구하다'는 뜻이다(HALOT). 그는 삶을 누리며 오래 살기 위해 악한 방법으로 재물을 모았지만, 정작 죽음을 구하고 있었던 것은 몰랐을 것이다. 심판하시는 하나님이 계시기 때문에 속이는 혀로 재물을 모으는 것은 죽음을 구하는 것과 같다.

'죽음을 구하는 것'(מְבַקְשֵׁי־מָוֶת)이 문맥과 잘 어울리지 않는다 하여 '죽음의 덫'으로 해석하기도 한다(ESV, NIV, NRS). 그러나 '죽음을 구하는 것'으로도 얼마든지 본문을 설명할 수 있다. '속이는 혀'는 여호와께서 가증스럽게 여기시는 일곱 가지 중 하나이다(6:17, cf. 10:18; 12:19, 22; 17:7; 26:28). 속이는 혀가 욕심과 결합하면 더욱더 악랄해진다(Kitchen).

또한 그의 악한 행위는 불려 다니는 안개이기도 하다(6b절). '불려 다니다'(נדף)는 '흩어지다, 파괴되다'는 뜻이다. 불의한 방법으로 모은 재산은 순식간에 사라지는 안개처럼 곧 없어질 것이라는 의미이다(cf. 전 1:2). 공동번역은 죽음과 안개를 연결하여 다음과 같이 번역한다: "속임수로 모은 재산은 교수대의 이슬처럼 사라진다." 모은 자에게 죽음을 안겨 주며 순식간에 사라지는 것이 속임수로 모은 재산이다. 솔로몬은 악하게 모은 재산은 절대 영구적이지 않으며 심지어는 주인을 해칠 수 있다고 한다(cf. 10:2). 심판하시는 하나님이 지켜 보고 계시기 때문이다.

네 번째 교훈은 폭력적인 악인은 반드시 소멸될 것이라고 경고한다(7절). '강포'(שֹׁד)는 '폭력 행위, 억압'을 뜻하며 '소멸하다'(גרר)는 '끌려가다, 쓸려가다'는 뜻이다(HALOT). 악인들은 분명 남들을 짓밟기 위해 폭력을 행사하지만, 정작 그 폭력은 폭력을 행한 악인들을 파멸로 몰고갈 것이다. 폭력이 폭력(파멸)을 낳는 것이다(Van Leeuwen). 이미지는 그물에 잡힌 물고기가 어부에 의해 끌려가는 것이다(Koptak, cf. 합 1:15).

악인들이 기대했던 것과 전혀 다른 효과가 발생하는 것이다.

이유는 간단하다. 그들이 정의를 행하기 싫어해서이다(7b절). '정의를 행하다'(לַעֲשׂוֹת מִשְׁפָּט)는 소송에서 '공정하게 판결하다'는 뜻이며, '싫어하다'(מאן)는 '거부하다'로 강력한 의지의 표현이다(NIDOTTE). 그러므로 이 말씀을 1행과 연결하여 해석하면, 악인은 법정에서 판결을 내리는 재판관을, 그들이 행한 강포는 불공정한 판결을 내린 일이다. 이 말씀은 지도층에 대한 경고이다. 정의롭고 합리적인 판결을 내리기를 거부하면, 하나님이 그들을 더 이상 그들의 위치에 두지 않고 쓸어버리실 것이다.

III. 솔로몬의 첫 번째 잠언집(10:1-22:16) B. 통찰적인 지혜 모음집(16:1-22:16) 6. 마음을 보시는 하나님(21:1-31)

(3) 악인과 의인의 대조적인 삶(21:8-11)

8 죄를 크게 범한 자의 길은 심히 구부러지고
깨끗한 자의 길은 곧으니라
9 다투는 여인과 함께 큰 집에서 사는 것보다
움막에서 사는 것이 나으니라
10 악인의 마음은 남의 재앙을 원하나니
그 이웃도 그 앞에서 은혜를 입지 못하느니라
11 거만한 자가 벌을 받으면 어리석은 자도 지혜를 얻겠고
지혜로운 자가 교훈을 받으면 지식이 더하리라

첫 번째 교훈은 죄인의 길과 의인의 길을 대조한다(8절). '큰 죄'(וָזָר)는 이곳에서 단 한 차례 사용되는 단어이며, 의미가 확실하지 않다(cf. HALOT). 대체적으로 죄를 뜻하는 것으로 이해된다. '심히 구부러진'(הֲפַכְפַּךְ)도 이곳에서 단 한 차례 사용되는 단어이다. 그렇다 보니 이 두 단어의 정확한 의미는 계속 논쟁이 되고 있다(cf. Buzzell, McKane, Murphy, Kitchen, Waltke, Whybray). 잠언은 삶을 길을 가는 것으로 묘사하는데, 죄인이 가는 길은 바른 길이 아닌 굽은 길, 혹은 곁길이라는 뜻이다. 이들은 하나님이 그들을 위해 예비하신 좋은 길을 가기를 싫어하고, 굽은 길을 간다. 그러므로 이 말씀은 누구든 굽은 길(삶)을 가는 것을 보면, 그가 죄인이라는 것을 알 수 있다고 한다(Kitchen).

반면에 깨끗한 자의 길은 곧다(8b절). '깨끗함'(זַךְ)은 맑고 깨끗한 기름을 묘사하며 자주 사용되는 단어이다(cf. 출 27:20; 30:34; 레 24:2, 7). '곧음'(יָשָׁר)은 바르게 쭉 뻗었다는 뜻이며, 의인의 길을 이렇게 묘사한다(잠 29:27; 시 37:14). 이 길은 하나님이 인정하고 보호하시는 의인의 삶을 묘사한다. 굽은 길을 가는 것을 보고 그가 죄인이라는 것을 알 수 있는 것처럼, 곧은 길을 가는 사람은 깨끗한 자라는 것을 알 수 있다. 솔로몬은 악인과 의인의 차이는 악인은 굽은 길(온갖 권모술수와 악이 만연한 삶)을 가고, 의인은 깨끗한 길(청렴하고 하나님이 인정하시는 의로운 삶)을 가는 것이라고 한다. 인격과 언행이 일치하는 것이 일치하지 않는 것보다 더 많다(Koptak).

두 번째 가르침은 신체적인 편안함보다 정신적인 편안함이 더 낫다고 한다(9절). 다투는 여인과 함께 큰 집(여럿이 사는 집)에 사는 것은 불행한 일이다(cf. 19:13; 27:15). '다투는 여인'(אֵשֶׁת מִדְיָנִים)은 매사에 불만으로 가득하여 지속적으로 바가지를 긁고 시비를 거는 아내이다. 이런 아내는 새는 지붕을 통해 떨어지는 빗줄기 같다고 한다(19:13; 27:15). 아무리 여럿이 모여 사는 대궐같이 좋은 집이라도 이런 아내와 살면 불행하다(cf. 1:19; 25:24). 큰 집에서 살면 육신은 편하겠지만, 마음은 항상 불편하고 불안하다.

이처럼 아내에게 시달리며 사느니 차라리 움막에서 사는 것이 더 낫다(9b절). '움막'(פִּנַּת־גָּג)을 직역하면 지붕의 한 코너이다(cf. NAS, ESV,

NIV, NRS, TNK). 가나안 집들은 모두 지붕이 넓고 평평했다(cf. 왕상 17:19; 왕하 4:10). 그래서 지붕은 가족들이 함께 즐기는 공간이었다. 솔로몬은 좋은 집 안에서 살며 아내의 지속적인 불만과 구박에 시달리느니(cf. 19:13; 21:9, 19; 25:24; 27:15), 차라리 지붕 위에 천막을 치고 그곳에서 사는 것이 낫다고 한다. 솔로몬은 잠시 후 21:19에서는 광야에서 혼자 사는 것이 더 낫다고 한다. 사람은 신체적인 편안함보다는 마음이 편해야 한다는 뜻이다.

세 번째 교훈은 악인은 그저 남이 잘못되기를 바란다는 경고이다(10절). 악인의 마음은 남의 재앙을 원한다. '원하다'(אוה)는 '희망하다, 간절히 바라다'는 뜻이다(NIDOTTE). 악인들은 남이 잘 되는 것을 견딜 수 없어 하며, 항상 그들에게 나쁜 일만 생기기를 바란다. 마음이 꼬여도 한참 꼬인 자들이다. 그들은 '악'(רַע, '라'로 소리남)에 심취되어 '이웃'(רֵעַ, '레아'로 소리남)을 잊는다(Clifford).

그러므로 악인들에게는 그들의 이웃도 은혜를 입지 못한다. '은혜를 입다'(חנן)는 자비롭게 여겨지다, 곧 도움을 받는 것을 의미한다. 악한 사람일수록 이웃들에게 매정하다. 솔로몬은 그 어떠한 선한 생각도 없는 자들에게 좋은 것을 바라지 말라고 경고한다. 얻는 것이 전혀 없을 것이기 때문이다. 그러므로 악인들은 멀리할수록 좋다. 그래야 우리도 그들이 앓고 있는 못된 병에 감염되지 않는다.

네 번째 가르침은 훈계는 모든 사람에게 의미가 있다고 한다(11절). 이 말씀은 19:25와 거의 같다. 거만한 자가 벌을 받으면 어리석은 자가 지혜를 얻는다. '거만한 자'(לֵץ)는 자신만이 지혜롭다고 생각하는 자이기 때문에 이런 사람은 징계를 해 봤자 별로 얻는 것이 없다(cf. 9:7, 8; 13:1; 15:12; 21:24; 22:10; 29:8). 그러나 옆에서 그가 벌을 받는 것을 지켜보던 어리석은 자가 자기도 거만했다가는 큰일 날 것 같은 생각을 갖게 된다(cf. 신 13:11; 21:21; 잠 19:25; 딤전 5:20). '어리석은 자'(פֶּתִי)는 가치관이 정확히 서지 않아 사리판단을 잘 하지 못하는 어리숙한 사람이다(TWOT, cf. 14:15; 22:3). 그렇다 보니 책임 있는 말이나 행동을 하지 않는다(1:32). 이런 사람은 가르치고 지도하면 소망이 있다(Kidner). 그는 이 일로 인해 거만한 자가 되지 않겠다는 지혜를 얻는다.

반면에 지혜로운 자는 교훈을 받으면 지식을 더한다(11b절). 이 행의 주어가 어리석은 자인가, 혹은 지혜로운 자인가에 대해 다소 논란이 있다(cf. Whybray). 그러나 정황을 고려할 때 지혜로운 자가 주어이다(cf. 19:25). 지혜로운 자의 가장 기본적인 성향은 배움에 대한 열정이다. 그는 항상 지혜를 얻으려고 한다. 그러므로 자신은 배울 것이 없다고 하는 거만한 자의 가장 반대편에 서 있는 사람이 지혜로운 사람이다. 지혜로운 사람은 물리적으로 징계할 필요도 없다(cf. 17:10). 간단히 그에게 '교훈을 주면'(שׂכל) 그는 지식을 더한다(cf. 1:5; 9:9, 12; 19:25). '더하다'(לקח)는 '붙들다'는 뜻으로, 지혜로운 사람의 배우겠다는 의지를 표현한다.

III. 솔로몬의 첫 번째 잠언집(10:1-22:16)
B. 통찰적인 지혜 모음집(16:1-22:16)
6. 마음을 보시는 하나님(21:1-31)

(4) 하나님의 심판(21:12-18)

12 의로우신 자는 악인의 집을 감찰하시고
악인을 환난에 던지시느니라
13 귀를 막고 가난한 자가 부르짖는 소리를 듣지 아니하면
자기가 부르짖을 때에도 들을 자가 없으리라
14 은밀한 선물은 노를 쉬게 하고
품 안의 뇌물은 맹렬한 분을 그치게 하느니라
15 정의를 행하는 것이
의인에게는 즐거움이요

죄인에게는 패망이니라
16 명철의 길을 떠난 사람은
사망의 회중에 거하리라
17 연락을 좋아하는 자는 가난하게 되고
술과 기름을 좋아하는 자는 부하게 되지 못하느니라
18 악인은 의인의 속전이 되고
사악한 자는 정직한 자의 대신이 되느니라

첫 번째 교훈은 하나님이 악인들을 응징하신다고 한다(12절). '의로우신 자'(צַדִּיק)는 '의인'이라는 의미를 지녔지만(Greenstone, cf. NAS), 2행에서 이 의인이 악인을 심판하는 것으로 보아 '여호와'를 뜻한다(Kidner, Plaut, Toy, cf. 새번역, 공동, 아가페, ESV, NIV, NR, TNK). '감찰하다'(שׂכל)는 '형편을 헤아리다, 이해하다'는 뜻이다(NIDOTTE). 하나님은 악인의 집안에서 일어나는 일을 모두 알고 있으며, 왜 이런 일이 일어나는지도 헤아리고 있으시다.

그러다가 적절한 때가 오면 악인들을 환난에 던지신다(12b절). '던지다'(סלף)는 멸망으로 인도한다는 뜻이다(HALOT). 하나님이 직접 나서서 그들을 멸망의 길로 인도하신다는 뜻이다(cf. 욥 12:19; 잠 22:12). 심판의 때가 이르렀기 때문이다. 잠언에서 의인이 악인을 벌하는 일은 없으며 항상 하나님이 하신다(Clifford, cf. 13:6; 19:3). 솔로몬은 의로운 하나님이 반드시 악인들을 멸망시키실 것을 경고한다.

두 번째 가르침은 이웃을 돕는 것은 어려울 때를 대비하는 것이라 한다(13절). 가난한 자들의 울부짖음을 못 들은 체하는 사람은 훗날 그의 울부짖음을 들어줄 사람이 없을 것이다. 이 말씀은 자기가 대접받고 싶은 대로 남을 대접하라는 '황금법칙'(눅 6:31)의 구약 버전이다. 또한 예수님이 하신 "긍휼히 여기는 자는 복이 있나니 그들이 긍휼히 여김을 받을 것임이요"(마 5:7)라는 말씀을 생각나게 한다.

이웃의 부르짖는 소리에 귀를 막는 것은 죄다. 하나님이 부자와 가난한 자를 모두 창조하셨기 때문이다(22:9; 29:13). 그러므로 하나님은 우리가 서로 도우며 살아가기를 원하신다. 잠언은 가난한 자들에게 음식을 주고(22:9), 돈까지 주라고 한다(28:8). 이처럼 가난한 사람들을 돕는 것은 하나님을 경외하는 일이며(14:31, cf. 17:5), 하나님께 하는 일이다(마 25:31–46). 그러므로 하나님은 이웃에게 자비를 베푸는 사람을 채우시고(28:27) 행복하게 하실 것이다(14:21).

반면에 남의 부르짖음에 귀를 막으면 다른 사람들도 그의 울부짖음을 듣지 않을 것이다. 자신의 부르짖음에 아무런 반응을 보이지 않던 자의 부르짖음에 그들이 왜 귀를 기울이겠는가! 이웃에게 자비를 베풀지 않는 사람은 혹독한 심판을 받을 것이다(약 2:13). 또한 지혜도 그들의 부르짖음에 귀를 막는다(1:28). 사람은 모두 심은 대로 거두는 것이 인생이다. 그러므로 이웃들에게 선을 베푸는 것은 환난 날에 대한 대비책이 될 수도 있다.

세 번째 교훈은 현실에 대한 깨우침이다(14절). 은밀한 선물은 노를 쉬게 한다. '은밀한 선물'(מַתָּן בַּסֵּתֶר)은 '무엇으로 덮은/가려진 선물'이라는 뜻으로 비밀히 주는 것을 뜻한다(TWOT). 뇌물인 것이다. 뇌물은 노를 쉬게 한다. '쉬게 하다'(כפה)는 '가라 앉히다, 진정시키다'는 의미이다(TWOT). 뇌물은 화를 모면하는데 특약이 될 수 있다(cf. 17:23).

품안의 뇌물은 맹렬한 분을 그치게 한다(14b절). '맹렬한 분노'(עַזָּה חֵמָה)는 극에 달한 분노를 뜻한다. '품 안의 뇌물/선물'(שֹׁחַד בַּחֵק)도 은밀한 선물처럼 남이 모르게 비밀리에 주는 뇌물이다. 뇌물이 제 효력을 발휘하려면 반드시 남의 눈을 피해 주어야 한다. 아무도 모르게 주는 뇌물은 극한 분노도 그치게 한다.

이 말씀을 통해 솔로몬은 우리에게 뇌물을 주고받으라고 하는 것인가? 성경이 뇌물을 강력하게 비난한다는 사실을 감안하면(잠 15:27; 17:23; 출 23:8; 신 16:19; 삼상 12:3; 전 7:7; 사 1:23; 암 5:12), 절대 그렇지 않다. 또한 이 땅에서 공의와 정의가 실현되는 것을 매우 중요시 여기는 솔로몬이 뇌물로 공의와 정의를 굽게 하라고 할리는 없다. 그러므로 이 말씀은 세상의 이치가 이렇다며 안타까움을 표현하는 것이다. 뇌물이 만연한 세상에서 여호와를 경외하는 사람들은 뇌물을 주고받는 방식이 아니라 더 경건하고 거룩한 방식으로 세상을 지혜롭게 헤쳐나가라고 권면한다.

네 번째 가르침은 정의를 실천하는 일이 미치는 영향에 관한 것이다(15절). 정의는 지적인 훈련으로 멈춰서는 안 된다. 정의는 이론으로 남지 않고 삶에서 실현(실천)될 때 진가를 발휘하기 때문이다. 정의를 행하는 것, 곧 정의가 실현되면 어떤 일이 일어날까? 솔로몬은 정의 실현이 가져올 상황을 두 가지로 정리한다. 첫째, 정의 실현이 의인에게는 즐거움이다. '즐거움'(שִׂמְחָה)은 매우 신나고 기뻐한다는 뜻이다. 평상시에 바르고 경건한 삶을 추구하는 사람들은 정의가 실현되는 사회에서 인정받고 환영받을 것이기 때문에 걱정할 것이 없다. 또한 의인들이 정의 실현을 기뻐하는 것은 그들의 하나님 여호와는 정의로우시며 자신이 지으신 세상에서 정의가 실현되는 것을 기뻐하시기 때문이다. 하나님의 기쁨이 의인들의 기쁨이 된다.

반면에 죄인들에게는 패망이다(15c절). '패망'(מְחִתָּה)은 공포와 파괴를 뜻한다(cf. 사 54:14; 렘 17:17; 48:39; 시 89:41). 정의가 실현되는 사회에서 죄인들은 그들이 저지른 죄에 대한 심판과 응징을 피할 수 없다. 그러므로 그들은 받는 벌로 인해 공포에 휩싸이며 멸망에 이른다. 정의 실현이 기쁨이 되고 동시에 공포가 된다는 것이 인상적이다(Toy). 솔로몬은 언젠가는 반드시 의인이 인정받고, 죄인이 심판받는 정의로운 사회가 실현될 것이라 한다.

다섯 번째 교훈은 지혜로운 삶의 대안은 죽음뿐이라 한다(16절). '떠나다'(תעה)는 '방황하다, 비틀거리다'는 뜻이다(NIDOTTE). 사람이 명철의 길(올바른 삶)을 떠나는 것은 특별한 대안이 있어서가 아니다. 그러므로 지혜를 버린 사람은 모두 방황하고 비틀거린다. 그러다가 드디어 사망의 회중에 거하게 된다(16b절). '사망의 회중'(קְהַל רְפָאִים)은 '죽은 영혼들의 모임'이다(NIDOTTE, cf. 2:18; 9:18). 지혜로운 삶을 떠난 사람은 죽은 목숨이나 다름없다는 뜻이다. 그는 자기 시간(죽을 때)이 이르기 전에 스스로 파멸한다(Plaut). 솔로몬은 지혜를 추구하는 삶의 대안은 죽음뿐이라며 평생 지혜롭게 살아갈 것을 권면한다.

여섯 번째 가르침은 향락을 즐기지 말라고 한다(17절). '연락'(שִׂמְחָה)은 즐거움/쾌락을 의미한다(TWOT). '좋아하다'(אהב)는 '사랑하다'이며 감정을 가지고 좋아한다는 뜻이다. 사람이 쾌락을 사랑하면 가난하게 된다. 쾌락을 즐기려면 돈이 많이 든다. 또한 일할 시간에 쾌락을 즐기므로 수입도 줄어든다. 그러므로 쾌락을 좋아하는 사람은 재산을 모두 탕진하게 되어 가난하게 된다. 우리는 쾌락을 즐기고 싶은 충동이 생길 때마다 한순간의 즐거움을 위해 평생 가난하게 살만한 가치가 있는 것인가에 대해 생각해 보아야 한다.

술과 기름을 좋아하는 자도 부하게 되지 못한다(17b절). '술과 기름'(יַיִן־וָשֶׁמֶן)은 부유하고 여유로운 삶을 상징하는 좋은 것이다(신 14:26; 삿 9:9, 13; 느 8:12; 시 23:5; 104:15; 암 6:6). 오늘날로 말하면 레저를 즐기는 삶이다(Kitchen). 문제는 이것들을 애착을 가지고 '사랑하는 것'(אהב)에 있다. 너무 집착하여 삶의 우선권이 바뀌거나(Koptak), 절제할 수가 없다(Ross). 즐기고 누리는 일에 집착하면 부자는 되지 못한다. 절약하고 아껴야 부자가 될 수 있다. 솔로몬은 인생을 즐기되 과하게 즐기지는 말라고 한다. 과하게 즐기다 보면 가치관이 바뀌고 가난이 찾아오기 때문이다.

일곱 번째 교훈은 하나님이 심판하시는 날 일어나는 일에 관한 것이다(18절). 그날이 되면 악인은 의인의 속전이 될 것이다. '속전'(כֹּפֶר)은 피해를 입힌 것에 대한 보상(6:35; 13:8) 혹은 죄의 심판을 피하기 위해 대신 치르는 값이다(출 21:30; 30:12; 민 35:31). 현재는 악인이 성행하고 의인이 핍박받는 세상이지만, 하나님의 심판이 실현되는 날, 하나님이 악인들을 살려 두신 이유가 의인들이 치러야 할 대가를 그들로 대신하게 하기 위한 것임이 밝혀질 것이다. 하만과 모르드개의 뒤바뀐 운명이 하나의 예가 될 수 있다(에 7:9–10).

이와 같이 사악한 자는 정직한 자의 대신이 된다(18b절). '사악한 자'(בּוֹגֵד)는 거짓으로 남을 속이는 자를 뜻한다. 속이는 자들이 진실되게 사는 정직한 자들의 속전이 된다. 솔로몬은 하나님이 세상을 심판하시는 날, 악인들이 의인들의 죄값을 치르게 된다며 오늘날의 상황이 완전히 바뀔 것이라고 확신한다. 현대어성경이 이 말씀을 적절하게 의역했다: "언젠가는 자리바꿈할 날 있으리니, 못된 짓만 일삼으며 남 짓누르고 착취하며 떵떵거리고 사는 것들은 바르게 사는 이들이 당하였던 온갖 고난 다 당하고, 어떻게든지 남을 속여 자기 뱃속만 그득 채워 치부하는 자들은 올곧게 사는 이들이 겪었던 고난을 대신 겪을 그날이 찾아오리라."

III. 솔로몬의 첫 번째 잠언집(10:1–22:16)
B. 통찰적인 지혜 모음집(16:1–22:16)
6. 마음을 보시는 하나님(21:1–31)

(5) 악인의 파괴력과 의인의 능력(21:19–24)

19 다투며 성내는 여인과 함께 사는 것보다
광야에서 사는 것이 나으니라
20 지혜 있는 자의 집에는 귀한 보배와 기름이 있으나
미련한 자는 이것을 다 삼켜 버리느니라
21 공의와 인자를 따라 구하는 자는
생명과 공의와 영광을 얻느니라
22 지혜로운 자는 용사의 성에 올라가서

그 성이 의지하는 방벽을 허느니라
23 입과 혀를 지키는 자는
자기의 영혼을 환난에서 보전하느니라
24 무례하고 교만한 자를 이름하여 망령된 자라 하나니
이는 넘치는 교만으로 행함이니라

첫 번째 가르침은 남편을 힘들게 하는 아내에 관한 말씀이다(19절). 이 말씀은 9절과 거의 같다(cf. 25:24). 다투며 성내는 여인이 있다. '다툼'(מְדוֹנִים)은 비난과 책망 등을 통해 불만을 토로하는 행위이다(TWOT). '성냄'(כַּעַס)은 슬픔을 토로하며 화를 내는 것이다(NIDOTTE). 매사에 불만과 화로 가득한 아내와 살기는 참으로 힘이 든다. 얼마나 힘이 드는가 하면 차라리 광야에서 사는 것이 낫다. 아무도 없는 곳에 가서 홀로 사는 것이 더 편하다는 뜻이다.

9절은 이런 여인하고 큰 집에서 사느니, 차라리 지붕 한편에 천막을 지어 놓고 혼자 사는 것이 좋다고 하더니, 이 말씀은 아예 아무도 없는 광야에서 홀로 사는 것이 낫다고 한다. 아내가 있는 집에서 더 멀어지고 있다! 또한 광야는 사람도, 물도, 양식도 없는 삭막한 곳이다. 오죽하면 이런 곳에서 홀로 사는 것이 아내와 다투며 사는 것보다 낫겠다고 하겠는가!

솔로몬은 아내들에게 남편들을 너무 들볶지 말라고 권면하고 있다. 또한 결혼을 앞둔 사람들은 평생 같이 살 결혼 파트너를 신중하게 고르라고 권면한다. 아내는 행복한 삶과 불행한 삶을 좌우하기 때문이다.

두 번째 교훈은 지혜로운 사람은 부를 모은다고 한다(20절). 지혜 있는 자의 집에는 귀한 보배와 기름이 있다. 보배와 기름이 잘 어울리지 않는 쌍이라 해서 '기름'(שֶׁמֶן)을 삭제하자는 제안이 있는가 하면(Toy), '값비싼 것'으로 바꾸자는 제안도 있다(McKane). 그러나 마소라 사본을 그대로 유지하면 보배는 온갖 귀중한 것을, 기름은 양식을 상징할 수

있다. 지혜로운 사람의 집에는 온갖 귀중품들과 곡식이 쌓여 있다는 뜻이다. 수입 중에 적절한 소비를 하고 나머지는 모아 두기 때문에 그의 집에는 항상 좋은 것들이 쌓여 있다. 훗날(노후 등)을 위해 예비해 두는 것이다.

반면에 미련한 자는 이것을 다 삼켜 버린다(20b절). 그는 돈이 생기는 대로 곧바로 쓰기 때문에 모아둔 것이 없다. 그러므로 그는 모을 수 있는 것들(보배와 기름)을 스스로 포기한다. 이러한 상황을 현대어성경은 "가지고 있는 것까지 모두 내팽개친다"라고 의역한다. 결국 그는 가난해질 수밖에 없다. 솔로몬은 수입이 생기면 곧바로 낭비하지 말고 어느 정도는 아껴두라고 한다.

세 번째 가르침은 삶에서 공의와 인자를 추구하면 반드시 얻을 것이라 한다(21절). 공의(צְדָקָה)는 올바름과 정직함 등 우리가 삶에서 추구해야 할 것이다. '인자'(חֶסֶד)는 자비와 긍휼 등 우리가 경험하는 하나님의 은혜이며, 또한 우리가 주님께 받은 만큼 이웃들에게 베풀어야 하는 것이다. '구하다'(רדף)는 좇는 것이다(TWOT). 열정적으로 따라간다는 뜻이다.

공의와 정의를 열심히 따르면 생명과 공의와 영광을 얻는다. 둘을 추구했는데 얻는 것은 세 가지이다. '생명'(חַיִּים)은 장수하는 것을, '영광'(כָּבוֹד)은 명예를 뜻한다. 하나님은 의로움(צְדָקָה)을 추구하는 삶을 사는 사람에게는 그가 바라는 의로움(צְדָקָה) 뿐만 아니라 생명과 명예도 덤으로 주신다(cf. 3:16; 22:4). 솔로몬은 의로운 삶은 추구할 만한 가치가 있다고 한다.

네 번째 교훈은 지혜롭게 행하면 모든 일을 할 수 있다고 한다(22절). 본문이 사용하는 이미지는 성을 정복하는 전쟁이다. 보통 군인들에게 난공불락으로 보이는 요새라 할지라도 지혜로운 사람은 가장 약한 부분을 찾아내 그 성을 정복할 수 있다. 그는 철통보안으로 사람이 오를 수 없다는 성을 오르고, 그 성이 의지하는 방벽을 허문다. '의지하는 방벽'(עֹז מִבְטָחָה)은 모든 사람이 가장 요새화된 부분이라 해서 절대 무너지지 않을 것이라고 확신하는 곳이다. 그러나 아무리 튼튼한 요새라도 반드시 약한 곳은 있다(Kitchen). 솔로몬은 많은 사람이 불가능하다고 하는 일을 한 사람이 해낼 수 있다고 한다. 바로 지혜로운 사람이다. 아브라함과 동방 왕(창 14장), 여호수아와 여리고 성(수 6장)과 아이 성(수 8장), 기드온과 미디안 사람들(삿 7장), 다윗과 예루살렘 성(삼하 5:6-9) 등이 이러한 예에 속한다. 사람이 하나님이 주신 지혜로 무장하고 주님을 의지하여 지혜롭게 행하면 이루지 못할 일이 없다.

다섯 번째 가르침은 말을 조심하면 자기 자신을 환난에서 구하게 된다고 한다(23절). 이 말씀은 13:3과 비슷하다. 사람은 입으로 대부분 죄를 짓기 때문에 입과 혀를 지키면 죄로 인해 빚어지는 환난에서 자기 자신을 구하게 된다. '환난'(צָרָה)은 재앙이며 본문에서는 바르지 않은 말이 초래하는 결과이다. 이러한 환난에서 자기 자신을 '보전하는'(שֹׁמֵר), 곧 환난에 휘말리지 않고 지키는 방법은 단 한가지이다. 되도록이면 말을 자제하고, 할 때는 바르고 좋은 말만 하는 것이다. 솔로몬은 사람이 악한 말을 하면 반드시 재앙이 되어 돌아올 것이라고 한다. 그러므로 우리는 "여호와여 내 입에 파수꾼을 세우시고 내 입술의 문을 지키소서"라고 기도해야 한다(시 141:3).

여섯 번째 교훈은 망령된 자와 상종하지 말라고 한다(24절). 사람이 '무례하다'(זֵד)는 것은 주제넘고 건방지게 군다는 뜻이다(TWOT, cf. 21:11; 19:25). 사람이 '교만하다'(יָהִיר)는 것도 주제넘고 건방지게 군다는 뜻이다(NIDOTTE, cf. 11:2; 21:4). 이런 사람은 망령된 자다. 사람이 '망령되다'(לֵץ)는 것은 남을 비웃고 조롱한다는 뜻이다(HALOT, cf. 1:22; 3:34; 9:7, 8, 12; 13:1; 14:6, 9; 15:12; 19:25, 28, 29; 20:1; 21:11; 22:10; 24:9).

그러므로 망령된 자는 넘치는 교만으로 행하는 자이다(24b절). 그는 어리석음의 가장 극대화된 모습을 지녔다(Kitchen). 교만의 극치를 달리는 거만한 자가 망령된 자이다. 결국 그는 큰 수치를 당한다(11:2). 지혜로운 자는 교만의 극치를 달리는 망령된 자를 멀리 해야 한다.

III. 솔로몬의 첫 번째 잠언집(10:1–22:16)
B. 통찰적인 지혜 모음집(16:1–22:16)
6. 마음을 보시는 하나님(21:1–31)

(6) 게으름과 악(21:25–29)

25 게으른 자의 욕망이 자기를 죽이나니
이는 자기의 손으로 일하기를 싫어함이니라
26 어떤 자는 종일토록 탐하기만 하나
의인은 아끼지 아니하고 베푸느니라
27 악인의 제물은 본래 가증하거든
하물며 악한 뜻으로 드리는 것이랴
28 거짓 증인은 패망하려니와
확실히 들은 사람의 말은 힘이 있느니라
29 악인은 자기의 얼굴을 굳게 하나
정직한 자는 자기의 행위를 삼가느니라

첫 번째 교훈은 허황되거나 모순적인 욕망을 추구하지 말라고 한다(25절). 게으른 자의 욕망이 그를 죽인다. 그의 욕망이 무엇인가? 일하지 않으면서 먹고 사는 것이다. 그러므로 게으름이 게으름을 낳는다(19:24). 그러나 그의 욕망은 모순적이다. 먹고 살려면 일을 해야 하고, 일을 하지 않으려면 굶어 죽어야 하기 때문이다. 결국 그는 일하지 않고 먹고 사는 모순된 욕망을 추구하다가 굶어 죽는다.

그가 죽은 이유는 분명하다. 자기 손으로 일하기를 싫어하기 때문이다(25b절). 일하지 않으면 먹고 살 길이 없는데, 일하기 싫어하니 결국에는 굶어 죽는다. 게으른 자는 추수할 곡식이 없고(20:4), 손이 텅 비어 있어(13:4) 가난하다(6:11; 24:34). 솔로몬은 허황되거나 앞뒤가 안 맞는 모순적인 꿈은 헛된 것이니 아예 꾸지도 말라고 한다. 이런 욕망은 그를 죽인다.

두 번째 교훈은 이웃들에게 베풀며 살라고 권면한다(26절). 이 구절을 형성하고 있는 두 행의 내용이 잘 어울리지 않는다 하여, 두 행을 각자 독립적인 잠언으로 취급하는 학자도 있다(Clifford). 그러나 이 말씀을 굳이 두 잠언으로 나눌 필요는 없다. 어떤 자는 종일토록 탐하기만 한다. '탐하다'(אוה)는 '간절히 바라다'는 뜻이다. 이 사람은 온종일 남이 가진 것만 욕심낸다. 남이 가진 것은 모두 다 자기 것으로 만들고 싶어 한다. 그는 어느덧 탐심의 노예가 되어 있다. 십계명 중 열 번째 계명을 위반하는 처사이다.

반면에 의인은 아끼지 아니하고 베푼다(26b절). '아낀다'(חשך)는 '주저하다, 남기다'는 뜻이다(TWOT). 의인은 자신이 나눌 수 있는 것이면 무엇이든지 주저하지 않고 어려운 사람에게 나눠 준다(잠 22:9; 시 37:26; 112:5; 마 5:42). 그러므로 그는 하나님과 사람들에게 의롭다고 인정을 받는다. 의로움은 어려운 이웃들에게 베푸는 자비와 긍휼이 항상 동반해야 한다.

세 번째 가르침은 악인의 제물을 절대 받지 않으신다고 한다(27절, cf. 15:8). 악인들이 드리는 제물은 가증하다. '가증함'(תּוֹעֵבָה)은 잠언에서 이미 수차례 사용되었으며 하나님의 불편한 심기를 가장 극적으로 표현한다. 하나님은 악인들의 제물을 참으로 싫어하신다는 것이다.

그러므로 그들이 악한 뜻으로 드리는 제물은 더욱더 그렇다(27b절). 하나님은 악인들이 이렇다 할 악한 목적 없이 드리는 제물도 매우 싫어하시는데, 그들이 악의적인 목적을 이루기 위해 드린 제물이야 더욱더 싫어하시지 않겠느냐는 논리이다. 솔로몬은 하나님은 재물에 매수되실 분이 아니며, 악인들의 제물은 절대 받지 않으신다고 한다. 그러므로 그들이 제물을 드리며 하나님이 이루어 주시기를 바라는 일도 절대 이루어 주지 않으실 것이다(cf. Clifford, Murphy). 하나님은 악인들의 모든 것을 가증하게 여기신다.

네 번째 가르침은 위증자와 신실한 증인을 대조한다(28절, cf. 19:5, 9). 거짓 증인은 패망한다. ‘거짓’(כָּזָב)은 진실을 왜곡하거나, 아예 거짓말이다(TWOT). 그러므로 거짓 증인은 착각이나 혼란을 빚어 거짓말을 하는 것이 아니라, 진실을 알면서도 의도적으로 거짓말을 하는 악인이다. 잠언은 거짓 증인에 대해 여러 차례 경고한다(12:17–18; 14:5, 25; 25:18, cf. 출 20:16). 이런 사람은 하나님의 심판을 받아 패망한다.

반면에 확실히 들은 사람의 말은 힘이 있다(28b절). 이 말씀을 정확히 해석하는 것은 쉽지 않다(cf. Clifford, Longman, Murphy). 아가페성경은 이 구절을 “거짓 증인은 망하고, 그의 말을 듣는 자도 영원히 망할 것이다”라고 번역했다(cf. NIRV). 다른 번역들은 모두 이 증인은 성공적으로 증언할 것이라고 한다(새번역, 공동, 현대어, NAS, NIV, ESV, NRS, TNK). 이 말씀이 1행과 2행의 내용을 대조하는 것으로 이해하면 ‘남이 하는 말을 잘 들은 증인은 끝까지 증언할 것이다’가 옳다(McKane, Ross). 그가 하는 말은 법정이 인정할 것이라는 뜻이다(Wilson).

다섯 번째 교훈은 악인과 정직한 사람을 대조한다(29절). 악인은 자기의 얼굴을 굳게 한다. 악인은 어떤 일에 대한 계획을 세우면 절대 굽히지 않는다는 뜻이다(Garrett, Kitchen, Koptak). 악인이 세우는 계획은 악한 일이다. 주변에서 그렇게 하면 안 된다며 아무리 조언하고 충고해도 소용이 없다. 그는 자신의 계획은 절대 변하지 않을 것이라며 얼굴을 굳게 한다.

반면에 정직한 자는 자기 행위를 삼가한다(29b절). 마소라 사본들은 두 가지 동사를 사용하고 있다. 첫 번째는 ‘굳건히 세우다’(כון)이며, 두 번째 동사는 ‘생각하다/살피다’(בין)이다. ‘굳건히 세우다’를 선택하면 ‘정직한 자는 자기 행위를 굳건하게/확실하게 한다’가 된다(NAS). 1행과 연결했을 때 의미가 잘 형성되지 않는다. '생각하다/살피다'를 취하면 '정직한 자는 자기 행위를 신중하게 한다'가 된다(개역개정, 새번역, 공동, 아가페, ESV, NIV, NRS, TNK). 1행과 연결하면, 악인은 마음을 한 번 정하면 절대 바꾸지 않는데, 정직한 자는 자기 행위를 심사숙고한다는 뜻이다. 심사숙고하기 위해서 정직한 자는 주변 사람들의 조언과 충고를 받아들이고 반영하여 결정한다. 후자가 훨씬 더 설득력 있는 의미를 구성한다.

> Ⅲ. 솔로몬의 첫 번째 잠언집(10:1–22:16)
> B. 통찰적인 지혜 모음집(16:1–22:16)
> 6. 마음을 보시는 하나님(21:1–31)

(7) 하나님의 승리(21:30–31)

30 지혜로도 못하고,
명철로도 못하고
모략으로도 여호와를 당하지 못하느니라
31 싸울 날을 위하여 마병을 예비하거니와
이김은 여호와께 있느니라

첫 번째 가르침은 지혜로 여호와를 당할 자는 세상에 하나도 없다는 것이다(30절). 본문을 직역하면 '여호와를 대적할 만한 지혜도 없고, 명철도 없고, 모략도 없다'이다. '지혜'(חָכְמָה)는 슬기로운 삶에 필요한 기술을, '명철'(תְּבוּנָה)은 통찰력을, '모략'(עֵצָה)은 조언을 뜻한다. 한 주석가는 지혜는 통합(synthesis)에, 명철은 분석(analysis)에, 모략은 정책에 비교한다(Kidner). 이것들은 지혜자들이 지닌 것들이다(McKane). 그러나 지혜자들이 아무리 뛰어나도 하나님께 대항할 만한 지혜와 명철과 모략은 결코 가질 수 없다. 오직 하나님만이 이 세 가지를 완벽하게 지니셨으며(욥 12:13), 이것들은 하나님께로부터 오는 것들이다. 하나님께로부터 온 것들이 어떻게 하나님을 대항하는 데 쓰일 수 있겠는가? 이것들의 창조자이신 하나님이 용납하지 않으실 것이다(Lucas). 그러므로 이 말씀은 인간의 한계를 지적한다(Koptak).

두 번째 교훈은 준비는 철저히 하되, 결과는 여호와께 맡기라 한다(31절). 싸울 날을 위하여 마병을 예비한다. 국가는 언제든 전쟁을 할 수 있는 군사력을 철저하게 준비해 두어야 한다. 당시 말은 하루에 100킬로미터를 달릴 수 있는 가장 두려운 전쟁 무기였다(Waltke). 솔로몬은 이집트에서 수입한 말을 이스라엘 군대의 핵심 무기로 삼았다(왕상 10:26-28). 그러나 아무리 철저하게 예비해 둔다고 해도 반드시 전쟁에서 승리하는 것은 아니다. 전쟁은 여호와께 속한 것이기 때문이다. 그러므로 국가는 전쟁을 철저하게 준비하지만, 승리는 여호와께서 주신다는 사실을 인정해야 한다. 솔로몬은 이 가르침을 통해 매사에 최선을 다해 철저하게 준비하되 결과는 주님께 맡기라고 한다.

III. 솔로몬의 첫 번째 잠언집(10:1-22:16)
B. 통찰적인 지혜 모음집(16:1-22:16)

7. 왕족 지혜 모음집 끝(22:1-16)

솔로몬의 첫 번째 잠언집(10:1-22:16)의 마지막 부분이다. 새번역은 22:1-24:22까지를 '훈계의 가치… 서른 가지 교훈'이라는 제목으로 묶고 있지만, 별 의미는 없어 보인다. 본 주석은 다음과 같은 구분을 바탕으로 본문을 주해해 나가고자 한다.

A. 부유함보다 귀한 것들(22:1-7)
B. 언행과 심판(22:8-16)

III. 솔로몬의 첫 번째 잠언집(10:1-22:16)
B. 통찰적인 지혜 모음집(16:1-22:16)
7. 왕족 지혜 모음집 끝(22:1-16)

(1) 부유함보다 귀한 것들(22:1-7)

[1] 많은 재물보다 명예를 택할 것이요
은이나 금보다 은총을 더욱 택할 것이니라
[2] 가난한 자와 부한 자가 함께 살거니와
그 모두를 지으신 이는 여호와시니라
[3] 슬기로운 자는 재앙을 보면 숨어 피하여도
어리석은 자는 나가다가 해를 받느니라
[4] 겸손과 여호와를 경외함의 보상은
재물과 영광과 생명이니라
[5] 패역한 자의 길에는 가시와 올무가 있거니와
영혼을 지키는 자는 이를 멀리 하느니라
[6] 마땅히 행할 길을 아이에게 가르치라
그리하면 늙어도 그것을 떠나지 아니하리라
[7] 부자는 가난한 자를 주관하고
빚진 자는 채주의 종이 되느니라

첫 번째 가르침은 명예와 은총이 부유함보다 낫다고 한다(1절). '명예'(שֵׁם)는 '이름'을 뜻하며 이름을 지닌 사람의 존재성과 명예도 상징한다. 사람들의 존경을 받는 것은 많은 재물을 가진 것보다 낫다. '재물'(עֹשֶׁר)은 부(副)를 뜻하며 자주 사용되는 단어이다. 잠언은 재물을 나쁘다고 하지는 않는다(Ross). 단지 재물보다 더 귀한 것들이 있다고 한다. 이 말씀에서 솔로몬은 재물보다 명예를 택하라고 한다. '택하다'(בחר)는 '살피다, 선택하다'는 의미를 지녔다(TWOT). 살면서 재물을 얻는 일보다 명예를 얻는 것이 더 중요하다는 사실을 기준으로 모든 것을 결정하라는 뜻이다.

이어 솔로몬은 은이나 금보다 은총을 더욱 택하라고 한다(1b절). 이 말씀을 직역하면 '은과 금보다 은총이 더 좋다'가 된다. 돈보다 은총을 더 귀하게 여기라는 말씀이다. '은총'(חֵן)은 '매력, 우아함, 인기' 등을 뜻하며 사람들이 서로를 평가할 때 사용하는 단어이다(cf. 1:9; 3:4, 34; 4:9; 13:15; 28:23). 1행과 2행을 연결해서 해석하면 명예를 얻는 것(사람들에게 존경받는 것)을 많은 돈을 버는 것(많은 재물)보다 더 귀하게 여기라는 권면이다. 우리가 기뻐해야 할 것은 우리가 행사할 수 있는 능력이 아니라, 우리를 사랑으로 바라보는 이웃들의 시선이다(Kidner).

이 말씀대로 사는 것은 돈이 가장 중요한 명예와 권력이 되어버린 물질 만능주의 세상에서 따르기가 쉽지 않다. 또한 사람이 너무 많아 거의 모든 사람이 '무명'으로 살아가는 세상에서 명예가 그다지 중요하게 여겨지지 않을 수 있다. 그러나 창조주께서 언젠가는 심판하신다는 사실을 마음에 품고 살면 명예를 돈보다 더 귀하게 여기는 삶을 살 수 있다. 선행으로 인해 세상에서 존경을 받으면, 하나님도 우리를 귀하다고 평가하실 것이기 때문이다.

두 번째 교훈은 여호와께서 부자와 가난한 자가 함께 살도록 하셨다는 것이다(2절). '함께 살다'(פגשׁ)는 '만나다'는 뜻이다(TWOT, cf. 시 85:11; 잠 29:13). 부자와 가난한 사람은 각자 따로 사는 것이 아니라, 공동체를 형성하며 함께 어울려 살아야 한다고 한다. 솔로몬은 그들이 함께 살아야 한다며 형편이 나은 부자들이 경제적인 이유로 고단한 삶을 사는 가난한 자들을 배려하고 도울 것을 권면한다. 우리가 공동체를 이루고 사는 가장 기본적인 목적이 서로 돕고 의지하기 위해서이기 때문이다. 안타까운 것은 현실은 그렇지 않다는 것이다. 유유상종이라고, 부자들과 가난한 자들은 따로따로 살아간다.

가난한 자와 부자를 지으신 이는 여호와시다(2b절, cf. 14:31; 17:5; 29:13). 죄가 경제적인 억압을 사람들에게 안겨 주었지만, 사람들을 창조하신 이는 여호와이시다(Waltke). 그러므로 모든 사람은 각기 처한 경제적인 여건에 상관없이 모든 사람은 하나님의 걸작품이다(cf. 창 1-2장). 이 사실 하나만으로도 우리는 서로 돕고 의지하며 함께 살아야 한다. 하나님은 가난한 자와 부한 자를 차별하지 않으신다. 또한 가난한 자를 돕는 것은 그의 창조주이신 하나님을 경외하는 행위이다(잠 14:31).

세 번째 가르침은 때를 구별하는 지혜를 가지라는 권면이다(3절). '슬기로운 자'(עָרוּם)는 삶에서 가진 지혜를 잘 활용하는 사람이다. 긍정적인 의미에서 '영특한 자', 부정적인 의미에서는 '교활한 자'를 뜻한다(NIDOTTE). 슬기로운 사람은 상황 판단을 잘하기 때문에(12:16; 13:16; 14:8, 15, 18) 걸음걸이를 조심스럽게 하며(14:15), 악(13:16)과 악으로 인해 빚어지는 재앙(22:3)을 피하기 위해 숨기도 한다. 그는 악한 일에 참여하지 않고, 심판을 사전에 예방하는 선한 행실로 재앙을 예방한다(Waltke). '재앙'(רָעָה)은 악인을 뜻하기도 하지만, 이곳에서는 악으로 인해 초래되는 결과이다. 슬기로운 사람은 때를 구별하는 지혜를 활용하여 재앙이 오면 숨어서 피한다.

반면에 어리석은 자는 나가다가 해를 받는다(3b절). '어리석은 자들'(פְּתָיִים)은 경험과 지식이 부족하여 상황 판단에 서툴다. 본문이 '슬기로운 자'는 단수로, '어리석은 자들'은 복수로 표현하는 것은 세상에는 슬기로운 사람보다는 어리석은 자들이 더 많기 때문이다(Delitzsch, Waltke). 이러한 사실은 민주주의의 허점이기도 하다.

어리석은 자들은 재앙을 보아도 피하지 않고 오히려 나간다. '나가다'(עבר)는 이집트에 내려진 열 번째 재앙에서 죽음의 천사들이 온 이집트를 자세히 살피며 지나가다가 장자들을 모두 찾아서 죽인 일을 묘사할 때 사용된 단어이다. 그러므로 본문은 어리석은 자들이 해를 피하거나 스쳐 지나가지도 않고, 당당하게 뚫고 지나간다(당당하게 맞이한다)는 의미이다. 이런 자들은 용감한 것이 아니라 멍청한 것이다. 어리석은 자들은 세상을 헤쳐 나갈 준비가 되지 않았기 때문에 결국 망하게 된다(McKane). 재앙이 오면 지나갈 때까지 숨어 기다리는 것이 지혜이다. 솔로몬은 이 말씀을 통해 나설 때와 숨을 때를 아는 것도 지혜라 한다.

네 번째 교훈은 여호와를 경외하면 큰 복을 받을 것이라고 한다(4절). 이 말씀도 번역하기가 쉽지 않지만(cf. Kitchen, Waltke), 전반적인 의미는 확실하다. 이때까지 잠언은 여호와를 경외하는 것이 지식의 근본이라며, 주로 사람의 지성이 얻게 되는 이득에 관해서 가르쳐 왔다. 이번에는 구체적으로 우리의 삶에 지대한 영향을 끼치는 세 가지 축복(혜택)을 언급한다. 이것들은 보상이다. '보상'(עֵקֶב)은 어떤 일로 인해 빚어지는 결과이다(TWOT). 아무나 얻을 수 있는 것이 아니라, 어떠한 행동이나 자세를 취해야만 얻을 수 있는 결과이다. 솔로몬은 우리가 삶에서 두 가지 자세를 취하면 세 가지 축복을 얻을 수 있다고 한다. 첫째, 이웃들을 소중하게 여기고, 자기는 하나님 없이는 살 수 없다며 주님을 전적으로 의지하는 '겸손'(עֲנָוָה)이다(cf. 15:33). 겸손한 사람은 별 볼 일 없는 이웃들을 자기보다 더 귀하게 여기기도 한다. 둘째, 여호와를 경외함(יִרְאַת יְהוָה)이다. 평생 하나님을 사랑하고 주님의 거룩하심에 대한 경건한 두려움을 지닌 사람이다. 이런 사람은 지혜롭기 때문에 죄인의 길을 가지 않고 의롭고 경건한 삶을 산다.

겸손하고 여호와를 경외하는 사람이 얻을 축복 세 가지는 재물과 영광과 생명이다(4절). '재물'(עֹשֶׁר)은 이 땅에서 우리의 삶을 풍족하게 해 준다. 누리고 싶은 것은 다 누리게 해 주는 경제적 기반이다. '영광'(כָּבוֹד)은 명예이다(cf. 3:16; 15:33; 18:12). 사람들이 그를 존경하고 공동체에 반드시 필요한 사람이라며 귀하게 여길 것이다. 부자가 명예를 쌓는 데 가장 중요한 것은 베푸는 일이다. '생명'(חַיִּים)은 건강하게 장수할 것이라는 뜻이다. 그렇다면 이 세 가지는 우리가 이 땅에서 누리고 싶은 것들의 전부이다. 겸손하고 여호와를 경외하면 이런 복을 모두 누릴 수 있다. 또한 하나님은 이런 사람이 죽으면 그에게 영생을 주실 것이다.

다섯 번째 가르침은 악인들처럼 살지 말라는 권면이다(5절). '패역한 자'(עִקֵּשׁ)는 사람이 가야 할 바르고 의로운 길을 가지 않고 곁길로, 혹은 악한 길로 가는 사람이다(NIDOTTE). 또한 현실을 심하게 왜곡하는 사람이다(Kitchen, cf. 2:15; 6:12; 11:20; 17:20; 19:1; 28:6). 이런 사람이 가는 길(삶)에는 많은 가시와 올무가 도사리고 있다. 가시와 올무가 서로 어울리는 단어가 아니라 해서 여러가지 추측이 난무하다(cf. McKane, Murphy, Ross, Whybray). 그러나 그대로 유지해도 별 어려움은 없다.

'가시'(צִנִּים)는 하나님이 그를 돌이키게 하기 위하여 세우신 고난의 장애물이나, 그의 죄로 인해 빚어지는 재앙(고난)이다. '올무'(פַּחִים)는 그를 넘어뜨리기 위해 하나님이, 혹은 사람이 세운 걸림돌이다. 올무에 빠지면 죽는다. 그러므로 죽음을 상징하기도 한다. 솔로몬은 누구든 하나님이 정해 주신 바른 길을 가지 않고 곁길로 가면 온갖 고난과 유혹이 그를 해할 것이라고 경고한다. 이런 길을 가는 사람은 패역한 자이다.

반면에 영혼을 지키는 자는 패역한 자가 가는 길을 멀리한다(5b절). '그것들에게서 멀리 떨어져 있다'(יִרְחַק מֵהֶם)며 복수를 사용하는 것으로 보아, 자기 생명을 귀하게 여기는 자는 악인들이 겪는 가시와 올무를 피한다는 뜻이다. 어떻게 피할 수 있는가? 그들이 가는 길(삶)을 피하면 된다. 하나님이 정해 주신 바른 길을 가면 얻게 되는 가장 좋은 이익은 죽음을 초래할 수 있는 가시와 올무를 멀리하게 된다는 것이다.

여섯 번째 교훈은 가장 효과적인 교육은 어렸을 때 이루어진다고 한다(6절). '마땅히 행할 길'(פִּי דֶרֶךְ)을 직역하면 '입이 갈 길'이다. 잠언은 지혜로운 삶에서 가장 중요한 것이 말이라고 하기 때문에 사람이 마땅히 행할 바른 길(삶)을 이렇게 표현한다. 사람은 바른 길과 바르지 않은 길 중 하나를 선택해야 한다. 이 선택은 상당한 훈련과 교육에 따라 결정된다.

'아이'(נַעַר)는 성년이 되기 전의 모든 아이를 포함한다(NIDOTTE, cf. 1:4; 7:7; 20:11; 22:6, 15; 23:13; 29:15). 종종 이 말씀이 아이가 무엇이든 원하는 길을 가도록(삶을 살도록) 하는 것으로 해석되지만 정확한 해석이 아니다(Greenstone, McKane, Toy). 아이들이 원하는 대로만 가게 하면 당장 쉽고 즐거운 것을 선호하기 때문에 그는 십중팔구 어리석은 길을 갈 것이다. 지혜로운 부모는 분명 아이가 지닌 개인적 재능을 고려하여 그가 잘 할 수 있고 좋아하는 쪽으로 인도해야 한다. 그렇다고 해서 아이 마음대로 하도록 내버려 두는 것은 부모의 직무유기이다. 아직 어려서 추진력과 의지가 약하고 분별력이 없어서 엉뚱한 길을 추구할 수 있기 때문이다. 그러므로 끊임없는 지도와 훈련이 필요하다.

'가르치다'(חנך)는 흔하지 않은 단어이며 '훈련하다'라는 의미를 지녔다(NIDOTTE). 아이가 성년 시절로 접어들도록 하는 것(initiation)을 뜻한다(Clifford, Delitzsch, Kitchen, Longman, Waltke). 부모는 아이들이 훈련과 교육을 통해 성년 시절을 충분히 준비시켜야 한다. 그렇게 하기 위해서는 그의 마음이 굳어지기 전인 어린 시절에 그가 가야 할 바른 길로 가도록 꾸준히 훈육해야 한다(cf. 19:18; 23:13).

그리하면 그가 늙어도 그것을 떠나지 않을 것이다(6b절). '늙다'(זקן)는 나이가 지극한 노인이 된다는 것이며, '떠나다'(סור)는 곁길로 접어든다는 뜻이다(HALOT). 사람은 어렸을 때 배운 지혜와 경건과 윤리가 평생 거룩한 기준이 되어 늙어서도 바른 길을 가게 한다. 우리말에도 "세 살 버릇 여든까지 간다"는 말이 있다. 이 말씀은 어린 시절의 교육이 얼마나 중요한가를 지적하며 부모들에게 어린 자녀들을 거룩한 가치관과 지혜로 성실하게 양육하고 훈련할 것을 권면한다.

일곱 번째 가르침은 인간 사회의 안타까운 현실을 지적한다(7절). 부자는 가난한 자를 주관한다. '주관하다'(משל)는 '다스리다, 지배하다'는 뜻이다(TWOT). 가난한 사람은 부자에게 돈을 꾸기도 하는데, 이때 생기는 채무 관계가 그를 부자의 통제 아래 둔다. 그러므로 채권자는 채무자에게 경제적 지배력을 행사한다고 할 수 있다.

아울러 빚진 자는 채주의 종이 된다(7b절). 1행의 원리를 재차 확인하는 말씀이다. '빚진 자'(אִישׁ מַלְוֶה)는 돈을 빌린 사람을, '채주'(לֹוֶה)는 돈을 빌려준 자를 뜻한다. 솔로몬은 이 둘의 관계를 종과 주인의 관계로 묘사한다. 돈을 빌린 사람이 빌린 돈을 갚을 때까지 빌려준 사람의 종이나 다름없다는 뜻이다. 성경은 이자를 받는 것을 금하지만, 당시 종종 있었던 일이다(출 22:25; 레 25:36-37; 신 23:19). 이자를 받는 경우 채권자의 지배력 행사는 더욱더 강화된다.

이 말씀은 주의 자녀들에게 이렇게 하라고 하는 것이 아니라, 우리가 사는 사회에서 일어나는 일을 묘사하고 있다. 그러므로 솔로몬은 이 말씀을 통해서 누구의 지배를 받고 싶지 않거든 되도록이면 빚을 지는 일이 없도록 하라고 한다(cf. Murphy). 또한 이웃에게 돈을 빌려준 사람들에게는 이 같은 세상 풍토에 따라 채권자를 억압하는 일은 없도록 하라고 권면하고 있다(cf. 22:9, 16; 18:23). 돈을 빌려주는 부자와 빌려야 하는 가난한 사람도 모두 하나님이 지으셨기 때문이다(cf. 2절, 14:31; 17:5; 29:13).

III. 솔로몬의 첫 번째 잠언집(10:1-22:16)
B. 통찰적인 지혜 모음집(16:1-22:16)
7. 왕족 지혜 모음집 끝(22:1-16)

(2) 언행과 심판(22:8-16)

8 악을 뿌리는 자는 재앙을 거두리니
그 분노의 기세가 쇠하리라
9 선한 눈을 가진 자는 복을 받으리니
이는 양식을 가난한 자에게 줌이니라
10 거만한 자를 쫓아내면

다툼이 쉬고 싸움과 수욕이 그치느니라
11 마음의 정결을 사모하는 자의 입술에는 덕이 있으므로
임금이 그의 친구가 되느니라
12 여호와의 눈은 지식 있는 사람을 지키시나
사악한 사람의 말은 패하게 하시느니라
13 게으른 자는 말하기를 사자가 밖에 있은즉
내가 나가면 거리에서 찢기겠다 하느니라
14 음녀의 입은 깊은 함정이라
여호와의 노를 당한 자는 거기 빠지리라
15 아이의 마음에는 미련한 것이 얽혔으나
징계하는 채찍이 이를 멀리 쫓아내리라
16 이익을 얻으려고 가난한 자를 학대하는 자와
부자에게 주는 자는 가난하여질 뿐이니라

첫 번째 가르침은 심은 대로 거둘 것이라고 한다(8절). 성경은 의를 심으면 선을 거둘 것이라고 한다(잠 11:18; 호 12:12; 갈 6:8). 반면에 악을 뿌리는 자는 재앙을 거둘 것이다(욥 4:8; 호 10:13; 갈 6:7-8). '뿌리다'(זרע)는 농사에서 오는 개념으로 씨앗을 심듯 심는다는 뜻이다. 농부가 악을 심으면 무엇을 수확하게 될 것인가? 당연히 그가 심은 악에 상응하는 재앙(벌)을 거둘 것이다(cf. Kitchen). 악을 행하는 사람은 하나님의 벌을 받아 멸망할 것이다.

아울러 그 분노의 기세가 쇠하게 될 것이다(8b절). 그가 악을 행하며 기세 등등하게 휘두른 '분노의 막대기'(שֵׁבֶט עֶבְרָתוֹ)도 더이상 힘을 쓰지 못한다. 막대기는 흔히 권력을 상징한다(Cohen, cf. Ross). '분노'(עֶבְרָה)는 '진노'(Buzzell) 혹은 '교만'(Murphy)을 뜻하기도 한다. '쇠하다'(כלה)는 '끝나다, 멈추다'라는 뜻이다. 선하신 하나님이 언제까지 악인의 '칼춤'을 지켜 보시겠는가! 악인들은 하나님의 심판을 받아 모두 멸망할 것이다.

두 번째 교훈은 가난한 자를 돕는 사람은 하나님의 축복을 받을 것이라 한다(9절). 선한 눈을 가진 자는 복을 받을 것이다. 1행과 2행을 연결하여 해석하면 '선한 눈'(טוֹב־עַיִן)은 '악한 눈'(רַע עָיִן)(23:6; 28:22)의 반대말이다. 악한 눈은 세상을 자기 중심적으로 보기 때문에 이웃들의 아픔과 배고픔에 관심이 없다. 보게 되더라도 보지 않은 것처럼 행동한다. 반면에 선한 눈은 이웃들의 형편을 살피는 눈, 곧 양식이 필요한 가난한 사람을 보는 눈이다. 곤경에 빠진 이웃의 형편을 외면하지 않고 성심껏 돕는 사람을 상징하며, 무엇이든 자기 것으로 만들거나 가지려고 하는 자(cf. 23:6; 28:22)와 대조적이다. 그가 선한 눈을 가진 자라고 하는 것은 그가 부유해서가 아니라, 많이 가지지 않았지만, 자신이 가진 것을 나누어 이웃을 도우려고 하기 때문이다(cf. Whybray).

하나님은 이 선한 눈을 가진 사람에게 복을 주신다. 주님은 율법을 통해 가난한 자들을 돕는 기준을 높이 세우셨고(신 14:29; 15:7-11, cf. 욥 31:16-20; 잠 11:25; 19:17; 28:27; 전 11:1-2), 누구든 이 기준을 준수하는 사람을 귀하게 여기시기 때문이다. 선한 눈을 가진 사람이 배고픈 이웃을 돕기 위해 나눠 준 양식보다 몇 배로 갚으실 것이다. 가난한 사람에게 선을 행하는 것은 하나님께 꾸어 주는 것과 같기 때문이다(19:17, cf. 14:31; 21:6). 사람이 마음에 품고 있는 것은 눈을 통해서 나타난다(Kitchen).

세 번째 가르침은 문제를 일으키는 자를 쫓아내면 문제들도 함께 사라질 것이라고 한다(10절). '거만한 자'(לֵץ)는 잠언의 단골 악인으로(1:22; 9:8; 13:1; 14:6; 15:12; 19:25, 29; 20:1; 21:11, 24), 자신은 배울 것이 없는 완벽한 자라고 생각하여 이웃을 무시한다. 심지어는 자기 부모들까지 조롱한다. 요즈음 말로 하면 '인간 말종'이다. 이런 자는 주변 사람에게 어떠한 도움도 되지 않는 골칫거리에 불과하다. 그러므로 솔로몬은 그를 쫓아내라 한다. '쫓아내다'(גרשׁ)는 강제로 멀리 내보내는 것을 의미한다. 공동체에 발을 붙이지 못하도록 하라는 뜻이다(Cohen).

어느 공동체든 선을 그어 누가 속할 수 있고, 누가 속할 수 없는가를 정의하는 것은 매우 중요한 일이다. 그래야 속한 사람들이 그룹의 정체성과 도덕성을 가질 수 있기 때문이다(Van Leeuwen). 거만한 자는 경건한 사람들의 그룹에 머물도록 해서는 안 된다. 때로는 교회와 같은 집단에게 개혁이 필요한 것이 아니라, 소속된 멤버들 중 일부를 색출하여 내보내는 일이 필요하다(Kidner, cf. 신 7:17; 13:6-11; 시 101편; 마 18:17; 고전 5:1-13; 딤전 1:20).

거만한 자를 쫓아내면, 다툼과 싸움과 수욕이 그친다(10b절). '다툼'(מָדוֹן)은 일상에서 사람들과 빚는 갈등과 불화를, '싸움'(דִּין)은 법정 소송을 통해 해결해야 하는 분쟁을(Whybray, cf. 20:8; 29:7; 31:5, 8), '수욕'(קָלוֹן)은 수치와 불명예를 뜻한다(Buzzell, cf. 6:33; 13:18). 거만한 자를 쫓아내는 공동체에는 평화와 평안이 깃든다. 그러므로 솔로몬은 거만한 자들과 상종하지 말라고 권면한다. 삶에 전혀 도움이 되지 않는 자들이다.

네 번째 교훈은 삶이 청렴하고 자비로우면 왕도 친구로 삼을 수 있다고 한다(11절). '마음의 정결'(טְהָר־לֵב)은 마음이 윤리적으로 깨끗하여 흠이 없다는 뜻이다. 정결한 마음을 '사모하는 자'(אֹהֵב)는 곧 '사랑하는 자'이다. 열정을 가지고 정결한 마음을 추구하는 사람이다. 이런 사람의 입술에는 덕이 있다. '덕'(חֵן)은 자비와 긍휼이며 정결한 마음을 지닌 사람이 이웃들에게 베푸는 덕망이다.

이처럼 도덕적으로 청렴한 마음을 지니고 살며 이웃들에게 덕을 베풀기를 기뻐하는 사람은 임금이 그의 친구가 된다(11b절). 이 말씀을 해석하기가 쉽지 않다(cf. Kitchen). 크게 두 가지 해석이 가능하다. 첫째, 왕이 그의 인품과 덕망에 대하여 듣고 그와 친구하기를 기뻐한다는 뜻으로 해석될 수 있다(Clifford, Kitchen, Koptak). 둘째, 왕이 자기 나라에서 추구하는 가치들이 이런 것이기 때문에 그는 왕의 심판을 두려워할 필요가 없다는 뜻이 될 수 있다. 이스라엘의 왕이었던 솔로몬이 이런 말씀을 하는 것으로 보아, 첫 번째 해석이 더 바람직하다. 위선과 거짓이 가득한 세상의 왕으로서 솔로몬은 마음이 청결하고 덕망이 있는 모든 사람하고 친구로 지내고 싶었을 것이다(cf. 잠 14:35; 16:13).

다섯 번째 교훈은 여호와께서 보존하실 자와 패할 자를 구분하신다고 한다(12절). 여호와의 눈이 지식이 있는 사람을 지킨다. 일부 학자들은 이 말씀의 의미가 확실하지 않다고 하여 대안들을 제시하기도 한다(Thomas, Toy). 그러나 있는 그대로도 설득력 있는 의미를 도출할 수 있다. 본문에서 '지식'(דָעַת)은 학식이 아니라, 슬기롭게 살아가는 방법을 뜻한다(Wilson).

'여호와의 눈'(עֵינֵי יְהוָה)은 여호와는 세상에서 일어나는 모든 일을 보고 아시는 전지(全智, omniscience)하신 분이라는 의미이다(cf. 대하 16:9; 시 11:4; 잠 5:21; 15:3, 11; 히 4:13). '지식'(דַּעַת)은 지혜의 근원이며, 이 말씀에서는 여호와를 경외하는 지식을 의미한다. 하나님은 자기를 사랑하고 존경하는 사람들을 지키신다. '지키다'(נצר)는 '보호하다, 보존하다'는 뜻이다. 하나님은 자기를 사랑하는 사람들이 어떠한 해를 당하지 않도록 그들을 보호하신다.

반면에 주님은 사악한 사람의 말은 패하게 하신다(12b절). '사악한 사람'(בֹּגֵד)은 기만적이고 신뢰할 수 없는 자이다(HALOT). 하나님을 사랑하고 의지하는 사람의 가장 반대편에 서 있는 악인이다. 하나님이 이런 사람을 가만히 두실 리 없다. 그러므로 그들의 말이 패하게 하신다. '패하다'(סלף)는 '꼬이다, 곁길로 가다'는 뜻이다. 하나님이 그들을 멸망의 길로 인도하신다. 그들이 멸망하는 것은 하나님의 심판인 것이다.

여섯 번째 가르침은 모든 사람에게는 변명거리가 있다고 한다(13절). 아주 우스꽝스러운 변명이다. 게으른 자는 자신이 집을 떠나 일하러 가지 않는 이유를 거리에서 먹잇감을 찢기 위하여 어슬렁거리는 사자 때문이라 한다. 그가 거리로 나가면 사자에게 찢기기 때문에 집을 나서지 않는다는 것이다(13b절). 이 말씀은 별 변화 없이 26:13에 다시 등장한다. 당시 산에는 사자들이 상당히 많이 있었지만(Waltke), 사자가 거리를 배회하다가 지나가는 행인을 물어뜯는 일은 없었다. 자신의 게으름을 정당화하려는 핑계에 불과하며, 설득력이 전혀 없다. 우리말에 비슷한 의미로 '구더기가 무서워 장을 담그지 않는 사람' 혹은 '접시를 깰까 봐 설거지를 하지 않는 남편' 등이 있다. "일을 하지 않으려고 하면 변명이 보이고, 일을 하려고 하면 길이 보인다"는 명언이 생각난다.

일곱 번째 교훈은 여호와의 저주를 받으면 음란한 여자와 놀아난다고 한다(14절). '음녀'(זָרוֹת)는 이스라엘 사람이 아닌 여인을 두고 하는 말이다(TWOT). 그러나 본문에서는 그가 유혹하는 남자와 정상적인 관계 밖에 있는 여자라는 것을 의미한다(Buzzell, cf. 5:3, 20; 23:27). 잠언이 간음하는 여자뿐만 아니라 어리석음도 음녀로 부르기 때문에 본문에서 간음하는 여자를 뜻하는지, 혹은 미련함을 의인화한 것인지(cf. 7:1-27; 9:13-18) 확실하지 않다. 대부분 번역본들은 몸을 파는 창녀 혹은 음탕한 여인으로 해석한다. 음란한 여인의 입은 깊은 함정이다. 몸을 파는 여자나 남편 몰래 간음하는 여자가 상대를 꼬드기고 값을 흥정하기 위해서는 말발이 좋아야 한다(2:16; 5:3; 6:24; 7:5, 14-21). 솔로몬은 이런 여인하고 대화하는 것은 깊은 함정에 빠지는 것과 같다고 한다. '깊은 함정'(שׁוּחָה עֲמֻקָּה)은 사람이 자력으로 빠져나올 수 없는 매우 깊고 미스터리한 구덩이다(NIDOTTE). 그러므로 솔로몬은 이 음란한 여자와 거리를 유지하여 침묵하도록 하라고 한다(Kitchen).

어떤 사람이 음녀의 꼬드김에 넘어가 헤어나지 못할 함정에 빠져 멸망하는가? 여호와의 노를 당한 자이다(14b절). '노'(זְעוּם)는 저주로 인해 벌로 내려지는 진노이다(TWOT). 잠언이 음녀의 꼬드김에 넘어가지 말라고 경고하는 것으로 보아 음녀와 놀아나는 것은 사람의 선택이지만, 또한 하나님의 심판의 결과이기도 하다. 그러므로 솔로몬은 하나님의 진노를 사는 사람들이 벌로 음녀와 놀아난다고 한다.

여덟 번째 가르침은 아이들을 훈육할 때는 채벌이 효과적으로 사용될 때가 있다고 한다(15절). 아이의 마음에는 미련한 것이 얽혔다. '미련한 것'(אִוֶּלֶת)은 아이들이 학습과 훈련을 받지 않아 버리지 못한 도덕적 고집스러움과 어리석음이다(Kidner). 미련한 것은 어릴 때 잡아 주지 않으면 어른이 되어서는 교정하기가 거의 불가능하다(27:22). '얽히다'(קשׁר)는 '꽁꽁 묶다'는 의미를 지녔다(TWOT). 이미지는 어리석음과 어리숙함이 아이들을 꽁꽁 묶어 둔 상황이다.

징계하는 채찍이 이를 멀리 쫓아낼 것이다(15b절). '징계하는 채찍'(שֵׁבֶט מוּסָר)은 훈련을 목적으로 한 회초리를 뜻한다(NIDOTTE). 회초리는 부모의 분풀이 수단이 되서는 안 되며, 반드시 양육과 교육을 목적으로 사용되어야 한다. 또한 만일 다른 방법으로 학습 효과를 유도할 수 있다면, 회초리는 되도록이면 사용하지 않는 것이 좋다. 솔로몬은 아이들을 어렸을 때부터 훈계와 교육을 통해 지혜로운 사람으로 세워 나가라고 한다.

아홉 번째 교훈은 불의한 방법으로 부자가 되려고 하지 말라고 한다(16절). 이 말씀은 솔로몬의 잠언을 모아 둔 10:1–22:16의 마지막 가르침이다. 솔로몬의 잠언 모음집(10:1–22:16)은 정확히 375개의 잠언으로 구성되어 있는데, 히브리어 알파벳 중 자음들로 숫자를 대신했던 히브리 사람들에게 이름 '솔로몬'(שְׁלֹמֹה)에 들어간 자음의 숫자적 가치를 더하면 '375'이다(ש=300, ל=30, מ=40, ה=5). 이러한 현상은 절대 우연히 빚어진 일이 아니며, 편집자들의 노력의 결과이다(Kitchen, Murphy). 다음 섹션을 시작하는 17절은 '지혜자의 말씀'(דִּבְרֵי חֲכָמִים)이라며 솔로몬의 잠언집과 다른 말씀이 시작되고 있음을 알린다.

이익을 얻으려고 가난한 자를 학대하는 자가 있다. 이런 자들은 조그만 이익을 얻기 위해서 가난한 사람들을 심하게 억압하고 착취하는 만행을 주저하지 않는다. 그들이 부를 얻기 위해 이런 짓을 하지만, 정작 바위에서 물을 짜내는 것과 같다(Longman). 또한 여호와께서 이 악한 자들을 심판하셔서 오히려 더 가난하게 하실 것이다.

부자에게 주는 자도 가난해질 것이다(16b절). 이 말씀이 빚진 자가 빚을 갚아 더 가난해진다는 의미를 지녔다고 하는 주석가도 있지만(Garrett), 설득력이 부족한 해석이다. 이 말씀을 그나마 있는 재산을 탕진하는 사례로 해석하기도 한다(McKane). 그러나 이러한 해석은 만족스럽지 않다.

부자에게 주는 것이 무엇이겠는가? 뇌물(선물)이다(Toy, cf. Longman, 아가페, 현대인, NIV, TNK). 뇌물은 무언가를 부탁하기 위해 주는 대가성 선물이다. 아마도 부자(권력자)를 자기 후원자(patron)로 삼기 위하여 주는 돈일 것이다(Kidner). 그러나 부자들이 그의 청탁을 들어주지 않기 때문에 돈은 돈대로 잃고 얻는 것은 없다. 그러므로 그는 더 가난해진다. 하나님이 심판하셨기 때문이다.

한 학자는 이 말씀을 오늘날 같은 회사에서 하는 일에 비해 지나치게 많은 돈을 받는 간부들과 지나치게 덜 받는 일꾼들이 있는 상황에 적용한다(Van Leeuwen). 솔로몬은 사람이 선한 방법으로 부자가 되어야지 부정한 방법으로 부자가 되려고 하면 하나님의 심판을 받아 오히려 가난해질 것이라고 경고한다.

IV. 지혜 있는 자의 잠언집 1
(22:17-24:22)

솔로몬의 첫 번째 잠언집(10:1-22:16)이 끝나고 이어지는 가르침은 '지혜 있는 자의 말씀'(דִּבְרֵי חֲכָמִים)이다(22:17). 지혜 있는 자의 첫 번째 모음집은 24:23이 "이것도 지혜로운 자들의 말씀이라"며 새로운 모음집의 시작을 알리기 때문에 24:22에서 끝이 나는 것을 알 수 있다(cf. Kitchen).

이 모음집의 시작을 알리는 22:17-21이 서론인지, 혹은 첫 번째 가르침인지에 대해 다소 논란이 있다(cf. Waltke, Wilson). 그러나 대부분 학자들은 22:17-21을 이 섹션의 서론으로, 이어지는 22:22-24:22은 30개의 구체적인 교훈으로 구성되어 있는 것으로 간주한다. 다만 학자들에 따라 본문을 30개의 가르침으로 나누는 방식이 다소 다르다(cf. McKane, Murphy, Kidner, Waltke, Whybray). 가장 문제가 되는 것은 24:10-12을 하나의 가르침으로 볼 것인가, 혹은 두 개로 볼 것인가이며 둘로 나눈다 할지라도 10-11절과 12절로, 혹은 10절과 11-12절로 나눌 것인가이다.

모든 사람이 동의하는 것은 아니지만(cf. Whybray), 대부분 학자들이 이 섹션과 연관하여 숫자 '30'에 이처럼 집착하는 것은 22:20이 숫자 30을 언급하고 있다고 생각하기 때문이다. 개역개정과 NAS가 '아름다운 것'으로 번역한 히브리어 단어(שָׁלִישִׁים)를 '30'(שְׁלֹשִׁים)으로 수정해야 한다는 것이다. 잠언의 양식이 이집트 격언 모음집들을 제법 인용하고 있는 상황에서 가장 유명한 '아메네모페의 가르침'(Instructions of Amenemope)이 30장으로 구성되어 있고, 이 섹션이 이집트에서 거룩한 숫자로 여겨졌던 30을 바탕으로 진행되기 때문이다(Bryce, Ruffle, cf. Clifford, Garrett, Whybray). 양식은 비슷하지만, 내용에서는 상당한 차이를 보이고 있는 것도 사실이다(Kitchen, Ross, Waltke). 이집트 잠언집 '아메네모페의 가르침'과의 유사점은 23:11에서 끝이 난다(Koptak). 또한 잠언이 '아메네모페의 가르침'를 인용하고 있는지, '아메네모페의 가르침'이 잠언을 인용하고 있는지, 혹은 둘 다 제3의 출처를 인용하고 있는지 확실하지도 않다(Kitchen).

그럼에도 불구하고 대부분 번역본들은 이러한 상황을 반영하여 20절에 숫자 30을 집어넣어 번역한다: "내가 너에게, 건전한 충고가 담긴 서른 가지 교훈을 써 주지 않았느냐?"(새번역, cf. 공동, 아가페, 현대어, NAS, ESV, NIV, NRS, TNK, CSB, NIRV). 이 주석에서도 이러한 점을 고려하여 다음과 같이 본문을 두 섹션으로 구분하고자 한다.

A. 서론(22:17-21)
B. 가르침 30가지(22:22-24:22)

IV. 지혜 있는 자의 잠언집 1(22:17-24:22)

A. 서론(22:17-21)

17 너는 귀를 기울여 지혜 있는 자의 말씀을 들으며
내 지식에 마음을 둘지어다
18 이것을 네 속에 보존하며

네 입술 위에 함께 있게 함이 아름다우니라
19 내가 네게 여호와를 의뢰하게 하려 하여
이것을 오늘 특별히 네게 알게 하였노니
20 내가 모략과 지식의 아름다운 것을
너를 위해 기록하여
21 네가 진리의 확실한 말씀을 깨닫게 하며
또 너를 보내는 자에게 진리의 말씀으로 회답하게 하려 함이 아니냐

솔로몬의 잠언집(10:1-22:16)은 1인칭 '나'와 2인칭 '너'를 거의 사용하지 않았다. 반면에 지혜로운 자의 잠언집(22:17-24:22)의 서론인 본문은 1인칭—2인칭(I-You)을 사용하여 권면을 진행한다. 책의 편집자들은 이러한 변화를 통해 새로운 섹션이 시작되고 있음을 알리고 있다(Koptak). 내용과 형식에서 책의 서론이었던 1-9장과 비슷하다(cf. 1:1-7).

책의 내레이터는 마치 아버지가 아들을(혹은 스승이 제자를) 권면하듯 독자들에게 지혜 있는 자의 말씀에 귀를 기울이라 한다(17절). '지혜자들'(חֲכָמִים)이 정확히 누구인지는 알 수 없지만, 가르치는 위치에 있는 사람들임은 확실하다. 그들은 여호와에 대해 가르치기를 원한다(cf. 19절). 그래서 '여호와'를 이 서론을 구성하는 히브리어 단어들 중 숫자적으로 한 중앙이 되는 단어가 되도록 했다(Clifford).

부모가 자식을 가르치듯 내레이터는 이 짧은 문장에서 두 개의 명령문과 명령과 같은 효과를 발휘하는 미완료형 하나, 이렇게 세 개의 동사를 사용한다: '[귀를] 기울이라', '들으라', '두라'(17절). 그는 독자들의 언행의 변화를 유도하기 위해 이 가르침을 그들에게 주고 있다.

'귀를 기울이라'(הַט אָזְנְךָ)를 직역하면 '귀를 활짝 열어라'이다(cf. 2:2; 4:20; 5:1). 지금부터 선포될 말씀은 참으로 중요하니 하나도 놓치지 않도록 집중해서 들으라는 권면이다. 또한 내레이터는 '내 지식에 마음을 두라'고 한다(17b절). '네 마음을 명철에 두라'는 말씀과 같은 의미를 지녔다(Buzzell, cf. 2:2). 그도 지혜자들 중 하나이다. 그러므로 듣는 이들이 그가 하는 말을 경청하여 지혜를 얻을 것을 권면한다. 이러한 권면은 겸손한 사람만이 배울 수 있다는 점을 암시한다(Kitchen).

지혜자는 겸손히 그에게 귀를 기울이는 사람들에게 들은 것을 그들의 속에 보존하라고 한다(18절). '속'(בֶּטֶן)은 사람의 몸의 한 중심(배)이며 '마음속 깊은 곳'이라는 의미를 지녔다(18:8; 20:27, 30). 가르침을 외우고 다니라는 권면이며 마치 섭취한 음식이 신체의 일부가 되는 것처럼 습득한 지혜가 몸의 일부가 되도록 하라는 것이다(Kitchen). 사람이 그가 주는 지식을 소중하게 간직하고 있다가 필요할 때마다 '입술 위에 함께 있게 하는 것', 곧 적절하게 말로 표현하는 것은 참으로 아름답다고 한다. '아름다운'(נָעִים)은 즐겁고 기분 좋게 한다는 뜻이다(TWOT, cf. 23:8; 24:4). 사람의 지혜는 말로 표현될 때 이웃들을 행복하게 하고 말하는 자의 기분도 좋게 만든다. 잘 듣고, 마음속 깊은 곳에 담아 두었다가 적절한 말로 표현하는 것은 마치 왕이 보낸 사신이 하는 일처럼 보인다(Kidner).

지혜자가 간절한 마음으로 청중들에게 지혜를 전수해 주고 싶은 이유는 그들이 여호와를 의뢰하게 하기 위해서이다(19절). 잠언과 고대 근동의 지혜 문서들의 가장 기본적인 차이점은 신앙이다(Waltke). 또한 이 말씀은 잠언과 '아메네모페의 가르침'(Instructions of Amenemope)의 목적을 가장 차별화한다(Murphy, Waltke). 지혜는 분명 말하는 자와 듣는 자들을 행복하게 만든다. 그러나 이 같은 실용적인 효과보다 더 중요한 것이 있다. 지혜는 여호와를 경외하게 한다는 사실이다. 그러므로 내레이터는 듣는 이들이 하나님을 경외하게 하기 위해 자기 지식을 나누고자 한다. 그의 가르침을 받아들이는 사람들은 지적인 공부(가르침)와 신앙을 통합하여 여호와를 의뢰하게 될 것이다(Clifford). '의뢰함'(מִבְטָח)은 전적으로 믿고 신뢰함을 뜻한다(NIDOTTE, cf. 3:5). 지혜는 하나님을 경외하게 하기 때문에 신앙적이다(Toy). 하나님을 경외하는 지혜는 참으로 실용적인 것이기 때문에 우리의 삶에서 매일 신앙적으로 실천될 때 참 진가를 발휘한다.

여호와를 경외하는 사람은 더 이상 자기 마음대로 살지 않고 오직 여호와만을 의지하며 산다. 지혜자는 하나님을 의지하는 지혜를 나누기 위해 가르치고자 한다(19b절). '특별히 네게'(אַף־אָתָּה)라는 말의 의미가 일부 주석가들에게는 혼란을 야기하지만, 간단히 말해서 '사적으로(특히) 너에게'('to you personally')라는 의미를 지녔다(Whybray). 선생이 한 제자를 권면하는 모습이다(Cohen). 지혜자는 그의 스피치를 듣고 있는 온 청중에서 호소하고 있지만, 동시에 각 사람에게 개인적인 권면을 하고자 한다. 우리도 하나님의 말씀을 대할 때 항상 개인적으로 각자에게 하시는 말씀으로 받아들여야 한다.

지혜자는 모략과 지식의 아름다운 것을 가르침을 받는 자들을 위해 기록했다(20절). 이미 언급한 것처럼 개역개정이 '아름다운 것'으로 번역한 히브리어 단어(שָׁלִישִׁים)는 '이전에'라는 의미로 해석될 수도 있지만(Kidner, Koptak, cf. HALOT) '30'(שְׁלֹשִׁים)으로 수정되어야 한다: "나는 너에게 서른 가지 잠언을 써 주지 않았느냐? 거기에 권고와 지식이 담겨 있다"(공동, cf. 새번역, 아가페, 현대어, NIV, ESV, NRS, TNK). 잠언은 이때까지 구두로 가르치는 것을 전제했는데, 이 말씀은 지금부터 문서를 통해 가르침을 준다고 하는 첫 번째 사례이다(Koptak). '권고'(מוֹעֵצָה)는 조언과 충고를, '지식'(דַּעַת)은 세상을 지혜롭게 살 수 있는 지적인 근거를 뜻한다. 이런 지식은 오직 여호와를 경외하는 데서 비롯된다.

지혜자는 자신이 글로 써준 30가지 잠언, 곧 권고와 지식은 읽는 자들이 말씀을 깨닫게 하고 말씀으로 회답하게 하기 위해서라고 한다(21절). 그는 지혜를 가르치고 전수해 주기 위해 30가지 잠언을 문서로 주고 있다. 그의 가르침을 받은 사람들은 무엇이 진리이고 확실한 것인가를 깨달아야 한다. '진리'(קֹשְׁטְ)는 시간이 지나도 변하지 않으며 사람에게 확신을 주는 사실이다(Cody, cf. 단 2:47; 4:37). '확실한'(אֱמֶת)은 꾸준하고 신실해서 믿을 수 있다는 뜻이다(HALOT).

그들이 진리와 확실한 것에 대해 깨닫으면, 누가 어떤 질문을 해도 그들이 배운 진리와 확실한 것으로 자신 있게 화답할 수 있다(21b절). 지혜자는 이러한 상황을 목적으로 가르침을 주었다.

B. 가르침 30가지(22:22-24:22)

위에서 언급한 것처럼 학자들에 따라 본문을 30개의 가르침으로 나누는 방식이 다소 다르다(cf. McKane, Murphy, Kidner, Waltke, Whybray). 또한 24:10-12를 하나의 가르침으로 볼 것인가, 혹은 두 개로 볼 것인가도 논란이 되고 있다. 24:10-12을 둘로 나누는 사람들도 10-11절과 12절로, 혹은 10절과 11-12절로 나눈다. 서로 다르게 나누는 것이다. 이 주석에서는 새번역의 구분을 바탕으로 본문을 주해해 나가고자 한다.

A. 가르침 1(22:22-23)
B. 가르침 2(22:24-25)
C. 가르침 3(22:26-27)
D. 가르침 4(22:28)
E. 가르침 5(22:29)
F. 가르침 6(23:1-3)
G. 가르침 7(23:4-5)
H. 가르침 8(23:6-8)
I. 가르침 9(23:9)
J. 가르침 10(23:10-11)
K. 가르침 11(23:12)
L. 가르침 12(23:13-14)

M. 가르침 13(23:15-16)
N. 가르침 14(23:17-18)
O. 가르침 15(23:19-21)
P. 가르침 16(23:22-25)
Q. 가르침 17(23:26-28)
R. 가르침 18(23:29-35)
S. 가르침 19(24:1-2)
T. 가르침 20(24:3-4)
U. 가르침 21(24:5-6)
V. 가르침 22(24:7)
W. 가르침 23(24:8-9)
X. 가르침 24(24:10)
Y. 가르침 25(24:11-12)
Z. 가르침 26(24:13-14)
AA. 가르침 27(24:15-16)
AB. 가르침 28(24:17-18)
AC. 가르침 29(24:19-20)
AD. 가르침 30(24:21-22)

Ⅳ. 지혜 있는 자의 잠언집 1(22:17-24:22)
B. 가르침 30가지(22:22-24:22)

1. 가르침 1(22:22-23)

22 약한 자를 그가 약하다고 탈취하지 말며
곤고한 자를 성문에서 압제하지 말라
23 대저 여호와께서 신원하여 주시고
또 그를 노략하는 자의 생명을 빼앗으시리라

지혜자의 첫 번째 교훈은 힘이 있다 하여 연약한 자들을 억압하고 착취하는 일은 없어야 한다는 경고이다(cf. 출 23:6; 레 25:17; 잠 10:15; 14:31; 17:5; 19:4, 17; 21:13; 22:1-16). '약한 자'(דַּל)는 경제적—사회적 빈곤층에 속한 사람이다. 정의와 공의가 실현되지 않는 사회에서 이런 사람은 억울한 일을 당해도 하소연할 곳이 없다. 누구든 권력과 힘이 있다고 해서 이 같은 약자를 단지 '약자이기 때문에'(כִּי דַל־הוּא) 탈취하면 안 된다. '탈취하다'(גזל)는 '찢다, 강도질하다'라는 의미를 지녔으며(NIDOTTE), 남의 것을 빼앗는 것을 뜻한다(Koptak).

악한 자들에게 힘없는 자들은 유혹이 되지만, 그들이 이 유혹을 이기지 못하고 약자들을 착취하면 경멸 받을 짓을 한 것이다(McKane). 가뜩이나 빈곤한 사람들에게서 그나마 가지고 있는 것을 빼앗는 행위는 참으로 잔인하고 악하다. 권력과 힘이 있다 하여 이런 짓을 하는 자들은 가장 비겁한 인간들이다. 자기와 싸울 수 없는 사람들을 짓밟고 있기 때문이다. 우리는 권력의 가장 추한 모습을 보고 있다.

곤고한 자를 성문에서 압제하는 것도 안 될 일이다(22b절). '곤고한 자'(עָנִי)도 경제적—사회적으로 도움이 필요한 사람이다. 이 말씀이 성문을 배경으로 하고 있는 것은 권력을 쥐고 있는 자가 가난한 사람들을 '합법적으로' 약탈하기 위해서 소송을 제기한 상황이다. 고대 근동 사회에서는 성문 앞에서 시장이 형성되고, 소송이 진행되었다. 문제는 약자들이 옳고 그름 보다는 그들이 힘이 없다는 이유로 압제를 당한다는 것이다. 더욱이 강한 자가 자신의 법적인 권리를 행하겠다며 약자들을 상대로 소송을 하면 참으로 어려운 상황이 전개된다.

'압제하다'(דכא)는 '부수다'(crush)는 의미를 지녔다. 가난하다는 이유로 재판관이 그의 권리와 인권을 억압한다는 뜻이다. 법정을 통해 합법적으로 착취하려는 자들과 그들을 돕는 재판관들도 언젠가는 창조주 하나님의 법정에 서서 재판을 받을 것이다(cf. 사 1:17; 3:13; 19:20; 41:21; 렘 2:9; 25:31; 호 4:1). 그들이 이러한 사실을 의식하고 살았더라면 이런 일은 없었을 것이다. 인간은 근시안적인 존재라 다가오는 미래를 보지 않으려 한다.

약하고 곤고한 자들은 분명 창조주 하나님께 자신들은 억울하다며 호소할 것이다. 그들의 울부짖음을 들은 하나님은 개입하실 수밖에 없다. 자신이 창조하신 아름다운 세상, 공의와 정의로 가득해야 하는 세상에서 이런 일이 벌어진다면, 이것은 하나님께도 견딜 수 없는 모욕감을 주기 때문이다.

그러므로 여호와께서 개입하셔서 그들을 신원해 주신다(23절). '그가 신원하신다'(יָרִיב רִיבָם)는 약자들이 제기한 모든 억울함과 분쟁을 하나님이 직접 다퉈 주신다는 뜻을 지닌 법적인 용어이다(NIDOTTE, cf. 23:10, 11). 더 이상 썩어 빠진 권력자들에게 가난하고 힘없는 사람들의 호소를 들어주고 수습하는 일을 맡기지 않고 직접 하실 것이다. 이 땅에서 하나님은 이런 일을 주로 여호와를 경외하는 사람들을 통해서 하신다.

아울러 노략하는 자들의 생명을 빼앗으실 것이다(23b절). '빼앗다'(קבע)는 이곳과 말라기 3:8에서 단 두 차례 사용되는 단어라 정확한 의미를 파악하기가 쉽지 않다. 본문에서는 '빼앗다, 감하다'라는 의미를 지니고 사용되고 있다(cf. NIV). 만일 곧바로 죽이실 것이면 '죽이다'(הרג)를 사용했을 텐데 '그들의 생명/수명을 빼앗다'(קֹבְעֵיהֶם נָפֶשׁ)로 표현하는 것으로 보아, 그들의 수명을 단축시키실 것이라는 경고이다. 힘없는 자들의 상황을 올바르게 따져 봐서 악의적인 차별과 억압이 있으면, 하나님이 그 억압자들을 직접 벌하셔서 제명을 다 살지 못하게 하실 것이다. 잠언에서 장수는 하나님의 축복이라는 점을 감안할 때, 이 말씀은 권력자들에 대한 가장 강력한 경고이다.

IV. 지혜 있는 자의 잠언집 1(22:17–24:22)
B. 가르침 30가지(22:22–24:22)

2. 가르침 2(22:24–25)

[24] 노를 품는 자와 사귀지 말며
울분한 자와 동행하지 말지니
[25] 그의 행위를 본받아
네 영혼을 올무에 빠뜨릴까 두려움이니라

'노를 품은 자'(בַּעַל אָף)를 직역하면 '코[화]의 주인'이며, 잠시 화를 내는 사람이 아니라, 항상 화가 나 있는 사람을 뜻한다. 요즘 말로 '화의 달인'이다. 사람이 항상 화를 품고 사는 것은 성격 장애이며, 사회와 특정 인물들에게 불만이 쌓여 있다는 것을 의미하고, 언제 폭발할지 모른다. '사귀다'(רעה)는 누구와 '연루하다, 섞이다'는 뜻이며, 목자가 양을 먹이는 일에서 비롯된 동사이다(TWOT). 항상 분을 품고 있는 사람하고는 상종하지 말라는 경고이다. 이런 자들과 어울리는 것은 매우 위험한 일인데(cf. 1:10–19; 14:17, 29; 15:1), "악한 동무들이 선한 행실을 더럽히기 때문이다"(고전 15:33). 악인들하고 어울리는 것은 윤리적으로도 문제가 있는 일이다(Toy).

또한 울분한 자와도 동행하지 말라고 한다(24b절). '울분'(חֵמָה)은 '열(heat), 진노(wrath), 독(poison)'을 의미한다(TWOT). 간단하게 말해 누구를 해하고자 '독기를 품은 자'이다. '동행하다'(בוא)는 '가다, 오다'이다. 잠언은 삶을 길을 가는 여정으로 묘사하는데, 독을 품은 자들 하고는 함께 삶의 여정을 가지 말라고 경고한다. 잠언은 이런 사람들 하고는 절대 어울리지 말고 멀리하라고 한다(cf. 15:18; 19:19).

지혜자는 왜 화를 품고 사는 사람들과 상종하지 말라고 하는가? 혹시 그들을 따라할까 염려해서이다(25절). '행위를 본받다'(תֶּאֱלַף אָרְחֹתוֹ)를 직역하면, '그의 길을 배우다, 학습하다'는 뜻이다(HALOT). 이런 사람들을 가까이하면 자신도 모르게 그들의 악한 습관과 버릇을 배울 수 있다.

이런 습관을 배우면 그 사람도 망한다: "네 영혼을 올무에 빠뜨릴까 두렵다"(25b절). 올무(מוֹקֵשׁ)는 스스로 빠져나올 수 없어 빠진 짐승이나 사람은 밖에서 누가 구해 주지 않는 한 죽음을 맞이하는 곳이다. '빠뜨리다'(לקח)는 더 정확하게 표현하면 '취하다, 택하다'이다. 항상 화를 품고 있는 사람을 가까이하는 것은 누가 그를 올무에 처넣는 것이 아니라, 자기 스스로 올무에 빠지는 행위라는 뜻이다. 그러므로 아직 기회가 있을 때 올바른 결정을 하여 이런 사람들을 멀리 하는 것이 스스로 생명을 보존하는 것이다.

IV. 지혜 있는 자의 잠언집 1(22:17-24:22)
B. 가르침 30가지(22:22-24:22)

3. 가르침 3(22:26-27)

26 너는 사람과 더불어 손을 잡지 말며
남의 빚에 보증을 서지 말라
27 만일 갚을 것이 네게 없으면
네 누운 침상도 빼앗길 것이라
네가 어찌 그리하겠느냐

이 말씀은 남을 위해 보증을 서지 말라고 경고한다(cf. 6:1-5; 17:18; 20:16; 27:13). 이집트의 '아메네모페의 가르침'(Instructions of Amenemope)에서는 전혀 찾아볼 수 없는 가르침이다(Fox). 지혜자는 남의 손을 잡지 말라고 한다. '손을 잡는다'(בְּתֹקְעֵי־כָף)는 어떤 약속을 하거나 계약을 맺은 후 기쁨의 상징으로 서로 손뼉을 친다는 뜻이다(HALOT, cf. 6:1; 11:15). 오늘날의 '하이 파이브'(high-five)와 비슷하다. 지혜자는 다른 사람의 담보가 되기로 서약하고 담보가 되는 일은 없도록 하라고 한다.

또한 남의 빚에 보증을 서지 말라고 한다(26b, cf. 6:1; 11:15; 17:18; 20:16; 22:26; 27:13). 잠언에서 솔로몬은 보증을 서는 일은 미련한 짓이므로 절대 서지 말 것을 당부했다(cf. 6:1-5). 보증은 오직 가족들 사이에서 서는 것이다. 그러므로 지혜자도 솔로몬처럼 보증을 서는 것은 지혜로운 일이 아니므로 삼가하라고 당부한다.

보증을 섰다가 빚을 진자가 갚지 못하면 보증을 선 사람이 갚아야 한다. 그런데 보증을 선 사람도 가진 게 별로 없다(27a절). 그러므로 채권자가 와서 그의 침대까지 빼앗아 간다. '침대'(מִשְׁכָּב)는 담보로 잡힌 겉옷을 뜻할 수도 있지만(Ross, cf. 출 22:26), 보증을 선 자의 결코 침해되어서는 안 될 마지막 소유물을 상징한다(Kitchen). 채권자는 보증을 선 자의 상황을 전혀 고려하지 않고 빌려준 돈을 회수한다(cf. 11:15).

보증 선 자에게는 자신이 직접 돈을 빌리지 않았기 때문에 억울한 일이라고 할 수도 있겠지만, 채권자 입장에서는 그를 보고 빌려준 돈이기 때문에 정당한 법적인 권리를 행사하는 일이다. 그러므로 보증을 서는 것은 스스로 올무에 걸려드는 일이며, 스스로 무덤을 파는 일이다. 결국 그가 보증한 채무는 그가 스스로 판 무덤에 그를 묻을 것이다. 그러므로 지혜자는 이런 일을 당하고 싶지 않으면 보증을 서지 말라며 수사학적인 질문으로 권면하고 있다(27c절).

Ⅳ. 지혜 있는 자의 잠언집 1(22:17-24:22)
B. 가르침 30가지(22:22-24:22)

4. 가르침 4(22:28)

28 네 선조가 세운 옛 지계석을 옮기지 말지니라

이스라엘에서 각 사람이 소유한 땅은 하나님이 주신 거룩한 것이었다(신 19:14). 그러므로 세대를 거듭하면서 부모들은 아들들에게 자신이 소유한 땅을 나누어 주며 경계석을 세웠다. 이점을 강조하기 위하여 본문도 경계는 '네 선조들이'(אֲבוֹתֶיךָ) 세운 '옛 지계석'(גְּבוּל עוֹלָם)이라고 한다.

지혜자는 이 지계석을 옮기지 말라고 한다(cf. 23:10). 지계석을 옮기는 행위는 하나님께 죄를 범함이며, 이웃의 재산을 침탈하고 조상을 존경하지 않는 것이다(Kitchen, cf. 신 19:14; 27:17). '옮기다'(סוג)는 '등을 돌리다, 배반하다'는 의미를 지녔다(HALOT). 조상이 정해 준 땅의 경계선을 위반하려고 하지 말고, 더 빼앗으려 욕심부리지 말라는 뜻이다. 만일 한 사람이 욕심을 부리면, 다른 사람이 피해를 입을 것이다. 또한 남의 재산권을 침해하지 않으려면 지계석을 움직이면 안 된다. 누가 경계석을 옮기면 피해자는 십중팔구로 가해자의 보호를 받아야 할 가장 연약한 자들이다(Koptak, cf. 15:25).

그러나 양심이 없는 사회에서는 어떠한 법도 약자들을 보호할 수 없다(Kidner, cf. 신 19:14; 27:17; 왕상 21:16-19; 사 5:8; 호 5:10). 그러므로 이 말씀은 공동체에 소속된 사람들에게 각자 양심을 지킬 것을 당부한다. 또한 경계석을 옮기지 않고 조상이 물려주신 땅을 경작하며 사는 것은 곧 하나님이 조상들을 통해 필요한 만큼 땅을 주신 사실을 인정하는 신앙의 고백이기도 하다. 그러므로 이 말씀은 과한 욕심을 부리지 말며 하나님이 주신 것에 만족하며 살라는 권면이기도 하다.

IV. 지혜 있는 자의 잠언집 1(22:17-24:22)
B. 가르침 30가지(22:22-24:22)

5. 가르침 5(22:29)

[29] 네가 자기의 일에 능숙한 사람을 보았느냐
이러한 사람은 왕 앞에 설 것이요

천한 자 앞에 서지 아니하리라

지혜자는 어떤 일을 하던 간에 성실하게 하여 사람들의 인정을 받으라고 권면한다. '자기 일에 능숙한 사람'(אִישׁ מָהִיר בִּמְלַאכְתּוֹ)은 경험도 있고 기술도 좋아 능수능란하게 일을 하는 사람이다. 사회는 이런 사람을 장인(匠人)이라고 하며, 요즘 유행어로는 '달인'이다. 학자 에스라도 이렇게 묘사되었다(스 7:6). 그러므로 이 말씀은 기술과 재간이 뛰어난 사람들뿐만 아니라, 글을 잘 쓰는 서기관이나 행정을 잘하는 행정가를 포함한다(Whybray, cf. McKane). 성경은 일에 능숙한 것도 지혜라고 한다(출 31:3; 35:30-35; 잠 8:30). 이런 사람들은 대체적으로 자기가 하는 일에 대해 자부심이 있고, 즐기면서 일한다. 또한 남의 일에 참견하지 않고 자기 일만 열심히 한다(Koptak).

자기가 하는 일에 능숙한 사람은 왕 앞에 선다. '왕들'(מְלָכִים)이 그의 실력을 인정하여 가까이 두고 일을 시키며, 경우에 따라서는 포상도 한다는 뜻이다. 더 나아가 이런 사람은 왕의 친구도 될 수 있다(22:11). 사람이 실력을 인정받는 것은 참으로 기쁜 일이다. 더욱이 왕들에게 인정을 받는 것은 '가문의 영광'이다.

또한 이런 사람은 천한 자 앞에 설 일이 없다. '천한 자들'(חֲשֻׁכִּים)은 '어두운 곳에 있어 알려지지 않은 자'로 별 볼 일 없는 사람을 뜻하지, 신분이 천하다는 뜻이 아니다(TWOT). 왕이 장인을 이미 스카우트를 해서 자기 주변에 두고 일을 시키기 때문이다. 2행과 3행이 평행을 이루는 것을 감안하면, 천한 자 앞에 선다는 것은 천한 자를 섬길 일은 없다는 뜻이다(cf. 새번역, 아가페). 어떤 일을 하든 실력을 인정받으면 위상이 달라져, '노는 물'도 달라진다. 지혜는 신앙과 연관되어 있는 것일 뿐만 아니라 일상에서도 무엇을 하든 잘하는 것과 연관되어 있다(Van Leeuwen).

IV. 지혜 있는 자의 잠언집 1(22:17-24:22)
B. 가르침 30가지(22:22-24:22)

6. 가르침 6(23:1-3)

[1] 네가 관원과 함께 앉아 음식을 먹게 되거든
삼가 네 앞에 있는 자가 누구인지를 생각하며
[2] 네가 만일 음식을 탐하는 자이거든
네 목에 칼을 둘 것이니라
[3] 그의 맛있는 음식을 탐하지 말라
그것은 속이는 음식이니라

지혜자는 높은 사람과 식사를 할 때는 그를 의식하고 어떠한 경우라도 그의 심기를 불편하게 하지 않는 것이 지혜라고 한다. '관원'(מוֹשֵׁל)은 '통치자, 다스리는 자'를 뜻하며 관직에 있는 사람뿐 아니라 왕을 포함할 수도 있다(cf. 공동, 현대어). 말씀의 배경은 왕이 잔칫상을 차려 연회를 베푸는 상황이다. 폭군 곁에서 일하는 신하들에게 본문의 지시는 자존감을 지키며 왕을 섬기는 '생존비법'이었다(Plaut).

왕을 포함한 높은 사람들과 함께 식사를 할 때는 먼저 그가 누구인가와 어떤 음식이 차려졌는가를 생각해야 한다. '생각하다'(בִּין תָּבִין)는 '이해하다'(בִּין)를 두 차례 반복하여 만든 문구로 반드시 그렇게 해야 한다는 의무감을 강조한다. 그가 누구인지를 파악하고 어떤 음식이 차려졌는가를 살피면, 그의 위상에 걸맞은 대접을 하기 위해서라도 차려진 음식을 가려서 먹어야 한다. 권력자들과 함께했다가 잘못하면 생명을 잃을 수도 있기 때문이다.

그렇다면 일반인이 높은 지위에 있는 사람을 어떻게 대접해야 하는가? 지혜자는 두 가지 권면을 한다. 첫째, 식욕을 자제하라(2절). 음식을 탐하는 자라면 목에 칼을 두라고 한다. 목에 칼을 두라는 것은 죽을 각오로 식욕을 자세하여 조금만 먹으라는 뜻이다(Delitzsch). 우리말로는

'입술을 깨물다'가 이러한 자제력을 표현한다. 원래 칼은 음식을 잘라 먹는 것인데, 그 칼을 자기 목에 대라고 한다. 그가 자기 목에 칼을 대지 않으면 '관원'이 댈 수도 있기 때문이다(cf. Buzzell). 높은 사람과 식사를 할 때는 게걸스럽게 많이 먹어서는 안 된다. 되도록이면 평소보다 적게 먹는 것도 지혜이다.

'음식을 탐하는 자'(בַּעַל נֶפֶשׁ)를 직역하면 '목구멍의 주인'이다. 사람이 음식을 먹으면 목구멍으로 넘기는 것에서 비롯된 숙어이다. 이 표현은 음식을 탐하는 것보다는 음식을 즐기며 잘 먹는 사람을 뜻한다. 관원(통치자)과 함께 한 밥상이니 얼마나 귀하고 맛있는 것들이 많겠는가! 그러므로 음식을 즐기는(잘 먹는) 사람에게 이런 식탁을 지켜만 보는 것은 참으로 고통스러울 것이다. 그러나 높은 사람의 분노를 사지 않기 위해서는 이렇게 해야 한다. 잠언은 식탐이 게으름으로 이어지거나(23:20-21), 대인 관계에 영향을 주기 때문에 자제하라고 한다(28:7).

둘째, 그의 맛있는 음식을 탐하지 말라(3절). 권세가들이 차린 밥상은 분명 좋은 것들로 가득할 것이다. 그러나 아무리 배가 고프고, 음식이 맛있게 보여도 초대받은 사람은 자제해야 한다. 특히 초대한 관원이 즐기는 음식은 되도록이면 손을 대지 말아야 한다. 음식으로 인해 그의 미움을 사는 것은 참으로 두려운 일이다.

또한 그것은 속이는 음식이기 때문이다. '속이는 음식'(לֶחֶם כְּזָבִים)은 사용한 식재료 등 음식 자체에 흠이 있다는 뜻이 아니다. 왕이 음식을 먹는 사람이 얼마나 예절이 바르고, 자신을 절제할 수 있는가를 시험하는 음식일 수도 있다(Delitzsch, cf. 23:20-21). 또한 무언가 대가를 바라는 음식일 수도 있다(cf. 새번역, 공동, 현대어). 미쉬나(m. Abot 2:3)는 권세가들은 자신들이 바라는 것이 있을 때는 사람을 부르지만, 정작 그 사람이 도움이 필요할 때는 만나 주지 않는다고 한다(Ross). 높은 사람이 왜 신분이 낮은 자에게 귀한 음식을 베풀겠는가? 단순히 상을 주기 위해서일 수도 있지만, 십중팔구는 무언가 얻어 내기 위해서일 것이다.

그러므로 이런 음식은 일종의 '기름칠'일 가능성이 많다. 눈에 보이는 것이 실체의 다가 아니기 때문에 이런 음식을 먹으면 화를 입을 수 있다(cf. 공동). 지혜자는 때와 장소를 구별하는 지혜를 가지라고 한다.

IV. 지혜 있는 자의 잠언집 1(22:17–24:22)
B. 가르침 30가지(22:22–24:22)

7. 가르침 7(23:4–5)

4 부자 되기에 애쓰지 말고
네 사사로운 지혜를 버릴지어다
5 네가 어찌 허무한 것에 주목하겠느냐
정녕히 재물은 스스로 날개를 내어
하늘을 나는 독수리처럼 날아가리라

지혜자는 결코 지킬 수 없는 부(副)를 얻으려고 애쓰지 말라고 한다(Whybray). '애쓰다'(יגע)는 지치도록 노력한다는 뜻이다(NIDOTTE). 잠언에서 부는 지혜로움(8:21; 14:24)과 의로움(15:6)과 자선(11:25)과 부지런함(10:4; 12:27)에 대한 보상과 축복이기 때문에 좋은 것이지만, 그것이 삶에서 우리가 추구해야 할 유일한 목표나 되는 것처럼 모든 열정을 쏟아 얻으려 하지는 말라는 경고이다. 한순간에 사라질 수 있는 허망한 것이 재산이기 때문이다.

사사로운 지혜도 버려야 한다. '너의 사사로운 지혜'(מִבִּינָתְךָ)를 직역하면 '너의 명철함/통찰력'이다. 이 지혜가 바로 그가 돈을 벌어 반드시 부자가 되어야 한다며 애쓰게 된 동기이다. 그러므로 부자가 되려고 애쓰지 말라고 한 지혜자는 그에게 반드시 부자가 되어야 한다는 생각도 버리라고 한다. '버리다'(חדל)는 '둔하게 하다'는 의미이다(HALOT).

부자가 되고자 하는 욕망을 완전히 내 팽개치는 것이 아니라, 어느 정도 여유를 가지고 생각하고 느긋하게 추구하라는 뜻이다. 그의 우선권과 가치관에 혼란이 왔기 때문이다. 그가 죽자사자 부자가 되는 일에 매달리는 것은 그의 삶에서 최우선이 되어야 할 '여호와 경외'가 재물에 대한 욕망을 최우선으로 삼은 '그의 사사로운 지혜'로 대체되었음을 시사한다. 그러므로 가치관을 바로잡으라는 권면이다.

지혜자는 왜 재물에 대한 욕망을 버리라고 하는가? 설령 얻는다 해도 지킬 수 없는 것이 재물이기 때문이다(5절). 이 말씀은 몇 가지 불확실성을 지니고 있어 정확한 번역과 해석이 쉽지 않지만, 전반적인 의미는 확실하다. 재물은 주시할 만한 가치도 없는 허무한 것이다. 사람이 노력하여 얻은 재물을 보려고 하면 새처럼 날아가 버리고 아무것도 남는 것이 없어서 볼 수 없다고 한다. 재물을 추구하는 것은 바람을 잡으려는 것처럼 허무하다(Kitchen). 또한 재산은 '속이는 음식'(3절)처럼 사람을 속인다(Koptak). 그러므로 재물에 노예가 되는 것은 절대 좋은 일이 아니다(눅 12:20; 딤전 6:7-10).

지혜자는 이러한 상황을 재물이 스스로 날개를 만들어 달고 독수리처럼 하늘을 날아가는 것에 비교한다. 고대 사회에서는 재물이 순식간에 사라지는 것을 날아가는 새에 비유했다(Ross). 재물은 모으기는 어렵지만, 사라지는 것은 한순간이라는 경고이다. 또한 모은 사람이 자기 재물이 사라지는 것을 막을 방법도 없다. 스스로 날개를 달고 날아가는 독수리 같기 때문이다. 주변에서 사고나 질병 등 다양한 이유로 모아 둔 재산이 순식간에 사라지는 일을 경험하는 사람들을 보고는 한다. 재산은 모으는 것보다 유지하는 것이 더 중요하다. 그러므로 좋은 방법으로 모은 재산이라면, 하나님께 보존해 주시기를 기도해야 한다.

IV. 지혜 있는 자의 잠언집 1(22:17-24:22)
B. 가르침 30가지(22:22-24:22)

8. 가르침 8(23:6-8)

6 악한 눈이 있는 자의 음식을 먹지 말며
그의 맛있는 음식을 탐하지 말지어다
7 대저 그 마음의 생각이 어떠하면
그 위인도 그러한즉
그가 네게 먹고 마시라 할지라도
그의 마음은 너와 함께 하지 아니함이라
8 네가 조금 먹은 것도 토하겠고
네 아름다운 말도 헛된 데로 돌아가리라

지혜자는 악한 눈이 있는 자의 음식은 먹지 말라고 한다(6절). '먹다'(לחם)는 '함께 식사하다'는 의미를 지녔다(HALOT). '악한 눈'(רַע עָיִן)은 '선한 눈'(טוֹב־עַיִן)과 정반대되는 사람을 상징한다(cf. 22:9; 28:22). 22:9에 의하면 '선한 눈'은 이웃들의 형편을 살피는 눈, 곧 양식이 필요한 가난한 사람을 보는 눈이다. 곤경에 빠진 이웃의 형편을 외면하지 않고 성심껏 돕는 사람을 상징하며, 무엇이든 자기 것으로 만들거나 가지려고 하는 자(cf. 23:6; 28:22)와 대조적이다.

이와 정반대되는 '악한 눈'은 세상을 자기 중심적으로 보기 때문에 이웃들의 아픔과 배고픔에 관심이 없다. 보게 되더라도 보지 않은 것처럼 행동한다. 삶에서 자기 이익만 추구하는 자이다. 한마디로 말해 매우 이기적인 생각에 사로잡힌 구두쇠(miser)다(Ross, cf. 새번역, 공동, 아가페, 현대어, NAS, ESV, NRS, TNK). 이런 사람과는 함께 식사하는 것이 좋지 않다.

자기밖에 모르는 구두쇠가 속이는 관원(왕)처럼 음식을 차렸다(cf. 23:1). 관원의 밥상처럼 그의 식탁도 속이는 음식으로 가득하다. 자기

밖에 모르는 이기적인 사람이 이유 없이 남에게 음식을 대접할 리 없기 때문이다. 분명히 원하는 대가가 있을 것이다. 설령 대가를 요구하지 않더라도 먹는 사람을 매우 불편하게 한다. 혹은 이 음식은 갑자기 집을 찾아온 손님에게 그가 마지 못해 내놓은 음식일 수도 있다(Clifford). 그러므로 그는 '맛있게 먹으라'고 하지만 진심은 아니다. 음식이 아무리 맛있어 보여도 탐하지 않는 것이 좋다.

사람은 마음으로 생각하는 것에 따라 행동하게 되어 있다(7절). 그러므로 그가 말로는 '마음껏 먹고 마시라'고 할지라도 마음으로는 딴 생각을 하고 있기 때문에 요즘 말로 하면 '영혼 없는 접대용 멘트'에 지나지 않는다. 어떤 생각을 하는가? 이 말씀을 정확히 번역하고 해석하는 것이 쉽지 않아 NRS는 칠십인역(LXX)을 따라 이런 음식을 먹는 것은 "목구멍에 머리카락이 걸리는 것과 같다"고 한다(cf. 공동).

일부 번역본들은 그가 마음으로 비용을 계산하고 있다고 한다(공동, 아가페, ESV, NIV). 음식을 차린 비용을 아까워한다는 것이다. 그가 매우 이기적이어서 자기밖에 모르는 사람이라는 점을 감안하면 이 해석이 더 설득력이 있다. 그러므로 이런 사람과 음식을 먹는 것은 가시방석에 앉는 것 같고, 그에게 해준 '아름다운 말'('아첨': 새번역)도 모두 헛되다(8절). 참으로 불편한 상황이다.

얼마나 불편한가 하면 일부러 조금 먹었는데, 그것 마저 토하고 싶다(8절). 음식을 나누며 그에게 해 줬던 온갖 '기분 좋은 말'(נָעִים)도 모두 헛된 곳으로 돌아간다. '헛되다'(שׁחת)는 '썩다, 파멸하다'는 의미이다(HALOT). 무의미한 말이 된다는 뜻이다. 말한 사람 입만 아프다. 음식을 나누며 좋은 말을 해 주었던 입이 그나마 먹은 것을 입을 통해 토해 내고 있다!

IV. 지혜 있는 자의 잠언집 1(22:17-24:22)
B. 가르침 30가지(22:22-24:22)

9. 가르침 9(23:9)

[9] 미련한 자의 귀에 말하지 말지니
이는 그가 네 지혜로운 말을 업신여길 것임이니라

지혜자는 말은 알아들을 만한 사람에게만 하라고 한다. 미련한 자는 그의 귀에 대고 말을 해 줘도 깨닫지 못한다. 오히려 말한 사람의 지혜를 업신여긴다. '지혜'(שֵׂכֶל)는 통찰력과 이해력을 의미한다. '업신여기다'(בּוּז)는 '경멸하다'는 뜻이다. 이런 사람은 아무리 좋은 가르침을 줘도 받아들일 생각을 하지 않는다. 오히려 지혜를 말하는 사람을 빈정댄다. 심지어는 금보다 더 귀한 하나님의 지혜도 거부한다(TWOT).

그러므로 잠언은 미련한 자들과 지혜를 나누지 말라고 한다(1:7, 22; 9:7-8; 12:1; 26:4-5). 이런 사람들은 조언을 주는 사람과 조언을 비례적(direct proportion)으로 미워한다(Plaut). 좋은 가르침을 많이 주는 사람일수록 더 미워한다는 뜻이다. 결국 그는 미련한 자로 평생을 산다. 우리말에는 비슷한 의미로 '쇠귀에 경 읽기'라는 말이 있다.

IV. 지혜 있는 자의 잠언집 1(22:17-24:22)
B. 가르침 30가지(22:22-24:22)

10. 가르침 10(23:10-11)

[10] 옛 지계석을 옮기지 말며
고아들의 밭을 침범하지 말지어다
[11] 대저 그들의 구속자는 강하시니
그가 너를 대적하여 그들의 원한을 풀어 주시리라

지혜자는 '옛 지계석'(גְּבוּל עוֹלָם)을 옮기지 말라고 경고한다. 이 말씀은 22:28과 거의 비슷하다. '지계석'은 경계를 구분하는 돌이다. '옛 지계석'은 이미 여러 세대를 거쳐 전수되어 온 땅의 범위를 정의하고 있다. 그러므로 '옛것'이다. '옮기다'(סוג)는 '등을 돌리다, 배반하다'는 의미를 지녔다(HALOT). 조상이 정해 준 땅의 경계선을 위반하려고 하지 말고, 더 빼앗으려고 욕심부리지 말라는 뜻이다. 지계석을 옮기는 것은 남의 물건을 도둑질하는 것과 별반 다를 바가 없다(신 19:14; 27:17; 욥 24:2; 잠 22:22-23, 28; 호 5:10).

특히 고아들의 밭을 침범하지 말라고 경고한다. 고아는 당시 사회에서 남을 속이고 착취하려고 하는 자들의 가장 쉬운 먹잇감이었다(cf. 신 10:18; 시 10:14, 17-18; 68:5; 82:3; 146:9). '침범하다'(בוא)는 단순히 '가다'는 뜻이다. 빼앗을 의도로 고아들의 땅에 발도 들여놓지 말라는 경고다. 2행에서 고아가 언급되는 것으로 보아 1행에서 암시되는 것은 '과부'다. 15:25는 여호와께서 과부의 지계를 정하신다고 이미 선언했다. 과부와 고아는 보호를 받아야 할 사회적 약자들이다. 문제는 양아치들이 권력을 휘두르는 세상이 되면 이런 사람들이 가장 먼저 희생양이 되는 것이 현실이다. 아무도 그들을 돕지 않고, 도울 수도 없어서 그들은 속수무책으로 당한다.

그러므로 하나님이 과부들과 고아들의 구속자를 자청하신다(11절). '구속자'(גֹּאֵל)는 '기업 무를 자의 권한을 가진 자'라는 뜻이며(cf. 레 25:25-18; 룻 4:1-12), '억울하게 죽은 친족의 피를 갚는 자'(민 35:12, 19)를 뜻하기도 한다. 하나님이 과부들과 고아들처럼 사회의 가장 연약한 자들의 구속자가 되어 그들을 보호하시고 앙갚음을 해 주실 것이다(cf. 창 48:14-16; 출 6:6; 욥 19:25-27; 사 41:14).

이 구속자는 강하시다. '강하다'(חָזָק)는 상대할 자가 없을 정도로 힘이 세다는 뜻이다. 악인들의 눈에 보이는 고아들은 약하지만, 눈에 보이지 않는 그들의 구속자는 강하시다(Kitchen). 이처럼 강한 구속자께서 억울하게 착취당하고 재산을 빼앗긴 과부들과 고아들의 원한을 풀어 주실 것이다. '대적하다'(רִיב)는 법정에서 시시비비를 가린다는 의미를 지녔다. 여호와께서 직접 이 연약한 자들의 변호인으로 나서셨으니 누가 감히 그와 변론하겠는가! 그러므로 이 말씀은 힘없는 자들을 착취하고 억압하는 자들에게 주는 매우 강력한 경고이다.

IV. 지혜 있는 자의 잠언집 1(22:17-24:22)
B. 가르침 30가지(22:22-24:22)

11. 가르침 11(23:12)

[12] 훈계에 착심하며
지식의 말씀에 귀를 기울이라

지혜자는 계속 지식을 배워가라고 권면한다(cf. 1:8; 2:1-4; 3:1; 4:1, 10; 5:1; 6:20; 7:1; 19:20; 22:17). '훈계'(מוּסָר)가 때로는 신체적인 징계를 포함하기도 하지만, 근본적인 의미는 훈련이다(NIDOTTE). 사람이 자녀를 징계하는 것은 그가 더 지혜롭고 나은 삶을 살게 하기 위한 훈련이다. '착심하라'(הָבִיאָה לִבֶּךָ)는 '네 마음이 [훈계로] 오게 하라'는 뜻이다. 사람의 생각과 계획의 중심에 서 있는 마음은 끊임없는 훈련을 받아야 한다.

우리는 어떻게 마음을 훈련할 수 있는가? 지식의 말씀에 귀를 기울이면 된다. '지식의 말씀'(אִמְרֵי־דָעַת)은 사람에게 분별력과 이해력을 더하는 지식이다(HALOT). 모든 좋은 지식의 저자는 하나님이라는 점을 생각하면 이 지식에 성경을 포함하는 것이 바람직하다.

IV. 지혜 있는 자의 잠언집 1(22:17-24:22)
B. 가르침 30가지(22:22-24:22)

12. 가르침 12(23:13-14)

[13] 아이를 훈계하지 아니하려고 하지 말라
채찍으로 그를 때릴지라도 그가 죽지 아니하리라
[14] 네가 그를 채찍으로 때리면
그의 영혼을 스올에서 구원하리라

이 가르침은 11번째 것(12절)과 주제가 같다. 그러므로 서론에서 언급한 것처럼 학자들 사이에 12-14절을 하나로 볼 것인가, 혹은 둘로 볼 것인가가 이슈가 된 것이다. 우리는 새번역의 구분법에 따라 13-14절을 독립적인 가르침으로 본다.

부모가 아이를 훈계할 때 부모를 가장 고통스럽게 하고 우려하게 하는 부분이 회초리 등을 통해 신체적으로 징계하는 일이다. 자녀를 매로 다스리는 것은 결코 좋은 일은 아니기 때문이다. 그렇다고 해서 부모가 훈계를 포기하면, 이는 아이를 사랑하지 않는 것이 된다(13:24). 하나님도 자기 자녀들을 사랑하시기 때문에 훈계하신다(신 8:5; 잠 3:11-12; 히 12:5-11). 훈계를 하지 않음은 아이에 대한 소망을 포기하는 것과 같다(cf. 19:18). 자녀를 훈계를 하는 것은 그가 언젠가는 인격적이고 경건한 사람으로 성장할 것을 소망하기 때문이다.

지혜자는 자녀 징계하는 일을 절대 포기하지 말라고 한다. 설령 채찍으로 그를 때릴지라도 그가 죽지 않을 것이라며 징계를 권한다(13b절). 솔로몬은 아이를 징계할 때 죽일 마음은 두지 말라고 했는데(19:18), 이 말씀은 채찍으로 때려도 죽지 않을 것이라고 한다.

부모 중에 자식이 죽도록 징계하는 사람은 없다. 이런 사람이 있다면 법에 의해 구속되어야 한다. 정상적인 부모는 채찍 사용을 자제하며, 반드시 사용해야 할 경우에는 조금 사용하고 말지, 끝까지 가지 않는다. 그러므로 지혜자는 자녀를 반드시 징계하고, 필요하다면 회초리(채찍)까지 동원해도 괜찮지만, 심하게는(죽을 때까지) 하지 말라고 한다. 말씀의 논리는 '징계가 아이를 죽이는 것이 아니라, 징계를 하지 않는 것이 아이를 죽인다'이다(Ross).

징계가 부모에게도 매우 어려운 일이지만, 아이를 사랑하는 마음과 그에 대한 소망을 포기하지 않는 마음으로 하면 그의 영혼을 스올에서 구원하는 효과를 발휘한다(14절). '구원하다'(נצל)는 '찢어내다, 낚아채다'는 의미를 지녔다(TWOT). 훈육을 받은 아이가 어른이 되면 옳고 그름에 대한 판단(생명의 길과 죽음의 길에 대한 분별력)이 분명해질 것이며, 옳은 길을 택해 죽음으로 인도하는 굽은 길을 멀리 할 것이다. 또한 생명과 죽음 사이에서 선택을 해야 할 때면 그는 생명을 택하는 올바른 선택을 할 것이다. 부모의 훈계를 통해 양육 받지 않은 아이는 잘못된 선택과 결정으로 때 이른 죽음에 이르게 될 수 있다(Delitzsch). 그러므로 훈계는 훗날 아이를 살리는 효과를 발휘한다. 부모의 양육과 훈계가 가장 밝은 빛을 발하는 순간이다. 지혜자는 아이를 훈계하는 일이 아이의 미래에 투자하는 일이라고 한다.

IV. 지혜 있는 자의 잠언집 1(22:17-24:22)
B. 가르침 30가지(22:22-24:22)

13. 가르침 13(23:15-16)

15 내 아들아
만일 네 마음이 지혜로우면
나 곧 내 마음이 즐겁겠고
16 만일 네 입술이 정직을 말하면
내 속이 유쾌하리라

지혜자는 정상적인 사고를 하는 모든 부모의 마음을 표현하고 있다. 자식은 언제 부모를 가장 기쁘게 하는가? 지혜롭고 바르게 성장했을 때이다. 부모는 자식의 마음이 지혜롭다는 사실을 깨달을 때 말로 표현할 수 없을 정도로 기쁘다. 표현이 재미있다. 아들의 지혜로운 '마음'(לֵב)이 아버지의 '마음'(לֵב)을 기쁘게 한다. 부모의 마음과 자녀의 마음이 통하고 있다. 그가 어렸을 때 지혜로운 성인이 되라며 아끼지 않았던 훈계와 양육이 빛을 발한다. 역으로 말하면 어리석은 자식은 부모에게 큰 슬픔을 안긴다.

아이가 부모를 참으로 기쁘게 하는 다른 한 가지는 정직한 성인이 되었을 때이다(16절). '정직'(מֵישָׁרִים)은 양심적으로 행하는 것을 뜻한다(HALOT). 그러므로 정직한 사람의 말은 무엇이든 항상 '명확하게 하는 것이지 속이는 것'이 아니다(McKane).

지혜와 정직은 항상 같이 가는 한 쌍이다. 부모는 자녀를 양육할 때 이 두 가지가 아이의 마음에 심어지고 영원히 그의 삶에 영향을 미치도록 기도한다. 드디어 부모의 노력이 열매를 맺는 순간이다. 그러므로 부모는 속이 유쾌하다. '유쾌하다'(עלז)는 신이나서 소리를 지른다는 뜻이다. 부모는 지혜롭고 정직하게 자란 아이를 생각하며 마음속 가장 깊은 곳에서부터 쾌거를 부른다.

Ⅳ. 지혜 있는 자의 잠언집 1(22:17–24:22)
B. 가르침 30가지(22:22–24:22)

14. 가르침 14(23:17–18)

17 네 마음으로 죄인의 형통을 부러워하지 말고
항상 여호와를 경외하라
18 정녕히 네 장래가 있겠고
네 소망이 끊어지지 아니하리라

지혜자는 죄인의 형통을 부러워하지 말고 때를 기다리라 한다. 사람이 의로운 삶을 살려고 하면 악한 세상은 그를 방해한다. 반면에 죄로 물든 세상은 죄인을 형통하게 한다. 이럴 때면 의인은 상대적인 박탈감을 느낄 수 있다. 특히 나이가 어릴수록 더욱더 그렇다. 지혜자는 의롭게 살려고 노력하다 지친 사람에게 죄인의 형통을 부러워하지 말고 그럴수록 항상 여호와를 경외하라고 한다(17절, cf. 3:31; 24:1, 19). '부러워하다'(קָנָא)는 '시기하다, 샘내다'는 뜻이다. '항상'(כָּל־הַיּוֹם)을 직역하면 '모든 날들'이다. 언제, 어떤 상황에 처하든 예외 없이 여호와를 경외하라는 뜻이다.

삶이 잘 풀리지 않는다고 생각하는 의인은 죄인들이 잘된다 해서 그들을 시기하거나 질투할 필요가 없다. 이런 감정은 오히려 그를 속박하여 하나님에 대한 서운함과 원망으로 그의 마음을 채울 것이다. 또한 이런 감정을 갖는 것은 그가 하나님에 대한 소망을 접었다는 뜻으로 생각될 수도 있다.

죄인의 형통을 부러워하지 않고 항상 여호와를 경외하는 사람은 소망이 있다(18절, cf. 24:19-20). 그에게는 장래가 있다. '장래'(אַחֲרִית)는 세상의 끝날, 혹은 종말이라는 뜻이다(NIDOTTE, cf. 5:4, 11; 14:12, 13; 16:25; 19:20; 20:21; 24:14, 20; 25:8; 29:21). 세상 말로 하자면 게임은 '끝날 때까지 끝나지 않았다'(It ain't over until it's over!)는 의미이다. 심지어 '야구는 9회말 2아웃부터'라는 말도 있지 않은가!

죄인의 형통을 부러워하는 것은 너무 쉽게 미래를 포기하는 일이다. 세상이 끝나려면 앞으로도 얼마나 많은 날이 남아 있는데, 벌써 속단하고 포기하는 것은 옳지 않다. 사람은 지금부터 끝날 사이에 어떤 일이 일어나서 어떻게 상황이 바뀌게 될 것인가를 알지 못한다. 그러므로 지혜자는 다가오는 장래를 생각해서라도 악인들을 부러워하지 말라고 한다. 장래를 포기하지 않는 한 소망도 끊어지지 않을 것이다.

주의 백성들은 우리 눈에 보이는 현실로 보든 것을 판단하는 것을 피해야 한다. 우리 눈이 보지 못하는 것들도 많기 때문이다. 또한 우리는 항상 미래를 소망하며 살아야 한다. 이 세상은 모든 사람이 심은 대로 거두는 세상을 향해 가고 있기 때문이다. 그러므로 우리는 항상 위('여호와 경외')를 보며, 앞('장래와 소망')도 보며 살아야 한다(Kidner).

IV. 지혜 있는 자의 잠언집 1(22:17-24:22) B. 가르침 30가지(22:22-24:22)

15. 가르침 15(23:19-21)

19 내 아들아
너는 듣고 지혜를 얻어
네 마음을 바른 길로 인도할지니라
20 술을 즐겨 하는 자들과
고기를 탐하는 자들과도
더불어 사귀지 말라
21 술 취하고 음식을 탐하는 자는
가난하여질 것이요
잠 자기를 즐겨 하는 자는
해어진 옷을 입을 것임이니라

지혜자는 마치 아버지가 아들에게 하듯 지혜를 얻으라고 권면한다. 잠언은 선생 등 남의 말을 듣는 것에서 전수되는 것이라 한다. 그러므로 지혜자인 자신의 말을 경청하여 지혜를 얻으라 한다. 이렇게 얻은 지혜를 활용하여 그의 마음을 바른 길로 인도해야 한다. '인도하다'(אשׁר)는 곧바로 가게 한다는 뜻이다(TWOT). 지혜는 사람의 마음이 방황하지 않고 바르고 옳은 길로 가도록 한다.

지혜자는 바르고 옳은 길로 가는 것을 두 가지로 설명한다. 첫째, 술을 즐기고 식탐이 있는 자들을 멀리하는 것이다(20절). '즐기다'(סבא)는 '중독되다'는 뜻이다(HALOT). 그러므로 이 말씀은 종종 술을 마시는 사람이 아니라, 도저히 술을 끊지 못하는 알코올 중독자를 뜻한다. 고기를 '탐하다'(זלל)는 절제하지 못하고 먹어 대는 것을 의미한다. 하나는 술에 중독되었고, 하나는 고기에 중독되었다. 성경에서 이런 자들은 절제력을 상실한 자들의 최고봉이며(Ross), 방탕의 대명사이다. 알코올 중독과 식탐은 그들이 안고 있는 더 큰 문제들의 증상에 불과할 수도 있다(Plaut). 이런 사람들과 사귀면 영향을 받아 자신도 방탕해질 수 있다. 그러므로 이런 자들은 처음부터 사귀지 말라고 한다.

술에 취하고 음식을 탐하는 자는 가난해진다(21a-b절). 술과 고기는 반드시 필요한 것은 아니다. 또한 술과 고기는 비싸다. 그러므로 큰 부자가 아닌 이상 이런 것에 중독되면 가난해질 수밖에 없다. 사람이 먹고 마시는 것에 재산을 탕진한다는 것은 참으로 슬픈 일이다.

둘째, 게으른 사람들과 사귀지 않는 것이다(21c-d절). 잠자기를 즐겨 하는 자는 해어진 옷을 입을 것이다. '잠자기를 즐겨 하는 자'(נוּמָה)는 '졸음, 조는 자'이다(NIDOTTE). '해어진 옷'(קְרָעִים)은 낡아 너덜너덜해진 옷조각이다(NIDOTTE). 이 말씀을 직역하면 '졸음은 [사람에게] 해어진 옷을 입힌다'이다. 게을러 잠만 자는 사람도 가난해질 것이라는 뜻이다. 그러므로 지혜자는 방탕하거나 게을러서 가난해진 자들을 멀리하라고 한다.

IV. 지혜 있는 자의 잠언집 1(22:17-24:22)
B. 가르침 30가지(22:22-24:22)

16. 가르침 16(23:22-25)

[22] 너를 낳은 아비에게 청종하고
네 늙은 어미를 경히 여기지 말지니라

[23] 진리를 사되 팔지는 말며
지혜와 훈계와 명철도 그리할지니라
[24] 의인의 아비는 크게 즐거울 것이요
지혜로운 자식을 낳은 자는 그로 말미암아 즐거울 것이니라
[25] 네 부모를 즐겁게 하며
너를 낳은 어미를 기쁘게 하라

지혜자는 부모에게 지혜를 배우라고 권면한다(22절). 이 섹션은 '너를 낳은 아비'(22절)로 시작하여 '너를 낳은 어미'(25절)로 마무리된다. 아버지는 아들에게 가르칠 것이 참 많은 사람이다. 아버지는 인생의 선배로서 삶의 연륜에서 비롯된 지혜를 아들에게 줄 수 있다. 또한 하나님이 아들에게 지혜를 가르치기 위해 사용하시는 통로가 아버지이다. 그러므로 아버지의 말씀에 귀를 기울이는 것은 지혜를 습득할 수 있는 가장 좋은 방법이다. 그러므로 지혜자는 아들에게 아버지의 말씀에 귀를 기울이라 한다.

또한 늙은 어머니를 경히 여기지 말라고 한다(22b절). '경히 여기다'(בוז)는 잠언에서 몇 차례 사용된 동사로 거만한 자가 주로 하는 행위이며 '경멸하다'는 뜻이다(HALOT). 반대말은 '공경하다'(to honor)이다. 잠언에서 부모를 공경하는 것은 그들의 가르침에 귀를 기울인다는 뜻이다(Toy). 부모는 자식에게 지혜를 주기 때문에 존경을 받아야 하지만, 설령 부모가 지혜를 주지 못하더라도 자식은 부모를 존경하고 귀하게 여겨야 한다. 그에게 생명을 주었기 때문이다. 또한 자식이 부모를 공경하는 것은 여호와께서 모든 사람에게 요구하시는 미덕이다. 르무엘 왕은 어머니에게 교훈을 받았다(31:1-9).

지혜자는 부모에게서 지혜를 얻을 뿐만 아니라, 기회만 되면 진리를 사라고 한다(23절). '진리'(אֱמֶת)는 '신뢰, 믿을 만한 것'을 뜻하며 지혜의 바탕이기도 하다. 언제든 진리를 배우고 습득하도록 마음이 열려 있어야 하고 어떠한 대가를 지불하고 라도 진리를 얻으라는 뜻이다. 또한 진리는 얼마든지 사되 팔지는 말라고 한다. 항상 양심대로 행하고, 혹시라도 양심을 팔아먹는 짓은 하지 말라는 경고이다.

진리를 사되 팔지는 말라고 한 지혜자가 지혜와 훈계와 명철도 그렇게 하라고 한다(23b절). 언제든 지혜와 훈계와 명철도 얻으려고 노력하고, 필요하다면 사라는 권면이다. 그러나 이미 가진 것을 팔아서는 안 된다. 지혜는 사람이 영원히 소유해야 하는 것이기 때문이다.

사람이 이렇게만 한다면 그는 의인이 될 것이다. 아들은 부모에게 꾸준히 지혜를 배우며, 부모를 존경한다. 또한 기회만 되면 진리와 지혜와 훈계와 명철을 얻으려고 힘쓴다. 돈을 주고 진리와 지혜를 사기도 하지만 팔지는 않는다. 지혜자는 이런 아들은 의인이라 한다(cf. 24절).

의인의 아버지는 크게 즐거워할 것이며, 그를 낳은 일을 기뻐할 것이다(24-25절). 이 구절은 보존이 잘 되지 않았기 때문에 다소 혼란스럽다. 그러나 전반적인 의미는 확실하다. 부모에게 기쁨이 되는 아들에 관한 것이다. 지혜롭고 의로운 아들은 부모에게 많은 기쁨을 준다. 그러므로 지혜자는 지혜와 진리로 충만하여 부모를 기쁘게 하는 자식이 될 것을 당부한다(25절).

IV. 지혜 있는 자의 잠언집 1(22:17-24:22)
B. 가르침 30가지(22:22-24:22)

17. 가르침 17(23:26-28)

26 내 아들아
네 마음을 내게 주며
네 눈으로 내 길을 즐거워할지어다
27 대저 음녀는 깊은 구덩이요
이방 여인은 좁은 함정이라

[28] 참으로 그는 강도 같이 매복하며
사람들 중에 사악한 자가 많아지게 하느니라

지혜자는 '아버지—아들' 양식을 계속 이용하여 권면을 이어간다. 그는 독자들에게 마음을 달라고 한다. 마음의 문을 열고 그가 하는 말에 귀를 기울여 그가 생각하는 것처럼 생각하고 행동해 보라는 뜻이다(cf. Kitchen). 그렇게 하면 분명 그의 길을 보고 즐거워하게 될 것이다. 길은 그의 삶이다. 그동안 그가 어떻게 살았으며, 앞으로 무엇을 추구하며 살아갈 것인가를 알게 되면 그들도 기뻐할 것이라는 뜻이다. 지혜자는 자신이 한점 부끄러움 없이 살아온 것을 자신한다.

지혜자는 음란한 여자들을 멀리한 것을 그가 간 바른 길의 예로 제시한다(27절). '음녀'(זוֹנָה)는 창녀를 뜻한다(2:26; 6:26; 7:10; 29:3, cf. 신 23:18). 솔로몬은 음녀의 입은 '깊은 함정'(שׁוּחָה עֲמֻקָּה)이어서 빠지면 헤어나지 못한다고 경고한 적이 있다(22:14). 이번에도 같은 표현인 '깊은 구덩이'(שׁוּחָה עֲמֻקָּה)가 사용되고 있으며, 차이점은 22:14에서는 음녀의 입이 깊은 구덩이라고 했는데, 이 말씀에서는 음녀 자체가 깊은 함정이라고 한다. 그렇다고 해서 의미가 크게 달라지지는 않는다. 음녀는 분명 부드러운 말로 먹잇감을 유혹할 것이며, 그의 말에 현혹되는 자는 결코 빠져나올 수 없는 깊은 함정에 빠진다.

'이방 여인'(נָכְרִי)은 외국 여자를 뜻하지만, 이곳에서는 함께 공유하는 가치관이나 관계가 없는 '낯선'(strange) 여자를 뜻한다(2:16; 5:20; 6:24; 7:5; 20:16). 결혼한 남자에게는 결혼의 범주 밖에 존재하는 여자이다(cf. 공동, 아가페, NAS, ESV, NIV, NRS). 지혜자는 이런 여인을 좁은 함정이라 한다. '좁은 함정'(בְּאֵר צָרָה)을 직역하면 '좁은 우물'이다. 우물은 우물이지만, 물이 많지 않아 쉽게 바닥을 드러내는 우물이다. 결코 사람을 만족시킬 만한 우물은 아니다.

지혜자는 창녀와 놀아나는 것을 깊은 구덩이에 빠지는 일에 비교한다. 아주 심각한 죄이며, 스스로 빠져나올 수 없는 '무저갱'이라는 것이다. 또한 그는 창녀의 성을 사기 위해 재산을 모두 이 구덩이에 쏟아 넣는다.

아내 외에 다른 여자(남의 아내 등)와 놀아나는 것은 좁은 우물에서 물을 기르는 일에 비교한다. 절대 만족할 수 없을 것이라는 뜻이다. 그러므로 이런 짓은 처음부터 하지 않는 자가 지혜로우며, 바른 길을 가는 자의 모습이라고 한다.

그녀는 매복한 강도와 같아서 사람들 중에 사악한 자가 많아지게 한다(28절, cf. 1:11, 18; 2:12-22; 7:12; 12:6; 24:15). 이 말씀에서 '그녀'는 '음녀'인지 혹은 '이방 여인'인지 확실하지 않다. 문맥을 고려하면 바로 앞 행에서 찾을 수 있는 선행사(antecedent)가 '이방 여인'이므로 본문에서 '그녀'는 간음하는 여자다. 게다가 창녀는 숨지 않는다. 반면에 본문의 여자는 강도처럼 매복해 있다. 은밀하게 일을 저지른다는 뜻이다. 간음도 버릇이다. 그러므로 한 번으로 만족할 수 없어서 파트너를 바꿔 가며 여러 차례 저지른다. 이런 여자들이 많아지면, 함께 놀아나는 남자들도 많아진다. 결국 그 공동체는 사악한 자들이 많아진다. 죄는 처음부터 최대한 멀리 하는 것이 좋다. 죄는 중독성이 강해서 일단 짓기 시작하면 멈추기가 쉽지 않다.

IV. 지혜 있는 자의 잠언집 1(22:17-24:22)
B. 가르침 30가지(22:22-24:22)

18. 가르침 18(23:29-35)

29 재앙이 뉘게 있느뇨 근심이 뉘게 있느뇨
분쟁이 뉘게 있느뇨 원망이 뉘게 있느뇨
까닭 없는 상처가 뉘게 있느뇨 붉은 눈이 뉘게 있느뇨
30 술에 잠긴 자에게 있고

혼합한 술을 구하러 다니는 자에게 있느니라
31 포도주는 붉고 잔에서 번쩍이며
순하게 내려가나니
너는 그것을 보지도 말지어다
32 그것이 마침내 뱀 같이 물 것이요
독사 같이 쏠 것이며
33 또 네 눈에는 괴이한 것이 보일 것이요
네 마음은 구부러진 말을 할 것이며
34 너는 바다 가운데에 누운 자 같을 것이요
돛대 위에 누운 자 같을 것이며
35 네가 스스로 말하기를
사람이 나를 때려도 나는 아프지 아니하고
나를 상하게 하여도 내게 감각이 없도다
내가 언제나 깰까 다시 술을 찾겠다 하리라

이 섹션은 성경에서 술취함을 가장 자세하게, 또한 슬프고 유머러스하게 비난하는 말씀이다(cf. 20:1; 23:20-21; 31:4-5). 이 말씀은 고대 사회의 지혜자들이 때로는 상상력의 날개를 활짝 펴고 재치 있는 말로 사람들을 가르쳤던 일을 떠오르게 한다(cf. Whybray).

제일 먼저 지혜자는 술이 모든 악의 근원이라며 질문을 통해 술과 연관된 나쁜 것들 여섯 가지를 나열한다(29절): 재앙, 근심, 분쟁, 원망, 까닭 없는 상처, 붉은 눈. 이들 중 '재앙'(אוֹי)과 '근심'(אֲבוֹי)은 술을 마시는 이유이다. 사람들은 자신이 당면한 어려움을 이겨 보려고 술을 마시곤 한다. 그러나 아무리 취해도 당면한 문제는 해결되지 않는다. 술을 마시기 전에 있었던 재앙과 근심은 그대로 있다. 술취함은 당면한 어려움에서 도피하는 것이지, 해결하는 방법이 아니기 때문이다.

'분쟁'(מְדוֹנִים)과 '원망'(שִׂיחַ)은 술로 인해 빚어지는 갈등이다. 사람이 술에 취하면 언성이 높아지고, 시비가 붙기 십상이다. 그러므로 분쟁과 원망이 새로운 문제들로 떠오른다.

'까닭 없는 상처'(פְּצָעִים חִנָּם)와 '붉은 눈'(חַכְלִלוּת עֵינָיִם)은 술에 취한 자의 몸에 남는 흔적이다. 술에 취해 비틀거리다 보면 이곳 저곳에 멍이 들고 상처가 생긴다. 또한 아침에 일어나면 눈이 충혈되어 있다.

그러므로 이러한 것들은 술에 잠긴 자들과 혼합한 술을 구하러 다니는 자들에게나 있는 일이다(30절). '잠기다'(אחר)는 떠나지 못해 주변을 맴도는 것을 의미한다(NIDOTTE). 이사야 5:11에서는 밤늦게까지 술을 마시는 자를 묘사한다(Whybray). 항상 술 곁에 있으며 떠나지 못하는 주정뱅이를 두고 하는 말이다. '혼합한 술'(מִמְסָךְ)은 향신료 등을 섞어 만들어 도수도 올리고, 맛도 좋게 한 술이다(cf. 시 75:8; 잠 9:2; 사 5:22; 아 8:2). 이런 사람들은 사고와 논리로 행동하는 것이 아니라 느낌과 감으로 움직인다(Kitchen).

지혜자는 포도주가 진정 마시고 싶은 충동을 일으킨다는 사실을 인정한다(31절). 포도주는 색깔이 붉고, 잔에서 번쩍인다. 당시 포도가 대부분 적색이었기 때문에, 포도주 색도 붉었다. 번쩍인다는 것은 거품과 탄산으로 인해 반짝거린다(sparkling)는 뜻이며, 이러한 현상은 애주가들의 음주욕을 돋군다. 포도주를 잔에 따라 놓은 것을 보면 거절하기가 쉽지 않을 정도로 매력적이라는 것이다. 그러므로 지혜자는 그것을 보지도 말라고 한다. 술을 담은 컵에 눈길도 주지 말라는 뜻이다. 눈으로 보지 않으면 그만큼 유혹을 뿌리치기가 쉬워지기 때문이다.

이 같은 권면에도 불구하고 술을 마시면, 마치 독사에게 물린 듯한 경험을 한다(32절). 이제부터 지혜자는 술에 취한 자를 매우 유머러스하게 묘사한다. 술을 최대한 멀리하고, 술잔은 아예 쳐다보지도 말아야 하는데, 정작 술을 옆에 두면 어떤 일이 벌어질까? 뱀이 사람을 물듯이 사람을 물어 그의 몸에 독을 투입시킬 것이다! '마침내'(אַחֲרִית)는 '끝에 가서는'이다. 뱀(술)도 처음에는 참다가 사람이 계속 자기의 주변을 얼쩡거리자 드디어 물어버리는 이미지이다. 그를 문 뱀은 독이 많은 '독사'(צִפְעֹנִי)여서 순식간에 온몸에 독을 투입한다. 독이 온 몸에 퍼지는 것처럼 술이 사람의 몸을 장악한다.

술이 몸에 퍼지자 이상한 현상들이 일어난다(33-35절).

첫째, 눈에 괴이한 것이 보인다(33a절). '괴이한 것들'(זָרוֹת)은 평상시에 볼 수 없었던 이상한 현상, 착시, 이미지 등이다. 물론 이 모든 것은 술에 취한 자의 상상력이지 실제가 아니다.

둘째, 마음은 구부러진 말을 한다(33b절). '구부러짐'(תַּהְפֻּכָה)은 괴팍하고 심술궂음을 뜻한다(HALOT). 사람이 '술의 힘을 빌려' 평소에 하지 못했던 불편한 말을 쏟아 내는 상황을 이렇게 표현한다.

셋째, 바다 가운데 누운 자 같고 돛대 위에 누운 자 같다(34절). 육지에만 살던 사람이 바다를 항해하는 것은 항상 좋고 로맨틱한 경험만이 있는 것은 아니다. 흔들리는 배 위에 몽롱히 누워있고, 파도가 몰아치면 멀미를 하기도 한다. 이 말씀은 그러한 상황을 묘사한다(Murphy). 기자는 술에 취하면 이 같은 경험을 한다고 한다. 물론 험난한 파도가 몰아치는 데도 요나처럼 깊은 잠에 빠지는 사람들도 있기는 하다.

넷째, 술에 취하면 신경감각이 둔해진다(35절). 그러므로 사람이 때려도 취하지 않았을 때 정도의 아픔을 느끼지 못한다. 그러므로 그는 사람들이 "나를 상하게 하여도 내게 감각이 없다"고 한다. 그는 이러한 경험을 즐기기 때문에 "내가 언제나 깰까? 다시 술을 찾겠다"고 다짐한다. 술은 중독성이 강해서 사람이 한 번 취하는 경험을 하면 다시 취하고 싶어한다.

"사람이 술에 취하면 개가 된다!"는 말이 있다. 이 섹션에 묘사된 술 취함은 이 말의 고대 이스라엘 버전이라 할 수 있다. 지혜자는 술취한 자를 우스꽝스러운 모습으로 묘사하여 독자들에게 술취하면 이렇게 되니 마시지 말라고 권면하고 있다. 마시는 것은 둘째 치고 술은 처음부터 쳐다보지도 않는 것이 가장 좋다(31절).

Ⅳ. 지혜 있는 자의 잠언집 1(22:17-24:22)
B. 가르침 30가지(22:22-24:22)

19. 가르침 19(24:1-2)

1 너는 악인의 형통함을 부러워하지 말며
그와 함께 있으려고 하지도 말지어다
2 그들의 마음은 강포를 품고
그들의 입술은 재앙을 말함이니라

지혜자는 이미 14번째 가르침인 23:17에서도 죄인들의 형통을 부러워하지 말라고 했다. 잠시 후 24:19에서도 같은 권면을 할 것이다. 악인들을 부러워하는 것은 하나님을 경외하는 것이 아니며, 미래에 대한 소망을 포기하는 것이기 때문이다. 이번에도 악인의 형통함을 부러워하지 말라고 한다. 차이는 '죄인들'(חַטָּאִים)(23:17)과 '악인들'(אַנְשֵׁי רָעָה)이다. '죄인들'은 '악인들'을 포함하는 포괄적인 개념이다. 그러므로 23:17과 본문의 관계는 전반적인 것에서 더 구체적인 것으로 강화시키고 있다고 할 수 있다. 악인들은 삶에서 상습적으로 악을 행하는 사람들이며, 악행은 그들의 삶의 방식이다(Kitchen). 죄인들도 부러워해서는 안 되는데, 하물며 이렇게 독하게 악한 자들을 부러워하는 것은 옳지 않다는 논리의 흐름이다.

언젠가는 여호와께서 세상 사람들을 모두 심판하시고 적절한 보응을 주실 것이기 때문에(cf. 23:17), 우리는 오직 여호와를 경외하며 살아야 한다. 악인들의 형통을 시기하거나 질투하는 것은 이러한 미래에 대한 소망을 포기하는 것과 같다. 그러므로 우리는 악인의 형통함을 부러워하면 안 된다.

또한 악인과 함께 있으려고 하지도 말아야 한다. '하다'(אוה)는 '간절히 바라다'(crave for)라는 뜻이다(HALOT). 살다 보면 악인들과 마주칠 때도 있고, 그들과 자리를 함께 할 수도 있다. 그러므로 이 말씀은 의도적으로 그들을 찾고, 그들과 관계를 맺으려고 하지 말라는 뜻이다. 악인을 친구로 두지 말라는 권면이다. 우리는 누구를 친구로 두면 그를 따라하려고 한다(Koptak). 생각과 양심이 있는 사람이 악인을 멀리하는 방법 중 하나는 그들의 삶을 잠시 관찰하는 것이다(Kidner). 그들이 어떤 삶을 사는가를 보면 자연스럽게 멀리하고 싶어진다.

왜 악인들을 멀리 해야 하는가? 그들의 마음은 강포를 품고 입술은 재앙을 말하기 때문이다. '품다'(הגה)는 비둘기가 '구구'거리는 소리에서 온 동사이다(TWOT). 깊은 생각에 빠져 있는 상황을 묘사한다. 악인의 마음은 온종일 악한 생각으로 가득하다는 뜻이다.

그러므로 악인의 언행으로 표현되는 것도 모두 악하다. 그의 입술은 재앙을 말할 뿐이다. '재앙'(עָמָל)은 '문제, 걱정, 불안, 부족함, 피해'를 포함하는 보편적인 표현이다(NIDOTTE). 악인들은 자신들에게 해롭거나 남에게 피해를 주는 말만 한다. 그러므로 이런 사람은 상종하지 않는 것이 지혜이다. 사람의 마음에 있는 것이 항상 몸 밖으로 흐르기 때문이다. 악인들은 마음이 악하니 입에서 흘러나오는 것도 악하다.

Ⅳ. 지혜 있는 자의 잠언집 1(22:17-24:22) B. 가르침 30가지(22:22-24:22)

20. 가르침 20(24:3-4)

3 집은 지혜로 말미암아 건축되고
명철로 말미암아 견고하게 되며
4 또 방들은 지식으로 말미암아
각종 귀하고 아름다운 보배로 채우게 되느니라

지혜로운 사람의 집은 어떠해야 하는가를 비유로 가르치는 말씀이다(cf. 9:1; 14:1). '집'(בַּיִת)은 주거 공간보다는 가족들의 공동체인 가정을 뜻한다(11:29; 15:27; 31:15, 21, 27). 집은 지혜로 말미암아 건축되어야 한다. 이상적인 가정을 세우는 토대(foundation)는 지혜가 되어야 한다는 뜻이다. 토대가 든든해야 그 위에 좋고 안전한 건축물을 세울 수 있다. 여호와께서 가장 기뻐하시는 가정의 토대는 지혜이며 지혜 위에 가정을 세우는 것은 반석 위에 집을 짓는 것과 같다(cf. 마 16:13–20).

지혜 위에 세운 집은 명철로 말미암아 견고하게 된다. '명철'(תְּבוּנָה)은 세상을 슬기롭게 살아가는 데 필요한 통찰력과 기술을 뜻하며, 포괄적인 개념인 '지혜'(חָכְמָה)의 중요한 구성원이다. '견고하다'(כון)는 '세우다'는 뜻이다. 이미지는 지혜의 토대 위에 명철이 기둥과 벽 등 집을 구성하는 것들이 되어 세워지는 모습이다.

지혜의 토대 위에 명철로 세운 구조물에는 여러 개의 방이 있다. 지식과 온갖 귀하고 아름다운 보배들이 이 방들을 채운다. '귀하고 아름다운 것'(הוֹן יָקָר)은 보석처럼 구하기 힘든 귀중품들이며 부의 상징이다(NIDOTTE, cf. 3:15; 8:18). '보배'(נָעִים)는 기분을 좋게 하는 것, 곧 행복이다. 사람의 느낌과 심리적인 상황을 묘사하는 단어이다. 지혜가 가득한 가정은 물질적으로 부족함이 없을 뿐만 아니라, 가족들이 참으로 행복하다는 뜻이다(cf. 3:16).

우리는 항상 이런 가정을 이루려고 노력해야 한다. 그렇게 하기 위해서는 지혜와 명철이 반드시 필요하다. 가족이 함께하는 거실의 한 중앙에 텔레비전이 있고, 닫힌 책들이 그 곁을 장식하는 것은 현대 가정의 슬픈 자화상이다(Plaut). 어리석음과 무례함으로는 지혜롭고 건강한 가정을 세울 수 없다. 열심히 배우고 연륜을 쌓아 이런 가정을 반드시 이루어 나가면 좋겠다.

IV. 지혜 있는 자의 잠언집 1(22:17–24:22)
B. 가르침 30가지(22:22–24:22)

21. 가르침 21(24:5–6)

5 지혜 있는 자는 강하고
지식 있는 자는 힘을 더하나니
6 너는 전략으로 싸우라
승리는 지략이 많음에 있느니라

지혜자는 지혜는 힘(무력)보다 강하다고 한다. 그러므로 지혜 있는 자는 강하다. 또한 지식이 있는 자는 힘을 더한다. '힘을 더한다'는 것은 날이 갈수록 더 강인해 진다는 뜻이다. 21:22은 지혜로운 사람은 높고 강한 산성을 정복할 수 있다고 했다. 지식은 더하면 더할수록 힘도 더한다. 역으로 말하자면, 어리석은 자는 시간이 갈수록 더 약해진다는 뜻이다. 우리말에도 "아는 것이 힘이다"라는 말이 있다.

지혜는 힘과 능력의 근원일 뿐만 아니라, 모략의 근원이기도 하다. 그러므로 지혜로운 사람은 전쟁을 해도 전략과 지략으로 한다. '전략'(תַּחְבֻּלוֹת)은 방향을 강조하는 단어이며, 지혜로운 사람은 전쟁을 어떻게 이끌어갈 것인지 사전에 계획을 세운다는 뜻이다. '지략'(יוֹעֵץ)은 여러 사람들의 조언을 모으는 것이다(cf. 11:14; 20:18). 지혜로운 사람은 전쟁을 어떻게 끌고 갈 것인가에 대하여 방향을 세우면, 그 다음에는 여러 사람들의 생각과 조언을 모은다.

여러 사람들과 대화를 하면 일종의 지적인 시뮬레이션을 하게 된다. 그러므로 많은 조언자들(참모들)을 옆에 두면 승리할 가능성이 그만큼 더 높아진다. 우리말에도 "무식한 자가 용감하다"는 말이 있다. 별 계획과 전략 없이 용맹성만 앞세우고 전쟁을 하면 반드시 패한다. 반면에 지혜로운 자는 사전에 충분한 준비와 대책을 세워 실전에서도 승리한다.

Ⅳ. 지혜 있는 자의 잠언집 1(22:17–24:22)
B. 가르침 30가지(22:22–24:22)

22. 가르침 22(24:7)

7 지혜는 너무 높아서
미련한 자가 미치지 못할 것이므로
그는 성문에서 입을 열지 못하느니라

지혜자는 미련한 자가 지혜를 가질 수 없다고 단언한다. 본문은 '지혜'(חָכְמוֹת)를 복수형으로 언급하고 있는데(cf. 1:20; 9:1), 복수형은 지혜의 완벽한 형태와 온전함과 깊이와 심오함을 강조한다(Cohen, Kitchen). '미련한 자'(אֱוִיל)는 지혜의 필요성을 알지 못하는 어리석은 자를 뜻한다. 이런 사람은 지혜를 가질 수 없다. 지혜를 얻으려고 하는 노력을 하지 않기 때문이다. 그러므로 그들에게 지혜는 도저히 범접할 수 없는 높은 곳에 있다.

어리석은 자는 지혜가 없으니 할말도 없다. 그러므로 성문에서 입을 열지 못한다. 성문은 일상적인 비즈니스와 소송이 이루어지는 곳이다. 또한 사람들이 모일 일이 있으면 이곳에서 모였다. 공개 석상에서는 아무도 어리석은 사람의 말을 들으려 하지 않는다. 그러므로 일상에서는 말을 많이 하던 어리석은 자가(cf. 10:14; 12:23; 14:3; 15:2; 18:6, 7) 사람들이 모여 있는 곳에서는 침묵을 지킬 수밖에 없다.

Ⅳ. 지혜 있는 자의 잠언집 1(22:17–24:22)
B. 가르침 30가지(22:22–24:22)

23. 가르침 23(24:8–9)

8 악행하기를 꾀하는 자를 일컬어
사악한 자라 하느니라

9 미련한 자의 생각은 죄요
거만한 자는 사람에게 미움을 받느니라

악행을 꾀하는 자가 있다. '꾀하는 자'(מְחַשֵּׁב)는 새로운 계획을 세우는 사람, 곧 기획자를 뜻한다(TWOT). 그의 기획은 악한 일을 하는 것이다. 지속성을 강조하기 위해 본문은 부정사(infinitive)를 사용한다. 그는 항상 악한 일을 행하려고 기획한다는 뜻이다. 이런 사람을 사악한 자라고 한다. '사악한 자'(בַּעַל־מְזִמּוֹת)를 직역하면 '악한 계획/프로젝트들의 주인'이다. 요즈음 말로 하면 '음모의 달인'이다. 그러므로 '음모자'가 적합한 표현이다.

미련한 자의 생각은 죄다. 미련한 자는 지적인 능력이 부족한 자가 아니라, 사리판단이 서지 않아 도덕적으로 문제 있는 행동을 하는 자이다. '미련한 자의 생각'(זִמַּת אִוֶּלֶת)을 직역하면 '어리석은 자의 계획'이다. 미련한 자도 나름 열심히 지적인 활동(mental activity)을 하지만, 결과는 죄뿐이다(McKane). 윤리적으로 문제 있는 자는 생각하고 계획하는 모든 것이 죄다(cf. 1:10–16; 6:14; 9:13–18; 14:22). 죄에 사로잡힌 그는 선한 생각을 할 수 없기 때문이다.

거만한 자는 사람들에게 미움을 받는다. '거만한 자'(לֵץ)는 잠언에서 이미 여러 차례 언급이 된 인간 말종이다. 이 사람은 자신이 남들보다 모든 면에서 우월하다고 생각하여 주변 사람들의 말을 듣지 않고, 오히려 무시한다. 심지어는 부모들까지 조롱한다. 그러므로 사람들이 거만한 자를 미워하는 것은 당연한 일이다. 사람들에게 거만한 자는 '가증스러움'(תּוֹעֵבָה) 그 자체이다. 잠언은 이미 여러 차례 이 단어를 사용해 하나님이 가장 역겨워하시는 것들을 묘사했다.

IV. 지혜 있는 자의 잠언집 1(22:17-24:22)
B. 가르침 30가지(22:22-24:22)

24. 가르침 24(24:10)

[10] 네가 만일 환난 날에 낙담하면
네 힘이 미약함을 보임이니라

지혜자는 사람의 진가는 환난 날에 드러난다고 한다. '환난 날'(צָרָה יוֹם)은 우리를 참으로 힘들게 하는 재앙들이 임하는 날이다. '낙담하다'(רפה)는 '느슨해지다, 체념하다'는 의미를 지녔다(TWOT). 어떤 사람은 스트레스를 받으면 도망간다(cf. 신 20:8; 히 12:3). 그러나 환난이 임할 때 그것을 적극적으로 헤쳐 나가려고 하지 않는 사람은 자신의 힘이 미약함을 나타낸다. 우리는 환난이 임할 때 비로소 우리의 힘과 능력이 어느 정도인지 가름하게 된다(Kidner). '미약함'(צַר)은 좁다는 의미를 지녔다. 평상시에 자신의 능력에 대해 아무리 과시하는 말을 하더라도 정작 그의 능력이 어느 정도인지는 환난 날에 드러난다. 지혜로운 사람들은 이겨낼 방법을 찾고, 미약한 자들은 포기할 변명을 찾는다.

우리가 지혜를 추구하고, 정의와 공의를 추구하는 것도 환난 날을 대비하는 슬기로움이다. 또한 상황이 어렵다고 낙담하는 것은 하나님을 의지하지 않는 일이며, 자신의 미래 소망을 포기하는 것이다. 하나님을 경외하는 믿음과 지혜의 진가는 환난 날에 드러난다.

IV. 지혜 있는 자의 잠언집 1(22:17-24:22)
B. 가르침 30가지(22:22-24:22)

25. 가르침 25(24:11-12)

[11] 너는 사망으로 끌려가는 자를 건져 주며

살륙을 당하게 된 자를 구원하지 아니하려고 하지 말라
12 네가 말하기를 나는 그것을 알지 못하였노라 할지라도
마음을 저울질 하시는 이가 어찌 통찰하지 못하시겠으며
네 영혼을 지키시는 이가 어찌 알지 못하시겠느냐
그가 각 사람의 행위대로 보응하시리라

지혜자는 사망으로 끌려가는 자를 구하고, 살륙을 당하게 된 자를 구원하는 일을 주저하지 말라고 권면한다. 물론 이 말씀은 억울하게 끌려가는 사람들을 방관하지 말라는 것이지(cf. Kitchen) 죄를 지어 사형장으로 끌려가는 사람을 구하라는 의미는 아니다: "억울하게 사형장으로 끌려가는 자를 건져 주고, 처형장으로 잡혀가는 자를 구해 주어라"(아가페). '구하다'(נצל)는 '찢어내다, 뜯어내다' 등 적극적인 행동을 묘사한다. '아니하려고 하다'(חשׂך)는 '주저하다, 뒤로 물러서다'는 뜻이다(TWOT, cf. 10:19; 11:24; 13:24; 17:27; 21:26; 24:11). 억울한 사람이 죽게 된 일을 보거든 적극적으로 나서서 그를 구하라는 뜻이다.

일부 주석가들은 죽음으로 끌려가는 자들을 악인들의 음모로 인해 괴롭힘을 당하는 자들을 비유로 묘사한 것으로 해석하기도 한다(Hubbard). 이렇게 해석하면 언제든 억울한 일을 당한 사람이 있으면 그들을 변론하고 도우라는 권면이 된다. 그러나 하나의 비유로 보기에는 언어가 매우 강력하다는 생각이 든다. 그러므로 상징적이 아니라 사람이 형장으로 끌려가는 실제적 상황으로 해석하는 것이 바람직하다(cf. McKane).

이렇게 하지 않는 자는 창조주 하나님의 심판을 피할 수 없다(12절). 억울한 사람이 사형장으로 끌려가는 것을 알지 못했다고 변명해도 소용없다(12a절). 하나님은 사람의 마음을 저울질하시는 분이시기 때문에 그의 마음을 읽으신다(12b절). 변명하는 자의 영혼을 지키시는 분은 모든 것을 아신다(13c절). 그의 속마음을 모두 꿰뚫고 계신다는 뜻이다.

그러므로 이웃의 억울한 죽음을 모른 채 한 사람은 분명 그의 묵인한 죄에 상응하는 보응을 받을 것이다(12d절). 억울한 일을 당하는 사람을 방관하지 말라는 경고이다.

IV. 지혜 있는 자의 잠언집 1(22:17-24:22)
B. 가르침 30가지(22:22-24:22)

26. 가르침 26(24:13-14)

[13] 내 아들아 꿀을 먹으라 이것이 좋으니라
송이꿀을 먹으라 이것이 네 입에 다니라
[14] 지혜가 네 영혼에게 이와 같은 줄을 알라
이것을 얻으면 정녕히 네 장래가 있겠고
네 소망이 끊어지지 아니하리라

지혜자는 지혜를 꿀에 비교한다. 그는 먼저 꿀을 먹어 보고 그것이 얼마나 좋은지를 생각해 보라고 한다. 특히 송이꿀을 먹고 단맛을 마음껏 즐기라고 한다. 꿀과 송이꿀의 차이는 꿀은 정제된 액체(고체) 형태를 띄며 송이꿀은 벌집에서 흘러내리는 첫꿀(virgin honey)이다(HALOT). 맛에는 별 차이가 없다.

입으로 꿀의 단맛을 실컷 즐긴 다음, 지혜가 그의 영혼에게 이런 것이라는 사실을 깨달으라 하는 것이다(cf. 2:10). 지혜를 얻는 것은 입이 꿀의 단맛을 즐기는 것과 같다. 또한 지혜로 인해 '장래'(אַחֲרִית, 종말)가 두렵지 않겠고, 절대 끊어지지 않을 소망이 생긴다(cf. 23:18; 24:20). 세상을 참으로 긍정적이고 적극적으로 살게 될 용기와 의욕을 갖게 된다는 뜻이다. 지혜는 이처럼 좋은 것이다.

IV. 지혜 있는 자의 잠언집 1(22:17-24:22)
B. 가르침 30가지(22:22-24:22)

27. 가르침 27(24:15-16)

15 악한 자여
의인의 집을 엿보지 말며
그가 쉬는 처소를 헐지 말지니라
16 대저 의인은 일곱 번 넘어질지라도 다시 일어나려니와
악인은 재앙으로 말미암아 엎드러지느니라

지혜자는 악인들에게 의인들을 해하지 말 것을 경고한다. 잠언은 꾸준히 의인들도 어려움을 당할 수 있다고 경고한다(10:25; 11:8, 9; 12:7; 18:5; 28:1). 악인들에게 의인의 집을 엿보지 말라고 한다. '엿보다'(ארב)는 공격할 때를 기다리며 매복해 있다는 뜻이다(TWOT, cf. 1:11; 7:12; 23:28). '쉬는 처소'(רֵבֶץ)은 짐승을 몰고 다니는 목자가 잠시 쉬기 위해 마련한 텐트 같은 임시 휴식처이다(HALOT). 그러므로 집에 머무는 것보다 훨씬 더 큰 위험에 노출되어 있다. 이 말씀은 악인들에게 언제 어디서든(집이나 처소에서도) 호시탐탐 의인을 해하려는 기회를 노리지 말라는 경고이다.

악인이 절대 의인을 해하지 말아야 할 것은 두 가지 이유 때문이다. 첫째, 의인은 일곱 번 넘어져도 다시 일어난다. 우리말로 의인들은 '칠전팔기'(七顚八起)한다. 끝에 가서는 정의가 반드시 승리한다(Whybray). 그러므로 아무리 악인들이 의인들을 해하려 해도 해할 수 없다. 잡초는 밟힐수록 더 강해진다. 의인들도 일어날 때마다 더 강해진다. 하나님이 그들을 강하게 하시기 때문이다.

둘째, 악인은 재앙으로 말미암아 엎드러진다. 의인을 보호하시는 하나님이 계속 의인을 해코지하는 악인을 내버려두지 않으실 것이다. 그에게 재앙을 주어 엎드러지게 하신다. '재앙'(רָעָה)은 하나님이 악인에게

내리시는 응징이다. 모르드개와 이스라엘을 해하려 했던 하만(에 7:10)과 다니엘을 죽이려다 오히려 사자들의 밥이 된 자들(단 6:23-24)이 좋은 예이다. 결국 악인들은 넘어져 다시 일어나지 못한다.

이미지가 대조적이다. 악인은 의인을 넘어뜨리는데, 넘어진 의인은 그때마다 다시 일어난다. 반면에 악인은 한번 넘어지면 다시는 일어나지 못한다. 하나님이 그를 넘어뜨리셨기 때문이다.

IV. 지혜 있는 자의 잠언집 1(22:17-24:22)
B. 가르침 30가지(22:22-24:22)

28. 가르침 28(24:17-18)

17 네 원수가 넘어질 때에 즐거워하지 말며
그가 엎드러질 때에 마음에 기뻐하지 말라
18 여호와께서 이것을 보시고 기뻐하지 아니하사
그의 진노를 그에게서 옮기실까 두려우니라

지혜자는 원수들이 당하는 일을 보고 기뻐하지 말라고 경고한다. 아무리 미운 원수라 할지라도 그들이 넘어질 때나 엎드러질 때 즐거워해서는 안 된다(cf. 욥 31:29; 잠 17:5; 믹 7:8). 그들의 아픔에 동참하지는 못하더라도 기뻐하지 말라는 것이다. 특히 그들이 하나님의 심판을 받아 고통을 당할 때에는 자신도 하나님의 심판을 받을 수 있다는 생각에 더욱더 신중하고 경건한 마음으로 상황을 지켜보아야지 천박스럽게 그 상황을 즐기면 안 된다. 심지어 심판하시는 하나님도 죄인들이 벌을 받아 고통스러워하는 모습을 보며 눈물을 흘리시지 결코 즐기지 않으신다. 누가 자기의 형상과 모양대로 지은 자들이 고통 속에서 신음하는 것을 기뻐하겠는가! 만일 이런 신이 있다면, 그는 분명 악한 신이다. 하물며 어찌 사람이 사람의 고통을 보고 즐길 수 있는가! 또한 그들이 벌을 받는다고 해서 하나님은 내 편이시거나 나의 억울함을 인정하셨다는 생각은 오산이다. 서로 별개 문제이다. 에돔 사람들이 예루살렘 함락에 앞장서고 기뻐한 일이 하나의 예이다(애 4:21, 22; 겔 35:12-15; 옵 1:12).

사람이 자기 원수가 벌을 받아 고통스러워하는 것을 보고 기뻐하는 것은 하나님 보시기에 좋은 일이 아니다. 그러므로 원수에게 내리시던 진노를 그에게서 옮기실 수도 있다(18절). '옮기다'(שׁוב)는 '돌아오다'라는 뜻이다. 원수를 괴롭게 하던 재앙이 오히려 그 사람에게 옮겨 올 수 있다는 경고이다(Cohen, Kitchen). "주님께서 이것을 보시고 좋지 않게 여기셔서, 그 노여움을 너의 원수로부터 너에게로 돌이키실까 두렵다"(새번역). 지혜자는 언제든 사람이 하나님께 벌을 받을 때면 그 사람이 친구이든 원수이든 상관없이 하나님 앞에 숙연해질 것을 권면한다. 다윗은 사울의 죽음과 아브넬의 죽음을 참으로 슬퍼하여 좋은 모범을 세웠다. 우리도 언제든 그처럼 하나님께 벌을 받을 수 있기 때문이다.

IV. 지혜 있는 자의 잠언집 1(22:17-24:22)
B. 가르침 30가지(22:22-24:22)

29. 가르침 29(24:19-20)

19 너는 행악자들로 말미암아 분을 품지 말며
악인의 형통함을 부러워하지 말라
20 대저 행악자는 장래가 없겠고
악인의 등불은 꺼지리라

지혜자는 악인들에 대하여 분노하지 말고, 그들의 형통함을 시기하지도 말라고 당부한다. 우리는 누가 나쁜 짓을 했다는 소식이 들리면 분노하기 십상이다. 그러나 기자는 그렇게 하지 말라고 한다. 분노하는 것은 정죄하는 것을 전제하며, 죄인이 죄인을 정죄하는 것은 그다지 바람직한 일이 아니다. 우리도 항상 죄를 지을 수 있는 가능성을 지니고 있기 때문이다. 그러므로 이런 일이 생기면 죄를 지은 악인들에게 분노하기보다는 우리는 그런 죄악을 짓지 않겠다고 하나님 앞에서 다짐하며 마음가짐을 새로이 하는 것이 더 바람직하다.

또한 악인의 형통함을 부러워하지 말아야 한다. '악인의 형통함'(רְשָׁעִים)은 단순히 '악인들'이다. 악인들이 아무리 매력적으로 보이고, 잘 되어도 그들을 부러워하지 말라는 뜻이다. 악인이 형통한 것은 죄이기 때문이다(21:4). 악인의 형통을 부러워하는 것은 죄를 부러워하는 것과 같다. 경건한 사람들은 죄를 부러워해서는 안 된다. '부러워하다'(קָנָא)는 '시기하다, 질투하다'이다. 이 말씀은 24:1a과 같다.

우리는 왜 악인들에게 분을 품지 말아야 하며 그들의 형통함을 부러워하지 말아야 하는가? 그들은 머지않아 망하고 죽을 것이기 때문이다. 악인들에게는 장래가 없다. 23:17-18은 의인이 죄인들을 보고 부러워하지 않으며 여호와를 경외하면 장래가 있고 소망도 끊어지지 않을 것이라고 했다. 또한 24:13-14은 지혜를 얻으면 장래가 있고 소망이 있다고 했다. 본문은 행악자들에게는 장래가 없다고 한다. 그들은 망할 것이다. 또한 악인의 등불은 꺼질 것이라고 한다. 죽을 것이라는 뜻이다. 오늘 우리가 악인들의 형통함을 부러워할 필요가 없는 것은 머지않아 그들은 망하고 죽을 것이기 때문이다.

IV. 지혜 있는 자의 잠언집 1(22:17-24:22)
B. 가르침 30가지(22:22-24:22)

30. 가르침 30(24:21-22)

[21] 내 아들아

여호와와 왕을 경외하고
반역자와 더불어 사귀지 말라
22 대저 그들의 재앙은 속히 임하리니
그 둘의 멸망을 누가 알랴

지혜자는 하늘의 권세이신 여호와와 세상의 권세인 왕을 경외하라고 한다. 이상적으로 왕은 여호와의 권세를 위임받아 자기 백성을 다스려야 한다. 왕은 하나님의 다스림을 중계하는 자이기 때문이다. 그러므로 기자는 여호와뿐 아니라 왕도 함께 경외하라고 한다.

여호와와 왕을 경외하는 사람은 반역자와 더불어 사귀지 말아야 한다. '반역자들'(שׁוֹנִים)은 '다르게 하는 자들, 바꾸려는 자들'이라는 의미를 지녔다(HALOT). 정권에 불만을 품고 정권을 바꿔보려고 하는 자들이다. 이런 사람들은 인간 왕에게만 반역을 꾀하는 것이 아니라, 그를 왕으로 세우신 여호와께도 반역을 꾀하고 있다. 그러므로 기자는 이런 사람하고 사귀지 말라고 한다. '사귀다'(ערב)는 '섞이다'라는 의미를 지녔다. 상종을 하지 말라는 경고이다(cf. 22:24-27; 23:20-21; 24:1).

지혜자는 왜 반역자들과 사귀면 안 되는가를 말한다. 그들에게 속히 재앙이 임할 것이기 때문이다. 왕이 그들이 음모를 꾸미는 것을 알게 되면 모든 것이 끝장이다. 이럴 때 그들과 '섞여 있다'가는 화를 면할 길이 없다. 게다가 왕은 하나님이 세우신 자이다. 그러므로 하나님과 왕이 반역자들에게 내리는 멸망(재앙)은 무척 혹독할 수 있다. 그러므로 기자는 '그 둘의 멸망'(여호와와 왕에게서 오는 멸망)이 얼마나 잔혹할지는 아무도 모른다고 한다.

V. 지혜로운 자의 잠언집 2
(24:23-34)

이 섹션에 속한 본문이 짧기는 하지만, 대부분 학자들은 본 텍스트가 22:22-24:22에서 독립된 부분이라고 생각한다. 이 섹션을 시작하는 24:23이 "이것도 지혜로운 자들의 말씀이라"며 새로운 섹션의 시작을 알리고 있기 때문이다. 이곳에 속한 말씀도 분명 지혜자들의 것이지만, 앞 부분에 추가된 것이라는 뜻이다.

이 섹션을 하나로 묶는 주제는 공동체이다. 정의로운 공동체에서는 공의로운 판결이 필수적이며, 각 개인은 공동체의 일원으로 해야 할 의무가 있고, 게으른 자는 공동체의 안녕을 위협할 수도 있다고 한다. 이 주석에서는 다음과 같이 구분하여 본문을 주해해 나가고자 한다.

A. 정의로운 판결(24:23-26)
B. 각 개인의 의무(24:27-29)
C. 게으른 자의 기업(24:30-34)

V. 지혜로운 자의 잠언집 2(24:23-34)

A. 정의로운 판결(24:23-26)

23 이것도 지혜로운 자들의 말씀이라
재판에 낯을 보아 주는 것이 옳지 못하니라
24 악인에게 네가 옳다 하는 자는
백성에게 저주를 받을 것이요
국민에게 미움을 받으려니와
25 오직 그를 견책하는 자는
기쁨을 얻을 것이요
또 좋은 복을 받으리라
26 적당한 말로 대답함은 입맞춤과 같으니라

솔로몬의 잠언들과 구분이 되는 지혜로운 자들의 말씀 모음집은 이미 22:17에서 시작되었다. 그러나 이 섹션이 "이것도 지혜로운 자들의 말씀이라"는 말로 시작하는 것은 22:17-24:22이 지혜자들의 주요 모음집이고, 23-34절은 추가적으로 첨부된 것임을 시사한다. 이 섹션은 법정에서 정의가 실현되어야 한다는 점을 강조한다(cf. Waltke).

지혜자는 재판에서 낯을 보아 주는 것이 옳지 않다며(23b절) 가르침을 시작한다. '낯을 보아 주다'(הַכֵּר־פָּנִים)는 편파적이고 불공평하다는 뜻이다(cf. 공동, 현대어, NAS, NIV, ESV, NRS, TNK). 차라리 재판관이 눈을 가리고 재판을 진행하는 것이 낫다(Koptak). 재판관들이 편파적인 판결을 내리는 것은 죄다(cf. 신 1:17; 16:19; 잠 28:21). 정의를 실현하려는 사회의 질서와 기준을 흔들기 때문이다. 그러므로 사회의 평안을 위해서라도 불공평한 판결은 없어야 한다.

편파적인 판결의 극단적인 예는 악인에게 옳다고 하는 것이다(24절). '악인'(רָשָׁע)과 '옳음'(צַדִּיק)은 반대되는 말이다. 그러므로 악인을 옳다고 하는 일은 가치관에 혼란을 초래한다. 결국 이런 재판관은 백성들에게 저주와 미움을 받는다. '저주받다'(קבב)와 '미움받다'(זעם)는 비슷한 말이다(HALOT). 지혜자는 같은 말을 두 차례 반복함으로써 이런 사람은 확실히 저주를 받을 것이라 한다.

재판관은 악인에게 무죄 판결을 내릴 때 한 번 더 생각해야 한다. 그가 무죄 판결을 내리면 악인 한 사람은 기뻐하겠지만, 온 국민이 그를 저주할 것이다. 편파적인 판결로 악인을 옹호하는 것이 그럴 만한 가치가 있는지를 신중하게 생각해야 한다. 게다가 여호와께서 지켜보고 계신다.

악인을 견책하는 자들은 기쁨을 얻을 것이다(25절). 1행은 '악인'이라는 말이 없다. 단지 '견책하는 자들은 기쁨을 얻을 것이다'로 되어 있다. 그러나 24절과 연결해서 해석하면 악인을 목적어로 삽입해서 읽어야 한다. '견책하다'(יכח)는 '책망하다'이며 죄값을 묻는다는 의미를 지녔다(NIDOTTE).

이런 재판관들은 백성들의 칭찬을 받아 기쁠 것이며, 또한 좋은 복을 받을 것이다. '받다'(בוא)는 '오다'이다. 가만히 있어도 복이 찾아오는 상황이다. '복'(בְּרָכָה)은 원래 좋은 것이다. 그런데 '좋은'(טוֹב)이 추가된 복이다. 그러므로 '좋은 복'(בִּרְכַּת־טוֹב)은 최상급 복이다. 백성들과 하나님이 그를 참으로 축복할 것이라는 뜻이다. 공평한 판결은 참으로 중요하고 많은 축복을 유발한다.

적당한 말로 대답하는 것은 입맞춤 같다(26절). '적당한 말'(נְכֹחִים דְּבָרִים)은 '바른 말'이다(cf. 새번역, 공동). 대충 얼버무리는 말이 아니라, 정직하고 진솔한 말이다(cf. Clifford, Waltke). 이런 대답은 입맞춤과 같다. 고대 사회에서 입맞춤은 사랑을 표현하는 인사였고, 충성 다짐이었다(ABD, cf. 롬 16:16; 고전 16:20; 고후 13:12). 그러므로 입맞춤을 받은 사람을 기쁘게 했다. 물론 악인들과 어리석은 자들에게는 그렇지 않다. 그들은 진솔한 말에 관심이 없다. 위선적이고 과장된 말을 좋아한다.

V. 지혜로운 자의 잠언집 2(24:23-34)

B. 각 개인의 의무(24:27-29)

[27] 네 일을 밖에서 다스리며
너를 위하여 밭에서 준비하고
그 후에 네 집을 세울지니라
[28] 너는 까닭 없이 네 이웃을 쳐서
증인이 되지 말며
네 입술로 속이지 말지니라
[29] 너는 그가 내게 행함 같이 나도 그에게 행하여
그가 행한 대로 그 사람에게 갚겠다 말하지 말지니라

지혜자는 삶에서 무엇이 우선인지를 분별하여 중요한 일부터 해야 한다고 한다(27절). 이 말씀의 배경은 농경 사회이다(Kitchen). 농경 사회에서 바깥일, 곧 밭을 잘 정돈하고 일구는 것은 온 가족의 생계와 연관된 일이다. 농사를 짓지 못하면 식량을 얻을 수 없기 때문이다. 오늘날로 말하면 임금을 받는 직장을 갖는 것에 비교할 수 있다.

생계에 연관된 일을 먼저 해 놓은 후에 집을 세우라고 한다. 오늘날로 말하면 먼저 직업을 갖고, 그 다음 가정을 세우라는 뜻이다(Garrett, Wilson). 집은 세워질 때까지 천막에서 살 수도 있다. 이 말씀은 삶에서 반드시 해야 할 중요한 일들의 순서를 정하고 그에 따라 살아가라는 권면이다. 그러므로 가정을 세워가는 일뿐 아니라, 삶의 모든 영역에 적용되어야 한다(Whybray). '성년 아이'(kidult)와 온갖 부수적인 장난감에 집착하는 사람들이 많은 우리 사회에 꼭 필요한 말씀이다.

지혜자는 근거 없이 이웃과 동료들에게 해로운 증언을 하지 말라고 경고한다(28절, cf. 출 20:16; 신 5:20). '까닭 없는 증인'(עֵד־חִנָּם)은 타당한 이유나 충분한 증거도 없으면서 증언하는 자, 곧 위증하는 자이다. 이

웃에게 악의적인 감정이 있어서 이런 짓을 할 수도 있다. 그러나 아무리 이웃이나 동료가 서운하게 했다고 해도 위증은 신용 사회의 근간을 흔드는 악한 범죄이다. 그러므로 속이는 말도 하지 말아야 한다.

마지막으로 지혜자는 악을 악으로 갚지 말라고 한다(29절). 피해를 입으면 가해자에게 받은 대로 갚아 주려고 하는 것이 인간의 본능이다. 이 권면을 28절의 위증과 연결하면, 위증으로 피해를 입은 사람의 말이 된다(Kitchen, cf. Koptak). 그러나 보복은 새로운 보복과 갈등을 안겨 준다. 그러므로 그 악의 고리를 끊는 방법은 보복하지 않는 것이다. 참으로 억울한 일이다. 그러나 악을 악으로 갚지 않는 것은 하나님이 기뻐하실 선한 일이다. 또한 우리가 보복하지 않으면 하나님이 보복해 주실 것이다(20:22, cf. 신 32:35; 시 94:1; 히 10:30). 악을 악으로 갚지 않는 것은 심판하시는 하나님을 신뢰하는 믿음의 고백이다.

V. 지혜로운 자의 잠언집 2(24:23-34)

C. 게으른 자의 기업(24:30-34)

30 내가 게으른 자의 밭과
지혜 없는 자의 포도원을 지나며 본즉
31 가시덤불이 그 전부에 퍼졌으며
그 지면이 거친 풀로 덮였고
돌담이 무너져 있기로
32 내가 보고 생각이 깊었고
내가 보고 훈계를 받았노라
33 네가 좀더 자자, 좀더 졸자,
손을 모으고 좀더 누워 있자 하니
34 네 빈궁이 강도 같이 오며

네 곤핍이 군사 같이 이르리라

지혜자는 자신이 경험한 일을 회고하며 교훈을 준다. 그가 게으른 자의 밭과 지혜 없는 자의 포도원을 보고 깨달은 것이 있다. 이렇게 말함으로써 지혜자는 게으른 자와 지혜 없는 자를 같은 부류로 취급한다. 당연한 일이다. 지혜로운 사람은 절대 게으르지 않기 때문이다.

그가 보니 그들의 밭과 포도원은 온갖 잡초와 가시덤불이 무성했다(31절). 밭을 전혀 가꾸지 않고 방치한 것이다. 게다가 밭과 밭 사이의 경계선 역할을 하는 돌담도 무너져 있었다. 한마디로 곡식과 포도가 자랄 만한 환경이 아니다. 이런 곳에서 수확을 기대하는 자는 참으로 어리석다.

지혜자는 그 광경을 보고 그 자리에 서서 생각해 보았다(32절). 그리고 훈계를 받았다. '훈계'(מוּסָר)는 '훈련, 교훈'을 뜻한다. 이 단어는 그동안 여러 차례 사용되었지만, 이번이 마지막이다. 책의 나머지 부분에서는 더 이상 사용되지 않는다. 그가 훈계를 받았다는 것은 상황을 관찰하며 지혜를 얻었다는 의미이다. 지혜는 반드시 지혜자에게 배우는 것은 아니다. 자연의 이치나, 이곳에서 상황 관찰을 통해서도 얻을 수 있다.

어떤 지혜를 얻었는가? 게으르면 가난이 강도처럼, 곤핍이 군사 같이 들이닥친다는 진리를 깨달았다. 강도와 군사는 예고 없이 찾아오기도 하지만, 전혀 막을 수 없는 침략자들이다. 가난은 게으른 자들을 급습하며, 게으른 자들은 절대 침략해 오는 가난을 막을 수 없다는 뜻이다.

VI. 후세대가 모은 솔로몬의 잠언
(25:1-29:27)

이 섹션은 "이것도 솔로몬의 잠언이요 유다 왕 히스기야의 신하들이 편집한 것이니라"(25:1)라는 말씀으로 시작한다. 30:1은 "이 말씀은 야게의 아들 아굴의 잠언이니 그가 이디엘 곧 이디엘과 우갈에게 이른 것이니라"라며 새로운 섹션의 시작을 알린다. 그러므로 솔로몬의 두 번째 잠언 모음집은 25:1-29:27이 된다.

이 잠언집은 히스기야 왕의 신하들이 모아 편집한 것이다(25:1). 딜레(Thiele)에 의하면 히스기야는 주전 715년에 왕위에 올랐고, 687년에 므낫세에게 왕위를 물려주고 죽었다. 이 잠언집은 이때쯤 히스기야 왕의 지시에 따라 지혜자들이 솔로몬 자료들을 연구하여 모은 결과이다. 그렇다면 솔로몬 시대(주전 970-931년)로부터 250년 이상 지난 후에 모아진 잠언들이다.

아마도 히스기야 시대에 있었던 영적부흥이 계기가 되었을 것이다(cf. 왕하 18:1-8; 대하 27:1-31:21). 히스기야 시대에 서기관이었던 셉나가 이 프로젝트를 주도했을 것이라는 추측도 있다(Cohen, cf. 왕하 18:18, 37; 19:2) '이것도…'(גַּם־אֵלֶּה)와 '옮기다'는 의미를 지닌 '편집하다'(עתק)(cf. 창 12:8; 26:22)가 사용되는 것으로 보아 이 섹션에 모아져 있는 잠언들은 원래 다른 모음집에 존재하던 것을 옮겨 온 것으로 생각된다(Koptak, Waltke).

솔로몬의 두 번째 잠언 모음집은 25:1–27:27과 28:1–29:27 두 파트로 나뉜다. 첫 번째 섹션(25:1–27:27)은 대부분 비교적인 잠언들(comparative proverbs)로 구성되어 있고, 두 번째 섹션(28:1–29:27)은 대부분 대조적인 잠언들(antithetical proverbs)로 구성되어 있다(Toy). 비교적인 잠언은 1행과 2행이 같거나 비슷한 원리를 제공하는 가르침이며, 대조적인 잠언은 2행이 1행이 제시하는 원리에 완전히 상반되는 가르침을 제시한다.

또한 첫 번째 섹션보다 두 번째 섹션이 훨씬 더 많은 신학적—윤리적 가르침을 담고 있다(Waltke). 비록 여호와에 대한 직접적인 언급은 28:5과 28:25 두 차례로 제한되어 있지만, 이 섹션에 흐르는 전반적인 분위기는 여호와의 공의와 정의이다. 두 번째 섹션은 첫 번째 섹션에 비해 이러한 차이점을 지니고 있다(Whybray). 그러므로 본문은 다음과 같이 두 섹션으로 나뉠 수 있다.

A. 비교적인 가르침(25:1–27:27)
B. 대조적인 교훈(28:1–29:27)

VI. 후세대가 모은 솔로몬의 잠언(25:1–29:27)

A. 비교적인 가르침(25:1–27:27)

히스기야의 신하들이 모은 솔로몬의 두 번째 잠언 모음집은 대부분 비교적인 잠언들(comparative proverbs)로 구성되어 있다. 유일한 예외는 대조적인 양식을 지니고 있는 25:2과 27:6, 7, 12 뿐이다. 본 텍스트도 다양한 주제로 구성되어 있으며, 이 주석에서는 다음과 같은 구분을 바탕으로 본문을 주해해 나가고자 한다.

A. 왕을 대할 때(25:1–7)
B. 소송하지 않고 문제 해결하기(25:8–10)
C. 진귀한 보석 같은 지혜(25:11–12)
D. 믿음직한 사람과 믿지 못할 사람(25:13–14)
E. 참는 지혜(25:15)
F. 지혜로운 대인 관계(25:16–27)
G. 여러 유형의 사람들(25:28–26:28)
H. 자랑과 칭찬(27:1–2)
I. 견디기 힘든 사람들(27:3–4)
J. 친구와 우정(27:5–10)
K. 아버지의 권면(27:11–27)

VI. 후세대가 모은 솔로몬의 잠언(25:1–29:27)
A. 비교적인 가르침(25:1–27:27)

1. 왕을 대할 때(25:1–7)

1 이것도 솔로몬의 잠언이요
유다 왕 히스기야의 신하들이 편집한 것이니라
2 일을 숨기는 것은 하나님의 영화요
일을 살피는 것은 왕의 영화니라
3 하늘의 높음과 땅의 깊음 같이
왕의 마음은 헤아릴 수 없느니라
4 은에서 찌꺼기를 제하라
그리하면 장색의 쓸 만한 그릇이 나올 것이요
5 왕 앞에서 악한 자를 제하라
그리하면 그의 왕위가 의로 말미암아 견고히 서리라
6 왕 앞에서 스스로 높은 체하지 말며

대인들의 자리에 서지 말라

7 이는 사람이 네게

이리로 올라오라고 말하는 것이

네 눈에 보이는 귀인 앞에서

저리로 내려가라고 말하는 것보다 나음이니라

솔로몬의 첫 번째 잠언 모음집(10:1-22:16)을 이어가는 두 번째 모음집이다. 지혜자의 잠언들(22:17-24:34)로 잠시 중단되었던 솔로몬의 잠언이 다시 시작되고 있다. 히스기야 왕의 신하들이 모으고 편집한 것이며(1절), 솔로몬의 두 번째 잠언 모음집(25:1-29:27)을 시작하고 있는 본 텍스트의 내용은 모두 왕에 관한 것이다. 책의 서론과 첫 번째 잠언 모음집이 '아들에게' 주는 가르침으로 시작했던 것과는 대조적이다(cf. 1:8, 10:1).

첫 번째 가르침은 '하나님—왕—백성'의 관계에 관한 것이다(2-3절). 그러므로 흐름은 '하늘—왕좌—백성'이다. 하나님의 영화는 일을 숨기는 것에 있다(2a절). '영화'(כָּבוֹד)는 영광을, '숨기다'(סתר)는 감추는 것을, '일'(דָּבָר)은 매우 포괄적인 단어로 하나님이 하시는 일과 말씀을 포함한다. 이 말씀은 하나님이 우리의 찬양과 존귀에 합당하신 것은 주님에 관한 많은 것들이 감춰져 있어 도저히 알 수 없는 것에 있다는 뜻이다(Kitchen).

하나님은 자기 자신에 대해 사람들이 알고 순종해야 할 것은 드러내시지만(신 29:28-29), 온전히 보여 주지는 않으신다. 만일 사람이 하나님에 대해 모든 것을 알게 된다면, 사람들은 주님을 특별하게 생각하지 않고 경배와 예배도 등한시하게 될 것이다(McKane). 하나님은 자신에 대해 많은 것을 감추신 신비로운 분이다. 하나님의 신비로움은 사람들의 호기심을 자극할 뿐만 아니라 겸손하게 한다. 인간은 아무리 노력해도 하나님에 대한 모든 것을 알 수 없고, 오직 하나님이 스스로 드러내시는 것만큼만 알 수 있다.

그러므로 주님이 인간에게 자신과 하시는 일을 온전히 드러내지 않으시는 것은 하나님의 영화이다. 세상 말로 하면 하나님은 '신비 콘셉트'(연예인들이 자신들에 대하여 상당 부분 비밀로 붙여 신비로운 자들처럼 분위기를 조성하는 것)를 유지하신다. 그렇다면 하나님에 대해 온전히 알지 못하는 우리는 어떻게 해야 하는가? 모르는 것에 대해 염려하지 말고 아는 것에 순종하며 살면 된다.

하나님의 영화가 '감추는 일'에 있다면, 인간 왕의 영화는 '살피는 것'에 있다(2b절). '살피다'(חקר)는 '드러내다, 파악하다'는 뜻이다(TWOT). 고대 근동에서 왕은 신들의 지혜를 가장 많이 받은 자들로서 신들에 대해 많은 것을 '살폈다'(알았다)(cf. Koptak). 또한 왕은 자신이 통치하는 영토와 그 안에 사는 백성의 삶을 많이 파악할수록 효과적인 다스림을 펼칠 수 있다. 그러므로 하늘에서 사람의 경배를 받으시는 하나님은 자신의 '일을 숨기시는 것'에 영광이 있고, 인간 왕은 백성들의 삶을 '살피는 것'에 자신이 영화로워지는 길이 있다(Aitken, Van Leeuwen).

왕의 영화는 백성의 형편과 마음을 살피는 것에 있지만, 백성은 왕의 마음을 살필 수 없다(3절). 왕의 마음은 하늘의 높음과 땅의 깊음 같아서 백성은 도저히 그 마음을 헤아릴 수 없다. 하나님은 왕을 온전히 헤아리시지만, 왕은 하나님을 헤아릴 수가 없다. 이와 같이 왕은 백성들을 모두 헤아리지만, 백성들은 그의 마음을 헤아릴 수 없다는 뜻이다. 그러므로 이 말씀의 실용적인 적용은 백성들에게 왕에 대한 음모나 역모를 꾸미지 말라는 경고라 할 수 있다. 그들은 왕의 마음을 온전히 헤아릴 수 없기 때문이다. 24:21-22은 여호와와 왕의 하나됨을 선언했다.

두 번째 가르침은 '왕—신하들'에 관한 것이다(4-5절). 솔로몬은 왕을 받드는 자들 중에 악인들을 제거하되 은에서 찌꺼기를 제거하듯 하라고 한다. 은으로 그릇을 만들기 위해서는 반드시 찌꺼기를 제거해야 한다(4절). 만일 찌꺼기가 조금이라도 남아 있으면, 그릇을 망치기 때문에 다시 그 그릇을 녹여 정제 과정을 거쳐야 한다. 그러므로 은을 다루는 장색(정제하는 사람)은 정제 과정에서 찌꺼기를 확실하게 제거해야 한다. 그래야 쓸 만한 은 그릇을 만들 수 있다. 성경에서 찌꺼기는 도덕적인 부정함의 상징이며(cf. 시 119:119), 찌꺼기를 제거하는 것은 하나님의 심판을 상징하기도 한다(사 1:22-25; 겔 22:18-19; 말 3:2-3).

장색이 은물에서 찌꺼기를 제거해야 그릇을 만들 수 있는 것처럼, 왕 앞에서 악한 자를 제거해야 왕위가 굳건하게 선다(5절). 르호보암이 어리석고 악한 참모들의 계략을 따랐다가 자기 목숨을 잃을 뻔한 것과, 결국 이스라엘이 두 나라로 나뉘게 된 것은 이 가르침의 예가 될 수 있다(왕상 12:6-15). 반면에 아사 왕은 악하게 굴던 자기 가족들도 용납하지 않았다(왕상 15:13; 대하 14:1-7).

이 말씀에서 왕 앞에 서 있는 자가 판결을 받기 위해 왕의 법정에 출두한 사람일 수도 있지만, 왕이 곁에 두어 그를 보좌하도록 한 사람이 확실하다. 왕이 자문을 구하고, 일을 시키는 신하인 것이다. 왕이 아무리 훌륭한 계획을 가지고 있다 할지라도, 참모들이 악하면 결코 실현되지 않을 것이다(Greenstone). 솔로몬은 왕의 통치는 공의로운 판결과 의로운 다스림으로 견고해지는데, 악인들이 왕 주변에 참모로 모여 있으면 절대 도움이 되지 않는다고 한다. 백성들은 한결같이 공의롭고 정의로운 정권을 원한다(Koptak). 그러므로 그는 왕 주변에서 악인들을 단호하고 과감하게 제거하라고 한다.

이런 일을 할 수 있는 사람은 왕 자신뿐이다. 그러므로 왕은 지속적으로 자기 나라를 살펴 악을 찾아내 없애야 한다(cf. 2절). 또한 이 말씀은 높은 자리에 있는 사람들에게 현명하게 처신하여 선하고 의로운 아랫사람들을 두라는 권면이다. 왕이 선한 부하들과 함께 의롭게 다스리면 백성들은 만족하고 기뻐할 것이다. 안타깝게도 우리는 높은 위치에 있는 사람들이 주변에 좋지 않은 사람들을 두어 곤경을 치르거나 독재

자로 변질되는 모습을 보곤 한다.

세 번째 가르침은 '신하들(백성들)'에 관한 것이다(6-7절). 솔로몬은 신하들에게 왕 앞에서 처신을 잘 할 것을 당부한다. 왕 앞에서 스스로 높은 체해서는 안 된다. '높은 체하다'(הדר)는 '자랑하다'라는 뜻이다(HALOT). 자기 신분을 망각하고 마치 자기가 왕이나 되는 것처럼 떠들어 대는 것은 어리석기도 하고 위험하기도 하다. 예수님의 제자들도 끊임없이 이 이슈와 씨름했다(마 18:1-4; 막 9:33-37; 눅 9:46-48; 22:24-27).

자기 자신을 자랑하는 것은 교만하다는 증거이다. 겸손은 미덕이다. 설령 자랑하고 싶고 자랑거리가 있을지라도, 남(이경우 왕)이 칭찬하고 인정하도록 해야지(cf. 22:29), 자기 스스로 떠벌리는 것은 옳지 않다. 특히 높은 사람들 앞에서는 더욱더 그렇다. 예수님의 제자들도 자기 자신을 높이는 일로 인해 갈등을 빚곤 했다(마 18:1-4; 막 9:33-37; 눅 9:46-48; 22:24-27).

자기 자신을 과시하기 위해 대인의 자리에 서는 것도 좋지 않다(6b절, cf. 16:19; 29:23). '대인들의 자리'(מְקוֹם גְּדֹלִים)는 왕의 신하들 중에서도 높은 지위에 있는 사람들의 자리이다. 자신의 낮은 신분을 고려하여 높은 사람들의 일에 끼어들지 말라는 경고이다. 윗사람이 자문을 구할 때까지 아랫사람은 침묵을 지키는 것이 바람직하다. 오늘날처럼 '자신을 피알하는(피터지게 알리는) 시대'에 이 말씀은 우리 모두에게 지혜가 되어야 한다.

솔로몬이 이처럼 충고하는 것은 그들이 수치를 모면하게 하기 위해서이다(7절). 그는 가상 시나리오를 통해 가르침을 이어간다. 사람이 겸손히 낮은 자들과 자리를 함께 했는데, 만일 그 자리가 그가 있을 곳이 아니라면 그는 반드시 높은 자리로 불림을 받을 것이다(cf. 눅 14:10). 심지어는 낮은 자들이 그는 자신들의 급이 아니라며 높은 자리로 올라가라고 할 것이다.

반면 분수에 맞지 않은 높은 자리에 앉아 있으면, 그 자리에 앉을 만한 사람이 오면 그는 반드시 강등될 것이다. 매우 수치스러운 일이다. 그러므로 솔로몬은 지혜롭게 행하라고 한다. 자기 지위보다 낮은 자리에 앉는 것이 자기 지위보다 높은 자리에 앉는 것보다 훨씬 더 좋고, 수치를 당하지 않는 지혜로운 처세라고 한다. 예수님은 이 말씀을 인용하여 제자들을 가르치셨다(눅 10:8-10).

VI. 후세대가 모은 솔로몬의 잠언(25:1-29:27)
A. 비교적인 가르침(25:1-27:27)

2. 소송하지 않고 문제 해결하기(25:8-10)

8 너는 서둘러 나가서 다투지 말라
마침내 네가 이웃에게서 욕을 보게 될 때에
네가 어찌할 줄을 알지 못할까 두려우니라
9 너는 이웃과 다투거든 변론만 하고
남의 은밀한 일은 누설하지 말라
10 듣는 자가 너를 꾸짖을 터이요
또 네게 대한 악평이 네게서 떠나지 아니할까 두려우니라

솔로몬은 이웃을 상대로 성급하게 소송하는 일을 자제하라고 한다(8절). '다투다'(ריב)는 법정에서 시시비비를 가린다는 뜻이다(cf. 새번역, 공동, 아가페). 살다 보면 때로는 소송을 제기해야 할 때가 있다. 그러나 법정으로 가는 일에 대해서는 신중해야 하며, 마지막 옵션으로 남겨 두어야 한다. 법정으로 성급하게 달려간다는 것은 이웃과의 관계에 대한 의무를 제대로 하지 않았다는 뜻이다(Kidner). 또한 과정이 매우 오래 지속되며 고통스러운 시간이 될 수 있다. 결과도 본인의 원하는 대로 나오지 않기 일쑤다. 그러므로 솔로몬은 되도록이면 소송을 하지 말고, 굳이(반드시) 해야 하면 서두르지 말고 신중하게 하라고 한다. 피고가 승소하여 원고에게 오히려 수치를 안겨 줄 수도 있다. 그러므로 이 말씀을 잘못된 정보를 가지고 소송을 제기하지 말라는 의미로 해석하는 이들도 있다(McKane).

이웃과 문제가 생겨 다투게 될 때에는 변론만 하고 남의 은밀한 일은 누설하지 말아야 한다(9절). 이 말씀은 법정으로 가지 않고 문제를 해결하려고 할 때에 관한 것이다. 성급하게 법정으로 달려가는 사람은 이웃과의 다툼에서도 성급하게 말을 많이 할 것이고, 실수도 많이 저지를 것이다. 이럴 때에는 숨을 깊이 들이마시고 자기 입장만 말하는 것이 지혜롭다. 상대방을 공격하거나 험담을 하면 감정적인 싸움으로 번질 수 있으므로 상황이 수습불가로 치달을 수 있다. 자기 입장만 밝혀 논쟁을 최소화하라는 것이다.

또한 남의 은밀한 일은 누설하지 말아야 한다(9b절). '남의 은밀한 일'(סוֹד אַחֵר)을 직역하면 '남과 나눈 긴밀한 대화/자문'이다. 그러므로 이 말씀이 문제에 연루된 사람과 나눈 대화나 사적인 정보를 뜻하는지, 혹은 자기 입장을 정리하는 과정에서 다른 사람들에게 구한 자문인지 확실하지가 않다. 이어지는 10절의 내용을 감안하면, 이 분쟁에 연루된 사람의 사생활에 관한 정보를 공개하는 것으로 보인다(Kitchen, cf. Koptak). 남의 은밀한 일을 누설하면 개인 정보를 침해하는 결과를 초래하여 그와 새로운 다툼을 유발할 수도 있고, 듣는 사람들의 마음을 불편하게 할 수도 있다.

그러므로 자기 입장을 변호하기 위해 남의 은밀한 사생활을 폭로하면 듣는 사람들은 심기가 불편해져 오히려 그를 꾸짖을 것이고, 그에 대한 악평이 꼬리표가 되어 평생 그를 따라다니며 괴롭게 할 것이다. 솔로몬은 이렇게까지 하면서 다툼을 이기는 것이 의미가 있고, 그럴만한 가치가 있는지를 묻고 있다. 어떠한 다툼에서도 남의 사생활을 폭로하는 것은 옳지 않으며, 오히려 폭로하는 사람의 명예만 훼손된다. 자신의 명예를 훼손하고, 주변 사람들에게 상처를 입히면서까지 얻는 승리는 승리가 아니다(Plaut).

VI. 후세대가 모은 솔로몬의 잠언(25:1–29:27)
A. 비교적인 가르침(25:1–27:27)

3. 진귀한 보석 같은 지혜(25:11–12)

[11] 경우에 합당한 말은
아로새긴 은 쟁반에 금 사과니라
[12] 슬기로운 자의 책망은
청종하는 귀에 금 고리와 정금 장식이니라

'경우에 합당한 말'(דָּבָר דָּבֻר עַל־אָפְנָיו)은 때와 장소에 적합한 말, 곧 시기적절한 말이다(Delitzsch, cf. 15:23). 이런 말은 매우 아름답고 귀하다. 솔로몬은 시기적절한 말은 은쟁반에 담긴 금 사과와 같다고 한다. 솔로몬 시대에는 아직 사과가 가나안 지역에서 경작되지 않았기 때문에 살구, 오렌지, 석류 등 다양한 과일로 풀이되기도 한다(cf. Whybray). 만일 사과가 아니라면, 오렌지나 살구일 가능성이 크다. 본문이 제시하는 이미지가 하얀 은쟁반과 그 위에 올려진 노란 과일을 대조하기 때문이다(Cohen). 어떤 과일이든 간에 사람이 상상할 수 있는 가장 귀하고 아름다운 그림들 중 하나이다. 이런 말을 할 수 있으려면 지혜가 있어야 한다. 물론 들을 귀가 있는 사람들에게만 유효한 원리이다(cf. 15:23). 그러므로 이 말씀은 지혜로워져서 사람들에게 귀한 말을 해 주라는 권면이다.

시기적절한 말을 하는 슬기로운 사람의 책망은 듣는 이의 귀에 금 고리와 정금 장식이다. '슬기로운 자의 책망'(מוֹכִיחַ חָכָם)은 징계를 포함할 수도 있다(HALOT). '정금'(כֶּתֶם)은 금 중에서도 가장 귀한 것으로서 오빌의 금이 이렇게 표현된다(사 13:12; 시 45:10; 욥 28:16). 때와 장소를 구분하여 지혜롭게 말하는 사람의 조언은 듣는 사람에게 금 고리와 정금 장식처럼 귀하고 소중한 것이라는 뜻이다. 물론 가르침을 받아들일 마음 자세가 되어 있는 사람에게나 그렇지, 남의 훈계를 거부하는 어리석은 자에게는 쇠귀에 경 읽기다. 그러므로 솔로몬은 '청종하는 귀'에 그렇다고 한다. 아무리 좋은 말이라도 받아들여져야 진가를 발휘한다.

VI. 후세대가 모은 솔로몬의 잠언(25:1-29:27)
A. 비교적인 가르침(25:1-27:27)

4. 믿음직한 사람과 믿지 못할 사람(25:13-14)

13 충성된 사자는 그를 보낸 이에게
마치 추수하는 날에 얼음 냉수 같아서
능히 그 주인의 마음을 시원하게 하느니라
14 선물한다고 거짓 자랑하는 자는
비 없는 구름과 바람 같으니라

'충성된 사자'(צִיר נֶאֱמָן)는 보내는 사람의 의도를 잘 파악하여 상대방에게 정확하게 전달하는 전령이다. 이런 사람은 보낸 사람에게 추수하는 날에 얼음 냉수 같다. 가나안에서 봄 추수는 보통 4-5월에 이루어지기 때문에 이미 초여름 날씨이다. 게다가 열심히 노동하다 보면 땀이 자연스럽게 흘러내린다. 이런 상황에서 가장 좋은 것은 그 땀을 식혀줄 시원하고 신선한 바람이다. '얼음 냉수'(צִנַּת־שֶׁלֶג)를 직역하면 '눈의 차가움/시원함'이다. 그러므로 이 말씀이 추수 시즌 혹은 여름 철에 눈이 왔다는 이야기인가에 대해 매우 다양한 해석이 존재한다(Lucas, Murphy, Van Leeuwen, Waltke, Wilson). 그러나 포인트는 매우 간단하다. 아주 상쾌하고 개운하다는 뜻이다(cf. Greenstone, Toy). 보낸 자의 말을 정확히 전하고 그의 입장을 대변해 주는 전령은 더운 날 청량음료 같다(cf. 13:17;

22:21; 25:25).

반면에 선물한다고 거짓 자랑하는 자는 남에게 해를 끼칠 뿐이다(14절). 살다 보면 종종 허풍을 떠는 사람들을 만난다. 이런 사람들은 자기 자랑으로 가득하며 자기의 능력을 과시하기 위해 선물을 주겠다고도 한다. 그러나 정작 선물을 줄 만한 능력이나 인격은 되지 않는 자들이다. 결국 그들의 선물 약속은 허풍으로 끝이 난다. 사탄이 이런 자들의 우두머리이다(Kitchen, cf. 창 3:5; 마 4:1-11).

솔로몬은 이런 상황을 비 없는 구름과 바람에 비교한다. 구름이 아무리 까맣고, 바람이 아무리 세차게 불어도 비를 내리지 않으면 비를 바라는 사람들에게 별 의미가 없다. 오히려 세찬 바람으로 건물을 파괴하고, 까만 하늘을 보고 내심 비를 기대했던 사람들에게는 실망만 안길 뿐이다. 거짓 선지자들이 이러하다(벧후 2:19; 유 1:12). 허풍을 떠는 사람은 믿지도 말고 가까이하지도 말라는 권면이며, 또한 어떤 뇌물이나 선물을 주겠다는 말을 믿고 무엇을 하는 것은 옳지 않다고 한다.

VI. 후세대가 모은 솔로몬의 잠언(25:1-29:27)
A. 비교적인 가르침(25:1-27:27)

5. 참는 지혜(25:15)

15 오래 참으면 관원도 설득할 수 있나니
부드러운 혀는 뼈를 꺾느니라

이 말씀은 설득의 능력을 강조한다. '오래 참으면'(בְּאֹרֶךְ אַפַּיִם)은 화를 낼 만한 상황에서 끝까지 참는 것을 뜻한다. 아무리 화를 내는 일이 당연하게 느껴지는 상황이라 할지라도 끝까지 참으라는 뜻이다. 참는 것은 연약함이 아니라 강인함이다(cf. 16:32).

이런 인내력을 가지고 일을 추진하면 관원도 설득할 수 있다. '관원'(קָצִין)은 왕을 포함한 통치자들을 뜻한다(cf. 공동, 아가페). 참을성을 유지하여 화를 낼 만한 때에도 내지 않고 끝까지 설득하면 좋은 결과를 얻을 수 있을 것이다. 부드러운 혀는 뼈를 꺾기 때문이다. 뼈는 사람의 몸에서 가장 강하고 단단한 부분이다. 본문에서는 상대방의 완고한 의지를 상징한다(Garrett).

설득력을 겸비한 부드러운 말은 아무리 완고한 의지라도 꺾을 수 있다. 설득의 힘은 어떠한 무력보다 강하다. 그러므로 포기하지 않고 부드러운 말로 계속 설득하면 아무리 강경한 입장을 표한 사람이라도 스스로 의지를 꺾게 될 것이라는 소망적인 말씀이다. 솔로몬은 어떤 일에서도 성질대로 하지 말고, 인내심을 가지고 설득력을 가지고 일을 추진하라고 한다. 물론 쉽지는 않지만, 분명히 좋은 결과가 있을 것이다.

VI. 후세대가 모은 솔로몬의 잠언(25:1-29:27)
A. 비교적인 가르침(25:1-27:27)

6. 지혜로운 대인 관계(25:16-27)

16 너는 꿀을 보거든 족하리만큼 먹으라
과식함으로 토할까 두려우니라
17 너는 이웃집에 자주 다니지 말라
그가 너를 싫어하며 미워할까 두려우니라
18 자기의 이웃을 쳐서 거짓 증거하는 사람은
방망이요 칼이요 뾰족한 화살이니라
19 환난 날에 진실하지 못한 자를 의뢰하는 것은
부러진 이와 위골된 발 같으니라
20 마음이 상한 자에게 노래하는 것은
추운 날에 옷을 벗음 같고
소다 위에 식초를 부음 같으니라

[21] 네 원수가 배고파하거든 음식을 먹이고
목말라하거든 물을 마시게 하라
[22] 그리 하는 것은
핀 숯을 그의 머리에 놓는 것과 일반이요
여호와께서 네게 갚아 주시리라
[23] 북풍이 비를 일으킴 같이
참소하는 혀는 사람의 얼굴에 분을 일으키느니라
[24] 다투는 여인과 함께 큰 집에서 사는 것보다
움막에서 혼자 사는 것이 나으니라
[25] 먼 땅에서 오는 좋은 기별은
목마른 사람에게 냉수와 같으니라
[26] 의인이 악인 앞에 굴복하는 것은
우물이 흐려짐과 샘이 더러워짐과 같으니라
[27] 꿀을 많이 먹는 것이 좋지 못하고
자기의 영예를 구하는 것이 헛되니라

이 섹션은 꿀을 언급하며 시작하여(16절), 꿀로 마무리된다(27절). 솔로몬은 공짜라 해서 남용하지 말라는 권면으로 가르침을 시작한다(16절). '꿀'(דְּבַשׁ)은 벌꿀을 뜻하기 때문에 '꿀을 발견하다'(דְּבַשׁ מָצָאתָ)는 사람이 들에 나가서 우연히 꿀을 발견한 것으로 해석할 수도 있다. 그러나 이 섹션이 이웃들과의 관계에 관한 가르침으로 구성된 점을 감안하면 대추야자즙이나 포도즙을 끓여 만든 일종의 '조청'(syrup)이다.

이웃이 대접을 한다며 조청을 내와서 먹으라고 한다. 너무나도 기쁘고 좋은 나머지 토할 때까지 먹었다! 솔로몬은 이러한 행동을 어리석다고 한다. 아무리 공짜라도 적절한 양을 먹어야지 지나치게 먹는 것은 지혜롭지 않다. 그럼에도 불구하고 인간의 욕심에는 끝이 없기 때문에 더 먹으려 한다. 에덴 동산에서도 하나님이 정리해 주신 '적정

선'을 넘은 것이 화근이었다(Kidner). 우리말에 비슷한 의미로 '과유불급'(過猶不及)이 있다.

두 번째 교훈은 특권을 남용하지 말라고 한다(17절). 근처에 사는 이웃과 친하게 지내는 것은 특권이며 축복이다. 그렇다고 해서 그 집을 뻔질나게 드나드는 것은 지혜로운 처사가 아니다. 이웃들도 분명 사생활이 있고, 그들도 그들만의 시간을 가질 필요가 있다.

눈치 없이 그 집을 계속 드나들면 미움을 받는다. '자주 다니지 말라'(הֹקַר רַגְלְךָ)를 직역하면 '네 발걸음을 귀하게 하라'이다(cf. NAS, ESV, NIV, NRS, TNK). '귀하다'(יקר)는 '흔하지 않다, 값지다'는 뜻이다. 이웃 집을 가끔 찾아가 항상 값진 걸음이 되도록 하라는 뜻이다. 만일 '너무 싸게' 다니면, 이웃은 결국 요즘 말로 '잠금장치의 비밀번호를 바꿀 것이다.' 이 말씀도 무엇이든 지나치게 하지 말라는 권면이다. 또한 자기의 가치를 높이라는 말씀이다. 아무리 친한 사이라 할지라도 서로 지키고 존중해 주는 여백이 있어야 한다. 판단력이 부족하면 관계를 좀먹는다(McKane).

세 번째 가르침은 이웃을 쳐서 거짓 증거하는 사람은 살상하는 무기와 같다고 한다(18절). 이 말씀은 이웃을 쳐서 거짓 증거하는 사람에 관한 것이다. 24:28은 "너는 까닭없이 네 이웃을 쳐서 증인이 되지 말라"고 경고한다. 24:28에서는 위증이 암시되었는데, 이 말씀에서는 '거짓 증거'(עֵד שָׁקֶר)가 구체적으로 언급된다. 이웃을 상대로 법정에서 위증하는 사람의 파괴력은 '방망이요, 칼이요, 뾰족한 화'이다. '방망이'(מֵפִיץ)는 이곳에서 단 한 번 사용되는 단어이며, 원래 의미는 '흩는 것'이다(HALOT). 본문과 잘 어울리지 않는 이미지이다. 그러므로 대부분 번역본들이 칠십인역(LXX)을 따라 '방망이'로 번역했으며, 방망이는 당시 군인들이 적을 살상하기 위해 무기로 사용하던 나무망치를 뜻한다. 칼과 뾰족한 화살도 살상 무기들이다.

솔로몬은 이웃을 상대로 위증하는 사람은 그를 죽이려는 살상 무기와 같다고 한다. 이미지가 인상적이다. 방망이는 때려 부수는 무기이며, 칼은 자르는 것이고, 화살은 찌르는 무기이다. 위증은 사람을 회복 불능으로 몰아가는 살인 무기들이라 한다. 위증하는 사람은 자신은 누구를 죽이는 것이 아니고 단순히 '말'을 하는 것뿐이라고 할지 모르지만, 그의 '말'은 재판을 받고 있는 이웃을 죽일 수도 있다. 그러므로 솔로몬은 절대 위증을 해서는 안 된다고 권면한다. 위증은 억울한 사람의 생명을 빼앗을 수 있기 때문이다. 위증이 얼마나 심각한 범죄인지 아홉 번째 계명도 위증을 금했다(출 20:16; 신 20:5, cf. 잠 12:17; 14:5, 25; 19:5, 9; 21:28; 24:28). 하나님은 위증을 특별히 미워하신다(6:19).

네 번째 교훈은 믿고 의지할 만한 사람을 주변에 두라고 한다(19절). 굳이 친구가 아니어도 좋다. 어렵고 힘들 때 믿고 의지할 만한 사람 몇 명은 알고 지내는 것이 좋다. 울며 겨자 먹기라고 환난이 닥쳤을 때 믿고 의지할 만한 사람이 주변에 없어 진실하지 못한 자를 의지하는 것은 오히려 화를 부른다. 이런 사람들에게는 도움을 청하지 않는 것이 차라리 낫다.

'진실하지 못한 자'(בּוֹגֵד)는 도저히 믿을 수 없는 자며, 오히려 배반도 할 수 있는 사람이다(Koptak, cf. 11:3; 21:18). 사람이 곤경에 처하면 지푸라기라도 잡는 심정으로 진실하지 못한 사람을 의지하려고 할 수 있지만, 이런 사람을 의지하는 것은 부러진 이와 위골된 발 같다. '부러진 이'(שֵׁן רֹעָה)는 음식을 씹을 수 없는, 제기능을 못하는 이이다. '위골된 발'(רֶגֶל מוּעָדֶת)은 부러지거나 다쳐 도저히 똑바로 설 수 없는 발이다(HALOT). 전혀 도움이 되지 않고 오히려 해만 끼친다. 그러므로 이런 사람에게는 도움을 청하지 않는 것이 차라리 낫다. 절대 환난의 무게를 버틸 수 없는 자들이기 때문이다. 솔로몬은 이 말씀을 통해 환난 날에 도움을 줄 수 있는 믿고 의지할 만한 사람들 몇 명은 사귀어 두라고 한다.

다섯 번째 가르침은 상황에 걸맞지 않는 행동은 자제하라고 경고한다(20절). '마음이 상한 자'(לֶב־רָע)는 여러 가지 애환과 고통으로 마음이 괴로운 사람이다. 이런 사람에게 노래를 불러 주는 자가 있다. 아마도 흥겨운 노래를 불러 주는 듯하다. 노래하는 자는 마음이 괴로운 사람을 위로한답시고 노래를 불러 줄 수도 있고(Koptak), 그가 괴로워하는 것을 전혀 의식하지 못하고 노래할 수도 있다. 그러나 결과는 다르지 않다. 그는 마음이 상한 자에게 위로는 커녕 엄청난 상처만 줄 뿐이다. 우리는 전도서의 '적절한 때'에 대한 가르침을 마음에 새겨야 한다(전 3:4).

그가 상황 파악을 하지 못하고 노래하는 일은 추운 날에 사람을 발가벗기는 것 같다. 수치와 모멸감은 물론 신체적으로도 위협이 될 수 있다. 또한 소다 위에 식초를 부음 같다. '소다'(נֶתֶר)는 예레미야 2:22에서 한 번 더 사용되는 단어이며, 탄산 함유량이 많은 천연 소다를 뜻한다(HALOT). 식초와 섞이면 순식간에 폭발하듯 거품이 난다. 상처받고 신음하는 사람을 크게 자극하고 더 큰 상처를 입힌다는 뜻이다. 바빌론으로 끌려 가서 예루살렘이 함락됐다는 소식을 듣고 슬픔에 잠긴 유다 사람들은 노래하기가 힘들었고(시 137:3–4), 본의 아니게 다니엘을 사자 굴로 처 넣은 다리오 왕은 음악을 금했다(단 6:18).

칠십인역(LXX)은 '소다' 대신 '상처'를 지녔다. 그러므로 새번역은 "아픈 상처에 초를 끼얹는 격이다"라고 번역했다(cf. 공동, 아가페, 현대어, NIV, NRS). 식초를 상처에 끼얹으면 참으로 고통스럽다. 이 말씀의 의미를 잘 전달하는 좋은 의역이다. 솔로몬은 상황을 잘 파악한 후 적절하게 행동하는 것도 지혜라고 한다. 우리는 기뻐하는 자와 기뻐하고, 슬퍼하는 자와 슬퍼해야 한다(롬 12:15).

여섯 번째 가르침은 원수를 대접하는 것은 하나님의 심판에 그를 맞기는 것이라 한다(21–22절). 16절에서는 '먹는 일'로 껄끄러운 대인 관계를 만들 수도 있다고 경고했는데, 이 말씀은 '먹는 것'으로 원수 관계를 해결할 수도 있다고 한다(Van Leeuwen).

솔로몬은 원수가 배고파하면 음식을 주고, 목말라하면 물을 주라 한다. 예수님과 사도 바울은 이 말씀을 직접 인용하여 원수들을 선처할 것을 권면하셨다(마 5:43-48; 롬 12:17-20). 남의 상처에 식초를 끼얹는 어이없는 짓은 자제하고, 남의 상처를 치료하라는 취지의 말씀이다. 그러나 원수들을 환대하는 일은 쉽지 않다. 모두 다 원수를 미워하기 때문에 그들의 필요를 채워 주는 일이 미덕일 수는 있지만, 큰 용기와 결단이 필요하다. 원수를 선하게 대하는 일을 통해 그는 원수를 해할 의지가 없다는 것을 온 세상에 드러낸다(cf. 마 5:44). 선지자 엘리사가 이스라엘을 침략해 왔다가 포로로 잡힌 시리아 왕을 잘 대접해서 보내라고 한 것이 이 원리를 잘 설명한다(왕하 6:22). 중국에 이런 격언이 있다고 한다: "선을 선으로 대하면 선이 지속되며, 악을 선으로 대하면 선이 창조[시작]된다"(Plaut).

원수에게 자비를 베푼다고 해서 그를 용서한 것은 아니며 그에게 항복한 것은 더욱더 아니다. 하나님께 축복을 바라는 일이다(22절). '숯불을 원수의 머리 위에 올려놓는 것'은 무엇을 의미하는가? 학자들은 혹독한 심판이 원수들을 덮칠 것을 상징하는 것으로 해석하기도 하지만(Kitchen, cf. 시 11:6; 140:10), 본문에서는 이 말씀이 '여호와께서 네게 [상으로] 갚아 주시리라'는 말과 평행을 이루는 것을 보면 그렇지 않다는 것이 학자들의 중론이다(cf. Delitzsch, Waltke, cf. Koptak). 대부분 주석가들은 '숯불'은 도덕적으로 좋은 일이라고 해석한다. 또한 칠십인역(LXX)도 이 말씀을 "주님께서 너의 선행으로 인해 너를 복 주실 것이다"며 원수들의 머리에 숯불을 쌓는 것을 선행이라고 한다. 사도 바울도 이 말씀을 인용하여 직접 원수 갚음을 하지 말라고 한다(롬 12:17-20).

이러한 정황을 고려할 때 원수들의 머리 위에 쌓인 숯불은 원수들이 느낄 수치심과 부끄러움이다(Kitchen, McKane, Murphy, Van Leeuwen, Waltke, Whybray). 악을 꾀했는데, 오히려 선으로 갚음을 받고 느끼는 부끄러움이다. 하나님이 분명히 갚아 주실 것이다. 원수에게는 벌을 내리실 것이며, 자비를 베푼 사람에게는 자비와 축복을 베푸실 것이다. 그는 하나님의 자비를 받을 만한 일을 했으며, 악을 선으로 이겼기 때문이다(cf. 롬 12:21).

일곱 번째 교훈은 좋지 않은 말을 하는 사람들에 대한 경고이다(23-24절). '참소하는 혀'(לְשׁוֹן סָתֶר)는 남을 헐뜯는 말을 뜻한다(cf. 새번역, 아가페, NAS, ESV, NRS). 남을 헐뜯는 말은 사람의 얼굴에 분을 일으킨다. 화나게 한다는 뜻이다. 여기까지는 정확한데, '북풍이 비를 일으킴 같이'는 해석이 매우 어렵다. 가나안 지역에서 '북풍'(רוּחַ צָפוֹן)은 비를 일으키지 않기 때문이다(Kitchen, Koptak, Van Leeuwen, Waltke). 그래서 학자들은 매우 다양한 대안과 제안을 했지만, 하나도 만족스러운 것이 없다(cf. Kitchen, Murphy, Plaut, Waltke). 그럼에도 불구하고 전반적인 의미는 확실하다. 남을 헐뜯는 말을 하는 자는 사람을 화나게 만든다. 그러므로 이런 사람은 멀리 하라는 권면이다.

다투는 여인과 함께 큰 집에서 사는 것도 좋은 일이 아니다(24b절). 이 말씀은 21:9과 거의 똑같으며 신체적인 편안함보다 정신적인 안정이 더 낫다고 한다. '다투는 여인'(אֵשֶׁת מִדְיָנִים)은 현숙한 여인(31:10-31)과 정반대되는 여자이며 매사에 불만으로 가득하여 지속적으로 바가지를 긁고 시비를 거는 아내이다. 이런 아내는 새는 지붕을 통해 떨어지는 빗줄기 같다고 한다(19:13; 27:15). 아무리 여럿이 모여 사는 대궐같이 좋은 집이라도 이런 아내와 살면 불행하다(cf. 1:19). 큰 집에서 살면 육신은 편하겠지만, 마음은 항상 불편하고 불안하다.

이런 아내에게 시달리느니 차라리 움막에서 사는 것이 더 낫다(cf. 19:13; 27:15). '움막'(פִּנַּת־גָּג)을 직역하면 지붕의 한 코너이다(cf. NAS, ESV, NIV, NRS, TNK). 가나안 집들은 모두 지붕이 넓고 평평했다(cf. 왕상 17:19; 왕하 4:10). 그래서 지붕은 가족들이 함께 즐기는 공간이었다. 솔로몬은 좋은 집 안에서 살며 아내의 지속적인 불만과 구박에 시달리느니(cf. 19:13; 21:9, 19; 25:24; 27:15) 차라리 지붕 위에 천막을 치고 그곳에서 사는 것이 낫다고 한다. 솔로몬은 다투는 아내와 사느니 광야에서 혼자 사는 것이 더 낫다고도 했다(21:19). 사람은 신체적인 편안함보다는 마음이 편해야 한다. 참소하는 혀를 가진 사람과 다투는 아내는 절대 마음을 편안하게 하지 않는다.

여덟 번째 가르침은 좋은 소식과 나쁜 소식에 관한 것이다(25-26절). 전화나 인터넷이 없던 고대 사회에서 소식을 듣고 전하는 것은 참으로 어려운 일이었다. 전령이 직접 왕래하며 전달해 주어야 했기 때문이다. 학수고대하던 소식이 먼 땅에서 왔다. 자기 군대가 전쟁에서 승리했다는 소식이 될 수도 있고, 갈망하던 개인적(사적)인 소식일 수도 있다. 야곱이 죽은 줄 알았던 요셉이 이집트에 있다는 소식을 들은 일이 여기에 포함된다(창 45:25-28). 어찌 되었건 좋은 기별이 참으로 오랜만에 도착한 상황이다. 이 좋은 소식은 목마른 사람에게 냉수와 같다. '냉수'(מַיִם קָרִים)는 지친 영혼을 소생시킨다. 그러므로 목말라 갈증에 시달리던 사람에게는 가장 좋은 물이다.

반면에 의인이 악인 앞에 굴복하는 것은 흐려지고 더러워진 물 같아서 마시기가 쉽지 않다(26절). 고대 근동 사람들은 좋은 물의 소중함을 매우 잘 알았기 때문에 생명처럼 지켰다(cf. 창 21:25-30; 26:15-22). 또한 유목민들에게 우물을 더럽히는 것은 용서받지 못할 죄였다(McKane, cf. 겔 32:2; 34:18). 좋은 소식은 사람의 지친 마음을 소생시키지만, 악인이 의인을 굴복시켰다는 소식은 듣는 사람에게 실망을 안기고 지치게 한다. 이러한 상황은 마시고 살아야 할 우물이 흐려짐 같고, 샘이 더러워져 마실 수 없게 된 것과 같다. 마시면 탈이 날 것 같아서 쉽게 마실 수 없다. 마시고 싶은 냉수와 마시기 싫은 더러운 물이 대조를 이루는 가르침이다.

아홉 번째 교훈은 첫 번째 것처럼 가르침이 꿀을 많이 먹는 일에 비교된다(27절, cf. 16절). 꿀은 좋은 것이지만, 많이 먹는 것은 좋지 않다. '과유불급'의 원리를 말하고 있다. 이와 같이 자기 영예를 구하는 것은 헛되다. 이 말씀은 잘 보존되지 않아서 의미를 해석하는 일이 쉽지 않다(cf. McKane, Murphy, Waltke, Whybray). '영예'(כָּבוֹד)는 명예를 뜻한다(TWOT). 명예는 좋은 것이다. 사람들이 존경하는 삶을 살면 얻는 것이 명예이다. 그러나 명예는 사람들이 자연스럽게 세워 주는 것이지 자신이 스스로 구해서 세우는 것이 아니다. 그러므로 사람이 자신의 영예를 구하는 것은 헛되다. 이 말씀을 '격려되는 말을 너무 자주하지 말라'는 뜻으로 해석하는 이들도 있다(McKane).

VI. 후세대가 모은 솔로몬의 잠언(25:1-29:27)
A. 비교적인 가르침(25:1-27:27)

7. 여러 유형의 사람들(25:28-26:28)

우리는 살면서 다양한 사람들을 접하게 된다. 본문은 그 중 일곱 가지 부정적인 일을 하거나 영향을 끼치는 자들에 대하여 말한다. 솔로몬은 이런 사람들은 인생에 도움이 되지 않으니 되도록이면 피하고, 최대한 멀리하라고 한다.

A. 감정을 조절하지 못하는 자들(25:28)
B. 미련한 자들(26:1-12)
C. 게으른 자들(26:13-16)
D. 참견하기 좋아하는 사고뭉치들(26:17-19)
E. 헐뜯는 자들(26:20-22)
F. 거짓말쟁이들(26:23-26)
G. 멸망할 악인들(26:27-28)

VI. 후세대가 모은 솔로몬의 잠언(25:1-29:27)
A. 비교적인 가르침(25:1-27:27)
7. 여러 유형의 사람들(25:28-26:28)

(1) 감정을 조절하지 못하는 자들(25:28)

28 자기의 마음을 제어하지 아니하는 자는
성읍이 무너지고 성벽이 없는 것과 같으니라

'마음을 제어하지 않는 자'(אִישׁ אֲשֶׁר אֵין מַעְצָר לְרוּחוֹ)는 자기 성질을 다스리지 못하는 사람이다(cf. 새번역, 공동, TNK). 때와 장소를 가리지 않고 언제든 화가 나면 여과 없이 폭발하는 자다. 이런 사람은 성벽이 무너져 무방비 상태로 노출된 성읍과 같다. 언제든 쉬운 먹잇감을 노리는 원수들의 침략을 받을 수 있으며, 방어할 능력이 없는 상태이다. 성벽이 없는 성읍은 환난과 능욕을 상징했다(느 1:3).

현대 사회는 자제력(self-control)은 중요하지도, 추구할 필요도 없으며, 설령 추구한다 해도 얻을 수 없다고 한다(Kitchen). 그러나 자제력은 인격 성장과 지혜로운 삶의 필수 요소이다. 자제력이 있고 없고의 차이는 분명하다. 본문은 자제력이 없어 아무 때나 화를 내는 사람은 성벽이 없는 성읍과 같아 언제든 적이 침략하여 취할 것이라고 경고한다. 반면에 16:32은 "노하기를 더디하는 자는 용사보다 낫고 자기의 마음을 다스리는 자는 성을 빼앗는 자보다 낫다"고 한다. 자제력을 가진 사람은 성벽으로 둘러쌓인 성읍도 빼앗을 수 있다. 솔로몬은 화를 다스려 성을 빼앗는 자가 될 것인가, 혹은 내키는 대로 화를 내어 적들에게 짓밟히는 성읍이 될 것인가 둘 중 하나를 택하라고 한다.

VI. 후세대가 모은 솔로몬의 잠언(25:1–29:27)
A. 비교적인 가르침(25:1–27:27)
7. 여러 유형의 사람들(25:28–26:28)

(2) 미련한 자들(26:1–12)

1 미련한 자에게는 영예가 적당하지 아니하니
마치 여름에 눈 오는 것과 추수 때에 비 오는 것 같으니라
2 까닭 없는 저주는
참새가 떠도는 것과 제비가 날아가는 것 같이
이루어지지 아니하느니라
3 말에게는 채찍이요
나귀에게는 재갈이요
미련한 자의 등에는 막대기니라
4 미련한 자의 어리석은 것을 따라 대답하지 말라
두렵건대 너도 그와 같을까 하노라
5 미련한 자에게는 그의 어리석음을 따라 대답하라
두렵건대 그가 스스로 지혜롭게 여길까 하노라
6 미련한 자 편에 기별하는 것은
자기의 발을 베어 버림과 해를 받음과 같으니라
7 저는 자의 다리는 힘 없이 달렸나니
미련한 자의 입의 잠언도 그러하니라
8 미련한 자에게 영예를 주는 것은
돌을 물매에 매는 것과 같으니라
9 미련한 자의 입의 잠언은
술 취한 자가 손에 든 가시나무 같으니라
10 장인이 온갖 것을 만들지라도
미련한 자를 고용하는 것은
지나가는 행인을 고용함과 같으니라

[11] 개가 그 토한 것을 도로 먹는 것 같이
미련한 자는 그 미련한 것을 거듭 행하느니라
[12] 네가 스스로 지혜롭게 여기는 자를 보느냐
그보다 미련한 자에게 오히려 희망이 있느니라

한 학자는 1-12절을 '미련한 자의 책'(Book of Fools)이라고 부른다(Toy). 첫 번째 가르침은 영예는 절대 미련한 자에게 어울리지 않는다고 한다(1절). '미련한 자'(כְּסִיל)는 자신이 참으로 지혜롭고 능력이 뛰어나다고 생각하여 오만방자한 자이다(NIDOTTE). 이런 사람에게 영예는 참으로 어울리지 않는다. '영예'(כָּבוֹד)는 하나님과 왕에게나 어울리는 명예와 명성이지(25:2), 미련한 자와는 전혀 어울리지 않는다.

솔로몬은 미련한 자가 명예를 얻는 것은 마치 여름에 눈이 오는 것 같고, 추수 때 비가 오는 것과 같다고 한다(1절). 때(시기)가 적절하지 않으며, 많은 해를 끼친다. 눈이 여름에 오면 온 세상에 많은 피해를 입힐 것이다. 또한 추수 때에 비가 와도 많은 피해를 입힌다. 가나안에서 이런 일은 들어보지 못한 없는 일이었다(Kitchen). 이와 같이 미련한 자가 명예를 얻으면 그가 속한 공동체에 큰 해가 될 것이다. 기고만장해서 온갖 어리석은 짓을 할 것이기 때문이다. 그러나 세상은 온통 뒤죽박죽이기 때문에 실제로 이런 일이 일어난다(McKane).

두 번째 교훈은 까닭 없는 저주는 절대 이루어지지 않는다고 한다(2절). '까닭 없는'(חִנָּם)은 그럴 만한, 혹은 타당한 이유가 없다는 의미다(TWOT). 누가 어떤 저주를 선언해도 정당성이 결여된 저주는 참새가 떠도는 것이나 제비가 날아가는 것과 같다. 절대 성취되지 않고 공중으로 흩어질 것이라는 뜻이다. 저주는 어떤 마력이 있다고 믿었던 고대 근동 정서에서 이 말씀은 참으로 신선하다(cf. Ross). 사울이 요나단을 두고 한 맹세(삼상 14:28-29)와 골리앗이 다윗에게 퍼부은 저주(삼상 17:43), 시므이가 다윗에게 내린 저주(삼하 16:12) 등이 이 말씀이 지닌 원리를 잘 보여 준다. 이스라엘을 저주하고자 먼 길을 온 발람도 결국 축복하고 집으로 돌아갔다(cf. 민 22-23장).

축복과 저주는 하나님이 하시는 일이다. 그러므로 사람이 저주를 선언한다고 해서 다 이루어지는 것은 아니다. 하나님이 타당성을 판단해서 진행 여부를 결정하실 것이기 때문이다. 하나님이 누구에게 저주를 내리기로 결정하시면, 사람의 저주 선언이 필요하지도 않다. 그냥 행하신다. 반면에 하나님이 저주하지 않기로 결정하시면, 아무리 사람이 저주를 선언해도 실현되지 않는다. 그러므로 솔로몬은 누구에게 저주를 선언하는 일을 자제하라고 경고한다.

세 번째 가르침은 미련한 자는 말로 설득할 수 없다고 한다(3절). 말에게는 오직 채찍이 통하고 나귀에게는 재갈이 통하듯, 미련한 자의 등에는 막대기가 통한다. 이 말씀이 미련한 자를 짐승 대하듯이 하라는 말은 아니다. 아무리 그에게 지혜로운 말을 해도 그는 받아들일 마음과 능력이 없다는 뜻이다. 우리말에 "머리가 나쁘면 몸이 고생한다"는 말이 있다. 이 말씀과 비슷한 의미를 지녔다. 미련한 자들은 지혜를 얻으면 저지르지 않아도 될 실수들을 저지르며 산다. 그러므로 미련한 자들을 짐승 대하듯 하면 안 되지만, 그들은 알아듣지 못하는 짐승같다(Clifford).

네 번째 교훈은 미련한 자에게 대꾸하지 말아야 할 때와 대꾸해야 할 때를 분별하라고 한다(4-5절, cf. 전 3:7). 책의 편집자들은 삶은 참으로 복잡하기 때문에 한 원칙을 가지고 모든 것을 판단할 수 없다는 사실을 강조하기 위해 이렇게 두 가지의 상반된 가르침을 한꺼번에 두었다(Whybray). 잠언은 미련한 자와 말을 섞지 말 것을 당부한다(17:12; 23:9; 29:9). 미련한 자의 마음에는 선하고 지혜로운 것이 없다. 그러므로 그가 하는 말은 모두 마음에 지닌 어리석음을 표현할 뿐이다. 이런 상황에서 우리는 지혜롭게 반응해야 한다. 만일 그의 말을 받아 주고 대화를 이어가는 것이 마치 그의 생각과 입장에 동조하는 듯한 우려를 낳을 때에는 아예 말을 하지 않는 것이 좋다(4절). 우리도 그와 같이 어리석은 자처럼 취급받을 것이기 때문이다.

만일 그가 떠들어 대는 말에 침묵하는 것이 그가 하는 말에 모두 동의하는 것처럼 되어 그가 자신은 참으로 지혜롭다고 생각하게 될 우려가 있을 때는 그의 어리석음을 일깨워 주는 말로 대꾸해야 한다(5절). 이것이 지혜로운 사람의 몫이다(Koptak). 그렇게 하지 않으면 미련한 자는 자기의 어리석음에 교만을 더하게 될 것이다. 그러므로 솔로몬은 미련한 자의 말에 대꾸할 것인가, 침묵할 것인가는 정황을 고려하여 지혜롭게 판단해야 한다고 한다. 중요하지 않은 이슈들에 대하여는 어리석은 자들이 마음껏 떠들도록 하고, 중요한 이슈들에 대하여는 분명히 말해 주는 것도 지혜이다(Plaut).

다섯 번째 가르침은 미련한 자는 절대 소식을 전하는 전령으로 사용하지 말라고 경고한다(6절). 25:13은 믿음직한 전령을 평가 절상했다. 반면에 이 말씀은 미련한 전령을 평가 절하한다. 먼 곳에 있는 사람에게 소식을 전하는 유일한 방법이 누구를 통해서 기별하는 것이었던 시대 이야기이다. 전령은 보내는 사람의 메시지와 의도를 정확하게 전달해야 한다. 그러나 미련한 자에게는 그런 능력이 없다. 게다가 메시지를 바꿀 수도 있고, 의도를 왜곡할 수도 있다. 그러므로 이런 사람을 전령으로 보내느니 차라리 보내지 않는 것이 낫다.

미련한 자를 전령으로 보내는 것은 마치 자기 발을 스스로 베어 버리는 것과 같고, 해를 받음과 같다. 전령을 고용하는 것은 마치 자기 발 외에 발 하나를 더 두는 것과 같다. 그러나 미련한 전령을 두는 것은 새로 둔 발을 자르는 것과 같다(Kitchen). 아무런 도움이 되지 않고 오히려 해가 된다는 뜻이다.

'해를 받다'(חָמָס שֹׁתֶה)를 직역하면 '폭력(독약)을 마시다'이다(공동, 아가페, NAS, ESV, NIV). 바보가 아니라면 누가 스스로 독약을 마시겠는가! 그러나 미련한 자를 통해 소식을 전하는 것은 스스로 독약을 마시는 것과 같다. 솔로몬은 이 비유를 통해 절대 미련한 자(자신이 참으로 지혜롭고 능력이 뛰어나다고 생각하여 오만방자한 자)와 함께 일하지 말라고 경고한다. 이런 사람하고 일하는 것은 스스로 자멸하는 길이다.

여섯 번째 교훈은 미련한 자에게는 아무것도 배울 것이 없다고 한다(7절). '잠언'(מָשָׁל)은 사람에게 가르침을 주는 지혜이다. 우리말로 하자면 '빈 수레가 요란하다'고 머리가 텅 빈 미련한 자일수록 남을 가르치려 든다(Toy). 그러나 세상 말로 표현하자면 그의 가르침(잠언)은 '영양가가 전혀 없다.' 이런 사람에게 무엇을 배우려 하는 것은 마치 다리를 저는 사람에게 춤을 배우는 것과 같다(Plaut).

그러므로 미련한 자의 잠언은 마치 저는 자의 다리가 힘없이 달려 있는 것과 같다. 이 말씀은 장애를 가진 사람을 비하하는 것이 아니다. 단지 다리가 전혀 힘을 쓰지 못하는 상황을 지적할 뿐이다. 지혜자들이 지혜로운 가르침을 주는 것처럼 미련한 자도 사람들을 가르치려고 자기가 지닌 지혜라며 잠언을 말하지만, 정작 귀담아 들을 것은 하나도 없다는 뜻이다.

일곱 번째 교훈은 미련한 자에게 절대 영예를 주지 말라고 한다(8절). 이미 언급한 것처럼 '영예'(כָּבוֹד)는 명예를 뜻한다. 솔로몬은 1절에서 미련한 자에게 영예를 주는 것은 마치 여름에 눈이 오는 것과 추수철에 비가 오는 것처럼 절대 적절하지 않다고 했다. 이번에는 미련한 자에게 명예를 주는 것은 돌을 물매에 매어 그에게 주는 것과 같다고 한다. 물매는 전쟁 무기로도 사용될 정도로 파괴력이 있다. 그러나 돌이 물매에 매어 있어서 던질 때 떨어져 날아가지 않으면 물매를 사용하는 자를 다치게 한다(Kitchen, Koptak, Whybray). 그러므로 이 말씀은 미련한 자에게 영예를 주는 것은 그가 스스로 망하게 하는 것과 같다고 한다. 그가 물매를 휘두르기 시작하면 그와 주변 사람들이 다친다.

여덟 번째 가르침은 미련한 자의 잠언은 매우 위험한 것이라 한다(9절). 이 말씀은 여섯 번째 것(7절)과 비슷하다. 차이는 7절은 미련한 자의 지혜는 귀담아 들을 것이 못된다고 한 것에 반해, 본문은 어느 정도 폭력적이므로 삼가하도록 해야 한다고 경고하는 것이다. 또한 일곱 번째 것(8절)과도 비슷한 맥락을 유지한다. 미련한 자는 자해하는 결과를 초래한다는 뜻이다(Ross).

솔로몬은 미련한 자의 잠언을 “술 취한 자가 손에 든 가시나무 같다”고 한다. 술 취한 자는 자신을 절제하지 못하며, 판단력과 분별력도 없다. 그러므로 술 취한 자의 손에 들린 가시는 주변 사람들에게 큰 해는 아니지만, 무분별한 피해를 입힌다. 또한 그는 가시나무를 들고 있기 때문에 그 가시에 자기 손도 상한다(McKane, Ross).

아홉 번째 교훈은 일꾼을 고용할 때 신중하라는 권면이다(10절). 이 말씀은 보존이 잘 되어 있지 않아 다양하게 번역되고 해석된다(Snell, Toy). 이 중 가장 흔한 번역 두 가지는 다음과 같다. 첫째, 개역개정(cf. 현대어, TNK)은 물건을 아주 잘 만드는 장인이 자신이 만든 물건을 판매하라며 미련한 자를 고용하는 것은 마치 지나가는 행인을 고용하는 것처럼 어리석은 일이라고 한다. 둘째, 대부분의 영어 번역본들은 “미련한 자를 고용하거나 지나가는 행인을 고용하는 사람은 닥치는 대로 쏘는 궁수와 같다”(새번역, 공동, 아가페, NAS, ESV, NIV, NRS, NIRV)고 한다. 세부적인 사항은 달라도 핵심 메시지는 같다. 사람을 고용할 때 하고자 하는 일에 득이 되는 사람을 신중하게 고르라는 의미를 지녔다.

열 번째 가르침은 사람의 심성은 바뀌지 않는다고 한다(11절). 이미지는 매우 역겹다. 개는 자기가 토해 놓은 것으로 돌아와 다시 먹곤 한다. 이와 같이 미련한 자는 그 미련한 것을 거듭 행한다. 개가 토하는 것처럼 미련한 자는 자기의 미련한 행동으로 인해 혼이 났다 할지라도 다시 반복한다. 그러므로 미련한 사람이 아무리 다시는 어리석은 행동을 하지 않겠다고 맹세를 한다 해도 믿을 수 없다. 우리말에 “세 살 버릇이 여든 간다”는 의미가 다르기는 하지만, 반복을 강조하는 것은 이 말씀과 비슷하다.

열한 번째 교훈은 항상 겸손히 지혜를 배우라는 권면이다(12절). 우리 주변에는 자신을 지혜롭게 여기는 사람들이 많다. 솔로몬은 이런 사람들은 미련한 자들보다 못하다고 한다. 여태까지 미련한 자들을 비난해 놓고 이런 말을 하는 것이 잘 납득이 가지 않을 수도 있지만, 교만과 방심은 참으로 나쁘다는 점을 강조하고자 이렇게 말한다. 우리말에 "선무당이 사람을 잡는다"고 아예 자기는 모른다고 하는 사람보다 아는 척하는 사람이 더 큰 피해를 입힌다(cf. Kidner, Plaut).

지혜로운 사람일수록 겸손하고 마음이 열려 있어 언제든 새로운 가르침을 받을 준비가 되어 있어야 한다. 자신은 충분히 알고 지혜롭다고 하는 사람일수록 겸손과 열린 마음은 찾아볼 수 없다. 그러므로 솔로몬은 겸손과 배움에 열린 마음을 강조하여 지혜는 평생 습득하는 것이므로 지혜로운 사람도 어느 순간에 멈추지 않고, 꾸준히 더 지혜로워져야 한다는 교훈을 주고 있다. 우리는 평생 지혜가 성장하는 사람들이 되어야 한다. "미련한 자에게 오히려 더 희망이 있다"는 말씀은 29:20에서 다시 사용된다.

VI. 후세대가 모은 솔로몬의 잠언(25:1-29:27)
A. 비교적인 가르침(25:1-27:27)
7. 여러 유형의 사람들(25:28-26:28)

(3) 게으른 자들(26:13-16)

13 게으른 자는 길에 사자가 있다
거리에 사자가 있다 하느니라
14 문짝이 돌쩌귀를 따라서 도는 것 같이
게으른 자는 침상에서 도느니라
15 게으른 자는 그 손을 그릇에 넣고도
입으로 올리기를 괴로워하느니라

[16] 게으른 자는 사리에 맞게 대답하는 사람 일곱보다
자기를 지혜롭게 여기느니라

이 섹션은 '게으른 자의 책'(Book of Sluggards)이다(Ross). 게으른 자의 가장 큰 문제는 자신이 게으르다는 사실을 인정하지 않는 것에 있다(Kidner). 첫 번째 가르침은 모든 일에는 핑계거리가 있다고 한다(13절). 이 말씀은 22:13에서 거의 그대로 등장한 것이다. 게으른 자는 자신이 집을 떠나 일하러 가지 않는 이유를 거리에서 먹잇감을 찢기 위해 어슬렁거리는 사자 때문이라 한다. 그가 거리로 나가면 사자에게 찢기기 때문에 집을 나서지 않는다는 것이다. 게으른 자는 자신을 상황을 잘 파악하는 '현실주의자'(realist)라고 생각한다(Ross). 그는 남이 전혀 걱정하지 않는 '거리를 떠도는 사자'에 대해 매우 현실적으로 생각한다!

당시 산에는 사자들이 상당히 많이 있었지만(Waltke), 사자가 거리를 배회하다가 지나가는 행인을 물어뜯는 일은 없었다. 자신의 게으름을 정당화하려는 핑계에 불과하며, 설득력이 전혀 없다. 우리말에도 비슷한 의미로 '구더기가 무서워 장을 담그지 않는 사람' 혹은 '접시를 깰까봐 설거지를 하지 않는 남편' 등이 있다. "일을 하지 않으려고 하면 변명이 보이고, 일을 하려고 하면 길이 보인다"는 명언이 생각난다.

두 번째 교훈은 게으른 자는 자기가 익숙한 영역을 절대 떠나지 않는다고 한다(14절). '돌쩌귀'(צִיר)는 성경에서 단 한 차례 사용되는 단어이며, 문짝과 벽을 연결해 주는 축(pivot)이다. 일종의 경첩으로 생각하면 된다. 사람이 문을 열고 닫을 때마다 문짝은 돌쩌귀를 따라 돈다. 돌쩌귀를 떠날 수 없다.

이와 같이 게으른 자도 결코 떠나지 않는 것이 있다. 바로 그의 침상이다! 그는 하루 종일 침대를 떠나지 않는다(cf. 6:9-10; 24:33). 게으른 자에게 침대 주변을 배회하는 것은 그의 일상에서 가장 큰 움직임이자 활동량이다(McKane). 빈둥거리며 시간을 보낸다는 뜻이다. 그러

므로 게으른 자에게는 밖으로 나가서 일을 하는 것이 생소하고 불편하다. 어떻게든 움직이지(일하지) 않으려고 움직이는 게으른 자의 모습이 우스꽝스럽다(cf. Wilson).

거리에 사자가 도사리고 있기 때문에(cf. 13절) 두렵기도 하다! 그러므로 그는 항상 침대를 중심으로 맴돈다. 이 말씀은 변화를 원하면 익숙한 환경을 떠나야 한다는 교훈도 담고 있다. 다람쥐가 쳇바퀴를 떠나야 새로운 세계를 경험할 수 있는 것처럼 말이다.

세 번째 가르침은 게으른 자에 대한 조롱이다(15절). 잠언은 게으른 자들에게 끊임없이 경고한다(6:6, 9; 10:26; 13:4; 15:19; 20:4; 21:25; 22:13; 24:30; 26:13-16). 이 말씀은 19:24을 거의 그대로 반복하고 있다. 솔로몬은 게으른 자의 우스꽝스러운 모습을 묘사한다. 그는 식사를 하려고 음식이 담긴 그릇을 대한다. 드디어 손으로 그릇에 담긴 음식을 집어 들지만, 정작 입으로 올리기를 괴로워한다!

세상에서 가장 느린 짐승인 나무늘보도 이렇게 게으르지는 않다. 솔로몬은 게으른 사람은 음식을 먹을 자격이 없다며 그를 조소적으로 묘사한다. 게으른 자들은 원하는 것은 많지만, 아무 일도 하지 않고 얻으려 한다(Koptak). 요즘 말로 '날로 먹으려' 한다. 이 말씀은 어떤 일을 시작했으면 끝을 보라는 권면이기도 하다(Whybray).

네 번째 교훈은 게으름과 교만은 같이 가는 것이라 한다(16절). 게으름을 정당화시키는 것의 상당 부분은 반(反)지성주의에서 시작된다(Greenstone). 게으른 자는 사리에 맞게 대답하는 사람 일곱보다 자기를 더 지혜롭게 여긴다. 사람 일곱은 고대 근동 신화에서 가장 유명한 지혜자 일곱을 뜻할 수도 있다(Clifford). 미련한 자는 배울 생각이 없다. 그러므로 누가 아무리 논리 정연하고 설득력 있는 가르침을 주어도 들으려 하지 않는다. 오히려 자신이 그들보다 더 지혜롭다고 생각한다! 미련함에는 약이 없다.

게을러도 배울 자세만 되어 있으면 게으름을 탈피할 수 있다. 심지어는 여름과 추수철에 열심히 일하여 겨울에 먹을 것을 쌓아 두는 개미들에게도 배울 수 있다(cf. 6:6-8; 30:25). 그러므로 게으른 자의 가장 큰 문제는 교만함이다. 그는 자신이 세상에서 제일 지혜로운 자라고 생각하기 때문에 누가 어떤 가르침을 주어도 듣지 않는다. 그러므로 게으른 자는 도울 방법이 없다는 것이 솔로몬의 가르침이다.

VI. 후세대가 모은 솔로몬의 잠언(25:1-29:27)
A. 비교적인 가르침(25:1-27:27)
7. 여러 유형의 사람들(25:28-26:28)

(4) 참견하기 좋아하는 사고뭉치들(26:17-19)

17 길로 지나가다가 자기와 상관 없는 다툼을 간섭하는 자는
개의 귀를 잡는 자와 같으니라
18 횃불을 던지며 화살을 쏘아서
사람을 죽이는 미친 사람이 있나니
19 자기의 이웃을 속이고 말하기를
내가 희롱하였노라 하는 자도 그러하니라

첫 번째 교훈은 남의 일에 참견하면 변을 당할 것이라는 경고이다(17절). 솔로몬은 매우 어이없고 유머러스한 상황을 통해 교훈을 준다. 사람이 길을 지나가는데, 그가 알지 못하는 개 한 마리도 길을 걷는다. 그는 잠시 후 사람들이 다투는 것을 목격한다. 이때다 싶어 자기와 어떠한 상관이 없는 일인데도 끼어들고 참견한다!

솔로몬은 그의 처사를 길을 가던 개(자기 개가 아님)의 귀를 잡는 일에 비유한다(Clifford, Murphy, Van Leeuwen). 사람이 남의 개의 귀를 잡으면 물리기 십상이다. 게다가 당시 개는 지금보다 훨씬 더 위험했다(Ross). 남의 일에 끼어들기 좋아하면 변을 당할 것이라는 경고이다. 우리 주변에서도 자기와 전혀 상관없는 일에 끼어들었다가 혼이 나는 사례를 종종 목격한다. 우리는 우리 일이나 똑바로 해야지 남의 일에 끼어들면 안 된다. 영어에 "네 일이나 잘해!"(Mind your own business!)라는 말의 의미를 지닌 권면이다.

두 번째 교훈은 지나친 장난질은 삼가하라고 경고한다(18-19절). 까닭 없이 횃불을 던지고 화살을 쏘아 죄 없는 사람을 죽이는 자가 있다. 솔로몬은 이런 자를 '미친 사람'(מִתְלַהְלֵהַּ)이라 한다. 요즘 말로 하면 '불특정 다수에 대한 폭력과 살인'을 일삼는 사람이다. 참으로 믿기 어려운 황당한 참사가 벌어지고 있다. 생각해 보면 하루가 멀지 않게 일어나는 대부분의 테러 사건들이 이렇다.

자기 이웃을 속이고 나서 "장난이야!" 하는 자도 이 미친 사람과 다를 바 없다(19절). 우리 주변에도 이웃에게 갖은 피해 다 입히고 나서 미안해하기는 커녕 "농담도 못하냐?"(새번역)며 오히려 면박을 주는 자들이 있다. 솔로몬은 이런 자들을 미친놈이라고 한다. 상종하지 말고 아예 관계를 끊으라는 것이다. 지혜로운 사람은 절대 지나친 장난을 하지 않는다.

VI. 후세대가 모은 솔로몬의 잠언(25:1-29:27)
A. 비교적인 가르침(25:1-27:27)
7. 여러 유형의 사람들(25:28-26:28)

(5) 헐뜯는 자들(26:20-22)

20 나무가 다하면 불이 꺼지고
말쟁이가 없어지면 다툼이 쉬느니라
21 숯불 위에 숯을 더하는 것과
타는 불에 나무를 더하는 것 같이
다툼을 좋아하는 자는 시비를 일으키느니라

[22] 남의 말 하기를 좋아하는 자의 말은 별식과 같아서
뱃속 깊은 데로 내려가느니라

첫 번째 교훈은 다툼에 특효약은 말을 아끼는 것이라 한다(20절). 나무가 다하면 불이 꺼진다. 더 이상 태울 것이 없기 때문이다. 이와 같이 말쟁이가 없어지면 다툼이 쉰다. '말쟁이'(נִרְגָּן)는 '비방하는 자'이다(HALOT). 악의적인 말이 아니더라도 말은 많이 할수록 더 큰 문제가 생기는데, 하물며 비방하는 말이야 오죽하겠는가! 그러므로 비방하는 자가 있는 한 다툼은 끊이지 않는다. 솔로몬은 다툼에서 자유하고 평안을 누리고 싶다면 말쟁이를 없애라고 한다.

두 번째 교훈은 다툼을 좋아하는 자를 멀리하라고 한다(21절). 숯불 위에 숯을 더하면 더 강렬하게 타오른다. 타는 불에 나무를 더해도 그렇다. 이와 같이 다툼을 좋아하는 자는 시비를 일으킨다. '일으키다'(חרר)는 '태우다, 지피다'는 뜻이다(TWOT). 숯이 숯불을 더 뜨거운 불로 일으키는 것처럼, 다툼을 좋아하는 자는 가는 곳마다 새로운 시비를 시작하고, 이미 있는 시비는 더 큰 시비가 되게 한다. 그러므로 공동체가 평안하려면 이런 사람은 처음부터 공동체에 속하지 못하도록 해야 한다.

세 번째 가르침은 남에 대한 험담을 멀리하라는 경고이다(22절). 이 말씀은 이미 18:8에서 사용되었다. '남의 말하기 좋아하는 자'(נִרְגָּן)는 헐뜯는 말을 하는 사람이다(HALOT). 이런 사람은 항상 불만투성이기 때문에 이웃에 대해 선한 말을 하지 않는다. 매사에 부정적이고 빈정대는 말만 한다. 또한 소문도 매우 신속하게 살을 붙여 잘 옮긴다. 더 심각한 문제는 듣는 이들에게 있다. 이런 말을 들으면 거부하고 듣지 말아야 하는데, 잘 듣는다. 인간은 본능적으로 남에 대한 비방을 듣고자 하는 열망이 있기 때문이다(Whybray).

그러므로 부정적이고 나쁜 말은 별식과 같다. '별식'(מִתְלַהֲמִים)은 [순식

간에] '먹어 치우다'는 동사에서 유래하며, 아주 귀하고 좋은 음식, 곧 별미이다(NIDOTTE). 인간은 악하기 때문에 남에 대한 나쁜 소문을 즐긴다.

나쁜 말이고 근거 없는 소문일수록 뱃속 깊은 데로 내려간다. 듣는 사람의 뼈가 되고 살이 되어 그의 일부가 된다는 뜻이다(cf. Kitchen). 솔로몬은 이 말씀을 통해 이웃이 전하는 악한 소문이나 나쁜 말은 아예 듣지 말 것을 권면한다. 듣게 되면 자기도 모르는 사이에 어느덧 그것들이 우리의 일부가 되어 있고, 언젠가는 입을 통해 다른 사람들에게도 옮겨 가기 때문이다.

VI. 후세대가 모은 솔로몬의 잠언(25:1-29:27)
A. 비교적인 가르침(25:1-27:27)
7. 여러 유형의 사람들(25:28-26:28)

(6) 거짓말쟁이들(26:23-26)

23 온유한 입술에 악한 마음은
낮은 은을 입힌 토기니라
24 원수는 입술로는 꾸미고
속으로는 속임을 품나니
25 그 말이 좋을지라도 믿지 말 것은
그 마음에 일곱 가지 가증한 것이 있음이니라
26 속임으로 그 미움을 감출지라도
그의 악이 회중 앞에 드러나리라

첫 번째 교훈은 겉과 속이 다른 사람을 분별하라고 한다(23절). 말은 매우 부드럽고 따뜻하게 하지만, 마음은 악한 사람이 있다. 이런 사람은 낮은 은을 입힌 토기와 같다고 한다. '낮은 은'(כֶּסֶף סִיגִים מְצֻפֶּה)은 토기 전체가 은으로 보이게 하기 위해 은을 유약 바르듯 토기에 바른 것을 뜻한다. 이 '낮은 은'이 찌꺼기를 뜻하는 단어(סִיגִים)를 포함하고 있어서 번역본들이 다소 혼란을 보이고 있다. 은을 도자기에 바른 것으로 해석한 번역본들이 있는가 하면(NIV, NRS, TNK), 은 찌꺼기를 바른 것으로 해석하는 번역본들도 있다(NAS, NIV, KJV, cf. Koptak).

이 말씀이 겉과 속이 다른 사람을 조심하라는 경고이므로, 비록 마소라 사본이 '찌꺼기'를 포함하고 있기는 하지만, 보기 좋게 하는 매끈하고 빛이 나는 은을 바른 것으로 해석해야 한다(cf. 새번역). 솔로몬은 이 말씀을 통해 사람들이 하는 말을 곧이곧대로 듣지 말고 그들의 삶이 어떠한가도 고려하여 사람을 판단하라고 한다. 사람의 말은 언제든 그가 마음에 지닌 것을 속일 수 있다. 그러나 그가 평상시에 지향하는 삶의 방식은 절대 남을 속일 수 없다.

두 번째 가르침은 원수들이 사탕발림한 말에 속지 말라고 한다(24-26절). 이 교훈은 23절을 더 구체화시킨 것이다. '원수'(שׂוֹנֵא)는 '미워하는 사람'이다(TWOT). 누구를 미워하는 사람은 말로는 그렇지 않은 척한다(24절). 그러면서도 속으로는 속임을 품는다. '속임'(מִרְמָה)은 '속임수, 사기'를 의미한다(HALOT).

그러므로 솔로몬은 사람들이 하는 말을 온전히 믿지 말라고 경고한다(25절). 누가 아무리 좋은 말을 할지라도 그의 마음을 먼저 살펴보라고 한다. 그는 '거짓 우정'(feigned friendship)을 행하고 있기 때문에 듣는 것이 그의 마음의 다가 아니다(Fox). 또한 속이는 말을 하는 거짓말쟁이의 마음에는 일곱 가지 가증한 것이 있다. 그의 마음에 있는 일곱 가지 가증한 것은 여호와께서 가증하게 여기시는 일곱 가지, 곧 "교만한 눈과 거짓된 혀와 무죄한 자의 피를 흘리는 손과 악한 계교를 꾀하는 마음과 빨리 악으로 달려가는 발과 거짓을 말하는 망령된 증인과 및 형제 사이를 이간하는 것"(6:16-19)을 의미할 수 있다. 그러나 숫자 '7'을 만수로 사용하여 그의 마음은 온갖 악으로 가득하다는 뜻일 수도 있다.

거짓말쟁이들은 마음에 품은 미움을 감춘 체 말로는 사랑과 자비로 속일 수 있다(26절). 그러나 오래 가지는 못할 것이다. 그의 악이 회중 앞에 드러날 것이기 때문이다(cf. 5:14). 어떤 악인가? 25절이 언급한 '일곱 가지 가증한 것'이다. 악인들은 말로 사람들을 속이지만, 정작 그들의 행실은 그들이 진실하지 않다는 사실을 드러낸다. 그러므로 그들의 말은 속여도 행동은 속이지 못한다. 예수님이 나무는 열매로 판단하라고 하신 말씀이 생각난다(cf. 마 7:16-18).

VI. 후세대가 모은 솔로몬의 잠언(25:1-29:27)
A. 비교적인 가르침(25:1-27:27)
7. 여러 유형의 사람들(25:28-26:28)

(7) 멸망할 악인들(26:27-28)

27 함정을 파는 자는 그것에 빠질 것이요
돌을 굴리는 자는 도리어 그것에 치이리라
28 거짓말 하는 자는 자기가 해한 자를 미워하고
아첨하는 입은 패망을 일으키느니라

누구든 남을 잡으려고 함정을 파는 자는 스스로 그 함정에 빠질 것이다(27절). 이웃을 해하기 위해 돌을 굴리는 자도 도리어 그것에 치일 것이다(cf. 시 7:15-16; 57:6). 이 말씀은 남을 해하려고 음모를 꾸미면 그 음모에 걸려드는 사람은 오히려 자신이 될 것이라는 경고이다. 공의와 정의로 세상을 심판하시는 하나님이 악인들을 그들의 죄로 벌하실 것이기 때문이다. 하만(에 7:10)과 다니엘을 사자 굴에 쳐 넣었던 자들(단 6:24-28)이 이런 일을 경험한 사례들이다.

거짓말하는 자는 자기가 해한 자를 미워하기 때문에 거짓말을 한다

(28절). 사람이 왜 이웃에게 거짓말을 하는가 하면, 그 이웃을 미워하기 때문이라는 뜻이다. 뒤집어 말하면, 이웃에게 진실을 말하는 사람은 그를 사랑하기 때문이다. 그러므로 거짓말은 결코 건강하고 바람직한 대인 관계에서는 있을 만한 것이 못된다.

이와 같이 아첨하는 입은 패망을 일으킨다(28b절). '패망'(מִדְחֶה)은 재앙이다(TWOT). 사람이 왜 이웃에게 아첨하는가 하면, 그 이웃에게 재앙을 안겨 주기 위해서이다. '아첨하는 입'(פֶּה חָלָק)은 진실을 말하지 않고 왜곡하거나 거짓을 말하는 것을 뜻한다(TWOT). 위로한답시고 이렇게 할 수도 있다. 그러나 우리는 진실을 대할 때 비로소 문제 해결의 실마리를 찾을 수 있다. 그러므로 듣기 좋은 말이 아니라, 진솔하게 말해 주는 사람이 귀하다. 이웃이 잘되기를 바라는 사람은 절대 아첨하지 않는다.

VI. 후세대가 모은 솔로몬의 잠언(25:1–29:27) A. 비교적인 가르침(25:1–27:27)

8. 자랑과 칭찬(27:1–2)

1 너는 내일 일을 자랑하지 말라
하루 동안에 무슨 일이 일어날는지 네가 알 수 없음이니라
2 타인이 너를 칭찬하게 하고 네 입으로는 하지 말며
외인이 너를 칭찬하게 하고 네 입술로는 하지 말지니라

솔로몬은 하나님 앞에서(1절), 또한 사람들 앞에서(2절) 겸손할 것을 권면한다. 먼저, 사람이 내일 일을 자랑해서는 안 된다고 한다(1절). 내일 일을 자랑하는 것은 앞으로 하고자 하는 일들에 대해 말하는 것이므로 좋은 것이다. 사람이 비전을 품고 계획을 세우고 그것들을 이루기 위하여 추진하며 사는 것은 좋은 일이기 때문이다. 그렇다면 왜 내일 일을 자랑하지 말라고 하는가?

사람은 오늘 하루 동안에 무슨 일이 일어날는지 알지 못하기 때문이다(1b절). 우리는 오늘 어떤 일이 일어나고, 어떤 상황이 닥쳐올 것인가에 대해 전혀 알지 못한다. 예수님도 이러한 맥락에서 어떤 어리석은 부자에 대해 이렇게 말씀하셨다: "내가 내 영혼에게 이르되 영혼아 여러 해 쓸 물건을 많이 쌓아 두었으니 평안히 쉬고 먹고 마시고 즐거워하자 하리라 하되 하나님은 이르시되 어리석은 자여 오늘 밤에 네 영혼을 도로 찾으리니 그러면 네 준비한 것이 누구의 것이 되겠느냐"(눅 12:19-20, cf. 약 4:13-16).

더 나아가 우리가 아무리 많은 계획과 비전을 세우더라도 정작 이루시는 분은 여호와이시다(16:1, 9; 19:21). 그러므로 이 말씀은 미래에 대해 꿈꾸고 계획을 세우는 일을 버리라는 것이 아니라, 하나님 앞에 겸손하라는 권면이다. 하나님께 기도로 아뢰고 깊은 묵상을 통해 자신이 원하는 '내일 일'이 아니라 하나님이 인정하시고 이루실 '내일 일'에 소망을 두라는 뜻이다. 또한 아직 이루지 못한 내일 일에 대해 자랑하는 것보다는 이루고 난 다음에 말하는 것이 바람직하다. 이 말씀은 오늘 우리가 해야 할 일을 내일로 미루지 말라는 권면이기도 하다(Greenstone). 우리는 성실하게 오늘을 살아 내야 한다. 라틴어로 이러한 상황을 '카르페 디엠'(Carpe Diem)이라고 한다.

사람들과의 관계에서도 겸손해야 한다(2절). 사람이 남들 앞에서 자기를 칭찬하고 드높이면 안 된다. 칭찬은 타인과 외인이 하는 것이지 자기 스스로 말하는 것이 아니다. '타인'(זָר)과 '외인'(נָכְרִי)은 비슷한 말이며 굳이 구분하자면 '타인'은 이스라엘로 이주해 와서 사는 이방인들(이민자들)이며, '외인'은 잠시 방문하는 외국인들이다(TWOT). 잠언에서 이 단어(נָכְרִי)는 음란한 여자를 묘사했다(2:16; 5:20; 6:24; 7:5; 23:27; 27:13). 솔로몬은 칭찬은 이처럼 자기와 상관없는 사람들이 하는 것이지, 자신이 스스로 하는 것이 아니라는 사실을 강조한다. 요즘처럼 자신을 알리는 '자기 피알 시대' 정신에는 잘 어울리지 않지만, 명예는 하나님이 내려 주셔야 오래가고 영구적이다.

VI. 후세대가 모은 솔로몬의 잠언(25:1–29:27)
A. 비교적인 가르침(25:1–27:27)

9. 견디기 힘든 사람들(27:3–4)

3 돌은 무겁고 모래도 가볍지 아니하거니와
미련한 자의 분노는 이 둘보다 무거우니라
4 분은 잔인하고 노는 창수 같거니와
투기 앞에야 누가 서리요

미련한 자의 분노는 무거운 돌과 가볍지 않은 모래보다 무겁다(3절). '분노'(כַּעַס)는 '도발, 자극'이라는 뜻이다(새번역, 공동, NAS, NIV, ESV, CSB, NIRV). '가볍지 않은 모래'(נֵטֶל הַחוֹל)를 직역하면 '짐이 되는 모래'가 된다. 모래의 양이 상당해서 무게가 만만치 않다. 사람이 무거운 돌이 들은 주머니나 무게가 만만치 않은 모래 주머니를 지고 다니는 것은 힘들고 지치는 일이다. 미련한 자의 도발이 이 둘보다 무겁다는 것은 미련한 자의 어리석고 억지스러운 말을 견디어 내는 일이 무거운 돌이나 무게가 나가는 모래 주머니를 지고 다니는 일보다 더 어렵다는 뜻이다(Kitchen).

돌과 모래를 지는 것은 지고 다니는 동안 육체적인 노동으로 끝나지만, 미련한 자의 비상식적인 도발은 영적—정신적 고통을 유발하며, 이 고통은 훨씬 더 오랜 여운과 씻기 어려운 상처를 남긴다. 그러므로 대하기가 훨씬 더 어렵다(McKane). 아비가일의 남편 나발이 어리석은 말로 다윗과 그의 부하들을 자극한 것은 이 원리의 좋은 예이다(cf. 삼상 25장).

분노보다 더 견디기 힘든 것은 투기이다(4절). '분'(חֵמָה)은 매우 화가 난 상황이며 폭력성과 잔인성을 전제한다(Kitchen), '노'(אַף)는 화가 난 것을 뜻한다. 분은 잔인하고, 노는 홍수 같아서 둘 다 견디기가 쉽지는 않다. 그러나 투기에 비하면 이 두 가지는 견딜 만하다. '투기'(קִנְאָה)는 '시기, 질투'를 뜻한다. 질투는 남이 가진 것을 갖지 못해서가 아니라, 자기가 가진 것에 만족하지 못해서 일어나는 현상이다(Kidner). 질투의 화신이 되면 감각을 마비시켜 아무것도 보지 못한다. 그러므로 화를 견디어 내는 것이 시기와 질투를 이겨 내는 것보다 쉽다.

세상에는 자격지심과 낮은 자존감에 시달리는 자들이 매우 많다. 그렇다 보니 누가 잘되는 것을 축하해 주고 용납하는 건강한 정신을 가진 사람들이 의외로 귀하게 느껴진다. 슬퍼하는 사람과 슬퍼하기가 차라리 잘된 사람과 기뻐하기보다 더 쉽다. 유명인사들에 대한 악성 댓글의 대부분이 시기에서 시작된다. 솔로몬은 이러한 현실을 지적하며 하나님의 자녀들은 이렇게 살아서는 안 된다는 권면을 곁들이고 있다.

VI. 후세대가 모은 솔로몬의 잠언(25:1-29:27)
A. 비교적인 가르침(25:1-27:27)

10. 친구와 우정(27:5-10)

5 면책은 숨은 사랑보다 나으니라
6 친구의 아픈 책망은 충직으로 말미암는 것이나
원수의 잦은 입맞춤은 거짓에서 난 것이니라
7 배부른 자는 꿀이라도 싫어하고
주린 자에게는 쓴 것이라도 다니라
8 고향을 떠나 유리하는 사람은
보금자리를 떠나 떠도는 새와 같으니라
9 기름과 향이 사람의 마음을 즐겁게 하나니

친구의 충성된 권고가 이와 같이 아름다우니라
10 네 친구와 네 아비의 친구를 버리지 말며
네 환난 날에 형제의 집에 들어가지 말지어다
가까운 이웃이 먼 형제보다 나으니라

이 섹션의 첫 번째 교훈은 사랑은 표현해야 한다고 한다(5절). '면책'(תּוֹכַחַת מְגֻלָּה)은 드러내 놓고 누구를 책망하는 것이다(cf. 새번역, 공동, 아가페, NAS, NIV, NRS). '숨겨진 사랑'(אַהֲבָה מְסֻתָּרֶת)은 겉으로 표현하지 않고 마음속으로만 품고 있는 좋은 감정이다. 솔로몬은 사랑은 표현할 때 진가를 발휘하는 것이므로 마음에만 담아 두고 표현하지 않는 사랑은 별 의미가 없다고 한다. 이런 사랑은 하나 마나다. 상대방이 알거나 느끼지 못하기 때문이다. 그러므로 사랑을 마음에만 담아두는 것보다는 오히려 공개적인 책망이 더 낫다. 또한 잘 생각해 보면 공개적인 책망도 사랑이다(cf. McKane). 책망하지 않는 사랑은 아무런 소용이 없기 때문이다(Toy).

두 번째 가르침은 친구의 책망이 원수의 입맞춤보다 낫다고 한다(6절). 이 말씀은 면책을 언급했던 첫 번째 가르침(5절)과 연관이 있다. 두 가르침 모두 우리의 지혜가 자라고 성숙하려면 교정에 대해 열린 마음을 유지해야 한다고 한다(Lucas). '친구의 아픈 책망'(פִּצְעֵי אוֹהֵב)을 직역하면 '사랑하는 자의 상처들'이다. 서로 마음이 통하여 의지하고 사랑하는 친구를 뜻한다. 잠언은 책망을 좋은 것이라 한다(6:23; 15:31). 이런 친구가 입히는 상처들(아픈 책망, 꾸짖음)은 충직에서 비롯된 것이다. '충직'(נֶאֱמָנִים)은 신뢰하고 믿을 수 있다는 뜻이지만, 또한 영구적이고 오래간다는 의미를 지녔다(HALOT). 그러므로 TNK는 "사랑하는 자가 주는 상처들은 오래 간다"라고 번역했다. 사랑과 기대가 클수록 실망도 크고 오래 간다는 것이다. 그러나 이 말씀이 '속임'(נַעְתָּרוֹת)과 '신뢰'(נֶאֱמָנִים)를 대조하는 것으로 보아 TNK의 번역은 별 설득력이 없다. 믿고 의지하는 친구가 주는 아픈 책망과 꾸짖음은 진심에서 비롯된 것이니 받아들이라는 권면이다. 다윗이 나단 선지자의 책망을 받아들인 것은 좋은 예이다(삼하 12:7).

반면에 원수의 잦은 입맞춤은 거짓에서 난 것이다(6b절). '원수'(שׂוֹנֵא)는 '미워하는 자'이며 '사랑하는 자/친구'(אוֹהֵב)의 반대말이다. '잦은 입맞춤'(נְשִׁיקוֹת)은 단순히 '입맞춤'이다. 복수형을 사용하고 있기 때문에 '잦은'이 붙었지만, 굳이 붙일 필요는 없다. '거짓에서 난 것'(נַעְתָּרוֹת)은 일상적으로 '간구하다, 호소하다'라는 의미를 지닌 동사에서 파생한 것이며 '속이는 것'이라는 의미를 지니고 사용되는 경우는 이곳이 유일하다(HALOT, cf. Kitchen, McKane, Murphy, Whybray). 고대 사회에서 입맞춤은 인사와 존경의 표시였다. 그러므로 원수의 '입맞춤'은 인사와 격려를 뜻한다. 솔로몬은 원수들의 인사와 격려하는 말은 속임수이니 믿지 말라고 한다. 가룟 유다가 예수님께 입을 맞춘 것이 하나의 좋은 예이다(마 26:49, cf. 잠 26:23-24). 이런 말보다 친구의 혹독한 책망이 더 낫다.

세 번째 교훈은 사람에게 조언을 할 때는 때를 잘 구별하라고 한다(7절). 배부른 자는 꿀이라도 싫어한다. '싫어하다'(בּוּס)는 '짓밟다'는 의미이다(NIDOTTE). 이미지는 사람이 길을 가다가 발견한 꿀송이를 일부러 밟고 지나가는 모습이다(cf. 공동, CSB, LXX). 배가 터지도록 먹은 사람은 만사가 귀찮다. 심지어는 가장 달달한 꿀도 반갑지 않다.

반면에 주린 자에게는 쓴 것이라도 달다(7b절). '쓴 것'(כָּל־מַר)은 '모든 쓴 것'이다. 비슷한 말로 우리말에 '시장이 반찬이다'는 말이 있다. 배고픈 사람은 무엇이든 먹을 수 있으며, 그다지 맛을 따지지 않는다. 솔로몬은 이 말씀을 통해 좋은 말을 해 주는 것보다 더 중요한 것은 타이밍이라고 한다. 아무리 좋은 말이라도 시기적절하지 않으면 낭패를 볼 수 있다. 그러므로 말을 할 때 가장 필요한 것은 때를 분별하는 지혜이다.

네 번째 가르침은 고향을 떠나 유리하는 자는 떠도는 새와 같다고 한다(8절). '고향'(מָקוֹם)은 단순히 '장소, 위치'를 뜻하기 때문에(TWOT), 고향보다는 '집, 가정'이 더 좋은 번역이다(cf. NAS, ESV, NIV, NRS, TNK). 그러므로 이 말씀은 자기가 지켜야 할 위치를 떠나 떠도는 사람을 비난하는 것으로 해석될 수도 있지만(Kidner), '떠나 유리하는 사람'(נוֹדֵד)은 '도망/탈출하여 정처 없이 떠도는 사람'이다(NIDOTTE). 사정이 생겨 어쩔 수 없이 삶의 터전을 떠나야 했던 사람인 것이다.

이런 사람은 보금자리를 떠나 떠도는 새와 같다(8b절). '보금자리'(קֵן)는 둥지이다(HALOT). 이 새도 둥지에서 '쫓겨나'(נדד) 정처 없이 떠돌고 있다. 이미지는 사냥꾼이 숲으로 들어와 시끄럽게 하자 숲에 있던 모든 새가 순식간에 도망쳐 날아가는 모습이다(Lane, cf. Koptak). 그러므로 사람이나 새나 불쌍하다. 그 어디에서도 안식을 얻을 수 없는 나그네의 삶을 살기 때문이다. 솔로몬은 이 말씀을 통해 타향살이 하는 사람들을 따뜻하고 관대하게 대할 것을 권면한다. 그들은 이미 많은 것을 잃었기 때문이다.

다섯 번째 교훈은 친구의 권고를 기쁘게 받아들이라고 한다(9절). 기름과 향이 사람의 마음을 즐겁게 하듯, 친구의 충성된 권고가 기름과 향처럼 아름답다. 물이 충분하지 않아 자주 목욕을 할 수 없었던 고대 사회에서 기름과 향은 매우 흔하게 사용되는 물품이었지만, 사치품이었다(Kitchen). '충성된 권고'(מֵעֲצַת־נָפֶשׁ)는 마음에서 우러나오는 조언이다. '아름답다'(מֶתֶק)는 '달콤함'이다. 친구의 마음에서 우러나온 조언은 참으로 귀한 것이니 좋게 받아들여야 한다. 안타깝게도 우리 주변에는 이런 말에 귀가 닫혀 있는 자들이 많다.

여섯 번째 가르침은 신의를 지키며 살 것을 당부한다(10절). 솔로몬은 친구와 아버지의 친구를 버리지 말라고 한다. '버리다'(עזב)는 '떠나다'는 뜻이며, 이 말씀에서는 관계를 저버린다는 뜻이다. 이러한 행동이 어리석은 것은 친구는 평생 같이 하는 인생의 동반자이기 때문이다. 또한 아버지의 친구는 어려울 때 찾아가 조언도 구하고 도움도 청할 수 있는 사람이다. 우리의 삶에서 '누구를 아느냐'는 매우 중요하며, 우리의 정체성을 상당 부분 결정하기도 한다. 그러므로 부모의 친구를 저버리는 것은 어리석은 짓이다.

이어 솔로몬은 환난 날에 형제의 집을 찾지 말고 이웃을 찾으라고 한다(10b-c절). 이 말씀은 다섯 번째 교훈(9절)에 등장하는 친구에 관한 말씀이다. 진솔한 충고를 해 주는 친구는 환난 때 반드시 도움의 손을 내밀 것이기 때문이다. '환난'(אֵיד)은 재앙을 뜻하므로 새번역의 '어렵다고'(cf. 공동) 보다는 아가페성경의 '위급할 때'가 더 나은 번역이다(cf. NAS, NIV, ESV). 위급할 때에는 먼 곳에 있는 형제 집을 찾기보다는 가까이 있는 이웃을 찾는 것이 더 낫다. 원래 친구는 사랑할 때를 위한 사람이고, 형제는 위급한 때를 위한 사람이지만(17:17), 상황이 위급하면 먼 곳에 있는 형제보다 가까이 있는 친구를 찾아야 한다(cf. 18:24). 신속하게 도움을 받을 수 있기 때문이다. 우리말에도 '이웃 사촌'이라는 말이 있다. 솔로몬은 환난 날을 생각해서라도 평소에 대인 관계를 잘 유지하라고 한다.

VI. 후세대가 모은 솔로몬의 잠언(25:1-29:27)
A. 비교적인 가르침(25:1-27:27)

11. 아버지의 권면(27:11-27)

11 내 아들아
지혜를 얻고 내 마음을 기쁘게 하라
그리하면 나를 비방하는 자에게 내가 대답할 수 있으리라
12 슬기로운 자는 재앙을 보면 숨어 피하여도
어리석은 자들은 나가다가 해를 받느니라
13 타인을 위하여 보증 선 자의 옷을 취하라
외인들을 위하여 보증 선 자는 그의 몸을 볼모 잡을지니라

[14] 이른 아침에 큰 소리로 자기 이웃을 축복하면
도리어 저주 같이 여기게 되리라
[15] 다투는 여자는 비 오는 날에
이어 떨어지는 물방울이라
[16] 그를 제어하기가 바람을 제어하는 것 같고
오른손으로 기름을 움키는 것 같으니라
[17] 철이 철을 날카롭게 하는 것 같이
사람이 그의 친구의 얼굴을 빛나게 하느니라
[18] 무화과나무를 지키는 자는 그 과실을 먹고
자기 주인에게 시중드는 자는 영화를 얻느니라
[19] 물에 비치면 얼굴이 서로 같은 것 같이
사람의 마음도 서로 비치느니라
[20] 스올과 아바돈은 만족함이 없고
사람의 눈도 만족함이 없느니라
[21] 도가니로 은을, 풀무로 금을,
칭찬으로 사람을 단련하느니라
[22] 미련한 자를 곡물과 함께 절구에 넣고 공이로 찧을지라도
그의 미련은 벗겨지지 아니하느니라
[23] 네 양 떼의 형편을 부지런히 살피며
네 소 떼에게 마음을 두라
[24] 대저 재물은 영원히 있지 못하나니
면류관이 어찌 대대에 있으랴
[25] 풀을 벤 후에는 새로 움이 돋나니
산에서 꼴을 거둘 것이니라
[26] 어린 양의 털은 네 옷이 되며
염소는 밭을 사는 값이 되며
[27] 염소의 젖은 넉넉하여

너와 네 집의 음식이 되며

네 여종의 먹을 것이 되느니라

이 섹션은 '내 아들아!'로 시작하는 권면이다. 이러한 양식의 권면은 책의 서론 격인 1-9장에서 자주 사용된 어법이었다(1:8, 10, 15; 2:1; 3:1 등등). 그러나 후세대가 모은 솔로몬의 잠언 모음집(21-29장)에서는 이곳이 유일하다. 그러므로 이 섹션을 여러 개의 작은 문단으로 나눌 수도 있지만(cf. Koptak, Waltke), 아버지가 아들에게 주는 하나의 가르침으로 간주하여 함께 묶었다.

첫 번째 가르침은 지혜를 얻어 부모를 기쁘게 하라고 한다(11절). 부모의 마음을 기쁘게 하는 것은 잠언에서 이미 여러 차례 언급이 된 주제이다(10:1; 15:20; 23:15-16, 24-25; 29:3). 자식은 부모에게 무한한 기쁨을 안겨 줄 수 있지만, 무한한 슬픔을 안겨 줄 수도 있다(17:25; 19:13).

자식이 지혜를 얻으면 부모의 마음이 기쁘다(11b절). 지혜로운 자식은 부모의 마음을 기쁘게 할 뿐만 아니라, 부모의 명예와 체면도 세워준다. 지혜롭고 윤리적이어서 바른 삶을 사는 자식을 둔 부모는 그들을 비방하는 자들에게 답할 수 있다고 하는데, "자식을 왜 그렇게 키우느냐?"라며 양육 방식을 못마땅하게 여긴 사람들에게 떳떳하고 당당할 수 있다는 뜻이다(cf. Kitchen). 그러므로 잘 자란 자식은 부모의 자랑거리이기도 하지만, 부모의 양육 방법이 잘못되지 않았음을 증명하는 결과이기도 하다(cf. 시 119:41-42).

두 번째 교훈은 재앙은 피하는 것이 지혜라고 한다(12절). '슬기로운 사람'(עָרוּם)은 삶을 잘 헤쳐 나가는 영리한 사람이다(HALOT). '재앙'(רָעָה)은 악을 뜻하기도 하고 위험을 의미하기도 하는 포괄적인 개념이다. 슬기로운 사람은 위험이 닥치면 몸을 숨길 줄 안다(cf. 1:8-27; 7:1-9; 9:1-6, 13-18).

반면에 어리석은 자들은 나가다가 해를 받는다(12b절). '어리석은 자들'(פְּתָאִים)은 사리 판단이 약한 어리숙한(naïve) 자들이다. 이런 사람은 상황 판단이 잘 안 되어 닥쳐온 위험을 인지하지 못하고 나다닌다. '나가다'(עבר)는 '지나가다'이다. 주저하지 않고 평상시대로 활동한다는 뜻이다. 결국 이 어리석은 사람들은 해를 받는다. '해를 받다'(ענש)는 대가를 치른다는 뜻이다(TWOT).

세 번째 가르침은 빚을 줄 때는 담보를 확실히 잡으라고 한다(13절). 이 말씀은 채무자와 채권자와 보증인 세 부류를 한꺼번에 비난하고 있다(Waltke). 잠언은 여러 차례 보증의 위험을 알렸다(6:1; 11:15; 17:18; 20:15; 22:26-27). 그러므로 보증은 가족 범위를 벗어나서는 절대 서는 것이 아니다. 이 말씀은 20:16을 그대로 반복하고 있다. 새번역은 이 절에서 사용되는 모든 동사를 수동태(passive)로 해석하여 이 말씀을 보증을 서지 말라는 또 하나의 경고로 간주한다. 그러나 마소라 사본과 모든 번역본들은 능동태(active)를 반영하고 있다.

이 말씀은 채권자의 위치에서 보증을 선 자들을 확실히 붙잡으라는 권면이다(cf. 신 24:10-13). '타인'(זָר)의 기본적인 의미는 이스라엘에 거주하는 이방인들이다. 이곳에서는 가족 범위를 벗어난 사람을 뜻한다. 누가 자기 가족이 아닌 사람을 위해 보증을 서면, 채무자가 아니라 그를 위해 보증을 서는 사람의 옷을 담보로 잡으라는 것이다. '옷'(בֶּגֶד)은 겉옷이며 낮에는 옷으로, 밤에는 이불로 사용되던 것이다(Waltke). 보증을 선 자의 옷을 담보로 잡으면 채권자가 채무자에게 돈을 갚으라는 압력을 직접 행사할 필요가 없다. 담보를 잡힌 사람이 자기 물건을 찾기 위해서라도 채무자에게 그 압력을 행사할 것이기 때문이다.

또한 외인들을 위해 보증을 선 자는 그의 몸을 볼모로 잡아야 한다(13b절). '외인들'(נָכְרִים)은 이스라엘에 거주하지 않는 이방인들을 뜻한다(TWOT). 그러므로 이스라엘 안에 거주하는 이방인들인 '타인'(זָר)보다 '외인들'(נָכְרִים)에게 돈을 떼일 확률이 훨씬 더 높다. 이곳에서는 이 단어도 가족 범위 밖에 있는 사람들을 뜻한다(Waltke). 누가 외인들을 위해 보증을 서면 아예 보증인의 몸을 볼모로 잡으라고 한다. 가족이 아닌 사람을 위해 보증을 서는 일은 이와 같이 어이없는 일을 초래한다. '볼모로 잡다'(חבל)는 채무자가 빚을 다 갚을 때까지 보증인을 가둬 두라는 뜻이다.

솔로몬은 돈을 떼일 위험이 높을수록 더 강경한 대책을 마련하라고 한다. 또한 그는 보증을 서는 일은 매우 어리석은 일이니 어떠한 경우에도 보증을 서지 말라고 권면했다. 그는 채권자 입장에서 함부로 보증을 서는 사람들을 혼내 주라고 한다. 남을 위해 보증을 서려고 했던 사람이 이처럼 강경한 입장을 취하는 채권자의 입장을 생각해 보면, 아마도 보증을 서려는 생각을 재고하는 효과를 유발할 것이다. 솔로몬이 이 말씀을 통해 노리는 것도 이러한 학습 효과이다. 어떤 사회에서든 가족 범위를 벗어나 보증을 서는 일은 배척해야 할 어리석은 일이기 때문이다.

네 번째 가르침은 아무리 좋은 일이라도 때와 방법을 고려하여 하라고 한다(14절). 이웃을 축복하는 일은 좋은 것이다. 그러나 문제는 때와 방법에 있다. 이 말씀이 때라는 점에서 7절과 비슷하다. 좋은 것이라도 시기적절해야 한다. 이웃이 아직 잠에서 깨어나지도 않은 '이른 아침'은 좋은 때가 아니다. 요즈음은 많이 바뀌었지만, 예전에 서양에서는 가족이 아니라면 오전 9시 이전에 전화하지 않았다. 저녁 9시가 넘어도 전화를 삼가했다. 축복한답시고 아직도 잠을 자고 있을 이웃을 찾아가는 것은 지혜롭지 않다.

또한 방법도 문제다. '큰 소리'(קוֹל גָּדוֹל)는 이른 아침의 평온함을 방해하는 경적이다. 그러므로 아무리 축복하고자 해서 이런 일을 한다고 할지라도, 듣는 이에게는 '저주'같이 여겨진다. 축복하는 사람은 "최대한 빨리 복을 빌어 주고 싶어서 그랬다"고 변명할 수 있다. 그러나 솔로몬은 좋은 일을 할 때에도 방법과 때가 고려되어야 한다고 권면한다.

다섯 번째 교훈은 다투는 여자는 참으로 같이 살기가 어렵다고 한다(15-16절). 다투는 여자는 비 오는 날에 이어 떨어지는 물방울과 같다(15절). 이 말씀은 19:13을 거의 그대로 반복하고 있다. 본문의 '다투는 여자'(אֵשֶׁת מְדוֹנִים)는 19장의 '다투는 아내'(מִדְיְנֵי אִשָּׁה)의 단어 순서를 바꿔 놓았을 뿐 의미는 같다. 항상 바가지를 긁거나 잔소리를 멈추지 않는 아내이다(공동, 현대어, TNK, CSB, cf. 21:9). 이런 여자는 남편뿐만 아니라 온 가족을 참으로 피곤하게 한다. 오죽하면 차라리 지붕에서 홀로 살거나, 광야에서 홀로 사는 것이 더 낫다고 하겠는가!(21:9, 19; 25:24)

'이어 떨어지는 물방울'(דֶּלֶף טֹרֵד)은 지붕/천장에 난 여러 개의 구멍을 통해 끊이지 않고 떨어지는 물방울이다(Kitchen, cf. 새번역, 현대어, NIV). 수도꼭지에서 떨어지는 물은 별 피해를 입히지 않지만, 천장에서 떨어지는 물줄기들은 매우 파괴적이고 위험하다(Garrett). 온 가족의 삶을 참으로 고통스럽게 만든다는 뜻이다. 게다가 본문은 '비오는 날'(יוֹם סַגְרִיר), 그것도 폭우가 쏟아지는 날을 더하여 고통을 가중시킨다(TWOT, cf. 19:13). 또한 살만 적시는 '집 밖의 폭우'보다 뼈까지 스며드는 '집 안의 폭우'가 더 고통스럽게 한다(Bridges). 고대 근동에서는 장마철에 새는 지붕을 때우는 일은 착하고 능력이 있는 아들이 하는 일이었다(Farmer). 아하수에로 왕의 아내 와스디가 이런 아내로 취급을 받는다(에 1:17-18).

다투는 여자는 가족들에게 많은 피해를 입히지만, 더 커다란 문제는 어떻게 그녀를 통제할 방법이 없다는 것이다(16절). 그녀를 제어하는 것은 도저히 만질 수 없는 바람을 제어하는 것과 같고, 미끄러운 기름을 손으로 잡으려는 것과 같다. 그러므로 본인 스스로가 자신이 어떠한가를 깨닫고 변하는 것밖에는 없다. 솔로몬은 이 말씀을 통해 아내들에게 지혜롭게 처신하여 가족들을 힘들게 하지 말 것을 당부한다. 현숙한 여인이 되라는 권면이다(cf. 31:10-31). 또한 결혼하지 않은 남자들에게는 아내를 구할 때 참으로 신중하게 하라는 말씀이다.

여섯 번째 가르침은 어려운 현실에서 도피하지 말라고 한다(17절). 고대 사회에서 사람들이 쉽게 구할 수 있는 물질 중 가장 강한 것은 철이었다. 솔로몬은 철을 단련시키고 날카롭게 할 수 있는 것은 오직 철이라고 한다. 이와 같이 사람이 그의 친구의 얼굴을 빛나게 한다. '빛나게 하다'(חדד)는 '날카롭게 하다'는 뜻이다. 두 사람이 한 사람보다 낫고(전 4:9), 지혜로운 사람과 동행하면 지혜를 얻을 수 있다(잠 13:20). 그러므로 이 말씀은 사람은 '이웃과 비비대며 살아야 다듬어진다'(공동)는 뜻이다. 그러므로 대인 관계에서 문제가 생기더라도 그 상황에서 도피하려는 것은 옳지 않다. 부대끼더라도 견디어 내야 지혜를 얻을 수 있고, 나중에 비슷한 일을 당할 때 얻은 지혜로 더 슬기롭게 헤쳐 나갈 수 있다. 다윗의 경우에는 요나단으로 인해 위기를 헤쳐 나갈 수 있는 도움을 받았다(삼상 23:16).

일곱 번째 교훈은 성실함에 대한 가르침이다(18절). 무화과나무가 열매를 맺으려면 6년까지 걸린다. 이 기간 동안 나무를 돌보며 가꾸는 농부는 그 과실을 즐길 것이다. 또한 주인에게 시중드는 자는 영화를 얻는다. 이 말씀은 종에 관한 것이다. '시중드는 자'(שֹׁמֵר)는 지키고 보호하는 자이다(cf. NIV, ESV, NAS, TNK). 주인에게 종의 역할을 잘 하는 사람이다. 이런 사람은 영화를 얻는다. 주인에게 칭찬을 받고 상도 받는다는 뜻이다. 이 말씀은 성실하게 자기 일에 임하는 사람은 분명 좋은 열매를 누릴 것이라는 말씀이다(cf. 잠 22:29). 요셉이 주인인 보디발과 이집트 왕 바로에게 보인 모습이 이러하다(창 39-41장). 우리는 무슨 일을 하든지 간에 성실하게 임해야 한다. 모든 영혼이 추구해야할 첫 번째 의무는 자유를 찾는 일이 아니라, 섬길 주인을 찾는 것이다(Forsyth, cf. Kitchen).

여덟 번째 가르침은 사람은 마음에 있는 것에 따라 산다고 한다(19절). 이 말씀은 히브리어 텍스트가 너무 간단하기 때문에 해석하기 상당히 어렵다. 직역하면 '얼굴과 얼굴은 물 같고, 사람의 마음도 사람에게 그렇다'이다. 1행에서는 '비춤/반사'를 집어넣으면 별문제 없이 해결된다: '물에 반사된 얼굴은 같은 얼굴이다.' 물에 비친 얼굴은 그 사람의 얼굴과 똑같다는 뜻이다.

해석적으로 난해한 것은 다음 행이다(19b절). '사람의 마음도 사람에게 그렇다'에서 '사람'은 한 사람을 뜻하는가, 혹은 두 사람을 뜻하는가? 만일 같은 사람이라면, 우리는 깊은 묵상을 통해 우리 자신이 어떠한가를 알게 된다는 것이다(Ross, cf. 새번역, NAS, NIV, NIRV, ESV, CSB). 만일 다른 사람이라면 우리는 다른 사람들과의 교재를 통해 우리 자신의 실제 모습을 볼 수 있다는 뜻이다(Toy, cf. 공동, 아가페, 현대어, NRS, TNK).

1행이 물에 비추인 자신의 모습을 말하는 것으로 보아 2행도 한 사람인 듯하다. 그러므로 사람은 묵상을 통해 우리 자신이 어떠한가를 알게 된다는 뜻이다. 사람은 자기 삶을 돌아보면 자신의 마음에 무엇이 있는지를 알 수 있다. 마음에 있는 것은 행동으로 드러나기 때문이다. 그러므로 솔로몬은 만일 사람이 어떤 생각과 가치를 품고 사는지를 알고 싶으면 그의 삶을 보라고 한다. 또한 우리는 행실을 조심해야 한다. 우리의 마음에 있는 것을 내비추기 때문이다.

아홉 번째 교훈은 세상적인 욕심에는 끝이 없다고 한다(20절). 스올은 사람들이 죽으면 가는 깊은 곳이며, '아바돈'(אֲבַדּוֹן)은 구약에서 6차례 등장하는데, 모두 지혜 문헌에서 사용된다(욥 26:6; 28:22; 31:32; 시 88:11; 잠 15:11; 27:20). 죽은 자들의 영역 중에서도 가장 깊고 어두운 곳을 상징한다(TWOT). 계시록에서는 계급이 높은 악령의 이름이 되기도 한다(계 9:11). 아무리 많은 죽음이 스올과 아바돈을 채우려 해도 채울 수 없다. 이 땅에 살아 있는 생명이 하나라도 있는 한 스올과 아바돈은 계속 그의 죽은 영혼을 요구하기 때문이다.

이와 같이 사람의 눈도 만족함이 없다. '사람의 눈'(עֵינֵי הָאָדָם)은 신약에서 '안목의 정욕'이라고 불린다(Kitchen, cf. 요일 2:16). 이것은 하나님께로부터 온 것이 아니며, 세상에서 온 것이다. 세상적인 욕심과 정욕을 포함한다(cf. Koptak). 경건과 거룩으로 정제되지 않은 세상적 욕심에는 끝이 없다는 뜻이다. 솔로몬은 이 말씀을 통해 세상적 욕망의 노예가 되지 말 것을 권면한다.

열 번째 가르침은 칭찬에 잘 대응하라고 한다(21절). 도가니는 은을 정제하고, 풀무는 금을 정제한다. 이 말씀은 17:3의 첫 행과 같다. '도가니'(מַצְרֵף)와 '풀무'(כּוּר)는 각각 은과 금을 정제하는 화덕(용광로)이다. 은과 금은 용광로에서 나오는 순간 가장 순수하고 빛이 난다. 모든 불순물과 찌끼가 제거되었기 때문이다. 그러므로 성경에서 용광로는 연단과 훈련을 상징한다(Clifford, cf. 시 26:2; 66:10; 렘 9:6; 슥 13:9).

이와 같이 칭찬은 사람을 단련한다(21b절). 17:3의 두 번째 행은 사람의 마음은 여호와께서 연단하신다고 했다. 금과 은이 용광로 경험을 통해 가장 순수한 형태를 취하게 되는 것처럼, 하나님은 연단을 통해 사람의 마음을 순결하고 온전하게 하신다(cf. 대상 29:17; 시 7:9; 17:3; 26:2; 139:23; 렘 17:10). 17:3이 하나님이 사람의 마음을 연단하시는 원리를 선언했다면, 본문은 주님이 연단 방법으로 사용하시는 것 하나를 언급한다. 바로 칭찬이다. '칭찬'(מַהֲלָל)은 남들이 그 사람에 대해 좋게 말하는 것이다.

어떻게 칭찬이 연단이 되는가? 대부분 번역본들은 칭찬에 대한 반응이 사람의 인격을 반영하는 것으로 이해한다(새번역, 공동, 현대어, NAS, NIV, NRS, NIRV). 12:8은 각 사람은 그가 가진 지혜대로 칭찬을 받을 것이라 했다. 지혜로운 사람은 칭찬을 받고, 어리석은 사람은 칭찬을 받지 못한다는 뜻이다. 또한 앞에서 1절은 내일 일을 '자랑'하지 말라고 했고, 2절은 스스로 '칭찬'하지 말고 타인과 외인이 '칭찬하도록' 하라고 했다. 모두 다 연관된 단어들이다.

종합해 보면 사람들의 칭찬을 받기 위해서는 지혜로워야 한다. 이미 잠언이 누누이 언급한 것처럼 지혜를 얻기 위해서는 많은 노력과 연단을 거쳐야 한다. 또한 최종 연단은 사람들의 칭찬을 받을 때이다. 그 칭찬에 어떻게 반응하느냐에 따라 그동안 쌓아 올렸던 지혜에 겸손을 더할 수도 있고, 모든 것을 무너뜨리고 교만의 나락으로 떨어질 수 있기 때문이다. 그러므로 로마서 12:3은 칭찬을 받을 때 적용할 만한 말씀이다: "내게 주신 은혜로 말미암아 너희 각 사람에게 말하노니 마땅히 생각할 그 이상의 생각을 품지 말고 오직 하나님께서 각 사람에게 나누어 주신 믿음의 분량대로 지혜롭게 생각하라."

또한 사람들의 칭찬이 진실하지 않을 수도 있다. 그러므로 예수님은 사람들이 칭찬하면 오히려 두려워하라고 한다: "모든 사람이 너희를 칭찬하면 화가 있도다 그들의 조상들이 거짓 선지자들에게 이와 같이 하였느니라"(눅 6:26). 무엇보다도 우리는 하나님의 칭찬을 사모하며, 세상의 칭찬은 별 의미 없는 것임을 깨달아야 한다. 세상의 칭찬을 사모하면 올바른 신앙생활을 할 수 없다(cf. 요 12:42-43).

열한 번째 교훈은 미련한 자와는 상종하지 말라고 한다(22절). 바로 앞, 21절에서는 용광로 이미지를 사용했는데, 본문은 절구질을 배경으로 한 말씀이다. 절구질은 곡식을 껍질(미련함)째 으깨어 내용물(밀가루 등)을 따로 분류하는 방법이었다. 미련한 자를 곡물과 함께 절구에 넣고 공이로 찧었다. 당시 공이는 돌로 만든 망치였다(Kitchen). 아주 열심히 했다는 뜻이다. 드디어 곡물의 껍질은 모두 으깨져서 곡물 가루로부터 떨어져 나왔는데, 미련한 자의 껍질은 아직도 그를 감싸고 있다! 미련한 자들에게서 미련함을 떨구어 내는 일은 거의 불가능하다는 것이다. 그러므로 차라리 가르치려 하지 않는 것이 좋다. 모든 열정과 노력을 수포로 돌릴 것이기 때문이다. 그의 미련함 속에서 살도록 내버려 둘 수밖에 없다. 오죽하면 잠언이 미련한 자들을 징계하되, 그들에게 지혜를 심어 주기 위한 것이 아니라, 지켜보는 어리숙한 사람들을 교육하기 위해서 미련한 자들을 징계하라고 하겠는가!(19:25; 21:11).

솔로몬은 이 말씀을 통해 우리에게 제발 미련한 자들이 되지 말 것을 당부한다. 미련함에는 약이 없다(cf. 17:10). 이단에 홀린 사람들도 이렇다. 아무리 이성적으로 신앙과 영성에 대하여 가르치려 해도 듣지 않는다. 영적으로 어두운 껍질이 그들을 단단하게 싸고 있기 때문이다.

열두 번째 가르침은 재산관리를 성실하고 지혜롭게 하라고 한다(23-27절). 양 떼와 소 떼를 두었다면 항상 그것들을 살피고 마음에 두어야 한다(23절). '부지런히 살핀다'(יָדֹעַ תֵּדַע)는 '확실히 알아라'는 뜻이다. 많은 시간을 투자하고 노력해야 짐승들을 이렇게 살필 수 있다. 그러므로 항상 짐승들에게 마음을 두라고 한다. 짐승들의 형편을 살펴서 병든 아이는 치료하는 등 특별한 관리도 지속적으로 해야 한다. 살아 있는 생명체는 꾸준한 보살핌을 요구한다.

양 떼와 소 떼는 가장 중요한 재산(재물)이다. 그러나 기억해야 할 것은 면류관이 한 집에 대대로 머물지 않는 것처럼 재물도 영원히 있지 않다(24절). 학자들은 '면류관'이 재산을 논하는 본문과 잘 어울리지 않는다 하여 '보배'(treasure)로 바꿀 것을 제한한다(Clifford). 그러나 잠언에서 면류관은 영광과 명성을 상징했으며, 부는 대체적으로 명예와 같이 간다. 그러므로 굳이 교정할 필요가 없다.

명예와 부는 한 집에 대대로 있지 않다. 가세가 기울면 다른 집으로 옮겨간다. 재산도 마찬가지다. 23:5은 다음과 같이 경고했다: "네가 어찌 허무한 것에 주목하겠느냐 정녕히 재물은 스스로 날개를 내어 하늘을 나는 독수리처럼 날아가리라." 그러므로 재산은 있을 때 잘 관리하는 것이며(양 떼와 소 떼를 성실하게 보살피고 관리하는 것처럼), 잘 활용하여 선한 일을 많이 하는 것이다. 항상 있는 것이 아니기 때문에 있을 때 재물을 활용하여 하나님의 영광을 구해야 한다. 축복은 흘려보내는 것이기 때문에, 우리가 많이 보낼수록 더 많이 맡기신다.

짐승들을 단순히 재산으로 간주하지 않고 하나님이 맡기신 생명들이라는 사실을 깨닫고 성실하게 보살피는 사람들은 자연의 이치도 그들의 보살핌을 돕는다는 사실을 깨달을 것이다(25절). 짐승들을 먹이기 위해 풀을 베면 곧바로 새로 움이 돋는다. 또한 산에는 짐승들을 먹일 만한 꼴이 널려 있다. 하나님은 우리에게 어떤 일을 맡기시면, 그 일을 감당할 만한 능력과 자원도 주시기 때문에 감사함으로 순종하면 된다.

이렇게 성실히 짐승들을 보살피면 얻는 것도 많아 재산도 더 늘어난다(26-27절). 어린 양의 털은 옷이 되고, 염소는 팔아서 밭을 살 수 있는 재원이 된다. 또한 염소의 젖은 음식이 되어 온 집안(가장 낮은 여종까지)을 먹인다(cf. 신 32:13-14; 사 7:21-22). 선하신 하나님께서 짐승들을 재산으로만 취급하지 않고 보살펴야 할 생명으로 여기는 사람에게 내려 주시는 축복이다.

VI. 후세대가 모은 솔로몬의 잠언(25:1-29:27)

B. 대조적인 교훈(28:1-29:27)

솔로몬의 두 번째 잠언집(25:1-29:27)의 후반부를 구성하고 있는 본 텍스트는 33개의 대조적인 잠언들(antithetical proverbs)로 구성되어 있다(Toy). 이때까지 잠언은 지혜에 초점을 맞추어 가르침을 진행해 왔다면, 이와는 달리 이 섹션은 주로 사람에 초점을 맞추고 있다. 본문은 다음과 같이 섹션화 될 수 있다.

A. 의로운 왕의 통치(28:1-2)
B. 신앙과 의인(28:3-6)
C. 신앙과 악인(28:7-9)
D. 정직한 사람(28:10-14)
E. 악한 통치자(28:15-17)
F. 성실한 사람과 허황된 자(28:18-19)
G. 부자가 되려는 자(28:20-23)
H. 욕심을 부리는 자(28:24-26)

I. 선행과 악인(28:27-28)
J. 의로운 통치(29:1-4)
K. 의인이 많은 사회(29:5-8)
L. 질서가 잡힌 사회(29:9-11)
M. 의로 굳건해지는 통치(29:12-14)
N. 징계의 필요성(29:15-17)
O. 종 훈련의 필요성(29:18-22)
P. 의인은 여호와를 의지함(29:23-27)

1. 의로운 왕의 통치(28:1-2)

1 악인은 쫓아오는 자가 없어도 도망하나
의인은 사자 같이 담대하니라
2 나라는 죄가 있으면 주관자가 많아져도
명철과 지식 있는 사람으로 말미암아 장구하게 되느니라

첫 번째 교훈은 살아 있는 양심의 능력에 관한 것이다(1절). 악인은 쫓아오는 자가 없어도 도망한다. 큰 죄책감이 그를 쫓기는 자처럼 괴롭게 하기 때문이다. 이러한 느낌은 언약을 지키지 않은 것에서 비롯되는 언약적 저주이다(Clifford, Kidner, cf. 레 26:17, 36). 이 말씀은 양심이 조금이나마 남아 있는 악인의 죄책감에 관한 것이다. 그가 죄를 지으면 두려움의 삶으로 이어지는 여러 가지 연쇄 반응에 대해 괴로워한다. 이런 사람은 회개할 가능성이 있다. 반면에 양심에 화인 맞은 사람은 큰 죄를 짓고도 아무런 죄책감을 느끼지 못하며, 회개할 가능성도 없다.

쫓기는 악인과 달리 의인은 사자와 같이 담대하다(1b절). '담대하다'(בטח)는 신뢰와 확신으로 가득하다는 뜻이다(Koptak, cf. 28:25-16). 양심에 거리낄 것이 없으니 그를 쫓는 죄책감이 없다. 그러므로 길을 걸으며 꾸준히 주변을 살피는 쫓기는 자와 달리, 이 사람은 앞만 보고 간다(Kidner). 걸음도 당당하고 가슴도 펴고 다닌다. 이 말씀과 비슷한 의미로 우리 속담에 "때린 놈은 다릴 못 뻗고 자도 맞은 놈은 다릴 뻗고 잔다"가 있다. 그러나 가해자가 더 큰소리를 치는 요즘 세상에서는 이 말도 그다지 설득력이 있는 것 같지는 않다.

두 번째 가르침은 나라의 운영에 관한 것이다(2절). 나라는 죄가 있으면 주관자가 많아진다. '죄'(פֶּשַׁע)는 범죄 뿐만 아니라 반역도 의미할 수 있기 때문에 일부 번역본들은 '나라에 반역이 일면'으로 해석한다(새번역, TNK) 그러나 반역보다는 범죄로 해석하는 것이 바람직하다. 1절과 2절을 연결하면 악인들이(1절) 많은 죄를 짓는다(2절). 또한 담대한 의인은(1절) 명철과 지식이 있는 사람(2절)이다.

'주관자'(שָׂרִים)는 왕 등 통치자를 뜻한다. 나라에 죄짓는 악인들이 많으면 나라가 혼란스러워질 뿐만 아니라, 통치자들도 많아진다. 항상 그런 것은 아니지만, 죄를 많이 지은 백성은 악한 정권을 견뎌내야 하는 경우가 다반사다(Plaut). '통치자들이 많아진다'(רַבִּים שָׂרֶיהָ)는 것이 왕이 연거푸 빨리빨리 바뀐다는 뜻인지(Koptak, cf. 새번역, 공동, 아가페), 혹은 나라가 분열되어 여러 통치자를 동시에 둔다는 것인지(cf. NAS, NIV, ESV, NRS) 확실하지는 않지만, 그다지 중요한 이슈도 아니다.

이스라엘의 역사는 후자(동시에 많은 통치자)의 경우를 역력히 드러냈다. 사사 시대가 그러했고, 분열왕국 시대에 북왕국이 그러했다. 특히 북왕국 이스라엘은 210년의 짧은 역사에 20명의 왕이 있었고, 이 왕들은 9개의 왕조를 형성했다. 20명의 왕들 중 일곱 명은 살해를 당했다. 참으로 혼란스러운 상황이며, 선지자들은 이러한 혼란이 하나님의 심판이었다고 한다(cf. 사 3:1-7; 호 7:16; 8:4; 13:11).

반면에 나라는 명철과 지식이 있는 사람으로 인해 장구하게 된다

(2b절). 이 말씀을 정확히 해석하는 것은 쉽지 않은 일이다(cf. McKane, Toy). 그러나 전반적인 의미는 확실하다. 1행과 2행은 나라에 별로 도움이 되지 않는 '많은 주관자들'(רַבִּים שָׂרֶיהָ)과 참으로 도움이 되는 '명철과 지식이 있는 한 사람'(אָדָם מֵבִין יֹדֵעַ)을 대조한다. 나라가 평안하려면 지혜로운 통치자 한 사람이면 된다.

'장구하다'(ארך)는 '길어지다'는 뜻이다(TWOT). 죄로 인해 통치자가 자주 바뀌거나 여럿이 나누어 통치하는 나라는 오래 가지 못하지만, 명철과 지식이 있는 지혜로운 사람이 다스리는 나라는 오래 갈 것이다. 솔로몬은 이 말씀을 통해 그의 대를 잇는 왕들에게 지혜를 추구하는 왕이 될 것을 권면한다. 왕이 지혜로워야 나라가 평안할 것이기 때문이다. 이런 다스림은 통치자에게만 좋은 것이 아니라, 백성들에게도 행복이다.

VI. 후세대가 모은 솔로몬의 잠언(25:1-29:27)
B. 대조적인 교훈(28:1-29:27)

2. 신앙과 의인(28:3-6)

3 가난한 자를 학대하는 가난한 자는
곡식을 남기지 아니하는 폭우 같으니라
4 율법을 버린 자는 악인을 칭찬하나
율법을 지키는 자는 악인을 대적하느니라
5 악인은 정의를 깨닫지 못하나
여호와를 찾는 자는 모든 것을 깨닫느니라
6 가난하여도 성실하게 행하는 자는
부유하면서 굽게 행하는 자보다 나으니라

첫 번째 교훈은 리더는 배경이 아니라 인품이 중요하다고 한다(3절).

가난한 자를 학대하는 가난한 자가 있다. '가난한 자'(גֶּבֶר רָשׁ)가 학대하는 자라는 것이 잘 이해가 되지 않는다 하여, 많은 번역본들이 '통치자'로 바꿔 해석했다: "가난한 자를 압제하는 권력자는…"(아가페, cf. 공동, 현대어, NIV, NRS, NIRV). 그러나 이렇게 바꿔 해석할 만한 근거가 없기 때문에 그대로 유지하는 것이 좋다.

이 말씀을 2절과 연결하면 학대하는 가난한 자는 갑자기 권력을 잡게 된 자를 뜻한다(Kitchen). 그가 권력을 잡을 때 가난한 사람들이 그를 지지하고 환호했을 것이다. 드디어 자신들의 애환과 고통을 알아줄 지도자가 세워졌다는 기대감 때문이다.

그러나 정작 그가 권력을 잡고 나니 상황이 더 나빠진다. 그는 곡식을 남기지 않는 폭우 같다. 이미지는 농부가 메마른 밭에 씨를 뿌리고 간절히 비를 바랬는데, 단비가 온 것이 아니라 폭우가 쏟아져 그나마 씨앗으로 심은 곡식을 밭에서 남김없이 쓸어가는 모습이다(cf. 공동, 아가페, NIRV). 상황이 예전보다 더 악화되었다는 뜻이다. 이사야 선지자 시대의 아시리아 왕이 이런 사례이다(Kitchen, cf. 사 28:2). 우리말에는 이와 비교될 만한 말로 "못된 시어머니 밑에서 고생한 며느리가 나중에 더 못된 시어머니가 된다"가 있다. 솔로몬은 이 말씀을 통해 지도자는 살아온 환경이 중요한 것이 아니라, 인격이 중요하다고 한다.

두 번째 가르침은 율법이 옳고 그름을 정의한다고 한다(4절). '율법'(תּוֹרָה)은 하나님이 모세를 통해 주신 규례로 한정될 수도 있지만, 하나님이 말씀하신 모든 것, 곧 성경 전체를 의미한다. 성경은 하나님이 사람들에게 주신 삶의 지침이기 때문이다. 율법을 버린 자들은 악인을 칭찬한다. '버리다'(עזב)는 '떠나다'는 의미를 지녔으며 율법의 가르침과 윤리적 요구를 인정하지 않고 사는 자들이다. 이런 사람은 선과 악에 대한 기준이 뚜렷하지 않으므로 악인들을 칭찬한다. 유유상종이라고 그들도 악인들이기 때문이다.

반면에 율법을 지키는 자는 악인을 대적한다(4b절). '대적하다'(גרה)는 의도적으로 다툰다는 뜻이다(HALOT). 율법을 지키는 자는 악인의 행실을 묵인하지 않고 잘못됨을 지적하고 문제 삼는다(cf. 새번역, 공동, 아가페). 그는 1절의 담대한 사자처럼 악인들을 대적한다(Koptak). 사람이 지향해야 할 바른 삶이 아니기 때문이다. 솔로몬은 이 말씀을 통해 하나님의 말씀은 옳고 그름을 정의할 뿐만 아니라, 정의를 추구하며 살도록 한다고 한다. 하나님의 말씀이 사라지면 모든 것이 상대적으로 변하여 옳고 그름이 사라진다(Kidner).

세 번째 교훈은 여호와를 찾으면 모든 것을 깨닫는다고 한다(5절). 이 말씀은 두 번째 가르침(4절)에 대한 이유를 말한다. 이 말씀에서 '악인'(אַנְשֵׁי־רָע)은 강조하는(emphatic) 위치에 있으며 악을 행하는 것을 삶의 낙으로 삼는 자들이다(Waltke, Whybray). 율법을 버린 자들(악인들)이 왜 악인을 칭찬하는가 하면, 그들은 정의를 깨닫지 못하기 때문이다. 정의를 깨닫는 것은 공의와 정의가 창조주 하나님이 세우신 세상을 유지하는 가장 중요하고 기본적인 가치라는 것을 의식하는 것이다(TWOT). 그러나 그들이 정의를 깨닫지 못하니 이러한 사실을 알지 못하며, 무엇이 옳고 그른지 알지 못한다. 그러므로 악인들을 칭찬한다. 로마서는 이 같은 상황에 대해 다음과 같이 증언한다: "하나님을 알되 하나님을 영화롭게도 아니하며 감사하지도 아니하고 오히려 그 생각이 허망하여지며 미련한 마음이 어두워졌나니… 또한 그들이 마음에 하나님 두기를 싫어하매 하나님께서 그들을 그 상실한 마음대로 내버려 두사 합당하지 못한 일을 하게 하셨으니"(롬 1:21, 28). 사람이 하나님을 경외하지 않으면 이렇게 된다.

반면에 여호와를 찾는 자는 모든 것을 깨닫는다(5b절, cf. 시 14:2; 22:26; 27:4; 34:10). 4절과 연결하면 여호와를 찾는 자는 곧 율법을 지키는 자이다. 율법은 옳고 그름에 대한 기준을 제시해 줄 뿐만 아니라, 사람에게 지식과 지혜를 더한다(cf. 시 119:99-10; 고전 2:15). 율법을 깊이 알수록 하나님은 물론이고 세상에 대하여도 깨닫게 된다. 그러므로 잠언은 여호와를 경외하는 것이 지식의 근본이라고 한다(cf. 1:7). 여호와를 경외하면 정의와 공의에 대해 깨닫게 된다(Koptak). 솔로몬은 하나님의 말씀을 깊이 연구하고 묵상하여 지혜의 근원이신 여호와를 만나 지혜로워질 것이며, 지혜는 공의와 정의에 대해 새로운 깨달음을 줄 것이라 한다.

네 번째 교훈은 부(副)보다 정직을 택하라고 한다(6절). 이 말씀은 '…보다 …이 낫다'(Better… Than) 유형의 마지막 사례이다(Buzzell). 이 말씀의 첫 행은 19:1의 첫 행과 같다. '가난하다'(רוש)는 빈곤을 뜻하는 가장 기본적인 단어로 게으름에서 비롯된 가난은 아니다(Buzzell, cf. NIDOTTE). '성실함'(תם)은 흠이 없다는 뜻이며 삶의 모든 영역에서 온전히 하나님만을 의지하며 경건하게 사는 것이다(Delitzsch). 사람들이 보기에 도덕적으로 문제가 될 만한 일을 하지 않는 사람이다. 성실한 사람은 돈을 많이 벌 수 있는 악한 일을 멀리하고, 돈을 벌지 못하더라도 하나님 보시기에 선하고 정직한 일을 하며 살아간다.

가난하지만 성실하게 사는 사람은 부유하면서 굽게 행하는 자보다 낫다(6b절). '굽게 행하는 자'(עִקֵּשׁ דְּרָכַיִם)는 원래 계획하고 가야하는 길(하나님이 정해주신 길)에서 떠나 다른 길을 가는 것을 뜻한다(cf. 2:15; 8:8; 10:9; 11:20; 17:20; 19:1). 길이 복수형으로 사용되는 것은 이 사람이 매우 다양한 방법으로 사람들을 속이고 자기 잇속을 챙기는 자라는 것을 의미한다(Kitchen). 이 말씀과 첫 행이 같은 19:1은 "입술이 패역하고 미련한 자보다 낫다"고 한다. 그곳의 '미련한 자'가 본문에서는 '부유한 자'로 대체된 것이다. 또한 19:1에서는 악인이 부자임이 암시되었는데, 본문은 구체적으로 그가 부자라는 사실을 밝힌다.

이스라엘의 지혜자들은 사람이 어느 정도의 재산을 가지고 사는 것은 좋은 일이라 한다(Longman). 그러나 부유한 악인보다는 가난한 의인이 더 낫다. 양심을 지키며 가난하게 사는 것은 괜찮은 일이다(cf. 18:23; 19:22). 가난한 자는 하나님의 복을 받고(20:7), 누가 훔쳐갈 것이 없으니 안전하고(cf.욥 4:6), 여호와께서 그가 가는 길을 지키시며(2:7), 그의 길은 산성 같다(10:29). 반면에 '굽게 행하는' 악인은 선한 것을 찾지 못하며 파멸을 향해서 간다(17:20).

만일 부를 충분히 누려 보지 못한 사람이 이런 말을 하면 그다지 큰 설득력은 없다. 사람들은 "누려보지 못했으면 말을 하지 말어!"라는 반응을 보일 것이다. 그러나 솔로몬은 참으로 많은 부와 큰 권력을 누린 사람이었다. 그러므로 그가 인간이 누릴 수 있는 것을 모두 누려 보고 난 후에 이런 말을 할 때는 귀담아 들어야 한다.

VI. 후세대가 모은 솔로몬의 잠언(25:1-29:27)
B. 대조적인 교훈(28:1-29:27)

3. 신앙과 악인(28:7-9)

7 율법을 지키는 자는 지혜로운 아들이요
음식을 탐하는 자와 사귀는 자는
아비를 욕되게 하는 자니라
8 중한 변리로 자기 재산을 늘이는 것은
가난한 사람을 불쌍히 여기는 자를 위해
그 재산을 저축하는 것이니라
9 사람이 귀를 돌려 율법을 듣지 아니하면
그의 기도도 가증하니라

첫 번째 가르침은 율법을 지켜 부모를 기쁘게 하라고 한다(7절). 율법을 지키는 자는 부모에게 지혜로운 아들이며, 많은 기쁨을 안겨 준다(cf. 23:24-25). '지키다'(נצר)(cf. 2, 5, 11절)는 무엇에 대한 지식을 갖게 된다는 뜻이다(TWOT). 경건한 부모는 여호와를 경외함에서 얻는 말씀과 지혜로 자식을 양육하며, 아들이 경건하고 지혜롭게 성장하기를 바란다. 그러므로 자녀가 율법이 어떠한 삶을 요구하든지 그 요구대로 사는 지혜를 발휘하면 부모는 참으로 기쁘다.

반면에 음식을 탐하는 자와 사귀는 자는 아비를 욕되게 한다(7b-c절). 유유상종이라고 사람이 누구와 어울리고 교재하는 가는 그 사람의 인격을 반영한다고 해도 과언이 아니다. 그러므로 아들이 누구와 사귀는 가는 부모에게 매우 중요한 관심사다. 잠언도 처음부터 누구와 사귀고 어울릴 것인가에 대해 강력하게 경고했다(1:10-19).

'음식을 탐하는 자와 사귀는 자'(רֹעֶה זוֹלְלִים)를 직역하면 '생각이 없는 자들과 어울리는 자'이다. 그러므로 음식과는 직접적으로 연관이 없어 보인다. 그럼에도 불구하고 영어 번역본들은 대부분 칠십인역(LXX)의 제안에 따라 이렇게 번역했다(NAS, NIV, ESV, NRS, TNK, cf. 새번역). 그러나 생각해 보면 율법을 지키는 일과 음식을 탐하는 일이 대조를 이루는 것이 쉽게 이해가 가지는 않는다. 율법을 지키지 않으면 신앙과 도덕에는 전혀 관심이 없고 먹고 사는 일에 급급한 '식충이'라는 의미로 해석하는 것으로 보이기는 한다.

우리말 번역본 대부분은 '생각이 없는 자들'(זוֹלְלִים)을 '건달, 불량배'로 해석했다(공동, 아가페, 현대어). 오히려 더 나은 번역이다. 율법은 도덕과 윤리의 기준이기 때문에 율법을 멀리하는 자들은 법을 위반하는 건달과 불량배로 전락할 가능성이 높다. 이런 자들은 부모를 욕되게 한다(cf. 10:1). '욕되게 하다'(כלם)는 사람들 앞에서 얼굴을 들고 다닐 수 없을 정도로 큰 수치를 느끼게 한다는 뜻이다(Greenstone). 솔로몬은 우리가 하나님의 말씀을 따라 살아갈 또 하나의 이유를 제시하고 있다. 부모의 명예와 기쁨을 위해서이다(cf. 27:11).

두 번째 교훈은 악하게 재산을 모으면 남 좋은 일만 하게 될 것이라는 경고이다(8절). 율법은 돈을 빌려줄 때 이자를 받지 못하도록 했으며(출 22:25; 레 25:36; 신 23:19-20), 선지자들도 이자를 받는 것을 맹렬히 비난했다(cf. 겔 18:8; 22:12). 그러나 현실은 달랐다. 이자를 받고 돈을 빌려주는 일은 이스라엘 역사에서 꾸준히 성행했다(cf. 시 15:5; 느 5:7, 11). 때로는 연리가 60-70퍼센트에 달한 적도 있다. 가난한 사람에게 이자를 받는 것은 억압이라 할 수 있다(cf. 3절).

돈을 빌려줄 때마다 비싼 이자를 받아 재산을 늘리는 부자가 있다. 솔로몬은 그가 율법을 어기면서까지 악하게 모은 재산은 가난한 사람을 불쌍히 여기는 자를 위해 저축하는 것과 다름없다고 한다(8b-c절). 세상 말로 하면 "버는 놈 따로 있고, 쓰는 놈 따로 있다"는 뜻이다. 그가 열심히 모은 재산은 그 재산을 가난한 자들에게 나눠 줄 사람에게 넘어간다.

어떻게 이런 일이 있을지는 모른다. 다만 솔로몬은 이미 재산은 독수리처럼 날개를 달고 날아가는 것이라고 했다(23:5). 또한 재물은 영원히 남지 않는다고 했다(27:24). 본문은 부자들의 '재물이 날아가는 여러 곳' 중 하나가 부를 가난한 자들에게 나눠 줄 사람이라고 한다. 솔로몬은 이 말씀을 통해 악한 방법으로 재산을 모으는 일은 헛수고이니 시간이 걸리더라도 경건하고 거룩한 방법으로 부를 축척하라고 한다.

세 번째 교훈은 율법대로 살지 않는 자의 기도는 가증한 것이라고 한다(9절). '율법을 듣는 것'(מִשְּׁמֹעַ תּוֹרָה)은 율법이 제시하는 기준과 윤리대로 살아가는 것을 뜻한다. 오늘날로 말하면 말씀에 순종하는 삶이다. 이 같은 말씀에 대한 순종이 없으면 그의 기도도 가증하다고 한다(9b절). '가증함'(תְּפִלָּה)은 최고로 싫어하는 감정을 표현한다. 말씀에 순종하는 삶을 살지 않는 사람의 기도는 효과를 발휘하지 못하는 것을 초월하여 오히려 하나님을 격노케 한다. 율법에 귀를 기울이지 않는 자의 기도에는 분노하신 하나님도 귀를 기울이지 않으신다. 반면에 의인의 기도는 반드시 들으신다(15:29).

기도는 성경을 덮어놓고 하는 것이 아니다. 성경을 펼쳐 놓고, 말씀을 연구하고 묵상하며 하나님이 그 말씀에 대해 주시는 깨우침을 듣는 것이 기도이다. 그러므로 성경 연구와 기도는 절대 이분화될 수 없다

(Kitchen). 솔로몬은 이 말씀을 통해 기도가 절대 말씀에 순종하는 삶을 대신할 수는 없다며 순종하는 삶을 사는 것을 최우선으로 삼으라고 한다. 추구해야 할 경건한 삶을 살지 않으면서 골방에 들어가 기도만 하면 모든 것이 해결될 것으로 생각하는 자들에게 경종을 울리는 말씀이다.

VI. 후세대가 모은 솔로몬의 잠언(25:1-29:27)
B. 대조적인 교훈(28:1-29:27)

4. 정직한 사람(28:10-14)

10 정직한 자를 악한 길로 유인하는 자는 스스로 자기 함정에 빠져도
성실한 자는 복을 받느니라
11 부자는 자기를 지혜롭게 여기나
가난해도 명철한 자는 자기를 살펴 아느니라
12 의인이 득의하면 큰 영화가 있고
악인이 일어나면 사람이 숨느니라
13 자기의 죄를 숨기는 자는 형통하지 못하나
죄를 자복하고 버리는 자는 불쌍히 여김을 받으리라
14 항상 경외하는 자는 복되거니와
마음을 완악하게 하는 자는 재앙에 빠지리라

첫 번째 교훈은 하나님이 악인과 정직한 사람을 구분하여 적절한 보응을 내리신다고 한다(10절). 정직한 자를 악한 길로 유인하는 자가 있다. '정직한 자들'(יְשָׁרִים)은 곁길로 가지 않고 자기가 가야 할 길만 성실하게 가는 사람이다. 잠언은 삶을 사람이 길을 가는 것으로 묘사하므로, 정직하게 길을 가는 사람은 바르게 사는 의인이다. 이런 사람을 '악한 길'(דֶּרֶךְ רָע), 곧 곁길(혹은 죄의 길)로 유인하는 자가 있다. 예수님은 이러한 자들을 가장 강력하게 비난하셨다(Kidner, cf. 마 5:19; 18:6; 23:15). 하나님은 이런 자들을 자신들이 판 함정에 스스로 빠지게 하신다(cf. 시 7:15; 57:6; 잠 26:27; 전 10:8). '함정'(שְׁחוּת)은 성경에서 이곳에 단 한 차례 사용되는 단어이지만 의미는 분명하다(TWOT). 우리말로는 '자기 꾀에 넘어가는 사람'과 의미가 같다.

반면에 성실한 자들은 복을 받는다(10b절). '성실한 자들'(תְמִימִים)은 '흠이 없는 사람들', 곧 삶이 경건하고 거룩한 사람들을 뜻한다. 이런 사람의 삶은 완벽하지는 않지만, 그들의 마음은 항상 하나님을 향해 있다(Cohen, cf. 2:21). '복을 받는다'(יִנְחֲלוּ־טוֹב)를 직역하면 '선한 것을 유산으로 받다'는 뜻이다. 하나님이 그들에게 좋은 것들을 많이 주실 것이며, 하나님이 그들에게 내려 주시는 것들은 유산 같아서 자손 대대로 그의 집안에 머물 것이라는 뜻이다. 성경은 하나님의 길을 꾸준히 가면 많은 복을 누릴 것이라고 한다(잠 3:35; 마 6:33; 히 6:12; 10:36; 벧전 3:9). 솔로몬은 우리가 하나님 앞에서 성실하게 살면 자손들에게도 두루두루 복이 임하게 될 것이라며, 우리가 주님 앞에서 성실하게 사는 것은 후손들을 위한 최고의 투자라고 한다.

두 번째 가르침은 부(副)는 사람을 교만하게 할 수도 있다는 경고이다(11절). 이 장(章)에는 부자와 가난한 사람에 대한 가르침이 참으로 많이 나온다(3, 6, 8, 11, 19, 20, 22, 25, 27절). 그러므로 본문이 지목하는 부자는 구부러진 길을 가는 자이며(6절), 높은 이자로 재산을 늘리는 자이다(8절). 또한 가난한 사람을 못 본 체하는 자이며(27절), 부를 모으는 일에만 급급한 자이다(20, 22절). 그러므로 문맥을 고려하면 본문의 부자는 정직하게 재산을 모은 사람이 아니라, 수단과 방법을 가리지 않고 부를 모은 악한 사람이다.

이 악한 사람은 단순히 재산이 많다는 이유로 자기를 지혜롭다고 생각할 정도로 교만하다. 부를 쌓는 일은 큰 지혜가 필요한 일이기 때문에 그는 자신이 지혜롭다는 사실의 증명이 부자라고 생각한다. 하지만 교만한 자는 모든 지혜로운 사람이 지니고 있는 여호와에 대한 경외와 정의에 대한 사랑을 가지지 않았다(cf. 3:7; 26:5, 12). 또한 어리석은 자들도 부자가 될 수 있고 악한 사람도 부자가 될 수 있다. 잠언은 어리석은 자와 악한 자는 절대 지혜롭다고 하지 않는다. 그러므로 스스로 지혜롭다고 생각하는 악한 부자는 교만하다.

반면에 가난해도 명철한 자는 자기를 살펴 안다(11b절). 하나님 앞에서, 또한 사회에서 자신의 위치와 신분을 의식하며 산다는 뜻이다. 그러므로 그는 하나님과 사람들 앞에서 겸손하다. 19:1은 "가난하여도 성실하게 행하는 자는 입술이 패역하고 미련한 자보다 나으니라"라고 했고 바로 위 6절에서도 "가난하여도 성실하게 행하는 자는 부유하면서 굽게 행하는 자보다 나으니라"라고 했다. 이 말씀도 같은 맥락에서 부유하지만 교만하고 악한 사람보다 가난하지만 겸손하고 지혜로운 사람이 더 낫다고 한다.

세 번째 교훈은 의인은 사람들에게 환영을 받지만, 악인들은 기피대상이라고 한다(12절). 의인이 득의하면 큰 영화가 있다. '의인이 득의할 때'(בַּעֲלֹץ צַדִּיקִים)를 직역하면 '의인들이 기뻐할 때'이다. 어떤 이유인지는 모르겠지만 의인들이 기뻐 열광하는 상황이다. 전쟁이나 경합에서 승리해서 기뻐하는 것일 수 있다. 의인들이 기뻐하면 '큰 영화'(רַבָּה תִפְאָרֶת)가 있다. 수많은 사람들이 함께 기뻐한다는 뜻이다.

반면에 악인이 일어나면 사람들이 숨는다(12b절). 이미지가 대조적이다. 의인이 일어서서 함성을 지르며 기뻐할 때는 많은 사람들이 함께 기뻐하는데, 악인들은 일어서기만 해도 사람들이 숨을 곳을 찾아 도망간다! 아무런 말을 하지 않아도 사람들은 의인과 악인을 알아보고 다르게 반응한다. 솔로몬은 이 말씀을 통해 사람들에게 환영받는 의인이 되라고 한다.

네 번째 교훈은 죄를 숨기려하지 말고 고백하라고 한다(13절). 이 말씀은 잠언에서 예수님의 복음에 가장 근접한 가르침이다(Kitchen, cf. Plaut, Ross, Waltke). 자기 죄를 숨기는 자는 형통하지 못한다. '숨기다'(כסה)는 '가리다, 덮다'이다(TWOT). 잠언은 남의 죄는 덮어 주라고 한다(10:12; 17:9). 사랑은 많은 죄를 덮기 때문이다(벧전 4:8). 그러나 자신의 죄는 덮지 말라고 한다. 죄를 짓고 나서 마치 죄를 짓지 않은 것처럼 스스로 덮거나, 그 죄를 정당화시키고 합리화시켜 죄가 아닌 것처럼 말하지 말라는 것이다. '덮은 죄는 보관 중인 죄'(sin buried is sin kept)가 되기 때문이다(Kidner).

이런 사람은 결코 형통하지 못한다. '형통하다'(צלח)는 '성공하다'이다(TWOT). 자기 죄를 숨기는 사람은 어떤 계획을 세우고 추진하든 간에 성공하지 못할 것이라는 경고이다. 죄를 덮는 일에 성공하지 못할 것이며(Cohen, cf. 민 32:23), 죄를 숨기면서까지 이루고자 했던 일을 이루지 못할 것이다(Kitchen). 시편 32:3-4은 죄를 숨기려 하는 자의 고통을 다음과 같이 묘사한다: "내가 입을 열지 아니할 때에 종일 신음하므로 내 뼈가 쇠하였도다. 주의 손이 주야로 나를 누르시오니 내 진액이 빠져서 여름 가뭄에 마름 같이 되었나이다." 죄를 숨기면 성공도 못하고 평안도 없다. 그를 사랑하시는 하나님이 결코 그를 내버려두지 않으실 것이기 때문이다.

반면에 죄를 자복하고 버리는 자는 불쌍히 여김을 받을 것이다(13b절). '자복하다'(ידה)는 입으로 고백한다는 뜻이며, '버리다'(עזב)는 떠난다는 의미를 지녔다(TWOT). 더 이상 고백한 죄 근처에 머물지 않는다. 이런 사람은 '불쌍히 여김을 받을 것'(רחם)이다. 자비로우신 하나님의 정죄나 비난을 받지 않고 긍휼히 여김을 받을 것이라는 의미이다(Murphy, Waltke, Whybray). 이 단어에서 파생된 것들 중 '자궁'과 어미의 사랑과 보살핌을 뜻하는 단어들이 포함되어 있다.

사람들이 죄를 고백하기를 꺼려하는 것은 정죄와 비난을 받고 대가를 치르는 것을 두려워해서이다. 솔로몬은 우리가 죄를 자복하고 떠나면 하나님은 우리를 정죄하지 않으시고 용서하시고 부모가 자식을 불쌍히 여기듯 우리를 불쌍히 여기신다고 한다. 그러므로 죄는 숨기려 하면 온갖 고통에 시달릴 수밖에 없다. 반면에 고백은 고통스러울 수 있지만, 그 결과 용서와 따뜻한 보살핌을 얻게 된다. 고백할 가치가 충분히 있다.

다섯 번째 가르침은 하나님을 경외하는 사람은 복된 삶을 살 것이라고 한다(14절). '복되다'(אַשְׁרֵי)는 행복하다는 뜻으로 시편 1편에서 인상적으로 사용되고 예수님도 팔복에서 사용하신 개념이다. '항상 경외하는'(מְפַחֵד תָּמִיד)의 강조점은 지속성에 있다. 평생을 경외하는 것을 뜻한다. 그런데 무엇을 경외한다는 것인가? 문맥을 고려하면 여호와를 경외하는 것이다. 바로 앞 절에서 하나님께 죄를 고백하는 것에 대해 가르쳤기 때문이다. 그러므로 일부 번역본들은 마소라 사본에는 없지만 '여호와/하나님'을 아예 삽입하여 번역한다(아가페, ESV, NIV, NIRV). 이런 사람은 평생 행복하게(복되게) 살 것이다. 앞 절(13절)과 연결하여 해석하면 하나님께 자기 죄를 고백하여 자비로운 용서를 받은 사람은 평생 하나님을 경외하여 복된 삶을 누릴 것이라는 의미이다.

반면에 마음을 완악하게 하는 자는 재앙에 빠질 것이다(14b절). '마음을 완악하게 하는 자'(מַקְשֶׁה לִבּוֹ)는 '자기 마음을 단단하게/무겁게 하는 사람'이다. 1행과 연결하여 해석하면 마음을 완악하게 함은 하나님을 경외하지 않는 삶을 사는 것이다. 또한 앞 절(13절)과 연결하여 해석하면 죄를 고백하지 않고 숨기는 사람이다. 이런 사람은 '재앙'(רָעָה)에 빠지기 일쑤다. 항상 좋지 않은 일이 있을 것이라는 뜻이다. 재앙은 하나님이 그에게 내리시는 벌일 수도 있고, 회개하지 않은 죄가 유발한 결과일 수도 있다. 그의 삶은 평안하지 못하다. 성경에서 자기 마음을 완악하게 한 사람으로는 하나님과 모세를 대적했던 이집트 왕이 좋은 예이다(출 7:13, 22; 8:15, 19, 32; 9:7, 12, 34, 35; 10:1, 20, 27). 그러므로 솔로몬은 행복한 삶을 위해서라도 항상 여호와를 경외하며 살아갈 것을 당부한다.

VI. 후세대가 모은 솔로몬의 잠언(25:1-29:27)
B. 대조적인 교훈(28:1-29:27)

5. 악한 통치자(28:15-17)

15 가난한 백성을 압제하는 악한 관원은
부르짖는 사자와 주린 곰 같으니라
16 무지한 치리자는 포학을 크게 행하거니와
탐욕을 미워하는 자는 장수하리라
17 사람의 피를 흘린 자는 함정으로 달려갈 것이니
그를 막지 말지니라

첫 번째 가르침은 악한 통치자의 잔인무도한 포악함을 경고한다(15절). '관원'(מֹשֵׁל)은 왕을 포함한 통치자들을 뜻한다(NIDOTTE). '가난한 백성'(עַם־דָּל)은 힘이 없는 사회적 약자 계층이다(cf. NIDOTTE). 고아들과 과부들이 이 계층에 속했다. 통치자들은 이 같은 약자들을 배려하며 다스려야 한다. 이 같은 기대와 달리 가난한 자들을 압제하는 악한 통치자가 있다. 마소라 사본은 단순히 '가난한 백성을 다스리는 악한 자'(מֹשֵׁל רָשָׁע עַל עַם־דָּל)로 되어 있지만, 억압이 전제되어 있는 말씀이다.

가난한 사람들을 짓밟는 악한 통치자는 부르짖는 사자와 주린 곰과 같다(15b절). 이미지는 먹잇감을 찾는 일에 급급한 잔인한 짐승들이다(Delitzsch, cf. 사 5:29-30). 그러므로 백성을 보살피기는커녕 잡아먹을 먹잇감 정도로 생각하는 통치자는 공포를 자아낸다. 신약은 사탄을 부르짖는 사자로 묘사한다(벧전 5:8). 이런 지도자들에게는 이성과 논리도 통하지 않는다. 그렇다면 어떻게 그들을 대해야 하는가? 피하고 도망치는 것밖에는 없다. 참으로 안타까운 상황이다. 솔로몬은 이 말씀을 통해 통치자들은 자기 성찰을 꾸준히 하여 이런 지도자가 되지 말 것을 요구한다. 백성들에게는 시대가 이처럼 악할 때는 나서지 말고 숨고 피하여 살아 있으라 한다.

두 번째 교훈은 폭력과 탐욕을 멀리하는 지도자가 되라는 권면이다(16절). 무지한 치리자는 포학을 크게 행한다. '치리자'(נָגִיד)는 '왕자, 지도자'를 의미하며, '무지한 자'(חֲסַר תְּבוּנוֹת)는 이해력과 분별력이 부족한 사람이다(HALOT). '포학'(מַעֲשַׁקּוֹת)은 이곳과 이사야 33:15에서만 사용되는 단어이며, '강탈, 갈취'(extortion)를 뜻한다. 지혜가 모자란 치리자들은 다스림을 받는 자들을 혹독하게 강탈한다. 바로 앞 절(15절)과 연결하여 해석하면 하나님은 포악한 지도자들을 짐승처럼 보신다는 뜻이다(Kitchen).

반면에 탐욕을 미워하는 치리자는 장수한다(16b절). '탐욕'(בֶּצַע)은 뇌물 등 부당한 수입을 의미한다(HALOT). '미워하다'(שׂנא)는 참으로 싫어한다는 뜻이다. 다스리는 자가 부정한 탐욕을 멀리하면 그의 생명과 다스림이 오래 지속될 것이다. 의로우신 하나님이 그를 귀하게 여기셔서 보호하고 축복하시기 때문이다. 솔로몬은 지도자들에게 백성들을 강탈하지 않고 탐욕을 미워하는 통치를 하여 하나님의 복을 실컷 누리는 통치자들이 되라고 한다.

세 번째 가르침은 사람을 죽인 자를 불쌍히 여기지 말 것을 당부한다(17절). 이 말씀도 정확히 해석하는 것은 상당히 어렵다(cf. Driver, Kitchen, Greenstone, Ross, Waltke). 사람의 피를 흘린 자는 함정으로 달려간다. 사람의 피를 흘린다는 것은 억울한 사람을 죽였다는 뜻이다. '달려가다'(נוס)는 '쫓기다'는 의미를 지녔다(TWOT). '함정'(בּוֹר)은 물을 모아 두는 구덩이(cistern), 혹은 무덤을 의미한다(HALOT). 본문에서는 무덤이다. 그러므로 공동번역이 이 말씀의 의미를 잘 전달하고 있다: "사람을 죽이고 쫓기는 사람은 끝내 쫓겨 다니다가 무덤에 들어간다." 친족들이 그를 끝까지 추격한다. 아벨을 죽인 가인이 두려워한 것도 바로 이 점이었다(창 4:11–14). 결국 잡혀서 죽임을 당하든지, 평생 도망 다녀도 죽을 때까지 평안을 찾지 못하고 두려움에 떨며 죽음을 맞이한다.

이런 자는 막지 말아야 한다(17b절). '막다'(תמך)는 '붙들다, 붙잡다'는 의미이다(Clifford). 아무도 그를 도와주지 말라는 경고이다(공동, 아가페, NAS, ESV, NRS, TNK). 이 사람이 처한 상황은 억울한 사람이 형장으로 끌려가는 24:11-12과는 질적으로 다르다. 이런 사람을 도와주면 죽은 사람과 그의 가족들에게 상처를 준다(Kidner). 그러므로 홀로 비참한 죽음을 맞이하여 죄값을 치르도록 하라는 것이다. 이런 사람은 도피성으로 도망해도 소용없다(cf. 출 21:12-14; 신 19:1-10). 그가 도피한 후 진행되는 재판에서 죄가 드러나면 죽임을 당할 것이기 때문이다.

솔로몬은 자비를 베풀 때를 구분하라고 한다. 억울한 목숨을 앗아간 사람은 그 누구의 자비도 받아서는 안 된다며 사회에서 완전히 배제할 것을 요구한다. 공동체의 순수성을 보존하기 위한 조치이다. 또한 이 말씀은 남을 해하려고 하는 자들에게 그들의 죄에 대한 응징이 반드시 따를 것이라고 하는 강력한 경고이다.

VI. 후세대가 모은 솔로몬의 잠언(25:1-29:27)
B. 대조적인 교훈(28:1-29:27)

6. 성실한 사람과 허황된 자(28:18-19)

18 성실하게 행하는 자는 구원을 받을 것이나
굽은 길로 행하는 자는 곧 넘어지리라
19 자기의 토지를 경작하는 자는 먹을 것이 많으려니와
방탕을 따르는 자는 궁핍함이 많으리라

첫 번째 교훈은 삶의 여정에서 가장 중요한 것은 성실함이라고 한다(18절). '성실하게 행하는 자'(הוֹלֵךְ תָּמִים)는 '흠이 없는 삶을 사는 자'를 뜻한다. 흐트러짐 없이 자신이 가야 할 길을 꾸준히 가는 사람이다. 이런 사람은 구원을 받을 것이다. '구원을 받다'(ישׁע)는 누군가의 도움을 받는다는 뜻이다(HALOT). 하나님이 그의 여정을 도와 그가 성공적으로

삶을 마무리하도록 하실 것을 암시한다.

반면에 굽은 길로 행하는 자는 곧 넘어질 것이다(18b절). '굽은 길들'(נֶעְקַשׁ דְּרָכַיִם)은 윤리적으로 문제가 있는 길이다. 그러므로 사람이 이런 길을 가면 안 된다. 곧 넘어질 것이기 때문이다(cf. 9절). '곧 넘어진다'(יִפּוֹל בְּאֶחָת)는 얼마 가지 못하고 실패할 것이라는 뜻이다. 악인의 삶은 오래 지속되지 않으며, 실패할 것이다. 솔로몬은 하나님이 각자에게 주신 삶을 성실하게 살아낼 것을 당부한다.

두 번째 가르침은 허황된 꿈은 멀리하고 성실히 일하라는 권면이다(19절). 자기 토지를 경작하는 사람은 먹을 것이 많다. 배부르게 먹는다는 뜻이다. 노동은 신성한 것이며, 풍부한 음식은 노동에 대한 대가이기 때문이다. 이 말씀은 12:11과 상당히 비슷하다.

반면에 방탕을 따르는 자는 궁핍함이 많다(19b절). '방탕을 따르는 자'(מְרַדֵּף רֵקִים)를 직역하면 '텅빔을 추구하는 사람'이다. 일할 시간에 일은 하지 않고 뜬구름이나 잡으려고 하는 자는 당연히 궁핍하다. 무엇이든 시작할 때 목적이 '텅 빔'이라면 끝날 때에도 '텅 빔'만 남는 것은 당연한 결과이다(Murphy). 이 말씀은 27:18과 27:23-27과도 함께 해석하면 도움이 된다.

재미있는 것은 '먹을 것이 많은 것'(יִשְׂבַּע־לָחֶם)과 '궁핍함이 많은 것'(יִשְׂבַּע־רִישׁ)의 대조이다. 둘 다 '배부를 때까지 먹다'(שׂבע)라는 동사를 사용한다. 열심히 일하는 사람은 '음식을 배가 부를 때까지 먹을 것이며', 방탕한 자는 '가난을 배가 부를 때까지 먹을 것'이다. 솔로몬은 무엇으로 배를 채울 것인가를 생각하고 적절하게 행동하라 한다. 성실하게 일해 음식으로 채울 것인가, 혹은 허황된 꿈만 꾸다가 궁핍함으로 배를 채울 것인가?

VI. 후세대가 모은 솔로몬의 잠언(25:1-29:27)
B. 대조적인 교훈(28:1-29:27)

7. 부자가 되려는 자(28:20-23)

[20] 충성된 자는 복이 많아도
속히 부하고자 하는 자는 형벌을 면하지 못하리라
[21] 사람의 낯을 보아 주는 것이 좋지 못하고
한 조각 떡으로 말미암아 사람이 범법하는 것도 그러하니라
[22] 악한 눈이 있는 자는 재물을 얻기에만 급하고
빈궁이 자기에게로 임할 줄은 알지 못하느니라
[23] 사람을 경책하는 자는
혀로 아첨하는 자보다
나중에 더욱 사랑을 받느니라

첫 번째 가르침은 신실하게 살라는 권면이다(20절). '충성된 자'(אֱמוּנוֹת אִישׁ)는 성실하고 신실해서 믿고 신뢰할 만한 사람이다(HALOT, cf. Kitchen). 또한 하나님의 성품을 묘사하는데 사용되는 단어이기도 하다(신 32:4; 시 33:4; 143:1). 이런 사람은 복이 많다. '복'(בְּרָכָה)은 하나님이 내려 주시는 것이다. 하나님은 성실하고 신실하게 삶에 임하는 사람에게 많은 복을 주신다.

반면에 속히 부하고자 하는 자는 형벌을 면하지 못할 것이다(20b절). '속히 하다'(אוּץ)는 서두르는 것을 의미하며, 이 말씀에서는 앞뒤 가리지 않고 오직 부자가 되고자 하는 열망을 따르면서 온갖 불법과 편법도 마다하지 않는 상황을 묘사한다. 이렇게 부를 모으는 사람은 형벌을 면하지 못한다. 이 형벌은 부를 모으는 과정에서 저지른 온갖 불법과 편법의 후유증과 하나님의 심판을 포함한다. 솔로몬은 이 말씀을 통해서 어려움과 역경이 오더라도 좌절하거나 절망하지 말고 꾸준하고 성실하게 주어진 삶을 살아내 하나님의 복을 누리라고 권면한다.

두 번째 교훈은 뇌물을 수수하여 잘못된 판결을 내리는 일은 없도록 하라고 한다(21절). 이 말씀은 24:23과 거의 비슷하다. 첫 번째 가르침(20절)이 속히 부하고자 하는 사람이 저지르는 불법과 편법을 암시했다면, 이 말씀은 그들이 저지르는 악행의 한 예를 보여 준다. 바로 뇌물 수수이다. '사람의 낯을 보아 주는 것'은 그 사람과의 관계로 인해 편파적인 판결을 내린다는 뜻이다(Kitchen). 율법은 이러한 행위를 금하며(신 1:17; 16:19), 잠언도 지혜로운 처사가 아니며 좋지 않다고 한다(24:23). '좋지 않다'(לֹא־טוֹב)는 매우 점잖은 표현으로, 본문에서는 불법적이고 자신을 파괴하는 매우 심각한 법 위반을 의미한다(Whybray). 또한 성경은 이 같은 판결을 부도덕한 짓이라고 비난한다(출 23:3; 레 19:15, cf. 요 7:24; 약 2:1–13).

한 조각 떡으로 말미암아 사람이 범법하는 것도 좋지 않다(21b절). 이 말씀은 해석이 쉽지 않다(cf. Kitchen, Van Leeuwen, Waltke, Whybray). 번역본들도 두 가지로 나뉜다. 재판받는 사람이 떡 한 조각 훔친 상황으로 해석하는 버전들이다: "밥 한그릇 훔쳐 먹었다고 유죄 판결을 내리는 세상에 재판할 때 눈감아 주는 것이 옳은 일이냐?"(현대어, cf. 공동). 재판하는 사람이 떡 한 조각을 뇌물로 받고 편파적인 판결을 내리는 버전들이다: "편파성을 보이는 것은 좋지 않다—그러나 사람은 빵 한 조각을 위해 잘못을 저지를 수 있다"(NIV, cf. ESV, NRS, CSB, NIRV). 후자는 모두 칠십인역(LXX)을 따르고 있다. 이 말씀은 뇌물을 받고 불의한 판결을 내리는 자에게 주는 경고이다. 그러므로 두 번째 해석(빵 한 조각을 뇌물로 받고 편파적인 판결을 내리는 자)이 문맥에 더 잘 어울린다.

사람이 뇌물에 중독되면 얼마나 추해질 수 있는가를 보여 준다(Kitchen). 빵 한 조각을 얻기 위해 편파적인 판결을 서슴지 않는다. 경우에 따라서는 '빵 한 조각'보다 더 작은 액수에 놀아날 수도 있다. 재판관들만 이렇게 하는 것이 아니라, 당시 사역자들이었던 제사장들도 이러했다(Kidner, cf. 말 2:9). 뇌물을 수수하는 자는 그가 사랑하는 사람들에게도 상처를 주며(15:27), 공공의 적이 될 것이다(24:24). 솔로몬은 이 말씀을 통해 판결하는 자들에게 자존심과 존엄성을 지키라고 권면한다.

세 번째 가르침은 이기적인 사람이 아무리 욕심을 부려도 가난해질 것이라는 경고이다(22절). 악한 눈이 있는 자는 재물을 얻기에만 급하다. '악한 눈'(רַע עָיִן)은 23:6에서 한 번 더 등장한 표현이며 자기밖에 모르는 이기적인 사람이다. 이런 사람은 반(反)인륜적이다(McKane). 반대되는 '선한 눈'(טוֹב-עַיִן)은 남들을 잘 배려하는 자비로운 사람이다(22:9). 남을 배려하지 않고 자기만 아는 이기적인 사람은 재물을 얻기에만 급하다. '급하다'(בהל)는 혈안이 되어 있다는 의미다.

그는 자신이 쌓은 모든 부는 자기 것이므로 언젠가는 모두 자기가 누릴 것으로 생각한다. 그러므로 빈궁이 그에게로 임할 줄은 알지 못한다(22b절). '빈궁'(חֶסֶר)은 욥기 30:3에 한 번 더 나오는 단어로 '가난'을 뜻한다. 부자가 되기를 희망하며 열심히 모았는데, 결과는 가난뱅이다. 어떻게 된 일인가? 부정과 편법을 마다하지 않고 재산을 모으다 보니 온갖 다툼과 분란이 많아 문제를 해결하느라 돈이 들어가고, 거기에 하나님이 그를 심판하여 재산이 독수리처럼 날개를 달고 날아가게 하시니 가난해진다(23:5, cf. 27:24). 솔로몬은 불의한 방법으로 급하게 모으는 재산은 절대 오래가지 못할 것이라고 경고한다.

네 번째 가르침은 징계의 진가는 나중에 인정된다고 한다(23절). '경책하는 자'(מוֹכִיחַ)는 교육적 목적으로 사람을 꾸짖는 자이다(HALOT). 잠언은 이 같은 행위는 성장과 건강과 장수를 위해 반드시 필요하다고 한다(1:13; 9:8; 15:5, 12, 31; 19:25; 27:5-6). 지혜로운 사람은 이렇게 해 주는 친구를 귀하게 여긴다(25:12).

'아첨하는 자'(מַחֲלִיק)는 말을 매우 부드럽게 하는 사람이다. 상대방이 들어야 하는 말보다는 듣고자 하는 말을 해 주는 사람이다(cf. 27:5-6). 한때 갈라디아 교회에서 베드로는 말을 부드럽게 하는 사람이었고, 바울은 그와 갈라디아 사람들을 경책하는 자였다(갈 2:11-14). 솔로몬은 당장은 아첨하는 자가 환영을 받을 수도 있지만, 시간이 지나면 경책하는 사람이 더욱 사랑을 받을 것이라 한다(cf. Ross, Waltke). 고맙다는 말을 듣게 될 것이라는 뜻이다(새번역, 공동). 솔로몬은 이 말씀을 통해 바른 말을 해 주는 사람은 고마워하고, 듣기 좋은 말만 해 주는 사람은 멀리하라고 한다.

VI. 후세대가 모은 솔로몬의 잠언(25:1-29:27)
B. 대조적인 교훈(28:1-29:27)

8. 욕심을 부리는 자(28:24-26)

24 부모의 물건을 도둑질하고서도 죄가 아니라 하는 자는
멸망 받게 하는 자의 동류니라
25 욕심이 많은 자는 다툼을 일으키나
여호와를 의지하는 자는 풍족하게 되느니라
26 자기의 마음을 믿는 자는 미련한 자요
지혜롭게 행하는 자는 구원을 얻을 자니라

첫 번째 교훈은 관계가 가까울수록 서로의 재산권을 존중하라는 권면이다(24절). 부모의 물건을 도둑질하고서도 죄가 아니라는 자가 있다. '도둑질하다'(גזל)는 '빼앗다, 찢어 내다'라는 뜻으로 강제성을 강조한다(TWOT). 부모가 기쁜 마음으로 나눠 준 유산이 아니다. 부모의 재산을 강제로 빼앗은 것이다. 탕자가 이런 짓을 했다(눅 15:12). 부모에게 가야할 몫을 가로채는 자들도 여기에 포함된다. 예수님 시대에 바리새인들과 사두개인들이 이렇게 가르쳤다(마 15:4-6; 막 7:10-12). 성경은 자녀들에게 부모를 보살피라고 한다(딤전 5:4, 8). 십계명이 부모를 공경하라고 할 때는 이러한 요구를 포함하고 있다(출 20:12, cf. 출 21:15,

17). 부모를 보살피기는커녕 오히려 강탈하면서 '죄가 아니다'라며 자신의 행동을 합리화시키는 아들이다. 아마도 이 아들은 가족끼리 서로 물건을 가져다 쓸 수도 있지 않느냐는 논리를 펼쳤을 것이다. 그러나 부모를 강탈하는 것은 그들을 신체적으로 학대하는 것과 별반 다르지 않다(cf. 19:26).

이런 아들은 멸망 받게 하는 자의 동류다(24b절). '멸망 받게 하는 자'(מַשְׁחִית)는 파괴하는 자라는 뜻이며, '동류'(חָבֵר)는 같은 부류라는 뜻이다(NIDOTTE). 이런 아들은 어떤 의미에서 파괴하는 자인가? 그는 부모의 물건을 훔쳐서 풍요와 번영을 누리려 했지만, 누리지 못할 것이다. 또한 부모를 포함한 가족들과의 관계도 모두 파괴되었다. 솔로몬은 이 말씀을 통해 아무리 가까운 가족 관계라 할지라도 분명히 넘어서는 안 되는 선이 있으며, 이 선을 존중해야 한다고 한다. 또한 부모를 공경하라는 권면이 포함되어 있는 말씀이다(Murphy).

두 번째 가르침은 여호와를 의지하는 사람만이 풍족함을 누릴 것이라고 한다(25절). '욕심이 많은 자'(רְחַב־נֶפֶשׁ)를 직역하면 '영혼이 넓은 자'이며, '교만한 자'(NAS)보다는 '욕심이 많은 자'가 더 정확하게 의미를 전달한다(새번역, 공동, 아가페, NIV, ESV, NRS, TNK, cf. 10:3; 13:25; 27:7). 욕심이 많은 사람이 끝없는 욕망을 채우려 하다 보면 별로 얻는 것은 없으면서 많은 다툼을 일으킨다.

반면에 여호와를 의지하는 자는 풍족하게 된다(25b절). 여호와를 의지하면 참으로 많은 것을 얻어 만족하게 된다는 뜻이다. 사람은 욕심을 부린다 해서 원하는 것을 얻지 못한다. 오히려 분란을 일으킬 뿐이다. 반면에 좋은 것으로 우리의 삶을 채우기를 기뻐하시는 여호와를 의지하면 더 이상 바랄 것이 없다. 충분히 채워 주시기 때문에 더 이상 바라는 것은 죄가 된다. 솔로몬은 이 말씀을 통해 엉뚱한 곳과 방법으로 삶의 만족을 얻으려 하지 말고, 여호와를 의지하는 일에서 얻으라 한다.

세 번째 교훈은 자신을 믿지 말고 여호와를 의지하라고 한다(26절). 이 말씀은 여호와를 의지하여 만족한 삶을 살라는 두 번째 가르침(25절)과 연관이 있다. 여호와를 의지하지 않고 자기 마음을 믿는 자는 미련한 자다. 미련한 자는 항상 망한다. 이 말씀에서도 미련한 자의 실패가 전제되어 있다. 그러므로 이 말씀은 여호와를 의지하여 성공하는 25b절과 매우 대조적이다.

반면에 지혜롭게 행하는 자는 구원을 얻을 것이다(26b절). '지혜롭게 행하는 자'(הוֹלֵךְ בְּחָכְמָה)를 직역하면 '지혜 안에서 걷는 자'이다. 사람이 하나님께 나오게 하는 것이 지혜의 목표이다(McKane). 그러므로 사람이 지혜 안에서 걷는다는 것은 하나님의 말씀으로 바르게 사는 것을 의미한다. 이런 사람은 구원을 얻는다. '구원을 얻다'(מלט)는 어려운 일이나 상황에서 빠져나오는 것을 뜻한다(HALOT). 하나님이 위기 때마다 그를 빠져나오게 하신다. 솔로몬은 여호와를 의지하는 것이 참 지혜이며, 주님의 지혜 안에서 사는 사람은 항상 주님의 보호와 구원을 경험할 것이라 한다.

VI. 후세대가 모은 솔로몬의 잠언(25:1–29:27)
B. 대조적인 교훈(28:1–29:27)

9. 선행과 악인(28:27–28)

27 가난한 자를 구제하는 자는 궁핍하지 아니하려니와
못 본 체하는 자에게는 저주가 크리라
28 악인이 일어나면 사람이 숨고
그가 멸망하면 의인이 많아지느니라

잠언은 가난한 자들에게 돈을 빌려주고(28:8), 음식도 주며(22:9), 권리를 보호해 주라고 한다(31:9). 하나님이 부자와 가난한 자를 창조하셨기 때문이다(22:2; 29:13). 그러므로 가난한 자를 배려하는 것은 하나님께 꾸어 주는 것이다(19:17). 가난한 자를 위해 재산을 사용하는 사람은 절대 그것을 잃지 않는다(Greenstone). 또한 하나님은 가난한 자들을 배려하는 사람들을 통해 영광을 받으신다(14:31). 율법도 같은 맥락에서 가난한 자들을 배려하라고 한다(신 15:7; 24:19).

첫 번째 교훈은 가난한 자들을 반드시 구제하라고 한다(27절). 가난한 자를 구제하는 자는 궁핍하지 않을 것이다. '구제하는 자'(נוֹתֵן)는 '주는 자'이며, 가난한 사람에게 실질적인 도움을 주는 사람이다. 구제하는 사람이 자기 재산을 가난한 자에게 나누어 주었기 때문에 가난해질 수도 있겠다 싶지만, 그는 결코 궁핍하지 않을 것이다. '궁핍함'(מַחְסוֹר)은 부족해서 만족하지 못한다는 뜻이다(HALOT). 솔로몬은 구제가 절대 손해보는 일이 아니라고 한다. 그의 선행을 보고 하나님이 더 큰 풍요로 채워 주실 것이기 때문이다.

반면에 가난한 자를 보고도 못 본 체하는 자에게는 저주가 크다(27b절). '못 본 체하는 자'(מַעְלִים עֵינָיו)는 가난한 사람들의 어려운 형편에 스스로 눈을 감는 자이다. '저주'(מְאֵרָה)는 여호와께로부터 오는 것이다(HALOT). 하나님이 그를 심판하실 것을 암시한다. 솔로몬은 구제는 하나님의 복을 받는 일이지만, 인색함은 여호와의 저주를 받는 일이라며 이웃에게 자비를 베푸는 삶을 살라고 권면한다.

두 번째 가르침은 악인은 어디서든 환영받지 못한다고 한다(28절). 악인이 일어나면 사람들이 숨는다. 이 말씀은 12b절과 같다. 악인들은 일어서기만 해도 사람들이 숨을 곳을 찾아 도망간다. 평소에 말을 별로 하지 않는 사람이라도 악인은 알아보기 때문에 이런 반응을 보인다.

악인이 멸망하면 의인이 많아진다(28b절). '많아진다'(רבה)가 반드시 숫자가 늘어난다는 의미로 해석될 필요는 없다. 악인의 폭력을 두려워하여 그동안 숨어 지내던 의인들이 다시 거리를 활보하는 것을 의미할 수도 있고, 악인의 기세에 짓눌려 힘을 못쓰던 의인들이 세력을 키워 나간다는 뜻이 될 수도 있다(cf. 새번역, 공동, 아가페, NAS, NIV, NRS, TNK). 솔로몬은 악인은 환영받지 못한다며 의인의 삶을 추구할 것을 당부한다.

VI. 후세대가 모은 솔로몬의 잠언(25:1–29:27)
B. 대조적인 교훈(28:1–29:27)

10. 의로운 통치(29:1–4)

1 자주 책망을 받으면서도 목이 곧은 사람은
갑자기 패망을 당하고 피하지 못하리라
2 의인이 많아지면 백성이 즐거워하고
악인이 권세를 잡으면 백성이 탄식하느니라
3 지혜를 사모하는 자는 아비를 즐겁게 하여도
창기와 사귀는 자는 재물을 잃느니라
4 왕은 정의로 나라를 견고하게 하나
뇌물을 억지로 내게 하는 자는 나라를 멸망시키느니라

첫 번째 가르침은 책망은 모든 사람을 위한 것이 아니라고 한다(1절). 주변에서 꾸준히 책망을 듣는 사람이 있다. '책망'(תּוֹכַחַת)은 매우 강력한 형태의 경고이다(NIDOTTE). 주변 사람들은 그를 사랑하고 염려하기에 관계가 깨질 것을 무릅쓰고 그에게 조언을 한다. 그러나 그는 '들을 귀'가 없다. 목이 곧기 때문이다. '목이 곧음'(מַקְשֶׁה־עֹרֶף)은 멍에를 지는 것을 거부하는 소에게서 온 표현으로 하나님께 반항하는 이스라엘의 상징이다(출 32:9; 33:3, 5; 34:9; 신 9:6, 13; 왕하 17:14; 사 48:4). 또한 이스라엘을 보내지 않으려고 했던 바로의 모습이기도 하다(출 17:7). 엘리 제사장의 아들들도 이런 모습을 보였다(삼상 2:25). 그러므로 목이 곧은 자는 교만한 사람이다. 이런 사람에게 조언을 하는 것은 쇠귀에 경을 읽는 것과 같다(cf. 1:24-31). 전혀 수긍하지 않는다.

목이 곧은 자는 갑자기 패망을 당하며, 그 재앙을 피하지 못한다(1b절). 이 말씀은 6:15과 같다. '갑자기'(פֶּתַע)는 전혀 예측하지 못한 상황에서 일이 일어난다는 뜻이다(cf. 4:22; 28:18). '패망하다'(שׁבר)는 항아리가 깨지듯 삶이 산산조각이 날 것이라는 뜻이다(cf. 시 2:9; 사 30:14). '피함'(מַרְפֵּא)은 회복과 치유를 뜻한다. 주변 사람들의 책망을 지속적으로 무시한 사람은 순식간에 회복불능의 상태로 망가진다(Delitzsch). 잠언은 징계를 싫어하는 자는 가난해지고 수치를 당할 것이며(13:18), 재앙을 당하고(28:14), 심지어는 죽을 것이라고 경고한다(15:10).

책망도 분명 상처를 안긴다(27:5-8). 그러나 책망은 삶이 완전히 망가지는 것 같은 '더 큰 상처'를 예방하기 위해 작은 상처를 안기는 일이다. 그가 망하지 않도록 주변 사람들이 꾸준히 해 준 책망을 받아들이지 않았기 때문에 이런 화가 그에게 임했다. 예방적인 차원에서 징계를 받아들이지 않는 사람에게는 회복의 가능성이 없다(cf. 6:15).

솔로몬은 이 말씀을 통해 책망을 받아들일 수 있는 기회가 주어질 때 겸손히 받아들일 것을 권면한다. 그를 염려해서 해 주는 조언들은 분명히 삶에 도움이 될 것이기 때문이다. 그러나 교만한 자의 특징은 이러한 기회 마저도 스스로 저버린다.

두 번째 교훈은 백성의 운명은 누가 권세를 잡느냐에 따라 극과 극을 이룬다고 한다(2절). 의인의 성공과 악인의 성행이 사람들에게 어떤 반응을 일으키는가는 이미 몇 차례 언급되었다(11:10; 28:12, 28). 의인이 많아지면 백성이 즐거워한다. '의인들'(צַדִּיקִים)은 공의와 정의에 대한 이해력과 통찰력이 있어서 바르게 판결하는 사람들이다. 이런 사람들이 많아진다는 것은 숫자가 늘어나거나, 사회에서 그들의 영향력이 커진다는 의미다(Greenstone, Whybray). 의인이 긍정적인 영향력을 많이 행사하는 사회에서는 백성들이 즐거워한다. 선을 지향하고 악을 배척하여 공의와 정의가 지배하는 세상이 열릴 것이기 때문이다.

반면에 악인이 권세를 잡으면 백성이 탄식한다(2b절). 1행과 전혀 반대되는 상황이다. 게다가 악인은 대체적으로 독선적이고 독재를 행한다. 잠언은 이런 사람의 통치를 부르짖는 사자와 배고픈 곰의 모습에 비교했다(28:15). 그러므로 이런 사람이 정권을 잡으면 사회의 질서와 가치관은 혼란에 빠지며 공의와 정의는 멀어진다. 게다가 의인들 마저도 숨어 버린다(28:28). 이런 지도자들의 지배를 받는 백성의 근심이 늘어나는 것은 당연하다. 그나마 다행인 것은 이 말씀이 의인들은 복수로, 악인은 단수로 언급한다는 것이다. 때로는 한 악인이 권세를 잡고 백성들을 괴롭히지만, 이런 순간을 견디어 내면 다시 더 많은 의인들이 번성하는 사회가 되기 때문이다(Koptak).

이 말씀이 솔로몬의 잠언을 모아 편집하던 히스기야의 신하들에게도 의미를 안겨 주었을 것이다(Kitchen). 의로운 히스기야가 집권하기 전에 유다는 아하스의 악한 통치를 16년 동안 견뎌 내야 했다(cf. 왕하 16장). 그러므로 히스기야의 신하들은 의로운 왕의 통치가 얼마나 신선하고 좋은 것인지에 대해 새롭게 깨달았을 것이다. 솔로몬은 이 말씀을 통해 통치자들에게 의로운 다스림을 펼쳐 나가라고 권면하고 있다.

세 번째 가르침은 부모를 기쁘게 하며 자신을 보호하는 삶을 살 것을 권한다(3절). 지혜를 사모하는 자는 아비를 즐겁게 한다. 이때까지 아들에 대한 잠언과 조금 다른 것은 이 가르침이 '아들'을 사용하지 않고 '사람'을 사용한다는 점이다. 아마도 아이가 장성하여 성인이 된 상황을 말하기 때문일 것이다(Cohen). 부모는 자녀가 어렸을 때부터 지혜를 가르치고자 훈육한다. 그러므로 아이가 장성하여 계속 '지혜를 사랑하는 사람'(אִישׁ־אֹהֵב)으로 살아가는 것을 보면 참으로 가슴이 뿌듯해진다(cf. 23:15–16). 이제는 더 이상 부모의 훈계가 필요 없으며 얼마든지 지혜롭게 세상을 헤쳐 나갈 것이기 때문이다.

또한 이처럼 지혜로운 아들은 창기와 사귀지 않는다(3b절). '창기'(זֹנָה)는 잠언에서 창녀뿐만 아니라 같은 가치관을 공유하는 사람들(가족들)

범위 밖에 있는 사람이다. 그러므로 이런 사람들과 사귀는 자(רֹעֶה, '어울리는 자')는 재물을 잃는다(cf. 5:9-10; 6:31). 당시 사회에서 부는 신들의 축복을 의미했기 때문에 어느 정도는 가지고 있어야 사회에서 존경을 받았다(McKane, Whybray). 그러므로 재산을 탕진하는 것은 스스로 자신을 해하는 결과를 초래한다. 아버지께 유산을 요구하여 탕진한 탕자가 이런 사례이다(눅 15:11-32). 지혜는 음란함을 멀리하게 한다(2:16-19; 5:1-14; 7:1-27). 솔로몬은 이 말씀을 통해 평생 지혜를 추구하는 삶을 살아 주변 사람들에게 덕을 끼칠 뿐만 아니라, 자기 자신도 보호하라고 한다.

네 번째 가르침은 지도자는 뇌물을 멀리 하라는 경고이다(4절). 이 말씀은 나라의 존속성에 관한 것이다(Kitchen). 왕이 정의로 통치하면 나라를 견고하게 하는 결과를 초래한다(cf. 16:12; 20:28; 25:5; 29:14). 또한 왕의 의로운 통치는 항상 지혜에서 비롯된다(8:15-16). 왕이 공의와 정의를 추구하고 실현하면 백성들은 행복을 누리며 기쁜 마음으로 정권을 지지할 것이다(cf. 2절). 그러므로 왕이 자기 권력을 굳건하게 할 수 있는 가장 지혜로운 방법은 공평과 정의가 통하는 세상을 만들어 나가는 것이다.

이와는 달리 만일 왕이 뇌물을 억지로 내게 하면 그 나라는 망한다(4b절). '뇌물을 억지로 내게 하는 자'(אִישׁ תְּרוּמוֹת)는 상습적으로 뇌물을 요구하는 사람이다(Cohen). '뇌물'(תְּרוּמָה)이 예물 혹은 제물을 뜻할 수 있기 때문에 지나친 세금을 걷는 것으로 해석하는 이들도 있지만(Kitchen), 문맥에 뇌물이 더 잘 어울린다. 뇌물은 당장 눈에 보이는 이익이다. 그러나 경건하지 못한 이익이다. 왕이 뇌물을 좋아하면 백성들도 서로 뇌물을 주고받을 것이며, 이러한 사회는 순식간에 악인들의 왕국이 된다. 그러므로 결국 뇌물을 수수하는 왕은 자기 나라를 멸망에 이르게 한다. 사회가 썩어서 스스로 몰락할 수도 있고, 심판하시는 하나님이 외부 세력을 끌어들여 그 나라를 치실 수도 있다. 솔로몬은 이 말씀을 통해 지도자들이 공동체를 멸망에 이르게 하지 않고 싶거든 뇌물을 멀리 하라고 경고한다.

VI. 후세대가 모은 솔로몬의 잠언(25:1–29:27)
B. 대조적인 교훈(28:1–29:27)

11. 의인이 많은 사회(29:5–8)

5 이웃에게 아첨하는 것은
그의 발 앞에 그물을 치는 것이니라
6 악인이 범죄하는 것은 스스로 올무가 되게 하는 것이나
의인은 노래하고 기뻐하느니라
7 의인은 가난한 자의 사정을 알아 주나
악인은 알아 줄 지식이 없느니라
8 거만한 자는 성읍을 요란하게 하여도
슬기로운 자는 노를 그치게 하느니라

첫 번째 교훈은 이웃에게 말할 때는 가식 없이 진솔하게 말하라고 한다(5절). '아첨하는 것'(מַחֲלִיק)은 '부드럽게 하는 것'을 뜻한다(NIDOTTE). 처한 상황을 가장 쉽게 '부드럽게 하는 것'은 말을 통해서이다. 그러므로 아첨하는 것이 맞다. 때와 장소를 가리지 않고 그저 상대방이 듣기 좋은 말만 골라서 하는 것이 아첨이다. 아첨은 이웃을 속이려는 말이다(Koptak).

이런 사람은 그의 발 앞에 그물을 치는 것과 마찬가지다(5b절). 이 그물이 이웃을 잡으려는 그물인지, 아첨하는 자가 스스로 걸려드는 그물인지 애매하다. 그러나 다음 절(6절)과 연결을 해서 해석하면 이 그물은 아첨하는 자가 스스로 걸려드는 그물이 확실하다(Kitchen, cf. 26:27).

아첨은 이웃을 기쁘게 할 수 있지만, 자신을 위험에 빠트리는 행위이다. 아첨은 책임지지 못할 말을 하는 것이기 때문에 훗날 그 말이 되돌아와 그를 궁지로 몰아넣을 수 있다. 솔로몬은 이 말씀을 통해 이웃을 사랑한다면 그가 듣고자 하는 말만 해 주지 말고, 때로는 뼈아픈 진실도 말해 주라 한다. 그래야 그가 발전하고 더 지혜로워질 수 있기 때문이다.

두 번째 가르침은 악인은 죄로 인해 망하지만, 의인은 평안히 살 것이라 한다(6절). 악인이 범죄하는 것은 스스로 올무가 된다. 창조주께서는 모든 죄인에게 그들이 저지른 죄에 대한 대가를 치르게 하신다. 하나님이 가장 흔히 사용하시는 방법 중 하나는 악인들이 쳐 놓은 올무에 스스로 걸리게 하는 것이다. 바로 앞 절(5절)은 이웃에게 아첨하는 자는 자기 발 앞에 그물을 치는 것과 같다고 했는데, 이 절은 그가 자신이 쳐 놓은 그물에 걸려들 것을 경고한다(cf. 욥 5:13; 시 7:15-16; 35:7-8; 잠 1:18; 12:13; 22:5; 26:27; 28:10).

반면에 의인은 노래하고 기뻐한다(6b절). 이미지가 매우 대조적이다. 1행이 묘사하는 악인들은 올무에 걸린 새들처럼 슬픈 소리를 내지만, 2행의 의인들은 기뻐 노래한다(Koptak, cf. 23:24-25). 노래하는 의인들은 어떠한 근심도 걱정도 없는 모습이다. 하나님이 악인은 그가 세운 올무에 스스로 걸려 넘어지게 하시고 의인은 확실하게 보호하셔서 평탄하고 행복한 삶을 살게 하실 것이라는 의미이다. 솔로몬은 이 말씀을 통해 의롭게 살면 분명히 하나님의 보호하심과 축복이 함께하여 행복을 누리며 살게 될 것이라고 한다. 그래서 의롭게 살만한 가치가 있는 것이다.

세 번째 교훈은 의인과 악인의 차이는 어려운 자들의 형편을 헤아리는 일에 있다고 한다(7절). 의인은 가난한 자의 사정을 알아준다. 그의 사정을 알아준다는 것은 실질적인 도움을 준다는 의미이다(Toy). 부유한 의인은 여호와께서 어려운 사람들을 도우라고 그에게 재물을 주셨다는 사실을 안다. 그러므로 그는 가난한 자들을 위해 아끼지 않고 재물을 사용한다.

성경은 가난한 사람들의 형편을 헤아리며 살라고 한다(욥 29:16; 시 41:1; 잠 31:5; 8-9). 잠언은 하나님이 부자와 가난한 자를 창조하셨다며(22:2; 29:13), 가난한 자들에게 돈을 빌려 주고(28:8), 음식도 주며(22:9), 권리를 보호해 주라고 한다(31:9). 더 나아가 가난한 자를 배려하는 것은 하나님께 꾸어 주는 것이다(19:17). 율법도 같은 맥락에서 가난한 자들을 배려하라고 한다(신 15:7; 24:19). 의인은 사람뿐만 아니라 짐승들까지 생각해 준다(12:10; 27:23).

반면에 악인은 알아줄 지식이 없다(7b절). 악인은 가난한 사람의 형편에 관심도 없지만, 보아도 깨닫지 못한다. 지혜의 근본이 되는 '지식'(דַּעַת)이 없기 때문이다. 또한 그들은 가난한 사람들을 돕는 일은 경제적인 손실을 가져온다고 생각한다. 그러나 19:17은 하나님이 반드시 더 큰 축복으로 채워 주실 것을 선언한다.

악인들은 지식이 없으니 지혜도 없다. 지혜가 없으니 깨달음도 없다. 깨달음이 없으니 눈으로 보아도 알지 못한다. 결국 악인과 미련한 자는 한통속이다. 솔로몬은 사람이 지혜가 많을수록 어려운 이웃의 형편을 살피고 그들을 돕는다고 한다. 반면에 이웃의 어려운 형편을 깨닫지 못하거나 그들에게 눈을 감는 자는 악인이다(Koptak). 더불어 사는 세상은 홀로 사는 세상보다 훨씬 더 아름답다.

네 번째 가르침은 노를 그치게 하는 삶을 살라고 한다(8절). 거만한 자는 성읍을 요란하게 한다. '거만한 자들'(אַנְשֵׁי לָצוֹן)은 자신들은 모든 면에서 완벽하기 때문에 더 이상 지혜를 배울 필요가 없다고 생각하는 자들이다(cf. 9:7, 8; 13:1; 14:6; 15:12). 그들은 자신들 위의 권위(하나님)를 인정하지 않는다(21:24; 22:10). 이런 사람은 성읍을 요란하게 한다. 공동체의 평안에 대한 자신의 책임을 전혀 인정하지 않기 때문이다(Toy). 이미지는 불씨만 있는 곳에 바람을 불어넣어 활활 타오르게 하는 것이다(Kitchen, Koptak). 거만한 자들은 분란을 부축이는 자들이다.

반면에 슬기로운 자는 노를 그치게 한다(8b절). 이미지가 완전히 대조적이다. 거만한 자들은 꺼져가는 불씨를 다시 지피는데, 슬기로운 자들은 활활 타오르는 불도 잦아들게 하고 꺼지게 한다. 교만한 자들은 분란을 일으키는 악인들이고, 슬기로운 사람은 평화를 가져다 주는 의인이다. 지혜는 평화를 안겨 준다(약 3:17–18). 솔로몬은 공동체에 화평을 안겨 주는 슬기로운 삶을 살라고 권면한다.

VI. 후세대가 모은 솔로몬의 잠언(25:1–29:27)
B. 대조적인 교훈(28:1–29:27)

12. 질서가 잡힌 사회(29:9–11)

[9] 지혜로운 자와 미련한 자가 다투면
지혜로운 자가 노하든지 웃든지
그 다툼은 그침이 없느니라
[10] 피 흘리기를 좋아하는 자는
온전한 자를 미워하고
정직한 자의 생명을 찾느니라
[11] 어리석은 자는 자기의 노를 다 드러내어도
지혜로운 자는 그것을 억제하느니라

첫 번째 교훈은 미련한 자와 무엇을 하는 것은 불가능한 일이라고 한다(9절). 지혜로운 자와 미련한 자가 다툰다. '지혜로운 자'(אִישׁ־חָכָם)와 '미련한 자'(אִישׁ אֱוִיל)는 서로 반대되는 말로, 하나는 참으로 현명한 사람, 다른 한 사람은 상황 판단도 전혀 되지 않는 사람이다. 이 둘이 다투면 어떻게 되는가?

지혜로운 자가 노하든지 웃든지 한다고 한다(9b절). 그러나 이 문구(וְרָגַז וְשָׂחַק)에는 주어가 없기 때문에 지혜로운 자가 이러한지, 미련한 자가 이렇게 반응하는지 확실하지가 않다. 그렇다 보니 개역개정은 지혜로운 자가 노하고 비웃는 것으로 번역했지만(cf. 현대어), 다른 번역들은 대부분 미련한 자가 노하고 비웃는다고 한다(새번역, 아가페, NAS, NIV, ESV, NIRV). 혹은 문제는 해결되지 않고 이 둘 사이에 이러한 감정이 만무하다고 해석한 번역본들도 있다(공동, NRS, TNK). 한 주석가는 노하는 자는 지혜로운 자이며, 비웃는 자는 미련한 자라며 이 둘을 나눈다(Cohen).

잠언이 지혜로운 사람은 쉽게 흥분하지 않는다고 하고, 미련한 자들은 온갖 감정을 드러낸다고 하는 점을 고려할 때, 이러한 감정은 미련한 자의 반응이 확실하다. 미련한 자가 노하고 비웃는 것이다. 중요한 것은 이 둘의 다툼은 어떠한 해결을 보지 못하고 계속된다는 것이다(9c절). 솔로몬은 이 말씀을 통해 지혜로운 자들에게 미련한 사람들과는 다투지 말라고 한다. 아무런 소용이 없기 때문이다. 이런 사람하고는 상종하지 않는 것이 상책이다(Whybray). 26:4이 생각난다: "미련한 자의 어리석은 것을 따라 대답하지 말라 두렵건대 너도 그와 같을까 하노라."

두 번째 가르침은 생명을 귀하게 여기라고 권면한다(10절). '피를 흘리기를 좋아하는 자들'(אַנְשֵׁי דָמִים)은 폭력을 일삼아 남에게 피해를 입히는 일을 즐긴다(cf. 1:11-16). 이런 사람은 온전한 자를 미워한다. '온전한 자'(תָּם)는 죄를 짓지 않는 완벽한 사람이 아니라, 양심적으로 살아 속과 겉이 같은 사람이다(10:9, 29; 13:6; 19:1; 20:7; 28:6, 10).

악인들이 온전한 사람을 미워하는 것은 두 가지 이유에서이다. 첫째는 온전한 사람은 그들이 함부로 범접하기가 쉽지 않다. 하나님의 보호를 받고 있다는 사실을 알기 때문이다. 둘째는 자신들은 악인의 삶을 살지만, 온전한 사람의 삶을 마음속으로 동경한다. 그러나 그들처럼 살 수는 없다. 그러므로 그들을 미워한다. 가인이 아벨을 미워한 것이 하나의 사례이다(창 4:5-8; 요일 3:12). 유대인 지도자들이 예수님을 미워한 것도 좋은 예이다(마 17:23; 26:4; 막 14:1; 요 5:18; 7:1; 11:53).

그들은 '정직한 자의 생명을 찾는다'고 하는데(10c절), 확실하지 않다. 이 문구(וִישָׁרִים יְבַקְשׁוּ נַפְשׁוֹ)를 직역하면 '의인들은 그의 영혼을 찾는다'이기 때문이다. 성경에서 생명을 찾는다는 것은 누구를 죽이려고 취하는 행동이다(왕상 19:10; 시 63:10, cf. 아가페, TNK). 그러나 의인들은 절대 악인들을 직접 죽이지 않는다. 그러므로 의인들이 악인들을 죽이려고 취하는 행동은 배제되어야 한다. 이러한 어려움 때문에 개역개정은 이렇게 번역한 듯하다(cf. ESV, NIV, NRS). 다소 어렵기는 하지만, 이 문구를 악인들은 온전한 자를 미워하는 것에 반해 '의인들은 온전한 자의 생명을 보호한다'로 번역하는 것이 바람직하다(McKane, Murphy, cf. 24:11-12; 새번역, 공동, 현대어, NAS, CSB). 솔로몬은 이 말씀을 통해 의인과 악인의 차이는 하나는 생명을 미워하고, 하나는 생명을 존중한다고 한다.

세 번째 가르침은 자기 감정을 다스리라고 권면한다(11절). 어리석은 자는 자기의 노를 다 드러낸다. '그의 모든 노'(כָּל־רוּחוֹ)를 직역하면 '그의 모든 마음/영'이다. 어리석은 자는 여과 없이 자기 마음에 있는 것과 느낌(화)을 그대로 표출한다는 뜻이다(cf. 8-9절). 인간이 어른이 된다는 것은 자기 감정을 조절할 줄 안다는 것을 의미한다. 그러므로 나이가 들어서도 자기 감정을 조절하지 못하고 시시때때로 폭발하는 자는 참으로 어리석은 자이다. 이런 사람일수록 '뒤끝이 없다'고 하는데, 사실은 '뒤끝이 작렬한다.'

반면에 지혜로운 자는 그것을 억제한다(11b절). '억제하다'(שׁבח)는 진정시킨다는 뜻이다(HALOT). 성경에서 요동치는 파도를 잠잠하게 하는 것을 묘사하는 것에 사용되기도 한다(신 65:7; 89:9). 예수님도 몰아치는 폭풍을 잠잠하게 하셨다(마 8:23-27; 막 4:36-41; 눅 8:22-25). 지혜로운 사람은 감정을 그때그때 폭발하는 것이 얼마나 좋지 않은지에 대해 잘 안다. 그러므로 그는 자신의 감정을 추스르고 다스리려고 노력한다. 또한 지혜로운 사람은 말을 많이 하지 않는다(cf. 12:15; 13:3; 14:3; 15:7;

17:28). 말을 자제하면 감정을 다스리는 효과가 있다. 성경은 오래 참는 것이 성령의 열매라고 한다(cf. 갈 5:22-23). 하나님의 도움으로 누구든 자기 감정을 조절할 수 있다는 뜻이다. 솔로몬은 이 말씀을 통해 감정 조절을 잘 하는 사람이 지혜롭다고 한다.

VI. 후세대가 모은 솔로몬의 잠언(25:1-29:27)
B. 대조적인 교훈(28:1-29:27)

13. 의로 굳건해지는 통치(29:12-14)

12 관원이 거짓말을 들으면
그의 하인들은 다 악하게 되느니라
13 가난한 자와 포학한 자가 섞여 살거니와
여호와께서는 그 모두의 눈에 빛을 주시느니라
14 왕이 가난한 자를 성실히 신원하면
그의 왕위가 영원히 견고하리라

첫 번째 교훈은 지도자는 거짓말을 들어주면 안 된다고 경고한다(12절). '관원'(מֹשֵׁל)은 왕을 포함한 높은 지위의 지도자들을 뜻한다. 높은 위치에 있는 사람이 거짓말을 들어주면 문제가 생긴다. '거짓말'(דְּבַר־שָׁקֶר)은 속이는 말이다. 진실이 아니라 왜곡된 말이거나 거짓에 근거한 말이다. 지도자가 귀가 얇아 이런 말을 들어주면 어떤 문제가 생기는가?

그의 하인들이 다 악하게 된다(12b절). '하인들'(מְשָׁרְתִים)은 그의 주변에서 일하며 명령에 따라 움직이는 자들이다. 이런 사람이 왜 악하게 되는가? 부하들의 관심은 온통 상관의 취향을 파악하여 그 '취향을 저격하는 것'에 맞춰져 있다(cf. Toy). 그러므로 자신이 모시는 상관이 거짓말을 즐긴다는 것을 깨닫게 되면 그들도 거짓말로 상관의 귀를 간지럽게 하려고 노력할 것이다. 아합의 아내 이세벨이 나봇의 포도밭을 탐하여 그를 죽인 것은 하나의 좋은 사례이다(왕상 21:1-13).

잠언은 왕권이 의로 인해 굳건해진다고 했다(16:12; 20:28). 그러므로 그는 자기 주변과 나라에서 악을 배척해야 한다(20:8; 25:5). 왕이 스스로 악(거짓)을 지향하고 있으니 그의 부하들도 함께 악에 놀아난다. 솔로몬은 이 말씀을 통해 지도자가 공정하게 처신하는 것이 얼마나 중요한가를 강조한다.

두 번째 가르침은 여호와께서 모든 사람에게 생명을 주신다고 한다(13절). 이 말씀은 "가난한 자와 부한 자가 함께 살거니와 그 모두를 지으신 이는 여호와시니라"(22:2)와 내용이 비슷하다. 세상은 가난한 자와 포학한 자가 섞여 사는 곳이다. '포학한 자들'(תְּכָכִים)은 남을 억압하여 갈취하는 자들로, 주로 가난한 사람들(힘없는 사람들)을 희생양으로 삼는다. 양아치들과 그들의 먹잇감들이 모여 사는 곳이 세상이다.

여호와께서는 그 모두의 눈에 빛을 주신다(13b절). 먹는 양아치들과 그들에게 먹히는 가난한 자들의 생명을 주관하시는 분은 오직 하나님이시라는 의미이다(cf. 욥 33:30; 시 13:3; 49:19). 세상에 있는 의인과 악인 모두 하나님이 창조하셨다. 또한 생명도 모두 하나님이 주셨다. 모든 인간은 하나님의 모양과 형상대로 창조된 사실 하나만으로 누리는 축복이 있다. 그러나 포학한 자들은 폭력을 자제해야 한다. 그들에게 생명을 주신 이가 그들을 심판하기 위해 준비하신 날이 다가오고 있기 때문이다(16:4). 솔로몬은 이 말씀을 통해 같은 창조주에 의해 창조된 자들로서 조금 더 서로에게 관용을 베풀며 살라고 권면한다.

세 번째 교훈은 지도자는 편파적인 판결을 내려서는 안 된다고 경고한다(14절). 왕은 가난한 자를 성실하게 신원해야 한다. '성실하게'(בֶּאֱמֶת)는 진실되고 누구든 신뢰할 수 있도록 동일한 기준에 따라 행동하는 것이다. 가난한 자에 대한 판결이라 해서 그를 지나치게 배려하거나 혹은 불이익을 주는 일은 없어야 한다. 현실적으로 생각할 때 전자

(지나치게 배려하는 것)는 별문제가 되지 않지만, 후자(가난하고 힘이 없다고 해서 불이익을 주는 것)는 오늘날에도 자주 일어나는 현상이다. 권력자의 인격과 능력에 대한 진짜 테스트는 그에게 아무런 압력을 행사할 수 없는 사람을 진실하고 공평하게 대하는 것이다(Kidner).

왕이 가난한 사람들을 공평한 잣대로 판단하면 그의 왕위가 영원히 견고하게 될 것이다(14b절, cf. 4절). 그가 정의로운 판결을 내리면, 가난한 사람들을 포함한 모든 백성이 기뻐할 것이다. 또한 그들은 왕을 신뢰하고 의지할 것이다. 하나님도 공의와 정의가 실현되는 것을 보시면 왕을 축복하실 것이다. 그러므로 그의 왕위는 주님의 축복으로 인해 영원히 견고해진다. 솔로몬은 이 말씀을 통해 지도자들에게 의로운 다스림은 충분한 가치가 있는 일이니 그렇게 하라고 권면한다.

VI. 후세대가 모은 솔로몬의 잠언(25:1–29:27)
B. 대조적인 교훈(28:1–29:27)

14. 징계의 필요성(29:15–17)

15 채찍과 꾸지람이 지혜를 주거늘
임의로 행하게 버려 둔 자식은 어미를 욕되게 하느니라
16 악인이 많아지면 죄도 많아지나니
의인은 그들의 망함을 보리라
17 네 자식을 징계하라
그리하면 그가 너를 평안하게 하겠고
또 네 마음에 기쁨을 주리라

첫 번째 교훈은 아이를 사랑하는 부모라면 자식을 반드시 징계해야 한다고 한다(15절). 채찍과 꾸지람은 결코 좋은 것은 아니다. 그러나 아이를 양육하다 보면 이런 것이 필요할 때가 있다. 이럴 때는 주저하지 말고 사용해야 한다. 채찍과 꾸지람은 미움의 표현이 아니라, 사랑하는 것을 표현한다(13:24). 그러므로 이런 것들을 사용하는 목적은 아이들에게 아픔을 주기 위해서가 아니라, 그들의 미래를 위해서이다. 19:18은 아이에게 희망을 갖는 부모라면 아이를 징계해야 한다고 한다.

채찍과 꾸지람이 싫어서 부모가 아이를 징계하지 않으면 어떻게 될까? 임의로 행하게 버려둔 자식은 어미를 욕되게 한다(15b절). 이미지는 어떤 절제도 모르는 짐승이 마음대로 뛰어다니는 모습이다(Delitzsch). 부모가 자식을 위해 어떤 한계나 넘어서는 안 되는 선을 정해 주지 않고 마음대로 하라고 방관하는 상황이다. 자식은 이러한 '상황을 잘 활용'하여 개망나니로 자란다.

'콩 심은 데서 콩이 나고, 팥 심은 데서 팥이 난다'고 아이가 어렸을 때 채찍과 꾸지람을 동원해서 훈육을 하면 인품을 겸비한 자로 자라서 사람들의 칭찬을 받는다. 또한 그를 훌륭한 사람으로 양육한 부모들도 덩달아 칭찬을 받는다. 그러나 채찍과 꾸지람을 싫어하여 훈육하지 않은 아이는 개차반으로 자라 자신과 부모를 욕되게 한다. 솔로몬은 이 말씀을 통해 자식의 미래를 염려하는 부모는 모두 자녀들 안에 올바른 기준과 가치관이 세워지도록 어렸을 때부터 가르쳐야 한다고 한다(cf. 23:24; 29:17).

두 번째 가르침은 악이 성행하는 세상이 되더라도 너무 절망하지 말라고 한다(16절). 의롭게 살려고 노력하는 사람들의 악몽은 세상이 악인들과 죄로 가득해지는 것이다. 의인으로 살려는 노력이 세상에 별 영향력을 행사하지 못했기 때문에 악인들과 죄가 많아졌다는 생각이 들고, 세상이 의인들이 아니라 오히려 악인들을 인정하는 듯한 느낌을 주기 때문이다.

그러나 좌절할 필요는 없다. 시간이 지나면 의인들이 악인들의 망함을 볼 것이기 때문이다(16b절). 하나님은 세상을 창조하실 때 악을 배척하고 선을 선호하도록 하는 메커니즘을 세상에 두셨다. 그렇기 때문에 영원한 악인은 없다. 때가 되면 모두 심판을 받아 도태되거나 사라진다. 의인은 이러한 상황을 지켜보게 될 것이다. 솔로몬은 이 말씀을 통해 의인들에게 끝까지 포기하지 말고 선을 행하며 살라고 권면한다. 모든 사람이 심판하시는 하나님 앞에 설 날이 다가오고 있기 때문이다.

세 번째 교훈은 첫 번째 교훈(15절)처럼 징계의 필요성을 강조한다(17절). 부모가 자식을 징계하면 두 가지 혜택을 누리게 된다: 평안과 기쁨이다. 개차반으로 자란 아들은 마치 물가에 내놓은 어린 아이 같아서 부모는 항상 조마조마하다. 반면에 부모의 정성스러운 훈육으로 잘 자란 아이는 부모에게 평안을 줄 것이다. '평안을 주다'(נוח)는 걱정과 염려 없이 쉴 수 있도록 해 준다는 뜻이다. 자식이 스스로 모든 일을 지혜롭게 처리하니 걱정할 것이 없다.

또한 이런 아들은 기쁨도 준다. 부모의 마음을 뿌듯하게 하며, 더 나아가 부모가 사람들의 존경을 받게 한다. '기쁨'(מַעֲדַנִּים)은 별미 음식을 뜻하기도 한다(HALOT, cf. 창 49:20; 애 4:5). 그러므로 '네 마음에 기쁨을 주리라'(וְיִתֵּן מַעֲדַנִּים לְנַפְשֶׁךָ)를 직역하면 '네 목구멍(입)에 별미를 주리라'가 된다. 잘 자란 자녀가 부모에게 기쁨(별미)을 준다는 것은 늙은 부모를 잘 섬긴다는 뜻으로 해석될 수도 있다(Clifford). 솔로몬은 이 말씀을 통해 자녀를 반드시 훈계하여 부모의 책임을 다하라고 한다. 이렇게 하면 얻는 기쁨과 보상도 참으로 클 것이라고 한다.

VI. 후세대가 모은 솔로몬의 잠언(25:1–29:27)
B. 대조적인 교훈(28:1–29:27)

15. 종 훈련의 필요성(29:18–22)

18 묵시가 없으면 백성이 방자히 행하거니와
율법을 지키는 자는 복이 있느니라
19 종은 말로만 하면 고치지 아니하나니

이는 그가 알고도 따르지 아니함이니라
20 네가 말이 조급한 사람을 보느냐
그보다 미련한 자에게 오히려 희망이 있느니라
21 종을 어렸을 때부터 곱게 양육하면
그가 나중에는 자식인 체하리라
22 노하는 자는 다툼을 일으키고
성내는 자는 범죄함이 많으니라

첫 번째 교훈은 하나님의 말씀은 공동체를 유지하는데 매우 중요하다고 한다(18절). 묵시가 없으면 백성이 방자히 행한다. '묵시'(חָזוֹן)는 미래에 대한 환상(vision)을 의미할 수 있기 때문에 종종 이 말씀이 크리스천들에게는 환상(꿈)을 가지라는 권면으로 오용되기도 한다(cf. Koptak). 그러나 선지자들은 자신들이 하나님께 받은 말씀을 이 '묵시'(חָזוֹן)라는 단어로 묘사한다(사 1:1; 암 1:1; 믹 1:1; 나 1:1). 또한 이 묵시가 2행에서 '율법'(תּוֹרָה)과 평행을 이루는 것으로 보아 환상이나 묵시보다는 '계시'(revelation)가 더 정확한 의미를 전달하며, 하나님의 말씀을 뜻한다(Kitchen). 이 말씀에서 율법과 예언서들과 지혜문헌이 하나가 되고 있는 것이다(Walls).

'방자히 행하다'(פרע)는 마음대로 행동한다는 뜻이다(NIDOTTE). 계시(하나님의 말씀)가 없으면 백성들이 방자히 행하는 것은 당연하다. 그들이 삶에서 준수해야 할 기준과 도덕이 없기 때문이다. 사사기는 사람이 하나님의 말씀대로 행하지 않고 '각자 자기 소견에 옳은 대로 행하면' 어떤 일이 벌어지는가를 묘사하고 있다.

반면에 율법을 지키는 자는 복이 있다(18b절). 하나님의 말씀을 기준으로 삼아 사는 사람은 행복할 것이다. 첫째는 바른 삶을 살아서 행복할 것이며, 둘째는 하나님이 그의 말씀에 순종하는 삶을 보시고 복을 주실 것이기 때문이다. 솔로몬은 여호와의 말씀이 공동체와 각 멤버들의 건강에 매우 결정적이라며 하나님의 말씀대로 살 것을 권면한다.

두 번째 가르침은 말로 누구를 가르치는 것은 한계가 있다고 한다(19절). 종은 말로만 하면 고치지 않는다. 물론 착하고 충성된 종은 말로만 해도 된다. 그러나 주인의 눈치나 보는 종은 주인이 무엇을 가르치거나 지시하면 앞에서는 "예, 예" 하지만 돌아서서는 딴짓을 하기 일쑤다.

그가 주인의 지시 사항을 잊어버려서 이러는 것은 아니다. 그는 알고도 따르지 않는다(19b절). '알다'(בִּין)는 '이해하다'는 뜻이다. 주인의 가르침이나 지시가 무엇을 의미하고, 왜 그것이 필요한지를 알고도 하지 않는다. 그러므로 이런 종은 몰라서 행하지 못하는 종보다 더 나쁘다(cf. Delitzsch).

그렇다면 이런 종은 어떻게 부려야 하는가? 아버지가 아들을 훈육하듯 주인이 종을 징계해야 한다(Ross). 아버지가 말을 듣지 않는 아들을 부리는 것처럼, 강력한 징계나 억압적으로 일을 시킬 수밖에 없다. 그러나 주인은 지나친 폭력을 자제해야 한다(출 21:20, 26-27). 솔로몬은 이 말씀을 통해 종들은 상황이 이렇게까지 가지 않도록 주의하고, 주인들은 각 종에 따라 어떤 방법이 좋은가를 판단하여 적용하라고 한다. 말로 될 사람들은 말로, 도저히 말로 안 될 사람들은 무력을 사용하여 복종시킬 수밖에 없다.

세 번째 교훈은 말이 앞서는 사람을 멀리하라고 한다(20절). '말이 조급하다'(אָץ בִּדְבָרָיו)는 것은 신중하게 생각하고 난 후 말을 하는 것이 아니라, 곧바로 생각 없이 말을 내뱉는 것이다(cf. 10:19; 19:2). 우리는 이런 사람을 '말이 앞서는 사람'이라 하는데 그는 책임질 수 없는 말을 많이 한다.

말이 조급한 사람보다 차라리 미련한 자에게 희망이 있다(20b절). '미련한 자'(כְּסִיל)는 지혜도 없으면서 배우려고 하지 않는 자이다. 또한 조급하게 말하는 자이다(12:16, 23). 심지어 상대방의 말을 들어 보지도 않고 말을 한다(18:13). 그러므로 이런 사람에게도 소망이 없기는 마찬

가지이다. 그러나 무책임한 말을 일삼는 사람보다는 미련한 자가 더 낫다고 한다. 솔로몬은 이 말씀을 통해 말이 앞서는 사람을 멀리하라고 한다. 만일 그들과 교류를 해야 한다면, 그들의 말을 믿지 말라고 당부한다.

네 번째 가르침은 자녀를 징계하고 가르치는 일은 그가 어렸을 때부터 시작해야 한다고 한다(21절). 이 말씀은 성경에 단 한 차례 나오는 두 단어 '곱게 양육하다'(פנק)와 '자식인 체'(מָנוֹן)로 인해 해석하기가 상당히 어렵다(cf. Kitchen, McKane, Murphy, Van Leeuwen, Waltke). 주인이 노예가 어렸을 때부터 곱게 양육했다. 종살이하던 노예가 아이를 낳은 일을 배경으로 하고 있다. 주인이 노예에게서 태어난 아이를 불쌍히 여겨 마치 자기 자식처럼 곱게 양육했다. 이 아이는 종의 아들이기 때문에 훗날 그도 종으로 살아야 하는데, 아들을 대하듯 한 것은 바람직한 일이 아니다. 미래에 적응하지 못하도록 했기 때문이다.

세월이 지나서 아이가 성장했다. 그 아이를 노예로 부리려 했더니 그가 주인의 자식인 체한다(21b절). 노예 아이가 이렇게 성장한 것은 주인에게도 어느 정도 책임이 있다. 그를 아들처럼 키웠기 때문이다. 솔로몬은 이 말씀을 통해 아이의 훈계와 교육은 어렸을 때부터 시작되어야 한다고 한다. 성장한 다음에는 이미 늦었다고 한다. 또한 아이의 미래를 어느 정도 가름할 수 있다면, 그가 앞으로 할 일을 염두에 두고 양육을 하라고 한다. 그래야 성장한 후에 엉뚱한 짓을 하지 않을 것이다.

다섯 번째 교훈은 자기 감정을 다스리지 못하는 자들을 멀리하라는 권면이다(22절). '노하는 자'(אִישׁ־אַף)를 직역하면 '화난 사람'이다. 마치 화에 사로잡힌 자처럼 화를 잘 내는 사람을 뜻한다. 이런 사람은 다툼을 일으킨다. 성경에서 '일으키다'(גרה)는 주로 전쟁과 연관되어 사용되는 단어이다(TWOT). 가는 곳마다, 하는 일마다 사람들 사이에 분란을 일으킨다. 당연하다. 누가 쉽게 화를 내는 사람을 좋아하겠는가! 그는 기피하고 싶은 사람이며, 그를 피하지 못하면 다툼이 일어난다.

또한 성내는 자는 범죄함도 많다(22b절). '성내는 자'(בַּעַל חֵמָה)를 직역하면 '진노의 주인'이다. 분노에 사로잡혀 성질을 자주 부리는 사람이다. 이런 사람은 당연히 죄도 많이 짓는다. 말로 죄를 짓고, 마음으로도 죄를 짓는다. 솔로몬은 성질이 급하고 화를 잘 내는 사람을 멀리하라고 한다. 인생에 전혀 도움이 되지 않을 자들이기 때문이다.

VI. 후세대가 모은 솔로몬의 잠언(25:1-29:27)
B. 대조적인 교훈(28:1-29:27)

16. 의인은 여호와를 의지함(29:23-27)

[23] 사람이 교만하면 낮아지게 되겠고
마음이 겸손하면 영예를 얻으리라
[24] 도둑과 짝하는 자는 자기의 영혼을 미워하는 자라
그는 저주를 들어도 진술하지 아니하느니라
[25] 사람을 두려워하면 올무에 걸리게 되거니와
여호와를 의지하는 자는 안전하리라
[26] 주권자에게 은혜를 구하는 자가 많으나
사람의 일의 작정은 여호와께로 말미암느니라
[27] 불의한 자는 의인에게 미움을 받고
바르게 행하는 자는 악인에게 미움을 받느니라

첫 번째 교훈은 겸손하라는 권면이다(23절). 사람이 교만하면 낮아지게 된다. 성경에서 '교만'(גַּאֲוָה)은 한순간에 낮아지는 높은 파도를 의미하기도 한다(Clifford, cf. 시 46:4). 이미지가 매우 대조적이다. 교만은 파도처럼 높아지는 것을 의미하는데, 정작 교만한 사람은 다른 사람들보다 더 낮아진다. 하나님이 모든 높은 자를 낮추시기 때문이다(cf. 마 23:12; 약 4:6). 또한 사람들도 교만한 자를 좋아하지 않으며 기피한다.

이와는 대조적으로 마음이 겸손하면 영예를 얻을 것이다(23b절). '겸손'(שְׁפַל)은 1행에서 사용된 '낮아지다'(שפל)라는 동사에서 파생한 단어이다. 그러므로 매우 대조적인 이미지를 구성하고 있다. 스스로 높아지려고 하는 교만한 자는 낮아지고, 스스로 자신을 낮춘 겸손한 사람은 높임을 받는다. '영예'(כָּבוֹד)는 존귀함, 명예를 뜻한다. 명예는 남이 주는 것이지 스스로 취하는 것이 아니다(25:27; 27:1–2). 또한 높은 곳에 있다가 밀려나는 것보다, 낮은 곳에 있다가 높은 곳으로 불림을 받는 것이 좋다(25:6–7). 이 말씀은 항상 겸손한 마음으로 삶에 임하라고 한다. 세상은 겸손한 사람을 알아보고 존귀하게 여길 것이다.

두 번째 가르침은 살기 원하는 사람은 악인들을 멀리하라고 한다(24절). 도둑과 짝하는 자는 자기 영혼을 미워한다. '짝하는 자'(חוֹלֵק)는 파트너가 되어 도둑질한 것을 나눠가지는 자이다(cf. 16:19). 이런 사람은 자기 영혼을 미워한다. 하나님이 주신 생명을 즐기지 않으며 죽기를 바래 이런 짓을 한다는 뜻이다.

이런 사람은 저주를 들어도 진술하지 않는다(24b절). 이미지는 법정에서 진술을 하도록 맹세를 한 상황이다. 그러나 그는 진술을 거부한다. 할 말이 없어서, 혹은 자신이나 누구를 보호할 의지가 없어서이다. 결국 그는 다른 사람들과 함께 형벌을 받을 수밖에 없다(cf. 레 5:1). 공동번역이 이 말씀의 의미를 잘 살렸다: "죽고 싶거든 도둑과 짝이 되어라. 법정에서 선서하고도 말문이 막힌다." 솔로몬은 이 말씀을 통해 사귈 사람을 신중하게 고르라고 한다.

세 번째 교훈은 여호와를 의지하며 살라고 당부한다(25절). 사람을 두려워하면 올무에 걸린다. 이 '두려움'(חֶרְדָּה)은 여호와를 '경외하는 것'(יִרְאָה)과 질적으로 다르며, 사람들에게 공포감을 자아낸다. 사람이 무서워 이리저리 피하다 보면 오히려 그들이 펼쳐 놓은 올무에, 혹은 자기 스스로 두려움과 죄의 올무에 걸릴 수 있다. 아브라함은 바로와 아비멜렉을 두려워하여 사라를 여동생이라고 속였다(창 12:11–13;

20:2-11). 그의 아들 이삭도 사람을 두려워하여 아내를 여동생이라고 속였다(창 26:7).

반면에 여호와를 의지하는 자는 안전하다(25b절). '의지하다'(בטח)는 전적으로 신뢰한다는 뜻이다. '안전하다'(שׂגב)는 해를 받지 않도록 망대처럼 높은 곳으로 들림을 받는다는 의미를 지녔다(cf. 18:10-11). 하나님은 주님을 의지하는 자들이 해를 당하지 않도록 그들을 높이 드신다. 솔로몬은 이 말씀을 통해 눈에 보이는 사람을 두려워하지 말고, 눈에 보이지 않는 하나님을 의지하라고 권면한다. 구원은 오직 주님께 있기 때문이다.

네 번째 가르침은 오직 여호와만이 의로운 판결을 하실 수 있다고 한다(26절). '주권자'(מוֹשֵׁל)는 왕을 포함한 통치자를 뜻한다. 많은 사람이 통치자에게 은혜를 구한다. '은혜를 구하다'(מְבַקְשִׁים פְּנֵי)는 '접견을 요구하다'라는 의미를 지녔다. 소송 등을 통해 왕의 판결을 기다리는 사람들의 모습이다. 이들은 나라를 다스리는 왕이 자기 변론에 귀를 기울이고 가장 자비로운 판결을 내려 주기를 간절히 소망한다.

그러나 사람의 일의 작정은 여호와께로 말미암는다(26b절). '일의 작정'(מִשְׁפָּט)은 소송에 대한 판결이다. 소송에 대한 판결은 하나님이 하신다는 뜻이다. 이 말씀은 왕이 하나님의 도구로써 하나님의 공의와 정의의 기준에 따라 백성을 다스리고 그들의 소송을 판결하는 이상적인 상황에서나 있는 일이다. 현실은 하나님의 뜻을 왜곡하는 주권자들이 많기 때문에 그들이 자기 마음대로 판결하는 경우가 많다. 솔로몬은 통치자들에게 창조주의 의중에 따라 공평하고 정의로운 판결을 내릴 것을 권면한다. 사람들은 인간 주권자의 은혜를 구하지 말고 그를 조정하시는 여호와의 자비를 구할 것을 권면한다. 바로 앞 절(25절)은 사람을 두려워하지 말라고 했는데, 이 말씀은 사람의 최고봉인 왕도 두려워하지 말고 오직 여호와를 경외하라고 한다.

다섯 번째 교훈은 의인의 삶과 악인의 삶은 같은 사람 안에서 결코 공존할 수 없다는 것이다(27절). 이 말씀은 히스기야의 신하들이 모아 편집한 솔로몬의 두 번째 잠언 모음집(25:1–29:27)의 마지막이다. 불의한 자는 의인에게 미움을 받는다. '미움'(תּוֹעֵבָה)은 매우 강력한 거부 반응을 동반한 역겨움이다. 의인들은 악을 미워한다. 그러므로 의인들은 온갖 악을 행하는 불의한 자도 미워한다.

이와는 반대로 악인은 바르게 행하는 자를 미워한다(27b절). '미움'(תּוֹעֵבָה)은 이미 1행에서도 사용된 단어이다. '바르게 행하는 자'(יְשַׁר־דָּרֶךְ)는 자기가 가야할 길을 좌로나 우로나 치우치지 않고 똑바로 가는 의인이다. 의인들이 악인들을 미워하는 것처럼, 악인들도 의인들을 참으로 싫어한다(cf. 마 10:22; 24:9; 요 15:18; 17:14; 요일 3:13). 솔로몬은 이 말씀을 통해 사람은 의인으로 살든지, 악인으로 살든지 선택해야 한다고 한다. 또한 죄와 시기가 가득한 세상에서 우리가 어떻게 살든 미움을 피할 수는 없다. 우리가 바르게 살고 있다는 것을 어떻게 확인할 수 있는가? 악인들이 미워하는 삶을 살면 된다.

VII. 아굴의 잠언

(30:1-33)

잠언의 가장 핵심이었던 솔로몬의 잠언들을 모아 편집한 두 모음집이 끝나고 책에 첨부된 세 개의 작은 모음집(30:1-33; 31:1-9; 31:10-31)이 시작되고 있다. 이 셋 중 첫 번째 것은 아굴이라는 사람과 연관되어 있는 모음집이다. 그런데 아굴은 누구인가?

이 모음집을 소개하는 30:1에는 네 개의 이름이 등장한다. 야게(יָקֶה)는 잠언을 말한 아굴(אָגוּר)의 아버지였다. 아굴은 이다엘(אִיתִיאֵל)과 우갈(אֻכָל)에게 잠언을 말했다. 그러나 이 네 이름 모두 생소하기만 하다. 이다엘의 이름이 느헤미야 11:7에 한 번 더 등장하지만, 별로 도움이 되지 않는다. 게다가 아굴(אָגוּר)과 야게(יָקֶה)는 히브리어 이름이 아니다(Whybray).

옛 유대인 해석자들은 '아굴'이 솔로몬의 '가려진 이름'(veiled name)이라고 했지만(cf. Plaut), 전혀 납득이 되지 않는 주장이다. 편집자들은 이때까지 솔로몬의 이름을 직접 언급해 왔다. 그런데 무엇 때문에 이제 와서 가려진 이름을 사용한단 말인가? 어떤 이들은 아굴이 솔로몬 왕을 보필하던 지혜자들 중 하나였을 것이라는 추측도 내놓았지만(Kitchen, cf. 왕상 4:30-31), 이 또한 별로 설득력이 있어 보이지는 않는다.

우리는 아굴이 이방인이라는 사실로 만족해야 한다. 그렇다면 성경에 이방인을 통한 계시가 포함되어 있는 것이 문제가 되지는 않는가? 그렇게 생각할 필요는 없다. 더욱이 잠언을 포함한 지혜문헌은 이스라엘뿐만 아니라 온 세상에 퍼져 있던 지혜였다. 이 지혜의 창시자는 창조주인 여호와이시다. 여호와께서 세상 만민에게 주신 보편 은총(일반계시)의 일부가 지혜이다. 그러므로 이방인의 지혜가 정경의 지혜문헌 중 일부를 장식하는 것은 당연한 일이다.

아굴의 잠언집은 이때까지 우리가 잠언에서 접해 온 가르침과 현저하게 다르다(Franklyn, cf. McKane, Murphy, Waltke). 또한 이 모음집은 숫자 '4'를 중심으로 구성되어 있다는 특징을 지녔다. 다음과 같이 두 파트로 나뉜다. 이 장은 잠언의 가장 정점으로 간주되기도 한다(Wilson).

A. 아굴의 고백과 간구와 권면(30:1-14)
B. 아굴의 숫자적 가르침(30:15-31)
C. 끝맺는 말(30:32-33)

VII. 아굴의 잠언(30:1-33)

A. 아굴의 고백과 간구와 권면(30:1-14)

아굴의 잠언집의 첫 섹션인 본문은 아굴의 고백과 바램을 담고 있다. 본 텍스트는 다음과 같이 세분화될 수 있다.

A. 겸손한 자의 고백과 질문(30:1-4)
B. 하나님 말씀의 완벽함(30:5-6)
C. 겸손한 자의 기도(30:7-9)
D. 권면과 가르침(30:10-14)

VII. 아굴의 잠언(30:1–33)
A. 아굴의 고백과 간구(30:1–9)

1. 겸손한 자의 고백과 질문(30:1–4)

1 이 말씀은 야게의 아들 아굴의 잠언이니
그가 이디엘 곧 이디엘과 우갈에게 이른 것이니라
2 나는 다른 사람에게 비하면 짐승이라
내게는 사람의 총명이 있지 아니하니라
3 나는 지혜를 배우지 못하였고
또 거룩하신 자를 아는 지식이 없거니와
4 하늘에 올라갔다가 내려온 자가 누구인지,
바람을 그 장중에 모은 자가 누구인지,
물을 옷에 싼 자가 누구인지,
땅의 모든 끝을 정한 자가 누구인지,
그의 이름이 무엇인지,
그의 아들의 이름이 무엇인지 너는 아느냐

이 섹션의 표제 역할을 하는 1절은 여러 가지 해석적인 이슈를 안고 있다. 첫째, '이 말씀은 야게의 아들 아굴의 잠언이다'는 '잠언(계시)'으로 해석된 '함맛사'(הַמַּשָּׂא)를(Clifford) 지역 이름으로 간주하면(cf. 창 25:14; 대상 1:30), "이것은 마싸 사람 야게의 아들 아굴이 한 말이다"로 번역될 수 있다(Kitchen, Ross, Waltke, cf. 새번역 각주). 또한 '맛사'(מַשָּׂא)는 짐, 무게가 될 수 있기 때문에 아굴이 지혜를 찾아 헤매다가 지친 모습을 묘사할 수도 있다(cf. McKane, Murphy).

둘째, '그가 이디엘 곧 이디엘과 우갈에게 이른 것이다'는 이 문장에서 사용되는 히브리어 자음들을 어디서 나누느냐에 따라 "그가 말하였다. '하나님, 저는 피곤합니다. 제가 어떻게 다시 힘을 되찾을 수 있겠습니까?'"가 될 수 있다(Whybray, cf. NRS, cf. NIV, ESV, 새번역 각주). 그러므로 공동번역은 1절을 “이것은 마싸 사람 야케의 아들 아굴의 말이다. 그가 이렇게 이른다. 하느님께서 나와 함께 계셨더라면, 하느님께서 나와 함께 계셨더라면, 내가 이렇게 되지는 않았으리라”고 번역했다(cf. NIV, NRS, ESV). 이디엘과 우갈이라는 이름을 의미를 지닌 문구로 풀어 쓴 것이다.

셋째, ‘이디엘에게’(לאיתיאל)는 앞으로 읽으나 뒤로 읽으나 소리가 같다. 앞으로 제시되는 가르침에서 두 가지 의미(앞으로 읽고, 뒤로 읽고)를 도출하라는 암시일 수 있다(Koptak).

이러한 정황과 뒤따르는 2-3절의 내용을 감안하면 이디엘과 우갈을 고유명사로 취급하지 않고, 그들의 이름이 포함된 문장(לְאִיתִיאֵל וְאֻכָל נְאֻם הַגֶּבֶר לְאִיתִיאֵל)을 “그가 말하기를 ‘하나님, 저는 지쳤습니다. 어떻게 하면 다시 이겨낼 수 있을까요?’”(NRS)로 번역하는 것이 설득력이 있다. 종합해 보면 1절은 “야게의 아들 아굴의 계시(잠언)다. 그가 말했다. ‘하나님 저는 지쳤습니다. 어떻게 하면 이겨낼 수 있을까요?’”로 번역되는 것이 바람직하다(cf. 공동, NIV, ESV, NRS).

아굴은 1절에서 자신은 참으로 지쳤다고 고백한 다음 2-3절에서는 그가 지친 이유를 말한다. 그는 지혜를 열심히 찾았지만, 찾지 못하고 지치기만 했다고 고백한다(Crenshaw). 그러므로 아굴은 ‘나는 다른 사람에게 비하면 짐승이라’고 탄식한다(2a절). 이 말씀에서 ‘나는’(אָנֹכִי)은 강조형이다. 그는 이 강조형을 통해 자신에 대한 실망과 절망감을 표현하고 있다. ‘짐승’(בַּעַר)은 ‘야수, [짐승처럼] 어리석다’는 뜻이다(HALOT). 그러므로 대부분 영어 번역본들은 칠십인역(LXX)을 따라 ‘나는 다른 사람들보다 더 어리석은 자’ 혹은 ‘사람이라고 하기에는 너무 어리석은 자’로 번역했다(NAS, ESV, NRS, CSB, NIRV, cf. Kitchen).

그가 이렇게 탄식하는 것은 그에게 ‘사람의 총명이 있지 않기 때문이다’(2b절). ‘총명’(בִּינָה)은 이해력이다(TWOT). 그는 자신에게는 세상을 제대로 이해하는 지혜가 없다며 안타까워하고 있다. 그가 이해력이 부족한 것은 지혜를 배우지 못했기 때문이며, 거룩하신 자를 아는 지식이 없기 때문이다(3절).

'지혜'(חָכְמָה)는 잠언이 사람들에게 평생 추구하라고 권면한 것이며, 창조주가 저자이시고 사람들에게 특별한 계시(성경)와 세상에 널려 있는 보편적 계시(일반 은총)를 통해 주시는 것이다. '거룩하신 자를 아는 지식'(דַעַת קְדֹשִׁים)은 여호와를 경외하는 지식이다. 3절은 이 두 가지가 평행적 구조를 형성하도록 하여 지혜를 얻는 것은, 곧 하나님을 아는 것이라고 한다(Koptak, cf. 잠 9:10; 욥 28:28).

아굴이 평생 추구한 것은 창조주 하나님을 더 깊이 알고자 한 경건하고 거룩한 지식이다. 사람이 평생 하나님을 아는 지식을 열정적으로 추구한다 해도 온전히 하나님을 알 수 없다. 하나님은 자신을 모두 보여 주지 않으시는 신비로운 분이시기 때문이다(cf. 잠 25:2 주해). 그럼에도 불구하고 아굴의 이 같은 고백은 겸손에서 비롯되었다. 그는 자신을 최대한 낮추고 전능하신 여호와께 경의를 표하고 있다(Clifford).

앞으로 전개될 그의 가르침으로 보아 그는 누구보다도 여호와 하나님에 대해 많이 안다. 그는 이 겸손한 고백을 통해 하나님을 더 깊이 알기를 간절히 사모하는 그의 마음의 소원을 표현하고 있다. 참으로 우리가 본받을 만한 겸손과 사모함이다. 우리는 평생 여호와 하나님을 더 깊이 알고 경배하는 것을 사모해야 한다.

아굴이 아는 여호와는 어떤 분인가? 그는 수사학적 질문들을 통해 자신이 아는 하나님을 묘사한다(4절). 성경에서 수사학적인 질문들은 답을 얻기 위해서가 아니라 어떤 진리를 강조하기 위해 자주 사용된다. 4절은 여섯 개의 질문으로 구성되어 있는데, 처음 네 개는 하나님의 능력에 관한 것이고, 나머지 두 개는 하나님과 그의 아들의 이름에 관한 것이다. 마지막 두 개가 나머지 네 개로부터 차별화되고 있는 것이다. 마지막 두 질문이 가장 중요하기 때문이다.

첫째, 하나님은 하늘에 올라갔다가 내려오신 분이다(4a절). 고대 근동의 신화들은 인간은 절대 신들이 거하는 하늘로 올라갈 수 없다고 했다. 설령 가더라도 큰 재앙을 당한다(Waltke). 인간과 질적으로 다른 하나님은 언제든지 하늘로 올라갔다가 마음대로 내려오실 수 있는 분이다(cf. 창 11:7; 28:12; 출 19:18; 신 30:12; 시 68:18). 하늘이 주님의 거처이기 때문이다. 또한 하나님은 하늘과 땅과 그 안에 있는 모든 것을 창조하신 분이며, 이 모든 것들을 다스리신다. 그러므로 이 세상에서 일어나는 모든 일을 아신다.

둘째, 여호와는 바람을 그 장중에 모으신 분이다(4b절). '장중'(חָפְנָיִם)은 두 손바닥의 오목한 곳(the hollow of both hands)이다(HALOT). 이미지는 하나님은 두 손을 모아 만든 오목한 곳에 세상의 바람을 모두 담으셨다(cf. 출 15:10; 시 104:3; 135:7; 사 40:12; 암 4:13). 세상의 모든 바람(날씨)은 하나님이 통제하시고 조정하신다는 뜻이다. 고대 근동에서는 천둥을 몰고 다니는 바알이 날씨를 주관한다고 했는데, 아굴은 여호와가 날씨를 주관하신다며 그들의 잘못된 생각을 교정한다.

셋째, 하나님은 물을 옷에 싼 분이시다(4c절). '옷'(שִׂמְלָה)은 '겉옷, 외투'를 뜻한다(HALOT). 하나님은 자기가 입으신 겉옷으로 세상에 있는 모든 물(바닷물 포함)을 싼(wrap) 분이시다. 그러므로 여호와는 바다와 호수와 강 등을 조정하고 다스리시며 비도 다스리신다(cf. 욥 26:8; 38:8, 9).

넷째, 여호와는 땅의 모든 끝을 정하신 분이다(4d절). 끝을 정한다는 것은 다스림과 주권을 상징한다(cf. 욥 38:4; 시 24:1-2; 잠 8:27-29; 사 45:18). 그러므로 아굴은 그가 아는 하나님은 바다뿐만 아니라 사람들이 사는 땅(세상)도 창조하고 다스리시는 분이라고 한다.

다섯째, 이 모든 능력을 지니신 분의 이름은 '거룩하신 자'(3절)이며 '하나님'(5, 9절)이시며 '여호와'(9절)이시다(4e절). 아굴의 처음 네 질문은 모두 '누구'(מִי, who)로 시작했다. 반면에 이 질문과 다음 질문은 '무엇'(מַה, what)으로 시작한다. 처음 네 질문은 하나님의 능력에 초점을 마쳤고, 이 질문과 다음 질문은 하나님의 정체성에 초점을 맞추고 있기 때문이다.

여섯째, '여호와의 아들의 이름은 무엇인가?'(4f절)는 여러 개의 답이 가능한 복잡한 질문이다(cf. Waltke). 첫째, 여호와의 아들의 이름은 이스라엘이다. 하나님은 모세에게 다음과 같이 말씀하신다: "너는 바로에게 이르기를 여호와의 말씀에 이스라엘은 내 아들 내 장자라"(출 4:22, cf. 렘 31:9; 호 11:1). 둘째, 여호와의 아들의 이름은 아담이다. 누가복음은 예수님의 계보를 야곱을 통해 최종적으로 '하나님의 아들 아담'까지 추적한다(눅 3:23-38). 셋째, 하나님의 아들의 이름은 예수 그리스도이다. 신약은 이러한 사실을 누누이 강조한다. 예수님을 믿지 않는 유대인들에게는 첫 번째 답이 제일 설득력이 있겠지만, 주님을 믿는 우리에게는 세 번째 답이 가장 확실하다. 아굴의 질문을 예언적으로 해석한다면, 그는 장차 오실 메시아(하나님의 아들)를 알고자 한다.

VII. 아굴의 잠언(30:1-33)
A. 아굴의 고백과 간구(30:1-9)

2. 하나님 말씀의 완벽함(30:5-6)

5 하나님의 말씀은 다 순전하며
하나님은 그를 의지하는 자의 방패시니라
6 너는 그의 말씀에 더하지 말라
그가 너를 책망하시겠고
너는 거짓말하는 자가 될까 두려우니라

4절에서 자신이 아는 하나님에 대하여 증언한 아굴이 이번에는 하나님과 그의 말씀의 완벽함을 찬양한다. 첫째, 하나님의 말씀은 다 순전하다(5a절). '다 순전하다'(צְרוּפָה)의 이미지는 용광로에서 금방 제련된 광물이다. 불의 테스트를 거쳐 완벽하다는 뜻이다(Murphy). 모든 불순물과 찌꺼기가 제거된 상황인 이때 광물은 가장 순수하다. 하나님의 말씀은 완벽하고 순수하다는 뜻이다(cf. 딤후 3:16). 말씀을 하신 분이 바로 여호와이시기 때문이다(Kidner). 아굴은 이처럼 순결하고 고상한 하나님의 말씀을 평생 찾았다.

둘째, 하나님은 그를 의지하는 자의 방패이시다(5b절). '의지하다'(חסה)는 '도피하다, 피난 가다'는 뜻이다(TWOT). 누구든 하나님께 피하는 자는 주님의 철저한 보호를 받게 될 것이라는 의미이다(cf. 삼하 22:32; 잠 14:32). 하나님은 주님을 의지하고, 주님만 바라보는 사람을 귀찮게 여기지 않으시고, 오히려 참으로 귀하게 여기신다. 어리석은 자들과 악인들과 교만한 자들은 절대 하나님을 의지하지 않을 것이다. 그러므로 이 말씀은 주님을 경외하는 소수에게만 주는 초청이다.

셋째, 하나님의 말씀에 더하는 것은 죄다(6절). 아굴은 하나님의 말씀은 순수하고 완벽하다고 했다(5a절). 그러므로 주님의 말씀에 더하면 안 된다. 더하는 것은 무언가 더 필요하다는 뜻이며, 더 필요하다는 것은 완벽하지 않다는 증거이기 때문이다. 또한 사람이 무엇을 더한다는 것은 말을 한다는 뜻인데, 우리는 하나님의 말씀을 들으라는 부르심을 받았지, 말을 하라는 소명을 받지 않았다(Koptak). 기독교는 이미 완성된 정경 66권이 완벽하다고 생각하기 때문에 추가적인 자료의 필요성을 주장하며 더하려고 하는 자들을 이단이라고 한다(cf. 신 4:1-2; 계 22:18). 대표적인 사례가 모르몬교와 그들의 경전(Book of Mormon)이다.

하나님은 완벽한 그의 말씀에 더하는 자를 책망하실 것이다(6b절). '책망하다'(יכח)는 '다투다, 야단치다'는 뜻이다(HALOT). 묵인하지 않으실 것이라는 뜻이다. 또한 하나님의 완벽한 말씀에 더하는 자는 스스로 거짓말하는 자가 될 것이다(6c절). '거짓말하다'(כזב)는 스스로 거짓말쟁이임을 드러낸다는 뜻이다(HALOT). 하나님의 말씀에 자기 생각을 더하는 자는 하나님의 말씀이 완벽하지 않다고 거짓말하는 것이며, 더 이상 아무것도 필요 없는 하나님의 말씀에 더하여진 것은 모두 거짓이다. 그러므로 하나님의 말씀에 더하는 자는 거짓말하는 자이다. 이 말씀은 설교를 하고 성경 공부를 인도하는 사람들에게 경종을 울린다.

3. 겸손한 자의 기도(30:7-9)

7 내가 두 가지 일을 주께 구하였사오니
내가 죽기 전에 내게 거절하지 마시옵소서
8 곧 헛된 것과 거짓말을 내게서 멀리 하옵시며
나를 가난하게도 마옵시고 부하게도 마옵시고
오직 필요한 양식으로 나를 먹이시옵소서
9 혹 내가 배불러서 하나님을 모른다
여호와가 누구냐 할까 하오며
혹 내가 가난하여 도둑질하고
내 하나님의 이름을 욕되게 할까 두려워함이니이다

아굴은 앞 섹션(5-6절)에서 하나님과 말씀의 완벽함을 고백했다. 이 섹션에서는 선하신 하나님과 완벽한 그의 말씀을 아는 자가 평생 추구해야 할 두 가지를 허락해 달라고 기도한다(7a절). 그는 하나님이 이 두 가지를 자신이 죽기 전에 꼭 이루어 주실 것을 간절히 염원한다(7b절). 아굴이 죽음을 언급한다 해서 어떤 이들은 그가 죽기 바로 전에 이런 기도를 한 것이라 하지만, 수명이 얼마나 남았건 간에 상관없이 그는 평생 주님이 이렇게 해 주시기를 바란다는 뜻이다(Cohen, McKane).

첫째, 하나님이 헛된 것과 거짓말을 그에게서 멀리하게 해 달라는 간구이다(8a절). '헛된 것'(שָׁוְא)은 '어떠한 가치나 의미도 없는 것'을 뜻하며, 세상의 모든 허황된 것들을 포함한다(Delitzsch, cf. 렘 2:30; 4:30; 6:29;

시 139:20). 또한 우상과 요술 등 우상숭배와 연관된 것들을 일컫는 말로 사용되기도 한다(렘 18:15, cf. 호 10:4; 시 26:4; 욥 11:11). 아굴은 헛된 것을 멀리하게 해 달라며 우상과 허황된 것들에 대한 강력한 거부감을 표현하고 있다. 그는 평생 이런 것들을 추구하지 않을 것을 다짐하고 있다.

'거짓말'(כָּזָב)은 6절에서 사용된 '거짓말하다'(כזב)에서 파생한 명사이다. 그러므로 아굴은 거짓말을 멀리하게 해 달라는 기도를 통해 자신은 평생 오직 하나님의 말씀대로 살 것을 다짐한다. 하나님의 말씀은 완벽하기 때문에 말씀 외에 무엇이 더 필요하다고 하는 것은 거짓말이다. 아굴은 절대 이런 죄를 짓지 않겠다고 다짐한다.

인상적인 것은 아굴이 헛된 것과 거짓말이 그에게서 멀리 떠나 있게 할 수 있는 분은 오직 하나님이라며 주님께 이것들이 그의 삶에 가까이 다가오지 않도록 해 달라고 기도한다는 사실이다. 그는 최선을 다해 이것들을 멀리하겠지만, 자신의 노력만으로는 이것들을 그의 삶에서 멀리 떨어져 있게 할 수 없다는 것을 잘 안다. 하나님이 도우실 때만 가능하다는 것도 안다. 그러므로 그는 간절한 마음으로 하나님께 도움을 청하고 있다. 하나님은 이렇게 기도하는 아굴을 참으로 귀하게 여기시고 예쁘게 보셨을 것이다.

둘째, 하나님이 그에게 오직 필요한 만큼만 채워 주실 것을 기도한다(8b-c절). 아굴은 하나님께 그를 가난하게도 하지 마시고, 부하게도 하지 마실 것을 간절히 기도한다(8b절). 우리는 부에 대한 그의 기도가 '부를 잘 활용할 수 있는 지혜를 주십시오'가 될 것을 기대했는지도 모른다(Toy). 아굴은 아예 부자가 되지 않게 해 달라고 기도한다. 이유는 잠시 후 9절에서 밝혀진다.

그는 하나님이 오직 그가 필요한 만큼만 먹이시기를 소망한다(8c절). 일부 학자들은 이 바램을 두 번째 것에서 떼어 내어 세 번째 간구로 취급한다(Whybray). 그러나 아굴이 '두 가지'를 말했으니, 같이 하나로 취급하는 것이 바람직하다. '필요한 양식'(לֶחֶם חֻקִּי)은 '정해진, 몫으로 배당된 음식'이다(cf. HALOT). 그러므로 아굴은 그가 살아가는 데 꼭 필요한 최소 양의 음식만 허락해 달라고 기도하는 것이 아니라, 하나님이 그의 몫으로 정하신 것을 달라고 기도하고 있다(Delitzsch, cf. 빌 4:19). 하나님이 그를 위해 정하신 몫은 그가 필요한 양보다 많을 수도 있다. 신약의 언어로 표현하자면 '일용할 양식'만 내려 주시라는 기도이다(Whybray, cf. 마 6:11; 눅 11:3).

그가 부를 누리는 자가 되기를 거부하는 것은 혹시 그가 배가 불러서 여호와를 모른다고 할까 봐 염려해서이다(9a절). 그는 자신이 영적으로 나태해지는 것을 염려하고 있다(Kitchen). '모른다'(כחשׁ)는 알면서도 부인한다는 뜻이다. 베드로가 빌라도의 뜰에서 예수님을 부인한 것처럼 말이다. 이런 사람은 '여호와가 누구냐?'(מִי יְהוָה)라고 한다(9b절). 이 질문은 모르기 때문에 정보를 얻고자 해서 하는 질문이 아니다. 상대방을 무시하고 수모를 주기 위한 질문이다(cf. 신 6:12; 32:15; 수 24:27). 나발도 다윗에 대해 이런 질문을 했다: "다윗이 누구냐(מִי דָוִד)… 요즈음에 각기 주인에게서 억지로 떠나는 종이 많도다"(삼상 25:10). 그는 다윗이 누구인지를 잘 알고 있다. 그는 다윗에게 수치와 모멸감을 안겨 주기 위해 이렇게 질문한 것이다.

재물은 사람을 타락하게 하고, 교만하게 만든다(Kitchen). 또한 자신을 믿고 하나님을 의지하지 않게 하기도 한다(cf. 신 8:12-17; 31:20). 그러므로 아굴은 부와 연결된 죄를 짓고 싶지 않다며 하나님께 그를 부하게 하지 말아 달라고 간구한다. 물질만능주의를 지향하는 오늘날 참으로 신선한 기도이다.

아굴이 하나님께 너무 가난하지도 않게 해 달라고 하는 것은 도둑질을 하게 될까 봐 염려해서이다(9c절). 사회는 사람이 허기진 배를 채우기 위해 훔치는 것에 대해 관대해야 한다. 그럼에도 불구하고 도둑질은 분명 죄다. 그러므로 여호와를 경외하는 사람이 도둑질을 하면 하나님의 이름을 욕되게 하는 것이다(9d절). 세상은 여호와께서 자기 자녀를 충분히 먹이지 못해서 그가 훔쳤다며 여호와는 무능하다고 비방할 것이기 때문이다(cf. Garrett). 그러므로 아굴은 이런 일이 생기지 않도록 너무 가난하지 않게 해 달라고 기도한다.

부자로도, 가난한 자로도 만들지 마시고 딱 필요한 만큼만 채워 주시라는 아굴의 기도는 삶에서 재물이 가장 중요한 것이므로 최대한 많이 가지도록 노력하라는 세상의 정서와는 참으로 다르다. 우리는 진심으로 이런 기도를 드릴 수 있을까? 이렇게 기도하기에는 우리 손에 너무나도 많은 것이 쥐여져 있다. 두 손을 모아 아굴처럼 기도하려면 먼저 손에 쥐고 있는 것들을 내려놓아야 한다. 아깝지만 내려놓아야 한다. 그래야 이런 기도를 드릴 수 있다.

또한 아굴의 기도는 모든 것을 체념한 자의 기도가 아니다. 모든 것을 가진 자의 기도이다. 오직 온전히 여호와와 그의 말씀을 붙잡고 의지하는 사람만이 이런 기도를 드릴 수 있기 때문이다. 생각해 보면 하나님과 그의 말씀만 붙잡고 의지하는 사람은 모든 것을 가졌다. 더 이상 필요한 것이 없다. 하나님이 그의 모든 필요를 채우실 것이기 때문이다.

Ⅶ. 아굴의 잠언(30:1-33)
A. 아굴의 고백과 간구(30:1-9)

4. 권면과 가르침(30:10-14)

10 너는 종을 그의 상전에게 비방하지 말라
그가 너를 저주하겠고
너는 죄책을 당할까 두려우니라
11 아비를 저주하며
어미를 축복하지 아니하는 무리가 있느니라

12 스스로 깨끗한 자로 여기면서도
자기의 더러운 것을 씻지 아니하는 무리가 있느니라
13 눈이 심히 높으며
눈꺼풀이 높이 들린 무리가 있느니라
14 앞니는 장검 같고 어금니는 군도 같아서
가난한 자를 땅에서 삼키며
궁핍한 자를 사람 중에서 삼키는 무리가 있느니라

이 섹션은 다섯 가지의 가르침으로 구성되어 있다. 첫 번째 것(10절)을 제외하면 나머지 넷은 모두 '무리'에 관한 것들이다(11-14절). 아굴은 '이런 무리'가 있다며 세상에서 흔히 있는 일을 지적한다. 이런 일들을 '반면교사'로 사용하여 '당신들은 이렇게 하지 말라'고 권면한다.

첫 번째 교훈은 윗사람에게 아랫사람에 대해 비방하지 말라는 권면이다(10절). 아굴의 잠언 모음집(30:1-33)에서 '잠언'이라고 할 수 있는 것은 이 말씀과 17절 둘 뿐이다(Franklyn, cf. Kitchen). 나머지는 잠언 양식을 취하지 않는 가르침이다. 또한 10절과 17절은 앞뒤 문맥과 잘 어울리지 않는 공통점도 특성으로 지녔다.

'종'(עֶבֶד)은 노예를, '상전'(אָדוֹן)은 그의 주인을 뜻한다. 당시 주인을 만족하게 하는 종은 흔하지 않았다. 그러므로 종은 주인의 꾸지람과 질책의 대상이었다. 이런 상황에서 마음만 먹으면 주인에게 종을 헐뜯는 것은 참으로 쉬운 일이었다. 또한 종은 가장 낮은 사회적 지위에 서 있는 사람이기에 누가 그를 비방하면 그는 자신을 방어할 길이 없었다.

아굴은 주인에게 종을 비방하지 말라고 경고한다. 이 말씀을 도주한 종을 주인에게 고자질하지 말라고 하는 구체적인 상황으로 해석하는 이도 있지만(Greenstone), 보편적인 원리를 말하는 것으로 해석하는 것이 바람직하다. 누구든 필요하다면 종에 대해 주인에게 진실을 말할 수 있다. 그러나 비방은 안 된다. '비방하다'(לשׁן)는 진실을 왜곡하거나 거짓을 말하는 것이다. 이런 말은 해야 할 필요가 없는, 곧 안 해도 되는 말이다. 진실을 말해도 종에게 피해가 갈수 있기 때문에 자제해야 하는 상황에서 비방은 주인과 종 사이에 이간질을 하는 것이며, 그들의 관계를 파괴할 수도 있다.

종에 대해 좋지 않은 말을 들은 주인은 종을 불러 혼을 낼 것이며, 그가 누구에게서 말을 들었는지도 알려 줄 것이다. 지혜롭지 못한 주인들은 모두 이렇다. 주인에게 질책을 당한 종은 자신이 하지 않은 일에 대해 질책을 당하니 참으로 원통할 것이다. 그는 고자질한 자에게 앙심을 품게 될 것이며, 심지어 저주까지 할 것이다(10b절). '제보자'가 사실을 왜곡시켰기 때문이다. 그것도 가장 연약한 자를 상대로 말이다.

또한 비방한 자도 죄책을 당할 것이다(10c절). '죄책을 당하다'(אשׁם)는 하나님이 죄를 지은 자로 대하실 것과 그가 저지른 죄에 대해 대가를 치를 것이라는 의미를 지녔다(TWOT). 하나님이 종을 비방한 죄에 대해 그에게 책임을 물으시고, 벌도 내리실 것이다.

두 번째 가르침은 부모를 공경하라는 권면이다(11절). 세상에는 아비를 저주하는 자들이 있고, 어미를 축복하지 않는 무리가 있다. '무리'(דּוֹר)는 세대(generation)를 뜻한다. 아굴은 부모를 저주하고 축복하지 않는 세태를 비난하고 있다. 율법도 부모를 저주하는 것을 죄라고 한다(출 20:12; 신 27:16, cf. 잠 20:20). 자녀들이 부모를 이렇게 대함이 옳지 않기 때문이다. 성경은 자식이 부모를 저주하는 것은 사형에 해당하는 죄라고 한다(출 21:17; 레 20:9; 잠 30:17).

부모를 축복하는 것은 평상시에도 그들에게 감사와 존경을 표하고, 특히 그들이 늙고 병들었을 때 극진히 보살펴 자식의 도리를 다함을 가리킨다. 반면에 부모를 저주하는 것은 평상시에도 그들을 무시하고, 특히 늙고 병든 부모를 돌아보지 않음을 의미한다. 바울은 자식이 부모를 돌보지 않으면 그의 구원을 의심해 보라고 한다(딤전 5:4, 8). 아굴은 여호와를 경외하는 사람들은 부모를 대하는 일에서부터 세태를 닮으면 안 된다고 한다.

세 번째 교훈은 항상 정결하고 경건하게 살라고 한다(12절). '무리'(דּוֹר)를 근거로 한 두 번째 가르침이다. 세상은 스스로 깨끗한 자로 여기면서도 정작 자기의 더러운 것을 씻지 않는 자들로 가득하다. 위선적이고 가식적인 사람들이 참으로 많다는 뜻이다(cf. 잠 16:2; 20:9; 요일 1:8). '깨끗한 자'(טָהוֹר)는 자신이 저지른 모든 죄를 율법의 지침에 따라 해결하여 종교적—윤리적으로 깨끗한 사람이다. 이런 사람들은 자신은 청렴하다고 자부한다. 예수님 시대에 바리새인들이 이러했다(눅 18:11).

문제는 그들에게 아직 씻지 않은 더러운 것들이 많은 현실이다(12b절). '더러운 것'(צֹאָה)은 배설물을 포함한 혐오감을 느끼게 하는 것들이다. 문제를 해결할 생각이 있는 사람은 절대 놓치거나 간과할 수 없는 죄이다. 그러므로 몰라서 씻지 않은 것이 아니다. 마치 없는 것처럼 행동하며 '이런 것 쯤이야'라는 안일한 생각을 해서 씻을(회개할) 필요를 느끼지 못한다. 이 말씀은 도덕적인 더러움에 대한 비유이다(Ross, cf. 사 36:12; 슥 3:3-4). 우리 속담인 "똥 묻은 개가 재 묻은 개를 나무란다"를 떠올리게 하는 말씀이다. 예수님은 종교적 위선의 극치였던 바리새인들과 사두개인들을 맹렬하게 비난하셨다(마 23:27).

아굴은 이 말씀을 통해 죄는 쌓아 두지 말고 그때그때 해결하라고 한다. 하나님은 우리의 심령을 감찰하시는 분이다(잠 16:2). 또한 자기 죄는 해결하지 않으면서 남의 죄를 탓하는 위선은 행하지 말라고 한다. 죄는 크든 작든 사람이 반드시 해결해야 할 문제이기 때문이다.

네 번째 가르침은 교만하지 말라는 경고이다(13절). 눈이 심히 높은 '무리'(דּוֹר)가 있다. 무리에 대한 세 번째 가르침이다. '눈이 높다'는 것은 교만하다는 뜻이다(cf. 새번역, 공동, 아가페, NAS). 더욱이 '눈이 심히 높다'(מָה־רָמוּ עֵינָיו)는 하나님이 미워하시는 일곱 가지 죄 중 하나인 '교만한 눈'(עֵינַיִם רָמוֹת)(잠 6:17, cf. 21:4)보다 더 높은 교만과 거만의 극치에 있는 자를 뜻한다. 이런 자들은 높은 곳에서 아래를 내려다보듯 다른 사람들을 내려다본다(cf. 6:17; 시 18:27). 세상에는 교만한 자들이 곳곳에 무리를 지을 정도로 참으로 많다. 그들은 눈꺼풀도 높이 들렸다(13b절). 자신들만 소중하게 여기고, 다른 사람은 모두 우습게 보는 자들이다.

잠언이 이때까지 지속적으로 겸손하라고 했던 것처럼 아굴도 교만한 자들을 거울삼아 겸손할 것을 주문한다. 하나님이 가장 싫어하시는 것이 교만한 자들이기 때문에 오래가지 않아 심판하실 것이다. 하나님의 심판이 시작되면 교만한 자들은 자신들이 서 있는 곳에서 곧바로 떨어져 박살날 것이다. 자신을 높인 것에 따라 낙폭이 정해진다. 높이 올라갈수록 더 많이 떨어지며, 높은 곳에서 떨어질수록 더 심하게 산산조각이 날 것이다.

다섯 번째 교훈은 약자들을 배려하고 보살피라는 권면이다(14절). 앞니는 장검 같고 어금니는 군도 같은 무리가 있다. '무리'(דוֹר)에 대한 네 번째이자 마지막 가르침이다. '장검들'(חֲרָבוֹת)은 긴 칼을, '군도들'(אֲכָלוֹת
מַ)은 제물로 사용하기 위해 짐승을 잡을 때 쓰는 칼이다(cf. 창 22:6, 10). 악인들이 가난한 자들과 궁핍한 자들을 '먹기 위하여'(לֶאֱכֹל) 이를 사용하는 것으로 보아 본문에서는 음식을 준비하는데 사용하는 칼들로 볼 수 있다. 세상에는 약육강식(弱肉强食)을 지향하는 사람들이 많다. 생각해 보면 참으로 비겁한 양아치들이다. 자신들에게 저항할 수 없는 약자들을 제물로 삼기 때문이다. 아굴은 이 말씀을 통해 사회적 약자들을 보살피고 배려하는 삶을 살라고 권면한다. 하나님은 이런 사람을 기뻐하신다.

B. 아굴의 숫자적 가르침(30:15-31)

아굴은 이 섹션에서 '서넛이 있다'는 말을 반복적으로 사용한다(15, 18, 21, 24, 29절). 그러므로 이 문구의 반복을 바탕으로 본문의 섹션을 나누는 것이 용이하다. 아굴은 각 섹션에서 네 가지를 말하고 난 후 한 가지 교훈을 첨부한다. 본문은 다음과 같이 구분될 수 있다.

A. 만족할 줄 모르는 네 가지(30:15-17)
B. 기이한 일 네 가지(30:18-20)
C. 세상을 뒤흔드는 일 네 가지(30:21-23)
D. 작으면서 지혜로운 네 동물(30:24-28)
E. 위풍당당한 것 네 가지(30:29-31)

1. 만족할 줄 모르는 네 가지(30:15-17)

15 거머리에게는 두 딸이 있어 다오 다오 하느니라
족한 줄을 알지 못하여
족하다 하지 아니하는 것 서넛이 있나니
16 곧 스올과 아이 배지 못하는 태와
물로 채울 수 없는 땅과
족하다 하지 아니하는 불이니라
17 아비를 조롱하며 어미 순종하기를 싫어하는 자의 눈은
골짜기의 까마귀에게 쪼이고 독수리 새끼에게 먹히리라

아굴은 거머리를 예로 들며 가르침을 시작한다(15절). '거머리'(עֲלוּקָה)

는 성경에서 이곳에 단 한 번 나오는 단어이지만 의미는 확실하다(NIDOTTE). 거머리는 사람과 짐승의 피부를 통해 피를 빠는데 한꺼번에 자기 몸무게의 다섯 배까지 먹는다. 그러므로 거머리는 아무리 먹어도 만족할 줄 모르는 것의 상징으로 이곳에 나타난다. 또한 거머리는 모습이 흉측하다. 아굴은 사람의 욕심을 거머리에 비교하여 욕심의 혐오스러움을 강조하고자 한다.

거머리에게 두 딸이 있다. 앞 섹션에서는 '세대'를 바탕으로 가르쳤는데, 이 섹션은 '두 딸'로 시작한다. 딸 거머리들도 어미를 닮아 먹고 또 먹는다. 그런데도 어미를 보면 그저 '달라, 달라'를 반복하며 배부른 줄을 모른다. '달라, 달라'를 딸 거머리들이 하는 말이 아니라, 그들의 이름으로 해석하는 주석가가 있다(Kidner). 혹은 거머리가 지닌 두 빨판(피를 빠는 입)을 뜻하는 것이라는 해석도 있다(North, Waltke). 아무리 먹어도 배부른 줄 모르는 거머리의 두 딸처럼 결코 만족하지 못하여 '족하다'는 말을 할 줄 모르는 서넛이 있다(15b-c절). '족하다'(שׂבע)(15b절)는 '배부르게 먹다'는 뜻이며, '족하다'(אָמְרוּ הוֹן)(15c절)는 '충분히 먹다'는 뜻이다(HALOT). 15b-c절을 직역하면 '배부른 줄 모르는 것 셋이 있고, 만족할 줄 모르는 것 넷이 있다'이다.

절대 만족을 모르는 네 가지 중 첫째는 스올이다. '스올'(שְׁאוֹל)은 죽은 사람이 가는 곳, 혹은 무덤이다. 27:20에서 스올과 아바돈은 만족함이 없다고 한다. 스올은 이 땅에 생명체가 하나만 있어도 만족하지 못하고 끝까지 그 생명체를 삼키려 한다(Murphy).

만족을 모르는 두 번째 것은 아이 배지 못하는 태이다. 불임으로 고통을 받는 사람은 아무리 많은 아이를 얻게 되도 만족하지 못하고 더 얻기를 원할 것이다. 라헬은 야곱에게 "내게 자식을 낳게 하라 그렇지 아니하면 내가 죽겠노라"(창 30:1)라며 아이를 간절히 소망했다. 한나도 사무엘을 낳기 전에 아이를 낳지 못한 일로 인해 참으로 큰 고통을 당했다(삼상 1:6-11). 아이를 배지 못하는 태는 아이를 얻을 때까지 절대 만족하지 않을 것이다.

만족을 모르는 세 번째 것은 물로 채울 수 없는 땅이다. 고대 근동 지역은 매우 건조하고 우기 때에도 비가 넘치게 오지 않기 때문에 땅은 항상 메말라 있는 듯하다(Kitchen). 그러므로 비가 올 때마다 땅은 그 비를 순식간에 삼키고 더 많은 비가 내리기를 기대한다. 만족을 모르는 네 번째 것은 족하다 아니하는 불이다. 불은 태울 연료가 있는 한 꺼지지 않는다. 그러므로 불은 '족하다'라는 말을 절대 하지 않는다.

아굴은 인간의 욕심을 결코 만족할 줄 모르는 네 가지에 비교하며 사람의 욕심도 결코 만족할 줄 모른다는 사실을 가르치고자 한다(Kitchen). 가난할 때는 조금만 더 가지면 행복할 것 같지만, 사실은 많이 가질수록 더 많은 것을 가지고 싶은 것이 인간의 욕심이다. 그러므로 어떤 현인은 인간의 욕심을 '뒤집어진 웨딩 케이크'(inverted wedding cake)라고 했다. 웨딩 케이크는 여러 층으로 만들어진 케이크로 위로 올라갈수록 층이 작아진다. 그러나 뒤집어져 있으니 위로 갈수록 커진다. 사람의 욕심이 이렇다는 것이다. 많은 것을 가질수록 더 많은 것을 요구하며 절대 만족을 모른다.

사람이 만족할 줄 모르는 욕심에 놀아나면 평생 재물을 모으는 노예가 되어 욕심의 지배를 받는다. 그러므로 지혜로운 사람은 그를 지배하려는 욕심을 오히려 지배하고 다스려야 한다. 바울은 욕심을 지배하고 다스린 사람의 모습을 잘 보여 주고 있다: "나는 비천에 처할 줄도 알고 풍부에 처할 줄도 알아 모든 일 곧 배부름과 배고픔과 풍부와 궁핍에도 처할 줄 아는 일체의 비결을 배웠노라… 내게는 모든 것이 있고 또 풍부한지라"(빌 4:12, 18). 지금 가진 것으로 만족하지 못하면 우리는 절대 만족하지 못한다. 그러므로 가진 것에 감사하는 것이 욕심의 지배에서 벗어나는 첫걸음이다.

아굴은 17절에서 문맥과 별 상관이 없어 보이는 잠언으로 이어간다. 부모를 조롱하고 순종하기를 싫어하는 자는 죽임을 당할 것이라는 경고이다. '조롱하다'(לעג)는 '비웃다, 조소하다'라는 뜻이며 '순종하기를 싫어하다'(תָבוּז לִיקֲּהַת)는 '순종하기를 경멸하다'라는 뜻이다. '순종'(יִקֳּהָה)은 이곳과 창세기 49:10에서만 사용되는 흔하지 않은 단어로 의미가 확실하지 않다. 그러므로 일부 학자들은 칠십인역(LXX)과 탈굼(Tg.)을 근거로 '어미의 늙은 나이를 경멸하는 자'로 해석하기를 제안한다(cf. NIV). 이러한 제안도 좋기는 하지만, 본문을 단순히 부모를 조롱하고 경멸하는 자에 대한 것으로 해석해도 별문제는 없다.

부모를 조롱하고 경멸하는 자의 눈은 골짜기의 까마귀에게 쪼이고 독수리 새끼에게 먹힌다(17b절). 이 말씀이 배경으로 하고 있는 이미지는 처형을 당한 사람의 시체가 골짜기에 나뒹구는 모습이다. 부모를 조종하고 경멸하는 자가 속한 공동체가 율법에 따라 그를 처형했을 수도 있고(cf. 신 21:18-21), 여호와께서 직접 그를 죽이셨을 수도 있다(cf. 잠 20:20). 새들의 먹이가 된 시체는 심판과 저주의 상징이었다(신 28:26; 삼상 17:44; 삼하 21:10; 왕상 14:11). 아굴은 이 말씀을 통해 마음을 다해 부모를 경외하고 그들의 평안을 살필 것을 자식들에게 권면한다.

VII. 아굴의 잠언(30:1-33)
B. 아굴의 숫자적 가르침(30:15-31)

2. 기이한 일 네 가지(30:18-20)

18 내가 심히 기이히 여기고도
깨닫지 못하는 것 서넛이 있나니
19 곧 공중에 날아다니는 독수리의 자취와
반석 위로 기어 다니는 뱀의 자취와
바다로 지나다니는 배의 자취와
남자가 여자와 함께 한 자취며
20 음녀의 자취도 그러하니라

그가 먹고 그의 입을 씻음 같이 말하기를
내가 악을 행하지 아니하였다 하느니라

이 섹션은 눈으로 직접 보고도 믿을 수 없는 놀라운 광경 네 가지를 언급한다. '심히 기이히 여기다'(פלא)는 '참으로 놀랍다'는 뜻이다(TWOT). '깨닫다'(ידע)는 '알다, 이해하다'라는 의미를 지녔다. 그는 자신이 관찰한 현상들은 너무나도 놀라운 것들이라 쉽게 깨달아지지 않는다고 한다. 그가 무엇을 보았기에 이런 말을 하는가? 그가 본 네 가지의 공통점은 '자취'(דֶּרֶךְ)이다. 그는 다닌 흔적(길)을 남기지 않는 것들에 대해 놀라워한다(cf. Whybray).

첫 번째 기이한 일은 하늘을 나는 독수리가 자취(דֶּרֶךְ)를 남기지 않는 일이다(19a절). 독수리는 분명 짐승들이 길을 가듯 하늘을 날아다닌다. 그러나 자신이 날아다닌 흔적(길)을 남기지 않고 다닌다. 짐승들은 발자국이라도 남기는데 말이다. 아굴은 이러한 현상이 참으로 신비롭다고 한다.

두 번째 기이한 일은 반석위로 기어다니는 뱀이 자취(דֶּרֶךְ)를 남기지 않는 일이다(19b절). 뱀이 흙이나 모래 위에서는 다니는 흔적을 남긴다. 그러나 바위 위를 기어 다닐 때에는 흔적을 남기지 않는다. 바위가 너무 딱딱하기 때문이다. 사실 어느 짐승이든 여간해서는 바위 위에 흔적을 남길 수 없다. 아굴은 뱀이 바위 위로 다기는 다니는데 흔적을 남기지 않고 다니는 것을 신기하게 생각한다.

세 번째 기이한 일은 바다로 지나다니는 배가 자취(דֶּרֶךְ)를 남기지 않는 일이다(19c절). 배는 지나갈 때 분명히 지나간 흔적을 남긴다. 그러나 잠시 후면 물결과 파도로 인해 곧바로 사라진다. 그러므로 배가 그곳을 지나갔다는 것을 전혀 알 수 없다. 아굴은 이러한 현상이 참으로 신기하다고 생각한다.

네 번째 기이한 일은 남자가 여자와 함께하고도 자취(דֶּרֶךְ)를 남기지 않는 일이다(19d절). 처음 세 가지는 사람이 자연에서 관찰할 수 있는 것들에 관한 것이었는데, 이 비유와 다음 절은 인간 세계에서 관찰하는 것들이다(Clifford). '여자'(עַלְמָה)는 처녀를 포함한 젊은 여자를 뜻한다. 남자가 여자와 잠자리를 같이 하고 나면 언제 무슨 일이 일어났는지를 가름할 수 있는 증거가 남지 않는다. 아굴은 이러한 현상도 참으로 신기하다고 생각한다.

음녀의 자취도 그러하다(20절). 아굴은 바로 앞 절의 '남자가 여자와 함께 하고도 자취를 남기지 않는다'는 것을 음녀 이야기로 이어 가고 있다. '음녀'(אִשָּׁה מְנָאָפֶת)는 간음하는 여자다(HALOT). 돈을 받고 성을 파는 창녀와 다르다. 이런 여자는 남편 몰래 다른 남자와 놀아나기 때문에 모든 일을 은밀하게 행한다. 그러므로 흔적이 남지 않는다.

게다가 음녀는 뻔뻔하기까지 하다. 그녀는 먹고 그의 입을 씻음 같이 한다(20b절). '먹고도 아무것도 안 먹었다는 듯 입을 씻는다'는 뜻이다(cf. 새번역, 공동). 이 표현은 음녀가 남자와 성관계를 하고도 안 한 것처럼 행동하는 것에 대한 완곡어법(euphemism)이다(현대어, cf. 7:14-18; 9:16-17). 그리고는 당당히 말한다: "내가 악을 행하지 아니하였다"(20c절). 자신은 잘못한 일이 없다며 시치미를 뗀다는 뜻이다(cf. 새번역, 공동, 아가페). 우리말에 '손바닥으로 하늘을 가리려 한다'가 이와 비슷한 상황이다. 양심이라고는 아예 찾아볼 수 없는 타락한 사람의 모습이다(Kidner, McKane).

아굴은 남자와 동침한 흔적을 모두 지워버린 음녀의 자취(דֶּרֶךְ)도 신비롭다며 경고한다. 독수리가 흔적을 남기지 않았다고 해서 공중을 날지 않았다고 할 수 없다. 뱀이 흔적을 남기지 않았다고 해서 반석 위를 지나가지 않았다고 할 수 없다. 배가 흔적을 남기지 않았다고 해서 바다를 항해하지 않았다고 할 수 없다. 남자와 여자가 흔적을 남기지 않았다고 해서 동침하지 않았다고 할 수 없다. 이와 같이 음녀와 그를 찾은 남자가 흔적을 남기지 않았다고 해서 간음하지 않았다고 할 수 없다. 아굴은 눈에 보이는 것만이 죄가 아니라고 한다. 죄는 흔적을 남기지 않을 지라도 분명히 죄다. 사람은 죄의 흔적을 보지 못할 수도 있지만, 하나님은 사람이 지은 모든 죄를 아신다. 그러므로 죄 지은 인간은 하나님의 심판을 피할 수가 없다.

경건하게 살자. 남이 보지 않는다고, 혹은 모른다고 죄를 짓는 것은 어리석은 일이다. 흔적을 없애 사람은 속일 수 있지만, 하나님을 속일 수는 없다. 또한 영원히 숨겨지거나 가려질 수 있는 죄는 없다. 하나님이 모두 들추실 것이며, 그 죄들에 대한 벌을 내리실 것이기 때문이다.

VII. 아굴의 잠언(30:1-33)
B. 아굴의 숫자적 가르침(30:15-31)

3. 세상을 뒤흔드는 일 네 가지(30:21-23)

21 세상을 진동시키며
세상이 견딜 수 없게 하는 것 서넛이 있나니
22 곧 종이 임금된 것과
미련한 자가 음식으로 배부른 것과
23 미움 받는 여자가 시집 간 것과
여종이 주모를 이은 것이니라

이 섹션은 세상에 팽배해져 있는 가치와 기준의 혼란에 관한 것이다. '세상을 진동시키고 견딜 수 없게 하는 것 서넛이 있다'에서 '진동하다'(רגז)는 마치 지진에 땅이 요동치는 것처럼 땅이 흔들린다는 뜻이며, '견딜 수 없게 한다'(לֹא־תוּכַל שְׂאֵת)는 세상이 현상태로 지속되지 못하게 하는 것을 의미한다(Van Leeuwen, cf. TWOT). 아굴은 이러한 표현을 통해 세상의 근간을 흔드는 일 네 가지에 대하여 말하고자 하는데, 그의 스피치에는 어느 정도 과장과 유머가 담겨 있는 것으로 생각된다(cf.

McKane, Toy, Whybray). 그가 이 말을 지나치게 심각하게 하지는 않는다는 것이다. 네 가지 중 처음 두 가지는 어이없는 남자들에 관한 것이며, 나머지 두 가지는 어이없는 여자들에 관한 것이다.

세상을 뒤흔드는 첫 번째 것은 종이 임금된 일이다(22a절). 나라를 다스리는 지도자가 되기 위해서는 수년 동안에 걸쳐 많은 준비가 필요하다. 그러므로 어느 날 갑자기 아무런 준비도 하지 않은 종이 임금이 되는 것은 참으로 어이없고 세상의 기반을 흔드는 일이다. 세상에서 종종 이런 일이 일어나기는 한다: "또 내가 보았노니 종들은 말을 타고 고관들은 종들처럼 땅에 걸어 다니는도다"(전 10:7). 그러나 우리가 사는 세상의 정서와 질서에 어울리는 일은 아니다(잠 19:10).

물론 종이 임금이 되지 말라는 법은 없다. 특히 하나님이 그를 왕으로 세우시고 붙드신다면 당연히 종도 왕이 될 수 있다(cf. 21:1; 24:21). 그러나 28:3은 "가난한 자를 학대하는 가난한 자는 곡식을 남기지 아니하는 폭우 같으니라"라며 종이 왕이 된다고 해서 종들에게 도움이 되지는 않을 것이라고 경고한다. 또한 26:1은 "미련한 자에게는 영예가 적당하지 아니하니 마치 여름에 눈 오는 것과 추수 때에 비오는 것 같으니라"라며 각자가 지켜야 할 영역이 있다고 한다. 종은 하나님의 부르심이 없으면 종으로 남아야 한다. 우리는 농부의 아들로 태어나 독재자가 된 히틀러가 온 세상에 얼마나 많은 피해를 입혔는지에 대해 잘 안다(Greenstone). 그는 절대 '왕이 되어서는 안 되는 종'이었다. '종인 그가 왕이 된 것'은 온 인류에 대한 하나님의 저주였다(cf. 사 3:4).

세상을 뒤흔드는 두 번째 것은 미련한 자가 음식으로 배부른 일이다(22b절). '미련한 자'(נָבָל)는 지능이 낮은 자가 아니라 고집이 세고 반항적이며 신앙적인 경건이 없는 사람이다(cf. 14:1; 17:7, 21). 본문이 미련한 자가 음식으로 배부르다고 하는 것은 그가 음식을 실컷 먹었다는 의미가 아니다. 그가 하는 일이 잘 되어 세상 말로 '성공했다'는 뜻이다(Walls). 그는 가진 것을 자랑하며 자신을 왜 신이 필요 없는가에 대한 증거로 사용한다(Kitchen). 아굴이 부자가 되지 않게 해 달라고 기도하며 밝힌 이유가 이런 자를 통해 그대로 실현되고 있다(cf. 9절). 미련한 자에게 부는 어울리지 않는다(19:10).

잠언은 부와 배불리 먹는 것을 하나님이 부지런하고 성실하게 일한 사람에게 내려 주시는 축복이라 한다(12:11; 20:13; 28:19). 그러나 미련한 자는 자기 '음식'을 하나님의 축복이라 하지 않고 자기 스스로 이룬 성과라 한다. 그러므로 매일 하나님을 의지하며 주께서 모든 필요를 채워 주실 것을 믿으며 살아가는 성도들에게 미련하게 떠들어 대는 자는 시험이 될 수도 있다. 성경에서는 아비가일의 남편 나발(נָבָל)이 미련한 자(נָבָל)의 대표적인 사례이다(삼상 25장). 나발이 '나발'인 것이다.

세상을 뒤흔드는 세 번째 것은 미움 받는 여자가 시집 간 일이다(23a절). 어이없는 남자들에 대해 두 가지를 말한 아굴이 이제부터는 어이없는 여자들에 관하여 두 가지를 말하고자 한다. '미움을 받는 여자'(שְׂנוּאָה)는 어떤 상황에 처한 여자일까? 남편에게 이혼을 당한 여자이거나(cf. 신 24:1-4), 일부다처제를 허용했던 고대 사회에서 한 남자의 여러 아내 중 남편에게 사랑과 관심을 받지 못하는 여자를 뜻할 수 있다(cf. 신 21:15). 그러다가 어떤 계기를 통해 남편의 사랑과 관심을 받게 된 상황을 본문이 '시집간 것'(תִבָּעֵל)으로 묘사하는 것이라고 해석할 수 있다(cf. Kitchen). 야곱의 아내 레아가 이런 경우이다(창 29:31-33).

혹은 여러 차례 결혼을 시도했지만, 번번이 성사되지 않아 어느덧 지긋한 나이가 된 여자를 본문이 '미움 받는(결혼하지 않아 남편의 사랑을 받지 못하는) 여자'라고 할 수도 있다. 고대 근동에서는 여자가 보통 14-16세면 결혼을 했고, 18세가 넘도록 결혼을 못하면 '신들의 저주를 받았다'고 했다. 친구들은 모두 결혼하여 남편의 사랑을 받으며 아이를 낳고 사는 상황에서 홀로 독신으로 남았으니 '미움 받는 여자'라 할 수 있다. 이 두 가지 추측 중 후자가 더 설득력이 있다(Kitchen). 오늘날로 말하면 나이가 지긋한 '노처녀'가 시집을 갔다는 뜻이다. 그러므로 공동번역의 '꺼림칙한 여자'나 현대어성경의 '부끄러워할 줄도 모르는 막돼먹은 여자'는 지나치고 근거 없는 해석이다.

노처녀가 시집을 간 것은 참으로 좋은 일이다. 축하할 일이지 세상의 근간을 뒤흔드는 일은 아니다. 그러므로 이미 앞에서 언급한 것처럼 이 이야기에는 어느 정도 유머와 과장이 섞여 있다. 노처녀가 시집간 것은 '세상을 떠들썩하게 할 만한 일'이므로 그녀에게 경의를 표해야 한다는 것을 이렇게 표현하고 있다.

세상을 뒤흔드는 네 번째 것은 여종이 주모를 이은 일이다(23b절). '여종'(שִׁפְחָה)은 여자 노예를 뜻하며 '주모'(גְּבִירָה)는 안주인을 뜻한다(cf. 새번역, 공동, 아가페). 상황은 노예로 팔려온 여자가 주인의 사랑을 받아 그의 아내가 된 일이다. 일부다처제 사회에서 그의 원 아내는 이혼을 당하든지, 혹은 뒤로 물러나 있어야 하고, 새로이 아내가 된 노예가 집안의 실세가 된 것이다.

그럴 수도 있겠다 싶지만, 밀려난 아내의 입장에서 생각해 보면 말 그대로 '세상이 뒤집어질' 일이다! 게다가 평생 노예로 살았던 여자가 얼마나 지혜롭겠으며, 얼마나 교육을 받았겠는가! 매너가 엉망이며 성격도 개차반일 가능성이 다분하다. 그러므로 그녀는 주변 사람들에게 두려움을 주는 존재가 된 것이다. 그녀가 내세우는 단 한 가지는 주인에게 '은총을 입었다'이다. 사라가 하갈과 갈등을 빚은 것이 바로 이런 상황을 염려해서였다(Ross, cf. 창 16:1-6; 21:10). 아굴은 이런 상황을 두고 세상의 근간을 흔드는 일이라 한다. 상황을 이렇게 만들어간 남자도 참으로 어리석고 미련한 사람이다.

VII. 아굴의 잠언(30:1-33)
B. 아굴의 숫자적 가르침(30:15-31)

4. 작으면서 지혜로운 네 동물(30:24-28)

24 땅에 작고도
가장 지혜로운 것 넷이 있나니
25 곧 힘이 없는 종류로되
먹을 것을 여름에 준비하는 개미와
26 약한 종류로되
집을 바위 사이에 짓는 사반과
27 임금이 없으되
다 떼를 지어 나아가는 메뚜기와
28 손에 잡힐 만하여도
왕궁에 있는 도마뱀이니라

이 섹션은 몸집이 작고 연약하지만 번창하는 동물 네 가지에 관한 말씀이다. 이때까지 '서넛이 있다'로 네 가지를 소개했는데(cf. 15, 18, 21절) 이번에는 간단히 '넷이 있다'로 말을 시작한다(24절). 아굴은 이 동물들은 땅에 사는 짐승들 중에서도 작은 것들이지만, '가장 지혜로운 것들'(חֲכָמִים מְחֻכָּמִים)이라며 극찬한다. 잠언은 이때까지 세상에는 지혜가 없는 사람들이 참으로 많다고 했는데, 그들이 밟고 다니는 미물들이 그들보다 훨씬 더 지혜롭다고 하는 것은 우리로 더 열정적으로 지혜를 추구하며 살게 하는 자극제가 된다.

몸집이 아주 작으면서도 지혜로운 네 가지 동물 중 첫 번째는 개미이다(25절). 개미는 힘이 없는 종류이다. '힘이 없는 종류'(עַם לֹא־עָז)를 직역하면 '힘이 없는 백성(무리)'이다. 개미는 떼를 지어 무리로 살지만, 사람이 보기에 그들은 연약하기 그지없다는 뜻이다. 사람이 한 번만 밟아도 수백 마리를 죽일 수 있다.

개미는 자신들의 연약함을 성실함(부지런함)으로 극복한다. 여름에 열심히 일해서 먹을 것을 저장해 둔다. 6:6은 "게으른 자여 개미에게 가서 그가 하는 것을 보고 지혜를 얻으라"라며 개미가 미련한 자에게 큰 깨달음을 줄 것이라 했다. 또한 개미의 슬기로움은 "두령이 없고 감독자도 없고 통치자도 없는데, 먹을 것을 여름 동안에 예비하며 추수 때에 양식을 모으는 것"에서 드러난다(6:7-8). 그러므로 아굴은 개미를 매우 지혜롭다며 사람들에게 개미처럼 성실하고 부지런하게 살 것을 권면한다. 또한 개미처럼 힘이 없는 미물도 이처럼 모범적으로 살고 있으니 자신의 여건이나 처한 환경을 탓하지 말고 살길을 찾아보라고 한다.

약한 종류이지만 지혜로운 네 가지 동물 중 두 번째는 사반이다(26절). '약한 종류'(עַם לֹא־עָצוּם)를 직역하면 '강하지 않은 백성(무리)'이다. '사반'(שָׁפָן)은 '바위토끼'(rock rabbit)라고 불리기도 하며 무리를 지어 살기 때문에 본문은 '무리'(עַם)와 복수형 '사반들'(שְׁפַנִּים)을 사용하고 있다. 몸집은 50-60센티미터까지 자란다(cf. Waltke). 포식자들에게 취약한 초식동물인 사반은 자신들의 연약함을 무리를 지어 사는 것과 바위 틈에 집을 짓는 일로 보완한다.

사반은 이 동물의 히브리어 이름을 그대로 음역한 것이다. 사반은 바위 틈에 사는 특성을 지니고 있어서 우리말이나 영어로 불릴 때에는 '바위'라는 말이 포함된다: '바위토끼'(rock rabbit), '바위너구리'(rock badger). 아굴은 포식자들이 호시탐탐 노리는 연약한 초식동물이지만 바위틈에서 무리 지어 살며 번창하는 사반을 예로 들며 지혜를 얻으라 한다. 자신의 성격이 강하지 않다고 생각하는 사람은 사반들이 떼를 지어 사는 것처럼 성격이 부드러운 사람들과 연합하여 얼마든지 큰 일을 해낼 수 있다. 또한 사반들이 바위 틈에 집을 짓고 살아 포식자들의 이빨을 피하는 것처럼 사람도 미리 대비하면 예견할 수 있는 위험은 얼마든지 피할 수 있다.

몸집이 아주 작으면서도 지혜로운 네 가지 동물 중 세 번째는 메뚜기이다(27절). '메뚜기'(אַרְבֶּה)는 큰 떼를 이루어 이동하는 메뚜기이다(HALOT). 메뚜기 떼에는 그들을 다스리고 호령하는 왕이 없다. 그럼에도 불구하고 메뚜기는 떼를 지어 다니며 공포감을 자아내는 피해를 입힌다(cf. 출 10:4-15; 욜 1:1-4; 2:3-9; 암 7:1-2). 가나안 지역에서 가장 흔했던 '사막메뚜기'(desert grasshopper)는 매일 자기 몸무게만큼 먹는다. 메뚜기 떼가 습격하면 1제곱킬로미터 안에 있는 메뚜기들은 매일 35,000명이 먹을 음식 양만큼의 풀과 채초를 먹어 치운다고 한다. 아굴은 왕(지도자)이 없으면서도 떼를 지어 엄청난 파괴를 일으키는 메뚜기 떼 이야기를 통해 연약한 자들이라도 연합하면 큰일을 해낼 수 있다고 한다. 마음만 같으면 구심점이 되는 지도자가 없어도 상관 없다고 한다.

몸집이 아주 작으면서도 지혜로운 네 가지 동물 중 네 번째는 도마뱀이다(28절). 이때까지 아굴이 언급한 세 가지 동물(개미, 사반, 메뚜기)은 모두 떼를 지어 사는 것들이었는데, 도마뱀은 홀로 사는 동물이다. '도마뱀'(שְׂמָמִית)은 성경에서 이곳에 단 한 차례 나오는 단어이며, 더운 지방에서 흔히 볼 수 있는 '도마뱀붙이'(gecko)이다(HALOT). 크기는 사람 손가락만 한데 건물 벽을 타고 다니며 모기 등 해충을 잡아먹고 산다. 사람이 사는 집의 담벼락에 많이 살며 자주 눈에 띄기 때문에 손에 잡힐만 하다'(בְּיָדַיִם תְּתַפֵּשׂ)고한다. 이 '겍코'(gecko)를 우리말로 '도마뱀붙이'라 하며 이름에 '-붙이'를 더하는 것은 아마도 이 작은 도마뱀들이 평생 벽에 붙어 살기 때문일 것이다.

도마뱀붙이는 크기가 사람 손가락만 하고 떼를 지어 살지 않는 미물이다. 그런데도 왕이 사는 왕궁에서 산다! 아무리 큰 권세를 누린다 해도 왕이 아닌 이상 왕궁에서 살 수 없다. 반면에 손가락만한 도마뱀붙이는 월세도 내지 않으면서 왕궁에서 산다. 아굴은 도마뱀붙이를 예로 들며 아무리 가진 것이 없고 재능이 없는 사람이라 할지라도 지혜로우면 얼마든지 행복한 삶을 살 수 있고, 가장 좋은 것들을 누릴 수 있다고 한다. 암담한 현실에 자주 좌절하는 우리는 이 같은 긍정적인 생각을 많이 가져야 한다.

VII. 아굴의 잠언(30:1-33)
　B. 아굴의 숫자적 가르침(30:15-31)

5. 위풍당당한 것 네 가지(30:29-31)

[29] 잘 걸으며
위풍 있게 다니는 것 서넛이 있나니
[30] 곧 짐승 중에 가장 강하여
아무 짐승 앞에서도 물러가지 아니하는 사자와
[31] 사냥개와
숫염소와
및 당할 수 없는 왕이니라

이 섹션은 위풍 있게 다니는 것들에 관한 것이다. '잘 걷는 것'(צַעַד מֵיטִבֵי)과 '위풍 있게 다니는 것'(מֵיטִבֵי לָכֶת)(29절)은 둘 다 가슴을 펴고 당당하게 걷는 모습을 묘사한다. 이 말씀은 사람의 걸음걸이에 대한 비유인 것이다.

위풍당당한 것 네 가지 중에 첫 번째 것은 어떤 짐승에게도 물러서지 않는 사자이다(30절). 사자는 먹이 사슬에서 가장 높은 곳에 위치한 포식자이다. 동물들 중에 가장 강한 짐승인 것이다. 그러므로 어떤 짐승을 만나도 물러서지 않는다. 싸우면 이길 수 있다는 자신감이 있기 때문이다.

위풍당당한 것 네 가지 중에 두 번째는 사냥개, 세 번째는 숫염소다(31a-b절). 이 둘에 대해서는 어떠한 부연 설명도 없이 이름만 언급되는 것으로 보아 '넷'을 채우기 위한 충전제(filler)역할을 하는 듯하다. '사냥개'(זַרְזִיר)는 성경에서 이곳에 단 한 차례 사용되는 단어라 의미가 확실하지 않다. 학자들은 '군마(war–horse), 그레이하운드(greyhound), 찌르레기(starling), 얼룩말(zebra), 까마귀(raven), 어린 수탉(cockerel)' 등으로 해석할 것을 제안한다(Cohen, Kitchen, McKane, Waltke, Whybray). 게다가 들짐승을 사냥하는 개가 걷는 모습은 당당하지 않다. 코를 땅에 대고 냄새를 맡으며 앞으로 나가기 때문이다. 칠십인역(LXX)은 이 단어(זַרְזִיר)를 '수탉'(ἀλέκτωρ)으로 번역했다. 그러므로 대부분 번역본들이 '수탉'(rooster, cock)을 반영한다(공동, 아가페, 현대어, NAS, NIV, ESV, NRS). 사냥개보다는 꼿꼿이 걸어 다니는 수탉이 본문과 더 잘 어울린다(cf. Kitchen, Walls).

위풍당당한 것 네 가지 중에 네 번째는 당할 수 없는 왕이다(31c절). '당할 수 없는 왕'(מֶלֶךְ אַלְקוּם עִמּוֹ)을 직역하면 '…과 함께 있는 왕'이다. '무엇'이 빠진 것이다. 대부분 번역본들은 '군대'가 빠졌다고 생각하여 '군대를 거느린 왕'으로 해석한다(공동, 아가페, NAS, ESV, CSB, NIRV, cf. NRS). 왕이 가장 당당하게 걸을 때는 군대를 거느리고 걸어갈 때이다. 아굴은 이 비유를 통해 삶에 긍정적이고 적극적으로 임할 것을 권면한다. 수탉이나 숫염소 같은 짐승들도 위풍당당하게 걷는데, 하나님의 모양과 형상대로 창조된 만물의 영장이 위축되어 살 필요는 없다. 모든 사람은 군대를 거느린 왕처럼 당당하게 살 수 있다. 고개를 들고, 가슴을 펴고 당당하게 삶을 살아가라고 한다.

VII. 아굴의 잠언(30:1–33)

C. 끝맺는 말(30:32–33)

32 만일 네가 미련하여 스스로 높은 체하였거나
혹 악한 일을 도모하였거든

네 손으로 입을 막으라

33 대저 젖을 저으면 엉긴 젖이 되고

코를 비틀면 피가 나는 것 같이

노를 격동하면 다툼이 남이니라

아굴은 자기 잠언 모음집을 악한 일에는 빌미도 제공하지 말라는 가르침으로 마무한다. 본문은 두 가지 가정(假定)으로 시작한다. 스스로 높은 체한 상황과 악한 일을 도모한 상황이다. 사람이 자신을 높이는 일은 미련한 짓이다. '미련하다'(נבל)는 이미 22절에서 사용된 '미련한 자'(נָבָל)의 어원이다. 미련하다는 것은 지능이 낮은 것이 아니라 고집이 세고 반항적이며 신앙적인 경건이 없다는 뜻이다(cf. 14:1; 17:7, 21). 교만을 떠는 것(높은 체하는 것)은 미련한 짓이다. 또한 악한 일을 도모하는 것도 미련한 짓이다. '악한 일을 도모하다'(זמם)는 누구를 해하려고 음모를 꾸미는 것이다.

만일 실수로 이런 일을 시작했다면 빨리 손으로 입을 막으라 한다. '입을 막다'(יָד לְפֶה)를 직역하면 '손을 입으로'이다. 하던 일을 더 이상 진행하지 말고 당장 멈추라는 뜻이다. 그런데 왜 입을 막으라 하는가? 교만을 떠는 일과 꾸민 음모를 실천에 옮기려면 말을 해야 한다. 그러므로 말하는 입을 막으면 악한 일들이 더 이상 진행될 수가 없다. 신속하게 회개하고 빨리 악을 떠나라는 권면이다.

만일 하던 악한 일을 신속하게 멈추지 않고 미적거리면 어떻게 되는가? 아굴은 결국 죄를 짓게 될 것이라고 한다. 젖을 저으면 엉긴 젖이 된다(33a절). '저음'(מִיץ)은 성경에서 이곳에서 한 번 사용되는 단어로, '누름'이라는 뜻도 지녔다(TWOT). 그러므로 공동번역은 '양의 젖통을 누르면 젖이 나오고'로 번역했다. 본문에서는 젓는 일로 해석되어야 한다. 우유를 몇 번 젓는다고 해서 버터가 되지 않는다. 그러나 계속 젓다 보면 버터가 된다(cf. 아가페). 코를 계속 비틀면 결국 코피가 난다

(33b절). 코를 한두 번 비튼다고 해서 코피가 나지는 않는다. 그러나 계속 비틀다 보면 어느 순간에 코피가 터진다. 이와 같이 노를 격동하면 다툼이 난다(33c절). 화난 사람을 한두 번 부축이는 것은 괜찮다고 생각할 수도 있지만, 계속하다 보면 싸우게 된다. 별것 아닌 것 같은 행동을 계속 반복하다 보면 큰일이 터진다는 뜻이다. 아굴은 이 가르침을 통해 악은 처음부터 멀리하고, 기회조차 주지 말라고 한다. 같은 맥락에서 에베소서 4:27은 "마귀에게 틈을 주지 말라"고 당부한다.

VIII. 르무엘의 잠언
(31:1–9)

이 섹션은 아굴의 잠언을 소개했던 30:1에서 사용되었던 '말씀'(דְּבָרִים)과 '잠언/계시'(מַשָּׂא)를 사용하여 비슷하게 시작한다. 르무엘 왕에 대해 알려진 것은 아무것도 없다. 유대인 해석자들은 르무엘이 솔로몬의 다른 이름이었으며, 본문에서 말하는 그의 어머니는 밧세바였고, 솔로몬이 이집트 여인과 놀아나 아침 제물을 하나님께 바치지 않을 때 이 권면을 준 것이라고 했다(Greenstone). 전혀 근거 없는 이야기이며, 르무엘도 아굴처럼 이방인이었다는 사실만이 남아 있다.

또한 여기에 기록된 가르침은 르무엘 왕의 것이 아니며, 그의 어머니가 그에게 준 가르침이다. 잠언에서는 여자가 가르치는 모습이 종종 등장하지만(1:8; 4:3; 6:20; 31:26), 여자가 왕에게 가르침을 주는 것과 대비(king's mother)가 아들에게 가르침을 주는 것도 이곳이 유일하다. 르무엘 왕이 어머니에게 받은 가르침은 다음과 같이 구분될 수 있다.

A. 첫 번째 권면(31:1–3)
B. 두 번째 권면(31:4–7)
C. 세 번째 권면(31:8–9)

VIII. 르무엘의 잠언(31:1–9)

A. 첫 번째 권면(31:1–3)

1 르무엘 왕이 말씀한 바
곧 그의 어머니가 그를 훈계한 잠언이라
2 내 아들아
내가 무엇을 말하랴
내 태에서 난 아들아
내가 무엇을 말하랴
서원대로 얻은 아들아
내가 무엇을 말하랴
3 네 힘을 여자들에게 쓰지 말며
왕들을 멸망시키는 일을 행하지 말지어다

르무엘은 누구였을까? 르무엘은 1절과 4절에 등장하는 이름이며 성경 그 어디에도 이 사람에 대한 정보는 없다. 이 사람은 왕이었다고 하는데, 아굴의 잠언에 대한 표제였던 30:1에서처럼 '훈계'(מַשָּׂא)를 '마싸'(מַשָּׂא)라는 아라비아 북쪽에 있었던 지역 이름으로 간주한다면, 르무엘은 그 지역을 다스리는 왕이었을 수 있다(Delitzsch, cf. Kitchen). 르무엘과 그의 어머니는 유대교로 개종한 이방인들이었다(Waltke).

르무엘 잠언집은 두 가지 특성을 지녔다.

첫째, 르무엘의 잠언은 그가 남들에게 준 것이 아니라, 그가 어머니에게서 받은 것을 남긴 것이다. 그동안 잠언에서는 여자가 가르치는 모습이 종종 보였지만(1:8; 4:3; 6:20; 31:26), 르무엘 잠언집은 여자가 주는 가르침의 최고봉이다. 또한 이 가르침은 현숙한 여인에 대한 노래(31:10–31)로 이어지면서 여성들이 책을 마무리하는 효과를 발휘한다.

둘째, 르무엘의 잠언은 가르침(교훈)이라기보다는 권면이다. 그것도 어머니가 왕이 된 아들에게 주는 권면이다. 권면의 내용을 살펴보면 새로운 것은 없다. 르무엘의 어머니는 그에게 여자를 대할 때 지혜로울 것(3절)과 술을 멀리할 것(4-7절)과 재판할 때 의롭게 판결할 것(8-9절)을 권면한다. 모두 다 잠언이 이때까지 꾸준히 가르쳐 온 주제들이다.

지금까지는 주로 왕(솔로몬)이 가르침을 주었지만 이번에는 왕에게 주는 가르침이라는 점에서 특별하다. 그러므로 르무엘의 잠언은 이때까지 전개된 책의 가르침에 왕도 귀를 기울여야 한다는 사실을 암시한다. 왕이라 해서 예외일 수는 없다. 그도 하나님을 경외하는 지식과 지혜에 따라 살아야 한다. 이런 면에서 르무엘의 잠언은 자기 권력을 자신들만 누릴 수 있는 특권으로 둔갑시키려는 권력자들에게 그들도 법과 지혜의 지배 아래 있어야 한다고 한다(Clifford).

르무엘의 어머니는 아들 왕에게 어떤 권면을 할까에 대해 많이 고민하고 주저했다. 이러한 흔적이 2절에 고스란히 남아 있다. 2절을 영어로 번역하기는 괜찮은데, 우리말로 번역하기는 쉽지 않다. 매우 짧은 문장에 질문형 대명사 '무엇?'(מַה)이 세 차례 사용되었기 때문이다. 개역개정이 세 차례 반복하는 '내가 무엇을 말하랴?'는 마소라 사본에는 없는 말이며, 세 차례 등장하는 질문형 대명사를 풀어 쓴 것이다. 이 질문형 대명사를 감탄사로 간주하면 번역이 훨씬 더 쉬워진다(cf. 공동, NIV, NRS, TNK, NIRV). 감탄사로 간주하여 직역하면 이렇게 된다: '오, 내 아들아, 오, 내 태에서 나온 아들아, 오, 내가 서원해서 얻은 아들아!' 어머니의 아들에 대한 뿌듯함과 그에게 어떤 말을 해 줄까에 대한 고민을 동시에 표현하고 있다.

어머니는 르무엘과의 관계를 세 차례 강조한다: '아들, 내 태에서 나온 아들, 내가 서원해서 얻은 아들.' 또한 이 세 표현은 점차적으로 관계와 애정을 강화한다: '아들… 태에서 나온 아들… 서원해서 얻은 아들.' 세 번째 표현('내가 서원해서 얻은 아들')은 어머니가 아들에 대해 느끼는 애정의 절정이며, 어머니가 르무엘이 어렸을 때 그를 신앙으로 양육한 것을 암시한다. 그런 아이가 왕이 되었으니 얼마나 대견스럽고 감격할 일인가!

어머니가 왕을 '내 아들'이라고 부르는 것은 르무엘은 그녀에게 왕이기 전에 아들이라는 뜻이다. 또한 '서원해서 얻은 아들'이라고 하는 것은 르무엘은 평생 자신이 여호와께 헌신된 자라는 사실을 잊으면 안 된다는 것을 암시한다(Kitchen). 실제로 '르무엘'(לְמוּאֵל)은 '하나님께 속한 자'라는 의미를 지닌 이름이다(HALOT). 잠언은 잘 자란 자식은 부모의 자랑이라고 하는데 르무엘은 어머니를 참으로 기쁘게 하는 잘 자란 아들이다. 성경에서 어머니가 서원하고 얻은 아들로는 사무엘이 있다(삼상 1:11, 27-28).

어머니가 왕이 된 아들에게 준 첫 번째 교훈은 여자에 관한 것이다(3절). 왕은 힘을 여자들에게 쓰지 말아야 한다. '힘'(חַיִל)은 정력뿐 아니라(cf. 30:19), '능력, 재산, 군대' 등 다양한 의미를 지닌 단어이다(NIDOTTE, cf. Toy). 여자에게 이 단어가 사용될 때에는 '현숙한 여인'(אֵשֶׁת־חַיִל)이란 의미를 지닌다(cf. 10절). 그러므로 어머니는 르무엘에게 여러 '아내들/여자들'(נָשִׁים)을 두어 시간과 힘과 재원을 그들에게 낭비하는 일이 없도록 하라고 권면한다. 국가의 자원을 나라의 평안과 번영을 위해 사용하라는 것이다(cf. McKane). 또한 아내를 두되 절제력을 발휘하여 여럿을 두지 말아야 한다(cf. 5:15-23).

이스라엘을 포함한 고대 근동 사회는 모두 일부다처제를 허용했다. 그러므로 부자들은 여러 아내와 첩을 거느리고 사는 것이 일상적이었다. 이러한 정서에서 왕은 많은 아내를 두는 것을 자기 위상과 권세의 상징으로 삼았다. 아내를 많이 거느릴수록 능력이 많은 것으로 간주된 것이다. 이스라엘 역사에서 가장 큰 권세를 누린 솔로몬은 700명의 아내와 300명의 첩을 두었다(왕상 11:3). 그의 아내들 중 상당 수는 그가 이방 왕들과 맺은 정약의 결과였다. 그러므로 이방인 여자들이 솔로몬의 왕궁으로 시집올 때 그들이 숭배하던 우상들을 함께 가지고 왔고,

왕은 그 아내들과 그들의 우상들에게 마음을 빼겨 몰락했다. 솔로몬 외에도 아브라함(창 16장)과 야곱(창 29-30, 37장)과 다윗(삼하 5:13; 12:1-12)도 일부다처제를 행한 대가를 톡톡히 치렀다.

르무엘의 어머니는 역사는 끊임없이 반복된다는 사실을 잘 알고 있다. 왕이 된 그녀의 아들도 솔로몬처럼 되지 않을 것이라는 보장이 없다. 그러므로 어머니는 아들에게 너무 많은 아내를 두지 말라고 한다. 왕이라 할지라도 평생 곁에 두고 사랑할 아내를 두는 것은 참으로 좋은 일이다. 그러나 과유불급(過猶不及)이라고, 아무리 좋은 것이라도 과하면 부족한 것보다 못하다. 그러므로 어머니는 아들에게 아내(들)를 맞아들이되, 요즘말로 '여자를 밝히지는 말라'고 권면하고 있다.

르무엘의 어머니의 권면은 이스라엘 왕이 준수해야 할 율법(신 17:14-20)과 맥을 같이한다. 율법은 왕에게 세 가지를 많이 두지 말라고 하는데, 곧 많은 병마와 많은 아내와 많은 은금이다. 왕이 이런 것들에 마음을 두어 욕망의 덫에 빠지게 되면 올바르게 하나님을 섬길 수 없고, 또한 주님께서 그에게 맡기신 백성을 제대로 다스릴 수 없기 때문이다. 르무엘의 어머니가 그에게 남용하지 말라고 한 '힘'(חַיִל)은 '능력, 재산, 군대' 등 율법이 왕에게 많이 가지면 안 된다며 금지하는 것들을 총체적으로 의미하는 단어라는 것이 인상적이다.

그녀는 이 같은 총체적인 의미를 부여하기 위해 의도적으로 이 단어를 선택한 것일까? 그런듯하다. 왜냐하면 성경이 남자의 신체적 '힘'을 의미할 때는 거의 대부분 '힘'을 뜻하는 다른 단어(כֹּחַ)를 사용하기 때문이다(cf. HALOT). 르무엘의 어머니는 여자들(아내들)에게 '힘'(חַיִל)을 과하게 쓰다가 망한 왕들을 여럿 안다(3b절). 그들은 솔로몬처럼 과하게 아내들(여자들)에게 집착하다가 몰락했다. 어머니는 자기 아들만큼은 옛 왕들이 갔던 멸망의 길과 '다른 길'(דֶּרֶךְ)을 가기를 바란다. 여호와께서는 사람을 창조하시고 일부일처제(一夫一妻制)를 결혼 기준으로 주셨다(cf. 창 2:23-24). 그러므로 사람은 일부일처제를 행할 때 가장 행복하다.

VIII. 르무엘의 잠언(31:1–9)

B. 두 번째 권면(31:4–7)

[4] 르무엘아
포도주를 마시는 것이 왕들에게 마땅하지 아니하고
왕들에게 마땅하지 아니하며
독주를 찾는 것이 주권자들에게 마땅하지 않도다
[5] 술을 마시다가 법을 잊어버리고
모든 곤고한 자들의 송사를 굽게 할까 두려우니라
[6] 독주는 죽게 된 자에게,
포도주는 마음에 근심하는 자에게 줄지어다
[7] 그는 마시고 자기의 빈궁한 것을 잊어버리겠고
다시 자기의 고통을 기억하지 아니하리라

어머니의 두 번째 권면은 술을 멀리하라는 것이다. 4절 전반부(אַל לַמְּלָכִים לְמוֹאֵל אַל לַמְּלָכִים)를 직역하면 '왕들에게는 아니다. 르무엘아! 왕들에게는 아니다'이며, 모든 왕이 하나의 원칙으로 지켜야할 금지 사항을 말하고자 하니 집중하여 들으라는 뜻이다. 어머니가 아들 왕에게 주는 금지 사항은 술을 마시지 말라는 것이다. '독주'(שֵׁכָר)는 곡물이나 과일을 발효시켜 만든 독한 술이다. 보통 식초나 물로 희석시켜 마셨다. '주권자들'(רוֹזְנִים)은 고위 관리들을 뜻한다. 왕은 포도주(약한 술)를 멀리하고 그 밑에서 백성을 다스리는 고위 관리들은 독주(독한 술)를 멀리하라며, 지위가 높을수록 소량의 술이라도 마시지 말 것을 당부한다. 지위가 높을수록 하나님이 주신 더 막중한 책임이 있으며, 술로 인해 조금이라도 책임을 완수하지 못하는 것은 옳지 않기 때문이다.

어머니는 아들 왕에게 왜 이처럼 간곡하게 술을 마시지 말라고 당부하는가? 무엇보다도 그가 술에 취하면 정의롭고 공의로운 다스림을 하지 못하게 될 것을 염려하기 때문이다(5절). '법'(מְחֻקָּק)은 문서화되거나 돌에 새겨진 것으로 왕은 철두철미하게 이 법에 따라 판결을 해야 한다. 문제는 술을 마시면 정신이 느슨해지거나 혼미해져 대충 집행할 수 있다. 이런 행위는 법을 잊는 것과 다름없다. 성경에는 술에 취해 판단력이 흐려진 왕들이 여럿 있다. 시리아의 벤하닷(왕상 20:12-20)과 페르시아의 아하수에로(에 3:15)와 바빌론의 벨사살(단 5:2-4)과 예수님 시대 헤롯(막 6:21-28) 등이다.

왕이 술을 즐기면 모든 곤고한 자들의 송사를 굽게 할 수도 있다(5b절). '곤고한 자'(עָנִי)는 경제적인 여건과 사회적 지위가 낮은 약자들이다. 그러므로 권력자들과 부자들의 희생양이 되기 일쑤였다. '송사'(דִּין)는 공정한 판결을 받을 권리(공동, 현대어, NAS, NIV, ESV, NRS, TNK)를, '굽게 하다'(שׁנה)는 '바꾸다, 왜곡하다'라는 의미를 지녔다(TWOT). 지도자들이 술을 좋아하면 약자들의 권리마저 짓밟게 된다는 경고이다. 술에 취해 사리판단이 잘 되지 않아서 이런 일이 생길 수 있고, '술값'으로 뇌물을 수수하여 의도적으로 그들의 권리를 짓밟을 수도 있다.

어머니는 왕은 백성을 대할 때 공평하고 정의로워야 한다는 사실을 아들 왕이 마음에 새기기를 바란다. 그가 이런 통치를 해 나가는 데 술은 절대 도움이 되지 않는다. 그러므로 어머니는 아들 왕에게 술을 멀리하라고 신신당부하고 있다. 그녀는 아들이 여자와 술을 멀리하면 참으로 훌륭한 통치자, 곧 여호와께서 기뻐하시는 왕이 될 수 있다고 확신한다. 술과 성이 만연한 사회를 사는 우리도 귀담아 들어야 할 말씀이다.

아들 왕에게 술을 멀리하라고 한 어머니는 술이 유용하게 쓰일 수도 있다고 한다(6-7절). 어머니는 3절에서 아들에게 그의 힘을 여인들에게 '주지 말라'(אַל־תִּתֵּן)고 했는데, 이번에는 고통 속에 있는 사람들에게 술을 '주라'(תְּנוּ)고 한다. 술은 아픈 사람들에게 잠시 고통을 잊게 하는 '마취제'이다.

어머니는 아들에게 통치에 방해가 된다며 술을 마시지 말고, 그가 마시지 않은 술을 창고에 저장해 두지 말고 죽게 된 자와 근심하는 자에게 주라고 한다(6절, cf. Garrett, Murphy). '죽게 된 자'(אוֹבֵד)는 회복 가능성 없이 망해 가는 사람, 곧 죽어 가는 사람이다. '근심하는 자들'(נֶפֶשׁ מָרֵי)은 자신의 삶에 대해 원통하게 생각하는 사람들이다(TWOT). 세상 말로 '삶의 쓴맛을 본 사람들'이다. 그들은 삶의 애환으로 인해 시름한다. 그러나 그들의 아픔은 죽어 가는 자의 고통에 비하면 상대적으로 견디기가 조금 더 수월하다. 이런 사람에게 술은 사랑과 관심의 표현이자(Bridges) 약이 될 수도 있다(McKane).

그러므로 어머니는 죽게 된 자에게는 독한 술인 독주를, 근심하는 자들에게는 순한 술인 포도주를 주라고 한다. 한 주석가는 고통 속에 있는 자들에게 주는 '술'은 왕의 공정한 판결을 상징한다고 하는데(Koptak), 그다지 설득력 있는 논리는 아니다. 왕이 마시지 않은 술을 신음하는 자들에게 주면 그들은 그 술을 마시고 잠시나마 고통을 잊을 것이다(7절, cf. 시 104:15). 통치자들에게 술은 나쁜 것이지만, 고통 속에 있는 백성들에게는 아픔을 잠시라도 잊게 하거나 조금 더 수월하게 견딜 수 있게 하는 것이다. 그러나 취하여 인사불성이 되는 것은 별개의 문제다.

VIII. 르무엘의 잠언(31:1–9)

C. 세 번째 권면(31:8–9)

8 너는 말 못하는 자와
모든 고독한 자의 송사를 위하여
입을 열지니라
9 너는 입을 열어

공의로 재판하여
곤고한 자와 궁핍한 자를 신원할지니라

이때까지 아들 왕에게 여자와 술에 대해 경고한 어머니는 마지막으로 공평하고 정의롭게 다스릴 것을 권면한다. 왕의 통치에서 가장 중요한 것이 공의와 정의를 실현하는 것이며, 공의와 정의로 다스리는 왕좌는 하나님과 백성의 축복을 받아 굳건해질 것이기 때문이다. 어머니는 아들에게 공의와 정의로운 다스림의 핵심은 약자들의 권리가 침해되지 않도록 하는 것이라 한다.

어머니는 아들에게 왕은 말 못하는 자와 모든 고독한 자의 송사를 위해 입을 열어야 한다고 한다(8절). '말 못하는 자'(אִלֵּם)는 벙어리이지만, 본문에서는 자신을 변호할 수 없는 사람들을 의미한다(Ross, cf. 새번역, 아가페, 현대어, NIV, CSB). '고독한 자들'(בְּנֵי חֲלוֹף)은 형편이 어려운 사람들이다(NIV, ESV, NRS). 이런 사람은 자신을 변호할 힘도 없다(cf. 아가페). 왕은 이런 사람들을 위해 입을 열어야 한다. '입을 열어라'(פְּתַח־פִּיךָ)는 강력한 요구를 반영한 명령문이다(Koptak). 절대 침묵해서는 안 되며 그들을 위하여 공정한 판결을 내려 줘야 한다는 것이다(cf. 9절).

'송사'(דִּין)는 5절에서처럼 이 사람들의 권리(인권)이다(현대어, NAS, ESV, NIV, NRS, TNK). 이 사람들은 세상에 '비빌 언덕'이 하나도 없다. 그들의 유일한 소망은 자신들의 억울함에 귀를 기울여 주는 재판관을 만나는 것이다. 어머니는 나라의 최고 재판관인 아들 왕에게 절대 약한 자들의 권리를 짓밟는 판결을 내리지 말 것을 당부한다. 또한 그들의 권리가 짓밟히는 것을 보고 침묵해서도 안 된다. 약자들에게 편파적인 판결을 내리는 것은 성경이 금한다(레 19:15; 신 1:16; 16:18-20). 또한 이러한 행위는 왕이 하나님의 심판을 자처하는 것이기도 하다. 우리는 하나님이 이 땅에 공의와 정의를 행하는 일에 사용하시는 대리인들(agent)이다(Kitchen).

약자들의 권리를 짓밟지 말라고 당부한 어머니는 마지막으로 모든 재판에서 공의로울 것을 권면한다(9절). '공의로 재판하라'(שְׁפָט־צֶדֶק)는 법의 기준에 따라 정확하고 공정한 판결을 내리라는 뜻이다. 이런 판결을 통해 곤고한 자와 궁핍한 자를 신원하라고 한다. '신원하다'(דִּין)는 '송사'(דִּין)(5, 8절)에서 파생한 동사이다. 어머니는 한 번 더 약자들의 권리와 인권을 짓밟는 판결은 하지도 말고 용납하지도 말라고 당부하며 아들 왕에게 주는 권면을 마무리하고 있다. 이런 어머니께 양육받은 르무엘은 참으로 지혜롭고 의로운 왕이었을 것이다.

IX. 현숙한 여인의 노래
(31:10-31)

잠언은 이 노래로 지혜에 대한 가르침의 대장정을 마무리한다. 또한 이 노래는 잠언의 절정이자 결론이다(Kitchen, Koptak). 르무엘의 어머니는 그에게 여자들에게 쓸 '힘'(חַיִל)을 아끼라 했는데(3절), 이 노래는 지혜로워 남편의 '힘'을 아껴 주는 '힘의 아내'(אֵשֶׁת־חַיִל, '현숙한 여인')에 대한 예찬이다(Metlitzki). 이 현숙한 여인은 그동안 잠언이 계속 비난해 왔던 음란한 여자와 정반대되는 모습과 인품을 지녔다(Ross, cf. 2:16-19; 5:3-14, 20; 6:24-35; 7:5-27; 8:13-18). 그러므로 일부 학자들은 현숙한 여인이 '지혜'(Lady Wisdom)의 현현이라고 하기도 한다(Clifford, Ross, Van Leeuwen).

현숙한 여인의 노래는 잠언의 흐름과 구조에서도 매우 중요하다. 잠언에서 '여호와를 경외하는 것'(יִרְאַת־יְהוָה)(31:30)은 가장 중요한 주제이다. 여호와를 경외하는 것은 책이 추구하는 지식과 지혜의 근본이다. 또한 바르고 의로운 길로 행하는 이들은 모두 여호와를 경외하는 사람이다. 그러나 이때까지 잠언은 여호와를 경외하는 삶이 무엇인가에 대해 실질적인 사례보다는 원론적인 가르침에 집중했다. 드디어 책은 현숙한 아내의 이야기를 통해 여호와를 경외하는 사람의 일상은 어떠한

가를 묘사한다. 여호와를 경외하는 삶의 실질적인 사례를 제공하고 있는 것이다. 현숙한 여인은 여호와를 경외하는 사람이기 때문이다.

이 노래는 누가 저작한 것인지 도무지 알 수 없다. 어떤 이들은 솔로몬이 지은 것이라 하기도 하고, 바로 앞 섹션의 주인공이었던 르무엘 왕이나 그의 어머니가 지은 것이라고 하기도 한다(cf. Kitchen, McKane, Murphy, Waltke, 3절). 우리는 이 노래의 저자가 영감을 받아 성령의 인도하심에 따라 저작한 것이라는 사실은 알지만, 그가 누구였는가에 대하여는 미스터리로 남겨둘 수밖에 없다.

이 노래는 알파벳 시(acrostic poem)이다. 시작부터 끝까지(10-31절) 각 절은 히브리어 알파벳을 첫 글자(א)에서 마지막 글자(ת)까지 순서대로 이용하여 문장을 시작한다. 히브리어 알파벳에 22개의 글자가 있기 때문에 이 노래도 22절로 구성되어 있다. 알파벳 시는 외우기를 쉽게 하며 주제의 완벽함을 노래하지만(cf. 시 119편), 주제의 흐름이나 논리 정연한 전개를 파악하는 것은 쉽지 않다. 각 문장마다 알파벳을 순서대로 사용하는 것이 최우선이기 때문이다. 우리는 이 노래를 다음과 같은 구분을 바탕으로 본문을 주해해 나가고자 한다.

A. 서론: 보석보다 귀한 아내(31:10-12)
B. 성실함과 능력(31:13-18)
C. 이웃과 가족을 돌봄(31:19-22)
D. 내조와 기술(31:23-24)
E. 위엄과 지혜(31:25-26)
F. 존경과 칭찬(31:27-29)
G. 결론: 신앙에서 인정으로(31:30-31)

IX. 현숙한 여인의 노래(31:10-31)

A. 서론: 보석보다 귀한 아내(31:10-12)

א [10] 누가 현숙한 여인을 찾아 얻겠느냐
그의 값은 진주보다 더 하니라
ב [11] 그런 자의 남편의 마음은 그를 믿나니
산업이 핍절하지 아니하겠으며
ג [12] 그런 자는 살아 있는 동안에 그의 남편에게
선을 행하고 악을 행하지 아니하느니라

현숙한 아내를 소개하는 이 섹션은 세 가지로 그녀를 칭찬한다. 첫째, 현숙한 여인은 참으로 귀하다(10절). 둘째, 그녀는 능력을 겸비했다(11절). 셋째, 현숙한 여인은 성품이 매우 착하다(3절).

첫째, 사람이 현숙한 아내를 찾는 일은 결코 쉽지 않다(10a절). '현숙함'(חַיִל)이 남자에게 적용될 때에는 '용사'라는 의미를 지닌다(삿 6:12; 11:1; 삼상 16:18). 그러므로 여자가 현숙하다는 것은 지혜와 기풍보다는 능력을 강조한다.

'현숙한 아내/여인'(אֵשֶׁת־חַיִל)은 진주보다 귀하다. '진주'(פְּנִינִים)는 보석으로 가공되는 귀한 산호를 뜻한다(HALOT). 그러므로 번역본들은 보석(NAS, ESV, NRS)이라고 하기도 하고 루비(NIV, TNK)라고 하기도 한다(cf. 3:15; 8:11). 잠언은 지혜를 진귀한 보석에 비교했다(3:15; 8:11; 20:15). 그러므로 1절은 현숙한 여인을 찾는 일은 지혜를 얻는 일보다 더 어렵지만(cf. 20:6), 보석처럼 빛나는 지혜보다 더 귀한 여인(지혜의 최고봉)이니 어렵더라도 반드시 찾아 나서라는 권면이다. 수고와 노력을 아끼지 않을 만한 가치가 있는 아내이다. 12:4은 '어진 여인/현숙한 여인'(אֵשֶׁת־חַיִל)은 남편의 면류관이라 한다.

둘째, 현숙한 여인을 아내로 맞아들인 남편의 마음은 그녀를 전적으

로 믿는다(11절). 성경에서 '믿다'(בטח)는 항상 사람이 하나님을 믿는 일에 사용된다. 유일한 예외는 본문과 사사기 20:36이다(Waltke). 어렵게 찾아 아내로 맞이했으니 당연한 일이겠지만, 무엇보다도 남편이 신뢰하는 이유는 그녀의 능력 때문이다(Murphy). 그녀는 남편의 산업이 핍절하지 않게 할 것이다(11b절). '산업이 핍절하지 않을 것이다'(לֹא יֶחְסָר שָׁלָל)를 직역하면 '노획물/전리품이 줄지 않는다'이다. 남자가 현숙한 아내에게 집안 살림을 모두 맡기면, 지혜로운 아내는 남편이 밖에서 들여온 수입과 재산이 절대 줄게 하지 않을 것이라는 뜻이다. 그러므로 이런 아내를 둔 남편은 평생 빈곤할 틈이 없다.

셋째, 현숙한 아내는 살아 있는 동안 남편에게 선을 행하고 악을 행하지 않을 것이다(12절). 죽을 때까지 남편을 사랑하고 섬길 것이며, 어떠한 해도 가하지 않고 항상 좋은 일과 선물들로 그의 삶을 채울 것이다. 이 말씀은 현숙한 여인은 본성이 매우 착하여 누구를 악하게 대하지 않고 항상 선하게 대할 것이라는 뜻이다. 하나님이 짝지어 주신 남편이야 말할 나위 없이 더 착하고 선하게 대한다. 세상 모든 남편이 꿈꾸는 아내의 모습이다.

IX. 현숙한 여인의 노래(31:10-31)

B. 성실함과 능력(31:13-18)

ד 13 그는 양털과 삼을 구하여
부지런히 손으로 일하며

ה 14 상인의 배와 같아서
먼 데서 양식을 가져 오며

ו 15 밤이 새기 전에 일어나서
자기 집안 사람들에게 음식을 나누어 주며

여종들에게 일을 정하여 맡기며

ז 16 밭을 살펴 보고 사며

자기의 손으로 번 것을 가지고 포도원을 일구며

ח 17 힘 있게 허리를 묶으며

자기의 팔을 강하게 하며

ט 18 자기의 장사가 잘 되는 줄을 깨닫고

밤에 등불을 끄지 아니하며

이 섹션은 현숙한 아내가 지닌 자질 여섯 가지를 찬양한다. 첫째, 그녀는 즐기며 일한다(13절). 둘째, 현숙한 여인은 융통성이 있다(14절). 셋째, 그녀는 부지런하다(15절). 넷째, 그녀는 신중하게 투자한다(16절). 다섯째, 현숙한 여인은 궂은 일에 솔선수범한다(17절). 여섯째, 그녀는 책임감이 투철하다(18절).

첫째, 좋은 재료를 구해다가 부지런히 제품을 만든다(13절). 양털과 삼을 구하여 옷감을 만든다. '삼'(פִּשְׁתָּה)은 '아마 섬유'(flax)이다. '부지런히'(בְּחֵפֶץ)는 '즐겁게'가 더 정확한 번역이다(NIDOTTE, cf. 새번역, 공동, NAS, ESV, NIV). 재료는 제품에 비해 저렴하다. 그러므로 재료는 가공해서 팔아야 돈을 더 벌 수 있다. 이 여인은 그러한 사실을 잘 안다. 그러므로 저렴하게 재료를 구해다가 값진 제품을 만든다. 현숙한 여인은 돈 버는 법을 안다.

또한 '일 윤리'(work ethics)가 투철한 사람이다. "천재는 노력하는 사람을 이길 수 없고, 노력하는 사람은 즐기는 사람을 이길 수 없다"는 말이 있다. 현숙한 여인은 자기 일을 즐기면서 한다. 그러므로 그 누구보다도 일을 잘한다. 당연히 수입도 많아져 생활이 윤택해진다.

둘째, 현숙한 여인은 먼 데서 양식을 가져온다(14절). 본문은 그녀를 먼 바다를 항해하는 '상선'(אֳנִיּוֹת סוֹחֵר)에 비교한다(cf. 왕상 9:26; 10:11; 22:2). 가족의 양식을 구하기 위한 그녀의 활동 반경이 매우 넓다는 의미이다. 한마디로 말해 융통성이 다분한 아내이다. 그러므로 가까운 곳에서, 혹은 평소에 거래하던 상인들에게서 양식을 구하기가 어려워지면, 포기하는 것이 아니라 더 멀리가서, 혹은 다른 경로를 통해 양식을 구해 온 집안을 먹여 살린다. 요즈음 말로 하면 '네트워크 지수'(NQ, Network Quotient)가 매우 높은 여인이다.

셋째, 현숙한 여인은 아침 일찍 하루를 시작한다(15절). 날이 새기 전에 집안 사람들에게 음식을 만들어 주고 여종들에게는 그날 할 일을 정하여 맡긴다. '날이 새기 전'(בְּעוֹד לַיְלָה)은 아직 어두운 새벽이다(TWOT). 잠언에서 잠을 많이 자는 것은 게으름의 상징이다(19:15; 20:13). 참으로 부지런한 사람이며 하루를 성실하게 사는 여인이다.

집안 사람들 중 그녀의 부지런함 때문에 다소 불편을 느끼는 자들도 있을 것이다. 그러나 그녀가 모든 것을 솔선수범하니 동조하지 않을 수는 없다. 이렇게 시간이 지나면 모든 집안 사람에게 부지런함과 성실함이 몸에 밸 것이며, 부지런함과 성실함이 몸에 배는 것은 좋은 일이다. 부지런하고 성실하면 게으르게 살 수가 없다. 또한 부지런함과 성실함은 경건과 거룩이기도 하다.

넷째, 현숙한 여인은 신중하게 투자한다(16절). 밭은 살펴보고 산다. '살펴보다'(זמם)는 '깊이 생각하다, 계획하다'라는 뜻이다(HALOT). 이 여인은 절대 '충동 구매' 같은 것은 하지 않는다. 무엇을 살 때에는 사전에 가치와 여건 등을 신중하게 따져 본 다음에 경제적인 합리성이 있다고 생각되면 매매를 한다. 또한 자기 손으로 번 것을 가지고 포도원을 일군다(16b절). '자기 손으로 번 것'(מִפְּרִי כַפֶּיהָ)을 직역하면 '그녀의 손바닥의 열매'이다. 자신이 직접 번 돈으로 포도원을 사서 가꾼다는 뜻이다(새번역, 현대어). 밭과 포도원을 사는 일은 미래에 대한 투자이다. 현숙한 여인은 신중한 투자를 통해 재산을 늘려 간다.

다섯째, 현숙한 여인은 궂은일을 마다하지 않는다(17절). 이 여인의 집안 형편은 상당히 부유하다. 더욱이 새 밭과 포도원도 샀다. 이 정도 집안의 안주인이라면 더 이상 노동하지 않고 종들을 부려도 나쁘다고 할 사람은 없다. 그런데 그녀는 더 열심히 일한다. 일을 잘 하려고 허리를 단단히 동여맨다. 옷이 일하는 데 방해가 되지 않게 하기 위해서이다. 또한 그녀는 자기 두 팔을 강하게 한다. 당차게 일하려고 만반의 준비를 갖춘 모습이다. 이런 여인은 절대 궂은일을 마다하지 않고 솔선수범한다.

여섯째, 현숙한 여인은 책임감이 투철하다(18절). 만들어 파는 물건이 잘 팔리면, 더욱더 열심히 물건을 만든다. 심지어는 밤새도록 신이 나서 일을 한다(cf. McKane). '물들어올 때 배 젓는다'고 잘 팔릴 때 더 많은 돈을 벌기 위해서일 것이다. 그러나 더 중요한 이유는 손님들과의 신뢰를 지키기 위해서이다. 물건을 사러 온 사람이 없어서 못 사고 돌아가면 실망이 크다. 또한 다시 오지 않을 수도 있다. 그러므로 그녀는 밤을 새서라도 열심히 물건을 만든다. 밤새 등불이 켜져 있는 것이 지속되는 번영을 상징한다는 해석도 있지만(Waltke, cf. 13:9; 20:20; 24:20), 이곳에서는 밤새 일을 한다는 뜻을 지녔다. 참으로 책임감이 있는 여인이다.

IX. 현숙한 여인의 노래(31:10-31)

C. 이웃과 가족을 돌봄(31:19-22)

י [19] 손으로 솜뭉치를 들고
손가락으로 가락을 잡으며
כ [20] 그는 곤고한 자에게 손을 펴며
궁핍한 자를 위하여 손을 내밀며
ל [21] 자기 집 사람들은 다 홍색 옷을 입었으므로
눈이 와도 그는 자기 집 사람들을 위하여 염려하지 아니하며

מ [22] 그는 자기를 위하여 아름다운 이불을 지으며
세마포와 자색 옷을 입으며

현숙한 여인은 열심히 한 손으로 솜뭉치를 들고 다른 손으로 가락을 잡는다(19절). 물레질을 하고 실을 타서 옷감을 짜는 모습이다(새번역, 공동, 아가페, 현대어). 이렇게 해서 많은 옷감을 만든다. 어디에 쓰려는 것일까? 이 질문에 20–22절이 답한다.

현숙한 여인은 곤고하고 가난한 자들을 돕는다(20절). 그녀는 물건을 만들려고 움켜쥐었던 손을 가난한 자들에게 편다(Van Leeuwen). 율법은 가난한 사람들을 도우라 한다(신 15:11). 잠언은 우리가 가난한 자를 대하는 자세가 곧 하나님을 대하는 자세라고 한다(14:21, 31; 17:5). '곤고한 자'(עָנִי)와 '궁핍한 자'(אֶבְיוֹן)는 모두 경제적인 빈곤층을 뜻한다(TWOT). '손을 펴고 내미는 것'은 도움을 준다는 뜻이다. 현숙한 여인은 이들을 어떻게 돕는가? 앞(19절)과 뒤(21–22절)의 문맥을 고려할 때, 자기가 열심히 만든 옷감으로 옷을 만들어 이들에게 주고 있다. 당시 옷은 귀하고 비싼 것이었다. 겉옷은 밤에 가난한 사람들의 이불로 사용되었기 때문에 율법은 겉옷을 담보로 잡고 돈을 빌려줄 경우, 밤이 되기 전에 돌려주라고 한다(출 22:26, 27; 신 24:12, 13).

현숙한 여인은 어려운 이웃들을 돌볼 뿐만 아니라, 자기 가족도 성실하게 돌본다(21절). 온 집안 사람들에게 따뜻한 옷을 마련해 주었기 때문에 눈이 와도 그들을 걱정하지 않는다. 게다가 그녀가 마련해 준 옷은 홍색이다. 당시에는 사람의 신분을 입은 옷의 색과 길이로 가름하기도 했는데, '홍색'(שָׁנִי)은 귀하고 비싼 염료이다. 그러므로 이 말씀은 그녀가 온 가족에게 따뜻할 뿐만 아니라, 사람들이 부러워할 만한 비싼 옷을 준비해 주었다는 뜻이다. 기능성과 위상을 지닌 옷이다(Wilson).

현숙한 여인은 자신을 위해서도 좋은 것들을 준비한다(22절). 현숙

한 여인이 자신을 위해 무엇을 하는 것을 묘사하는 유일한 말씀이다(Fox). 그녀는 밤이면 자신을 위하여 만들어 둔 아름다운 이불을 덮는다. 낮이면 세마포와 자색 옷을 입고 활동한다. 세마포(שֵׁשׁ)는 '아마 섬유'(linen)로 만든 여성용 옷이다(HALOT). 그녀가 입고 다니는 옷은 자색이다. '자색'(אַרְגָּמָן)도 귀한 염료이다.

현숙한 여인의 돌봄은 가장 먼 곳에서부터 시작하여 가장 가까운 곳으로 오고 있다: '이웃—가족—자신.' 제일 먼저 어려운 이웃을 배려하고, 그다음 가족들을 배려하고, 마지막으로 자신을 배려한다. 그녀의 가치관을 엿보는 듯하다.

IX. 현숙한 여인의 노래(31:10-31)

D. 내조와 기술(31:23-24)

ג 23 그의 남편은 그 땅의 장로들과 함께 성문에 앉으며
사람들의 인정을 받으며
ס 24 그는 베로 옷을 지어 팔며
띠를 만들어 상인들에게 맡기며

현숙한 여인은 남편을 내조하는 일도 매우 잘 한다(23절). 이 말씀을 현숙한 여인이 남편을 무능하게 만들었다고 하는 해석도 있지만(cf. Delitzsch), 전혀 설득력이 없다. 남편이 밖에서 존경받으며 일을 잘 하도록 아내가 내조를 잘했다는 뜻이다(cf. McKane, Waltke). 그러므로 그녀의 남편은 지역 장로들과 함께 성문에 앉는다(cf. 룻 4:1, 11; 욥 29:7). 지혜가 자신을 알리고자 하는 곳도 성문이었다(잠 1:21; 24:7).

당시 일상적인 비즈니스와 재판은 모두 성문 앞에서 이루어졌다(cf. 31절). 성문은 당시 사회의 중심가이자 시장이었다. 그가 성문에 앉았다는 것은 지도자(유지)가 되어 소송을 듣고 판결하는 위치에 있다는 뜻이다. '가화만사성'(家和萬事成)이라고, 현숙한 아내가 집에서 내조를 잘하니 남편에게 이런 좋은 일이 있다. 남편은 사회에서 인정받는 유지가 되었다.

현숙한 아내는 남편의 성공에 만족하지 않고 계속 열심히 일한다. 베로 옷을 지어 팔고, 띠를 만들어 상인들에게 맡긴다. 그녀는 베(옷감)를 싸게 사다가 옷을 만들어 비싸게 판다(cf. 13절). 띠도 많이 만들어 상인들에게 도매를 준다. '띠'(חֲגוֹר)는 입은 옷을 단단히 동여매기 위해 겉옷 밖에 착용하는 일종의 허리띠였다. 오늘날 말로 '패션의 완성'이라 간주되었기 때문에 가장 유행에 민감한 패션 아이템이었다. 현숙한 여인은 꾸준히 일을 하여 물건을 만들고 판다. 계속 수익을 창출하는 여인인 것이다.

IX. 현숙한 여인의 노래(31:10-31)

E. 위엄과 지혜(31:25-26)

ע 25 능력과 존귀로 옷을 삼고
후일을 웃으며
פ 26 입을 열어 지혜를 베풀며
그의 혀로 인애의 법을 말하며

현숙한 여인은 신실하게 오늘을 산다(25절). 그녀는 능력과 존귀로 옷을 삼는다. '존귀'(הָדָר)는 왕에 걸맞은 기풍이다. 그녀는 자신의 능력(실력)을 마음껏 발휘하지만, 우아함과 품위도 유지한다. 부도덕하거나 하나님께 책망을 받을 일은 하지 않는다는 뜻이다.

현실을 성실하게 사는 여인은 후일을 웃는다(25b절). '후일을 웃다'(וַתִּשְׂחַק לְיוֹם אַחֲרוֹן)는 미래에 대한 계획과 준비를 철저히 하며 살기 때문에 웃으면서 미래를 맞이한다는 뜻이다(아가페, NAS, ESV, NIV, NRS, TNK). 현숙한 여인은 최선을 다해 오늘을 살지만(Carpe Diem), 안주하지는 않는다. 그녀는 오늘만큼이나 내일을 계획하고 기대하며 산다.

현숙한 여인은 입을 열때마다 지혜를 말한다(26절). 듣는 이들에게 위로와 격려가 되는 시기적절한 말을 한다는 뜻이다. 또한 그녀는 인애의 법을 말한다. 본문에서 '법'(תּוֹרָה)은 가르침을 뜻한다(cf. 새번역, 공동, 아가페, NAS, ESV, NRS). 그러므로 '인애의 법'(תּוֹרַת־חֶסֶד)은 자비로운 가르침 혹은 자비에 관한 교훈이다. 그녀는 사람들에게 인자한 가르침을 준다는 뜻이다. 누구든 이런 사람을 만나면 가르침을 받기를 원한다.

IX. 현숙한 여인의 노래(31:10-31)

F. 존경과 칭찬(31:27-29)

צ 27 자기의 집안 일을 보살피고
게을리 얻은 양식을 먹지 아니하나니
ק 28 그의 자식들은 일어나 감사하며
그의 남편은 칭찬하기를
ר 29 덕행 있는 여자가 많으나
그대는 모든 여자보다 뛰어나다 하느니라

이 섹션은 현숙한 여인에 대하여 이때까지 말한 내용을 한마디로 요약하며(27절), 그녀에 대한 가족들의 존경과 칭찬으로 이어진다(28-29절). 현숙한 여인은 참으로 자기 집안을 잘 꾸려 나간다(27절). 집안의 모든 일을 잘 보살피고 절대 게으름을 피우지 않는다(27b절). 게을리 얻은 양식을 먹지 않는다는 것은 불로소득을 추구하지 않고 항상 성실하게 일한다는 뜻이다.

그러므로 자식들은 그녀에게 경의를 표한다(28절). 모두다 일어나 현숙한 어머니에게 감사한다. 자신들의 삶에 어머니는 참으로 큰 축복이라고 고백한다(cf. 공동, NAS, ESV, NIV, TNK). 또한 남편도 아이들을 거든다(28b절). 남편은 그녀를 칭찬하며 말하기를 "뛰어난 여자들이 많지만, 당신이 최고요"라고 한다(29절, cf. 아가페). 이 말씀은 세상에서 현숙한 여인을 찾기는 참으로 어렵지만, 어느 시대에나 여럿 있다는 뜻이다(Kitchen).

사람이 가족에게 인정받는 것은 참으로 귀하지만 어려운 일이다. 현숙한 아내는 남편에게 칭찬을 받고, 자녀들에게 존경을 받는다. 그녀는 가정에서 아내와 어머니가 누릴 수 있는 최고의 축복을 누리고 있다. 그가 참으로 지혜롭고 성실하게 가정을 꾸렸기 때문이다.

IX. 현숙한 여인의 노래(31:10-31)

G. 결론: 신앙에서 인정으로(31:30-31)

ש 30 고운 것도 거짓되고 아름다운 것도 헛되나
오직 여호와를 경외하는 여자는 칭찬을 받을 것이라
ת 31 그 손의 열매가 그에게로 돌아갈 것이요
그 행한 일로 말미암아 성문에서 칭찬을 받으리라

세상에서 가장 아름답고 영원한 것은 무엇일까? 고운 것과 아름다운 것일까? '고운 것'(חֵן)은 '아름다운 자태, 인기'를, '아름다운 것'(יֹפִי)은 '신체적 아름다움'을 뜻한다(HALOT). 세상은 이런 것들을 최우선적인 가치로 삼는다. 사람이 눈으로 볼 수 있는 것들 중 가장 귀한 것이라 생각하기 때문이다. 그러나 우리가 눈으로 볼 수 있는 고운 것과 아름다운 것은 모두다 거짓되고 헛되다(30절). 시간이 지나면 모두 시들고 사라질 것이기 때문이다(cf. 6:25; 11:22). '헛되다'(הֶבֶל)는 전도서에서 매우 중요한 단어이다.

한 가지 영원히 칭찬받을 것이 있다. 바로 현숙한 여인이다. '칭찬하다'(הלל)는 '찬양하다'는 뜻이며, 30절에서는 하나님이 그녀를 인정하고 칭찬하신다는 의미를 지녔다. 31절에서는 온 성이 그녀를 칭찬한다. 현숙한 여인은 참으로 모범적이고 하나님이 귀하게 여기시는 삶을 살아 하나님과 사람들에게 인정받고 칭찬받는다.

현숙한 여인이 이처럼 놀라운 삶을 살 수 있는 비결은 무엇일까? 그녀의 이야기를 마무리하고 동시에 잠언의 대장정을 마무리하는 이 말씀은 그녀가 '여호와를 경외하는 여자'라 한다. 그녀의 비결은 여호와를 경외하는 신앙이었던 것이다(30b절).

현숙한 여인의 손의 열매는 그녀에게 돌아간다(31절). '손의 열매가 그에게로 돌아간다'(תְּנוּ־לָהּ מִפְּרִי יָדֶיהָ)는 그녀가 이룬 모든 업적, 곧 수고와 노동의 열매를 그녀에게 주라는 뜻이다. 그녀로 하여금 자신이 이룬 업적을 충분히 누릴 수 있도록 하기 위해서이다. 또한 그녀는 그 행한 일로 말미암아 성문에서 칭찬을 받을 것이다(31b절). 누가 그녀를 칭찬하는가? 본문은 그녀의 '일'(מַעֲשֶׂה)이 그녀를 칭찬할 것이라 한다. 현숙한 여인이 이룬 모든 업적이 성문 앞에서 그녀를 드높이고 있는 이미지이다. 성문은 성의 모든 비즈니스가 이루어지는 곳으로 사람이 가장 많은 곳이다. 사람들은 현숙한 여인이 이룬 일들을 보고 그녀를 아낌없이 칭찬할 것이라는 뜻이다. 그녀가 온 공동체의 귀감이 되었다.

'여호와를 경외하는 것'(יִרְאַת־יְהוָה)은 이 책에서 가장 중요한 주제이다. 여호와를 경외하는 것이 잠언이 추구하는 지식과 지혜의 근본이다. 또한 바르고 의로운 길로 행하는 이들은 모두 여호와를 경외하는 사람이다. 그러나 이 때까지 잠언은 여호와를 경외하는 삶이 무엇인가에 대해 실질적인 사례보다는 원론적인 가르침에 집중했다. 책은 31:10-31에 기록된 현숙한 아내의 이야기를 통해 여호와를 경외하는 사람은 실제로 어떠한 자세로 삶에 임하는가를 묘사한다. 여호와를 경외하는 삶의 실질적인 사례를 제공하고 있는 것이다. 현숙한 여인은 여호와를 경외하는 사람이기 때문이다.

우리는 여호와를 경외하여(יִרְאַת־יְהוָה) 현숙한 여인(אֵשֶׁת־חַיִל)의 삶을 산 사람으로 성경에서 누구를 지목할 수 있을까? 라합, 아비가일, 에스더, 예수님의 어머니 마리아 등등 여럿을 지목할 수 있다. 그러나 히브리 정경의 순서를 정한 사람들의 마음에는 단연 룻이 현숙한 여인의 가장 확실한 모델이었다.

기독교는 구약을 '오경, 역사서, 시편과 지혜문헌, 선지서' 네 파트로 구분하지만, 유대인들은 '오경, 선지서(전후), 시가서' 세 파트로 구분했다. 잠언은 시가서 섹션에 포함되어 있으며 바로 뒤따르는 책이 룻기이다. 시가서의 순서에서 룻기가 잠언을 잇는 것은 특별한 현상이다.

유대인들은 잠언 바로 다음에 등장하는 다섯 권의 짧은 책들을 메길롯(מְגִלּוֹת, '두루마리들')이라고 불렀다. 이 책들은 매년 그들의 역사에서 특별한 날을 기념하기 위해 성전과 회당에 함께 모여 읽었다. 매년 이 책들이 읽힌 순서와 기념하는 역사적 사건은 다음과 같다.

절기	히브리어 호칭	일자	관련된 성경	봉독	기념
유월절 (무교절)	פֶּסַח	니산 14	출 12장 레 23:4-8	아가서	출애굽
오순절	שָׁבֻעוֹת	시완 6	신 16:9-12 레 23:9-14	룻기	추수와 시내 산 율법 감사
아브월 제9일	תִּשְׁעָה בְּיוֹם	아브 9	직접적인 언급 없음	애가	성전 파괴 586BC, 70AD
장막절	סֻכּוֹת	티쉬리 15-21	느8장 레 23:33-36	전도서	광야의 방랑 생활
부림절	פּוּרִים	아다르 13-14	에 9장	에스더	하만의 음모 실패

메길롯을 구성하고 있는 다섯 권의 책은 절기와 읽히는 순서에 따라 순서가 정해져 있다. 다만 룻기와 아가서만이 자리를 바꾸었다. 원래 읽히는 순서에 의하면 아가서가 첫 번째 자리를 차지해야 하는데, 실제로는 첫 번째 자리를 룻기에 내어 주고, 두 번째 자리를 차지하고 있는 것이다. 왜 이런 예외적인 현상이 생긴 것일까?

학자들은 잠언과 룻기의 연관성 때문이라고 한다. 잠언은 현숙한 여인의 예찬으로 마무리되고 있는데, 룻기로 바로 이어지면서 룻은 현숙한 여인의 역사적 사례임을 암시한다는 것이다. 실제로 보아스는 룻을 '현숙한 여인'(אֵשֶׁת חַיִל)이라고 칭찬한다(룻 3:11). 정경의 순서를 정한 편집자들은 룻을 현숙한 여인의 모범 사례로 생각한 것이다.

그렇다면 룻기와 연관하여 현숙한 여인이 지녀야 할 가장 기본적이고 중요한 자질은 무엇일까? 룻기는 무엇보다도 '인애/자비'(חֶסֶד)에 관한 책이다. 언약을 신실하게 행한다는 의미와 서로에게 과분할 정도의 사랑과 자비를 베푼다는 뜻이다. 룻은 삶에서 이러한 원리를 실천한 여인이다.

본문의 현숙한 여인도 마찬가지이다. 현숙한 여인은 '인애의 법'(חֶסֶד־תוֹרַת)을 가르친다(26절). 자기가 맡은 일을 지혜롭고 즐겁게 해내며, 항상 성실하다. 또한 가난한 사람들을 돌본다(20절). 현숙한 여인은 인애를 실천하는 여인인 것이다. 그러므로 룻기는 잠언을 이어 등장하면서 룻이 바로 이 현숙한 여인의 모범 사례라고 한다.